治安維持法の教訓

権利運動の制限と憲法改正

内田博文

みすず書房

治安維持法の教訓——権利運動の制限と憲法改正

目次

第二部　昭和三年改正法

第三部　昭和九年および十年の改正法案

第四部　新治安維持法

年表　治安維持法の制定と改正

大正十二年九月一日	関東大震災が発生
九月七日	治安維持令（大正十二年勅令第四〇三号）を公布
大正十四年四月二十二日	治安維持法を公布
五月八日	「治安維持法を朝鮮、台湾及び樺太に施行するの件」（大正十四年五月八日勅令第一七五号）を公布
昭和三年　四月二十七日	治安維持法改正法律案を閣議決定
五月六日	同法律案が審議未了で廃案
六月二十九日	治安維持法改正緊急勅令（昭和三年六月二十九日勅令第一二九号）を公布
昭和四年　三月十九日	治安維持法改正緊急勅令を議会が承認
昭和九年　二月一日	治安維持法中改正法律案を議会に提出
三月二十五日	治安維持法中改正法律案が審議未了で廃案
昭和十年　三月四日	治安維持法中改正法律案を議会に提出
三月二十五日	治安維持法中改正法律案が審議未了で廃案
昭和十一年五月二十九日	思想犯保護観察法（昭和十一年五月二十九日法律第二九号）を公布
昭和十六年三月十日	改正治安維持法（昭和十六年三月十日法律第五四号）を公布

凡例

一、本書は全五部からなり、第四部までは、治安維持令と治安維持法、昭和三年改正法、昭和九・十年の改正案とその廃案、昭和十六年全面改正の新治安維持法という四つの区分に対応している。さらに各部の偶数章では議会による法案の審議・制定を帝国議会議事速記録を、また奇数章では治安維持法関係の判決・決定のうち、大審院が同種の事件を裁判する際の先例となる「判例」と考えて公式の大審院刑事判例集に収載した最重要の判決・決定をもとに治安維持法の法適用を読み解き、概説した。

二、第五部の第十章では治安維持法の制定・改正および適用から現在のわれわれが得られる多岐にわたる教訓を整理し、第十一章ではこの治安維持法の教訓から見た場合の現在の状況を共謀罪や憲法改正をも視野に入れて考察している。

三、部扉につづき該当時期の年表、関係法令および条文、議会における主要政党と治安維持法関係大臣のリストを置いた。文中には議員（本文中に＊）、章末には担当弁護士（同、☆）、巻末には歴代大審院長のプロフィールをそれぞれ記載した。

四、帝国議会議事速記録の引用に当たってはカタカナを平仮名に直すとともに、句読点を適宜、挿入し、固有名詞を除いては旧字体を新字体にした。また、たとえば、「此の」「此」「其の」「其」「初」「始めて」というように、表記が必ずしも統一されていないため、適宜、旧仮名遣いを現代仮名遣いにする、ひらがなにする、読みが難しいと思われる漢字にルビを振るなどして、発言記録の再現であることに鑑み、現代の読者が理解しやすくなることに努めた。明らかな誤字・脱字は訂正した。

五、大審院判決・決定の引用に当たっては、できる限り原文のままを引用しつつ、カタカナを平仮名に直すとともに、適宜、句読点を挿入し、固有名詞を除いては旧字体を新字体に改めた。また、たとえば、「此の」「此」「其の」「其」などのように、表記が必ずしも統一されていないため、適宜、旧仮名遣いを現代仮名遣いにする、ひらがなにする、読み方が難しいと思われる漢字にはルビを振るなどして、現代の読者が理解しやすくなることに努めた。

六、法文についても、例えば、「処す」を「処する」というように、あるいは「知りて」を「知って」というように現代用語化するための最小限度の加筆を加えた。

七、人名の読みについては小森恵著・西田義信編『治安維持法検挙者の記録――特高に踏みにじられた人々』（文生書院、二〇一六年）などを参照した。

八、帝国議会議事速記録では「第○○回帝国議会」というように「回」を挿入した表記が用いられているが、他の史料では「昭和○○年○○月○○日に開催された第○○帝国議会に○○法案が上程された」というような形で一般に記述されていることから、本書では、帝国議会議事速記録の場合は「第○○回帝国議会」、本文での記述の場合は「第○○帝国議会」と表記した。

九、裁判所における刑の言い渡しにおいては、未決勾留日数の本刑参入の外、犯罪組成物件などの没収や、訴訟費用の被告人負担の点などについても言及されているが、本書では、紙幅の関係上、没収や訴訟費用などについては原則として割愛した。

十、カバー写真および以下の頁に掲載の写真図版は法政大学大原社会問題研究所に提供をいただいた。20、26上、46、163、167右上・下、252、270、309、346、477

はじめに

権利運動の危機

戦前・戦中のすさまじい人権弾圧への反省から日本国憲法は基本的人権の尊重を三大原理の一つとし、世界でも稀なほどの詳細な人権保障の規定を置いた。これらの権利の実現を国・地方自治体などの裁量に委ねるのではなく、国民自らが実現できるようにするための規定も置いた。「権利運動」に関する規定がそれで、勤労者の団結権、裁判を受ける権利、参政権その他が保障された。国民は大日本帝国憲法下の臣民のような「保護の客体」ではなく、「権利の主体」と位置づけられた。

しかし、今や時代が暗転しつつある。権利運動の危機が訪れている。そのための憲法全面「改正」も具体的な日程に上り始めている。失政を改めるのではなく失政に対する人々の不平不満を強権によって封じ込める。治安維持法の亡霊が再び為政者にとりつき始めている。権利運動の抑圧に回る市民も増加している。権利運動から翼賛運動への転換もみられる。ファシズムの予兆といってもよい。

治安維持法は決して過去の話ではない。古くて新しい問題だといえる。本書が治安維持法の制定過程および運用過程を詳しく検証し、そこから多くの教訓を導き出し、再発防止策などを検討するのもそのためである。多くの人にとって治安維持法は一見、無関係の存在に感じられるかもしれない。しかし、決してそうではない。私たちは誰であっても人権なしでは生きていけない。「権利の主体」こそは私たちの「人間の尊厳」の中核をなす。「保護の客体」に甘んじることはできない。権利主体性を奪われて生きていくことはできない。治安維持法がすべての人に関係する接点もそこにある。平和も逆説的だが私たちと治安維持法を結ぶ接点である。

ハンセン病者たちの作業ゼネスト

七十年前の戦時下の「専制と暴力」を象徴するひとつの事件を振りかえってみよう。一九三八（昭和十三）年一月、当時の陸軍大臣寺内寿一の提唱に端を発し、国民の体力向上、結核等伝染病への罹患防止、傷痍軍人や戦死者の遺族の福利等に関する行政機関として内務省から衛生局および社会局を分離する形で厚生省が設置された。厚生省は「聖戦」目的完遂の一助として人口の増殖と資源の向上を図るために「健民健兵」政策を採用した。

国のハンセン病政策も戦時色の装いを一段と帯びることになった。強制隔離政策を強化すべく、ハンセン病療養所はそれまでの公立から国立に切り替えられることになった。国立ハンセン病療養所の第一号は岡山県の長島愛生園で、愛生園は厚生省の創設に先立つ一九三〇（昭和五）年十一月に設置された。ちなみに、その前後には次のような出来事も起こっている。

一九二九（昭和四）年

三月五日　　　山本宣治殺害事件が発生
四月十六日　　共産党の一斉検挙事件（四・一六事件）が発生
七月一日　　　張作霖爆殺事件責任者の処分が発表（処分が軽すぎると天皇が田中義一首相を叱責）
七月二日　　　田中義一内閣が総辞職し、濱口雄幸内閣が成立
十月二十四日　ニューヨーク証券取引所で株価大暴落（世界恐慌の引き金になる）

一九三〇（昭和五）年

一月十一日　　濱口内閣の主導で金本位制に復帰（金解禁）

二月二十日	第十七回衆議院選挙（金解禁に代表される濱口内閣の経済政策や張作霖爆殺事件などをはじめとする外交課題の処理、軍拡問題、義務教育の国庫負担の是非などが選挙の争点で、与党の立憲民政党は単独過半数の二七三議席を獲得）
二月十七日	共産党（武装共産党）の全国一斉検挙が開始
四月二十二日	ロンドン海軍軍縮会議が終結
四月二十五日	統帥権干犯問題が発生
五月一日	川崎武装メーデー事件が発生
五月二十日	共産党シンパ事件で三木清らが検挙
五月三十日	朝鮮の豆満江を挟んで長延半島の対岸に位置していた間島で朝鮮人独立運動勢力による反日武装暴動（間島暴動事件）が発生
九月十日	米価大暴落
九月十四日	ドイツ総選挙でナチ党が躍進
十月十二日	間島暴動が再燃（約七千名が検挙され、七百名余りが治安維持法違反などで起訴され、うち二十二名に死刑）
十月二十六日	台湾霧社の現地人が反日暴動
十一月十四日	濱口雄幸首相暗殺未遂事件が発生

このような出来事のなかで「癩予防に関する件」（明治四十年制定）も一九三一（昭和六）年に全面改正され、名称も「癩予防法」と改められることになった。この法律の制定により、日本中のすべてのハンセン病患者を療養所に死ぬまで終身強制隔離できるようになった。この法律の制定に前後して地域住民や学校などからの密告などによりハンセン病患者を残さず余さず摘発し、隔離施設に強制収容して国内からハンセン病およびハンセン病患者を絶滅させようという目的で行われた官民一体の「無らい県運動」により、従来には

なかった新たなハンセン病差別・偏見が人々の間に生まれることになった。

この一九三一年九月には満州事変が勃発し、一九三七（昭和十二）年七月の盧溝橋事件を契機とする日中全面戦争、一九四〇（昭和十五）年九月の日本軍による北部仏印進駐、一九四一（昭和十六）年十二月の真珠湾攻撃を契機とする太平洋戦争へと事態は急展開していった。

療養所の話に戻ると、「無らい県運動」などの結果、入所者が急増したことから入所者の処遇は悪化していった。入所者は処遇改善、作業賃金の増額、患者の自治制などを所長らに強く求めた。社会の権利運動の波は療養所のなかにも押し寄せた。そのようななかで長島愛生園で事件が発生した。入所者は一九三六（昭和十一）年八月十四日午後、大会を開き、次のことを決議した。

一、現在の処遇を改善させるため、現在入園者数に相当する予算示達を要求する。
一、作業賃金の増額を要求する。
一、患者の自治制を要求する。
一、光田園長以下三名の辞任を要求する。

園と入所者代表との最初の本格的な交渉は十七日の十時から十八時過ぎまで行われたが、進展は見られなかった。十九日からは堀部岡山県特高課長の斡旋により交渉が十日間にわたって続けられた。その結果、二十八日午後四時、園内礼拝所において入所者約六百名、奥村内務省理事官、岡村県警務課長、堀辺特高課長が出席するなか、園長示達事項を記載した文書が入所者代表に手渡された。次のような内容であった。

一、入園者全員をもってする自助会組織を認め、嘆願書事項中、自助会をして委譲しえる部分は、自助会をして自治的経営をせしめること。
一、前項委譲事項は奥村内務理事官の提示せる骨子として、事件解決後、少数代表者と園当局と協議決定するること。

一、嘆願書記載中、希望事項と認められる部分は、経費その他の事情を考査し、実現可能なものは速やかに実施すること。

一、定員三百十名増員を十一月から示達すること。

入所者は作業ゼネストを解除し、十七日間にわたる長島事件は終結をみることになった。当時、ハンセン病、近視、花柳病は戦争遂行を妨げる「三大国辱病」としてその撲滅が力説されていた。そのような軍国主義一色の時代にあって、作業賃金の予算化、自治権の擁立などを獲得した入園者たちの身を挺した闘いはいくら高く評価しても評価し過ぎるということはない。

しかし、これで問題が終わったかというとそうではなかった。事件の表面上の責任追及は行なわれなかったが、職員による事件首謀者に対する警戒、弾圧、嫌がらせなどがその後、日常化したからである。嫌がらせは医療行為にも及び、これに耐え切れず自殺する者もあらわれた。

患者運動の一大成果というべく、一九三六（昭和十一）年十二月一日に発足した自治組織「自助会」も国家総動員法（昭和十三年四月一日公布）による国家統制のなかでわずか三年五か月で自ら解散を余儀なくされることになった。

栗生楽泉園重監房の設置

一九三六（昭和十一）年十月に開催された全国療養所所長会議では長島事件が問題とされ、「らい患者の懲戒に関する件」が討議された。「らい刑務所の設置、不良患者の特殊療養所の設置を要求する」旨の決議が行われた。内務、司法両省は特別刑務所（「特別病室」）を群馬県の栗生楽泉園《くりうらくせん》に設置することを決定し、「特別病室」は一九三八（昭和十三）年に設置された。

「特別病室」は八室あり、各々が独立しており厳重な施錠がなされた。各室とも四畳半に足らず、板張りで用便のための穴があった。小さな窓があるだけで光も十分に差さず昼も暗かった。冬季には気温がマイナス十七度にも下がる外気がめし箱用の出し入れ口から遠慮なく入り込んだが、暖房器具もろくな防寒具ももちろんなかった。その実態は「重監房」であった。

「重監房」は全国の療養所で不良患者とみなされた入所者の監禁施設として利用された。「草津カンゴク」「草津行き」という言葉まで生まれた。「特別病室」に監禁された九十二人の監禁期間は平均四十日で、懲戒検束施行規則で定められた二か月の制限期間を超えて監禁されていた者も多く、最長は一年半にも及んだ。発表された記録に基づくと収監者総数は九十三名で、うち十四名が監禁中または「特別病室」から出た当日に死亡している。監禁と死亡との間に密接な関係があると厚生省が認めた者は十六名に上る。

その後は社会と同様に療養所内でも権利運動に代わって体制翼賛運動が拡がることになった。入所者翼賛協会などの招きで軍高官が療養所を訪れ、「祖国浄化の戦士」たるべしと説くような時代にどの園も入っていった。戦時下、入所者はより貧しい生活を強いられたが、その入所者から戦費のための募金を集めることさえも行われた。必勝祈願の神社も園内に設置され、入所者に参拝が強請された。空襲が激しくなると防空壕も患者作業で掘られた。内地の療養所と異なり韓国の国立ハンセン病療養所では入所者が作った農作物等は日本軍に没収された。そこではハンセン病療養所といえども植民地施設であった。

権利主体ではなく保護の客体

ハンセン病療養所の置かれた「専制と暴力」の状況は療養所の塀の外の世界も同様であった。当時の日本は国際的に孤立するなか、「神国日本」などといった精神的な塀に覆われていた。戦時体制はこの精神的な塀をますます高く厚くした。「臣民の道」が強請され、塀の外に出ようとする者はいかなる者でも「非国民」とされて投獄された。左翼活動家、組合活動家、社会活動家、学者・文化人、学生、宗教者、労働者、女性その他、誰であっても処遇改善、作業賃金の増額、自治制の要求などの権利運動を行った者たちは「非国民」の扱いを受け、投獄された。ハンセン病療養所入所者との違いは刑事裁判を経るか経ないかだけであっ

鐘樓に叫ぶ

癩患者のハン・スト不穏

【岡山電話】待遇改善、院長排斥の要求に端を發した長島愛生園の癩患者爭議は要求の拒絶から十八日朝來ハン・ストに移り光ケ丘恩賜の鐘を中心に集まつた七百名の爭議團は饑餓に迫られ乍ら何れも絶食、悲壯な氣勢は漲りを示してゐる、岡山縣下各署から應援の警官六十名も僅に遠巻きにしてゐるのみで患者の中の急進分子は鐘樓の高塔に上つて煽動演説を行ふ等不穏な空氣のうちに十八日も暮れた光田院長、岡山縣當局及び內務省から出張の奧村理事官らは愛生園事務所で協議してゐるが適當な解決策なく結局內務當局の意思に基き弾壓に出るのではないかとみられてゐる

【寫眞は患者が屯ろして烽火を擧げてゐる光ケ丘…電送】

1936年8月19日　読売新聞朝刊

菊池恵楓園監禁室　1945年

戦後、監禁室の中に立つ多磨全生園の療養者
撮影／趙根在　提供／国立ハンセン病資料館

た。

この臣民を投獄するための根拠法として刑罰法令が整備された。なかでも猛威を発揮したのが一九二五（大正十四）年四月に制定され、一九四一（昭和十六）年に全面改正された治安維持法であった。ハンセン病療養所入所者の権利運動の盾になったのが重監房であったが、戦時下の臣民の権利運動の盾になったのが治安維持法であった。権利運動はいかなる権利運動でも認められなかった。臣民は「権利の主体」ではなく天皇制国家の恩恵に浴するだけの「保護の客体」に過ぎなかった。大日本帝国憲法が規定する「臣民の権利」とはこのようなものであった。植民地では独立運動を抑圧するために治安維持法が用いられ、内地では宣告が自制された死刑も言い渡された。

治安維持法の廃止と風化

連合国軍最高司令官総司令部（ＧＨＱ）は一九四五（昭和二十）年十月四日、東久邇宮稔彦王《ひがしくにのみやなるひこおう》内閣に対しポツダム宣言の「民主的傾向の復活・強化」を求める人権指令「政治的、公民的及び宗教的自由に対する制限の除去に関する総司令部覚書」を通牒した。しかし、東久邇宮内閣はその実行は不可能だとして翌日、総辞職した。

十月九日、幣原《しではら》喜重郎が連合国軍最高司令官マッカーサーにより就任を了承されて内閣を組閣した。幣原内閣はＧＨＱの指令に従って翌十日、獄中の共産党員ら約五百名を釈放した。十五日には「ポツダム宣言の受諾に伴ひ発する命令に基く治安維持法廃止等」（昭和二十年勅令第五十五号）により、治安維持法および思想犯保護観察法（昭和十一年五月二十九日公布）を廃止した。特別高等警察に対しても解散を命じた。

政府は面従腹背、ＧＨＱの指示に従って治安維持法を廃止しても、敗戦に伴う大混乱を口実に治安維持法の下で生み出された諸制度を新刑事訴訟法（昭和二十三年七月十日公布）の規定の中に潜り込ませることなどによって戦後も温存する政策を採用した。捜査段階の捜査官作成の自白調書に証拠能力を付与することなどがそれであった。これらは日本国憲法に明らかに抵触したが、刑事訴訟法の規定に添うべく憲法を解釈改憲することによってその合法化を図った。裁判所もこれに協力した。ただし、表立っては治安維持法との関係は隠蔽ないし否定された。

戦後の法学界が治安維持法の研究に関心を示すことはなかった。日本国憲法の制定によって戦前と戦後は切断されたと考え、治安維持法の「残照」がみられるなどとは想像もしなかったからである。それは政府の右のような態度と相俟って治安維持法の（記憶の）風化に寄与した。

治安維持法を積極的に肯定する声は決して小さくはない（清水幾太郎『戦後を疑う』（講談社、一九八五年）など参照）が、否定されるべき戦前の代名詞として「稀代の悪法」と酷評されるのが一般的である。ただ、この議論はもっぱら歴史学や政治学などにおいてなされており、法学におけるそれは、奥平康弘編『現代史資料四五　治安維持法』（みすず書房、一九七三年）、同『治安維持法小史』（岩波現代文庫、二〇〇六年）などを除けば乏しい状況が続いてきた。治安維持法が刑罰法規であったにもかかわらず、戦後の刑法学がこの議論に関わることも、一部の研究（小田中聰樹『刑事訴訟法の歴史的分析』（法律文化社、一九七六年）、同『治安政策と法の展開過程』（法律文化社、一九八二年）、同『刑事訴訟法の史的構造』（有斐閣、一九八六年）などを参照）を除けばほとんどなかったといえよう。

そのことも与って治安維持法の話をすると、治安維持法は遠い昔の話であって今の私たちの生活とはもはや無関係だ、このような声がしばしば聞こえてくる。一見、的を射ているようにも思われる。今や治安維持法の廃止から七十年も経過しているからである。これに共感する人も多いのではないかと推察される。

しかし、よく考えてほしい、果たしてそうだろうかと。遠い昔の話であって欲しいと私たちも切に願う。しかし、私たちは希望と現実が異なる場面にしばしば出くわす。治安維持法も残念ながら遠い昔の話になっていない。それが現実ではないか。それどころか「温存」を超えた新しい状況さえも生まれているのではないか。治安維持法の亡霊が為政者にまとわりつき、再び闊歩し始めているのではないか。

私とは無関係

為政者は治安維持法の制定および改正を正当化するために、治安維持法というのは共産党をはじめとする非合法左翼を取締る法律だ、一般の人には関係ない、こう吹聴した。これが人々の固定観念となり、それは今も残っている。そのために治安維持法の話をすると、治安維持法の亡霊がかりに闊歩し始めているとしても私は非合法左翼ではないから治安維持法とは関係がない。そう言う人は法律の非専門家だけではなく専門家の間でも少なくない。

しかし、ここでもよく考えてほしい。果たしてそうだろうか、事実は為政者の言うようなものだったのだろうかと。

アドルフ・ヒトラーの支持者だったが教会からのユダヤ人追放政策に反対して反ナチに転じ、反ナチ行動によって一九三七年から一九四五年までの間、ザクセンハウゼン強制収容所とダッハウ強制収容所に収容されたものの、虐殺をまぬがれ収容所から生還したフリードリヒ・グスタフ・エミール・マルティン・ニーメラー牧師は、「彼らが共産主義者を攻撃したとき」と題された詩のなかで次のように記している。

ナチスが最初共産主義者を攻撃したとき、私は声をあげなかった
私は共産主義者ではなかったから
社会民主主義者が牢獄に入れられたとき、私は声をあげなかった
私は社会民主主義ではなかったから
彼らが労働組合員たちを攻撃したとき、私は声をあげなかった
私は労働組合員ではなかったから
そして、彼らが私を攻撃したとき
私のために声をあげる者は、誰一人残っていなかった

（一九七六年にマルティン・ニーメラー財団により再編成された詩から）

人々が声をあげるのをためらうなか、ナチスの取締りは飛躍的に拡大していった。それは日本の治安維持法の場合も同様であった。治安維持法の適用対象は、①共産党関係者などから、②その「外郭団体」関係者などへ、そして、③労働組合を含む合法左翼関係者などとその「外郭団体」関係者などへ、④さらに、自由主義・民主主義・反戦主義などによる「サークル」活動関係者など、⑤新興宗教関係者などに、幾何級数的に拡大していった。これが歴史の真実であった。

あるデータを紹介したい（次頁）。昭和三年以降、同十八年に至る治安維持法被告事件の年度別処理人員表であるが、次のようになっている。

「左翼」関係者の検挙者数は一九三三（昭和八）年にピークを迎え、一万四六六二名を記録している。その後は減少に転じ、一九三八（昭和十三）年からは一千名を下回っている。これに対し、「宗教」関係者の検挙は一九三六（昭和十一）年から登場し、この年八六〇名、一九三九（昭和十四）年三二五名、一九三八（昭和十三）年一九三名、一九四二（昭和十七）年六三名、などとなっている。それ以外の「独立」（右翼）関係者の検挙者数がみられるようになるのは一九三七（昭和十二）年からであるが、一九四〇（昭和十五）年までは一桁で、一挙に増えるのは一九四一（昭和十六）年で二五六名を記録している。一九四二（年昭和十七）年も二〇三名となっている。ただし、「左翼」関係者と比べて圧倒的に少ない。検挙は氷山の一角ということであろう。

検挙者の幾何級数的な拡大によって「普通の人たちの普段の生活」が治安維持法で取締られることになった。それはこのデータからも垣間見れよう。いかなる人のいかなる言動といえども治安維持法の網から逃れることはできなかった。

昭和	分類	検挙（人）	処理（人）	不起訴／起訴（人）
三年	左翼	三四二六	七一三	不起訴（起訴猶予一六、無嫌疑一六八、其ノ他四） 起訴五二五
四年	左翼	四九四二	三六八	不起訴（起訴猶予二七、無嫌疑二） 起訴三三九
五年	左翼	六一二四	八〇九	不起訴（起訴猶予二九二、無嫌疑三八、其ノ他一八） 起訴四六一
六年	左翼	一万四二二	八三八	不起訴（起訴猶予四五四、留保処分六七、無嫌疑四、其ノ他六） 起訴三〇七
七年	左翼	一万三九三八	二一九八	不起訴（起訴猶予七七四、留保処分七一六、無嫌疑二四、其ノ他三七） 起訴六四六人
八年	左翼	一万四六六二	三八五〇	不起訴（起訴猶予一四七四、留保処分一〇一六、無嫌疑二二、其ノ他五三） 起訴一二八五
九年	左翼	三九九四	一九八六	不起訴（起訴猶予八三一、留保処分六二六、無嫌疑一七、其ノ他一六） 起訴四九六
十年	左翼	一七一八	五八一	不起訴（起訴猶予二六九、留保処分一八六、無嫌疑九、其ノ他四） 起訴一一三
十一年	左翼	一二〇七	三一七	不起訴（起訴猶予一五四、留保五三、無嫌疑一一、其ノ他二） 起訴九七
	宗教	八六〇	二四五	不起訴（起訴猶予一七四、留保処分三、無嫌疑七） 起訴六一
十二年	左翼	一二九二	五二五	不起訴（起訴猶予二九八、無嫌疑一五、其ノ他二） 起訴二一〇
	独立	七	〇	
	宗教	一三人（ママ）	四	不起訴（起訴猶予四） 起訴〇
十三年	左翼	七八九	六六九	不起訴（起訴猶予三八一、無嫌疑四三 其ノ他八） 起訴二三七
	独立	〇	五	不起訴（起訴猶予一、無嫌疑一） 起訴三
	宗教	一九三	〇	

十四年	左翼	三八九	五七二	不起訴（起訴猶予三八一、無嫌疑二四、其ノ他四） 起訴一六三
	独立	八	三	不起訴（起訴猶予三） 起訴〇
	宗教	三二五	二九九	不起訴（起訴猶予五六、無嫌疑一六、其ノ他二） 起訴二二五
十五年	左翼	七一三	三六五	不起訴（起訴猶予二三一、無嫌疑六） 起訴一二八
	独立	七	七一三	不起訴（起訴猶予八、無嫌疑三） 起訴一二
	宗教	三三	一八〇	不起訴（起訴猶予七六、無嫌疑一二、其ノ他三）
十六年	左翼	八四九	五四九	不起訴（起訴猶予二九一、無嫌疑五三）、起訴二〇五
	独立	二五六	九八	不起訴（起訴猶予六〇、無嫌疑九） 起訴二九
	宗教	一〇七	一二	不起訴（起訴猶予四、無嫌疑五、其ノ他一） 起訴二
十七年	左翼	三三二	六四三	不起訴（起訴猶予三一七、無嫌疑九五、其ノ他一四） 起訴二一七
	独立	二〇三	二八七	不起訴（起訴猶予一七九、無嫌疑四一、其ノ他五） 起訴六二
	宗教	一六三	一二四	不起訴（起訴猶予五二、無嫌疑九、其ノ他三） 起訴六〇
十八年	左翼	八七	六七	不起訴（起訴猶予三九、無嫌疑八、其ノ他二） 起訴一八
	独立	五三	六三	不起訴（起訴猶予三四、無嫌疑一三、其ノ他一） 起訴一五
	宗教	一九	三六	不起訴（起訴猶予一五、其の他二） 起訴一九

『現代史資料45　治安維持法』（みすず書房、一九七三年）六四六頁以下より作表

法曹は治安維持法の「生みの親」で「育ての親」

治安維持法については、先行研究によりさまざまな優れた分析がすでに示されている。

一九二五（大正十四）年の治安維持法律案を帝国議会に上程したのは憲政会総裁の加藤高明を首班とする護憲三派内閣であった。昭和三年改正法律案を議会に上程したのも政友会総裁の田中義一を首班とする政党内閣であった。これらの法律案の議会通過の衝に当ったのも与党の政党政治家であった。治安維持法を生みだしたのはまさに政党政治であった。

これに負けず劣らずに重要なのは大審院をはじめとする裁判所の役割である。立案当局によれば議会審議などにおいて裁判所が人権蹂躙のチェック機能を果たすから、たとえ治安維持法において抽象的な概念などが用いられていても問題はないと強弁された。この強弁の前では「濫用のおそれ」があるとの批判、あるいは「限定解釈」を施す必要があるとの批判は支持者を増やすことはできなかった。しかし、裁判所が現に果たした役割というのは人権蹂躙のチェックではなく、拡大解釈の域をはるかに超えた当局の「拡大解釈」にお墨付きを与えるための論理、概念を考案し、提供するということでしかなかった。

このような分析から学ぶべき点は多い。治安維持法研究にとって基点ともいうべきものであろう。問題は治安維持法の制定および改正を推進した人たちとはどのような人たちだったかという点である。政党政治家には弁護士＝在野法曹出身者も少なくなく、それらの人たちが有力な政党政治家として治安維持法の制定および改正にも大きな役割を果たしたからである。大正十四年の治安維持法律案の制定に奔走した司法大臣の小川平吉もその一人であった。昭和三年改正法律案の制定に尽力した司法大臣の原嘉道も在野法曹出身者であった。

それだけではなく、当局による法の著しい拡大解釈、法運用にお墨付きを与えたのも司法官という名の官僚法曹であった。なかでも検察官の比重が大きかった。治安維持法違反被告事件の刑事裁判は検察官主導の刑事裁判という色彩が濃厚であった。この検察官主導を担ったのは思想検事で、思想判事も思想検事に倣う形で誕生した。後には指定弁護人制度の下で弁護人もこの著しい拡大解釈、法運用の賛同者に加わることになった。

このようなことから本書では法曹は担い手の面でみれば治安維持法の「生みの親」でもあり「育ての親」でもあったという結論も導き出している。この結論は法曹のあり方を考えるうえで重要ではないかと思われる。法曹を「法の支配」と対極のこのような姿に追いやったのは何故か。法の制定、運用に関わるが故に法曹は悪法の「生みの親」、あるいは「育ての親」になる危険性を常に内包している。この危険性を制御するシステムを戦後の法曹は確立し得ているのか。これらの問題を解明することが法学の課題として浮かび上がってくるからである。

再発防止につながる検証

「負の遺産」の検証は再発防止と結びつくものでなければならない。この再発防止という観点から見た場合、治安維持法の検証は多くの問題を残しているといわざるを得ない。たとえば、治安維持法の制定および改正を阻止し得なかった原因は何か、何が欠けていたのか、何があれば阻止し得たのか、こういった疑問に対して答えるところはそう多くないからである。治安維持法の検証を通じて私たちが知りたい中心はまさにこの点ではないだろうか。本書で考えたいのもこの点である。

何が欠けていたのであろうか。何よりも欠けていたのは違憲立法審査制度であった。違憲立法審査制度がなかったために、たとえば、治安維持法は「悪法」で無効だ、新治安維持法の刑事手続規定は「悪法」で無効だといった主張が展開できなかった。

しかし、欠けていたのはそれだけではなかった。司法が「悪法」に対して防波堤になるために必要な司法の独立も裁判官の独立も欠けていた。弁護人が公判廷で「悪法」の適用と闘うために必要な弁護士会および弁護士の独立も欠けていた。被疑者および被告人が無実や量刑不当を訴えるために必要な防禦権保障も欠けていた。被疑者・被告人が、そしてその弁護人が当該刑事裁判の不当性を人々に訴えようとしてもその術がなかった。危険思想が裁判を通して人々に拡がることを防止するために、あるいは国家秘密が裁判を通して人々に漏泄することを防止するために、人々が裁判を傍聴することは厳しく規制された。裁判所の外で抗議集会を開こうとしても集会の自由は認められていなかった。たとえ集会自体は開けたとしても発言は禁止された。言論の自由は保障されていなかった。抗議の論稿を雑誌などで発表しようとしても出版の自由は認められていなかった。研究者が「悪法」批判を主張するために必要な学問の自由は認められていなかった。臣民の権利には法律の留保が付されており、この法律の留保により臣民の権利は制限され剝奪された。

戦時下の厳しい言論統制下にあったマスメディアが治安維持法違反事件などの戦時刑事裁判を報道することももちろん規制の下に置かれた。被疑者、被告人および弁護人などの言い分を報道することは禁止された。片面的な報道しか許されなかった。この偏った犯罪報道によって「普通の人々」の「普段の生活」が恐ろしい「戦時犯罪者」の戦慄すべき「犯罪行為」に祭り上げられた。人々の間に「自分には関係のない話」だという誤解が拡がることになった。

このような事態は戦後は改善されたのであろうか。悪法を阻止するための武器を今の私たちは持ち合わせているのだろうか。武器を行使しているのだろうか。

治安維持法をめぐる風景

治安維持法の制定および改正に当てた焦点を拡大してみると、どのような風景、遠景が現れてくるのだろうか。

内政面での政府の度重なる失政は多くの人々を塗炭の生活困窮状態に追い込んでいった。戦争はこれに追い打ちをかけていった。満州事変以降の日本は一九三〇年代の世界不況からの脱出方法として大陸への侵攻の道を選んだ。しかし、それは国際的な孤立化を招き、日中戦争も泥沼化していった。国際連盟脱退にも追い込まれた。経済的苦境に陥った日本は軍事的解決への依存をますます強め、ナチス・ドイツ、ファシスト・イタリアとの三国同盟の道を選択した。しかし、事態はますます悪化し、石油禁輸などの国際的な厳しい経済制裁を受けることになった。これに対抗して最後の手段として英米などとの全面戦争の道に踏み切り、敗戦と占領という破局を迎えた。人々の間に失政への、そして戦争への不平不満が蓄積されていった。

他方で、さまざまな対立も人々の間で生じることになった。権利運動対翼賛運動という対立もその一つであった。法曹も階層分解していった。大学人も大学の自治を守ろうとする大学人と政府支配を受け入れようとする大学人とに分解していった。政府が統治のために意図的に作り出した対立も少なくなかった。内地人に対する外地人という対立もその一つであった。家長の権限が強化された結果、家長と家人の溝も深まった。「日本的なもの」と「非日本的なもの」との区別も強調された。何よりの対立は戦争対講和であった。

政府は、社会の遠心力が強まっており国は危機にあるとして、国家に「専制と暴力」のための強大な権限を付与することによって求心力の著しい強化を図ろうとした。これらのための戦時法制の整備が進められた。戦時治安法制の中核となったのが治安維持法であった。

臣民のなかにも国に協力する者が出はじめ、その輪を急速に拡大していった。教育勅語や隣組、愛国婦人会、在郷軍人会など、さまざまな生活や学校のなかにはりめぐらされた組織や規制によって、「長いものには巻かれよ」的な消極的な賛同、「非国民」「アカ」とレッテル貼りされることへの恐怖、事なかれ主義による「自制」（自己抑制・自己規制）により、みなが同じ色に染まっていった。「生活の中のファシズム」、「草の根ファシズム」が進行していった。これに反対する者は社会から孤立し、治安維持法違反で取締られても擁護されずにむしろ「当然の報い」だと社会的にバッシングされた。人々の対立が国を後押しし、ファシズムの温床となった。

焦点を拡大するとこのような風景、遠景が浮かび上がってこないだろうか。本書が治安維持法の検証を行うにあたって視野に置くのもこのような風景、遠景である。このような背景のなかで治安維持法の制定および改正が行われていくのである。

本書のねらい

どうすれば治安維持法の再発を防止し得るのか。このような問題意識に基づいて治安維持法の制定と運用の過程を、人間の姿が見えるようなかたちで記述することにより「稀代の悪法」がどのように実行され、国を破滅の道へと追い込んでいったかを描写し、かつ法学的に検証したいというのが本書のねらいである。制定過程の検討に当たっては帝国議会での審議を中心に見ていくことにしたい。運用過程の検討に当たっては大審院判例を中心に見ていくことにしたい。

これらの検証は刑法学こそがよく為し得なければならないところのものだといえよう。右の制定過程、運用過程において論議の中心を占めているのは「死刑」の是非であり、また、犯罪は「法益」侵害の「結果」をもたらし得るような行為でなければならないという「行為」原則ないし「侵害」原則や、故意・過失がなければ刑事責任を問いえないという「責任」原則や、何が犯罪行為であるかは法律であらかじめ明確に規定しておかなければならないという「明確性」原則などに関わるからである。治安維持法については優れた先行研究は少なくないが、これらの点についてはいまだ検討の余地が少なくないように思われる。

右の検証を通じて、治安維持法が表では共産党など非合法無産政党の取締りを掲げながら実際はこうした政党は姿を消していたことから、じつは一般国民の統制、なかでも失政の見直しを政府に求め、この見直しを自らの手によって実現しようとする権利運動と反戦運動などの抑圧を目的にしていたことを実証したいというのも本書のねらいである。治安維持法と無関係な人はいなかった。普通の人々の「普段の生活」が治安維持法の標的にされたということが数々の具体例をもって示されることになろう。

治安維持法は「負の遺産」だが教訓を引き出そうとする者には「宝の山」ともいえる。それを通じてあるべき国家とは、あるべき法とは、あるべき裁判とは、あるべき社会とは何かが見えてくるからである。治安維持法の制定過程および運用過程の検証を通じて多くの教訓を導き出したいというのも本書のねらいである。現状はこの教訓の抽出がまだまだ不十分なように見受けられる。日本の刑事裁判が陥っている「構造的な冤罪」の治癒にとって特効薬となり、真の司法改革にとって「導きの糸」になることであろう。この教訓を生かしていくことは治安維持法の犠牲者に対して負うべき私たちの責務なのである。

これらの検証と教訓を現状分析に活かして現在の社会がふたたび治安法制の制定に向かっていることにつ

いて専門の刑事法、あるいは人権法の立場から警鐘を鳴らしたいということも本書のねらいである。そこでは差別や格差、マイノリティや弱者の現状などを見据え、また人権の意義はどこにあるのかを問い直しつつ、治安維持法の亡霊が再び為政者にとりつき始めているのはなぜか、その原因と背景などが検討されることになろう。

実名の引用

「負の遺産」の検証は被害者の名誉回復、被害救済に結びつくものでなければならない。この名誉回復に関わって最後に付言したいことは実名の引用である。判決・決定に記載の被告人名などについてはそのままの引用を避けるのが一般的である。しかし、本書では異例であるが冤罪被害者の名誉回復という意味を込めてそのままの引用とさせていただくことにした。名前は存在の証しである。御諒承いただければ幸甚である。被害者の名誉回復、被害救済が一日も早く実現されることを願ってやまない。本書がその一助になれば幸甚である。

紡績染物労働組合発会　大阪　1928 年

第 7 回メーデー　東京　1926 年

第一部　治安維持令と治安維持法

一九二二（大正十一）年

二月十八日　過激社会運動取締法案の提出（審議未了で廃案）
三月三日　全国水平社の創立
四月九日　日本農民組合の創立
七月十五日　日本共産党が非合法に結成

一九二三（大正十二）年

四月　日本共産青年同盟の結成
六月五日　第一次共産党事件が発生
九月一日　関東大震災が発生
九月二日　戒厳令（勅令第三九八号）の布告
九月四日　亀戸事件が発生
九月七日　勅令「治安維持の為にする罰則に関する件」（第四〇三号）の公布
九月十六日　甘粕事件が発生
十二月二十七日　虎ノ門事件が発生

一九二五（大正十四）年

三月七日　治安維持法律案が衆議院で可決
三月十九日　治安維持法律案が可決成立
四月二十二日　治安維持法（法律第四六号）の公布
五月十二日　同法が施行
五月八日　勅令「治安維持法を朝鮮・台湾及樺太に施行する件」（勅令第一七五号）の公布
五月十二日　同勅令が施行
五月二十四日　日本労働組合総評議会（評議会）の結成
一月一日　農民労働党が創立（即日禁止）
十二月一日　京都学連事件（翌年四月二日まで）が発生

一九二六（大正十五）年

三月五日　労働農民党の結成
十二月四日　日本共産党第三回大会が開催（共産党再建）
十二月五日　社会民衆党の結成
十二月九日　日本労農党の結成

一九二七（昭和二）年

七月十五日　コミンテルン日本問題特別委員会で二七テーゼが採択
十一月　旭川集産党事件が発生

一九二八（昭和三）年

二月一日　日本共産党機関紙「赤旗」の創刊
二月二十日　衆議院議員普通第一回選挙の実施
三月十五日　第二次共産党事件（三・一五事件）が発生
三月　全日本無産者芸術連盟（ナップ）の結成（機関紙「戦旗」の刊行）
四月十日　労農党外二団体に結社禁止処分
五月二十六日　思想係検事事務分掌基準が策定

緊急勅令「治安維持の為にする罰則に関する件」（大正十二年九月七日勅令第四〇三号）

出版、通信其の他何等の方法を以てするを問わず、暴行、騒擾其の他生命、身体若《もしく》は財産に危害を及ぼすべき犯罪を煽動し、安寧秩序を紊乱する目的を以て治安を害する事項を流布し又は人心を惑乱する目的を以て流言浮説をなしたる者は、十年以下の懲役若は禁錮又は三千円以下の罰金に処する。

附　則

本令は公布の日より之を施行する。

「治安維持法」（大正十四年四月二十二日法律第四六号）

第一条　国体（原案にあった「若《も》は《し》政体《く》」は削除―引用者）を変革し又は私有財産制度を否認することを目的として結社を組織し又は情を知って之に加入したる者は、十年以下の懲役又は禁錮に処する。
前項の未遂罪は之を罰する。
第二条　前条第一項の目的を以て其の目的たる事項の実行に関し協議を為したる者は、七年以下の懲役又は禁錮に処する。
第三条　第一条第一項の目的を以て其の目的たる事項の実行を煽動したる者は、七年以下の懲役又は禁錮に処する。
第四条　第一条第一項の目的を以て騒擾、暴行其の他生命、身体又は財産に害を加えるべき犯罪を煽動したる者は、十年以下の懲役又は禁錮に処する。
第五条　第一条第一項及前三条の罪を犯さしめることを目的として金品其の他の財産上の利益を供与し又は其の申込若は約束を為したる者は、五年以下の懲役又は禁錮に処する。情を知って供与を受け又は其の要求若は約束を為したる者、亦同じ。
第六条　前五条の罪を犯したる者、自首したるときは其の刑を軽減又は免除する。
第七条　本法は、何人を問わず、本法施行区域外に於て罪を犯したる者に亦、之を適用する。

附　則

大正十二年勅令第四百三号は之を廃止する。

第四十七帝国議会（臨時会）

会期：一九二三（大正十二）年十二月十一日－二十三日
主要政党：憲政会、立憲政友会、革新倶楽部など。政党内閣ではなく「薩派」内閣
主要大臣および関係政府委員
総理大臣　山本権兵衛（革新倶楽部、元海軍大将）
内務大臣　後藤新平（元台湾総督府民生長官・満鉄初代総裁）
逓信大臣　犬養毅（革新倶楽部、政党政治家）
司法大臣　田健次郎（立憲政友会、元逓信次官）
平沼騏一郎（立憲政友会、元司法官僚）
文部大臣　犬養毅、岡野敬次郎（元法制局長官）
陸軍大臣　田中義一（元陸軍大将）
海軍大臣　財部彪（元海軍大将）
内閣書記官長　華山資英
内務省警保局長　後藤文夫、岡田忠彦
司法省刑事局長　林頼三郎

第五十帝国議会（通常会）

会期：一九二四（大正十三）年十二月二十六日－一九二五（大正十四）年三月三十日
主要政党：憲政会（与党・護憲三派）、立憲政友会（同）、革新倶楽部（同）、政友本党、中正倶楽部
主要大臣および関係政府委員
総理大臣　加藤高明（憲政会総裁、元外務官僚）
内務大臣　若槻礼次郎（立憲民政党、元大蔵官僚）
逓信大臣　犬養毅（革新倶楽部、政党政治家）
司法大臣　小川平吉（立憲政友会、元弁護士）
文部大臣　岡田良平（無所属、元文部官僚・京都帝国大学総長）
陸軍大臣　宇垣一成（元陸軍大将）
海軍大臣　財部彪（元海軍大将）
内閣書記官長　江木翼
内務省警保局長　川崎卓吉
司法省刑事局長　山岡萬之助

日本農民組合第四回大会　1924 年

関東大震災後、東京・神田－日本橋間の市電軌道の上に避難する人々　1923 年

第一章　治安維持令の公布

流言蜚語の取締り——契機となった関東大震災

一九二二（大正十一）年二月十四日、政友会を与党とする高橋是清内閣は過激社会運動取締法案を閣議決定し、同月十八日、第四十五回議会に提出した。[1] 法案は衆議院に先んじて貴族院に諮られた。貴族院で法案を批判したのは長年功労ある官僚や軍人から推薦された終身の勅選議員であり、その急先鋒は元内務官僚の伊沢多喜男であった。伊沢たちの執拗な批判は二度も法案を修正させた。その結果、当初の法案はすっかり骨抜きになった。[2] この修正案は貴族院を通過したが、法案が衆議院に回付された時点で議会は閉会となり、法案は廃案となった。

その翌年の一九二三（大正十二）年九月一日午前十一時五十八分、関東地方で激しい地震が発生した。関東大震災である。この大震災の死者・行方不明者は一四万二八〇七人に達した。第二次山本権兵衛内閣が発足したのは地震発生の翌日の九月二日夜のことであった。被災地の惨状を前に九月二日には戒厳令が施行され、軍と警察によって治安維持が行われた。しかし、被災地では朝鮮人が来襲するとの流言が広がり、自警団による殺傷事件が発生した。警察や軍も流言を否定せず、自らも殺傷に手を染めたとされる。[3]

司法省は緊急勅令を公布して流言蜚語を取締ろうとした。緊急勅令をリードしたのは第二次山本内閣の司法大臣田健次郎であった。田は自警団が「数百人」の朝鮮人を殺傷する状況を憂慮し、九月五日、議会が閉会中の緊急措置として緊急勅令の立案を部下に命じた。立案はもっぱら司法省が担い、内務省警保局は追認する立場をとった。司法省は起草にあたってイギリスの「危険思想宣伝取締法」や「危険思想教示取締法」（一九二二年、いずれも不成立）を参照したとされる。(4)

起草された「治安維持の為にする罰則に関する件」は、枢密院の諮詢を経て、帝国憲法第八条第一項に基づき、大正十二（一九二三）年九月七日、大正十二年勅令第四〇三号として天皇の裁可を得た。

こうして、大正十二（一九二三）年九月七日、緊急勅令「治安維持の為にする罰則に関する件（治安維持令）」が大正十二年九月七日勅令第四〇三号として公布された。緊急勅令は直近の議会である同年十二月に開会される第四十七回臨時議会で承諾を得る必要があった。憲政会は、次期議会で廃止することを条件に承諾を与えることに賛成した。政友会は緊急勅令を全面的に支持し、将来は単行法として制定することを希望した。司法省にとっても恒久の法律を制定することは望むところであったという。(5)

1　緊急勅令の形式を採用

勅令承諾を求める件の議会提出

政府は、「本勅令の承諾を求める件」を第四十七回帝国議会に提出した。一九二三（大正十二）年十二月十四日に開催された貴族院本会議において、国務大臣（司法大臣）平沼騏一郎*は次のように理由説明を行った。

唯今問題と相成りました治安維持の為にする罰則に関する緊急勅令に付きまして理由を申し述べます。此《この》緊急勅令は今回の未曾有の変災の為に一部人心甚しく不安に陥りました際に当りまして、或は之に乗じまして、国家社会の安寧秩序を紊乱し、人心を惑乱するが如き行為を敢てするの虞がありましたるため、之を防遏《ぼうあつ》いたします為に発布せられたのであります。政府は、此緊急勅令が此際に当りまして、治安維持上に相当の効果のありましたことを認めて居ります。

而《しこう》して今日は震災直後に比較いたしますれば、社会の状態は余程平静に赴いて居りますけれども、災火の跡は未だ復旧いたしませぬ。而《しか》も余震なお熄《や》みませぬ為に、人心未だ全く状態に復して居ると云う次第ではございませぬ。なお今後に於きましても此勅令の必要は依然として継続いたして居る次第と考えますから、憲法第八条第二項に依りまして本案を提出いたしました。何卒、此勅令に対しましては承諾を与えられんことを切望いたします。(6)

江木翼議員の質問――震災の為だけか

貴族院では、「勅令第四〇三号に関する特別委員会」への付議に先立って、この理由説明について、次のような質問が江木翼**議員から、出された。

唯今、司法大臣の述べられた所を見ますと、明らかに震災に限るんである。此震災に関する影響が終息いたした場合に於ては、此勅令は固《もと》より必要ないのである。こういう意味に述べられたのでありますが、果して左様な御意味合でございましょうか。多少、私は懸念を持つのでございます。昨年でございましたか、一昨年でございましたか、本院にても非常なる論議を重ねました所の例の過激思想《ママ》取締法案。遂に不議了に終りました所の議案の条項の一部と云うものが本案の中に這入って居ると思うのでございます。まさか政府に於て此場合に災厄を藉《か》

---

*平沼騏一郎（ひらぬま・きいちろう）
一八六七（慶応三）－一九五二（昭和二十七）年
岡山県に生まれた。一八八八（明治二十一）年三月、帝国大学法科大学（のちの東京帝国大学法科大学）を卒業し、司法界に進んだ。一九一〇（明治四十三）年の大逆事件では検事として幸徳秋水らに死刑を求刑した。東京控訴院部長、大審院検事局検事、司法省民刑事局長、司法省事務次官、大審院検事総長、大審院長などを歴任した後、一九二三年九月、第二次山本権兵衛内閣で司法大臣に就任した。極端な国粋主義者で、国本社を設立し、社会主義のみならず、民主主義も危険視した。その後、貴族院議員、枢密顧問官、枢密院副議長、議長などを経て、一九三三（昭和八）年一月、第三十五代内閣総理大臣に指名され、平沼内閣を組閣した。戦後はA級戦犯として極東軍事裁判で終身刑を言い渡され、獄中で没した。

**江木翼（えぎ・たすく）
一八七三（明治六）－一九三二（昭和七）年
山口県に生まれた。一八九七（明治三十）年三月、東京帝国大学法科大学を卒業し、同年五月、のちに枢密院顧問官、文部大臣、貴族院議員となる江木千之の養子となる。大学院で学んだ後、内務省に入省し、法制局参事官、内閣書記官を経て、第三次桂太郎内閣、第二次大隈重信内閣、加藤高明内閣で内閣書記官長などを務め、官僚政治家として台頭した。一九一六（大正五）年から貴族院議員に勅選された。その後、加藤高明内閣および第一次若槻礼次郎内閣で司法大臣、濱口雄幸内閣で鉄道大臣を務め、ロンドン軍縮条約の成立に尽力した。

りて宿昔《しゆくせき》の希望をば遂げようという意味に於て、此勅令を御発布になったものではあるまいと思いますが、多少懸念がございまして、唯今、司法大臣の御述べになりました如く此際に限るのである、是は総ての状態が平静に復した場合に於ては之が廃止の法律案を出す、こういう御趣意であることと承わりますが、果たして左様でございましょうか。此点を念の為に承わって置きたいのであります。(7)

この質問に対し、平沼は、次のように答弁した。

固《もと》より此《この》緊急勅令を発布いたしました際は御承知の通りの状態の場合でございます。此状態が此緊急勅令を発布するの必要を生じましたことは申すまでもないのであります。此内容の緊急勅令は固より此震災に依りましたる所の状態の持続する間、此必要を認めるのでございます。併《しか》しながら先刻江木君より御引用になりました法律、かくの如き内容の法制を必要とするや否やと云うことは全く是とは問題は別でございます。決して政府は震災に乗じましてかくの如き内容を有する所の法制を定めた、こういう次第ではございませぬ。此緊急勅令は全く震災に依りまして其必要を認めて公布したものでございます。(8)

2 貴族院の審議

司法大臣から理由説明

貴族院の同特別委員会は、翌十五日に開会された。会議の冒頭、平沼から、重ねて、次のような理由説明が行われた。

此緊急勅令は、本会議に於ても申し述べましたる通り、今次の震災後、社会の状態に鑑みまして、治安維持のために誠に緊急必要なものと致して制定をせられたものでございます。随分此際に於きましては御承知の通り種々の流言蜚語《ひご》も行われました。又此際に於きましては得て種々不穏の行動も起り易い状態でございました。此取締を厳に致すと云うことが全体の治安を維持いたしまする上に於て最も必要であると云うことを考えまして之を制定いたしたのでございます。唯その適用に付きましては最も慎重に致しまして適用当を得ざる為に害の起りませぬことには、十分努めました積りでございます。

(中略)

今日は震災直後に比しますれば勿論人心も平静に復して居る次第ではございましょうが、併《しか》しまだまだ今日十分安定を得て居ると云うことは申されまいと考えるのであります。今日、本令を廃止するということに相成りましては、なお治安維持の上に於て遺憾の点が多くなることを憂うるのでございます。政府の見る所を以て致しましてはなお此種の非行を今後に於きましても十分に取締る必要がございます。本令を持続いたしまするることが最も必要であると考えて居りまする。右の次第でございますから、此緊急勅令に付きましてはなお将来に効力を持続せしむる必要ありとして承諾を与えられんことを偏《ひとえ》に希望いたしまする次第でございます。(9)

朝鮮人問題について質問

これに対し、阪本釤《せん》之助議員から、「其（本令違反の―引用者）十件内外のものが此中のどれに嵌《は》まって居る、若《も》しくは嵌まっている疑いに依て御審理中であるか、承ることが出来れば承りたい。それからも一つ、……朝鮮人問題の流言蜚語を放ったに付て手応えのした嫌疑者でもあって御審理中のものがあるかどうか」(10)という質問が出された。

これに対し、平沼からは、「十件の中、治安妨害に属しまするものは四件。犯罪、偏動《ママ》が一件。それから流言浮説、是は五件でございます」「流言蜚語の出処に付きましては、其当時の出処は正確に何人から出て居ると云うことは分りませぬのでございます」と答弁された。

平沼の答弁において注目されるのは、朝鮮人問題に関連して、「是（朝鮮人殺害、殊に朝鮮人と誤認して内地人を殺害いたしました如き事件―引用者）は、その当時の流言件語《ママ》の結果と致しまして、かくの如き事案の起りましたことは誠に遺憾とする所でございます」(11)としつつも、他方で、次のように釘をさしている点である。

朝鮮人の多数の襲来とか云うことは流言蜚語でございましたけれども、然《しか》らば全くこの朝鮮人の犯罪がなかったのであるかと申しまするると云うと、全くないのではない。随分この殺人、放火、殊に毒殺予備、井戸の中に毒を流すとか云う行為、それから爆発物取締罰則違反、銃砲火薬罰則違反、それから強盗強姦と云うような犯罪が、朝鮮人の犯したるものもあるのでございます。かくの如き事実が実際あったのでありまするから、これが根拠になりまして流言を生んだと云うことも一部に於てはあろうかと考えて居ります。このことも加えて申し上げて置きます。(12)

朝鮮人殺害問題の責任を朝鮮人にも負わそうとする政府の意図を垣間見ることが可能であろう。阪本も、これに応じ、「実際は多少そう云うことがあっても誇大に流言浮説したのは悪いけれども、根拠が多少あればこう云うこともあったと云うことを、も少し世人をして諒解せしめる必要があるだろうと思う(13)」と述べている。

「私共が疑いまする所は、警察官、憲兵なども当時に於ては流言蜚語の手伝をして居ると云うことはほとんど事実と見てよろしいのであります。で、是等も流言蜚語を為したるものとして唯今の五件の中に一つや二つは加わって居ります、或は是等は絶対に無いものと政府ではお認めになって居るのでありますか(14)」という阪本議員の重ねての質問に対しても、平沼からは、「この勅令の発布せられましたのは、九月の七日であります」、「この勅令に依って罰しましたる流言蜚語は震災当時のことには関係ないのでございます(15)」とだけ答弁されている。

なぜ刑法ではなく治安維持令を適用か

山田劔《つるぎ》議員からも質問が出された。「暴行をした、煽動をする。こういう場合に勅令四〇三号の違反者であるか、或は普通刑法に属すべきものであるかと云う区別は、どう云う所からするのでありますか。それを御尋ねいたします(16)」というのが、その質問の第一であった。

これに対しては、平沼から、「御尋ねの暴行の煽動と云う風なことに相成りますると、一般の刑法では教唆になりませぬと犯罪とこと《ママ》罰せませぬのであります。しかし今日の如き場合に於きましては、刑法上教唆の程度に至りませぬでも、苟《いやしく》もこの煽動、いわゆる、おだてると云う行為がございますれば、之を罰する必要がありとして、この勅令中に包含せしめました次第であるのであります」「この勅令公布後は普通刑法の犯罪よりか、多くはこの勅令で罰します方が重くなりますので、やはりこの重い方で罰しまするのが一般の例でありますから、この勅令の存しまする以上は、普通刑法を適用致しませぬで、この勅令の方を適用することになります(17)」と答弁されている。

もう一つの質問は、「暴行、騒擾其の他生命、身体もしくは財産に危害を及ぼすべき犯罪を煽動し起訴された事例は」というものであった。

政府委員から、「神戸の貧民部落で多数の者を集めて演説をして、そうして煽動をしたのであります。趣旨はこういうことを申して居ります。『資産家は泥棒するも罰せられざるに、貧乏人は生活に窮して泥棒するも直《ただち》に罰せられる。政府の作りたる法律は資産家の為の法律にして、貧乏人の為の法律に非ず。故に吾人《ごじん》はかかる法律に従う要なし。然《しか》るにこの社会は不条理なるものなるを以て、かかる社会は転覆して、吾人の希望する社会を造らざるべからず。元来、資産家は我々無産階級に属する貧乏人、労働者を苦め、絞り取り金持となりたる者なるを以て、資産家に対して殺人、強盗、詐欺放火等をなすも構わず、諸君、大《おお》いにやるべし』。こう云うような演説を致しまして、多数の者にかくの如き犯罪を煽動した結果になって居ります[18]」と答弁されている。

恒久法制定の必要

男爵千秋秀隆議員からも、「私共としても、将来効力あらしめると云うことは必要であろうかと思われるのでありますが、当局に於てもし具体的に、この勅令をなお引続いて効力あらしめる必要ありと云う、何か御考えがありましたらば、是を承りたいと思う。なおこの勅令をどの位行わねばならぬと云うようなことに付いても、御見当が付て居るのであれば、それを承って置きたい[19]」というように、政府を後押しする質問が行われている。

これに対し、政府委員からは、「具体的に、こうだから、あゝだからと云うことをちょっと申すことは出来ない。併《しか》しこゝに現実に一つ必要と云うことは、現在まだ継続して判決にならぬ事件が半数ばかり。此勅令が効力を失うと云うことになると、自《おのずか》ら是等の宣伝者と云うものは無罪と云うことになります。是は少なくとも今日に於ては、効力を失わしめると云うことは非常に困難な、非常に弊害を生ずると考えます[20]」と答弁されている。

政府委員の答弁で注目されるのは、併せて、緊急勅令に代わる恒久法の制定の必要性が説かれている点である。「この緊急状態から起りました勅令は、この今日のこの震災気分と云いますか、状態が適当に安定になった際には是は止めて、而して法律を以て恒久の規則を作りたいと云う考えを私は持って居ります[21]」と答弁されているからである。

特別委員会の意見は「この勅令は永久にか、暫時か、しばらく考慮を要しますが、とにかくこの際は承諾すべきものと認めます」というもので、特別委員会では、満場一致で、緊急勅令に承諾を与えることに賛成とされた[22]。

貴族院本会議で異議なしで承認

特別委員会からの本会議への報告は、十二月十七日になされた。伯爵副島道正委員長からの報告は次のようなものであった。

四〇三号について御報告を申し上げます。……当分之を継続したいと云う政府の希望でございます。之に対して二、三の質問がございました。第一に本令に触れたる所の犯罪の数はどれ位のものである。政府は之に答えて曰《いわ》く約十件である。それからしてその次は流言蜚語が震災後非常に盛んであったが、是の出た所は何処であるかと云う風な件等について質問がありました。……又、一議員は本令に触るる犯罪と、又刑法に触るる犯罪と同一の場合には、どちらに於て処分せられるのであるかと云うような質問もあったように記憶して居るが。それから又刑法の教唆と云うことと、勅令の煽動と云う意味について質問もありました。……それから又、本勅令を永く存続すると云う理由は何処に存して居るのである。今日人心は大分安定して居るのである。然《しか》るに之を今日まだ継続する必要があるかと云う風な質問がありました。……その外、或は刑量等に付き、或は朝鮮人の犯罪等について質問もありました。最後に……要するにこの勅令の効果が現れたと云う訳であるかと云う質問がありました。それに対して政府委員は実にその通りであると云う御答であります。討議に這入りまして、一委員から実にこの勅令を継続することは必要である、即ち継続せんことを希望する、異議はないと云う意見が出まして、満場一致を以て、是また承諾を与えることになりました。右報告申上げます。(23)

この委員長報告を受けて、質疑に移った。質疑では、花*井卓蔵議員から二度に亘る質問が行われた。

花井の質問内容は、本緊急勅令に承諾を与えることの是非についてではなく、「その将来に於ける効力の持続如何を政府の自由裁量と為して、政府の見る所に委せて、之を提出する、之を提出せずと云う取捨権を政府が有する規定は憲法には無いのであります。有り得べき筈がないのであります」というものであった。承諾を与えることについては、花井も賛成であった。

花井以外には発言はなく、議案の採決に移った。侯爵黒田長成《ながなり》副議長から、「大正十二年勅令第四百三号に対しまして承諾を与えて御異議ございませぬか」との問いかけがあり、「異議なし」と叫ぶ者があって、「御異議ないと認めます」と決議された。(24)

3 衆議院の審議

特別委員会へ付託

議案は衆議院に送付され、十二月十九日に開会された衆議院本会議で議案とされた。本会議での理由説明は、貴族院と同様、平沼からなされた。同議案は「大正十二年勅令第四〇三号（承諾を求める件）（治安維持の為にする罰則の件）

委員会」に付託された。同二十日および二十一日に開会された同委員会では質疑が、また、二十二日に開会された同委員会では討議および採決がなされた。

極めて悪立法ではないか

質疑で注目されたのは、横山勝太郎**委員と平沼および政府委員とのやりとりであった。

横山からは、次のような質問が二十日の委員会で出されている(25)。その第一は「危険至極な法文」ではないかという質問である。

> 今回の四〇三号の勅令と云うものは、何等の方法を以てするを問わずと云うことに、冒頭がなって居ります。何をやってもいかぬのである。そうすると云うと、是が適用を受ける国民から見まするに云うと、全く大きな網を張られて居る訳で、何処が罰せらるべき限界であり、何処が吾ゝの自由の範囲であるかと云うことを知るに、

---

*花井卓蔵（はない・たくぞう）
一八六八（慶応四）－一九三一（昭和六）年
広島県に生まれた。自由民権運動に参加したために小学校教員を免職され、再び上京して苦学しながら英吉利《イギリス》法律学校（のちの中央大学）を卒業し、二十三歳という最年少で代言人試験に合格した。弁護士として、足尾鉱毒事件（一九〇〇年）で弾圧された農民や大逆事件（一九一〇－一一年）の被告人の幸徳秋水の弁護をはじめ、日比谷焼き討ち事件（一九〇五年）、シーメンス事件（一九一四年）、米騒動（一九一八年）、満鉄疑獄事件（一九二一年）等、多くの重大事件の刑事弁護を務めた。そのために原嘉道《よしみち》と並ぶ在野法曹の雄と評された。
一八九八（明治三十一）年からは衆議院議員も務め、一九二二（大正十一）年からは貴族院議員に勅任された。議員職に専念し、一九二九（昭和四）年に弁護士登録を抹消した。議員として政府に対し鋭い質問を重ねたことから「歴代政府の鬼門」と恐れられた。その間、陸軍軍法会議法（一八九五年）の成立に関わり、法律取調べ委員として刑法改正案（一九〇六年）を作成もした。特筆されるのは否決されたものの普通選挙法案を衆議院に提出したことである。陪審法（大正十二年四月十八日法律第五十号）の成立にも関わった。

**横山勝太郎（よこやま・かつたろう）
一八七七（明治十）－一九三一（昭和六）年
広島県に生まれた。日本法律学校（明治三十六年から日本大学）を卒業後、判検事登用試験・弁護士試験に合格し、山口県で司法官試補を務めたが、三か月で辞職し、東京で弁護士を開業した。東京市会議員を経て、一九一七（大正六）年の衆議院議員選挙で当選し、国政に進出した。憲政党幹事、政務調査会長、幹事長などを歴任し、濱口雄幸内閣では商工政務次官も務めた。一九二六（昭和元）年には東京弁護士会会長に就任している。ちなみに、第五十五帝国議会の衆議院治安維持法改正法律案委員会の委員長を務めた横山金太郎議員は従兄弟。

極て迷惑至極の法文でありますが、かくの如き事柄は吾〻国民の活動を阻礙《そがい》致しまして、延《ひ》いて人心を委縮せしむる。極めて悪立法であると私は思料致すのであります。又、之を現実に適用すべき検察官に致しましても、そうだろうと思います。……何処までやれば罰するか、何処までが自由であるかと云うこの限界を知るのに甚だ困難なる条文であります。進歩したる立法例の上から考察致しますと、危険至極な法文であると、斯様《かよう》に思料致しますが、之に対する当局の意見は如何でありますか。之を第一に承りたい。

質問の第二は、「過激社会主義《ママ》運動取締法案と殆ど同一」ではないかという点である。

法律で以て余り言論を圧迫し、人が何をしても罰になるようなことをするのは、人心を委縮し恐怖せしむるの結果、人権擁護の任に当る者もその職責を尽すことが困難且つ危険を感ずるのであります。是は由々しき大事であります。しかし本案の如く何等の方法を以てすると雖《いえど》も罪となると云う。こう云う大きな網を張って置けば、予想しないものがこの中に這入って来ることになる。……この勅令四百三号と云うものは、曩《さき》に議会に提出せられたる過激社会主義《ママ》運動取締法案と殆ど同一である。……同工異曲であるということを茲《ここ》に私は申上げて憚《はばか》らぬ。前の内閣時代に於きまして行うことが出来なかった過激社会主義《ママ》運動取締法案なるものを、現内閣が震災を口実にして、それと同一の実を行わんとせらるゝものであると私は思料致します。……是等の事項について進んで司法大臣から御説を承りたい。

第三は、「刑が過重」ではないかという点である。

流言浮説を為したる者は、警察犯処罰令の規定に依ると、僅かな勾留《ママ》若《もし》くは科料で済むのであります。それを場合に依っては十年以下の自由刑に処す、又は三千円以下の罰金に処すると云うことでありますが、……如何に考えて見ましても、私は不都合な刑の過重であると考えます。……法律で以て……人民を威嚇するような立法を為すことは、此場合適当な処置とは言えないと考えます。之に就《つい》て御弁明を承りたいのであります。

第四は、「法文の意味」に関するものである。

「財産に危害を及ぼすべき犯罪を煽動し」と云う事柄

について御伺いしたい。……この犯罪と云うのは、勅令四〇三号以外の刑罰法規に於ける犯罪そのものを云うのでありますか。或は……必ずしも刑罰法規に触れるものでなくても、安寧秩序に害があるようなことを煽動すれば、それで特別に煽動罪が成立する意味でありますか。それを承りたい。それからその次に目的と云う字が二箇所あります。「紊乱するの目的」、「以て惑乱するの目的を以て」。この目的と云う字は、……是は単純なる犯意に非ずして進んで之を為す、積極的にこの目的を遂行すると云う意味の、犯意より一層進んだ、特段の意思を要すると云う意味に解釈すべきものでありますか。之を御答を願います。

濫用の危険性

第五は、この法律を「全国に及ぼす理由」についてである。

　それからこの法律を全国に及ぼす理由を承りたい。……震災地もしくは震災地に隣接する方面に適用して然《しか》るべきものと私は考える。……何も大阪とか神戸の方面に於ける犯罪まで範囲を拡張して、之を施行する必要はないと思います。……又、今日といえども全国に之を厳重に施行する必要ありと御考えになって居りますか。

　この緊急勅令を将来に持続せられんと云う御考えの中には、この事情の変更と云うことをも御斟酌になり、之を御考慮になって居るのでありますかどうであるか、之を承りたい。

　翌日の二十一日の委員会でも横山から次のような質問がなされている。(26) その第一は、質疑の在り方に関してである。

　一寸鵜澤（總明《ふさあき》―引用者）博士の演説の一部を茲《ここ》に御紹介申上げて、御記憶を喚起して置こうかと思います。……私は常に之を読んで敬服を致して居った一人であります。「……帝国議会に於て、議員の多くは、政権に有《あり》付くこと許《ばか》り考えて、警察法規に依りて憲法の与えた自由を奪わる、と云うことに気が付かず、之に皆盲判《めくらばん》を押して居る。……政治と云うものは一個人一個人の権利、或は自由を確保して、然《しか》る後、之を全般に及ぼして、始めて其目的を達し得らるゝものであると云うことを忘れて居る。何でも総体的に、何か時の内閣と一寸肝胆《かんたん》相照らすれば、政府の出した法律案には大概盲判を押す。……今日もそれをやる癖が付いて居る。偶々《たまたま》之に反抗すると随分むづかしい問題が起って来る。先づかくの如くして憲法の与えた各般の自由は次第に奪われつ、あるは、今日の憲法の状態になって居るのである。是は是非共、国民の覚醒を要する緊要の事柄である」。もう御忘れになったか存じませぬが、是は立派な書籍の中に残って居ります。……林（頼三郎―引用者）政府委員（司法省刑事局長―引用者）の御答弁の中に、この席に於て発表し難き事案があると云う御話がありましたが、もしこの捜査中に属する事でありますれば、是は已むを得ませぬが、その言明を為すことの難き事案か、既に法廷に於て審判を受けたものであると致しますれば、この際、御発表願って置きたいと云うことを切に希望致します。

質問の第二は、手続に関してである。

　この勅令の制定に付きましては、どう云う手続を経て為されたのでありますか、その顚末を承りたいと思います。私の聞く処に依れば、是は警保局の立案に係るものである。而《しこう》して司法省は単に之に一瞥をして発布の手続に至ったものである。……その点から申しましても、国民は之に対して甚だよろしき感情を持たぬ。どう云う手続に依られましたか、即ち丁重なる手続を執られて居るか、この点を御弁明を願いたい。

国民の自由を奪う必要があるのか

第三は、濫用の危険性に関してである。

　……この法律は一言にして申し上げると、警察官が人を引張って来るのに最も都合の好い法律である。実際の適用から云って何でも引張って来られる。……来年から適用になります刑事訴訟法の百二十三条であったと思います。是にも或る条件を具備した場合には、検事は判事の令状を持たずして被疑者を勾引することが出来るのであります。……この権能は警察官にも嘱託が出来ることになっている。そうすると警察署長なり検事と云うものは、常に裁判官の令状を持たないで、人を自由に拘束することが出来る結果になって、人権の上から申しても、余程考慮すべきものであると云うことを屢々《るる》私は申し上げた。……今度のは実体法上の上から、それが当然犯罪人として人を引張って来ることが出来る。……如何にもこの法文は不都合である。……（政府委員の―引用者）その御話だけでこの変体立法を将来に持続することを承諾することは、吾々非常に危険を感ずる。……この条文は解釈及び摘要《ママ》に於て全く専制政治と同様の結果になると思う。……こう云う穽《おとしあな》を作って国民の自由を奪うと云うような法律を必要とするとは考えられませぬ。

（中略）この頃は御承知の通り大抵警察に引張って行く。甚しきは……自分の私宅から人を勾引して置いて、何《ど》処《こ》々を徘徊して居ったから道路妨害だと思うことを、各府県全国やって居る。……全国に於ける法律の適用と云うものが、そう非常に円満に行って居ると思うのは非常に危険であると思う。……こう云う重大なる法律、必ず濫用が起って来ることは明瞭である。

安寧秩序と云う文字が使ってあります。その安寧秩序と云うこととの定義はどう云うことになって居りますか。

第四は、「元来、東京地方に於ける震災の為にできた法律と云うものが、二百里、三百里の先で厳重なる適用を受けると云う事柄が、既にこの法案の欠点である」という点である。

政府答弁――必要な立法と確信

これに対する平沼および政府委員の答弁は、次のようなものであった(27)。第一は字句に関してである。

（昨日の政府委員の―引用者）横山君の言わるゝ通り、この緊急勅令は行為の範囲も刑の範囲も広くしてあることはその通りでありますが、しかしこの種の立法に於てはその必要が大に存すると考えて、かくの如く制定した次第であります。左様御了承を願います。

横山君から種々範囲の不明確な点を挙げられましたが、多くは在来他の法令にもあります文句で、自《おのずか》ら適用の範囲については今日裁判例もあります。……（「前の内閣時代に於きまして行うことが出来なかった過激社会主義運動取締法案なるものを、現内閣が震災を口実にして、それと同一の実を行わんと」というような―引用者）横山君の述べられた如き意思は、毛頭、当局者は無かったと云うことを言明して置きます。

答弁の第二は厳罰主義に関してである。

社会を治めるのに刑罰のみでよろしいと云う考えは、無論、間違って居ると云うことは横山君の仰せの通りであります。……しかしながらこの勅令で定めました刑罰は、この当時の事情に照らしまして、かくなければならんぬと云うことを当局では確信致して居ります。……警察犯処罰令に定めてありまするのは、唯ゝ、人心を惑わすような流言浮説をした、それだけの事実であります。他に何等の目的を有するものではないのであります。この勅令を定めましたのは、明文にあります通り、「人心を惑乱するの目的」とあります。……非常に事情が重いのでありますから、警察犯処罰令で決めました事柄と、流言浮説と云うことは同じではありますけれども、その事情は雲泥の差があります。

(「財産に危害を及ほすべき犯罪を煽動し」と云う―引用者)犯罪とありますのは、無論刑罰の制裁のある不法行為、他の法令で犯罪と決めてあるものを云うのでありま す。それから、又目的を以てと云うのは、御尋ねの通り普通の範囲では足りませぬ。特別にそう云う目的のあることを必要とする趣意であります。

何故、震災地外にも適用するのか

第三は、何故、全国に適用かに関してである。

今回の震火災は、実に前古《ぜんこ》未曾有の事でありまして、この影響と云うものは単に震災地の地方的のものでございませぬ。殆ど全国に普及して居ると申してよろしいと思う。……或る土地を限定して之を行い、その他のものは行わぬと云うように定めると云うことは、却て不適当であると考える。それ故に地区を限定しなかった次第であります。

震災当時の事情と今日とは異なって居ります。なれどもなお未だ人心安定に帰して居らぬと云うことは、之を存続する必要なる理由でありまして、決して震災当時と全然同様であると云う理由ではないのであります。左様御承知を願います。

二十一日の委員会でも、答弁がなされている(28)。第一は「発表し難き事案」に関してである。

昨日林政府委員から発表し難い案件が一件あると申したのは、是は其中の事柄全部ではありませぬ。其中、一寸、申述べることを憚《はばか》る事柄がありましたので、是だけは此処《ここ》で言明することを避けたい、こう云うのでありま す。……是は事、宮廷内の事……であります。この事は言明を避けたいと考えます。

是は咄嗟の間、司法省の方で先づこの流言浮説等を取締ることが必要であると云うことを考えたのである。しかしながら固《もと》より咄嗟の場合であるし、調査委員会等の意見を徴するにも、取調委員を集めることも出来ない交通状態であった。……警保局長と私が内務省に行って共に案を拵《こしら》えたと云うような次第であります。

「濫用の恐れがないこと」についても重ねて答弁されて

いる。

法律の用語に於きまして、自分はそう問違を起し易いような汎博《はんぱく》な文字を使ってないと考えて居るのであります。是はこの前にも申し述べました通りであります。

改正刑事訴訟法は、人権尊重と云うことに非常に意を用いて居ります。……その濫用を防ぐ為には色々な制限――条件が附してあります。……この法令自体に於て是もそう云う心配はない。

勿論、刑事訴訟法にいわゆる、罪となるべき事実は之に入るのであります。随《したがっ》て裁判官が之を認定するは、証拠に拠って十分なる根拠の上に認定することは必要の事であります。

この緊急勅令に付きましても、それ等の点は余程注意をいたしました積りであります。

従来法令に於て使われて居る文字、判例に依って、今日に於てはほぼ意義は定まって居る。

今日法律を適用するに当りまして、決して貧富の差とか、或は貴賤の別とか、かくの如きことは眼中に置くべき理由もございませぬし、……一視同人《いっしどうじん》の大御心《おおみごころ》は、吾々当局者は之を奉戴致しまして、是は飽迄徹底させなければならぬことは責任であります。

起訴の必要のありませぬ事項は、……多くは之を不起訴にして居る。……法律の正面に照らして、犯罪であるからことごとく之を逮捕して、之を処罰しなければならぬと云う必要はないのである。……能《よ》く之を訓戒致しまして、再び罪を犯す虞《おそれ》は極めて少ないと見まして、是は多くは不起訴処分にして居るのである。

運用についても、「当局としては無論、この勅令が公布されまして、直《ただち》にその適用についての注意は十分致して置きました。それがため、今日迄現われた事実に依りますと、その適用の実際に関し不穏当な事はないと思います。将来に於ても出来る限り十分注意を怠らぬ積りであります」と答弁されている。

ブレーキのない自動車を走らせているよう

*高柳覚太郎議員（四三頁）と平沼との質疑も注目された。

震災に因る不安と云うものは、ほぼ、除去されて居るように考えますが、その点についてどう云う御考えを持って居られますか。

この勅令の適用を受けた件数、十件と云うが、其十件の場所は何処ですか、震災地、震災地以外、或はすぐ分って居りますれば、……その場所を御聞き申したい。それから……九月二十四日以後はこの適用を受けた犯罪は無かったのでありますか(29)。

このような高柳の質問に対して、平沼から、次のように答弁されている。

震災の影響と云うものは、まだ存続致して居りまして、今日、既に是は無くなってしまって居ると云うことには、自分共も考えて居らないのであります。

事件として調べましたのは、東京、横浜、浦和、甲府、神戸、福井だけであります。それから起訴致しましたのは二十四日迄であります。その以後起訴致しましたのはございませぬ(30)。

南鼎《てい》三郎委員の質問はより本質を突くものであった。

自警団と云うものが出て、良民を虐殺したり、或は労働運動に従事して居る者を捕えて虐待したり、朝鮮人を殺したと云うのは、主としてこういう勅令の出た結果であろうと考えます。……この自警団等が行った事柄が、官憲が主としてこの範を自警団に示したと云うのが多いのであります。……こういう非常な勅令を出す場合に、政府がこの事を取扱う当局者に対して何等かの制動になるような事、即ち「ブレーキ」作用を起すような法令……は、何等出て居らない。唯ゝ是は丁度自動車に馬力があって走るだけで、「ブレーキ」の無い自動車を走らして居るような勅令である。……この事を御尋ねしたい(31)。

しかし、これも、平沼からは、「この法律の適用に関係します官憲に対しては、それぞれ当局から訓令を発して居ります。検察官に対しても、警察官に対しても、十分その点は注意を致して居ります(32)」と答弁されただけであった。

なお、「(この勅令は─引用者)何時止めるのか」という黒住成章議員からの質問に対して、平沼から、「何月何日と云う勿論明確な御答は出来ませせぬが、そう一年半も二年も持続することを当局は考えておりませぬ(33)」と答弁されている。

いずれ廃止されるよう希望

二十二日の討議では、多くの議員から「当局に於きましても、その時期の早からんことを心掛けられて、之を廃止せられんことを希望致しまして、之に承諾を与えるべしと云う意見を申す次第であります」という意見が表明された。

横山議員も、「政府は本令適用上関係官憲に対し相当な手段を採り、かつ次の帝国議会に本令廃止の法律案を提出すべし」という条件の下で、承諾を与えることに賛意を表明した(34)。

これに対し、高柳は、承諾を与えることに反対の討論を行った。その内容は次のようなものであった。

今日に於ては梢々《しょうじょう》人心の不安は除去されて、先以《まず》て安定の域に達し得るものと私共は認める。多少の不安がありましても、この種犯罪、或は之に類似する犯罪がありましても、それはこの勅令を廃止されても全然不問に付するものでない。治安警察法と云い、新聞紙法と云い、警察犯処罰令と云い、是等法規の存するあって、この勅令無くても、それぞれの犯罪は刑罰に依って相当取締りが出来る。要するに刑罰の重き本勅令をなお存続するの必要が有るか無いかゞ問題であって、即ち之を廃するといえども相当取締りの出来る今日に於きまして、この勅令を存続する必要はないと信じます(35)。

南も、「現在既に人心が安定して、今日こういうようなものを存続せしむると云うことは、我が法治国としての非常な恥辱であると考える。……この意味に於きましても、私は是が廃棄を主張し、即ち承諾を与えざることに賛成である所以であります(36)」と述べて、反対の討論を行った。

春日俊文議員は、本案の承諾に賛成したが、それだけではなく、「かくの如く今日の思想に鑑みまして、この法令を廃止する域に到達したいと思う。その時になりましたならば、単行法を以て厳重に取締ることを希望して置きます」ということも付け加えた(37)。

討論の後、賛成多数で、特別委員会としては「承諾を与えるべしと決議された」。

「緊急」の勅令という自覚

特別委員会からの委員長報告は、十二月二十四日の衆議院本会議でなされた。この報告を受けて、直ちに討論に移った。討論では、委員長報告に反対という立場から、高柳、横山、南の各議員が反対意見を述べた。これに対し、委員

＊高柳覚太郎（たかやなぎ・かくたろう）一八六七（慶応三）－一九三七（昭和十二）年
静岡県に生まれた。一八九〇（明治二十三）年三月、東京法学院（明治二十八年から中央大学）を卒業し、その後、代言人の免許を受け、郷里の浜松市で弁護士として活動した。県会議員を経て、一九〇八（明治四十一）年の衆議院議員選挙に当選し、当選を重ねた。一九三三（昭和八）年、浜松市長に選ばれ、翌年まで務めた。

長報告通り本勅令に承諾を与えるべきだという意見が、黒住議員から示された[38]。

討論が打ち切られ、採決が行われたが、賛成の起立多数で、「本案は承諾を与えることに決しました」とされた。

本緊急勅令の規定で注目されたのは、同罪が「安寧秩序を紊乱する目的を以て治安を害する事項を流布し」または「人心を惑乱する目的を以て流言浮説をなしたる」という形で「目的犯」とされたことである。文言が抽象的であり、「宣伝」とよく似た不特定多数に対する「流布」や「流言浮説」を処罰することは、過激社会運動取締法案を彷彿とさせた。これによると、流言等を防ぐ目的を超えて、資産家や高官を狙った「不良の徒」を取締ることも可能であった[39]。

ただし、司法省と内務省にはあくまでも「緊急」の勅令という自覚があり、適用を限定するようにとの指示が出された。一九二四年末までの治安維持令の適用は二十件にとどまった[40]。

第二章　治安維持法の成立

一九二三（大正十二）年十二月二十七日、摂政として第四十八議会の開院式に出席のためお召自動車で貴族院に向かっていた皇太子の裕仁親王（のちの昭和天皇）を東京の虎ノ門外で社会主義者の難波大助がステッキ仕込み式の散弾銃で狙撃したという事件が発生した。世にいう虎ノ門事件である。(1)

責任をとって総辞職した第二次山本権兵衛内閣の後を継いで、枢密院議長の清浦奎吾《けいご》を首班とする清浦内閣が一九二四（大正十三）年一月に成立した。司法大臣の鈴木喜三郎は刑事局長の山岡萬之助に命じて治安維持法案を起草させた。司法省は国内に無政府主義や不敬思想が広まることを憂慮し、風説を広めるという意味で宣伝とよく似た「流布行為」を罰する新たな取締法を欲したからであった。(2)

しかし、その後、司法省は流布罪を主とする法案の作成を断念した。司法省が最終的に結社罪を主としたのは、その効果に大きな違いがないことを踏まえ、宣伝ではなく結社を罰することで個人の言論活動には深く立ち入らないというスタンスを示そうとしたと考えられている。(3)

同年五月十日の総選挙では政友会、憲政会、革新倶楽部からなる護憲三派が過半数を制した。元老の西園寺公望は憲政会総裁の加藤高明を首相に指名し、同年六月十一日、第一次加藤高明内閣が発足した。

司法省に後れて内務省に治安維持法案起草の動きがみられるのは同年十月末のことである。内務省もソ連とコミンテルン（共産主義インターナショナル）を警戒し、治安維持法に賛成したのであった。十一月下旬には司法省案が内務省に示された。司法省と内務省の交渉が長引くなか、仲介を図ったのが法令の審査を担当する法制局であった。一九二五（大正十四）年一月二十四日付で法制局案が示された。加藤内閣の意向を汲んで取締りを緩めようとしたものであったが、この法制局案に対し司法省と内務省は納得せず、二月上旬末までに合同案を作成した。法案が完成するかに見えたが、今度は護憲三派の内部で混乱が生じたといわれる。(4)

一九二五年二月四日、司法大臣の横田千之助（政友会）が急死し、後任の司法相には政友会の小川平吉が就任した。小川は、虎ノ門事件を契機として左翼に対する危機感を抱いており、治安維持法案に賛成していた。司法相となった小川は、若槻礼次郎内相と協力して、省庁間の調整や与党の説得に奔走した。

そして、加藤内閣は、二月十八日、治安維持法案の議会提出を決定した。

第6回メーデー　大阪・天王寺公園に向かうデモの先頭
1925年

1　衆議院に緊急上程

衆議院本会議での趣旨説明

二月十八日夕、法案は第五十帝国議会に提出され、翌十九日、衆議院に緊急上程された。衆議院本会議は、同十九日、同法案に関する第一読会を開き、政府の趣旨説明を求めた。若槻礼次郎*国務大臣（内務大臣）の趣旨説明は次のようなものであった。

我国に於きまして、無政府主義者、共産主義者その他の者の運動が近年著しく発展を見るに至りまして、殊に露国、独逸《ドイツ》の革命に関する過激なる情報は一部の者を刺激致しまして、その運動を一層深刻に導きたるの威があります。……しかのみならず、日露の国交も早晩回復をみるに至ることと存じますが、その結果は彼我《ひが》の来復頻繁となり、過激運動者は各種の機会を得るに至ることであろうと思われます。……然るに是等の行動に対する取締法規としては刑法、治安警察法、新聞紙法、出版法等が存して居りますけれども、その規定が不十分にして、屢々《るる》危険なる行動を全く取締り得ざる場合がありますのみならず、その罰則を適用し得る場合といえどもおおむね軽きに失しまして、罰則を賭して不穏なる行動を敢行せしめるの結果となり、為に取締りの実を挙げることを得ざるの憾がないではありませぬ。以上の理由に依りまして本法案を立案した次第でありますが、法案の内容は、万世一系の皇室を奉戴して居る、帝国の国体を変革しようとするような事柄、又明治大帝陛下の大御心《おおみごころ》に依って創定せられたる、我が立憲政体を変革して、議会否認をなすというような事をせんとするような事柄、又は私有財産制度を根本から否認して共産主義を行わんとするが如き、我が国家組織の大綱を破壊せんとするが如き、不法なる結社――その謀議と煽動及び叙上の犯罪を醸成

＊若槻礼次郎（わかつき・れいじろう）一八六六（慶応二）－一九四九（昭和二十四）年島根県に生まれた。東京帝国大学法科大学を卒業し、大蔵省に入省した。主税局長、大蔵事務次官を歴任し、一九一一（明治四十四）年、貴族院議員となる。第二次桂太郎内閣、第二次大隈重信内閣で大蔵大臣を務め、一九二四（大正十三）年、加藤高明内閣の内務大臣に就任した。普通選挙法の成立に尽力し、一九二六（大正十五）年、第二十五代内閣総理大臣に就任した。ロンドン海軍軍縮会議首席全権を経て、一九三一（昭和六）年、再び首相に就任した。日米開戦に反対し、開戦後は和平派の立場をとった。

すべき目的に出でたる金品利益の授受を禁じて、現今の過激なる社会主義運動中に存する、なお重大なる危険と弊害とを尠《すくな》からしめると同時に、一般社会を戒め、不穏なる行動に出づるが如き事を予防せんとするのが本案の趣旨であるのであります。(5)……

相次いだ質問

この趣旨説明に対し、多くの議員から質問が相次いだ。質問は、次のような内容であった。(6)

○今、大正の御代にまさに普通選挙を施行せられ、貴族院も改革せられんとする際に、何故そんなに慌《あわ》てて、そうして之を取締るような法規を必要とするのか。或る筋より何か交換的に条件を附けまして、已《や》むなくこういう法案を出したのではないか。

○人類の向上を図るについては、思索の自由を許して置かなければならぬのではないか。

○普通選挙を行うようになった今日であれば、思想は健全になり、本法は必要ではないのではないか。

○普通選挙を実行するようになったならば、斯様《かよう》な取締りは要らないのではないか。

○今日の露国政府の共産主義といっても、新経済政策を執った為に若干の私有を認めて居るのであるから、日露が往来を頻繁にした所が、政府の憂えるような共産主義の伝播は無いと思うがどうか。

○日露の国交が回復してからでもよろしいのではないか。

○過激社会運動取締法と治安維持法との違いはないのではないか。

○無産階級の人達が本法案の規定を誤解して居るが、誤解を除去する為に然るべき修正が必要ではないか。

○この法律を提出するについては、洵《まこと》に危険なる事柄が沢山ある。かえってそういうことはこの公開の席上で発表された方がよろしいのではないか。

○刑法その他の法律に遺漏があってこの法律を作るというならば、その根本の刑法なり、治安警察法なりに改正を加えたらよろしいのではないか。

○新聞紙法の改正の意見がないのに、治安維持法案の如き法案を提出する事は、考えの上に於て大なる矛盾があるように思うがどうか。

○「国体」「政体」「私有財産制度の否認」という事の意味が明瞭でないのではないか。

○法案が成立致しますと、直《ただち》にこの法律に依って制裁を加える者があったか否か。

○「煽動」を何故罰するか。教唆の程度まで行かない者を何故罰するか。
○本法に禁錮の外、懲役の刑を設けたのはどうか。
○「煽動」というのは「宣伝」と同一ではないか。
○本法が成立した場合に於ける影響として、真面目なる社会運動が妨ぐることがありませぬか。

2　特別委員会の審議

特別委員会に付託

この後、法案は治安維持法案特別委員会の審議に付託された。委員会は、二月二十三日、二十四日、二十六日、二十七日、三月三日、四日、六日と開かれた。二十三日の委員会では、質疑に先立って、議事進行に関して、中谷貞頼*委員から次のような発言があり、注目された。

この院内の形勢を見ますと、多数を有する与党三派の支持して居る政府の提案であります。而《しこう》して又、吾々に情報の伝える所に依れば、唯一の反対党たる政友本党もこの法案には強《しい》て反対でないということを伺って居ります。そう致しますると、院内の形勢は殆ど全部が本案に対して或は敬意を表し、或は反対をしないというような立場にあるのであります。しかし院外の形勢は院内の考えと同じでないので、吾々は議員の職責上、三派が政府を支持致して居りましても、この問題については十分に質問を致す積りであります。また、その同志も多数あるのであります。……本案について疑義を質《ただ》し、国民の自由について重大なる関係を有するこの案については、吾々の納得する迄は何日でも質問を重ねて応答を求めたいのであります。[7]

続いて、委員長の要請に基づき、小川平吉*国務大臣（司法大臣、五一頁）から提案理由の説明があった。[8] 理由の第一は対共産党である。

＊中谷貞頼（なかたに・さだより）一八八七（明治二十）－一九五四（昭和二十九）年　高知県に生まれた。東京帝国大学法科大学を卒業後、内務省に入省し、広島警察、東京警視庁勤務を経て、弁護士となる。一九一二（大正元）年九月に設立の日本活動写真（日活）の取締役に就任し、一九三四（昭和九）年、日活社長に就任した。その傍ら、一九二四（大正十三）年の衆議院議員選挙で当選以来、一九三六年の選挙で落選するまで、連続四期、衆議院議員を務めた。当初は憲政会に属したが、一九二八年の選挙では立憲政友会から立候補した。

　近頃社会の状態の変遷に連れまして、段々左傾、危険なる思想が発生して参りまして、国法上の秩序を壊乱せんとする者が少なくない。又、無政府主義を唱え、共産主義を唱え、更に進んで、是が実行に着手せんとする者もまた少なくないようになって参りました。殊《こと》に露西亜《ロシア》帝国の崩壊、独逸《ドイツ》帝国の崩壊等は、余程我が国内の人心に刺激を与えたようであります。欧羅巴《ヨーロッパ》、亜米利加《アメリカ》等に於ける左傾思想、無政府主義、共産主義等の思想もまた我国に少なからざる影響を与え、殊に国内に於ける経済事情、その他一般社会事情の変遷に伴いまして、……一般思想も大分動揺して参って居ります。加えるに露西亜の今日の労農政府は、御承知の通り第三「インターナショナル」の名を以て世界に向って、非常な熱心、非常な力を尽し、又少なからざる金を使って組織的に共産主義の運動をいたして居ります。我が国内に於ても不幸にして、この露西亜の「ボルセ《マ》ービ《マ》キ」の輩《やから》と相通じ、或は金品を受取り、彼等と共に彼等の計画に参与を致して、わが帝国内に向ってこの主義思想を宣伝するのみならず、更に進んで之を実行しようということになって居るのであります。……我国に於ても、共産党なるものが組織せられるという次第である。……今日まで我が帝国に於て類例なき、想像だに出来なかった所の最も危険なる状態を発生して参った。この危険は国家の為に、社会の為に防衛しなければならぬ。又、之を防衛して、将来かかる危険の発生のないように、致さなければならぬ。既に生じたるものに対しては、厳重なる処罰を致して、而《しこう》してかかることの絶滅を期しなければならぬ次第である。

　理由の第二は、外国でも同様の法制が認められるという点である。

　外国等に於てもこの共産主義、無政府主義の為には非常なる苦痛を感じまして、何れの国に於ても、相当峻厳なる法律を以て之に臨んで居るのであります。殊に世界に於て自由を以て高唱されて居る所の亜米利加合衆国の如き、二十一年というが如き、懲役の重刑を課して、是が防遏《ぼうあつ》を図っているという次第であります。

　理由の第三は、取締りの必要性である。

　勿論、共産主義、無政府主義等というものは……我国に於て発生するものとは私共考えておりませぬ。又かかる思想の発生並びに発達については、独り法律を以て、之に臨むのみでは無論足れりとは致さぬのであります。

或は経済上より致して、国民一般の生活を向上せしむる、或は又道徳上の精神的方面よりして一般国民の道義心を高める、また知識の上よりしてかかる浅薄なる人類の共同作用を妨げる所の、実行の出来ない人類に不幸を与えるような事柄はよろしくないということを、知識の上から之を啓発して彼等の蒙を啓《ひら》き、而して彼等をして反省せしめて、そうして根本よりして是が絶滅を図らなければならぬことは勿論であります。……しかしながら今日は既に遺憾ながら事が発生して参った。而して……大逆事件の如き、……彼は共産主義の為に斯様《かよう》なことをやったと言って居る。是でも我国に於て法律を以て之を取締る必要がないということは、私共には想像が出来ぬと思うが故に、道徳精神的の方面、或は国民の生活を豊富にするという点よりして、力を尽すべきことは勿論でありますけれども、国家としては之に相当なる所の法律を設けて、而して犯罪というものを取締らなければならぬのであります。……国家の根本を破壊し、社会を根底よりして打壊そうということの実行に着手せんとする者が出来て居るのに、之を取締らぬということはどうしても出来ないことであります。

理由の第四は反対論に関してである。

またこの法律について……最近労働者の一部、或は新聞社の一部等に於て反対をする模様があるようであります。是はよくこの法律を見て条文をよく読み、その精神の存《あ》る所を考えられましたならば、少しも心配する必要はないと思う。……進んで是が実行をするだけの者を罰するというのでありますから、世間によく分りましたならば、……総《すべ》て疑いは私はよく解けて、そうしてこの法案について国家の為に社会の為に賛成を表することになるであろうと私は考えて居る次第であります。

＊小川平吉（おがわ・へいきち）一八七〇（明治二）－一九四二（昭和十七）年
長野県に生まれた。小学校助教を経て、一八八三（明治十五）年、上京し、司法省法律学校を経て、東京帝国大学法科大学を卒業し、同年九月、代言人免許を取得した。一九〇三（明治三十六）年の衆議院総選挙に出馬し、当選した。以来、当選十回を重ねた。日露主戦論の急先鋒となり、一九〇五（明治三十八）年の日比谷焼打ち事件の首謀者として投獄されたが、無罪となった。その後、政友会に入り、幹事長を経て、一九二〇（大正九）年、原敬内閣の国勢院総裁を経て、一九二五（大正十四）年、加藤高明内閣の司法大臣に就任した。その後も田中義一内閣の鉄道大臣などを歴任したが、一九二九（昭和四）年、私鉄疑獄、売勲事件に連座し、一九三六（昭和十一）年、懲役二年で入獄し、政界を引退した。

本田委員の質問——徹頭徹尾反対する

この説明に対し、質問の通告が多数あった。谷原公《いさお》委員の質問は次のようなものであった。

　この法文は少しどうも法文として示すべき覇絆《ははん》が広過ぎはしないか。……政府は社会主義というようなものに対して千遍一律の取扱をせんとする結果、この憲法政治の発達の基礎となるべき制度それ自体の発達を阻害するような結果を生出しはしないか。

　共産主義という意味も漠然として居るのでありましょう。或はまた、本法の私有財産制度の否認ということも漠然として居るのでありましょう。……現在の露国のように生産機関は全部国有、或はその他の公共団体、すなわち公営、公有とかにする、こういうようなことを帝国議会を通じて合理的《ママ》に之を実行するという場合でも、本法に於ては一つの違反事項として含むのでありますか。

　一面、選挙権を拡張する。その結果は無産政党というものが現われる。そうして生産機関の公営というような問題を持出すかも分らない。それで予め之に依って束縛するのである。すなわち右に与えて左に奪わんとする如き感じが浮ぶのである。

　議会主義に依る所のこの生産機関の公営の如きは、本法に於て決して干渉すべき目的ではないと、こう判断してよろしいのでありますか[9]。

二十三日の質疑で最も注目されたのは、*本田義成委員によるものであった。「私はこの法律には徹底徹尾反対する者であります」として、次のように法案を批判したからである。

　前に過激社会運動取締法の葬られた後に、それに対して相当に善処されて居ったかどうか。……法律でばかり処分をして、この善良に導くという、善処するという機関が欠けて居りはしないか。

　刑罰は内容も形式も明瞭になって居なければならぬ。かつ統一されて居なければならぬに、本法は——治安維持法は漠然として居って、大切な点が明瞭を欠いて居ると思いますが、是で政府は満足して居るか。

　煽動という字を使うと、是が悪用されることになる。色々の方法でこの煽動という字が悪用されると思いますが、どういう訳でこういう字を使いますか。

　共産主義、無産主義という風にせられなかった理由を伺いたいのであります。……こういうような文字を使用して居ることが将来に禍根を胎《やど》す一大病根であると思う。

……不明確なる文字を使ってこういう重大な法律を設けるということは、吾々は到底賛成することが出来ない。この法律を出さずして、何故に前の法律を改正することをしなかったか。

是は、政府は或る枢密院の人に依って、この法律を提案しなければ普選（普通選挙―引用者）がいかぬというようなことで、私はこの案が出たものと考えて居る。それでございますから、本法を一つ撤回して、前の法律を改正して取締ることが出来るか出来ぬかということを私は伺いたい(10)。

憲法改正との関係は

二十四日の質疑では、「政体の変革」「私有財産制度の否認」と憲法改正との関係が杉浦武雄委員によって問題とされた。「憲法を改正されんということは憲法自体が認めて居る。……その中に政体の変更というものは這入らないかどうか」等という質問に対する小川大臣の答弁は次のようなものであった。

国民の代表と共に政治を為される。こういう大御心から憲法が出来たのである。すなわち日本の立憲君主政体というものの根本はこの処に在ると思う。之を壊そうということは洵《まこと》に危険である。之が本法の立案の趣意であります。……国体のことまで言及せずして、単にこの議会政治を否認して打壊そう、国民の代表を以て政治をするということだけ打壊そうということだけを主張して、之を実行しようと……いう運動が始って来て居る。之がはなはだ恐るべきものであるから、之を罰しなければならぬということになったのであります(11)。

「私有財産制度を否認するという意味は」という質問に対しても、小川大臣から次のように答弁された。

私有財産制度を変更するとか、或は所有権に制限を加えるということは少しも差支ないのであります。……生産機関の公営でも、私有財産制度を根本から否認する考

＊本田義成（ほんだ・よしなり）一八七一（明治四）‐一九五二（昭和二十七）年　新潟県に生まれた。明治法律学校（明治三十六年から明治大学）の校外生として苦学しながら、商業に励んだ。四谷区会議員、東京府会議員、東京市会議員を経て、一九二四（大正十三）年の衆議院議員選挙に立憲政友会から出馬し、初当選した。通算四期、衆議院議員を務めた。

えを以て所有権というものを没収してしまうという考えであれば、是は私有財産制度の否認でありますから、之に触れる。しかしながら所有権すなわち私有財産制度を認めて之に相当の賠償をやって、そうして之を公有にするとか、国営にするとか、或はその他の機関に移すということはちっとも差支ない。……国家社会主義の如きものもあるでありましょうが、是もまた所有権を認めるのでありますから差支ない。唯々この法律で罰しようというのは、根本から私有財産制度を否認するものであります。(12)

治安維持法を制定する必要性

同日の委員会では、法案に賛成する立場から、「露西亜《ロシア》の共産党とこの法律の内容との関係如何」、すなわち、「露西亜の宣伝法は」「朝鮮に於ける過激派の宣伝の模様等は」「日本の農民組合および農民運動と共産党と万一に脈略（絡）があるようなことがあるならばはなはだ憂慮に堪えないのであります。政府当局では之を如何に御考えになって居りますか」等の質問が青木精一委員からあり、これを奇貨として、治安維持法を制定する必要性が幣原喜重郎国務大臣（外務大臣）や政府委員から縷々《るる》、説かれた。(13)

なぜ刑法改正ではなく治安維持法か

二十六日の委員会では、原夫次郎*委員、星島二郎委員から発言があった。なかでも原と政府委員との質疑は注目された。

「政府は何故刑法を改正せずして、こういう単行法を出したのでありますか。……過渡法としてこういう単行法を出したのでありますか」という質問に対して、山岡萬之助**政府委員（司法省刑事局長）から次のように答弁されている。

刑法の規定は公益を直接に侵害する、こういうものが刑法の実質であります。単純なる危険を罰するということは刑法の本質でないのでありまして、常に刑法は公益の侵害ということを前提と致す訳でありますが、この案の規定する所は公益を直接でなくして、すなわち公益の侵害を予防する。こういうことが、刑法から引離してかくの如きものに纏《まと》めて規定するを最も適当なりと信じました。(14)

原からの「枢密院で何か御約束もしくは行懸《ゆきがか》り等がある為であるということならば……」という質問に関わって、若槻大臣から次のように答弁されている点も興味深い。

仮に枢密院の上奏の中に普通選挙というものを実行すると共に、何等かの取締規定を設くる必要があるというような意味があったとしても、それは枢密院の意見であります。政府の関する限りではない。政府は、治安維持法の制定するものは、普通選挙の実行とは何等関係はないのである。……選挙法を改正する事柄とは何等関係のない事であります。(15)

無政府主義・共産主義の定義

*星島二郎議員（五七頁）からは、無政府主義、共産主義の定義と治安維持法の適用範囲との関係が質問されている。星島の問題意識は、「日本の皇室を中心にして、そうして御互煩わしい所の社会の一大支配権という勢力がなくて、理想の社会に住みたいということを熱心に考えて居る宗教団体や思想団体があっても、是は別段秘密結社とは認めない。斯様《かよう》に解釈してもよろしいのですか(16)」というものであった。

これに対して、若槻大臣から、「御質問になったようなのは、どうもその為に結社を組織したとか、或はその実行を協議したとか、あるいはその実行を煽動したということにはならぬように思いますから、この法律に当らぬと私は御答したのであります(17)」と答弁されている。

＊原夫次郎（はら・ふじろう）一八七五（明治八）－一九五三（昭和二十八）年　島根県に生まれた。和仏法律学校（大正九年から大学令により法政大学）を卒業後、高等文官試験司法科に合格し、判検事を歴任した。一九〇七（明治四十）年、フランスに留学し、帰国後は法政大学講師や司法大臣秘書官を務めた。一九一二（大正元）年、首相秘書官となり、原敬や清浦奎吾らに仕えた。一九二〇（大正九）年の衆議院議員選挙に立憲政友会公認で立候補し、当選。以後、一九四六（昭和二十一）年の衆議院議員選挙まで連続九期衆議院議員を務めた。一九四二（昭和十七）年の翼賛選挙では非推薦で立候補し、当選した。一九四六（昭和二十一）年の衆議院選挙では日本進歩党から立候補し、当選した。一九四七（昭和二十二）年、公選の初代島根県知事に就任した。

＊＊山岡萬之助（やまおか・まんのすけ）一八七六（明治九）－一九六八（昭和四十三）年　長野県に生まれた。尋常小学校を出て、農業を手伝い、製糸工場で働いた。その後、上京し、日本法律学校（のちの日本大学）を卒業後、東京地裁判事を経て、ドイツに留学した。帰国後、東京控訴院検事、司法省参事官、司法省保護課長、監獄局長（のちの行刑局長）、内務省警保局長等を歴任した。思想検事として活躍し、三・一五事件の検挙を指揮した。司法省保護課長の時は思想犯保護観察法（昭和十一年五月二十九日法律第二十九号）の制定に尽力した。日本大学教授（刑事政策・刑法担当）のほか、一九二三（大正十二）年から同大学学長を務め、一九三一（昭和六）年には東京弁護士会長にも推された。一九三三（昭和八）年には日本大学総長に、そして、一九四〇（昭和十五）年には大日本興亜同盟理事長に就任した。

しかし、他方で、次のように答弁されている点には注意が必要であろう。

法文としては無政府主義はいけぬ、共産主義はいけぬ、と書いたのでは言葉が明確ではない。故に国体もしくは政体を変革する、私有財産を否認するという言葉を用いなければならぬので、本法の如く致してある。けれども極く俗解り《ぞくわか》になるように説明するというと、上の方は無政府主義、下の方は共産主義という意味であります。

（若槻大臣）

殊に共産主義になれば《ママ》一層学者に依って変って居ります。この故に法文に唯、無政府主義、共産主義と書いてみた所で、それでは実質は決して現われぬのであります。裁判官が之を適用しようとしても、是は難しいのである。……縮めて申上げますれば、無政府主義、共産主義の中、最も極端のものを之に依って罰する。第一条の文字はこう見る次第であります[18]。

（山岡政府委員）

これによると、治安維持法については、立案当局によって拡大解釈の可能性が始めから想定されていたといえようか。すなわち、無政府主義、共産主義と法文に書くと、意味が多義的なために適用が困難となる。そこで、「国体若《もし》くは政体の変革」や「私有財産制度の否認」という言葉を用いた。この法文を厳密に解すれば、政府委員の答弁にみられるように、すべての無政府主義、共産主義に適用するのは困難であって、そのうちの「極説」だけに適用ということになる。しかし、「国体若くは政体の変革」や「私有財産制度の否認」という言葉を用いたのは、そもそも無政府主義、共産主義を厳しく取締るためである。現に司法大臣も内務大臣もそう答弁している。そうなると、法の運用に当っては、その適用範囲を「極説」に限らず、他の無政府主義、共産主義に対しても拡大する必要がある。こういうことになるからである。

議院外において憲法変更を準備できるか

二十七日の委員会では、「議会を通して為したる合法性の根本的否認は、果して責任ありや、否やという質問に対する答弁」については大臣と政府委員の間に撞着があるように思われるので、この点について説明を求めたいという委員長からの要請を受けて、冒頭で、政府委員から、齟齬はない旨の弁明がなされた。

ただし、その弁明の中で、「議院外に於て憲法を変更することは絶対に出来ないのであります」という発言があったので、**前田米蔵委員長から、「政府委員は只今、院外に於て吾々、政党事務所に於て上奏準備をすることは犯罪行為であるといわれたのであります。私はかくの如き問題は政党の業務の範囲に当然包含せらるべきものであって、政府委員の答弁は法理上遺憾ながら誤りであるということを断言出来ます[19]」と直ちに反論されている。

学問の自由を阻害する

その後、星島、原、横山、山崎達之輔各委員から質問が出された。星島からは文部政務次官に対して、治安維持法と研究の自由に関わって、次のような質問がなされた。

私は思想は勿論自由でなければならぬ。研究も勿論自由でなければならぬ。而《しこう》して国家は命令を以って学者に研究を命じて居る。而してその研究の結果に達しまして、

＊星島二郎（ほしじま・じろう）
一八八七（明治二十）－一九八〇（昭和五十五）年
岡山県に生まれた。東京帝国大学法科大学を卒業後、弁護士となる。森戸事件の刑事弁護人も務めた。東京帝国大学経済学部の森戸辰男助教授が一九一九（大正八）年に同学部学術機関紙『経済学研究』創刊号に「クロポトキンの社会思想の研究」という題名の論文を掲載したことで、発行人の大内兵衛助教授とともに新聞紙法第四二条「皇室の尊厳を冒瀆し政体を変壊し又は国憲を紊乱する事項を新聞紙に掲載したときは発行人、編輯人、印刷人を二年以下の禁錮及び三〇〇円以下の罰金に処す」違反で起訴されたという事件である。今村力三郎が主任弁護人を務め、原嘉道、花井卓蔵、鵜澤總明らも弁護人に加わったが、森戸に禁錮、大内に罰金が言い渡された。大審院（当時の大審院検事局検事総長は平沼騏一郎）で上告棄却となり、有罪が確定したために森戸、大内は懲戒免職となった。
一九二〇（大正九）年の衆議院議員選挙に立憲国民党から立候補し、当選。以後、十七回連続当選。一九二二（大正十一）年、革新倶楽部の結成に参加した。昭和十七年の翼賛選挙では、非推薦で当選した。一九四六（昭和二十一）年、自由党政調会長に就任し、第一次吉田茂内閣で商工大臣として初入閣した。一九五一（昭和二十六）年のサンフランシスコ講和条約では全権委員を務めた。一九五八（昭和三十三）年、衆議院議長に就任したが、警職法改正をめぐる会期延長問題の混乱の責任をとって辞任した。一九六六（昭和四十一）年に政界を引退した。

＊＊前田米蔵（まえだ・よねぞう）
一八八二（明治十五）－一九五四（昭和二十九）年
和歌山県に生まれた。東京法学院（明治三十六年から中央大学）を卒業後、司法官試補を経て、弁護士を開業した。一九一七（大正六）年、立憲政友会公認で衆議院議員選挙に立候補し、当選した。以後、衆議院議員を一〇期務めた。その後、田中義一内閣の法制局長官、犬養毅内閣の商工大臣、広田弘毅内閣の鉄道大臣、平沼騏一郎内閣の鉄道大臣、小磯國昭内閣の運輸通信大臣を歴任した。大政翼賛会総務会長を務め、戦後は、親軍派だったこともあって一九四六（昭和二十一）年に公職追放された。一九五二（昭和二十七）年、公職追放が解除され、総選挙に立候補して当選、政界に復帰した。

之を発表した場合に、今迄に於ては新聞紙法で度々やられて居る。それがすすんで本法に触れる虞《おそれ》がないか。本法制定の為にかえってその研究を阻害する虞はないか。現にこの前の過激法案の出ました時は学者は非常な議論を致した。今回のこの法案に対しては一向学者としての意見を聞くことが少ないのであります。どういう現象であるかということを探って見ると、余程、虞れて居る。……岡田（良平―引用者）文相は非常な圧迫政策を執ったということを耳にして居りますが、かくの如きことは学問の自由を阻害する結果にならないか。……この治安維持法案は前回の過激法案が出た時よりも、或る意味に於て非常な威圧を感じて居る。為に学者その他の人が非常に心配しまして、他の問いに対しましても一向に答えないという現象が現われて居る。文部当局は――殊《こと》に最近の実例では社会科学の研究をせしめず、殊に集団的、相互的にすることは絶対にいかんというので、高等学校の校長を通じまして、之を圧迫威圧して居るのであります。殊に今回この法案が出ることに付きまして、学者は非常な威圧を感じて、研究の自由――その発表さえも控えて居るというような事実もある。これについて御意見を承りたい。[20]

文部当局の答弁――学生は研究の自由を有さない

これに対して、鈴置《すずおき》倉次郎文部政務次官から、次のような答弁がなされた。

文部当局の考えと致しましては、元来、学生は研究の自由を有すべきものでないとこう考えて居ります。……不必要なる、もしくは危険なる研究は之を停止するが当然であると考えて居る。……教師が研究の結果を社会に発表したならば、その結果がどうなるかということは、是は文部当局の図り知る所ではない。たとえ是が煽動等の秩序の紊乱の場合は、他の方法に依って制裁を受けるのでありますが、この研究というものは、大学程度の人が研究するということは別に差支ないのであります。……もし研究の結果、是が危険なりと認めるべき場合に於きましては、之を停止するということが当然の措置と考えて居りますが、是だけのことを御答致します。[21]

治安維持法案が早速、その威力を学者などにも発揮したことがうかがい知れよう。

憲法改正を掲げると罰せられるか

普通選挙通過後の政党活動と治安維持法の適用如何につ

いても、星島から次のような質問が出された。

政綱の一としまして、憲法改正に触れるような問題を掲げた場合、殊にこの普選通過後に於きまして生れて来る新政党を吾々は予想しなければならぬ。そういう政党で新たに掲ぐる政綱は、……憲法の改正を要求するような政綱が起るかも知れない。……憲法の改正を促す、或はその結果、私有財産制度、或は政体の変革まで行かぬ変更、……そういうものを要求するようなものを堂々と掲げまして、しかも合法的に議会を通してやるというような院外の運動に対しては、やはり本法に於て罰せられる……ものと承知致してよろしうございますか(22)。

これに対して、山岡政府委員からは、「憲法の基礎を変革するという政綱を掲げるということは、議院外に於ては認める訳に行かぬのであります(23)」等と答弁された。

大多数の幸福の為に

治安維持法を厳重に施行すると日露国交回復後の交際の妨げにならないかという星島委員の質問に対しても、小川大臣から、「この法律を厳重に施行されると、両国の交際の妨げになるということがごもっともな御気遣いと考えて居ります。斯様《かよう》な法律は余程、その適用を慎まなければならぬので、政府としては出来るだけその適用に当っては注意をして、いやしくもその範囲を拡げるというようなことを断じてやらない考えであります(24)」と答弁された。ただし、この答弁にもかかわらず、当初から拡大適用が想定されていたことは前述した通りである。

「こういう法案を出すことに依ってこの法律の目的を達せられないで、……犯罪を促し、そうしてかえって思想を悪化せしめ、極端なる結果になりはしないか」という星島委員の質問に対しても、小川大臣から、「大多数の人はこの法律に依て戒めるだろうと思う。……極めて少数な不心得の者の為にはかえって憤激されるか知れぬが、……大多数の幸福の為にこの法律を出した次第であります(25)」等と答弁された。

「目的」も「協議」も認定次第

原からまずなされた質問は、濫用の危険性に関するものであった。

我国の警察の今日の有様で、こういう重大なる法律を武器として与えることは、はなはだ危険なように感ずるのであります。……政府当局に於てはこの法案を以て十分に取締り得るということの確信があるのでありますか。

本法案の如きはまるで幽霊のようなものである。……こう段々と説明が変って参る。是等を以てしても第一条というものの輪郭が分らない。極めて漠たる規定である。……何故、不法な結社を罰するぞということを国民に示さない。

次に国体と政体との区別は、どういうことに標準を置いて居らる丶、考えであるか。……この国体というものは大日本帝国ということであると承知致してよろしいのでありますか。それから次にこの政体というのはこの統治権を行う――三権分立して行う所の政体をいうと、こういうことに諒承してよろしいでありますか。

二条に規定してある「協議」の点でありますが、……どういうことが本条に引繋り、どういう事が協議と見らる丶かということは是は裁判官の認定、警察官の検挙の模様、方針等に依って非常に是は拡大する規定である。[26]

この質問に対する答弁は、次のようなものであった。

警察に多少の遺憾な点があるからでもあるが、この法律の必要を感じて出した以上、無論政府としてもその仕事の成績を確信してやることであります。

変革するということが書いてある以上、変革ということはそこまで行かなければ含めない意味で書いたのであります。……また、私有財産制度を変更するということに相成れば非常に広くなる。ところが否認ということになると……事、重大である。それは否認という字で現れるということを特に申し上げたつもりであります。

国体は憲法第一条を基礎として「万世一系の天皇之を統治する」、この事は歴史の事実でございます。……我国の今日の立憲政治ということは、代議政体を基礎として、それが政体であるということを特に申し上げたいのであります。……その点を失えば今日の政体というものは根底から変更されたのである。……貴族院を無くするのは政体の変更にならない……。

（「目的」を―引用者）裁判に依って認めなければならぬということは、御承知の通りであります。それに依って無闇に広く伸びるということはなかろうと思います。……次に「協議」ということでありますが、……無制限に伸びるということはないと思います。[27]

刑罰が重すぎないか

原からは本法の刑罰についても、「結社、協議、煽動というような事柄を罰するのに、懲役十年の刑を規定するという法律は、世界各国の立法例を見ても、こういう立法例は無い。……世界中ではじめての重い立法例であると思うのであります。……政府当局は何の必要があってこういう重い刑を科するのであるか[28]」という質問がなされている。

しかし、これに対する答弁も、「十年というのは刑法の現行の規定と照合して、あえて不都合が無いのであります。……仏蘭西《フランス》の如き自由を尊重致します国に於てすら、無政府主義取締りについては……二十年以下の刑罰を定めて居ります。……決して是が不当な刑罰であるということは考えられないと思います[29]」というものであった。

質疑では疑問は当らない式の強気の政府答弁が目立った。

「政体」と「国体」

次に質問に立ったのは横山委員であった。横山からは、議院の院外活動と本法の適用如何、本法の煽動罪と刑法総則の教唆罪の関係如何、治安維持令と本法の関係如何などの問題が質問された[30]。

質問の最後は山崎達之輔*委員で、「本法の趣旨その他について、過日来の応答に依って大体諒承致しました」ということを断ったうえで、次のような質問がなされた。

> 本法第一条に於てこの「政体の変革」という文字を強《しい》て御使いになる必要があるか。……「否認」という文字は梢々《しょうしょう》適切を欠くの憾があります。……むしろ「廃否」するという文字を御使いになることが出来ますれば、かえって政府の御趣意を現わすに適当ではないか。……「協議」という言葉……、是はむしろ刑法の第七十七条にありまする……「謀議」というような文字を御使いになる方が適切ではないか。……「国体」という文字を使うことは出来得べくんば、是は避ける方がよろしくないかというような感じが致すのであります[31]……。

これに対して、小川大臣および山岡政府委員などからは、

---

*山崎達之輔（やまざき・たつのすけ）
一八八〇（明治十三）－一九四八（昭和二十三）年　福岡県に生まれた。第五高等学校を経て、京都帝国大学法科大学を卒業後、官界に入ったが、一九二四（大正十三）年、退官して衆議院議員選挙に立候補し、初当選、その後、当選七回を数えた。やがて立憲政友会に転じ、一九三四（昭和九）年、岡田啓介内閣の農林大臣、一九三七（昭和十二）年、林銑十郎内閣の農相兼逓信大臣を歴任した。一九四〇（昭和十五）年、聖戦貫徹議員連盟を結成し、大政翼賛会政調会長、常任総務、代議士会長に就いた。一九四二（昭和十七）年、翼賛政治会常任総務に就任し、一九四三（昭和十八）年、東条英機内閣の農商大臣を務めた。戦後は公職追放された。

「やはり政体という字を存して置きたいという考えであります」が、としつつも、「唯今の御説はよく承って考慮に置くことに致したいと思います(32)」等のリップサービス的な答弁があった。落とし所を探る質疑という意味も有していた。後述するように、第一条に「政体の変革」を削除する修正を加えるという妥協の下に法案は衆議院を通過するからである。

人間最高の理想から出発した運動も本法に触れるか

三月三日の委員会では、*山枡儀重委員、吉田眞策委員、清瀬一郎委員、清水留三郎委員、禱苗代《いのりしげしろ》委員から、各質問がなされた。

山枡の質問は、まず、「国体の変革という事は……天皇及皇族に対して危害を加えなければ是は不可能であります。天皇及皇族に危害を加えんとして結社する場合に於ては、是は刑法第七十三条の適用を受けて死刑に処せられるべきである。しかるに本条（治安維持法第一条―引用者）に依りますと、十年の懲役又は禁錮に処せられるということになって居りますが、この点を御説明願いたいと思います(33)」というものであった。これに対して、小川大臣および山岡政府委員から、不敬罪と治安維持法の罪の関係が縷々《るる》、説明された。

「私有財産制度の否認」についても山枡から質問されている。その内容は、「出来るだけ真に自己に目醒め、社会に目醒めて、本当に純化されたる仏の心持を持つように、教育的、宗教的に奮闘努力するという為に結社を作って、盛んに日本国内に運動を始めたとすれば、この人間最高の理想から出発した所の運動は、本法に触れるものでありますか(34)」というものであった。

これに対する山岡の答弁は、「今日現実に之を行わんとするならば、是は理想ではない。現今の社会制度を破壊するということになります(35)」というものであった。政府の見解によると、「私有財産制度の否認」を実行すれば、たとえ共産党およびその支援組織などでなくても治安維持法が適用され得るとされていることに注意が必要であろう。

山枡からの「日本の議会の中にそういう私有財産制度を否認する所の、そうしてその現実の状態に於ては上奏の権利だけを行使する目的を以て、ここに共産主義者の政党が組織されたと致しまするならば、之を政府は御認めになる御積りであるかどうか(36)」という質問に対しても、山岡から「私有財産の制度の根本を否定する所の政党というものは、警察関係に於て公認すべき政党になるとは思わぬのでありますが、また、仮に警察関係が認許しても、本法に於てかくの如きもの、存在は許すべからざるものと思います(37)」等と答弁されている。

院内活動か院外活動かという、これまで述べられてきた適用基準はここでは無視されている。

「無産者が或る要求をしても、それには何等手を付けずに居りながら、その為に不平を懐いて或種の社会の組織の変革を叫びたる者を重刑を以て縛って行こう。こういうことだけをして居られるのでありますが、……農商務省の当局として、如何に御処置になるおつもりであるか[38]」という質問に対して、農商務政務次官から、「思想政策に於て、産業政策に於て、総ての方面から、なるべく有産階級と無産階級とを融和せしめ、そうして上下挙げて強固なる社会を組織し、強固なる国家を造り、決して極端に走るようなことのないように致し、是で以て最大多数の最大幸福を増進致して行く方針であります[39]」等と答弁されている。

思想の取締りは思想を以ってやるべき

吉田眞策**委員の質問は、まず、「治安維持法が議会に出るや、全国に多数の反対の声が揚って来たのであります。是はどういう原因に基い《ママ》て揚ったかということを御調査になったことがありますか。又、御調査になったとすれば、その原因について内務省の御観察を伺って置きたいと思います[40]」というものであった。

この質問に対する答弁は、「恐らく労働運動などをせられて居る所の人が、この法律が出来ればその運動に害があるという風に考えて居らるゝのではないかと思う。しかし……純真なる労働運動を防止するという考えは更に無いのであります。その点に多少誤解がありはせぬかと思います。なおまた『煽動』という文字がある為に、玉石混交の虞《おそれ》があるという意味に於ても反対が私はありはせぬかと思う[41]」というものであった。

＊山枡儀重（やまます・のりしげ）
一八八九（明治二十二）－一九三七（昭和十二）年
鳥取県に生まれた。商業学校を卒業後、大阪市内の小学校に勤務したが、辞職し、京都帝国大学文科大学を卒業した。愛知第一師範学校に勤務し、一九一九（大正八）年、大阪市視学に就任した。一九二四（大正十三）年、衆議院議員選挙に立候補し、当選した。以後、当選五回を数えた。第二次若槻礼次郎内閣で総理大臣秘書官、岡田啓介内閣で文部参与官を務めた。

＊＊吉田眞策（よしだ・しんさく）
一八八三（明治十六）－一九二七（昭和二）年
広島県に生まれた。京都帝国大学法科大学を卒業後、朝鮮総督府大邱地方裁判所検事などを務めた。退官後、京都、広島で弁護士を開業した。一九二四（大正十三）年、衆議院議員選挙に立候補し、当選した。

思想の取締りは思想を以て取締るべきものであって、この思想に基いて思想を善導するが理想であろうと考えるのであります。そう致しまするど、今日の場合、この法律案を出さなければならぬような立場に至らしめたということについては、是までの思想取締り、或は善導等の方面に於て欠陥があったのではないかと思いますが、如何でございますか。

現時、思想の善導に基いて政府の政策、並びに将来に於てどういう政策を以て臨まれる御計画があるのでございますか(42)。

このような吉田からの質問に対しても、「この法律が出来ましても、思想の善導についてはもとより十分尽さなければならぬことゝ思います(43)」「各省に於て相当考慮して居ることゝ思うのであります」等と答弁されている。

「宣伝」と「煽動」

吉田からも、解釈論上の疑義が示されている。一つは「政体の変革」ということに関わるが、「民選議員制度を破壊するという意味（の方が―引用者）……吾々も疑義がなくなって非常に明白となるが、如何でございますか」というものであった。

もう一つは「私有財産制度の否認」に関わる。政府がこれまで答弁で、「私有財産制度の否認」に該当するかどうかを判断するに当って規準としてきた「賠償の有無」（賠償論）というのは、「公益の場合に於ては賠償に拘わらず是は国有に為すことを得る」という憲法第二十七条と矛盾するのではないかというものであった。

もう一つは、第一条第二項の罪に関わって、「前条の第一項の目的というのは結社までを含むのであるか、或は否認の程度に於て之を止めるのであるかというのが少し疑問でありますが、如何でありますか」というものであった。第二条の「協議」についても、「相手方がそれは考えものだ。翌日になってその協議をする。……その際も前日に於て相談を受けたから直《ただち》に『協議』といえるのであるか。是も含まれるのであるか」が質問された。

第三条の「煽動」についても、「宣伝」との関係如何に関わって、「事件の起きた場合に於て、多くは宣伝に過ぎないものが、煽動と実際の認定を受けるだろうと私はその点に関して杞憂を懐いて居るのでありますが、政府はこの点は大丈夫だというのでありますか」と質問されている。

この質問については、山岡の方から、「ごもっともな御質問であります。その点は政府に於ては十分なる――今後に於てこの法文の趣旨を徹底していささかの違算《いさん》なきことを期したいのであります」[44]と答弁されている。

法案の修正についても、吉田から、「のちほどに於きまして私から修正意見を提出致してみたいのでありますが、政府は政府の意思の範囲ならば、この修正に応ずることはやぶさかならざる御意見でありましょうか。どうでありましょうか」[45]と質問されている。

「法案の精神を破壊しない所の修正には政府は之に応ずるということは、司法大臣から声明されてあります。……今も変って居りませぬ」[46]というのが政府委員の答弁で、落とし所が模索されている。

法案撤回論――立憲制に有害

清瀬一郎*委員からの質問は、この三月三日の委員会の外、三月四日の委員会、六日の委員会でも行われている。六日の委員会での議案採決に先立つ討議でも法案撤回論を展開したが、三日の質問は次のようなものであった[47]。

第一は、私有財産を治安維持法で保護することの是非である。

（前略）

私が問わんと欲する所は、要するに政府が所有権というものを如何に見らる、か、之が我国の国民生活に爾《しか》く喰入って、国体と合致するほどの大制度であると思わる、かどうかということであります。……僅か五十年間行われたため、私有財産を保護する亜米利加《アメリカ》あたりの拝金宗の法律を真似て、ここにこういうものを御出しになることは、軽率であるという言葉を残して次に移ります。

この（「本院の立法手段は宜しく漸次資本主義制度に代わるに公有制度並びに生産分配機関の民主的管理に基礎せる生産的及び社会的組織に向って努力せしことを決議す」という決議は――引用者）一九二三年三月二十日、英吉利《イギリス》の労働

＊清瀬一郎（きよせ・いちろう）　一八八四（明治十七）－一九六七（昭和四二）年　兵庫県に生まれた。京都帝国大学法科大学を首席で卒業後、弁護士を開業しながら、法政大学講師、関西大学教授も務めた。弁護士としては小作争議や思想事件などを手掛け、一九二〇（大正九）年に政界入りしてからもリベラルな政治家として知られた。以後、当選一四回を数え、普通選挙運動の推進や台湾議会設置運動への支援などを行い、治安維持法の制定についても反対の態度を貫いた。その後、親軍派に転向し、五・一五事件の裁判では被告人側の弁護人を務めた。戦後は、戦前の親軍派転向を理由に公職追放された。極東国際軍事裁判では、日本側弁護団副団長および東条英機元首相の主任弁護人を務めた。公職追放解除後も憲法改正を主張するなど、典型的な戦前派の保守政治家と目された。

党が決議案として議会に提出したものであります。……こういう事を日本の議会でやることができないかどうか。

第二は、この法案自体が政体を変革しつつあるのではないかという点である。

立憲国に於ては立法は何でもやって何等の差支えはない。……之を信頼せぬということは議院統治を破壊するものであって、……この案自身が政体を変革しつゝあるのであることを嘆かざるを得ぬのであります。

第三は、刑罰が重すぎないかという点である。

往年、過激社会運動取締法案が提出された時にも（法定刑の長期が――引用者）十年であったが、貴族院は二回までも審議の上、之を三年に削って居る。……然《しか》るにまた、十年を固執された原因は何所にありますか。……過激社会運動取締法案と、こちらと法域が違って居るというのはどういう訳です。私は同一の法域を眼中に置かれて立法されたものとして今日まで審査して居ります。……現行の新聞紙法を二年、出版法を二年、治安警察法を一年として置かれて……一躍（この法案で――引用者）十年ということは如何でございましょうか。新聞紙法を眼中に置かるゝならば、二年半か三年ということに相成るべきではないかと考えます。

この法案に依れば手段の暴行手段たること、不法手段たることを要せずして罰せらるゝのであります。……暴行か脅迫の場合と合法手段に依る場合と一緒に十年にするという、玉石倶《とも》に焚くということになりますが、是等の点は御考慮の上の立法でありますか。

過激社会運動取締法案との異同は

清水留三郎委員の質問は、まず、過激社会運動取締法案にいう「社会の根本組織」と「政体」との相違についてで、「前の過激社会運動取締法案の中に『社会の根本組織』ということがありました。……或る政府委員が一夫一婦の制度を破壊すること、例えば婦人公有論の如きはこれに含むということを言われた。今回はそういうものを認めないというようになったらしく思われますが、どういう理由に依ってそういうものを除外したのでありますか」と質問された。

清水の質問に対して、政府委員から、「今日に於てそれを罰さなくとも社会秩序は紊《もと》るものではない。こういう風に見て居る訳であります」(48)と答弁された。

「この本法の私共が一番遺憾に思いまするのは、……実際行いまする所の司法官なり或は警察官なりが取扱いに困る。政府がもし之を発布した後に於きまして、委員会に於て質疑応答されたような重大なる問題を、或は地方の判検事なりもしくは警察官なりに周知せしめる事についての方法について何か御考えがありますか、どうですか」という質問に対しても、山岡政府委員から、「出来得る限りの方法を以てこの精神を司法官、殊に検察官に対しまして理解致すように致さなければならぬと考えて居ります(49)」と答弁された。

本法は不明確である

禱《いのり》の質問は、「刑事立法の法域並びに行為というものは厳格なる言葉を要すると思う。その意味に於きまして本法ははなはだ不明確ではなかろうかと思う」という観点からなされたものであった。次のように質問されている。

この本法の第一条に規定してありまする国体、政体、私有財産制度……。政府の説明をして居りまする所……に依りまするると、国体という観念は是は万世一系の天皇を奉戴して居る、その国体だ。こういう大体の説明のように思って居ります。けれども是だけでは私は意味を成して居らぬ、説明にはなって居ないと思う。……「国体」という文字は、多くの人に於てその意味を異にして居る。……「国体」なる文字は、……はなはだ不明瞭であるという疑を持って居りますから、是はこのままでは到底承認することが出来ない。

政体につきましても……政府委員の説明に依りますと、……立憲政体は議会政治があればよろしいということを述べられて居るように了承して居りますが、……何故に議会政治がありさえすれば、立憲政体が維持せられて行くという根拠が私に於ては了承が出来ないのであります。

所有権以外の私権は全然否認しても構わぬのでありますか。……私有財産制度の否認ということも、どの点までを否認すればいわゆる本法の否認となり、どの点まで

＊清水留三郎（しみず・とめさぶろう）
一八八三（明治十六）－一九六三（昭和三十八）年
群馬県に生まれた。早稲田大学（大正九年から大学令による大学）を卒業後、渡米し、ワシントン大学やミネソタ大学で学んだ。帰国後は関東産業新聞社長、上野新聞社専務、上毛機械合資会社代表社員、合資会社桜組支配人などを務めた。一九二〇（大正九）年の衆議院議員選挙に立候補し、当選した。一九四二（昭和十七）年の第二十一回選挙まで当選七回を数えた。平沼内閣では外務政務次官に就いた。

否認しなければ本法に触れないかということはすこぶる不明確であります[50]。

修正を加えて賛成したい

禱の質問は、「このまま之を成立せしむるということになるならば、之に依って或は善良なる国民がこの法に触れるようなことも出来て、はなはだ危険であると思いますから、吾々は大なる修正を加えたいという意味に於て、政府当局の意思のある所を斟酌して修正意見を提出する考えであります[51]」と述べて終了した。

「政府当局の意思のある所」を害しない範囲で「大なる修正」を加えて法案の成立に賛成するという態度が委員会の中で主流となってきていることがうかがい知れよう。

陪審制との関係は

三月四日の委員会では、質疑に先立って、清瀬一郎委員から、議事進行に関わって、「昨日内務省の政府委員よりして、治安維持法反対の運動が露国との連絡あるかの如き言語があったのであります。……その根拠、はなはだ薄弱なるものと認めたのであります。……委員長よりしてこの言語の取消を政府に勧告せられたいと思います」との発言があった。清瀬の言動は量の面でも質の面でも一等抜きんでていた。

質問の通告は、この清瀬の外、廣瀬徳蔵委員、杉浦武雄委員、比佐昌平委員からあり、委員長の許可を得て出席した山口政二議員からもなされた。

清瀬からの質問は、まず、「法案（治安維持法案—引用者）と陪審法との関係」についてなされた。「この問題につきましては……陪審より除外するということにして居らぬ訳であります」という政府委員の答弁に対して、「再び考慮して然るべき修正を政府としてみずから御提案になるか。極限すればこの法案を撤回なすって、二、三日の猶予を置きますから、また、御出しにならんことを希望するのであります[52]」という発言があった。

次の質問は、「未遂の問題」についてで、「結社の未遂ということは第二条の『協議』ということ、同じようになりますが、如何でありますか[53]」というものであった。

議会の権能を制限する意図

「私有財産制度と議会の権能」についても清瀬から質問されている。これに対する政府委員の答弁は、「私有財産制度の根本……に関することは議会の権能のみでは確《かく》に出来ないという見解を政府は持って居る訳であります。それでありますからして、法律を以て——憲法以外の法律を以ては変更出来ない。私有財産制の根底にあるものを除いて、他の財産関係を変革するということを政党の綱領に掲げるとか、その他の方法を採ることは差支えないことであります[54]」というものであった。

法解釈については政府の見解の方が議会のそれよりも優越するという前提に立って答弁がなされていることは明らかであろう。

「国体又は政体の変革と議会の権限」についても清瀬から質問されている。これに対する山岡の答弁は、「清瀬君の御議論は如何なることでも議会を通せば出来ることになるというようでありますが、第一条に於ては国体の変革ということは如何なる事に於ても出来ない。政体を変革するという事は如何なる意味でも許さぬ、絶対的のものである。絶対的の関係を働の上《ママ》に於て持つということを申すのであります[55]」というものであった。

議院内の活動か議院外の活動かという区別はここではもはや省みられていないことが注目される。普通選挙後、無産主義政党や共産主義政党等が衆議院に進出することもあり得ることから、衆議院の在り方に「超えてはならない枠」をはめようという政府の意図が明白である。

専制的内閣が民権を圧迫しないという保証は

廣瀬の質問は、「国体」「政体」という文字についてはいろいろな学説が見られるが「政府はどういう御考えを以てこの文字を御使いになったか」「私はなるべく争いのない字を使って法典を経ることを希望するものであります」というものであった。「私有財産制の否認」の意義についても、「出来るだけ明らかにして置かなければ惑を生ずることは当然でありますから、私はなお之を明らかにしたいと思うのであります[56]」として種々質問された。

*杉浦武雄委員の質問は、議院の上奏権に制限があるか否かというもので、「山岡委員の御答弁に依れば両議院の上奏権も、またその内容に於ては或る制限が加えられて居るという御趣旨のように伺いましたが、この点に関する憲法第四十九条の解釈の御意見を伺いたい[57]」というものであっ

*杉浦武雄（すぎうら・たけお）一八九〇（明治二十三）－一九六三（昭和三十八）年　愛知県に生まれた。東京帝国大学法科大学を卒業後、一九二四（大正十三）年の衆議院議員選挙に立候補し、当選した。以後、当選四回を数えた。その後、第二次若槻礼次郎内閣で開拓使参与官を務めた。戦後は、一九五五（昭和三十）年の衆議院議員選挙で当選し、後に参議院議員に転じた。

た。この他、「如何なる方法に依って無政府主義者及び共産主義者はその主義を実行して居るかということ[58]」についても質問されている。

*比佐昌平委員の質問は、「平和論者が軍備は縮小すべきものである、軍備は必要のないものであるという意見を吐いたときには、統治権の一部の内容の変更を主張することになりますか」「政府の御考えになって居る政体の不変性の基礎、根幹というものは、代議政治ということ一つに止めて置くのですか」などというものであった[59]。

これに対する政府委員の答弁は、「それは国体の変革ということにはならないのであります。すなわち大権の縮小、変更ということになるのであります」「代議政体というものが根幹である。……代議政体を変革するということをここに禁止する。斯様《かよう》な次第であります」等というものであった[60]。

「私はやはり所有権の根本観念についても政府ははっきりして居ないということを断言致します。最後に問いました斯様《かよう》な空漠なる条文を、今後如何なる専制的の政治家が内閣を組織しても之を逆用して民権を圧迫するような事をしないということを、今の政府が保証出来ますか、どうでありますかということを伺います」「要するに私は今迄の応答に於ては私の疑問は一つも解けないということだけ申上げまして、是で打切ります」と述べて、比佐の質問は締めくくられた。

**山口政二委員の質問は、「この平和の時にそういう恐怖的の手段を以て厳罰に処するということが、私として、諒解に苦しむ」等というものであった[61]。

その後、清瀬からの再質問があり、委員会質疑はそれで終了とされた。

政体の二文字を削除しては

三月六日の委員会では、討論に先立って、***中村啓次郎委員、土屋興《おき》委員、横山金太郎委員、清瀬一郎委員から質問の発言があった。

中村の発言は、「政体の二字を取りましても、……なお公益を擁護するに足ると考えますが、政府の御考えはどうでございますか」というもので、これに対しては、政府委員から、「政府としてはもう一つ議会否認をいうことも取締って行きたいと思いますが、それは他の法規の取締に譲っても場合に依っては差支えないか知れませぬ」等というものであった。

この他、中村からは、「政府は国体を変革するというような、絶対的な重大なる犯罪者に対する刑罰と私有財産制度を否認する程度の犯罪に対する刑罰と、多少等差を設けるという必要を認められないか」「承認を致した――勧誘を為したる者、または勧誘に応じたる者は之を罰すると、こういう風にした方がよろしいと思います」等の発言がなされた(62)。

土屋興****委員からは、「この私有財産制度を否認することを目的としたる者云々という規定が、労働団体及労働運動を脅威するというように考えて居る者であります。……この問題に対しましては明日改めて本会議で質問致したいと思います(63)」との発言があった。

横山委員からは、再び、議院の上奏権と治安維持法の関係が問いただされたが、政府委員との議論はかみ合わないままに終わった(64)。

本案および修正案の審議

議員から修正案が出されたので、この修正案を審議するという形で討論が行われた。

修正案の一つは、横山委員外九名の委員からのもので、

*比佐昌平（ひさ・しょうへい）
一八八四（明治十七）－一九四一（昭和十六）年
福島県に生まれた。早稲田大学（大正九年から大学令による大学）を卒業後、一九二四（大正十三）年の衆議院議員選挙に立候補し、当選した。以後、当選六回を数えた。第二次若槻礼次郎内閣、第一次近衛文麿内閣では陸軍参与官を務めた。

**山口政二（やまぐち・まさじ）
一八八七（明治二十）－一九二七（昭和二）年
埼玉県に生まれた。東京帝国大学法科大学を卒業した。朝鮮総督府試補、陸軍省御用掛、青島守備隊民生部事務官などを務めた後、弁護士を開業した。一九二四（大正十三）年の衆議院議員選挙に立候補し、当選した。

***中村啓次郎（なかむら・けいじろう）
一八六七（慶応三）年－一九三七（昭和十二）年
和歌山県に生まれた。英吉利法律学校（明治三十六年から中央大学）を卒業後、日清戦争において陸軍省雇員として大本営付となった。その後、台湾に移り、弁護士を開業し、台湾弁護士会会長、北海鉱業社長などを歴任し、日刊台湾民報の発行も行った。一九〇八（明治四十一）年の衆議院議員選挙に立候補し、初当選した。通算六回の当選を果たした。一九三〇（昭和五）年、濱口雄幸内閣の逓信政務次官に就任し、一九三一（昭和六）年十二月には衆議院議長に選出され、翌年一月まで在任した。一九三二（昭和七）年の総選挙で落選し、政界を引退した。

****土屋興（つちや・おき）
一八八三（明治十六）－一九二七（昭和二）年
静岡県に生まれた。慶應義塾大学（大正九年から大学令による大学）、ロンドン大学を卒業後、大阪毎日新聞記者を経て実業界に転じ、富士薬品工業の重役などを歴任した。一九二〇（大正九）年の衆議院議員選挙で政友会から立候補し、当選した。

本法の第一条中、「若《もし》は政体」という四文字を削除するという内容であった[65]。

もう一つの修正案は中村委員外数名の委員からのもので、有財産制度に関する規定を第一項、国体に関する規定を第二項とし、「第一条　国体を変更することを目的として結社を組織し又は情を知りて之に加入したる者は、十年以下の懲役又は禁錮に処する。私有財産制度を根本より否認することを目的として結社を組織し又は情を知りて之に加入したる者は、七年以下の懲役又は禁錮に処する。本条第一項第二項の未遂罪は之を罰する。」と修正すること、

① 第一条を二項に分け、国体に関する規定を第一項、私

② 第二条の原案の次に、「前条第二項の目的を以てその目的たる事項の実行に関し勧誘を為し又は之に応じた者は、五年以下の懲役又は禁錮に処する」を入れること、

③ 第三条の原案の第一項の次に、「第一条第二項の目的を以てその目的たる事項の実行を煽動したる者は、五年以下の懲役又は禁錮に処する」を入れること、

④ 第四条の原案の第一項の次に、「第一条第二項の目的を以て騒擾、暴行その他、生命身体又は財産に害を加えるべき犯罪を煽動したる者は、七年以下の懲役又は禁錮に処する」を入れること、

⑤ 第五条に、「第一条第一項、第二項及前三条」というように「第二項」という文字を入れること、がその内容であった[66]。

横山委員外の修正案については、山崎委員から賛成の発言があった[67]。他方、中村委員外の修正案については、原委員から賛成の発言があった[68]。

私有財産制の合法的改廃を禁ずる立法を持つ国はない

清瀬は、「私は本案並びに修正案に対し反対であります」として、次のように激しく論難した[69]。反対理由の第一は私有財産制度の変更に関してである。

私は本案並びに修正案に対して反対であります。……私共、合法的に政体の変更を図り、合法的に私有財産の変更を図る、之を処罰するが如きは如何にも遺憾と思いまして、この点について吾々の意思の在る所を各派幹部の御諒解を得て、なるべく一致の態度を採りたいと、私個人としては労力を惜しまなかったのであります。唯、政体の一項については既にこの委員会に於て、各派殆ど一致を以て削除されましたが、私有財産の一点に於て遂に協定を見るに至らず、吾々は意を達することが出来なかったことを悲しむのであります。……

私有財産制度が社会上の一の現象であるならば、この

変更ということは立法事項ということに相成って来る。……憲法からいっても、人間の合理性からいっても、私有財産制度は改正し得るものであるから、立憲国に於て合法手段、立法手段に依ってこの貧困の原因を芟除《さんじょ》（「取り除く」の意味―引用者）しようというので起ったのが労働党派であります。……何処の国の憲法も……私有財産を議会の立法で改廃出来ないという立法は一つもない。……もしも財産制度の否認それ自身が犯罪になるというならば、漸進的にやることもまた犯罪でなければならぬ。……議院政治をやって居る他の国々で労働党が安全に出現し、政綱政策として産業の民衆化、土地の公有をかかげて結社をし、活動し得るようなことが世界共通の憲法の解釈である。あにはからん独り東洋の君主国、吾々の立法だけが産業の民衆化を禁ずる憲法であるとはどうしても考えられない。違って居る所は国体だけである。

理由の第二は普通選挙制度への影響に関してである。

吾々がここに熱心にこの案の阻止の為に活動するのは、……之を実施されるならば折角の普通選挙の実行が滅茶苦茶になる。……人心が悪化し……政府資本家というものを敵にして今から闘うという時代が出て来る。……何の為に合法に依る私有財産改革案を政府は（懲役・禁錮―引用者）十年を以て弾圧されるのであります。恐らく政府はこの出発点に於て非常な錯覚があるのであろうと思う。

修正案の可決

この清瀬の反対討論を受けて、原から、「もし御撤回なさるということでありましたならば、……本案の委員会は片附くのであります。……三派中の与党の側から出て居る修正案に、政府は如何なる御意見を有せられるのでありましょうか」という質問があった。

これに対する小川大臣の答弁は、「撤回せよなど、怪しからぬことをおっしゃる。何で撤回するのです。そういうことは十分に明らかになって居るではありませぬか。左様なことは断じて出来ませぬ。第二にあなた方の案には不賛成です」というように、まことに強硬なものであった(70)。

その後、採決に移った。清瀬の廃案説および中村外の修正案は、いずれも賛成少数で否決された。賛成多数で可決されたのは横山外の修正案で、委員長から「本案は可決せられました」とされた(71)。

3 衆議院本会議の審議

特別委員会委員長からの報告

三月七日に開会された衆議院本会議では、第一読会の続きが行われ、冒頭で特別委員会委員長から、委員会における質疑の状況と法案修正などについて報告がなされた[72]。報告の第一は国体の変革、政体の変革、私有財産制度の否認の意義に関してである。

まず本案に於きまして劈頭《へきとう》（はじめに―引用者）問題に相成りますものは、すなわち国体の変革、政体の変革、私有財産制度の否認ということはどういうことであるかということに相成るのであります。

委員会に於て多くの委員諸君よりは、政府立法の主旨は之を諒とせられたようでありますけれども、果してしからば政体の変革という文字を以てしては、政府提案の主旨と一致するものでない。文字の方が広い解釈を持つが為に、すこぶる危険なる法律であるというように論難的質問も繰り返されたのであります。次《つい》で私有財産制度の否認、私有財産制度とは何ぞやという議論がすぐに起るのであります。……しかし（これに対し政府からは―引用者）表面に現われたる文字を以てするならば――それだけからいうならば本法に引掛からぬものである、すなわち所有権の民衆化であるとか、或は私有財産制度の漸次の変革であるとかというような抽象的の言葉を以てしたのみでは、必ずしも本法の適用を受くるものではないという風に答弁せられて居るのであります。

報告の第二は合法的手段でも犯罪になるのかという点である。

次で起ります問題は国体の変革、政体の変革、私有財産制度の否認を為すの不法手段を要するかどうか。合法的でもなお犯罪に相成るかという点がまたすこぶる重要なる点であります。この点につきましては、政府は不法を要せぬ。……この法律に依って保護するという所の利益、目的、すなわち法益の範囲はすこぶる狭いのである。……故に、この法益を害せんとする者、すなわち不法なりというのであります。……色々、質問応答の結果は、政府に於きましてはこの院内に於て業務を執行する議員とか、職責を行うに必然かつ不分離の程度に於てのみ院外に於て（の議員活動を―引用者）認めざるを得ないということに相成って来たのであります。

報告の第三は「協議」「煽動」の意義に関してである。

第二条の協議ということについては、……唯、一点御留意を願いたい点は、……相手が応じない、甲が申込みましたが、乙が応じない時はどうであるかといえば、政府の説明に依れば……協議は成立しない、協議でないのである、……と疏明せられて居るのであります。

第三条の煽動ということについて、……煽動という字でなく、何とか明らかな方法がないかというような質問に対して、政府は煽動という字は明らかである。……疑いのない言葉であるという風に言われて居るのである。しからば煽動と宣伝はどう違うかということに対して、……流布宣伝以上に或事を……、多く人々の感情を刺激して、実行の力を与えるようにせしめること、それがすなわち煽動であると申さるゝのであります。

報告の第四は自白による減免規定などに関してである。

次で……自白するならば減刑免除の規定がある。是は「スパイ」を奨励する規定ではないかという質問に対して、……「スパイ」を眼中に置く制度でないというのである。

過激思想取締法案とどういう所が違って居るかと申しますれば、過激思想取締法案よりは余程、今回の方が狭くなって居る、……と言うのであります。

報告の第五は国体変革と私有財産制度の否認が同じ刑量になっていることに関してである。

国体変革と私有財産制度の否認を同じ刑量に依って規定せられて居るのは何故であるかと言われるのであります。之に対して政府は……法益を害せんとする所の手段方法が予備の予備を罰する程度のときには、同じ刑量を以て取締るのが至当であるという答弁でありました。

報告の第六は陪審制に関してである。

次で清瀬君より陪審法との関係はどうであるかという質問に対しまして、陪審法の法定陪審には這入らぬが……請求陪審に這入るという答弁がありました。

報告の第七は労働運動への影響に関してである。

次でこの法律が出来たならば労働問題、……労働者の運動を圧迫することに相成るのではないかという質問に対し、純真なる労働運動に対して、もとより取締る意思が毫も無いのである、斯様《かよう》に答えて居るのである。……労働党の新綱領、労働党の発生を妨害する為に決して法律を出したのではないという風に答えられて居るのであります。

報告の最後は討論及び採決に関してである。

次で討論に移りまして、横山金太郎君外数名より修正案が出ました。……次で本党の中村啓次郎君外数名より修正案が出されました。……次で清瀬一郎君より本案廃案の――本案に絶対反対の意見が出ました。

次で採決に移りました。採決の結果、横山金太郎君の修正意見、すなわち、三派より提案せられました修正意見が多数を以て成立致しました。中村君の修正意見は少数否決。清瀬君の意見も同じく少数否決。次でこの横山金太郎君の修正意見が成立致しました故に、この修正致しました部分を除いて本案全体を議題と致しました所が、これまた、多数を以て通過致しまして、委員会に於てはこの四字を修正致しまして、全部――本案全体を是認することに相成った次第であります。

憲法擁護論として法案を撤回すべき

この委員会案について、*田渕豊吉、清瀬一郎、菊池謙二郎、原惣兵衛の各議員から、政府および委員長に対して質問の通告があった。

田渕の発言(73)の概要は、次のようなものであった。

従順であるけれども同時に反抗を以てしたということは、過去の歴史に於て日本帝国の国民は有《あ》って居る。是が為に外国に対して強いのである。故に吾々は軍備を拡張して外国に対抗するのもよろしいけれども、今日は非常なる所の「デモクラシー」の「マーチ」であって、段々労働党が起って来る、或は社会党が起って来るだろう。之を良い方に導いて、そうして吾々はその誤って居ることを指摘して、はじめて大義公道の上に日本帝国の国民的政治をやらなければならぬ。官僚政治が一時の投薬を以てしては到底之は直るものではないから、政府は、ここに……速やかにこの議案を撤回されんことを願うのであります。

私は憲法の大《おおい》なる精神から言って、この法三章を以て之を撃破せんとすることは大なる憲法の逆転ではなかろうかと思いまして、政府は本案を撤回すべしと論ずるのであります。ここに一種の憲法擁護論を致しまして、政府諸公の大なる反省を促し……たいと思うのであります。

生活に困る精神労働者が外来思想を受け入れるのが怖い

清瀬からは、陪審法と本法案の罪との関係が再度問い質《ただ》された。

菊池からの質問は、「吾々の従来の国体観念というものが、自然と狭くなるように取扱われるようになりはしないかということを、私は憂えるのであります」「何故《ことさら》に国体という語を用いなければならぬか」「政体と国体との区別を憲法に依って何故に区別するか。区別することは出来ない」「私有財産制度ということがありますが、この中には帝室の財産は含蓄されて居るか否か」「いたずらに外来思想の輸入、或は露西亜《ロシア》との交際に社会主義者、共産主義者を出すことに罪を著《き》せるということは、私の大に取らぬ所であります」「政治が公明になれば、かくの如き法律というものは必要が無いこと、私は考える」等というものであった(74)。

原惣兵衛**議員からの質問も、「私等はこの失業者問題ということに対しまして、最も恐れるのは……精神《ママ》労働者の、この生活に困って居る者が、是が外部より来る所の思想を

＊田渕豊吉（たぶち・とよきち）
一八八二（明治十五）－一九四三（昭和十八）年
和歌山県に生まれた。早稲田大学に入学し、欧米に留学した。一九二〇（大正九）年の衆議院議員選挙で和歌山四区から立候補し、当選した。女性の政治参加への道を開くべく、治安警察法の改正案を無所属四名で議会に提出した。一九二三（大正十二）年、議会で関東大震災時における朝鮮人大虐殺事件の真相を追求する演説を行い、尾崎行雄から「わが国議会演説史にちりばめられた不滅の宝石」と絶賛された。一九二九（昭和四）年には、議会で張作霖爆破事件の真相に迫る演説を行った。太平洋戦争下でも議席を得て、政治活動を続けたが、大政翼賛会には入らずに無所属を通した。一九四一（昭和十六）年十二月、東条英機首相に対して戦争に反対する意見を述べたことでも知られる。

＊＊原惣兵衛（はら・そうべえ）
一八九一（明治二十四）－一九五〇（昭和二十五）年
兵庫県に生まれた。日本大学を卒業後、弁護士試験に合格した。ベルリン大学、ミュンヘン大学で法学を学び、帰国後、弁護士を開業する傍ら、日本大学幹事兼学生監を務めた。一九二四（大正十三）年の衆議院議員選挙に立候補し当選した。以来、六回の当選を数えた。阿部信行内閣の鉄道政務次官に就任し、一九四三（昭和十八）年から一九四六（昭和二十一）年まで姫路市長を務めた。東京毎日新聞社の副社長も務めた。

受入れて来て、最も悪化するということが私等は恐ろしいのであります」「法の適用の範囲に於て如何なる理想と如何なる刑罰法規の目的を御考えになって、この法を適用せんとせらるゝのか。是がいわゆる最も危険なる点であると私は思うのであります」などというものであった(75)。そして、原議員からの質問中に、質疑打ち切りの動議が出され、動議は賛成多数で可決された。

国民生活よりも権力保持を優先

討議に移ったが、横山金太郎、山崎達之輔、板野友造の各議員からは法案に賛成の、そして、湯浅凡平、武藤山治、坂東幸太郎の各議員からは法案に反対の意見が出された(76)。

横山の意見は、「私の論の帰結は委員長の報告に賛成をし、二読会にこの案を移すべからざるという論に反対を致すのであります。併せて政友本党より後に御説明になるべき修正案に反対をする意味も加えるのであります」「過激思想取締法案というものと本案とが、その内容実質に於て同一なりと誤解をせられて居る結果であると私は信ずるのであります」「何等、その適用を誤るの虞《おそれ》はないと見て、吾々はこの私有財産制度否認ということは、まず肯定を致して妨げないものと思うのであります」「この濫用するとか、しないとかいうことは法制の罪にあらずして法制を運用する人の罪であると言わなければならぬのであります」などというものであった。

そのなかで、横山が、「本案につきましても世間の人々は口を開けば、ややもすれば本案を目して悪法なりと罵《ののし》られるのであります。殊《こと》に今日の如きこの芝公園に於て本案成立に対して反対の民衆大会が開かれて居りまして、そのビラを読んで見ますると、真に治安を紊《みだ》し、社会の不安を醸《かも》すは支配階級の専制政治にあらずやというが如き意味を表明せられて居るのであります」と述べたことから、議場が騒然となった。

横山によると、衆議院議員の忠誠心が国民に対してではなく、自己が所属する与党、「護憲三派」の政治判断に対して向けられていることは明らかであろう。しかしながら、横山が従った「護憲三派」の下した政治判断というものは、政府与党であるからには、たとえ当局が立案した国民生活に大きな影響を及ぼす過激な治安立法といえども、法案成立に尽力するしかないというものであった。国民生活よりも権力保持を優先したといってよい。

山崎の意見も、「私は只今議題となって居ります治安維持法案は第二読会に移すべしとする意見を持って居ります」「この案に反対をせられる方々は、私有財産制度の否認ということが、もしも合法的に行われる場合に於て、それをしてなお処罰をせなければならぬのであるかどうか、……ということが、この案に対する御疑念の主なる点であるように思うのであります。而《しこう》して私はこの点については、私有財産制度の否認ということそれ自身に、決して合法というものはないことを信ずるものであります」「以上の理由に依りまして、私は本案に賛成を表する者であります」等というものであった[76]。

*板野友造議員の意見も、「何故、斯様《かよう》な怖るべき世態を呈したるか。この原因は為政者に在るなどと、それは別個の問題である。誰かの責任である。如何なる原因でもよろしい。原因は問わぬ。今日不幸にしてこの法律を必要とするに至ったのでありますから、吾々は遺憾ながらこの立法を賛成する者であります[77]」などというもので、与党議員の閣法《かくほう》(政府提案の法案―引用者)に対してとる典型的な態度の一つを示したものであった。

過激社会運動取締法案よりも悪法

しかし、与党の議員であっても、横山や山崎らとは異なり、法案に反対の態度をとる者は、*湯浅凡平(八一頁)らにみられるように、絶無ではなかった。

「私は与党の一人として政府提出の法案に対して反対の意見を述べるの已むなきをはなはだ遺憾なりとする者であります」「吾々は衆議院の面目を保つが為にこの案に反対を致さなければなりませぬ」という呼びかけで、湯浅の意見は開始された。反対の理由は次のようなものであった。

過激(社会運動取締―引用者)法案とこの法案とを対照致しまして、……その目的とする所、その趣旨とする所、その思想、是等の点に至りましては全く一貫して変わる所は無いのであります。

本案はその悪法たる所の性質及色彩に於ては、かつて吾々が葬り去ったる所の過激社会運動取締法案よりも、更に一層濃厚なるものであるということより外、違って居る所はないのであります。

過激法案よりは本案の方が遥に苛酷である、辛辣であ

＊板野友造(いたの・ともぞう)
一八七四(明治七)-一九四五(昭和二十)年
岡山県に生まれた。明治法律学校(明治三十六年から明治大学)を卒業後、判検事試験に合格し、司法官試補として高松地方裁判所に赴任したが、半年で辞任し、大阪市で弁護士を開業した。大阪市会議員を経て、一九二〇(大正九)年の衆議院議員選挙に立候補し、補欠当選した。以後、当選回数は合計五回を数えた。当初は立憲国民党に所属したが、解党後は革新倶楽部を経て、立憲政友会に参加した。

るということは言わる丶のである。かくの如くよくよく緩和したる所の過激法案すらも、衆議院が既に葬り去って居る以上は、議院の体面、議院の権威の上から申しましても、今更本案を通過せしむるということは、断じて出来ないこと丶私は確信を致します。

そして、湯浅凡平は、「たとえ、院内に於て今日この（私共の―引用者）案が破れ《ママ》ましても、普通選挙のいよいよ断行された暁に於ては、諸君が自ら進んでこの法案の廃止を提案なさらなければならぬ所の時期の来ることは、左程遠くないということを私は断言致します」と述べて、その発言を締め括った(78)。

しかし、湯浅の予想に反して、治安維持法はその後、廃止されるどころか、運用による拡大適用、そして法改正による拡大適用という道を歩むことになった。その意味で、治安維持法の制定は、「ノー・リターン」の道であった。

知識階級に不安を与える法律は国を滅ぼす

**武藤山治議員の反対意見は(79)、湯浅とは異なった。武藤は発言の冒頭で、「私は政府が本案を御提出になりました御意思及び本案の目的とする所には全然賛成する者であります」と断ったからである。武藤の経歴からいっても、それは当然のことといえた。にもかかわらず、武藤が法案の反対に回ったのは、「我国の治安を維持する方法について、その緩急の上に政府と所見を異にするがため」であった。その意味するところは次のようなものであった。

思想の動揺を来した主たる原因は、過去幾十年間にわたる我が政治が国民経済を誤ったためであると思うのであります。故に今日の思想の動揺を防がんとせば、吾々はまずその根本に遡って我が国の不経済なる政治の上に一大改革を加えねばならぬと思うのであります。

諸君、私は去る二日の本会議場に於ける普通選挙法案の討議の際、憲政会を代表せられて我が憲政史上に長く印する所の斎藤隆夫君の一大演説を拝聴致したのであります。……斎藤君はかくの如く述べられたのであります。「近来、ややもすれば危険思想を口にし、或は国民思想の悪化などということを唱える者がある。……国家の大局より見ましたならば、少しも恐る丶の値打はない。……幼稚なる所の思想、浅薄なる所の思想ないし有害なる所の思想は、一度思想界の戦場に曝されたならば、立派に消滅してしまうのである」。諸君、この御自信に対しては、私共は真に敬服したのであります。

（中略）

本法案の不可なる点は、知識階級に対して不安を与えることであります。如何なる国に於ても知識階級に不安を与える法律を制定してその国が亡びないものは、歴史上一つもありません。
　かくの如く思想の動揺する根本に向って斧を揮《ふる》わずして、唯《ただ》枝葉末節たる思想に対するこの維持法案を制定し、いたずらに善人や知識階級に向って不安を与えるが如きは、一国の政治に於て是以上不可なるものはないと考えます。

　武藤が引用した斎藤隆夫の演説にも匹敵する名演説であった。

濫用の危険は明らか

　*坂東幸太郎議員（八三頁）の反対意見(80)も次のように説得的なものであった。

---

*湯浅凡平（ゆあさ・ぼんぺい）
一八六七（慶応三）－一九四三（昭和十八）年
広島県に生まれた。慶應義塾大学を卒業後、日本郵船社員、上南水利組合長、横浜市議、横浜市参事会（市長、助役その他六名による市政遂行機関）会員などを経て、一九一二（明治四十五）年の衆議院議員選挙で立憲政友会から立候補し、当選した。以来、一九二八（昭和三）年まで衆議院議員を五期務めた。革新倶楽部が一九二二（大正十一）年に結成されると同倶楽部に移り、一九二五（大正十四）年に同倶楽部解党後は新正倶楽部（一九二五－二八年）に所属した。その間、衆議院決算委員長なども務めた。一八八九（明治二十二）年に設立され、日本議員団も一九〇八（明治四十一）年に加盟した列国議会同盟の第二十回会議（一九二三年、ウィーン）にも代表として参列した。

**武藤山治（むとう・さんじ）
一八六七（慶応三）－一九三四（昭和九）年
岐阜県に生まれた。慶応義塾大学を卒業後、アメリカに留学し、苦学した。帰国後、出版業を経て、三井財閥に招聘され、ながらく紡績会社の経営に携わり、紡績王と称せられた。日本的経営論を考案し、「経営家族主義」と「温情主義」を提唱、実践した。一九一九（大正八）年にワシントンで開催された第一回国際労働会議には資本家代表として出席した。一九二三（大正十二）年、政界浄化による階級闘争防止と経済自由主義に基づく安価な政府の実現を目指して、実業同志会（後に国民同志会）を結成し、会長となる。一九二四（大正十三）年の衆議院議員選挙に立候補し、当選した。実業同志会は立憲政友会、立憲民政党に次ぐ第三政党として、議会でキャスティングボードを握った。一九三〇（昭和五）年の衆議院議員選挙でも、国民同志会から六名が当選した。一九三二（昭和七）年、政界を引退し、私財を投じて、国民の政治教育のために国民会館を設立した。経営担当者に就任した時事新報社では、ペンを通じて政財官の癒着を暴き、政商や御用新聞記者などを厳しく攻撃したために、権力者から付け狙われ、一九三四（昭和九）年三月九日、鎌倉の別邸近くで狙撃され、翌日死亡した。

かくの如き特別なる法規、しかもその内容が非常に重く刑罰を課する所の法規を作る場合に当りましては、その必要なる所以を以て十分に社会に公開する必要があろうと信じて居るのであります。

この法律は如何に弁じましても、その法文は明確でないということは、是は一点疑いのないことである。……故にこの法律が濫用せらるゝ虞があるということは、是は一見自明の理であると考えるのであります。

もし不幸にして将来日本に反動的の内閣が起った場合に於きましては、この法律は濫用せられるということは、殆ど火を睹《み》るよりも明らかであると私は思う。

私はかかる意味から致しまして、この法律案並に委員長の報告に反対し、適当なる時期に於て立派なる完全無欠なる法律を作る方がよろしいという意見を持って居るのであります。

法案の可決

板野の賛成意見の後、第一読会の討論はこれで打ち切りという動議が出され、この動議が採択され、討論は終結ということにされた。

次に、副議長から、第二読会は開かずに廃案とすべきか、あるいは、法案制定のために第二読会を開くべきかが諮られ、廃案とすべきであるとする者一八名、第二読会を開くべきであるとする者二四六名で、第二読会を開くことが決せられた。直ちに第二読会を開くべきであるという動議が出され、採択されて第二読会が開かれた。

第二読会では、中村啓次郎議員外三名よりの修正案が提出され、中村から修正の趣旨説明が行われた[81]。この修正案に対しては、反対・賛成の通告があり、廣瀬徳蔵議員からは、委員長の修正案に賛成、中村外の修正案に反対の意見が表明された[82]。これに対し、土屋興議員からは、中村外の修正案に賛成の意見が表明された[83]。

その後、討論打ち切りの動議が出され、討論は終結とされた。採決に移ったが、中村外の修正案は賛成少数で否決、委員長報告の修正案およびこの修正を除く原案は賛成多数で可決とされた。

ここでまた、「直ちに本案の第三読会を開き、第二読会議決の通り、すなわち委員長修正報告の通り可決せられんことを望みます」という動議が出され、第三読会を開き、議案全部を議題とすることにされた。第三読会では直ちに採決が行われた。副議長から、「第二読会の議決の通り、すなわち委員長修正報告通りに賛成の方の起立を求めます」とされたが、賛成起立多数の結果、「本案の可決確定致しました」と決せられた(84)。

4　貴族院の審議

賛成の立場からの質問

三月十一日、法案は貴族院に回付された。同十一日に開催された貴族院本会議では、治安維持法案についての第一読会が行われた。冒頭で、国務大臣（内務大臣）若槻礼次郎から法案提出の理由説明があった(85)。

次いで質疑に移ったが、議員の質問のほとんどは、法案に賛成という立場からなされたものであった。すなわち、服部一三議員の質問は、「大体、この案は誠に結構な案であって、速やかにこの案が通過することを希望致します」などというものであった(86)。

山脇玄《げん》議員も、「私は本案に対して絶対に反対するものではないのであります」「国民教育の普及徹底、……その次が多衆民衆の生活を安定すること、……その次が多衆民衆を自覚せしめて責任観念を養うこと、……その次が労働運動をして秩序節制あらしむること、……是より外に私はこの危険思想を防ぐ方法は他にないと思う」「唯今、賢明なる司法大臣の御答弁に依って、私は十分了解致しました」等というものであった(87)。

澤柳政太郎議員の質問も、「本法の制定というものは、日本国民の最大の誇りを抹消されんとするものであるという感じを禁ぜないのであります」というものであった(88)。

志村源太郎議員の質問も、「産業協同組合なるものが露西亜《ロシア》の産業協同組合と声息相通じて、そうして段々と我国の私有財産制度を否認していくものではなかろうか。こういうような疑いを以てこの法律を適用するようなことが出来はせぬかということを心配いたすのであります」というものであった(89)。

陛下の無辜の民を傷つけないか

このようななかで注目されたのは、侯爵議員の徳川義親*（八五頁）の質問であった。徳川義親の質問の概要は次の

*坂東幸太郎（ばんどう・こうたろう）一八八一（明治十四）－一九七四（昭和四十九）年　北海道に生まれた。早稲田大学を卒業後、旭川市会議員を経て、一九二四年の衆議院議員選挙に立候補し、初当選した。以後、連続九期当選した。立憲民政党遊説副部長を務めたほか、一九三九（昭和十四）年、阿部信行内閣の鉄道参与官に就任した。戦後は衆議院治安及び地方制度委員長などを歴任し、旭川商工会議所会頭なども務めた。

ようなものであった。(90)

私はここに提出されました治安維持法案がいよいよ法律と致しまして発布されました時に、その性質の上から考え、その実施については誠に私は懸念を有するものでございます。

斯様な法案というものは、兎角《とかく》、国民の思想の善導に役に立ちまするよりも、寧ろかえって之を激成《げきせい》(刺激して事を引き起こすこと―引用者)いたしまして、国家を危《き》殆《たい》ならしめたという例は歴史上にかなり多いのでありまする。

最近、各高等学校に於きまして、近代思想の研究団を解散せしめられたという例がございますが、是等に依りまして考えましても、時には穏健な社会改造の思想を懐いて居る者……までも、圧迫を受けるというような虞はないであろうかということを心配して居ります。

この治安維持法なるものは……誤って之を用いましたならば、無辜《むこ》の民を傷つくる兇器となる虞があるのであります。

我々、皇室の殊遇《しゅぐう》(特別によい待遇―引用者)を受ける者は、殊《こと》にこの点について心をしなければならないのでありまする。私はこの虎ノ門事件から鑑みまして、ここに心配に堪えない……。

特別委員会委員長からの報告

第一読会の質疑は以上で終了とされた。そして、「治安維持法案は重要なる案件でございまするが故に、特別委員の数は十五名に致して、その指名を議長に一任あらんことの動議を提出致します」との動議が出され、治安維持法特別委員会の委員が指名された。徳川義親が委員に選ばれることはなかった。

特別委員会は三月十三日、十四日、十六日、十七日と四回も開催されている。しかし、その委員構成から見て、委員会の結論が法案反対や法案修正に傾くことはあり得なかった。そして、三月十九日に開催された貴族院本会議では、治安維持法案に係る第一読会の続きが行われた。その冒頭で、特別委員会委員長の侯爵二条厚基《あつもと》から委員会報告(91)がなされた。

質疑の発言通告

委員長報告に対し、質疑の発言通告が、志水小一郎、副島道正、阪本釤《せん》之助の各議員からあった。

志水の質問は、概要、「無政府主義者、共産主義者などの人々は、なかなか決意の堅いものであるからして、之に対して余り刑罰を設けても効めがないのではないか」「是等に対する刑罰の目的は排斥とか隔離とかいうことに在るのではありますまいか。さすれば僅々《きんきん》十年以下の懲役を以て、果してその目的が達せらる、のでありましょうかどうか」「国体変革なる目的が、暴力に依るにあらずして達し得らる、のであるかどうか」「結社を組織するということはそもそもどんなことを意味さる、のでありますか」「本法の罪の裁判管轄はどうなって居るのか」「原案を維持するについて冷淡であったのではないか」等というものであった(92)。

副島の質問は、「もしも普通選挙というものが実行さる、ということになれば、或はますます、人心を煽動する処の煽動政治家が出て来ることなきを保し難いと私は思うのであります」という観点からのもので、「私は治安維持法案に決して反対ではないのであります」と断ったうえでなされた(93)。阪本の質問は、「結社を組織し」という文字は

＊徳川義親（とくがわ・よしちか）
一八八六（明治十九）－一九七六（昭和五十一）年
東京府に生まれた。尾張徳川家の第十九代当主で、昭和天皇とは生物学で兄弟弟子の関係にあった。学習院を経て東京帝国大学文科大学史学科、同大学理科大学生物学科を卒業し、一九一一（明治四十四）年十月、満二十五歳で貴族院侯爵議員に就任した。一九一八（大正七）年に「徳川生物学研究所」を現在の東京都品川区内に設立、同研究所は一九七〇（昭和四十五）年に閉鎖されるまで多くの植物学者の拠点となった。一九三一（昭和六）年には「尾張徳川黎明会」を設立し、名古屋市内の尾張徳川家別邸の土地の一部と資産の大半を同会に寄付し、美術品などの散逸を防いだ。一九三一（昭和六）年の「三月事件」では主義の違いを超えてクーデター資金を出資した。軍事政権を樹立するための昭和初期最初のこの計画は橋本欣五郎大佐、重藤千秋大佐、長勇少佐、田中清少佐ら、日本陸軍の中堅幹部によって計画され、杉山元陸軍次官、小磯國昭軍務局長、永田鉄山軍事課長、二宮治重参謀次長、山脇正隆作戦課長ら、当時の陸軍上層部のほか、社会民衆党の赤松克麿、亀井貫一郎、右翼思想家の大川周明、右翼活動家の清水行之助らも参画した。計画遂行直前に軍上層部が離脱したことから未遂に終わったが、義親はこの時の関係者と生涯にわたる親交を結んだ。
太平洋戦争が勃発すると、マレー方面派遣を願い出て、陸軍事務嘱託（マレー軍政顧問）としてシンガポールに赴任。ジョホール王国国王などの安全確保に奔走するとともに、英国から接収した植物園、博物館、図書館などを田中館秀三らと協力して戦火や略奪から守り、敗戦後、イギリスに返還した。帰国後は終戦工作にも参加した。
戦後は側近の藤田勇（のちに東京大学社会科学研究所長などに就任）の協力のもとに日本社会党の創設資金を援助し、終戦時に軍の機密費から返却された「三月事件」への出資金の一部をこれに当てた。一九五〇（昭和二五）年、文化女子短期大学初代学長に就任、日ソ交流協会（一九六二年創設）の初代会長も務めた。名古屋市長選に自民党から推薦を受けて立候補したが落選した。聴覚障がい児の教育にも関心を寄せ、口話法の普及に努めたが、その後、手話法の擁護にまわった。

「はなはだ奇態な文字のように考えますが、如何か」等というものであった。(94)

徳川義親議員の反対

以上で通告者の質疑は終了し、その後は通告願による討論に移った。徳川義親議員および大河内輝耕*議員が討論を行った。徳川議員は、三月十一日の貴族院本会議に引き続いて、本案に賛成できない理由を次のように披露した。(95)

私は決して共産主義者でもなく、無産主義者でもございませぬが、なおこの法律を恐れるのでございます。特権階級中の特権階級である吾々が、本案に遂に賛成いたさない意見を表明いたしますことは、余程勇気を要する次第でございます。しかしあえてここに私がそれを致しまするのは、……治安維持の目的が、かえって反対の結果に陥りはしないだろうかということを、私は恐れるのでございます。

私の見ます所に依れば、峻厳極まりないこの法律の実施に当りまして、政府当局に果して十分な用意がありや否や、細密な用意が欠ける所があるように思われるので、私はここに賛成出来兼ねるのでございます。

我々、日本人と致しまして永久に虎ノ門事件のことを忘れてはいけないと思う。それだけのことでございます。

法案は庶民階級をかれこれするものではない

この徳川の討論を受けて、大河内輝耕議員から、「唯今の徳川侯爵の反対論は、言葉極めて簡単であって意の在る所は極めて重大である。この点につきまして我々がこの法案に賛成を致しました理由につきましては一言、弁明を要するかと存じまして、ここに登壇を致した次第でございます」として、次のような発言があった。(96)

我々もその道に造詣の深い徳川侯爵と手を携えて、及ばずながらこの点〔思想の善導、或は生活の安定―引用者〕に於て大に尽したい。この法案はこのまま通して置いて、そうして根本的の活動については、糞尾に附して、尽力を私は致したいと思うて居る。健全なる労働者、庶民階級の運動につきましては、我々は寧ろ之を歓ぶものである。この法案は決して斯様なものをかれこれするのじゃない。……法文は、如何に之を拡張しても、是等のものに向って何する所はないのでございます。

〔徳川侯爵は―引用者〕余りに御心配に過ぎて居りはすまいかと思う点もございましたから、一言賛成の趣旨を弁明いたして置きます。

大河内が法案に賛成した理由は、概要、このようなものであった。徳川義親の懸念が「心配に過ぎる」として退けられているが、その後の法の歩みは義親が懸念した通りになった。

採決

他に討論の通告者がいなかったことから、第一読会での討論は終了し、本案の採決に移った。議長から、「本案の第二読会を開くべしとする諸君の起立を求めます」という発言があり、賛成多数で、第二読会を開くことに決せられた。

続いて、「直ちに本案の第二読会を開かれんことを希望いたします」との動議が出され、「異議なし」で、第二読会が直ちに開かれた。第二読会では、冒頭で、議長から、「本案全部を議題に供します。全部原案に御異存ございませんか」「御異議ないと認めます」との発言があり、「直ちに本案の第三読会を開かれんことを希望いたします」との動議も賛成があった。

議長から、「直ちに本案の第三読会を開いて御異存ございませぬ」と諮られ、「異議なし」の声があり、「御異議ないと認めます」とされて、第三読会が開かれた。冒頭で、議長から、「第二読会の決議通りで御異存ございませぬか」と諮られ、「異議なし」の声があり、「御異議ないと認めます」とされた。

このように、三月十九日の貴族院本会議では、徳川義親議員が反対しただけで、法案が可決された。過激社会運動取締法案の時と異なり、治安維持法案に対して貴族院が反対するということは特になかった。

＊大河内輝耕（おおこうち・きこう）
一八八〇（明治十三）－一九五五（昭和三十）年
東京府に生まれた。父は上野高崎藩第十代藩主の子爵大河内輝声《てるな》で、妻は侯爵徳川慶喜の八女の徳川国子であった。父の死亡で家督を相続し、一八八四（明治十七）年に子爵を授けられた。学習院を経て、東京帝国大学法科大学を卒業後、高等文官試験に合格し、大蔵省に入省し、主計局に配属された。大蔵書記官、主計局主計課長、専売局主事、大蔵参事官、専売局理事、東京地方専売局長などを歴任した後、一九二五（大正十四）年の貴族院伯子男爵議員選挙で当選し、貴族院廃止（一九四七年）まで貴族院議員を務めた。第二次世界大戦中は翼賛選挙における選挙干渉の危険性を指摘し、一九四五（昭和二十）年三月十日の東京大空襲の翌日に開かれた帝国議会貴族院本会議では「疎開と云うようなことは平素から、ずっと前から我々は主張して居った。処が政府は一向聴かない」などと厳しく政府を批判した。

5 一部修正して成立

法律の中心は第一条

こうして、治安維持法案は、一部修正して可決成立することになった(97)。同法の罰則の中心が第一条の罪にあったことは改めて詳述するまでもなかろう。この点については、すでに次のような分析が示されているところである(98)。

治安維持法の本質が「結社」取締法にあるという見方からすれば、「結社」と無関係におこなわれうる一定の実行行為(一定の目的実行の協議、煽動および一定の目的をもつ騒擾・暴行などの煽動)を規定する第二条ないし第四条は、ほんのつけ足し規定にすぎない。ただ、第五条が処罰の対象とする「金品其の他財産上の利益を供与」する行為は、「結社」の組織行為に対する援助という形でなされるばあいが多いから、これは結社取締規定の性質を有するといえよう。第二条以下はつけ足しといってしまったが、実際上の効果からいっても、規制すべき「結社」が存在する限りは(例えば、典型的に言えば、日本共産党が成立し存続しているかぎりは)、たいていのことは第一条でやれるのである。やれない場合というのは、……京都学連事件のように、取締るべき学生らの行為を「結社」と結びつけたくても、肝心の「結社」が存在しないばあいである。京都学連事件のさいには、日本共産党もしくはそれに類する非合法「結社」が存在せず、被告人らは第二条・第三条の協議罪・扇動罪を問われたのであった。これは、のちの展開との関係でいえば例外的な事件である。

治安維持法の公布

治安維持法は四月二十二日に法律第四六号として公布された(99)。それに伴い、治安維持令は廃止された。そして、治安維持法は同年五月十二日に施行された。治安警察法は存続されたので、以後、治安警察法は、共産党を支援する団体を禁止し、共産党の支持基盤を断つことで、治安維持法と補い合いながら、その真価を発揮した。同じく出版法と新聞紙法も、出版物を取締ることに変わりはなかった(100)。

軍事教練に反対して警視庁前で集会をする学生たち
1925年

職を求め、職業紹介所に来た尋常小学校卒業者たち

第三章　治安維持法の適用

1　治安維持法の発動

適用対象の喪失——第一次共産党の解党

治安維持法は施行されたが、当局はその適用の対象や適用の時期について具体的な目途を立てていた訳ではなかった。そもそも治安維持法がその主な標的にした共産党についてみると、一九二二（大正十一）年七月十五日に創立された第一次共産党は治安警察法という旧来の法の下で弾圧を受け、一九二四（大正十三）年三月、組織内部から解党論が提起されて既に解党してしまっていた。大正中葉まで反体制運動のなかで一定の役割を果たしていたアナーキストなども、治安維持法が成立した頃には急速に勢力が衰えていた。この点でも治安維持法はその適用対象を失っていたとされる(1)。

京都学連事件の発生

このような時に京都学連事件が起こった。各大学・高校・専門学校では一九一〇年代前半からマルクス主義の研究および普及などを目的として社会科学研究会（社研）が続々と誕生していた。一九二四（大正十三）年九月には四十九校の社研が参加する学生社会科学連合会（学連）も発足し、瞬く間に会員一六〇〇名を擁する大組織に発達した。学連は一九二五（大正十四）年七月、代議員八十名を集めて第二回全国大会を京都帝国大学構内で開催した。労働争議や労働学校などに対し積極的に支援を行っていたことなどもあって、特高警察は学連の動静に注目しつつ、いわゆる「泳がせ戦法」をとっていた。

勇み足ともいえる検束に踏み切ったのは京都府警特高課であった。特高課の警官がたまたま同志社大学の構内に軍事教練反対のビラが掲示してあるのを見かけた。このビラをたどって「左傾」学生の組織を辿っていけばどこかで上部の指導部に行き当たるかもしれないと考えた特高課は、一九二五（大正十四）年十二月、全市の警察署特高係を動員して京都帝大や同志社大学などの社研会員の自宅や下宿などを出版法違反で急襲して家宅捜索を行うとともに、学生三十三名を検挙した。書物などの文書も大量に押収された。犯罪容疑事実を発見するための「見込み」検挙だったことは明らかであった。しかも、京大の寄宿舎で立会人なしに捜索を行ったことなどから、大学自治に違反するといった抗議を受け、府知事が陳謝するという事態に追い込まれた。検挙された学生全員も間もなく釈放されたとされる(2)。

治安維持法違反事件へ仕立て直し——第二次京都学連事件

この「泰山鳴動ねずみ一匹も出ぬ有様に府警部の焦燥深し」と報じられた京都学連事件に着目したのが司法省であった。同事件を治安維持法事件に仕立て直して、治安維持法を初適用すべく検討を開始した。司法省が京都学連事件にどんなに熱心に精力を注いだかは、一九二五（大正十四）年十二月十六日に林頼三郎司法次官、小山松吉検事総長、各控訴院検事長、各地検検事正または首席検事および各府県警特高課長によって検討のための秘密会議が司法省でもたれたことからも明らかであろう。司法省は、治安維持法本来の目標を追求するというのではなく、学連の中心人物を刑事政策で叩き潰すことによって「左傾」学生運動全体に冷や水を浴びせようと目論んだといわれる。司法省は翌一九二六（大正十五）年一月十五日、治安維持法の初適用に踏み切った。

同一月以来、四か月にわたって、思想検事の平田勲（東京検事局）の指揮のもとに各府県警特高課を動員して、記事報道を差し止めたうえで、全国の社研会員の検挙が実施された。検挙の対象は京都府内にとどまらず、全国に拡げられた。社研に関係があると見なされた京都大学の河上肇や同志社大学の山本宣治、河野密、関西学院大学の河上丈太郎ら大学教員に対しても家宅捜索が行われた。山本は捜索を理由に同大を免職となった。検挙された学生のうち三十八名は治安維持法違反、出版法違反及び不敬罪で起訴された。ただし、京都学連事件が治安維持法の想定する本来の事件でなかったことは、同事件に対する治安維持法の適用法条が第一条でなかったことからも明らかであった。

一九二七（昭和二）年五月の京都地裁による第一審判決では、出版法違反及び不敬罪については特赦とされたが、治安維持法違反では三十七名に禁錮一年以下などの有罪が言渡された。弁護人と検察官は共に控訴したが、一九二九（昭和四）年十二月の大阪控訴院による控訴審判決では、逆に十八名に対し懲役七年以下のより重い刑が言い渡された。一九三〇（昭和五）年五月、大審院による上告棄却により有罪及び量刑が確定した。(3) これが第二次京都学連事件といわれるものであった。

学生運動の規制に拍車

第一条違反ではなかったということから、京都学連事件は治安維持法適用事件としては先例性に乏しいものにならざるを得なかった。しかし、この初適用が司法省のその後の治安維持法の適用・運用に与えた意義は少なくなかった。学連事件には中央および大阪の思想犯専門の検事や司法事務官が取調べに参加したが、ここに登場する面々は三・一五以降に制度化される思想係検事のパイオニアであった。彼らにとって京都府学連事件は実地研修の意味があった。研修成果はやがて三・一五以降の検挙並びに取調べにおいて十分発揮されることになった。

意義の第二は、京都学連事件への司法省の対応にみられる「報道管制」はその後の多くの治安維持法違反事件でも採用されることになったという点である。「報道管制」は記事解禁後のセンセーショナルな事件報道を帰結し、結果として当局の思う壺にはまってしまったからである。

意義の第三は、司法官僚が京都学連事件を拾い上げ、これに治安維持法違反のレッテルを貼ったことにより、文部省および大学・高専などの学校当局はそれまでも徐々に強化しつつあった学生運動の規制に一層拍車をかけることになったことである。これを奇貨として政府は河上肇らの学外追放を目論んだからである。(4)

解釈上の問題

治安維持法の法文において解釈上の問題が生じると思われるのは、同法第一条にいう「国体の変革」「私有財産制度の否認」「結社の組織」「結社への加入」、第二条にいう「目的たる事項の実行」「協議」、第三条にいう「実行の煽動」、第四条にいう「騒擾《そうじょう》、暴行其の他生命、身体又は財産に害を加えるべき犯罪の煽動」、第六条にいう「利益の供与、申込、約束」、「知情受供与、知情申込、知情約束」などの諸概念の意義であった。裁判所はこれらの概念をどのように解釈したのであろうか。

八つの判決・決定

国内において治安維持法が初めて適用されたのは、前述したように、一九二五（大正十四）年十二月から翌一九二六（大正十五）年一月にかけて検挙が行われたいわゆる京都学連事件に対してである。(5)その上告審決定は少し遅れて一九三〇（昭和五）年五月二十七日に下されている。同大審院第四刑事部決定がこれである。(6)また、いわゆる北海道旭川集産党事件についても一九二九（昭和四）年四月三十日第一刑事部判決が言い渡されている。(7)更に、いわゆる三・一五事件に関連して検挙された北海道共産党事件についても一九二九（昭和四）年五月三十一日第四刑事部判決(8)および一九二九（昭和四）年十月二十二日第一刑事部判決が、(9)他方、名古屋共産党事件についても一九三〇（昭和五）年二月二十一日第四刑事部判決が言い渡されている。(10)(11)(12)

2　政府の意向に沿った解釈・運用

共産主義の実質を有すれば違法

治安維持法は共産主義や無政府主義などを取締ることを眼目とする法律であるが、文字通り「共産主義」や「無政府主義」といった概念を法条で用いたとすれば、当該政党などが実質は共産主義政党であるにもかかわらず別の名称を呼称したなどの場合、治安維持法による取締りが困難になるという問題が生じかねない。そこで、治安維持法では、「無政府主義」や「共産主義」という概念に代えて、それと実質的には同義語である「国体の変革」ないし「私有財産制度の否認」という概念を用いることとした。すなわち、これによって、およそ共産主義や無政府主義の実質を有する政党などについてはすべて治安維持法による取締りができることとした。

それ故、「国体の変革」や「私有財産制度の否認」という概念を厳密に定義し、この厳密な定義に基づいて治安維持法を運用するというような形式主義的な運用は考えていない。このように厳密に定義すると、実質は共産主義政党や無政府主義政党であるにもかかわらず、この厳密な定義に欠けるところがあるために、取締りの対象から漏れるというような事態も現出しかねない。「明確性」原則は刑法には妥当しても治安維持法にはなじまない。要は共産主義や無政府主義の実質を有するかどうかで、実質を有するとすれば「国体の変革」や「私有財産制度の否認」に該当し、実質を有しないとすれば該当しないということになる。このような実質的な判断については濫用の恐れを指摘する向きがあるかもしれないが、濫用の恐れはない。この判断は共産主義や無政府主義の問題に明るい思想検事や思想判事がよくなし得るところのものだからである。

治安維持法案の帝国議会での審議に際して立案当局は右のように政府答弁をしていた。大審院などによる法解釈および法運用はまさにそのような政府の意向に沿ったものとなった。

違法とされる「私有財産制度の否認」とは何かを詳しく検討し、厳密に定義したうえで、この定義に照らして本件事案が違法とされる「私有財産制度の否認」に該当するかどうかを判断すべきだ、こう弁護人は主張した。刑法の考え方からすると当然の主張であった。しかし、大審院は弁護人の主張を退けて、違法とされる「私有財産制度の否認」について何ら定義を示すことなく、共産主義の実質を有するから違法とされる「私有財産制度の否認」に該当するとした。共産主義の実質を有するという点についても結論が示されるだけで、何ら理由は示されることはなかった。弁護人の論難するように理由不備のそしりは免れ難かった。

プロレタリア独裁は「国体の変革」に該当

京都学連事件では治安維持法が初適用されて起訴された。大審院決定により有罪が確定したことから、捜査当局による治安維持法違反での検挙ないし起訴にお墨付きが与えられることになった。

もっとも、同事件では治安維持法第一条の適用はさすがに見送られたが、北海道旭川集産党事件になると治安維持法第一条のうち「私有財産制度の否認を目的とする結社」の罪が初適用されることになった。そして、遂に北海道共産党事件では治安維持法第一条のうち「国体変革を目的とする結社」に関する罪が適用されるに至った。「プロレタリア独裁」は君主制を廃するものであって「国体の変革」に該当するとする法解釈および法適用が確立されることになった。ただし、それはあくまでも共産党ないし共産主義者およびその支持者と目される団体ないし個人を検挙するための便法にしか過ぎなかった。この法解釈及び適用には合理的な根拠が何ら示されなかったからである。

「罪刑法定」原則に反する

それは治安維持法第二条が規定する「前条（第一条）第一項の目的を以て其の目的たる事項の実行に関し協議を為したる者」という結社目的事項実行協議罪の法解釈及び法適用についても同様であった。結社加入未遂を協議罪で処罰するという便法も承認された。このようなA罪が駄目ならB罪で有罪にし、B罪が駄目ならA罪で有罪とするという便宜的な法適用は明らかに「罪刑法定」原則に反するものであった。

しかし、大審院はこの便宜的な法解釈及び法適用を認めた。その影響は甚大なものがあった。大審院からの「お墨付き」を得て治安当局はますます治安維持法を適用しての検挙に奔走することになった。

懲役刑の適用

禁錮刑と懲役刑の選択に関して大審院から「治安維持法に違反する者の中には、皇室に対する不逞《ふてい》の意思を以て皇室に対する非違《ひい》を図る者あるべく、是等の者に対しては、刑法第二編第一章皇室に対する罪の刑が懲役刑なるに照し、同じく懲役刑を以て臨むを相当とすべく、又、然らざるも外国若《も》しくは敵国と通謀するが如き、或は不純の動機に出て私利を図り私憤を霽《は》らすが如き趣旨を以て犯行を敢てしたる者に対しては、刑法第二編第三章其の他一般の規定との権衡上、之に臨むに懲役刑を以てすべきを予期したるものと解すべきものとする」という考え方が示されている点も見逃すことができない。

治安維持法違反の罪については法定刑として懲役と禁錮刑が選択的に規定されており、「非破廉恥罪」と理解すれば禁錮刑が原則ということになるが、裁判所では右のような運用基準により、禁錮刑ではなく懲役刑がもっぱら言い渡されることになったからである。

検察官・裁判官の態度

治安維持法案についての帝国議会の審議と治安維持法違反事件についての大審院の審理とでは様々な点で違いが認められた。質問者と答弁者の力関係も大きく異なった。帝国議会では質問に立つのは帝国議会議員で、いくら政府が議員質問について横柄、傲慢な態度を取ろうとしてもそこには自然と限界があった。しかし、裁判所の審理においてはこのような自制は働かなかった。

立法では「多数決の原理」が優先されるのに対して、司法では「当事者対等の原理」が優先されると説かれるが、現実はまったく異なった。裁判所の審理に見られる横柄、傲慢な態度は議会でのそれをはるかに上回るものがあった。裁判官や検察官に対し疑問を呈するのは「国賊」ともいうべき被告人であり、この「国賊」を弁護する弁護人であったためである。「国賊」とその弁護人に対する検察官、裁判官の態度は次のようなものであった(13)。

検事は治安維持法事件では、「国賊」を扱うわけですから、じつに威圧的でした。論告のときだけではなしに、弁護士の発言にたいしてもことごとに妨害をするわけですよ。自分で禁止命令は出せませんから、「裁判官、この弁護士の言っていることは過激である」「不敬にわたる」とかね、「やめさせろ」とか、裁判長にやめさせることを促すよりも自分で禁止しちゃうみたいなようでした。裁判官もそうなりますと、「注意します。これ以上やれば退廷を命じます」とかね、居丈高なものでした。

被告にたいしては弁護士《ママ》以上ですね。検事も、裁判官も。検事がね、裁判官の気の弱いのをどんどんリードしていくわけですよ。

気の弱い裁判官は検事の顔色を見て検事がどう言うか、それに楯突くようなことをやるとね、クビにはなりませんが左遷される。ともかく干されてしまうというんでね。治安維持法事件というのは、ほとんど検事がリードしていましたよ。しかも思想検事ですから、その方の専門家です。泥棒なんかを扱う検事にはやらせない。

被告人及び弁護人を検察官と対等な一方当事者と看て、検察官の主張と被告人及び弁護人の主張とを公平に扱うという「当事者主義」の考え方が治安維持法違反事件の審理においては顧慮されるということはまったくなかった。

もっとも、「当事者主義の否定」にも刑事訴訟法上の「制約」があったが、この「制約」も裁判官がその内容を専断的、裁量的に定めた結果、縛りとはならなかった。中世の刑事裁判の糺問主義にも似た光景が現出した。そのため大審院判決・決定が政府の意向に沿ったものとなった。

《北海道集産党事件》
——治安維持法第一条を初めて適用

昭和四年四月三十日第一刑事部判決

本件は治安維持法が制定されて初めてその第一条の「私有財産制度の否認」の罪で起訴された事案である。弁護人は「私有財産制度の否認」というのは曖昧な概念であって、これをそのまま適用することは刑法の「明確性」原則に違反し、臣民の自由に多大の悪影響を及ぼすことになる。人権蹂躙を招く恐れも強いとして、限定解釈の必要性が主張され、あるべき限定解釈の例が示された。しかし、原審はこのような限定解釈を採用しなかった。そこで被告人・弁護人から上告がなされた。大審院が原審の法解釈および法適用に「お墨付き」を与えるのか、あるいは被告人・弁護人の主張を支持するのかが注目されるところとなった。

■罪となるべき事実——私有財産制度の否認を目的とする結社に加入など

旭川地方裁判所に係属の北海道旭川集産党事件について原審の札幌控訴院が認定した「罪となるべき事実」は概要、次のようなものであった。

一、被告人石井長治《ちょうじ》、濱野勇一、佐藤鐵之助、北村順治郎、村山政儀、中山茂、原審相被告人足利貞雄、奥山正二、松川泰助、藤田永伯《つねのり》らは、大正十四年八月二十七日、名寄新芸術協会第四回総会の終了後、協会事務所に会合し、我国の私有財産制度を否認し、共産制社会を実現することの目的を以て、右被告人等を党員とし、中央執行委員会等の機関を備え、集産党と命名せる結社を組織することを決定し、

二、翌二十八日、中央執行委員会を開催し、同会に於て党員を被告人ら合計十九名に指定し、被告人、石井長治を中央情報調査兼中央組織部委員長及び中央委員に、被告人松崎豊作を中央常任書記兼中央執行委員長及び中央委員に、被告人中山茂、村山政儀、濱野勇一、北村順治郎、佐藤鐵之助、原審相被告人松川泰助、藤田永伯外一名を中央委員に選定し、

三、被告人らは其の後、中央執行委員会を数回開催し、党の組織行動戦術に付て決議を為し、前記新芸術協会の外に、日本プロレタリヤ芸術連盟北海道同盟、無産者協会、士別婦人協会等の行動機関を設立し、

四、被告人中山茂は直接前記結社組織に参加せざりしも、

党に於ては同人を党員とすることを決定し居り、昭和二年八月二十九日、稚内町に於て、右結社決議に列席し居たる畠山正隆より結社設立の顚末を報告せられたるより、集産党が前示の目的を有することを認識しながら、党本部に対し入党の承諾を為し、右結社に加入したるものなり。

■禁錮二年、禁錮一年六月など

この事実について札幌控訴院は次のような刑を言い渡した。

　被告人石井長治、松崎豊作を各禁錮二年に、被告人濱野勇一、北村順治郎、佐藤鐵之助を各禁錮一年六月に処し、各未決勾留日数中、九十日を本刑に算入する。

■上告趣意——私有財産制度の形態とは

これに対し、被告人石井長治外三名から上告がなされた。その弁護人には神道☆寛次が就いた。神道の上告趣意は概要、次のようなものであった。

　一、原始共産制、奴隷制、封建制、資本主義制、共産制、夫々《それぞれ》の制度に適応したる私有財産は存在し、私権の保護全《まった》きを得るものなり。……原判決が本件被告等を治安維持法違反なりと断ずるには、先ず事実としての私有財産制度なる社会制度の存否如何、若《も》し存在するとせば、本件犯罪発生当時の日本に於ける私有財産制度とは如何なる形態を指称するものなりや、に関して事実の判断を為すべき義務あり。

二、然《しか》るに、原判決は、叙上の如く虚無の事実たる私有財産制度を当然の存在事実なるかの如く前提し、此の基礎の上に本件事実の全認定を為したるは、重大なる事実の誤認あることを疑うに足るべき顕著なる事由あるものと云うべく。同時に原判決が、その理由中、以上の点に関し何等判示するところなきは、一面、事実並に法律に関する判断を遺脱したる違法あると共に、又一面、理由不備の違法あるものなり。

■大審院でも有罪——三名の被告人に対して執行猶予

これに対し、大審院は次のような刑を言い渡した。

　被告人石井長治、松崎豊作を各禁錮二年に、濱野勇一、佐藤鐵之助を各禁錮一年六月に、北村順治郎、村山政儀、中谷茂を各禁錮一年二月に量定処断し、刑法第二十一条を適用して未決勾留日数中、被告人、北村順治郎に対し五十日を、其の他の被告人に対し各九十日を右本刑に算入し、被告人北村順治郎、村山政儀、中谷茂に対しては所犯情状、刑の執行を猶予するを相当と認め、同法第二十五条に依り、孰《いず》れも三年間、刑の執行を猶予する。

■判決理由

その理由とされたのは概要、次のようなものであった。

其の生産機関を公有に帰せしめ、共産主義的社会を建設する為と云い、又は目的は産業機関を社会公有に移し共産制度を実現するに在りと云うが如きは、要するに私有財産制度を根本的に破壊することを目的とするものにして、即ち治安維持法第一条第一項の私有財産制度を否認することを目的とするものに他ならず。且つ我国に於て私有財産制度の行われ居ることは顕著なる事実に属し、原判決が判示事実を認めて之に同条項を適用したるは固《もと》より正当にして、原判決は所論の如き違法なく、又、記録を査するに原判決には重大なる事実の誤認あることを疑うに足るべき顕著なる事由なきを以て、論旨は理由なし。

「私有財産制度の否認」の定義なし

集産党の説く「生産機関の社会公有」が何故、違法とされる「私有財産制度の否認」に該当するかについても理由が示されるところはない。集産党が「共産主義」政党だから、その説くところの「生産機関の社会公有」は違法とされる「私有財産制度の否認」に該当すると判示されただけである。これでは「初めに結論ありき」の感が免れがたい。集産党は共産主義政党で、治安維持法による取締りが必要だとの治安当局の判断がノーチェックで追認されている。これでは司法は無きに等しいといえよう。僅かに理由らしきものとして「生産機関の社会公有」という集産党の主張が挙げられているが、これも理由とはなりえない。「生産機関の社会公有」についても違法とされる「私有財産制度の否認」に該当する場合と該当しない場合とがあり得るというのが帝国議会での政府答弁であったからである。

もっとも、本判決では原判決を破棄して三名の被告人に対して執行猶予が言い渡されている。僅かに大審院の意地が見られるといえないこともない。

前列左から、佐藤鐵之助、松崎豊作、濱野勇一、藤田永伯
1928年、保釈中の写真と思われる
（宮田汎『朔北の青春にかけた人びと——北海道初の治安維持法弾圧 集産党事件をめぐって』）

後列左から、濱野勇一、石井長治
前列右は夫人の石井チヨ

《北海道共産党事件》（一）
――国体変革目的結社加入の罪を初適用

昭和四年五月三十一日第四刑事部判決

本件では「国体の変革」の罪がいよいよ適用されて起訴された。「帝国に無産階級独裁の政府を樹立せんとするが如きは即《すなわち》、国体の変革を企図するものと云うべし」というのがその理由であった。

これに対し、弁護人は違法とされる「国体」の学理上の意味は明らかに伝統的風俗習慣道徳というところにあり、このような意味の「国体」は変革することが不可能であって、「国体の変革」を目的とする行為は絶対的不能犯で、「絶対的不能の事実」を目的とする行為を断罪の対象とすることはできないと主張した。原審で弁護人の主張が退けられたことから、上告がなされた。大審院が「国体の変革」の罪に大きく扉を開けるのかが注目された。

■共産党の創立大会など

北海道共産党事件の前提をなす「共産党の創立大会等」についての裁判所の認定は概要、次のようなものであった。

一、大正十五年十二月四日、福本和夫、佐野文夫、渡邉政之輔、三田村四郎等、同志十七名は山形懸南置賜郡山上村大字板谷五色温泉宗川旅館に秘《ひそか》に集合し、秘密結社日本共産党の創立大会を開催し、立党宣言、組織規約を議決し、日本共産党は国際共産党（コンミユンテルン）の一支部たるべきこと、職業的革命家のみを以て結成せらるべきこと、組織の原則は民主的中央集権に則るべきこと等を定め、且つ中央委員、補助委員、統制委員を選任し、以て再び日本共産党を組織し、

二、亜《つい》で翌昭和二年春、同党の幹部は露西亜《ロシア》に入り、国際共産党の批判を受け、同年十一月帰国するや、右批判に基き、更に政治テーゼ、組織テーゼを作成し、革命的手段により政治上我大日本帝国の大本たる君主国体を変革し、無産階級独裁の政府を樹立し、依《よっ》て経済上私有財産制度を否認し、凡《あら》ゆる生産機関を社会の共有とする所謂共産主義社会を実現せんとする同党根本の目的の下に、其の政綱組織を新《あらた》にし、

三、先ず当面のスローガン（政綱）として、（一）戦争の危機に対する闘争、（二）支那革命の不干渉、（三）ソヴィエット露西亜《ロシア》の防衛、（四）植民地の完全なる独立、（五）君主制の撤廃、（六）議会の解散、（七）十八歳以上の男女の普通選挙、（八）言論出版集会結社の自由、（九）一切の反労働者法の撤廃、（十）失業

保険、（十一）八時間労働、（十二）宮廷寺院地主等の土地無償没収、（十三）高度の累進所得税を掲げ、次に組織としては其の末端たる細胞を基礎とし、順次に地区委員会、地方委員会、中央委員会の諸機関を備え、細胞は党の政策を実行する行動機関にして、其の他は順次に之を統制指導することを其の任務となし、
四、右の外、従属的機関として、党外の大衆団体を党の主義に指導教化することを任務とするフラクションを設置し、斯《か》くて全国各地にオルガナイザー（組織者）を派遣し、党の主義宣伝、党員の獲得等、愈々《いよいよ》其の活動を開始し、党北海道には昭和三年一月、中央補助委員たる三田村四郎がオルガナイザーとして派遣せられたるものなり。

■罪となるべき事実――国体変革を目的とする結社に加入など

この前提事実の上に、旭川地方裁判所に係属の北海道共産党事件について、原審の札幌控訴院が認定した被告人らの「罪となるべき事実」のうち、被告人山名正實《まさみ》に関しては概要、次のようなものであった。

山名正實は従来、社会科学を研究したる結果、マルクス共産主義に共鳴し、我国の資本主義制度に不満を抱き、殊《こと》に北海道に於ける農民の悲惨なる状態を慨し、一身を農民運動に投じ、昭和二年三月、日本農民組合北海道連合会書記となり、争議部を担任し、小作争議等に携さわり、旧労働農民党に籍を置き、農民運動に従事したるものにして、昭和三年一月中、札幌市白石中川寅吉方に於て、北海道地方オルガナイザーたる三田村四郎と会見し、同人より日本共産党に加入すべきことを勧誘せられ、同党が前記の如く国体を変革し私有財産制度の否認を目的とする秘密結社なることを知りながら、之を承諾し、同年一月末頃、党本部の承諾を得て同党に加入などしたるものなり。

被告人松岡二十世《はたよ》に関しては概要、次のようなものであった。

松岡二十世は東京帝国大学在学中新人会に参加し、社会科学を研究し、大正十四年卒業、大山郁夫主唱の政治研究会員となり、教育部調査部を担任し、其の後、渡道し、日本農民組合北海道連合会書記となり、又、旧労働農民党中央執行委員として農民運動に従事したるものなる処、昭和三年二月初頃、旭川市九条通九丁目、日章館に於て、被告人山名正實より日本共産党に加入すべきことを勧誘せられ、同党が我国体を変革し私有財産制度の否認を目的とする秘

密結社なることを知りながら之を承諾し、同年三月七日頃、党本部よりの承諾を受け、以て同党に加入などしたるものなり。

被告人荒量《あら》太郎に関しては概要、次のようなものであった。

荒量太郎は従来、農業に従事し、農村の悲惨なる状態を体験し、現時の経済組織に不満を抱き、日本農民組合北海道連合会仮執行委員長、同連合会鷹栖支部常任執行委員にして、旧労働農民党に加入し、農民運動に従事したるものなる処、昭和三年二月初頃、旭川市三条通九丁目、日本農民組合北海道連合会事務所に於て、被告人山名正實より日本共産党に加入すべきことを勧誘せられ、同党が前記の如く私有財産制度を否認することを目的とする秘密結社なることを知りながら、之を承諾し、同年三月七日頃、党本部よりの承諾の通知を受け、以て同党に加入などしたるものなり。

被告人吉田吉之助に関しては概要、次のようなものであった。

吉田吉之助は従来、鷹栖村に於て農業に従事し、現時の経済組織に不満を抱き、鷹栖支部員にして、旧労働農民党に加盟し、農民運動に従事したるものなる処、昭和三年二月初頃、旭川市三条通九丁目、日本農民組合北海道連合会事務所に於て、被告人山名正實より日本共産党に加入すべきことを勧誘せられ、同党が前記の如く私有財産制度を否認することを目的とする秘密結社なることを知りながら、之を承諾し、同年三月七日頃、党本部よりの承諾の通知を受け、以て同党に加入などしたるものなり。

被告人伏見武夫に関しては概要、次のようなものであった。

伏見武夫は嘗《かつ》て早稲田大学在学中、大山郁夫教授退職問題に関し退校せられ、旧労働農民党に加盟し、満州各地を視察し、労働階級の情況を実験し、現時の経済組織の不満を慨し、日本農民組合北海道連合会書記として農民運動に従事したる処、昭和三年三月十日頃及び二十日頃の二回に亘り、被告人山名正實より日本共産党機関紙赤旗、日本共産党北海道地方機関誌北海労働者、日本共産党北海道地方組織活動テーゼ　ブルジョア代議機関に於けるプロレタリヤ代表の態度に関する決議等の配布方を依頼せられるや、同党の目的達成の意図の下に、之を承諾し、以て右目的事項の実行に関し協議を為し、其の頃、右文書を山本作二外数名に配布などしたるものなり。

■懲役五年、懲役三年、懲役二年など

この事実について札幌控訴院は次のような刑を言い渡した。

被告人山名正實を懲役五年に、被告人、松岡二十世、伏見武夫を各懲役三年に、被告人荒量太郎、吉田吉之助を各懲役二年に処し、刑法第二十一条を適用して、各被告人に対し何《いず》れも未決勾留日数中、百五十日を右本刑に算入すべきものとする。

■上告趣意——国体変更は不可能

これに対し、被告人山名正實、松岡二十世、荒量太郎、吉田吉之助、伏見武夫から上告がなされた。その弁護人には神道寛次、中村高一（四三五頁）、☆上村進、☆布施辰治が就いた。

弁護人神道寛次、上村進、布施辰治の上告趣意は概要、次のようなものであった。

一、国体其のものの本質上、国体は人為的に変革すること能《あた》わざるものにして、就中《なかんずく》、原判決表示の如き「政治上……変革」するが如きことは全然、事実の認識と其の判断を誤れるものなり。何となれば、判決の謂うが如くんは、政治上の革命乃至変革ある毎に国体の変革を見るの不合理を生ずべし。原始共産制より奴隷制度（王朝時代）等々に、又、封建制度より資本主義制度（現判決は其の冒頭に現今の日本を資本主義制度と断定したり）に幾度か、政治上、経済上、其の社会制度の変革を経たれ共、之れを以て国体の変革を経たりとは称しえざるべし。然《しか》るに資本主義制度より共産主義制度に政治上、経済上、変革することのみ、当然、国体の変革なりとは解し能《あた》わざるところなり。

二、原判決は重大なる事実の誤認あることを疑うに足るべき顕著なる事由あるものにして、原判決は破毀を免れざるものなり。

三、国体は何人と雖《いえども》、又、如何なる手段を以てするも、之れが変革を為すこと能わざるものなり。変革し能わざるところに国体の本質を見るべし。然らば国体の変革を目的とする行為は絶対的不能犯なりと謂わざるべからず。絶対的不能の事実を目的とする行為を断罪の対象としたる原判決は違法なり。

四、原判決が被告等を有罪なりと処断したる所以のものは、国体の変革を可能なりとしたるものと謂わざるべからず。然るに原判決は国体変革が可能なる所以を判示せず。又、国体変革が可能なるは顕著なる事実なりと云うは当らず。此の点、原判決は理由不備の違法あり。

五、原判決が国体変革が可能なりやに関し敢《あえ》て一言の論及するところなかりしは、判決に示すべき判断を遺脱したる違法あるものなり。

■原審の量刑を維持

これに対し、大審院は次のような刑を言い渡した。

被告、山名正實を懲役五年に、被告人松岡二十世、伏見武夫を各懲役三年に、被告人荒量太郎、吉田吉之助を各懲役二年に処し、刑法第二十一条を適用して、各被告人に対し未決勾留日数中、百五十日を各本刑に算入すべきものとする。

■判決理由

その理由とされたのは概要、次のようなものであった。

我帝国は万世一系の天皇君臨し統治権を総攬し給うことを以て其の国体と為し、治安維持法（大正十四年法律第四十六号、昭和三年勅令第百二十九号）第一条に所謂国体の意義、亦、之れに外ならざるが故に、帝国に無産階級独裁の政府を樹立せんとするが如きは即《すなわち》、国体の変革を企図するものと云うべし。而《しこう》して此の如き企図を遂行せんが為、同法所定の行為を為すに於ては、犯罪を構成すべきこと多言を要せざるところなれば、原判決が判示の如く事実を認定せる以上、其の目的の可能なることを説示するの要あるものに非ず。

多言を要せざるところ

「国体の変革」の罪が成立することは「多言を要せざるところ」とされている。しかし、何故「多言を要せざるところ」かについては理由は何ら示されていない。僅かに理由らしきものとして、「我帝国は万世一系の天皇君臨し統治権を総攬し給うことを以て其の国体と為し」という点が挙げられている。「天皇君臨し統治権を総攬し給うこと」と「無産階級独裁の政府を樹立せんとする」こととの関係如何については何ら検討されるところはない。ここでも「初めに結論ありき」の感が免れがたい。

「罪になるべき事実」も「右目的事項の実行に関し協議を為したるものなり」や「同党が前記の如く私有財産制度を否認することを目的とする秘密結社なることを知りながら之を承諾し、同年三月七日頃、党本部よりの承諾の通知を受け、以て同党に加入したるものなり」等となっている。何故、「協議を為した」や「同党に加入した」と評価し得るかについて説明するところはない。

本判決により、「帝国に無産階級独裁の政府を樹立せんとする」こと、すなわち「プロレタリア独裁」は「国体変革」であるという解釈が確定された。以後、ほとんどの事件では被告人と共産党の関係が推測されて「国体変革」の罪が適用されることになった。

《北海道共産党事件》(二)

――結社加入未遂行為を協議罪で処罰

昭和四年十月二十二日第一刑事部判決

結社加入未遂行為の処罰

本件は治安維持法第二条の実行協議罪が適用されて起訴されたが、事案は結社加入を勧誘され承諾したが未だ加入が認められなかったというものである。結社加入未遂を処罰する規定がなかったことから協議罪が用いられた。そこで、弁護人からは協議罪と加入罪とは厳密に区別すべきものであって、加入未遂行為に協議罪を流用するが如きは認められないとの主張がなされた。原審が弁護人の主張を退けたことから、大審院がどのような判断を下すかが注目された。

■罪となるべき事実――結社の目的たる事項の実行協議

札幌地方裁判所に係属の同じく北海道共産党事件について原審の札幌控訴院が認定した「罪となるべき事実」のうち、被告人武内清に関しては概要、次のようなものであった。

一、被告人武内清は大正十年、函館水力電気株式会社に雇われ、電車車掌の業務に従事中、同社の労働争議に参加し、爾来、労働運動に従事し、其の後、小樽市に来り、旧小樽合同労働組合に加入し、昭和三年五月、同組合の執行委員且争議部長に挙げられたる者にして、

二、昭和二年十二月中、小樽市に於て、東京市某より文書を以て日本共産党に加入方勧誘を受くるや、同党が我国体の変革及び私有財産制度の否認を目的とする結社なることを知りながら、之に対し承諾の返書を差出

し、其の頃、党の承認を得て同党に加入し、

三、前記日本共産党の目的達成の意図の下に、右勧誘を受けたる頃、小樽市に於て、被告人渡邉利右衛門に対し日本共産党の文書を交付し、相共に同党に加入すべきことを勧誘し、其の承諾を得て、右目的事項の実行に関し協議を為し、昭和三年一月頃上旬、三田村四郎の来道するや、当時、被告人渡邉利右衛門と間借りし居たる南小樽駅附近のK魚問屋裏某家二階に於て、三田村四郎、渡邉利右衛門及び被告人の三名、相会合し、党の組織並に運動方針に付て相謀り、以て右目的事項の実行に関し協議を為し、三田村四郎の指令により被告人、渡邉利右衛門と小樽地区委員会を組織し、自己は其の委員長となり、会計を担当し、……、同年同月十一、二日頃、函館市に赴き、同月十四日、同市小舟町青島ハツ方に於て、同地区責任者鈴木治亮等と会見し、同地区委員会の予備会を開き、地区委員会の確立其の他同党の活動に付て相謀り、以て前記目的事項の実行に関し協議などを為したるものなり。

被告人佐藤富雄に関しては概要、次のようなものであった。

一、被告人佐藤富雄は小学校卒業後、始めて小樽貯金支局に勤め、次《つい》で札幌逓信講習所に入所し、其の後、稚内に至り、通信事務員となり、其の傍、中学校に学び、第四学年の初、健康の関係上、小樽中学校に転校したるが、同十年、中退学し、昭和三年一月上旬、旧全日本無産青年同盟小樽支部員となりたる処、

二、昭和三年二月十二、三日頃、小樽合同労働組合事務所に於て、被告人鮒田勝治（被告人武内清より日本共産党に加入方勧誘を受け、其の勧誘に対し承諾を為したるも、未だ同党に加入せざる者）より日本共産党に加入方勧誘を受くるや、同党が我国体の変革及び私有財産制度の否認を目的とする結社なることを知りながら、之と同一の目的を以て、（当―引用者）該勧誘に対し承諾を為し、以て右目的事項の実行に関し協議を為し、

三、同党の目的を達成する意図の下に、昭和三年二月、小樽市に於て、原審相被告人本間喜一郎に対し同党に加入すべきことを勧誘し、其の承諾を得、以て右目的事項の実行に関し協議を為したるものにして、右一、二の行為は犯意継続に出でたるものとする。

■懲役六年、懲役二年六月

この事実について札幌控訴院は、次のような刑を言い渡した。

被告人武内清を懲役六年、被告人佐藤富雄を懲役二年六月に処し、各被告人に対し未決勾留日数中、百二十日を本刑に算入する。

■上告趣意――擬律錯誤の違法

これに対し、被告人武内清から上告がなされた。その弁護人に神道寛次、布施辰治が就いた。弁護人神道寛次、布施辰治の上告趣意は概要、次のようなものであった。

結社の目的其れ自体と、(当―引用者)該目的を有する結社を組織し乃至は組織を拡大する行為とは、明確なる区別の存すること、自明の理なり。然るに原判決は「(当―引用者)該勧誘に対し承諾を為し、以て右目的事項の実行に関し協議を為し」と云い、又は「加入すべきことを勧誘し、其の承諾を得て、以て右目的事項の実行に関し協議を為したるものなり」と謂うが如く、自己の結社加入に関する協議乃至他人を結社加入に勧誘する行為(本件に在りては被告人等は党員に非ず、又、他人を加入せしめるべき権限なきことは勿論なるも。)自体を目して、直ちに結社の目的とする事項、換言すれば治安維持法に所謂国体の変革及び私有財産制度の否認たる事項の実行に関する協議なりと断定するは、明《あきらか》に前掲、両者の区別を混同したるものにして、原判決の上叙判示事項は、治安維持法第二条に所謂「其の目的たる事項の実行に関し協議を為したる者」に該当せざるものと謂わざるべからず。此の点、原判決は擬律《ぎりつ》(裁判所が法規を具体的な事件に適用すること――引用者)錯誤の違法あるものにして、破棄を免れざるものなり。

■原審の量刑を維持

これに対し、大審院は次のような刑を言い渡した。

被告人武内清を懲役六年、被告人佐藤富雄を懲役二年六月に処し、刑法第二十一条に則り各被告人に対し原審に於ける未決勾留日数中、百二十日を各本刑に算入すべきものとする。

その理由とされたのは概要、次のような点であった。

一、国体を変革又は私有財産制度を否認することを目的として結社を組織すること、情を知って結社に加入すること及び叙上の目的を以て其の目的たる事項の実行に関し協議を為すことは固《もと》より別個の観念なりと雖《いえども》、叙上の目的を遂行する為、他人に対して結社加入の勧誘を為し又は他人より結社加入の勧誘を受け、叙上の目的遂行の為、其の加入を承諾するも、未だ結社に対して加入の申込を為したるものと認め得られざる程度のものなるに於ては、其の行為は治安維持法（改正前の—引用者）第二条に所謂前示目的たる事項の実行に関し協議を為したるものと解せざるべからず。

二、国体を変革し私有財産制度を否認する目的を遂行する為、叙上の事項を目的とする結社に加入することは、右の目的事項を実行する手段なること勿論なれば、其の加入の勧誘及び承諾は、叙上目的事項の実行に関し協議を為したるものに外ならざればなり。

融通無碍な法適用

A罪が駄目ならB罪で有罪にし、B罪が駄目ならA罪で有罪にするという便宜的な法適用は明らかに「罪刑法定」原則に反するものであった。しかし、大審院はこの便宜的な法解釈および法適用を認めた。これにより、結社加入を勧誘し又は勧誘に対し加入を承諾したが未だ加入が認められていない者については治安維持法第二条で処罰するという便法が裁判所によって正式に追認されることになった。

《名古屋共産党事件》

——昭和三年改正法による重罰化を遡及適用

昭和五年二月二十一日第四刑事部判決

本件は治安維持法第二条の結社目的事項実行協議の罪および同法第三条の同実行煽動の罪で起訴された事案である。原審は有罪を言い渡したが、検察官は納得せずに、法令適用違反のために刑が軽いおそれがあるとして上告した。

本件は昭和三年治安維持法改正法が適用される以前の行為であるが、昭和三年改正法は新第一条に「結社の目的遂行の為にする行為を為したる者は、二年以上の有期の懲役又は禁錮に処する」という規定を追加しており、右の協議行為および煽動行為を新治安維持法の結社目的遂行行為の罪で問擬した場合、「七年以下の懲役又は禁錮」を上回る「二年以上の懲役又は禁錮」で処罰することが可能となっていたからである。弁護人も「罪となるべき事実」のなかには結社加入準備行為も含まれていたことから上告した。これらの上告に大審院がどう判断するのかが注目された。

■罪となるべき事実――結社の目的たる事項の実行協議など

名古屋地方裁判所に係属のいわゆる名古屋共産党事件について原審の名古屋控訴院が認定した「罪となるべき事実」は概要、次のようなものであった。

一、被告人（長谷川―引用者）民之助は元日本労働組合評議会中央委員、中部地方評議会常任委員兼書記なるが、昭和三年二月十八日、名古屋市南区熱田東町日本車両株式会社を目標とし、同会社南東に当る電柱及び板塀外二ヶ所に、日本共産党の政策並に中心スローガンとして「君主制の撤廃」「大土地所有の没収」「天皇と結びついた資本家と地主の議会を破壊せよ」云々と記載し、一読、国体の変革又は私有財産制度否認の実行を煽動するものなることを看取するに足るべき前記ビラ（領第五七号証第一乃至第三号と同一のもの）数十枚を貼付《てんぷ》し、残余の数十枚は同会社の東側より二ヶ所、南側より一ヶ所、廓内に投入し、孰《いず》れも同工場の職工に対し、自由に閲覧し得るべき状態に置くなどし、

二、被告人（竹田―引用者）角次郎は元中部地方評議会員にして、且《かつ》労働農民党名古屋支部常任書記なるが、同年二月十八日夜、名古屋市南区千年町、愛知時計電機株式会社を目標とし、同会社南側、池の端中央亜鉛塀外十一ヶ所に、同区熱田東町、名古屋砲兵工廠を目標とし、同所正門より西方二本目の電柱外三ヶ所に、一般公衆を目標とし、同区八熊町五反畑千二百五十三番地、旭機械製作所板圍外三ヶ所に、同様のビラを各貼付するなどし、

三、被告人（高井―引用者）安太郎は元中部地方評議会常任委員、中部合同労働組合常任委員兼書記、労働農民党員なるが、同年二月半過頃、名古屋市東区千種町赤萩百五番地、春日井長次郎方加藤敏夫、同区東片端町三丁目八番地、吉田賢三事小山周一に、同様の（「天皇と結びついたブルジョア議会を破壊せよ」などと記載せる―引用者）声明書、（日本共産党の労働大衆諸君に檄すと題する）パンフレット各一部、同市中区御器所町布池十一番地、梅田定廣に同声明書、パンフレット外、前示「各工場を共産主義の要塞とする為に云々」と題する檄文を添えて供与して、閲読せしめ、

四、以て、夫々《それぞれ》、日本共産党の存在するを知らしめると共に、同党の目的たる国体の変革又は私有財産制度否認の実行を煽動などしたるものなり。

■禁錮一年六月

この事実について名古屋控訴院は次のような刑を言い渡した。

被告人長谷川民之助、竹田角治郎、高井安太郎を各禁錮一年六月に処し、未決勾留日数中、二百日を各本刑に算入する。

■検察官からも上告――法令違反

これに対し、名古屋控訴院検事長皆川治廣および被告人長谷川民之助外二名から上告がなされた。被告人の弁護人には布施辰治、神道寛次が就いた。名古屋控訴院検事長皆川治廣の上告趣意は概要、次のようなものであった。

原判決認定の犯罪事実は旧法時代の犯行に係り、犯罪後の法律に依り刑の変更ありしを以て、刑法第六条、第十条に則り右新旧両法の刑を対照し、旧法に於ては判示協議の所為は第二条に、煽動の所為は第三条に該当し、連続犯なるを以て刑法第五十五条に従い、新法に於ては協議煽動の所為、共に第一条第一項、第二項中、各結社目的遂行の為にする行為に関する規定に当り、刑法第五十四条第一項前段、第五十五条を適用し、旧法を軽しとして、同法に従い処断せざるべからざるものなり。然《しか》るに、原判決は事《こと》、爰《ここ》に出でず。漫然、旧法第二条、第三条、第五十五条のみを適用したるは、判決に影響を及ぼすべき法令の違反なりと思料する。

■原判決破棄――懲役三年、懲役二年など

この上告趣意に対して、「本上告論旨は其の理由あり」、「刑事訴訟法第四百十七条、第四百四十八条に則《のっと》り原判決を破棄し、当院に於て直に判決を為すべきものとする」として、次のような刑が言い渡された。原審よりも重い刑が言い渡されている。

被告人民之助を懲役三年、被告人角治郎、同安太郎を各懲役二年に処すべきものとし、刑法第二十一条を適用し、各被告人に対し未決勾留日数中、二百日を各其の本刑に算入すべきものとする。

■弁護人布施辰治の答弁書を却下

検察官の上告趣意に対する弁護人布施辰治の答弁書の要旨は「改正治安維持法第一条に所謂結社の目的遂行の為にする行為とは、既に結社に加入したる者が其の加入せるの故を以て処罰せられたるに拘らず、尚且《なおかつ》、（当――引用者）該結社の目的遂行の為にする所為を指称するものなれば、本件被告人の行為は同条に問擬《もんぎ》すべきものに非ず」というものであった。

本判決はこの解釈を退けたが、その理由は次のようなものであった。

> 改正前の旧治安維持法第二条、第三条に該当する行為が国体を変革し又は私有財産制度を否認することを目的とする結社の目的遂行の為にする行為なるに於ては、未だ結社に加入せざる者なるときと雖《いえど》、改正後の治安維持法に在りては、其の第一条第一項後段及第二項に該当するものとする。蓋し、斯《かく》の如き行為が結社の目的遂行に資することは、結社加入者の行為なると未加入者の行為なるとに依り毫も差異あることなく、其の第二条、第三条は結社の目的遂行の為に為したるに非《あら》ずして、単《た》だ国体の変革又は私有財産制度の否認を目的とし、其の目的遂行の為に為したる場合に適用すべきものなるを以てなり。然《しか》らば、弁護人の主張は之を採用するに由《よし》なし。

■一部無罪

本判決では、公訴事実のうち、「被告人長谷川民之助、竹田角治郎、高井安太郎が日本共産党名古屋地方委員会の組織を完成し、同党に加入したり」という公訴事実についてはこれを無罪だとしている。その理由は概要、次のようなものであった。

> 加入未遂の程度に達したりと論定するに足る証左（＝証拠—引用者）一も存せず。寧ろ措信《そしん》（＝信頼—引用者）すべき各証拠に依れば、被告人等は其の当時共産主義に共鳴し、加入希望の意識の下に同主義実現の為、豊田の申入の趣旨を遵守し、奮闘努力、漸次自から加入の資格を充実し、他日機会を得て加入承認を求めんとする基礎を作るの意識なりしものと解すべく、畢竟《ひっきょう》、豊田との間には加入資格獲得の準備過程の応諾、即ち加入準備行為ありたるに過ぎざるものと認めるの外なきを以て、同被告人等の所為は未だ加入未遂の域に達せざるものと論断すべく。然《しか》らば、加入未遂の点に付ても亦、証明なきに帰するを以て、同公訴事実は結局、無罪たるべきものなり。

■懲役刑のほかに禁錮刑を定めた理由

本判決で注目されるのは、「治安維持法に規定する懲役刑及び禁錮刑の何れを選択すべきや」について概要、次のように判示されているといえるかもしれない。

一、今、本件被告人の犯行に付て考査するに、被告人等は何《いず》れも年少気鋭、而《し》かも多くは逆境に生長し、現社会制度の欠陥を感ずること特に痛切なる余り、共産主義の全貌に付て深く研究検討する遑《いとま》なく輙《たやす》く之を迎え、之に依りて自己と同じく悩める者の地位を向上せしめ、社会人類をより幸福ならしめ得べしとの信念の下に、其の第一歩として本件犯行に及びたるものなること明《あきらか》にして、即ち自己が虐げられたる社会制度の欠陥を是正し、自己と同一の立場にある多数者を救うの道は此の方法を措き他に求める能《あた》わずと為したるものが故に、今、徒《いたずら》に被告人等の罪過を数えるに急にして、被告人等の胸臆に於ける一片忡々《くよくよ》の心を見ざるは、蓋し偏狭固陋《ころう》（偏狭に凝り固まる—引用者）の譏《そしり》を免れず。寧ろ之を遇するに寛宏大度《かんこうたいど》（心が広く度量が大きいこと—引用者）、彼等に反省の余地を与えて国家の大を示すこそ、蓋し彼等に対する公正の道なるべきを信じる。
二、尤《もっと》も、被告人等の手にしたる判示ビラ、パンフレットの中には君主制度の撤廃を論じて、時に稍《やや》穏当を欠く文献なきに非ざるを以て、斯《か》かる字句を捉えて被告人等に懲役刑を科すべしとする論なきに非ざるとも、（当—引用者）該文詞の全趣旨を検すれば、其の言わんとする所は生産機関を無産階級の手に収めんとする共産主義の樹立に在り、君主制度の撤廃を論ずるは之と元来、相容れざる共産主義を主張するの自然の帰結に外ならざるを以て、此の点あるの故を以て懲役刑を科するは法の趣旨に非ず。

三つのポイント

本判決の主なポイントは三つある。第一は検察官の主張を認めて原判決を破棄し、より厳しい刑を言い渡したことである。昭和三年改正法により結社目的遂行行為の罪が新設された結果、本件協議行為や煽動行為を協議罪や煽動罪ではなく結社目的遂行行為の罪で問擬すればより重く処罰できることとなった。そのことが、本件「罪となるべき事実」は旧法時代の行為であったにもかかわらず、大審院の量刑に反映されることになった。いくら量刑といっても「遡及処罰禁止」原則に抵触する恐れがあったが、同原則よりも厳罰主義が優先された。治安維持法の制定および改正に一貫してみられる厳罰化を法適用によって先取りしたものといえる。

ポイントの第二はこれと関わるが、「治安維持法に規定する懲役刑及び禁錮刑の何れを選択すべきや」について大審院が判断基準を示し、それに則《のっと》って禁錮刑が言い渡されたことである。治安維持法の適用の対象が異常に拡大された結果、本件被告人らのような者が起訴されるに至ったということから、このような量刑が行われたものといえよう。それでも執行猶予は付されずに実刑とされている点には留意が必要であろう。治安維持法の採用した厳罰主義の前では寛刑といっても限界があった。以後、この基準に則って量刑されることになるが、戦争の泥沼化に従って治安維持法違反の罪の「非破廉恥罪」性よりも「破廉恥罪」性が強調され、ついには「精神的内乱罪」というように位置づけられることになる。

ポイントの第三は、一部とはいえ治安維持法違反被告事件について大審院が無罪を言い渡したことである。異例ともいえたが、あまりにも原審の事実認定が杜撰だったことから、大審院としてもさすがに看過し得ず、このような判示がなされたものと考えられる。ただし、他方で「判示同被告人等の各所為と連続一罪（複数個の行為が連続して行われ、それらの行為がすべて同じ罪名に該当する場合は一罪とされる――引用者）として起訴されたるものなるが故に、主文に於て無罪の言渡を為さざるものとする」とされている点に留意しなければならない。その他の公訴事実については特段の検討はなされていない。この一部無罪をもって過大評価することはできない。

《京都学連事件》
――二重起訴を処理した事例

昭和五年五月二十七日第四刑事部決定

京都学連事件では検挙者が全国にまたがったということから各地の地方裁判所に起訴がなされた。そのなかには同一事件について複数の裁判所になされた二個の公訴という二重起訴の問題も含まれていた。控訴がなければそれに気づくことはなかったが、控訴があったことからこの問題が顕在化することになった。上告もあったことから大審院の判断が注目されることになった。

■罪となるべき事実――結社の目的たる事項の実行協議

京都地方裁判所に係属の京都学連事件について原審の大阪控訴院が認定した「罪となるべき事実」のうち、被告人熊谷孝雄に関しては概要、次のようなものであった。

一、被告人熊谷孝雄らは、大正十四年九月二十日、京都市北白川なる京都帝国大学社会科学研究会本部に集合し、プロカル（無産者教育）運動を為すに付てのテーゼ（綱領）及び教程を作成することと為し、同年十月四日、被告人熊谷孝雄らに於て、（中略）何《いず》れも同所に集合し、右テーゼに関し教育の原則をマルクス主義、レーニン主義に則り、闘士の訓練、反帝国主義、日和見主義の排撃、都市労働者と農民との共同戦線を目的とすること、教育の方法を同僚式討論式とし、日常現実の問題と結び付け、全出席者の平均水準を標準とすることに付て、又、教程に関し農民の部と都市労働者の部とに大別し、各部に付て更に章、節を分ち、マルクス主義、レーニン主義の文献を掲げ、其の配列順序等を定めること等に付て、夫々《それぞれ》、協議などを為し、

二、被告人熊谷孝雄は京都帝国大学中途退学後、旧労働農民党大阪府支部連合会書記と為り、労働運動に従事し居りたるものなるところ、前記日本共産党より党員として承認せられ、昭和三年二月十日頃、大阪市南区心斎橋附近の森永喫茶店に於て、前記山崎雄次より右承認の旨通知せられ、入党の勧誘を受けるや、前同様、情を知り乍《なが》ら之を承諾し、同党に加入し、其の後、大阪市電今里車庫の工場細胞組織準備委員会員と為りたるものなり。

■懲役六年

この事実について大阪控訴院は次のような刑を言い渡した。

懲役刑を選択し、主文の刑（懲役六年）に処し、本件各事件の第一審の未決勾留日數の算入に付ては、刑法第二十一条に則り、夫々、主文掲記の如く（学生事件の未決勾留日数中、百三十日、大阪共産党事件の同未決勾留日数中、二百五十日）、之を本刑に算入すべきものとする。

■上告趣意

京都地方裁判所を第一審とする被告人熊谷孝雄の学生事件は、大正十五年一月二十六日に起訴され、昭和二年五月三十日、その判決の宣告があった。また、大阪地方裁判所を第一審とする同被告人の大阪共産党事件は昭和三年四月十三日、起訴され、同四年二月一日、その判決の宣告があった。これに対し、前者の学生事件については被告人の弁護人および検察官の控訴により、また後者の大阪共産党事件については被告人の控訴により、共に控訴院に係属し、大阪控訴院においてこれが併合審理された結果、右両事件における公訴事実は相合して連続一罪をなすものと認定された。にもかかわらず、大阪控訴院は公訴について何ら決

定をなさなかった。

そこで、被告人熊谷孝雄から上告がなされた。弁護人には清瀬一郎、布施辰治、河合篤、小林恭平（二六三頁）、☆小岩井浄、☆色川幸太郎、☆細迫兼光が就いた。

■上告棄却とその理由

大審院は決定をもって大阪地方裁判所に提起のあった公訴を棄却し、京都地方裁判所に提起のあった公訴については公訴を有効として弁護人からの上告を棄却する判決を言い渡した。

統一公判か分離公判か

このようにして本判決によると、「同一事件に付て別個の裁判所に提起せられたる二個の公訴が控訴審に係属するに至りたるときは、控訴裁判所は決定を以て、後の公訴を棄却すべきものとする」とされた。当然のことといえるが、このような検察官による二重起訴も控訴がなかったら見つからなかったという点には留意が必要であろう。その背景に統一公判か分離公判かという対立が伏在していたことはいうまでもない。

本判決により治安維持法の有罪が確定したものの、第一の学生事件については治安維持法第一条ではなく第二条の罪とされ、また、第二の大阪共産党事件については第一条で問擬《もんぎ》されたものの公訴棄却とされたために結局、第一条が適用されるには至らなかった。

担当弁護士のプロフィール①

☆**神道寛次**（じんどう・かんじ）
一八九六（明治二十九）－一九七一（昭和四十六）年
愛知県に生まれた。陸軍工科学校を卒業後、布施辰治法律事務所に出入りしながら独学で弁護士試験に合格し、一九一三（大正二）年に弁護士となり自由法曹団に入った。京都学連事件なども担当した。戦後は自由法曹団の再建に参加し、三鷹事件、松川事件の刑事弁護にもたずさわった。

☆**上村進**（かみむら・すすむ）
一八八三（明治十六）－一九六九（昭和四十四）年
新潟県に生まれた。早稲田大学専門部法律科および中央大学（大正九年から大学令により大学）を卒業後、二六新報社の勤務を経て、一九一五（大正四）年に司法試験に合格し、弁護士を開業した。一九二一（大正十）年、布施辰治や山崎今朝弥《けさや》らとともに自由法曹団を結成し、労働運動や農民争議への支援を精力的に行った。一九二六（大正十五）年には労働農民党結成に加わり、一九二八（昭和三）年の第一回衆議院議員普通選挙に立候補したが落選した。同党解散を受け、一九二九（昭和四）年に大山郁夫らと新労農党を立ち上げ、その後離党した。一九三一（昭和六）年、解放運動犠牲者救援弁護士団に参加し、一九三三（昭和八）年には日本労農弁護士団幹事長として三・一五事件や四・一六事件の弁護にあたった。同年、治安維持法違反で検挙・起訴され懲役二年の判決を受けたが、転向声明を出したことから執行猶予とされた。戦後は自由法曹団の再建に尽力し、平事件、三鷹事件の刑事弁護にもたずさわった。一九五一（昭和二十六）年の衆議院議員選挙で立候補し、当選した。しかし、占領政策に反したとして逮捕され、不起訴処分となったが公職追放された。その後は日本労働組合総評議会弁護団員などを務めた。

☆布施辰治（ふせ・たつじ）

一八八〇（明治十三）－一九五三（昭和二十八）年

宮城県に生まれた。明治大学（大正九年から大学令により大学）を卒業後、二十二歳で判検事登用試験に合格し、司法官試補となる。宇都宮地裁で検事代理として勤務したが一年も経ずに、ある心中未遂事件の犯人を起訴するに忍びないとして司法官試補の職を辞し、弁護士となった。鈴が森おはる殺し事件（死刑事件）で無罪判決を勝ち取ったことから刑事弁護士としての名声が高まり、以後、多くの刑事事件の弁護を引き受けることになった。争議事件や普選運動などの社会問題にも関わり、二重橋爆弾事件、朴烈事件、朝鮮共産党事件など朝鮮独立運動事件の弁護人も務めた。関東大震災時の朝鮮人逆殺についても当局を批判した。普選運動との関わりから労働農民党左派に属し、一九二八（昭和三）年の衆議院議員普通選挙に立候補したが落選した。同党が三・一五事件の影響で解党された後は、当時非合法であった日本共産党に関する事件で弁護人として法廷に立った。一九二九（昭和四）年には弁護活動「逸脱」を理由に東京控訴院の懲戒裁判に付され、一九三二（昭和七）年、大審院の懲戒裁判所で弁護士除名の判決が確定し、東京弁護士会を除名された。翌一九三三（昭和八）年、新聞紙法違反の有罪判決（禁錮四月）が確定し、東京豊多摩刑務所に収監された。その後、皇太子誕生恩赦により弁護士資格が復活されたが、所属していた日本労農弁護士団が一斉検挙され、被告団のうち布施だけが実刑判決（懲役二年）を言い渡された。昭和十四年に治安維持法違反の有罪判決が上告棄却で確定し、千葉刑務所に収監され、一年余り獄中にあった。戦後は再建された自由法曹団の顧問に就いた。戦後も評定河原事件、阪神教育事件など、多くの朝鮮人関連事件の弁護を担当した。そのために韓国で高い評価を受け、二〇〇四（平成十六）年には韓国政府から日本人としてはじめて大韓民国建国勲章（建国勲章愛族章）が授与された。一九四九（昭和二十四）年に発生した三鷹事件の弁護団にも加わったが、他の弁護士と方針があわず弁護団を脱退した。東京都豊島の寺に葬られ、境内には彼の座右の銘である「生きべくんば民衆とともに、死すべくんば民衆のために」を刻んだ顕彰碑が建立されている。

☆小岩井浄（こいわい・きよし）

一八九七（明治三十）－一九五九（昭和三十四）年

長野県に生まれた。第一高等学校を経て、東京帝国大学法科大学を卒業した。在学時は風早八十二《かざはやそじ》や細迫兼光らと親交を結んだ。同法科大学を卒業後、大阪で労農弁護士として多くの争議事件を担当した。一九二二（大正十一）年に日本共産党に入党し、一九二三（大正十二）年の第一次共産党事件では共産党大阪支部長として検挙され、一九三一（昭和六）年にも日本赤色救援会大阪府委員長として再び検挙された。その後は人民戦線を模索するが、一九三七（昭和十二）年の検挙で転向し、上海に渡って上海経済研究所副所長、東亜同文書院教授となる。戦後は本間喜一と愛知大学の設立に携わり、教授、学長を務めた。

☆色川幸太郎（いろかわ・こうたろう）

一九〇三（明治三十七）－一九九三（平成五）年

千葉県に生まれた。第二高等学校を経て、東京帝国大学法科大学在学中に高等文官試験司法科試験に合格した。大学卒業とともに弁護士になり、大阪で開業した。日本農民組合顧問として小作争議を支援し、労働法に精通したリベラル派弁護士として知られた。戦後は大阪地方公共企業体等調停委員、大阪市人事委員などを長く務め、大阪弁護士会会長も歴任した。一九六六（昭和四十一）年五月に最高裁裁判官に就任し、一九七三（昭和四十八）年に退官した。退官後は弁護士に復帰し、人権擁護派の弁護士として活動した。

☆細迫兼光（ほそさく・かねみつ）

一八九六（明治二十九）－一九七二（昭和四十七）年

山口県に生まれた。第三高等学校を経て、東京帝国大学法科大学を卒業した。卒業後、弁護士となり、自由法曹団に入った。一九二五（大正十五）年に労働農民党書記長に就任した。一九三二（昭和七）年には山口県小野田市市長に選ばれた。一九四六（昭和二十一）年に衆議院議員（無所属倶楽部）に当選するが、ＧＨＱから戦争責任を問われ、公職追放された。この時期、四六六名の衆議院議員のうち三八一名の議員が追放された。一九五三（昭和二十八）年からは四期連続で衆議院議員（社会党）を務めた。

左の二人目から、山本宣治、小岩井浄、上村進、浅沼稲次郎　1929 年

第二部　昭和三年改正法

一九二八（昭和三）年

六月二十九日　緊急勅令「治安維持法中改正」（勅令第一二九号）の公布
七月一日　内務省警保局保安課の拡充
七月三日　全県警察に特高課を設置（特高警察網の完成）
七月二十四日　各地裁に思想係検事を任命配置
九月十七日　初の全国思想係検事会同が開催
十月六日　渡邊政之輔が台湾で警官に追われて自殺
十二月二十五日　日本労働組合全国協議会（全協）第一回全国協議会が開催

一九二九（昭和四）年

三月五日　治安維持法改正に反対する山本宣治代議士（労農党）の暗殺
三月十九日　緊急勅令「治安維持法中改正」を議会承認
四月十六日　第三次共産党事件（四・一六事件）が発生

一九三〇（昭和五）年

二月十七日　第四次共産党事件（武装共産党事件）で関西グループの一斉検挙
五月一日　川崎武装メーデー事件が発生
五月二十日　学者グループによる共産党シンパ事件が発生

一九三一（昭和六）年

三月二十七日　司法次官通牒「日本共産党関係治安維持法違反事件処分の方針の件」が発出
九月十八日　満州事変が勃発
十一月　日本プロレタリア文化連盟の結成

一九三二（昭和七）年

五月十五日　五・一五事件が発生
六月二十九日　警視庁特高課が特高部に昇格
七月十日　三二年テーゼが『赤旗』に発表される
十月六日　大森川崎第百銀行事件が発生
十月三十日　第五次共産党事件（熱海事件）が発生
十一月三日　共産党中央委員岩田義道の虐殺
十一月十二日　司法官赤化事件が発生

一九三三（昭和八）年

二月四日　長野県教員赤化事件が発生
二月二十日　小林多喜二の虐殺
四月二十二日　京大滝川事件が発生
四月二十五日　全協関係者の一斉検挙
六月十日　佐野学・鍋山貞親の転向声明
九月十三日　日本労農弁護士団の一斉検挙
十二月二十三日　共産党スパイ査問事件が発生

緊急勅令「昭和三年改正治安維持法」（昭和三年六月二十九日勅令第百二十九号）

※棒線部分が改正箇所

第一条　国体を変革することを目的として結社を組織したる者又は結社の役員其の他指導者たる任務に従事したる者は、死刑又は無期若《もしく》は五年以上の懲役又は禁錮に処し、情を知って結社に加入したる者又は結社の目的遂行の為にする行為を為したる者は、二年以上の有期懲役又は禁錮に処する。

私有財産制度を否認することを目的として結社を組織したる者、結社に加入したる者又は結社の目的遂行の為にする行為を為したる者は、十年以下の懲役又は禁錮に処する。

前二項の未遂罪は、之を罰する。

第二条　前条第一項又は第二項の目的を以て其の目的たる事項の実行に関し協議を為したる者は、七年以下の懲役又は禁錮に処する。

第三条　第一条第一項又は第二項の目的を以て其の目的たる事項の実行を煽動したる者は、七年以下の懲役又は禁錮に処する。

第四条　第一条第一項又は第二項の目的を以て騒擾、暴行其の他生命、身体又は財産に害を加えるべき犯罪を煽動したる者は、十年以下の懲役又は禁錮に処する。

第五条　第一条第一項又は第二項及前三条の罪を犯さしめることを目的として金品其の他の財産上の利益を供与し又は其の申込若は約束を為したる者は、五年以下の懲役又は禁錮に処する。情を知って供与を受け又は其の要求若は約束を為したる者、亦同じ。

第六条　前五条の罪を犯したる者、自首したるときは其の刑を軽減又は免除する。

第七条　本法は、何人を問わず、本法施行区域外に於て罪を犯したる者に亦、之を適用する。

附　則

本令は公布の日より之を施行する。

第五十五帝国議会（特別議会）

会期：一九二八（昭和三）年四月二十三日－五月七日
＊普通選挙後の初議会
主要政党：立憲政友会（与党）、立憲民政党、明政会、革新党、実業同志会、無産党議員団
主要国務大臣および関係政府委員
総理兼外務大臣　田中義一（立憲政友会総裁、元陸軍大将）
逓信大臣　犬養毅（元革新倶楽部総裁、政党政治家）
内務大臣　鈴木喜三郎（元立憲政友会総裁、元司法次官）
田中義一（兼任）
望月圭介（立憲政友会、政党政治家）
司法大臣　原嘉道（元弁護士）
文部大臣　三《み》土《つち》中《ちゅう》造《ぞう》（立憲政友会、政党政治家）
陸軍大臣　白河義則（元陸軍大将）
海軍大臣　岡田啓介（元海軍大将）
内閣書記官長　鳩山一郎（立憲政友会、政党政治家）
内務省警保局長　山岡萬之助、横山助成
司法省刑事局長　泉二新熊

第四章　昭和三年改正法の成立

一九二七（昭和二）年四月二十日、憲政会の第一次若槻内閣に替わり、政友会総裁の田中義一を首班とする田中内閣が発足した。田中は司法大臣に在野法曹の重鎮の原嘉道《よしみち》を抜擢した。

翌年の一九二八（昭和三）年三月十五日払暁、全国一道三府二七県で、日本共産党員に対する一斉検挙が行われた(1)。この三・一五事件(2)は、共産党員でなければ結社罪に問えないという問題を治安維持法につきつけた。この法律は、「結社」取締法としての限界を露呈し、早くも破綻しようとしていた。迷走の末に田中内閣が選んだのは、事実上の「宣伝」取締法として治安維持法を作りかえることであった(3)。

一九二八（昭和三）年四月二十五日、司法省と内務省は、治安維持法中改正法律案を閣議に提出した。改正法律案の主な内容の第一は、死刑を導入したことである。これには、治安維持法上の罪を大逆罪や内乱罪と同等の扱いにする意図があった。司法省刑事局は国体変革の罪を国民の思想を腐食悪化させ、暴力によらず国体を瓦解させる「思想的内乱罪」だと説明した。第二は、結社の存在とその目的を認識しつつ、指導者の下で宣伝等の活動に従事する者を罰するために、目的遂行罪を加えたことであった。結社罪で取りこぼした非党員を取締るという運用の必要から生まれたものであった。しかし、この点は目立たないようにされていた。「結社」取締法という本旨から外れるものだったからである(4)。

閣議決定された法律案は、すぐに第五十五特別議会に提出された。衆議院にまず送付された法律案は、四月二十八日の衆議院本会議で議題とされ、直ちに同法律案の第一読会が開かれた。

1 治安維持法中改正法律案

政府の趣旨説明――「思想的外患罪」の取締り

第一読会では、冒頭で、原嘉道*司法大臣が、改正案の趣旨説明を次のように行った(5)。

（前略）国体変革の計画は、単りこの種の直接の暴力的行為を手段とするもののみには止らぬのでありまして、秘密結社の組織に依りまして国民の思想を腐食悪化し、一兵に叨《むさぼ》らざるも、なお国体の破壊を惹起し得るべき手段に依るものもあるのであります。是は思想的内乱罪とも申してもよろしいのであります。その恐るべきことは決して暴力を用いるものに譲らないのであります。而《しこう》して、この種の結社団体は国際的赤化を目的と致しまする国外団体と気脈を通じまして、その頤使《いし》に甘じ、金甌無《きんおうむ》欠《けつ》の我が国体の崩壊を企画するものであります。かかる団体の行動は実に恐るべく、また、最も憎むべく売国的のものでありまして、その危険なることは刑法所定の外患罪に譲る所はないのであります。是はすなわち思想的外患罪と申してよろしいのであります。然るに、刑法が大逆罪、内乱罪及び外患罪に対しまして極刑を科して居りまするにも拘わりませず、現行治安維持法が国体変革を目的とする結社につきまして僅に十年以下の有期刑を以てして居りまするのは、権衡を得たるものということは出来ぬと考えます。かくの如くでありましては、到底、我が帝国の治安維持の目的を達することは出来ないのでありますから、ここに本案を提出した所以であります。何卒、御審議の上速やかに協賛を与えられんことを望みます。

この趣旨説明によると、政府における治安維持法違反事件の性格づけが大きく変化していることは明らかであろう。「思想的内乱罪」あるいは「思想的外患罪」という言葉が用いられている。

賛成の立場からの内容の乏しい質問

この趣旨説明に対し、兒玉右二**および名川侃市《ながわかんいち》の両議員から質問があった。

兒玉の質問は(6)、冒頭で、「私はこの治安維持法の緊急に出来ることについては、勿論賛意を表する者でございまする……」と断ったうえでなされた。質問の主な点は次のようなものであった。

現行法第二条に於て「実行を協議し」とあり、第三条に於ては「実行を煽動し」とある。いずれも実行行為を要件とする故に、この規定のみにては思想的に治安維持法の目的とする所を協議煽動する者を取締ることあたわざるべし。故に国体変革の事項に関しては、其規定を改めて、思想的の悪影響を与える行為を制圧する制度を立てるの要なきや。

法律改正の際なるを以て、其（無産党の――引用者）結社の精神に就ての司法大臣の御考慮相成った御研究の結果が伺われるならば、私共は与党として国民に誇るべき一の材料ではないかのように私は考えて居ります。

＊原嘉道（はら・よしみち）
一八六七（慶応三）－一九四四（昭和十九）年
長野県に生まれた。東京帝国大学法科大学を卒業後、農商務省に入省した。鉱山監督官等を務めた後、一八九三年、退官して弁護士を開業し、「民事訴訟の第一人者」と称えられ活躍した。一九一一（明治四十四）年、東京弁護士会会長に就任し、三期務めた。第一東京弁護士会会長も二期務め、三井銀行、三菱銀行、興業銀行、横浜正金銀行等の法律顧問や三井報徳会会長等の役職とともに、東京帝国大学や早稲田大学、中央大学、学習院大学で商法を講義した。東京弁護士会会長を三期、第一東京弁護士会会長を二期務め、鳩山和夫・小川平吉・花井卓蔵らと共に日本弁護士協会を設立した。刑事事件にも関与し、友人の京都府知事の木内重四郎を弁護した汚職疑惑事件（豚箱事件）では、検事による自白の強要など過酷な取り調べが人権蹂躙として問題化し、一九二〇（大正九）年に京都地方裁判所で容疑者全員に無罪判決が下されたことで、「検察の神様」と呼ばれた小林芳郎大阪控訴院検事長を辞職に追い込んだ。一九二七（昭和二）年、田中義一内閣の司法大臣に迎えられた。当時の司法大臣は政界の実力者か検事総長経験者というのが通例であり、弁護士生活三十五年という在野からの就任は異例の出来事であった。司法相辞任後も中央大学学長として活躍した。治安維持法の改正に尽力し、一九二八（昭和三）年の「三・一五事件」などによる共産党大検挙に重要な役割を果たしたという功績で一九三一（昭和六）年、枢密顧問官に推された。一九三八（昭和十三）年、平沼騏一郎議長のもとで枢密院副議長に就任し、一九四〇（昭和十五）年、近衛文麿に代わって枢密院議長に就任した。議長職は没するまで務めたが、戦時下の枢密院は内閣をチェックするなどの機能をまったく発揮できず、議長の立場も存在感は薄かった。三国同盟に反対し、最期まで戦争回避を主張したが、聞き入れられることはなかった。

＊＊兒玉右二（こだま・ゆうじ）
一八七三（明治六）－一九四〇（昭和十五）年
山口県に生まれた。東京帝国大学法科大学を卒業後、東京朝日新聞記者となった。その後、二六新報社、大陸通信、哈爾浜日日新聞社などの社長を務めた。日露貿易にも従事した。一九一七（大正六）年の衆議院議員選挙に立候補し、当選した。一九二四（大正十三）年の衆議院選挙では、立憲政友会から立候補し、当選した。当選回数は六回を数えた。

内容の乏しい質問で、新聞記者などの経歴にもかかわらず、言論の自由に対する影響如何というような視点は全く見受けられない。死刑の是非についても問うところはない。当時のマス・メディアの立ち位置が窺い知れよう。兒玉の質問は、「労働党に対しても諒解あるこの内閣、無《マ》産者流《マ》に対しても諒解、同情を有《も》つ現内閣であることの意義の立法を制定されるならば、ただに現内閣の為に之を喜ぶのみならず、国家文化進展の上に大なる喜びであることを一言申添えて置きます」と述べて結ばれた。

重鎮の弁護士からの賛成質問

*名川侃市の質問(7)も、「本案は、国の内部より国家統治権の基本を破壊せんとする者を取締る法律であります。而《しこう》して、統治権を破壊せんとするが如きことは、国家として是ほど重大なる事はないのでありまして、是は何処までも厳重に処罰致しまして、且つ事の拡大せざる前に之を鎮圧するの必要があるのであります。いわんや、金甌《きんおう》無欠《むけつ》、万国に比類無きこの我国の国体は、何処までも之を擁護しなければならぬのであります」「我が金甌無欠なる所の国体を覆さんとするものであります。そういう次第でございまするからして、何処までも是は取締って行かなければならぬのでありまして、本案はその目的の為に起案せられたるもので、極めて機宜に適いたるものであると思います……」という立場からなされたものであった。

のちに名川は東京第一弁護士会会長に就任するが、そのような弁護士の中枢にある者からの質問であっても、国民の自由や人権に対する影響如何というような切り口は見られない。法技術的な質問に終始している。

この質問に対して原司法大臣および鈴木喜三郎内務大臣から縷々《るる》、答弁がなされている。答弁の中で注目されるのは、原が、「たとえ、外国にその例が無くても、我国に於ては国家を破壊する者……に対しては絶対的に之を滅絶するの手段を講ぜなければならぬのであります。それが本法案を提出する最も重要なる理由であるということを、御記憶を願いたいということを一言して置きます」(8)とされている点である。国体のみならず、治安維持の方法についても、日本の独自性が強調されている。

特別委員会での追加の趣旨説明

四月二十八日の衆議院本会議では、その後、治安維持法中改正法律案特別委員会の委員の選挙が行われた。「本案は議長指名、特に十八名の委員に付託せられんことを希望致します」との動議が支持され、十八名の委員が選出された。

法律案の審議は特別委員会の舞台に移ることになった。

特別委員会の審議は、五月一日、五日、六日と行われた。一日の特別委員会では、委員長および理事の選挙が行われ、民政党議員と水谷長三郎が協力して、民政党の横山金太郎委員が委員長に選出された。

五日の特別委員会では、冒頭で、原司法大臣から法案の趣旨説明がなされた[9]。本会議のときとほぼ同様の説明の後、「なお進んで、少しく内容について申上げますれば」として、次のような説明が追加された。

（前略）結社の関係者中にはまだ結社には入って居りませぬけれども、結社目的遂行の為にする行為を為して居る者があって、その実例があるのであります。その危険なることは加入者と択《えら》ぶ所はありませぬからして、これまた、加入者と同一の刑を以て制裁するの必要ありと認めたのであります。現行法の第二条ないし第五条の規定は、国体変更の目的と、私有財産制度の否認の目的とに共通の連携を有しまする行為の処罰に関するものでありまするが故に、既に第一条に於て二つのものを分離して、その刑を区別致しました以上は、その第二条以下に於きましても、目的の区別に随って刑の軽重を定めるの必要があるという説もあるでありましょうが、是等の規定に係りまする行為は、第一条の行為に比しますと、未だ目的実現の著しき危険を伴いませぬものでありますから、国体変革の目的に止まるものといえども、現行法より一層重き刑を科する必要ありとは認めなかった次第であります。

無産政党議員からの質問

この趣旨説明に対して、廣瀬徳蔵、水谷長三郎の両議員から質問が出された。廣瀬の質問は、「私共治安維持法の

＊名川侃市（ながわ・かんいち）
一八八三（明治十六）－一九四四（昭和十九）年
広島県に生まれた。明治大学を卒業後、判検事登用試験に合格し、東京地方裁判所判事に任官した。一九一七（大正六）年に東京で弁護士を開業し、甘粕事件、五私鉄疑獄事件、売勲事件などの弁護人を務めた。一九二七（昭和二）年の衆議院議員補欠選挙に政友会公認で立候補し、当選した。一九四二（昭和十七）年の衆議院議員選挙（翼賛選挙）で非推薦となり、落選するまで、連続五回当選した。その間、鉄道政務次官、司法参与官なども務めた。一九四〇（昭和十五）年の反軍演説による斎藤隆夫の議員除名問題では議員除名に反対投票を行った。落選後の一九四三（昭和十八）年、第一東京弁護士会会長に就任した。

制定に賛成を致した者は、また、その必要なる改正には賛成するに吝《りん》ならざる者でありますが……」という立場から発言されたものであった。概要、次のように質問された。[10]

治安維持法は露《ロ》国と交通を為すについて、露国より露国思想の侵入があるだろうということを予想して作った法律である。しかるに今回起った共産党事件は、その予想の場合が生じたに過ぎないのに、何故に政府は治安維持法を改正する必要を認めたか。

唯、峻刑、処罰のみを以て之に臨むぞということだけで、この犯罪というものが止まるか止まらないか。

今あゝいうような事件が起った時に直ぐやるのがよろしいか、或は今少し時が経ってやるのがよろしいのか……。事柄の真相が確的《ママ》不動のものとなった場合に於て、はじめて斯様《かよう》な提案を為さることが時のよろしきを得たものではないか。

*水谷長三郎委員の質問[11]は、「私は無産政党の一代議士と致しまして……」と断ったうえでなされた。概要、次のような点が質問された。

露国共産党が露国内でやって居る活動が日本でも行われるものと考えて、この法律の改正を企てたのは根本的に間違って居るのではないか。

手続の点に於て、軽く取扱って居るのは如何。

現在の私有財産制度の弊害をば、議会主義に依って改めて行きたいというのが、いわゆる、無産政党の主張になって居るのである。……治安維持法の目的になるのかどうか。

結社行為の未遂罪というものは一体何を意味するか。

思想には思想を以てしなくてはならぬ性質を多分に持って居るものに、ことさらに厳罰を以て臨むのはどうか。

思想的犯罪に死刑というような厳罰を以て望むということは、……かえって想像もすることが出来ない所の憎むべき現実的結果が発生しないであろうかどうか。また、発生すべく誘引するような事になりはしないかどうか。

一体どの程度までをいわゆる、結社の役員として御認めになるかどうか。或は単に中央委員なら中央委員というような者に限られて居るのか。或は極く五、六人或は三、四人の細胞に関する役員までも包含するものかどうか。

治安維持法の制定に対しては濫用のおそれがあるという立場から反対した水谷であったが、この質疑においては、疑問を呈するにとどまっている。討議ではなかったからであろうか。

結社の役員を中央委員だけに限定する必要があるのか

六日の特別委員会でも、中谷貞頼、一松定吉の両議員から質問が出された。

中谷からの質問(12)は、「本法改正の必要なること並にその急迫せる状態に就きましては原司法大臣より御説明があり、又、委員の質問に対しての応答に依りまして明瞭であります。従いまして私はこの点に付きましては最早、委員より質問の必要はなかろうかと思います」と断ったうえでなされたもので、概要、立法技術上の問題に限られた。

　この法条が死刑の極刑を以て臨んで居りますことに付きましては、吾吾は至当のことであると思って居るのであります。……何となく過酷であるような威を或種の人人に与える虞がありまするので、寧ろこの治安維持法という名称を国体護持法という風に御改正になる御意思はありますまいか。

　（目的遂行の為にする行為と―引用者）未遂罪との関係はどういう風に御解釈になって居りますか。

　第一条の結社の役員ということの質問に対しまして、是は中央委員であるという御説明でありました。……私は政府の御再考を求めて見たいのであります。中央委員という風に限られる必要が果してあるのであろうか。

もろ手を挙げて賛成

一松定吉*（一三三頁）も、「私共は、国体を変革するということの、不屈《ママ》千万な犯罪であるが故に、之に対しまして重刑を科して、この撲滅を図るという立法の精神には雙手を挙げて賛成する者であります」と断ったうえで、次の

---

*水谷長三郎（みずたに・ちょうざぶろう）
一八九七（明治三十）－一九六〇（昭和三十五）年
京都府に生まれた。第三高等学校を経て、京都帝国大学法科大学に入学した。在学中に友愛会に参加し、河上肇の知遇を得て、河上を指導者とする社会科学研究グループを結成した。京都帝大を卒業後、弁護士を開業した。普通選挙法が通過後の一九二八（昭和三）年の衆議院議員選挙に無産政党の労働農民党から立候補し、山本宣治とともに当選した。日本初の社会主義政党の代議士となった。しかし、やがて日本共産党との関係をめぐって山本らと対立するようになる。連携に積極的な山本に対して、水谷は消極的な立場をとるようになった。三・一五事件の被告人の弁護も引き受けなかった。戦後、西尾末広らとともに日本社会党を結成し、片山哲内閣で商工大臣として入閣し、炭鉱国有化を進めた。芦田均内閣でも商工大臣に留任した。

ように質問した。(13)

之（治安維持法関係の情報―引用者）を新聞に一部解禁して、彼等の逃走を容易ならしめ、或は証拠を隠滅せしめるというようなことの便宜を得せしめるような御取扱いは、司法大臣としてははなはだ失当なる御取扱いなりと私は考えて居るのであります。

審議未了で廃案

両議員からの質疑の後、委員会は休憩のまま散会ということになった。そして、第五十五特別議会は翌五月七日に閉会となった。法案の審議は、委員会での質疑の途中で終わった。

政府の提出した治安維持法中改正法律案は、もともと議会の会期が短かったことに加えて、鈴木喜三郎内相の弾劾案が内閣全体に及ぶことを恐れた田中内閣が議会を停止し、鈴木を単独辞職させることで事態を収拾しようとしたために、審議が進まず、審議未了で廃案となった。(14)

2 治安維持法改正緊急勅令

異常な途を採用

治安維持法の改正は失敗に終わったが、原司法大臣は改正を諦めなかった。彼が次に着手したのは、緊急勅令という形で改正することであった。(15)どうしても治安維持法を改正したいと思うならば次の議会の開催を待ってその実現を図るというのが、「憲政の常道」であった。しかし、田中内閣は、議会で審議未了となった改正法律案をほとんどそのままそっくり、緊急勅令という形式＝手続で成立させるという「異常な道」を敢えて採用した。

これには、内閣および与党（政友会）の内部でも異論が少なくなかった。今、法改正しても三・一五事件の被疑者に適用されるわけではないのだから、拙速に改正する必要はないという慎重論もみられた。しかし、政府の態度は強硬であった。在野法曹も治安維持法の改正を推進した。(16)

一九二八（昭和三）年五月二十二日の閣議は、第五十五特別議会に提出された改正案とほぼ同じ緊急勅令案を枢密院に諮詢することを決定した。そして、六月十二日、田中内閣は、この治安維持法改正緊急勅令案を枢密院に諮詢した。枢密院本会議は六月二十七日に開催され、翌二十八日に再開された同本会議では、表決の結果、反対五名、賛成二十四名の賛成多数で、緊急勅令案が可決された(17)。緊急勅令は、六月二十九日に勅令第百二十九号として公布され、同日に施行された。

緊急勅令の内容

緊急勅令の内容は次のようなものであった。

朕、ここに緊急の必要ありと認め、枢密顧問の諮詢を経て、帝国憲法第八条第一項に依り、治安維持法中改正の件を裁可し、之を公布せしめる。

勅令第百二十九号

治安維持法中、左の通り改正する。

第一条　国体を変革することを目的として結社を組織したる者又は結社の役員其の他指導者たる任務に従事したる者は、死刑又は無期又は五年以上の懲役若《もしく》は禁錮に処し、情を知って結社に加入したる者又は結社の目的遂行の為にする行為を為したる者は、二年以上の有期懲役又は禁錮に処する。

私有財産制度を否認することを目的として結社を組織したる者、結社に加入したる者又は結社の目的遂行の為にする行為を為したる者は、十年以下の懲役又は禁錮に処する。

前二項の未遂罪は、之を罰する。

第二条中、「前条第一項」を「前条第一項又は第二項」に改める。

第三条及第四条中、「第一項」を「第一条第一項又は第二項」に改める。

第五条中、「第一条第一項」を「第一条第一項又は第二項」に改める。

附　則

本令は公布の日より之を施行する。

原司法相による趣旨説明

緊急勅令は直近の議会で承認を受けなければ失効することになるために、田中内閣は、一九二八（昭和三）年の年末に開催された第五十六帝国議会に対し、緊急勅令の承認

＊一松定吉（ひとつまつ・さだよし）　一八七五（明治八）－一九七三（昭和四十八）年　大分県に生まれた。明治法律学校を卒業後、各地の検事を経て、大審院検事を務めた。一九二八年の衆議院議員選挙に立憲民政党から立候補し、初当選した。以後、一九四七（昭和二十二）年の衆議院議員選挙まで連続八回当選した。戦後は第一次吉田茂内閣の国務大臣、逓信大臣も務めた。

を求める件を提出した。

「昭和三年勅令第百二十九号（治安維持法中改正の件）（承諾を求める件）」は、一九二九（昭和四）年二月二日に開催された衆議院本会議において議案とされた。原司法大臣から趣旨説明が行われた。その中で、法案と同一内容の緊急勅令を制定した経過などが次のように述べられた(18)。

（前略）かくの如く、現に我が国家の基礎を破壊する企画を実現せんとする者が存在して、着々その歩を進めて居るが如き場合に於きましては、一日も速やかに適当なる刑罰法規を定め、あまねく国民をして事態の重大なるを知らしめ、いやしくも彼等不逞の徒の煽動誘惑に陥るが如きことなからしめまするに共に、彼等、不逞の徒に対しましてもまた、一大警戒を与え、反省自覚する所あらしめるにあらざれば、国家の治安は維持出来ないのであります。特に昨年の下半期は、我が帝国が最も厳粛にしてかつ最も静謐なる秩序を要する時期であったということは、諸君の御承知の通りでありまして、有する手段に依りまして国家の治安を維持するを相当としたのであります。

而《しこう》して、当時帝国議会は閉会中でありましたから、政府は憲法第八条に依り、公共の治安を保持するため、緊急の必要ある場合なりと認めまして、法律に代るべき勅令の御裁可を得て、昭和三年六月二十九日、その公布を見たのであります。是が、すなわちここに議題として帝国議会の承認を求める勅令でありますから、何卒御審議の上承諾を与えられんことを希望致します。

原司法相によると、日本共産党による脅威の切迫性を強調することによって、緊急勅令を制定すること、そして、その速やかな議会での承諾を求めることの正当性が訴えられている。

緊急勅令としたことの是非

この趣旨説明を受けて、若干の質疑が行われている。質問の通告をしたのは、*武富済《たけとみわたる》、廣瀬徳蔵、水谷長三郎の各議員であった(19)。

武富の質問は、治安維持法を改正することの是非ではなく、緊急勅令という形式をとったことの是非についてであった。検事出身であったが、次のように厳しく論難している。

天皇陛下の御大典、御即位の大礼が行わせらるゝ時に、国民を威嚇して、秘密結社をすれば死刑にされるということを発布するのは、上御《かみご》一人《いちにん》の聖徳を傷つける所以であると謂わなければならぬ。緊急勅令を以て警察取締りの具に供しては相済まぬのであります。……議会を召集せず、緊急勅令を数十日の後に発布の奏請をする位の暇があるならば、……何故、六か月先の僅か半年先の通常議会迄待たなかったのであるか。待てない理由はないのではありませぬか。

（中略）

原嘉道氏は多年民間に居られたる弁護士であって、人権擁護の急先鋒の一人として検事局に向ってその権力に反発し、例の豚箱事件に於ては、友人を救うべく大阪に走り、……民権擁護、官憲の圧迫排撃ということに向っては十二分に努力せられたる人である。然《しか》るに地位が変って司法当局の主班者になられるというと、長年の民権擁護論、いわゆる、其一枚看板を直《ただち》に擲《なげう》って、弾圧政策を採って国民に向かわんとするのは、一体どういう心理的変化であるか。はなはだ諒解に苦しみます。この緊急勅令案に対する世間の非難というものは、噐々《きき》たるものであるが、原氏は一体之を何と御解釈になって居るのでありますか。各政党は皆、反対して居る、……政友会も大反対であったじゃありませぬか。

国家を思い、皇室を思い、国家の治安を考えるなどということは表向であって、やはり、自分の非を蔽《おお》うて悪腹を探られては困るという手段であったものとしか、私は考えられないのであります。

これに対する原法相の答弁は、「民間に在って民権を擁護しながら、国務大臣になると直に弾圧政策を執るとかいう御話がありましたが、私は民間に於きまして犯罪擁護の手段を執ったことは一度もありませぬ。治安維持法は犯罪を取締るの法規であって、民権を圧迫する法規ではありませぬ。善良なる国民はこの法律の施行に依って、初めて我が国家が泰山の安きに在るものとして枕を高くして眠ることが出来るのである。何等之に依って威嚇を感ずる者では

＊武富済（たけとみ・わたる）
一八七九（明治十二）－一九三七（昭和十二）年
愛知県に生まれた。東京帝国大学法科大学を卒業後、検事に任官し、戦前の三大疑獄とされた日東疑惑事件および内外石油疑惑事件で家宅捜索や取調べに当った。大審院検事事務取扱として大逆事件も担当した。幸徳秋水を検挙した「功労者」ともされる。その後、検事を退官して弁護士を開業した。一九二四（大正十三）年の衆議院議員選挙に立憲民政党から立候補し、初当選した。以来、連続五期当選した。一九二九（昭和四）年、濱口雄幸内閣で初代の拓務参与官に就任した。

ないのであります」等というものであった[20]。

廣瀬の質問[21]は、「国民の意思に依ってかかる立法は為したた方がよろしいじゃないか。しかるに何故緊急勅令に依ったか」「死刑に処してしまっては、改過遷善《かいかせんぜん》の余地はないじゃないか。……何でも彼《かん》でも死刑にすることは不都合じゃないか」等というものであった。

政府を厳しく追及

注目されたのは水谷の質問[22]であった。次のように政府を厳しく追求したからである。第一は衆議院の思想的国難決議案との関係についてである。

まず第一番に、田中総理大臣に御伺致したいと思います。要点はこの治安維持法緊急勅令と去る特別議会に於きましてほとんど衆議院全体が可決した所の思想的国難決議案に関する関係であります。すなわち思想的国難に関する決議案に於きましては「共産党事件に対し政府が刑罰にのみを以て之に臨むは不可なり。よろしくその環境を改善する途を講ぜざるべからず」是が大体決議になりまして、その決議案の説明者である所の尾崎氏の言葉に依りましても、共産党事件は之を弾圧するのみに於ては吾吾《ママ》の目的は達することが出来ない。吾々政治家として考えなくてはならないのは、何故共産党事件がこの日本に於て発生したかというその原因を究めて、再びこういう事件が我国に発生しないようにしなくてはならないというのが尾崎行雄氏の御説明要旨であったのである。……田中総理大臣は果して特別議会に於きまして、衆議院議員がほとんど全会一致で以て、可決された所の、思想的国難決議案を無視されたかどうか。……総理大臣は果して特別議会に於ける所の院議を重視されたか、或は無視されたか。

我が日本の国体は、一兵に衂《むさぼ》らずして思想的内乱罪、或は思想的外患罪に於て、我が国体を破壊されるというようなことは、吾吾は断じて考えて居らないのである。この点に関して私は原さんが一体我が国体に関して如何なる信念を持って居られるかということを御聴きしたいのであります。

第二は緊急勅令の必要性についてである。

この緊急勅令の必要なる理由として原さんは露西亜《ロシア》の共産党大学から続々と帰って来る、また首魁は未だ逮捕されずに活動を続けて居るというようなことを一つの理由にされました。しかしながらそれは日本の警察力が十分にその威力を発揮しないという証拠になりこそすれ、法律の威信というものがそれに依って害せられたとは吾々には考えられない。……もしこういう工合《ママ》に縛《ばく》に就かないものがあるが故に、緊急勅令が必要であるというならば、今日説教強盗が未だ縛に就かないが故に、説教強盗に関する緊急勅令も必要であるということになる。

質問打ち切りの動議

水谷の質問中、原惣兵衛議員から質問打ち切りの動議が出され、賛成多数で質疑は打ち切られた。次に、「議案の審査を付託すべき委員の選挙」に移ったが、ここでも、原惣兵衛から、「本案は特に議長指名十八名の委員に付託せられんことを希望します」との動議が出され、採決の結果、右動議のように決せられた。

議案は「昭和三年勅令第百二十九号（治安維持法中改正の件）（承諾を求める件）委員会」に付託することにされた。

3　衆議院特別委員会の審議

斎藤隆夫の長時間の質問——重罰批判

特別委員会は、二月四日、十九日、二十日、二十三日、二十六日、二十八日と開かれた。十九日の委員会では、斎藤隆夫*、中谷貞頼、横山勝太郎、内ケ﨑作三郎の各委員から質問が出された。特筆されるのは斎藤の長時間に及ぶ質問であった(23)。

長くなるが、この質疑を紹介することにしよう。概要、次のような内容であった。第一は政府答弁の在り方に関してである。

＊斎藤隆夫（さいとう・たかお）一八七〇（明治三）－一九四九（昭和二十四）年　兵庫県に生まれた。東京専門学校（明治三十五年から早稲田大学）を卒業後、判検事登用試験に不合格だったが、弁護士試験に合格した。その後、アメリカのイエール大学に留学した。帰国後の一九一二（明治四十五・大正元）年の衆議院議員選挙に立憲国民党から立候補し、初当選した。以後、当選十三回を数えた。一九二九年の濱口雄幸内閣（一九二九年七月二日－一九三一年四月十四日）では内務政務次官、第二次若槻礼次郎内閣（一九三一年四月十四日－同年十二月十三日）では法制局長官を務めた。一九四〇（昭和十五）年二月二日、いわゆる反軍演説を衆議院で行い、三月七日に議員の圧倒的多数により衆議院議員を除名された。しかし、一九四二（昭和十七）年の総選挙（翼賛選挙）で、軍部などからの妨害にもかかわらず、非推薦ながらトップ当選し、衆議院議員に返り咲いた。戦後は公職追放されることなく、第一次吉田茂内閣の国務大臣として初入閣した。

○斎藤委員　今日、我国民として何人といえども、この種類の犯罪者を罰するということについて、異論を挟む者は一人もある訳はない。故に問題はかくの如き犯罪者を罰するか、罰しないかということではなくして、如何なる方法に依て之を罰するか、また如何なる程度に於て之を罰するかということが問題であるのであります。すなわち、如何なる方法に依て罰するかということは、この緊急勅令が形式上の要件を備えるか、否やということになるのである。また、如何なる程度に依て之を罰するかということは、この緊急勅令の内容が果して正当であるか、不当であるかということに帰着するものであろうと思います。もとより政党《マ》政派《マ》に何等の関係を持って居るものではない。憲法を中心として帝国議会の権能に及ぶ国民の自由、権利に大関係を持って居ります所の問題であるに依って、吾々は御互に最も真摯なる態度を以てこの審議に臨みたいと思うのであります。……政府当局者は……吾々の質問に対しては最も真面目に答えられねばならぬということは、是は申す迄もない。所が先日の本会議場に於きまして、この緊急勅令案が提出せられましたその際に於て、武富済君の質問に答えられました所の司法大臣の陳述を速記録に依て拝見致しますと、私共、はなはだ遺憾に堪えない点を発見して居るのであります。

○原国務大臣　……私は議員諸君を威圧しようというような考えを持ったことはない。また、威圧される議員諸君でもないと信じて居ります。この委員会に於きましては極めて真摯なる態度を以て御答するつもりであります。

第二は死刑を緊急勅令で規定したことに関してである。

○斎藤委員　いやしくも日本臣民に対し死刑の宣告をするような法律を拵《こしら》えて、しかもその場合に於きまして、臨時議会を召集することが、……出来る余裕のある場合に於ては臨時議会を召集せられて、立法の常道に依ってその目的を達せらるゝことは憲法を運用せらるゝ上に於て、現政府、殊《こと》に政党内閣として、やられなくてはならぬことであろうと私は見るのであります。……戦時にあらざる平時の場合に於きまして、緊急勅令を以て日本臣民に死刑を科するというような規定を設けられたことは、まだ外にもありますか。

○原国務大臣　そういう緊急勅令は出たことがありませぬ。

○斎藤委員　三千年来伝って来て居る所の日本の国体

の内容が、微々たる白面書生もしくは一部の不平者が集って、吹けば飛ぶような、或は実行力の伴わぬような結社を起した所が、それが日本の国体自身にどれだけの影響を及ぼすか。政府が神経過敏になって緊急勅令を出して死刑までもして之を防御すべきものではないと私は思うのであります。恐るべきものであるとしても、議会の開会が待てぬという焦眉の急に迫られたという事は、誰人も承服し得るものではないのでありますます。故に、国体変革を目的とする結社そのものが、斯様《かよう》に恐るべきものであるという政府の所見が、大局の上に於て私は間違って居るのではないかと思う。……かくの如き緊急勅令を制定せられたという事については、どうも政府の共産党に対する見方が余程、間違って居るのではないかと思うが……。

○原国務大臣　日本の国家にとりまして非常な重大な事件でありまする以上は、この危険性に対しては、目的を達し得ないといって寛大の刑に処して置いてよろしいという訳には行かぬだろうと思う。何処にでもこの事態に相応するだけの事をしなければ刑罰の目的は達し得られない。……目的を達し得るや否やは、是は別問題である。……日本の人心を露西亜《ロシア》と同じように腐蝕して、国体の変革を成就するということは出来ぬことでありましょうけれども、その事柄が重大である以上は、相当の科刑を設けて置くということは必要であると、こういう風に考えて居ります。

第三は刑の均衡に関してである。

○斎藤委員　目的が悪いということについては誰も異議はない。しかしながらこの目的——その目的に副う所の行為、すなわち事実と相俟って犯罪というものを構成する、其事実に相当する所の刑罰を科するというのが、刑事法の骨子であろうと思います。もし目的が悪いから悉《ことごと》く死刑に処するというならば、内乱罪に関する目的も、外患罪に関する目的も、皆、悪いのでありますけれども、その中に於ても死刑を科する所のものもあれば、無期刑を科する所のものもある。或は一年位の体刑を科するものもある。こういうように罪に対する刑罰というものは、皆目的と事実そのものを総合して、それに相当するだけの刑罰をば規定して居るのでありますから、この点がすなわち争であります。唯、目的が悪いから、どんなことでもやってよろしいということは議論にならぬ。……

この共産党の事件につきましては、一審の判決が済みまして、それゞれ刑罰が科せられて居ります。ここに手に致しました表でありますが、この刑罰を見ますと、裁判所の方に於ては、それほど重い情状のものと見て居らぬらしいのであります。治安維持法に依りましても、十年の懲役は科することが出来るのでありますが、六十七の裁判所に於て判決がありました。その判決の結果を見ますと、大体、軽いもので、十年、九年の体刑というものは一つもない。八年というのが唯一つありまして、六年が四名ありまして、全部で八十八名の中に於て、五年以上の刑罰という者はたった五人しかない。五年もしくはそれ以下の者が八十二人であって、その中、二十七人は執行猶予になって居るのであります。裁判所に於きましては、あれだけの共産党事件をば検挙して、そうして独立の裁判所が裁判した結果、極刑にした者は一つもない。……そう致しますと、何も十年以下という体刑を、一躍して死刑と改める必要は、どうもこの事件の性質に照らして私はないように思うのであります。

○原国務大臣　政府は只今、斎藤君が仰せになるような、一審の判決で十年を言渡した事件がないから、法律を改正する必要はないのであると、そういう風には考えて居ないのであります。

共産党事件の刑事裁判でそんな重い判決が出ていないにもかかわらず、何故、法改正して一挙に死刑を規定するのかという斎藤の批判はさすがに鋭いもので、政府からは反論らしい反論は示されなかった。

もっとも、その斎藤といえども、「今日、我国民として何人といえども、この種類の犯罪者を罰するということについて、異論を挟む者は一人もある訳はない」としている点には留意が必要であろう。共産党、無産党とは一線を画していたということであろうか。

東京弁護士会会長の質問

中谷貞頼の質問[24]は、「この法を制定するに至ります所の理由が、共産革命を未然に防ぐという意味であるということを明言して戴きたいということを希望するのであります」等というものであった。

横山勝太郎*の質問[25]も、「かくの如き兇悪なる目的の有する反国家的性質を帯びて居る所の団体が我帝国の内に出現して来るという原因は那辺《なへん》にあるか。……どうも西洋の新しい経済学説と称するものに心酔した結果、そういう事に感染するのであるという傾向がありはせぬかと思う。……大学制度の一大失敗であり、大学制度の一大欠陥であると言わなければならぬ。この点が私は一番憂慮すべき点であって……。」等というものであった。横山は一九二六（大正十五）年には東京弁護士会会長にも就任したが、弁護士会長経験者でも「大学の自治」や「学問の自由」についての認識はこの程度のものであった。

イギリスのやり方を参考にしては

これらと大きく違ったのは*内ヶ崎作三郎の質問[26]で、次のようなものであった。

　こういうような固き信念を持って来る所のものを、こちらから厳重に処分するならば、かえって反抗して来る。英吉利《イギリス》のやり方は暖簾《のれん》と腕押しである。……思想としては共産主義は英吉利に於ては少しも圧迫をしない。また、共産党は組織して居って、現に三千人の会員を英吉利に有して居る。しかしながら、……たった一人の印度《インド》人が共産党として当選して居るだけでございまして。……是はどういう訳であるかといえば、主として是は国民の常識が発達して居り、また、国民が自ら大英帝国を維持しなければならぬということを、深く自覚致して居りますが為に、……共産主義を圧迫せずとも、共産主義に対して自分で以て判断するからして、共産党をして政治上の勢力を与えしめないように致して居るのであります。……我国の所謂、危険思想に対する態度も、英吉利をやはり参考にするということは必要だと思うのであります。

ただし、「暖簾と腕押し」のイギリスを参考にすべきではないかという内ヶ崎からの質問に対し政府委員から答弁がなされるということは、時間の関係で、十九日の委員会ではなかった。

*内ヶ崎作三郎（うちがさき・さくさぶろう）一八七七（明治十）－一九四七（昭和二十二）年　宮城県に生まれた。東京帝国大学文科大学を卒業後、早稲田大学教授を経て、オックスフォード大学に留学した。帰国後、一九二四（大正十三）年の総選挙で宮城四区から立候補し、当選した。以後、衆議院議員を通算七期務めた。濱口雄幸内閣（一九二九年七月二日－三一年四月十四日）で内務参与官、第一次近衛文麿内閣（一九三七年六月四日－三九年一月五日）で文部政務次官を務めた。一九三九（昭和十四）年四月、立憲民政党幹事長に就任したが、立憲政友会、立憲民政党、国民同盟、社会大衆党が解散して大政翼賛会が一九四〇（昭和十五）年十月に発足すると同会に所属した。翌年、衆議院副議長に就任した。

検閲方針が寛ではないか

二十日の委員会では、中谷貞頼、比佐昌平、勝田永吉、内ケ崎作三郎の各委員から質問がなされた。

二十日の中谷の質問(27)のポイントは「新聞若《も》しくは出版物の検閲方針が、共産主義その他の危険思想を青少年の内に流布することを防止することについて、内務省の検閲方針が或は寛でないか。或はそれを改正する意思ありや」等というもので、これには「渡りに船」で、横山（助成）政府委員（内務省警保局長）から「形式に捉われず、実質上から見て……及ぼす影響の如何を考えまして、或は之を禁止し、或は之を社会の内に流通せしめることを止めるつもりであります。……政府に於きましては、是（出版法―引用者）の改正の必要を認めまして、目下、鋭意、調査をして居ります」等と答弁された。

「厳格な解釈規準」を提示しない

比佐昌平（七一頁参照）の質問(28)は冒頭で、「治安維持法は、初めて去る五十回議会に提案せられた場合にも、私は委員の一人として連日、委員と政府委員との間に質問応答を重ねたのでありますけれども、未だに私はその解釈の内容について幾多の疑義を持って居る者であります。殊《こと》にこの度死刑というものを含む案に改正されまして、ここに是より適用されるということについては、……その適用の内容と適用の範囲というものを含めて余程厳格にして置かなかったならば、後日、之を悪用されるという憂《うれい》あるという意味に於きまして、私は厳格なる意義を是より御伺致したいと思うのであります」ということを述べたうえで進められた。

質問の内容は、「本法律と天皇並に皇室に関する危害罪との関係」「天皇の大権、この天皇の大権を縮小する、或は制限するということは、やはり国体の変革という意味に入りますか」「議院が議員の職権として為し得るやうな、……適法な手段を以て建議を為さるとか、上奏為さるとか、そういう議員が為し得ることをすることは問題になるか」「議院以外の者が軍備縮小、或は軍備全廃を唱える。……こういう風なことに対してはどういうような御見解を執りますか」「憲法改正を主張する結社ならば、この法の適用を受けるのですか」「憲法変更の場合に於て、どの程度まで国体変革に這入るか」「土地国有、電気国有、その他色々の事を政党が掲げて、而《しこう》して、之を新主張として今後、日本の政治運動をしたならば、その関係と本法とはどういうことになりますか」等というものであった。

委員会の質疑について、比佐から、「（治安維持法制定に係る―引用者）連日の質疑応答に対しましても、明確なる観念を捉えることは出来なかったのであります」という指摘が繰り返しなされている。これに対しても、政府委員からは、「明確に御答することははなはだ困難な問題であると思います」「何回、申上げましても、同じことを繰返すより外に仕方がありませぬ」等の答弁が繰り返されている。

政府としては、治安維持法と同様、その改正案についても、その構成要件があまりにも漠然としているために明確な解釈を提示することは困難で、また、柔軟な適用を確保するためには議員が求めるような「厳格な解釈規準」を前もって提示することは得策でないと考えられたことによるものといえよう。

政党の憲法改正運動も治安維持法の対象

勝田永吉*の質問(29)は、「今回のように臨時議会を召集する余裕がある場合に議会を召集せられて之を決するというのが、現在の立憲国の政情に於きまして、穏当かつ適切なる処置であると私は信ずるのでありますが、政府の御所見は如何でありますか」「この緊急勅令を御出しになりました結果、緊急勅令は如何に働きましたか」等というものであった。

しかし、後者についても、政府委員からは「刑事法の目的は、犯罪を防ぐのが目的であるということでありますが、緊急勅令が出たが、どういう効果を生じたかということは、積極的に事実に依て証明することはすこぶる困難であります」等と答弁されただけであった。

見逃すことができないのは、「国体の変革ということは、吾々としてどうしても忍ぶことが出来ない」「国体を変革するのには、合法的の方法はないと吾々は考えて居ります」という勝田の質問に対して、泉《もと》二《じ》新熊《しんくま》政府委員（司法省刑事局長）が、「只今、御話がありましたが、憲法改正など丶いう適法の手段があればと条件附で申しましたが、おそらくは私共としては、完全にこういう意味の憲法改正はないものであると確信して居るのでありますが」と答弁されている点である。たとえ政党（議員）がその政党（議員）活動として憲法改正の運動を行った場合であったとしても、その政党（議員）も治安維持法の適用対象になると

*勝田永吉（かつた・えいきち）
一八八八（明治二十一）－一九四六（昭和二十一）年
大阪府に生まれた。東京帝国大学法科大学を卒業後、弁護士を開業し、大阪弁護士会副会長などを務めた。一九二八（昭和三）年の衆議院議員選挙に立憲民政党から立候補し、当選した。以後、当選回数は六回を数えた。一九四二（昭和十七）年の総選挙では翼賛政治体制協議会の推薦を受けて当選した。民政党総務、内務政務次官などを歴任し、一九四五（昭和二十）年に衆議院副議長に就任した。

明言されているからである。このような政党（議員）活動に対する厳しい規制についても、「護憲三派」などの受け止めは、それは無産政党などに向けられたものであって、自覚には「関係がない」というものであった。この判断が過ちであったことは後日、強烈な形で証明されることになる。

死刑の是非

内ケ﨑作三郎の質問[30]で注目されるのは、治安維持法の改正で新たに死刑が規定されたことについてである。

近代世界の最も進歩したる刑法学者の間に於ては、死刑を廃止するという方に意見が傾いて居るようであります。殊に欧羅巴《ヨーロッパ》大陸の国々に於ては、数十年前より死刑を廃止して居る所もあるようであります。……我国に於ては、殊に之は青年の運動でありまして、労働者等に於きましても、之に共鳴して居る者がございますけれども、主として学校に関係のある青年などでございますから、或は藉《か》すに時日を以てしますならば、改過遷善《かいかせんぜん》（過ちを改めて善に遷ずる）の機会があるのではないかと思うのでございますが、そういうことを御考慮になりまして、この死刑という極刑を御定めになった訳でございますか。

しかし、この論点がそれ以上深められるということはなかった。「この政策（死刑―引用者）は我国の刑政として採用して居るのでありますから、したがって本案の如き事態の重大なるものに対しては極刑は死刑まで行くぞということが、一番国民を警戒するに適当なものであると考えて居るのであります」という原司法大臣からの答弁に対し、内ケ﨑も「司法大臣の御説明で、大体了解致しましたが……」として引き下がったからである。

水谷長三郎の本質に迫る質問

二十三日の委員会は、水谷の質問[31]でかなりの時間が費やされた。この質疑も斎藤のそれに匹敵する本質的なものであった。長くなるが、この質疑も紹介することにしよう。その第一は立法事実の存否についてである。

○水谷委員　当局が今、憂えられて居りますような結果が我が日本で発生すると御考えになるのでありましょうか。

○原国務大臣　彼等の活動を看過することは容易ならざる結果を起す虞《おそれ》なしとせずと見たのであります。

○水谷委員　日本共産党が出来たということを知りな

がら、もう少し見てもう少しものになるまで育てる……というような態度を取ったということを聞いて居ります。……もしそれほど、御心配になるならもっと早く検挙しなければならなかったと思いますが、その点を伺って置きます。
○原国務大臣　政府ははなはだ手抜かりであったかも知れませぬが、（日本共産党の活動を――引用者）全く知らなかったのであります。
○水谷委員　共産思想が這入る余地がある程、現在の社会組織に関して何等かの欠陥ありと大臣は御認めになりませぬか。その点を伺います。
○原国務大臣　如何なる社会組織に於ても欠陥はあると思うのであります。
○水谷委員　そういう国（アメリカ、イギリス――引用者）に於きまして、今日共産党というものが厳として存在して居るという事実に関して、大臣はどういう御考えを懐いて居りますか。
○原国務大臣　私は之に対してそれ以上に御答する必要はないと思う。
○水谷委員　我が日本に共産主義運動が起り、共産党の発生する原因があるでありましょうか。あるとしたならば、それはどういう点であるかということを御説明願いたい。
○原国務大臣　第三「インターナショナル」の影響に依るものと私は考えて居ります。
○水谷委員　共産運動がどれだけの害毒を現在その国家に与えて居るかどうか。
○横山政府委員　御質問にはなかなか御答することがむずかしかろうと思います。
○水谷委員　外国に於きましては共産党というものがいわゆる官許党として認められて居る。少くとも共産党の結社に這入ったからといってすぐに死刑だ、すぐに十年だ、すぐに無期だというようにはなって居ない。……我国に於きましても諸外国と同様に、共産党を公認する方策に出られる意思はないかどうかという点を御尋ね致します。
○原国務大臣　政府は（共産党の公認には――引用者）絶対に反対であるということを御答すれば足るだろうと思います。
○水谷委員　日本の今共産党が目標にして居るような目標、そういうようなものは到底、実現出来ない。実現出来ないが故に吾々はそれ等のものをすぐ改めて死刑にし、或はその他の厳罰を以て臨む必要はなかろうと思うのであります。その点に関して更に大臣の御答を煩わしたいと思います。

○原国務大臣　実行出来ないからという事柄に依て取締りをせないという訳には行かぬのであります。

第二は死刑についてである。

○水谷委員　結社に加入する、結社に加入するだけではまだ思想の範囲であって、実行の区域には入って居ない。そういう者を直《す》ぐ死刑に処するというようなことになれば、……共産党を組織したり、共産主義を奉ずるような連中は、……直ぐに直接行動に出るというような結果に私はなろうと思う。

○原国務大臣　結社はすなわち、もう既に実行行動に入った。この目的を達する第一歩に踏み込んだ。……こういうことになるものと政府は見て居るのであります。

○水谷委員　もし司法大臣のその御考ならば、それは結社を組織し、細胞を造り、文書を出す。そういうようなものならば、別に治安維持法を造る必要はない。出版法、新聞紙法、治安警察法、その他のものを改正してもその目的は達すると思う。

○原国務大臣　貴方の御意見は初めから治安維持法は全然要らぬという御意見でありまして、私の意見とは違うのでありますから、何度、御回答をしても結局、同じことになると思います。

○水谷委員　勿論、無産政党は今日、左翼、中間、右翼と問わず、治安維持法というものに絶対反対である。……しかしながらいやしくも一国の同じ国民を死刑に処するというような場合に於ては、治安維持法なら治安維持法というものを必要としないという反対論を、当該大臣に十分私は聴いて貰う必要があろうと思う。

第三は外郭団体の取締りについてである。

○水谷委員　共産主義を奉じなくても、いわゆる「ファシズム」を奉じた団体に於てそういう目的に出た場合に於て、いわゆる治安維持法とのその関係を御尋ねしたい。

○原国務大臣　無論、是で罰するのです。

○水谷委員　共産党から「ベルト」を掛けられて、指令を受けて働くというような場合に、その大衆団体はこのいわゆる結社遂行の為に行為を為したる者ということにあてはまるかどうか。之を伺います。

○泉二（新熊）政府委員（司法省刑事局長）　共産党の指

導の下に於て、そういう行動をする者は総てこの一条に這入り得るものと考えて居ります。

○水谷委員　単に影響下に置かれて居るという言葉で言い表してよろしいか……。

○泉二政府委員　只今御質問のような場合があれば、それも第一条に這入るのでございます。

○水谷委員　今日のいわゆる、経済組織に於きまして、左翼と名づけて居る者は、それが労働組合運動であろうと、政党運動であろうと、必ず若干のそれぞれの程度に於ける所の共産主義の理論、共産党の影響というものを必ず受けて居る。……そういうような者を認定のうえでやって来た場合には、左翼団体は一日も存在するすることは出来ませぬ。全部、引掛かる。私が本会議に於て治安維持法というものは、名を共産党征伐に藉りて、実は左翼運動を征伐するものであると言ったのはこの処でありまして、それが今、泉二政府委員の答弁に依て明らかにされた。……それでもよろしいのでしょうか。

○泉二政府委員　推定では無論、いけませぬ。……明白にそうだという証拠が上りましたならば、法は処罰しなければならぬのであります。一日もそういう団体の存在をこの法律は認めることが出来ぬのであります。

（中略）只今の左翼運動の総《すべ》てを弾圧することになりはせぬかと仰るけれども、そうはならないと申上げてよろしいと思うのであります。

（中略）共産党を意識して、そうして同じその「ベルト」を掛けて行動する団体は治安維持法の適用を受ける。そういう意識のない団体は治安維持法の適用には掛って居ないと、こういうことに申上げてよろしかろうと思う。

○水谷委員　今度新に改正されるという法律に於て共産党の外郭というものが罰せられる規定は始めて出来るのだと私は思う。所がこの度の日本共産党事件の裁判を見ますると、党員以外に多くの外郭団体と称せられて居る人が罰せられて居る。……その法的根拠は何処に在るかということを御尋ね致します。

○泉二政府委員　是は申上げる必要もないことでありましょう。……勅令発布前に於ては、それ等の行動は二条、三条に当るものであると解釈してよろしかろうと思うて居る。裁判所も多分、その意味に於て法律を適用してあるだろうと思います。

○水谷委員　協議とか煽動とかというやうなものは私はどうしても当らないと思うが、それがどんどん罰せられて居る。そういうことに対してどういう御考えを持って居られるか。

（中略）（万世一系の天皇の―引用者）完全な統治権に対して兎角《とかく》の批判、或は実質的に兎角の変動を企てんとした者は、総て全部、治安維持法第一条に引掛かると解釈してよろしうございますか。
○泉二政府委員　今、新しく御答をすることはないのであります。
第四は法文の解釈についてである。
○水谷委員　治安維持法のあの私有財産制度という概念と、是まで我日本の法制に現われた所の所有権という概念と、どういう工合《ママ》に違って居りますか。
○泉二政府委員　既定の法律で認めてある観念でありますから、しかるべく何卒、水谷君達の方で適当なる解釈を一つ与えて下さればよろしいだろうと思うのであります。
（中略）色々の法律に非常な難解の所がある。その難解の所は、どうも政府委員といえども難解で、はっきり何れであるということを御答することが出来ないことも随分あるだろうと思います。しかし法律になっている事項でありますれば、それは帝国議会で以て、是で分るものとして出来て居るのであるから、その程度で満足して貰うことが適当であると思うのであります。
○水谷委員　既成政党の人々とは比較にならぬ程、密接なる関係に置かれて居る所の無産党議員団が在る。その背後には多くの無産大衆が在るということを御考え願いまして、もう少し慎重なる御答弁を願えれば幸福だと思います。
○泉二政府委員　実にむづかしい問題でありますから、今、ここで私共が意見を申上げた所が、御満足を得るようなことにはなるまい。
○水谷委員　現在の私有財産制度の中、生産手段だけをば包括的に全部国有にするという運動を起し、そういう制度を作るという実際運動を起すというのが、治安維持法に引掛かるかどうか。
○泉二政府委員　（適法なる手段を以て―引用者）もしそういうことが出来るとすれば、……そういうものは犯罪にならない。
○水谷委員　何故、もう一段進んで、御親切にこの法文の中に暴力とか何とかいう文字を附け加えないのでありますか。
○泉二政府委員　近頃の立法と致しましては、……そんな文字（不法という文字―引用者）は使って居りませぬ。

やはり、刑法三十五条の適用があるということは明白と思う。

第五は学生運動に関してである。

○水谷委員　この度、共産党事件が勃発されまして、その中の有力なる被告、或は数から言っても学校関係並に学生が非常に多かったということでありますが、その事実に関して山崎氏（文部政務次官）はどういう御考えを持って居られますか。

○山崎（達之輔）政府委員　是は誠に痛嘆すべき事であると思います。

○水谷委員　頭の良い所の多くの学生が、運動に従事する原因が何処にあると御考えでありますか。

○山崎政府委員　従来、考えて居ります態度とは少し態度を変えまして、御承知の通りにあの事件以後、大学の教官等に対しまして、若干は辞職の結果を見るということに相成ったのであります。

（中略）京都大学で申しますれば、社会科学研究会、東京大学では新人会、斯様《かよう》なものに対しては解散を命じたのであります。

○水谷委員　私等は寧ろ大学に於ては「マルクス」主義を信奉する学者があってもよろしい。或はその他反動的の学者があってもよろしい。それ等を全部大学に集めて、そうして自由に学生に講義せしめ、学生をして自由に選択せしめる方が寧ろ学生をしてからに正しき道を歩ます所以であろうと思います。……大学を出れば失職する。かえってそれでは今の是等の大学生が「パン」を求めてこういう運動に這入て来るということは、常識から考えても可なりあるべきことだと思う。……大学卒業生の特権がほとんど剝奪されたような現在の社会状態に於ては、よくその事情に応じ、色々、研究し、その原因が奈辺にあるかということを研究される為には、左傾教授もよろしい。右傾教授もよろしい。反動教授もよろしかろう。そういう者にどんどんやらせるのが、寧ろこういう現象を除くによろしいと思うが、之に関して山崎さんの御説明を願いたい。

○山崎政府委員　貴方の御考えと私共の考えとの間には、相当の距離があるのであります。

○水谷委員　大学の教授の中には、共産主義以外に「ファシズム」と申しますか、一種の反動思想があって、……実際運動を可なりやって居る。そういう現状に対して、文部当局は眼を閉って居られるのでありますか。

○山崎政府委員　思想が右なるが故に、乱暴狼藉をやっても之を看過するとか、或は之を奨励する。左様な考えは毛頭、持ちませぬのであります。

○水谷委員　今、文部省で各大学新聞の調査を秘密裏にやって居られるということを聞いて居りますが、それには何か根拠があるのでありますか。

○山崎政府委員　私は知りませぬが、……よくそのあたりは調べて置きます。

○水谷委員　本年も或る帝国大学では左傾思想にかぶれて居る者の入学を全部拒否するという決議か申合せをしたということでありますが、事実でありましょうか。

○山崎政府委員　本人の人物その他について考査をするということは、是は一向、私共、差支ないことゝ思うのであります。

開き直りで問答無用の答弁

水谷の質疑は概要、このようなものであったが、留意しなければならないことの第一は、これによって「共産党の外郭団体」の取締り、あるいは水谷の表現を借りれば「名を共産党征伐に藉りた左翼運動の征伐」という法改正の意図がより明らかになったという点である。

留意しなければならないことの第二は、政府には改正法律案中の法文の非常に抽象的で曖昧な概念を限定解釈しようというような態度は少しも伺われないという点である。むしろ、「開き直り」「議会への責任転嫁」のような答弁が繰り返されている。

留意しなければならないことの第三は、それ故、「問答無用」式の答弁が目につくという点である。「既成政党の人々とは比較にならぬ程、密接なる関係に置かれて居る所の無産党議員団が在る。その背後には多くの無産大衆が在るということを御考え願いまして、もう少し慎重なる御答弁を願えれば幸福だと思います」と委員から懇願されているにもかかわらず、「貴方の御意見は初から治安維持法は全然要らぬという御意見でありまして、私の意見とは違うのでありますから、何度御回答をしても結局同じことになると思います」等と答弁されている。

二十三日の委員会では、その他、斎藤、中谷、勝田、内ケ崎、宮古啓三郎の各委員からも質問が出された。そのうち、斎藤の質問[32]は、「司法省の政府委員に、条文のことに関して御伺い致したい」というものであった。また、内ケ崎の質問[33]も「文部当局に於てはかかる問題を如何にして刺激せられ、或は助長せられんとするような御考えは持って御出になるのでありますか」等というものであった。

生徒に対する精神教育のすすめ

政府の側から質問したのは宮古啓三郎*で、「十分に生徒の頭に国体の根本を叩込んで行くことに全力を注ぐのが最も必要なる途ではないかと思うのであります。……小学校時代からして、生徒に対する精神的の教育を進めて、日本の国体と忠孝の道を十分に教えて行くということの遣方《やりかた》をば如何様に為されて居られますか(34)」等と述べた。

二十六日の委員会では、斎藤隆夫、斯波貞吉、内ケ崎作三郎、横山勝太郎が質問に立った。

斎藤の質問(35)は、「治安維持法及び緊急勅令第一条と同様の外国の立法例があるのでありますか。もしありと仰せられるならば、何処に在るのでありますか」「こういうものがすっかり検挙せられた以上は、もう既に目的が達せられて居るのでありまして、治安維持法緊急勅令というものは維持せられる必要がないと思いますが、それはどうでありますか」「思想警察、特別警察というようなものも、……そういうものがどういう方法に依て活動して居るかというようなこと、並に之に関連することについて内務省が執って居られまする所の行動について御説明を聴くことが出来ますれば、都合がよろしいのであります」等というものであった。

横山の質問(36)は、「この赤化の大陰謀と称する計画（今朝の新聞に出て居りまする不穏文書の頒布事件―引用者）は、……日本共産党に、如何なる関係を持って居るものでありますか。もし日本共産党に関係なきものとすれば、如何なる方面から計画せられた陰謀でありますか」「国体観念を鞏固《きょうこ》にし、それから国体観念の涵養をするその方針は何処に在るかということを聴くことが出来れば結構だと思います」「何ぼ大所高所から国民思想の涵養、国家観念を鞏固にすると仰っても、その足の下から打壊されるような事柄では到底その目標を達することはできないのでありますす」等というものであった。

内ケ崎の質問(37)は、「この緊急勅令が枢密院の承認を得ました時に、枢密院が条件を出したということが主なる新聞に漏れてあるのであります。……内務大臣は如何に御考えになるのでありますか」「現政府の取締りは言論に対して

＊宮古啓三郎（みやこ・けいざぶろう）
一八六六（慶応二）－一九四〇（昭和十五）年
茨城県に生まれた。東京帝国大学法科大学を卒業後、弁護士を開業した。日本法律学校（一九〇三年に日本大学と改称、一九二〇年に大学令による大学）の講師、法制審議会臨時委員なども務めた。一九〇二（明治三十五）年の衆議院議員選挙に立憲政友会から立候補し、当選した。以後、当選回数は九回を数えた。

は余りに厳重であって、著述の方は至って寛大のように見受けるのでありまして、その間に統一がないように思うのでございますが、内務大臣は如何に御考えになって居りますか」「(特別高等警察機関の充実拡張の結果—引用者)不必要な、或は取調べをするとか、捜査をするとかいうような行動に出《いで》はしないか」等というものであった。

造士教育が不十分ではないか

*斯波貞吉の質問(38)は、「先日来、司法省当局その他の当局の方々の御話を謹聴して居ったのでありまするが、まだ私をしてこの緊急勅令の必要だという理由について首肯するに足るだけの御説明を得て居りませぬ。その故に更に私は御尋ね致したいと思うのであります」「その本当の目的から申しますれば、過激思想の撲滅であるとか、或は赤化思想を一掃するとかいうことがその目的であろうと思うのであります。しかるにこの案を見ましても、また、緊急勅令が発布せられてから以後の経過を見ましても、私はかえってこの過激思想を挑発したり、或は刺激するような事実がありはせぬかと思うのであります」「斯様な者を厳刑に処するということが、かえってそういう思想を拡げるような原因になって来るのがほとんど何れの場合に於てもそうであるように思うのであります」という観点からのものであった。

思想善導に関する施設についても質問されており、「およそ今日の学校教育ということが、唯、詰込主義、注入主義の教育に傾きまして、教育ということが人を造ることである、造士教育であるということを余り注意せられなかった結果が、今日のような危険思想を多く誘致するようになったものではないかと考えらる、のであります」等と述べられている。

社会政策が不在では

二十八日の委員会では、斎藤隆夫、原夫次郎の各委員から質問がなされた(39)。斎藤の質問は次のようなものであった。

英吉利《イギリス》に於きましても、支那《シナ》に於きましても、露西亜《ロシア》の赤化宣伝については、是だけの行動を執って居るのであります。しかるにひとり我国に於きましては、……今日に至る迄、黙認して居る。……日本臣民に向って苛酷なる法律を作りながら、その策動の根本でありまする所の露西亜に向っては、利き目のある所の一指をも染めることも出来ぬというに至りましては、吾々、日本臣民として今日、看過する訳には参らないのであります。

国民思想を善導する上に於きましても、諸々の施設を致されたということである。……しかし是等のことは……大体に於ては極めて一少部分でありまして、是れ位の小刀細工で滔々《とうとう》として流れ出る所の、この国民思想の大傾向をば防ぎ止めることは出来ないと思う。……之に対して総理大臣はどういう考えを持って居られるか。
　巨額なる所の国費を無益なる方面に濫用して、是が為に一方に於きましては、多数の国民の生活を保障する所の、いわゆる、社会政策というものは少しも行われぬのであります。……是では国民の思想が悪化せざるを得ない。……悪化するのが当然であると思う。……この際に於て政府も政党も思い切って徹底的の処置をやる必要があると私は思いますが、之に関する総理大臣の御所見は如何なものでありましょうか。

原夫次郎の質問も斎藤と同様、「司法当局と致しては、この策源地の方面に向って何か抜本塞源《そくげん》の方策を講ぜられたことがあるか否か。この点を御伺致して置きます」等というものであった。

一票の差で可決

この原の質問中に、宮古委員から質疑打ち切りの動議が出され、賛成多数で質疑は打ち切りとなった。午後の委員会では、討議に移った。勅令に事後承諾を与えることに賛成の討論を展開したのは宮古であった。これに対し、原、水谷は反対の討論を行った。原の反対理由[40]は次のようなものであった。

　まず大体、本案は憲法違反の勅令であるということが第一の理由であります。次に第二は刑罰法規としてのこの勅令の内容が、はなはだ不都合な点が多いということであります。第三と致しましては、この勅令なるものは、現今の我が社会の状態その他現行法等、総て百般の事物に渉《わた》って観察致しますと、極刑を科する所のこの法案制

＊斯波貞吉（しば・さだきち）
一八六九（明治二）－一九三九（昭和十四）年
福井県に生まれた。オックスフォード大学、東京帝国大学文科大学選科を卒業後、盛岡中学校、高輪中学校で教鞭をとり、佛教大学（一九二二年より大学令による大学となり、龍谷大学と改称）の教授も務めた。一八九九（明治三十二）年、黒岩涙香に招かれて萬朝報に入社し、英文記者を経て、編集局長、主筆に昇った。普選運動に積極的に取り組んだ。東京大勢新聞の社長兼主筆を辞職して一九二五（大正十四）年の衆議院議員補欠選挙に立候補し、当選した。以後、当選回数は六回を数えた。憲政会、次いで立憲民政党に所属した。

定に関し、現内閣の執りたる政策が誤って居るということであります。第四の理由と致しましては、現内閣が口を極めて本案制定の必要已むを得ざる理由は、露西亜の第三「インターナショナル」が根本である（と謂う―引用者）。……然《しか》らば是は国内法に於ての厳罰だけでこの犯罪を制禦しようということは、是はほとんど不可能なことでなければならぬ。……唯、国内法だけで厳罰主義に依てこの犯罪を制禦しようという。こういう現内閣の方針の様であります。是は洵《まこと》に間違った考えであって、……是が第四の理由であります。

また、水谷の反対理由(41)は次のようなものであった。

吾々は本案を以て単なる憲法違反であるというような「ブルヂョア《ママ》」的な形式論に於て、本案に反対する者ではありませぬ。……もっと深い所の実質論の上に於て立って居るのである。……治安維持法緊急勅令のみならず治安維持法そのものさえも廃止しなくてはならないという批判的な立場に於て、吾々は本案に絶対に反対する者であります。

もし現内閣がこの共産党を憂え、共産主義を憂えるならば、彼等が為すべき最初の施策は何であるかと言えば、それは労働者の為に徹底したる労働組合法を与える事である。労働者の為に団結権、罷業権を与える事である。小作人に耕作権を与える事である。或は小商人、或は安月給取、その他、あらゆる被圧迫民衆の為に、もっと思い切ったる社会政策を施す事である。

社会進化をば極めて滑《なめら》かに、極めて自然に、この社会進化の過程を辿らしめる事が吾々、人類の上に課せられたる最高の義務でなければならぬ。すなわち、社会進化には血を見る所の進化と、血を見ない進化とがある。而も、その社会進化をして、血を伴わしめる所以は、時の支配階級の出方如何に依って決まるという事を経済学者は一様に説いて居るのである。

吾々は、過渡期の日本をして、過渡期の世界をして、社会進化の正常な道を歩ましめようとするならば、吾々はこういう厳罰主義には絶対に反対しなければならない。今日、緊急勅令を作り、一方に於ては無産階級を政治上、法律上極度に押えつける。そうして彼等には何等の生活安定を与えない。そういう反動政治の結果はどういう事になるかということを吾々ははっきり知らなければならない。

吾々は、如上《じょじょう》の階級的立場、如上の実質的立場に於て、この治安維持法緊急勅令に反対する者である。

＊牧野賤男委員から討論終結の動議が提出され、賛成多数で討論は終結となった。採決の結果、一票の差で、「本案は承諾を与えること」に決せられた。

4　衆議院本会議の質疑・討論

現内閣が政略の為に

委員長報告は三月二日の衆議院本会議で行われ[42]、これを受けて、質疑、討論がなされた。質疑では、原夫次郎、小俣政一の両議員から質問があった。いずれも厳しいもので、原の質問[43]は、「只今、議題になって居る緊急勅令なるものは、現内閣が政略の為にかくの如き勅令を発せられたものであるということは、今日、やや明らかになって居ることゝ思うのであります。……詳細なる御答弁を願って降壇する次第であります」等というものであった。

また、小俣の質問[44]も、「金力と権力と暴力は跋扈跳梁《ちょうりょうばっこ》して、議員は誘拐され、或はその身辺を脅かされて居るのである。……捜査機関の第一線に立つ所の警察機関は警視庁を初として、全国の警察機関、悉く頼むに足らずとすれば、国家の治安は何れに依ってか求められるであありましょうか。……司法権の威信が疑われ、検事局の政党化が叫ばれるに至っては、国民の自由と権利は何れに依って保障されるのであろうか。かくの如き状勢にもかかわらず、政府は唯、本法の制定に依って治安を維持し得ると思われるのであろうか」等というものであった。

斎藤隆夫の反対理由

その後、討議に移ったが、討議では、斎藤隆夫、内ケ崎作三郎が反対の、そして、宮古啓三郎が賛成の討論を行った。斎藤の反対理由[45]は概要、次のようなものであった。その第一は憲法違反だという点である。

＊牧野賤男（まきの・しずお）一八七五（明治八）－一九四三（昭和十八）年 新潟県に生まれた。明治法律学校（明治三十六年から明治大学、大正九年から大学令による大学）、東京法学院（中央大学の前身で、大正九年から大学令による中央大学）を卒業後、判検事試験に合格し、司法官試補に就任した。その後、退官して弁護士を開業し、東京弁護士会副会長や帝国弁護士会理事も務めた。政界にも身を置き、区会議員、東京市会議員、東京府会議員を経て、一九二八（昭和三）年の衆議院議員選挙に立候補し、当選した。以後、当選回数は六回を数え、犬養毅内閣（一九三一年十二月十三日―三二年五月二十六日）では拓務参与官に就いた。

憲法上より見れば、この緊急勅令は確かに憲法違反であります。……緊急勅令を発布して、いわゆる、武装をして御大典を挙行したというに至っては、実に国民を侮辱するもまた、はなはだしいものであります。

政府が緊急勅令を発布したる理由として述べる所の根拠は極めて浅薄でありまして、吾々を承服せしむるに足るものは一つも無いのであります。……この勅令は何れの点より見ても、憲法違反であります。すなわち、第一は公共の安全を保持するという要件を欠いて居る。第二には緊急の必要という要件を欠いて居る。第三には臨時緊急の必要ある場合に於ては臨時議会を召集すべしという憲法第四十三条の規定を蹂躙して居る。かくの如く緊急勅令は徹頭徹尾憲法違反のものでありますに依って、吾々は之に向って承諾を与えるべきものではないというのであります。

第二は刑罰の目的に違反するという点である。

刑罰の目的は犯罪者を苦しめるにあらずして、犯罪者の身体を保護し、犯罪者の精神を教養し、犯罪者の人格を向上せしめて、以て一般の国民と共同の生活が出来るようにする。是が刑罰の目的であると、かように原司法大臣は説かれて居るのであります。是は決して原司法大臣独特の説ではないが、本員はもとより之に賛成するのであります。しかるに犯罪者に向って死刑を科する。一度人を殺したならば、刑罰の目的というものは、全然達することが出来ないのであります。人を死刑に処した後に、その人の身体を保持することは出来ない、その人の精神を教養することは出来ない。その人の人格を向上せしむることは出来ない。その人をして一般の民衆と共同生活を為さしめることは出来ないのである。故に、立法は濫《みだり》に人を殺す所の法律を作るべからず。いわんや、立憲政治の下に於きまして、国民の代表の承諾を得ずして殺人法を制定するが如きは、政府として大に警《いまし》めなければならぬのであります。……明治大帝の御製《ぎょせい》の中に於てかくの如きものがある。「罪あらば我を咎《とが》めよ、天津神《あまつかみ》民は我身の生みし子なれば」。今日の政府当局者の、この聖旨に対して何の面目があるか。……明治大帝の御聖旨に反《そむ》いて日本臣民を殺す所の法律を作る。政府の為す所、実に言うに堪えないのであります。

内ケ崎作三郎の反対理由[46]

内ケ崎の反対理由のうち新規の部分は死刑に関してで、

「例えば犯罪者がこの緊急勅令に触れまして、死刑の宣告を受けたと仮定致します。而《しこう》してこの緊急勅令は、もし次の議会に於て承諾を得ることが出来なければ、その効力を失するというのであります。……一旦、死刑の宣告を受けたる者は、次の通常議会にて承諾を得るか得ないか分らない所の法律の為に、或る場合に依てはその生命を失するというようなことになるかも知れないのであります。そこで死刑を含みまする所の法規は、緊急勅令に依らずして、やはり、臨時議会を召集致しまして、帝国議会の協賛を得ることにする方が万善の策なりと考えるのであります」等というものであった。

三月三日の衆議院本会議では、政友会と民政党の間で小競り合いが生じ、内ケ崎の討論も、議長からの度重なる「静粛に」の要請にもかかわらず議場が騒然とするなかで、しばしば中断を余儀なくされた。遂には討論打ち切り、散会ということになった。緊急勅令の採決は次回に持ち越された。

採決がなされたのは三月五日の本会議であったが、同五日の本会議では、採決に先立って討論が続行された。反対討論を行ったのは内ケ崎、水谷で、真鍋勝、名川侃市は賛成の討論を行った。内ケ崎の反対討論[47]は、三月二日の本会議における反対討論が途中で打ち切られたことから、続きを行ったものである。外交関係、社会問題、国体論から次のように説かれた。

現政府は一方に於て赤化宣伝を防止して居りますけれども、他方に於てはかえって之を刺激するが如き立場に立って居るというものでありまするが故に、単なる治安維持法の改正に依ってのみ赤化宣伝を根本的に絶滅するということは、不可能の事であるまいかと思うのであります。……厳罰のみを以て之に対せんとするほど、恐るべき行動はないと思うのであります。……かかる無為無策の政府に依って為されたる所の治安維持法の過重的改更は、かえって窮鼠を駆って猫を噛ましめるが如き危険なる結果を惹起するのではないかと思われるのであります。

最後に国体の根本義と治安維持法改正案との関係について意見を述べたいと思うのであります。……憲法を与え、帝国議会を設け、更に進んで普通選挙法を御裁可になりましたは、明治天皇及び大正天皇の大なる御事業であります。……思想国難の今日に於きましては、皇室を奉戴して国体の精華を発揮することに、御互に力を努めなければならないのであります。しかるに田中内閣は、消極的方法以外は何等積極方法を講じないのでございます。……我が国体は力と共に徳を重んじさせ給うのでございます。寛厳よろしきを得て、恩威並び行わるゝのでありまする。……政府の反省を求め、処決を促す意味に於て、本案に反対することを重ねて声明する者であります。

「国体の変革」をより重罰化する治安維持法改正案の厳罰主義を、その「国体の根本義」をもって批判しようとしている点が興味深い。もっとも、それは内ケ﨑だけではなく、無産党議員などを除いて、他の議員の反対討論にも共通して見られた。

討論終結の動議

水谷の反対討論[48]は、「吾々は即座に議会を解散し、……無産大衆の意思を以て、この治安維持法緊急勅令を判断しなければならないと思う」という点などを除くと、委員会におけるそれと基本的に同じ内容のものであった。

原惣兵衛議員から討論終結の動議が提出され、賛成多数で討論は終結となった。採決に移り、採決を行ったところ、賛成二四九票、反対一七〇票の賛成多数で、委員長報告通り、「本案は承諾を与えること」に決せられた[49]。

5 貴族院の審議

特別委員会の討論——反対意見なし

議案は貴族院に送付され、三月六日に開催された貴族院本会議において議案とされた。原司法大臣から趣旨説明が行われ、若干の質疑の後、議案は「昭和三年勅令第百二十九号（治安維持法中改正の件）（承諾を求める件）委員会」に付託することとされた。同委員会は、三月八日、十一日、十二日と開かれた。

十二日の委員会では、続きの質疑が行われた後、討論に入ったが、反対意見を出す議員は誰もいなかった。採決に関する意見はいずれも、「段々の政府の御説明に依りまして、今なおこの緊急勅令の効力を保持せしめる必要あることは十分了解いたしましたから、私はこの勅令に向って承諾を与えるべしという意見を申上げます」（鈴木喜三郎）、「私も只今までの当局者の御説明並に同僚の方よりも御質問になりましたので、総てをよく了解いたしましたので、私は鈴木君の御意見のように、之を認めるのが最も適当であると思うのであります」（富谷鉎《しょう》太郎）、「本員もその御意見に賛成いたします」（志水小一郎）、「賛成いたします」

（石渡敏一）というように、賛成意見ばかりであった[50]。

立法事実は存在しないのではないか。厳罰主義だけでは抑止できないのではないか。かえってそのような運動を助長することになるのではないか。手続的に見ても臨時議会を開かなかったことは憲法違反ではないか。このような疑問が衆議院で提起されており、かつ、臣民に死刑を科す旨を規定しているにもかかわらず、政府委員でさえも改正案の法概念は難解で簡単に説明することが難しいと答弁していたにもかかわらず、委員会では「全会一致承諾を与えるべし」と決せられた。緊急勅令に承諾を与えるかどうかという重要案件の採決であったが、貴族院委員会での採決はこのようなものであった。

本会議の討論――全員一致で賛成

この旨の委員長報告は三月十九日の貴族院本会議で行われ、これを受けて質疑、討論がなされた。しかし、討論に立ったのは志水小一郎議員*一人だけで、それも「本員はこの法律案に賛成を致す者であります」「死刑を以てするはもとより当然のことであります」等というものであった[51]。反対討論を行う者はだれもいなかった。

貴族院でも「賛成多数」（実際は全会一致）で、委員長報告通り、「本案は承諾を与えること」に決せられた。ここに同緊急勅令は議会の承諾するところとなった。緊急勅令は恒久法として認められたのである。

議会承諾の一か月後に四・一六事件

緊急勅令の承認から一か月を経た一九二九（昭和四）年四月十六日、日本共産党に対する一斉検挙が一道三府二四県で行われた。いわゆる四・一六事件である。この時は約七百名が検挙され、幹部も網にかかった[52]。

6　改悪の内容

死刑の導入と目的遂行罪の追加

緊急勅令による治安維持法の改悪の主な内容の第一は、

＊志水小一郎（しみず・こいちろう）一八五四（安政元）－一九三二（昭和七）年
熊本県に生まれた。北海道開拓使学校を中途退学し、西南戦争に出征して少尉に任ぜられた。陸軍では法務畑を歩み、陸軍省法務局長などを歴任した。陸軍刑法の確立に貢献し、研究のため欧州各国に出張するなどした。退職後、貴族院議員に勅選され、一九二四（大正十三）－三二（昭和七）年の間、同勅選議員を務めた。

死刑を導入したことである。これには、治安維持法上の罪を大逆罪や内乱罪と同等の扱いにする意図があった。司法省刑事局は、国体変革の罪を、国民の思想を腐食悪化させ、暴力によらず国体を瓦解させる「思想的内乱罪」あるいは「思想的外患罪」だと説明したことは前述したところである。

第二は、結社の存在とその目的を認識しつつ、指導者の下で宣伝等の活動に従事する者を罰するために、目的遂行罪を加えたことである。すなわち、「結社の目的遂行の為にする行為を為したる者は二年以上の有期の懲役又は禁錮に処する」という規定がそれである。結社罪で取りこぼした非党員を取締るという運用の必要から生まれたものであった。

「目的遂行の為にする行為」の新設規定

この改悪については、奥平康弘による次のような評価が注目される。(53)

世情きわめてしばしば、緊急勅令による改悪を、もっぱら死刑導入との脈絡だけでみてしまうきらいがあるが、これは正しくない。たしかに、極刑導入の威嚇的な意味や世論に対するイデオロギー効果を軽視してはいけないが、治安維持法体制を確立するうえで、より重要であったといって過言でない改正事項がある。この第二の改正点とは、「結社ノ目的遂行ノ為ニスル行為」についての新設規定である。

（中略）

緊急勅令による目的遂行罪の新設は深刻となる。これは二五年治安維持法の諸犯罪に大変革をくわえずにおかない。なぜなら「目的遂行ノ為ニスル行為」という概念はたいへん広いものであって、およそ結社とかかわりのあるかぎりにおいては、協議罪・利益供与罪を吸収合併してしまうことができるし、また、シンパのみならず、党員の党活動もこれにはいる。すなわち、目的遂行罪の新設によって、治安維持法の諸犯罪の多くは、目的遂行罪に化体せしめられる。しかもそのことによって、非目的罪に転化させることが可能となったのである。

目的遂行罪は、本当に権力の側にとって便利このうえもないものであった。当局は、これをつかって、任意に人びとをつかまえ、治安維持法違反を問うことができたからである。……一九三〇年代中葉には日本共産党が組織としてはほとんど潰滅してしまい、したがって、党を支援するとか、党の目的遂行に役立つとかいう口実で、目的遂行罪にひっかけることはできなくなるようにみえる。しかし、この段階になると当局は、「究極」論法をもちいて、目的遂行罪を活用するようになる。いま、現実に、党の「目的遂行ノ為」になるといえなくとも、「究局において」党の目的達成につかえる行為だといい立てることによって、例えば反ファシズムのための統一戦線結成のうごきのようなものが、芽のうちにつみとられてしまうのである。

議論されなかった目的遂行罪

奥平康弘は目的遂行罪が議会ではほとんど全く議論の的にならなかったと、次のように指摘している。

そののちの歴史にてらしていえば、目的遂行罪は治安維持法の背骨を構成し、治安維持法の悪法性を代表するものとして、決定的に重要な役割を果たす。この機能の多くは「法の独り歩き」に帰すべきであるにしても、有するキバが、その当時、立法過程（およびその後この緊急勅令の承諾が問題になる議会での討議過程）でほとんどまったく議論のまとにならなかったのは、不思議なことであった。当時の人びとも、後代の歴史家も「死刑」の新設に目を奪われすぎていたようにおもう……。衆議院反対勢力は微々たるもので、比較的容易に議会を通過し

1929年3月5日、山本宣治刺殺の報を受けて駆けつけた人々
前列右から水谷長三郎、大山郁夫、弁護士の細迫兼光、左後ろに河上丈太郎

た。衆議院でこの件が可決された二九年三月五日の夜、旧労農党代議士山本宣治が右翼の七生義団員により刺殺されたのは、有名である。治安維持法改悪反対の立場を堅持し主張することが、どんなに危険を伴うものでありうるのか、この殺人事件は象徴的にしめしている……。

議論が不十分であったことは確かに否めない事実である。しかし、全くなかったわけではない。既に詳しくみたように、労農党代議士の水谷長三郎と政府委員との間で緊迫した質議がなされているからである。ただし、水谷らのような懸念は非無産政党の議員からは出されていない。自党が目的遂行罪の対象に置かれることはないと考えられたことによるものであろうか。

目的遂行罪は目的罪との政府説明、その後の濫用

政府は議会での審議に際して、この目的遂行罪というのは協議罪や利益供与罪などと同様に「目的罪」だと説明していた。司法省も、一九三一（昭和六）年三月二十七日付の司法次官通牒によって、目的遂行罪で学生を検挙した場合、「不動の理論的信条」「鞏固《きょうこ》なる決心」をもつ学生に限って起訴するよう指示した[54]。

しかし、この運用はその後、改められることになる。第五章でみるように、同年五月二十日の大審院判決で、当人の活動が結社の目的に合致すると目的遂行罪に当るとされたからである。目的遂行罪は「目的犯」の原則に当らないことを判例が認めたもので、これにより警察や検察による恣意的な運用にお墨付きが与えられることになった。

そして、同年十一月十三日および二十六日の大審院判決により、目的遂行罪と結社罪とは包括一罪とされることになる。法改正の前に共産党に入党した者が、法改正後の時期に目的遂行罪を行った場合、包括一罪ということで、改正法の結社加入罪を適用することができるようにされた。これにより、ひとまず目的遂行罪で検挙した後、結社加入罪で追求することが可能となった[55]。

「国体変革」結社と「私有財産制度否認」結社の分離

改悪の第三は、「国体変革」結社と「私有財産制度否認」結社とを大きく区別したことである。この区別により、前者の結社関係の罪をより厳罰化することが可能になった。この厳罰化はその後の法改正でも一貫して図られた。そして、それは、その後の治安維持法の拡大適用と相俟って、「外郭団体」等の取締りに猛威を発揮することになった[56]。

日本労働組合評議会神戸港内労働組合の人々
1928 年 4 月 10 日、日本労働組合評議会は治安警察法により解散させられた

第五章　昭和三年改正法の適用

1　懸念された事態の出現——著しい拡大適用

昭和三年の改正法によると「国体の変革」の罪と「私有財産制度の否認」の罪とが分離された結果、両罪の適用関係如何のほか、「結社の目的遂行の為にする行為」の意義、「結社の目的遂行の為にする行為」と「結社」との関係如何、「結社加入」と「其の目的遂行の為にする行為」との関係如何、第一条第一項第二項各後段の意義、第一条の「結社の目的遂行の為にする行為」と同法第五条の行為の関係如何などが解釈論上の問題とされることになった。

日本共産党の第三次検挙

一九二八（昭和三）年の三・一五による一斉検挙、そして三・一五から翌年の四・一六までの間になされた一連のいわゆる中間検挙、さらには四・一六による一斉検挙によって、日本共産党は手ひどい打撃を受けた。一九二九（昭和四）年四月十六日、拷問によって党員名簿を手に入れた治安当局は一道三府二四県にわたって日本共産党員の第三次一斉検挙を行った。市川正一《しょういち》、鍋山貞親《さだちか》らの中央常任委員を含む八百名が逮捕され、六月には上海で佐野学も逮捕された。その後も検挙が続き、治安維持法違反による逮捕者は五千名弱に上った。そのうち四百名弱が起訴された。

しかし、「当局の執った未曾有の弾圧政策は、この種の運動を単に地下に追ひやったのみで、却ってその勢力の強靭さを助長したかに見える」（大原社会問題研究所編『日本労働年鑑　昭和五年版』五五三頁）と評価されるように、間もなく党組織は再建され、活動を再開した。同二九年十月二十四日にニューヨーク証券取引所で株価が大暴落したことを契機として発生した世界恐慌は翌三〇年に入ると日本に深刻な影響を及ぼしはじめた。労働運動、農民運動はかつてない規模で昂揚した。

このような昂揚を背景に、日本共産党に対する大規模な一斉検挙（第四次検挙）が一九三〇（昭和五）年二月頃から翌三一年六月頃にかけて行われた。党員はもちろん、一切のフラクション（ある組織から他の組織内部に送り込まれた支部組織）、資金提供者にも検挙が及んだ。文化運動などの外部組織の関係者も検挙された。「左傾」教授としてかねて学外追放を目されていた平野義太郎、山田盛太郎の両東大助教授も結社目的遂行罪（資金カンパ）の容疑で逮捕され、同容疑で三木清（東洋大学教授）、小林良正（法政大学教授）、井汲卓一（日本大学講師）らも逮捕された。平野らは学外放逐という処分を甘受せざるを得なかった。当局は治安維持法の結社目的遂行罪を利用して党組織の周辺にいるシンパを叩くという行動に出たのであった。

地域的な社会主義団体なども摘発

この時期には、中央の共産党と直接、関わりのない地域的な社会主義団体や個人の活動も治安維持法違反や治安警察法違反として摘発されている。これらの活動の大部分は実態的には「サークル活動」に過ぎなかったが、これらの活動も治安維持法の標的にされはじめたのである。

ただ、量的にはともかく質的にはこれらはあくまでも共産党の壊滅を図るという観点からなされた付随的な検挙であった。一九三三（昭和八）年の後半以降にみられるような「外郭団体」の検挙とは異なっていた。三三年後半以降になると、「外郭団体」そのものの鎮圧を目的とする検挙へと大きく変容していった。

変容の要因――対内的要因と対外的要因

この変容には、国内外の要因が関わっていた。その一つは、共産党側の事情であった。一九三一（昭和六）年の八月事件および翌三二年の熱海事件によって日本共産党は致命的な打撃を受け、一九三三年六月には、かつての共産党中央委員で獄中にあった佐野学、鍋山貞親が転向声明を発表するに至った。この「転向ブーム」は、燎原の火のように党関係者に拡がって行った。一九三五（昭和十）年三月に最後の中央委員の袴田里見が逮捕されて党中央部が壊滅する頃には、共産党は最早どうしようもないところにまで追い込まれていた。(1)

治安維持法は日本共産党にもっぱら標的を合わせてきたが、その結果、党が活動の終焉を余儀なくされる事態に当面するや、今度は取締り対象の標的を党そのものから、党の周辺部分へと移し始めた。党そのものよりも、その周辺部分の方が活動分野も広く、関係する人も多いことから、この移動により、治安維持法はそれまで以上に活動範囲を広げることになった。

治安維持法改正緊急勅令で導入された結社目的遂行罪がこのような法適用を可能とした。これら周辺組織をもって党の「結社目的遂行団体」と認定したうえで、周辺団体の個々の活動をもって、党活動との関係を問うことなく、治安維持法第一条の「結社の目的遂行の為にする行為を為したる者」と認定して取締るという方法がそれであった。

しかし、当局はそれでも満足せずに、このような法適用には難があるとして、新たな武器を求めた。そのために編み出されたのが、これら周辺団体をもって日本共産党と並ぶところの「国体の変革を目的とする結社」または「私有財産制度を否認することを目的とする結社」と格上げして、それ自体として取締るという方法であった。

拡大解釈の範囲をはるかに逸脱した「拡大解釈」に合法性の基礎を事後的に提供する。そして、そこから更に新しい法解釈が創出される。治安維持法に特有の悪循環が、いよいよ表通りを闊歩することになった。ここでは、刑事裁判が有罪判決を迅速に言い渡すためだけの儀式に化してしまった。

共同出版のパンフレット表紙　1928 年

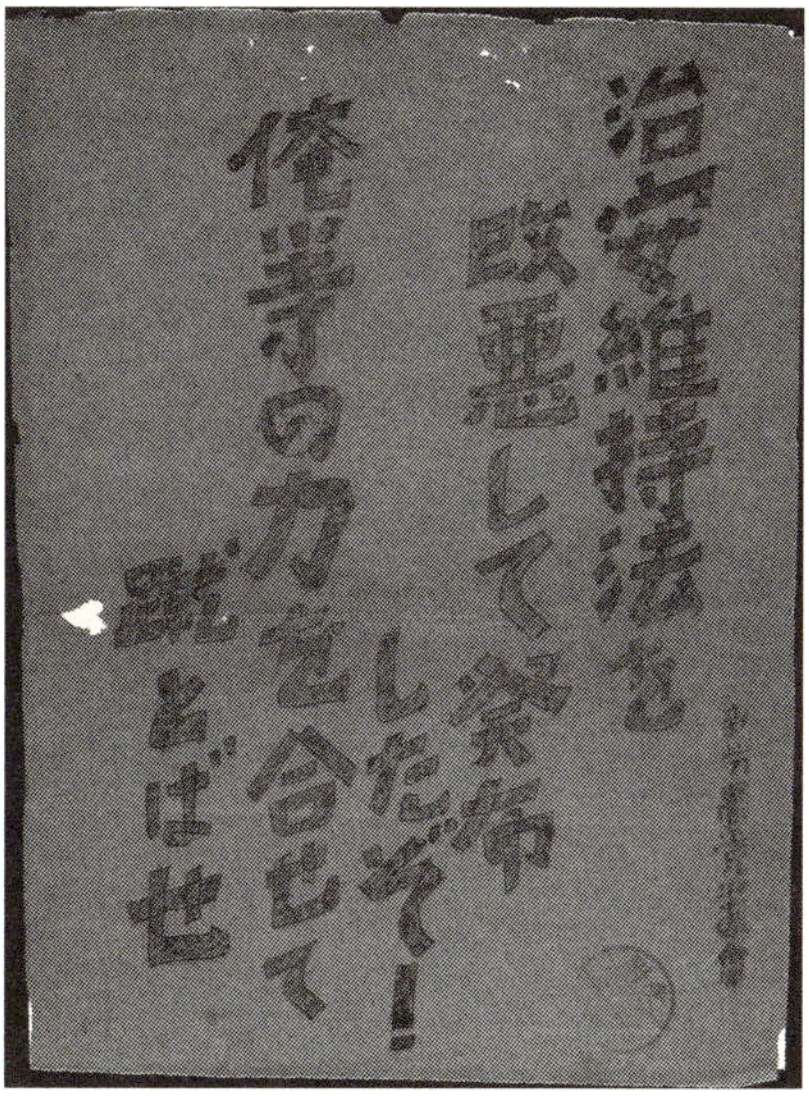

新労農党準備会のビラ　1928 年

日本農民組合（1922 年創設）が裁判所に示威行動

このような当局の「拡大解釈(2)」を後押ししたのが国際的な要因であった。一九三一年九月、いわゆる満州事変を起こして、中国への不毛な侵略戦争をはじめた日本政府は、一九三三年三月には自国の主張に固執して国際連盟を脱退する途を選択していたからである。

戦時体制を深めるなかで、政府は思想面でも国防国家体制および国家総動員体制の構築を急ピッチで進めることになった。臣民すべてを「思想国防戦の優秀な戦士」として国家総動員することに努めた。国民精神総動員に反対する者は「思想犯」として容赦なく排除された。そのような政府にとって、治安維持法の「拡大解釈」は歓迎するところであった。

排除だけではなく、この「思想犯」も含めて臣民すべてを、「完全に日本精神を理解せりと認めらるるに至りたる者」を経て、「日本精神を体得して実践窮行《きゅうこう》の域に到達せる者」へと善導するシステムの整備も追求された。治安維持法の改正においても、それが眼目の一つとして浮上することになった(3)。

相次いだ社会的反響の大きな事件

一九三三（昭和八）年には、社会的に反響の大きな事件が相次いで起きた。一九三二（昭和七）年十一月から三三年三月にかけての「司法官赤化事件」もその一つであった。尾崎陞《すすむ》(4)ら現職の判事四名と裁判所職員五名が検挙され、共産党員の尾崎には結社加入罪が、それ以外の者にはカンパや研究会を理由として結社目的遂行罪が適用された。「司法官赤化事件」の根源には帝大教授の「赤化」問題があるとの指摘を受けた文部省は、同三三年四月、京都帝国大学に対し教授の瀧川幸辰(5)を辞職させるように勧告した。瀧川は休職の後に辞職したが、この瀧川事件は公権力が学説に介入する先例となった。

また、同三三年一月の「赤化華族事件」では、学習院ＯＢに共産党の資金網を作ったとして、子爵八条隆正の二男の隆孟《たかなが》、子爵森俊成の長男の俊守《としもり》、岩倉具視《ともみ》の曽孫の靖子が起訴された。東京地裁は八条隆孟と森俊守に対し実刑判決を下した。岩倉靖子は保釈されたが、その後に自殺した。「皇室の藩屏」たる華族が起こした事件は世間を大いに驚かせた。

さらに、同年二月二十日にはプロレタリア作家の小林多喜二が築地警察署で拷問を受け虐殺されるという事件も発生した(6)。

弁護人を弾圧

三・一五事件の刑事裁判および四・一六事件の刑事裁判に関して特記する必要があるのは、政府当局が被告人の弁護や救援に当たる者自身を日本共産党の「目的遂行の為にする行為」を為す者として弾圧を加えたという事実である。この点については、次のように指摘されている(7)。

（一九―引用者）三三年九月十三日―非転向組の控訴審第一回公判が予定されていた日の前日―三・一五、四・一六の弁護にあたっていた日本労農弁護士団のメンバー、布施辰治、上村進など約二〇名の弁護士が一せいに検挙された……。この日本労農弁護士団事件は、一九三〇年代前半における治安維持法の適用状況を象徴的に表現するものであって、……この事件はまさに「人権が侵害されるとき、人権擁護の自由も侵害されるということ」（角田儀平治「日本労農弁護士団事件」『破防法研究』一〇号、一〇七頁）をわれわれに教えている。これ以降、治安維持法の裁判の弁護活動は、被告人の立場や思想とは無縁の弁護士によってしかおこなわれなくなり、そしてさいごには、一九四一（昭和十六）年の改正治安維持法になると、司法大臣の予め指名した弁護士のなかからしか選任できないことになる（二九条）。これは、弁護権の実質的な剝奪にほかならない。なお、……左翼関係事件での法廷闘争でリーダー格をつとめた布施辰治は、三・一五の大阪地方裁判所でのかれの弁護活動が「弁護士の体面を汚したもの」と認定されて、二九年四月懲戒裁判にかけられている。この結果布施は、三二年十一月の大審院の懲戒裁判所により、弁護士除名の確定判決を言い渡され、弁護士資格を剝奪されてしまっていた。これも治安維持法裁判への権力介入の一例を構成するのは、うたがいない。

起訴理由は第一条に集中

一九二八（昭和三）年の三・一五事件と治安維持法の改正は治安維持法の解釈に大きな影響を与えることになった。三・一五事件で検察は日本共産党をもって国体変革を目的とする結社と定義した。そして、この「結社」概念は第三章で取り上げた日本共産党旭川グループに対する一九二九（昭和四）年五月三十一日の大審院判決[8]（一〇二頁以下参照）によって是認されるところとなった。以後、ほとんどの事件では被告人と共産党の関係が推測されて、「国体変革」が適用された[9]。

治安維持法違反の起訴理由は第一条に集中し、協議罪や煽動罪は形骸化することになった。そして、これも大審院判決によって拡大適用にお墨付きが与えられた目的遂行罪も本格的に活用されることになり、共産党以外の者の検挙に猛威を振るうことになった。帝国議会での審議にあたって水谷長三郎議員らによって懸念された事態が現出することになった。治安維持法の拡大適用は、政党内閣の時代に準備され、大審院判例によって牽引された[10]。治安維持法の「拡大適用」に果たした法曹の役割は大きかった。

この期の大審院判決・決定

この期においては、昭和五年十一月十七日第五刑事部判決[11]、昭和六年五月十四日第二刑事部判決[12]、昭和六年五月二十一日第一刑事部判決[13]、昭和六年六月十七日第三刑事部判決[14]、昭和六年七月九日第一刑事部判決[15]、昭和六年十一月十三日第四刑事部判決[16]、昭和六年十一月二十六日第一刑事部判決[17]、昭和七年三月十五日第四刑事部判決[18]、昭和七年四月二日第三刑事部判決[19]、昭和七年四月二十八日第一刑事部判決[20]、昭和七年七月七日第二刑事部判決[21]、昭和七年十一月二十一日第一刑事部判決[22]、昭和七年十二月二十二日第一刑事部判決[23]、昭和八年三月十四日第四刑事部判決[24]、昭和八年七月六日第一刑事部判決[25]、昭和八年七月十日第二刑事部判決[26]、昭和八年九月四日第一刑事部判決[27]、昭和八年九月六日第三刑事部判決[28]、昭和八年十二月十一日第一刑事部決定[29]、などが出されている。

2　より顕著となった裁判所の論理

「悪法」も法、国民には服従義務

この期においては、共産党シンパ（学者グループ）検挙事件、大森川崎第百銀行強盗事件、第五次共産党事件（熱海事件）、司法官赤化事件、長野県教員赤化事件、全協関係者検挙事件、日本労農弁護士団検挙事件なども起っている。しかし、これに関する大審院判決・決定はまだ出されていない。ただし、治安維持法違反被告事件の処理が一定、累積した結果、裁判所における取扱いの傾向がより顕著となっている。

特徴の第一は、治安維持法は「悪法」で国民はこれに服従する義務はないという上告理由に関わる。大審院によると、「我日本臣民たる者は何人と雖《いえども》、現行法律に服従すべきものにして、之を否定することは国法の許さざる所なれば、此の服従義務を否認する論旨は到底、上告適法の理由とならず」とされているからである。「悪法」も法で、国民はこれに服従する義務があるという理解に基づくものといえよう。治安維持法をもって「悪法律」だとし、「治安維持法を撤廃する事に依り、本質が罪なき事件であるが故に罪なき判決を言渡されて頂きたい事を、切に希望する」という上告論旨に対しても、「立法行政等に関する事項を論議し」たにすぎないもので、適法な上告理由には当たらないとされている。

同じような傾向は、弁護人が「全国民の圧倒的多数が正当なりとして要求するところを其のまま行為したることが法律上の犯罪として処罰されると云うことは到底、全国民の名に於て正当なりと認めることは出来ない」等として上告したのに対して、大審院が、「苟《いやしく》も、刑罰の制裁を付して禁遏《きんあつ》したる行為を敢えてしたる者は、其の為したる行為の内容が縦《よ》しや所論の如く、日本全国は勿論、朝鮮、台湾等の植民地に於ても、全人民の圧倒的多数、労働者階級、勤労農民、全労苦大衆の熱烈なる叫《さけび》として行われるものなりとするも、其の行為の違法性を阻却すべき謂われあることなし」等として上告を棄却したことにも示されている。

集会や文書等を通して「所謂、階級運動の犠牲者、階級的政治犯人に対する死刑、重罰絶対反対、階級的政治犯人、我等の前衛を無罪即時釈放せよ」等を人々に訴えることも治安維持法違反として処罰することが大審院によって正式に認められたことも特筆される。

厳格解釈の主張を却下

特徴の第二は、治安維持法違反の各罪はこれを限定解釈する必要があるということの期に本格的に展開される弁護人らの主張を一貫して退けているという点である。

治安維持法にいう「国体」とは「万世一系の天皇が総覧する立憲君主制」を意味すると何らの説明もなしに看做《みな》したうえで、共産党などの主張する「プロレタリア独裁」はこの立憲君主制を廃するものであって、それ故、日本共産党などは治安維持法にいう「国体の変革を目的とする結社」に該当するとされる。この三段論法が何らの論拠も示されることなく用いられ、有罪の根拠とされている。

「国体」とは文化的な概念であって、それを政治的に変革することは不可能ではないか、あるいは「君主制の廃止」と「プロレタリア独裁」とは歴史的位相を異にし、両者をもって同一視することはできないのではないか、等といった被告人、弁護人の指摘に耳が傾けられるようなことは、寸毫もない。

日本共産党の綱領ないしスローガンなどについては「最高度の共産主義社会を実現せんとする歴史発展段階に於ける究極の綱領」と「現実当面の綱領」とを区別して論じる必要があり、治安維持法に該当するかどうかで検討されるべきは後者の綱領ないしスローガンなどであって、現実の党活動に結びついていない前者の綱領ないしスローガンを俎上に挙げるのは適当ではない、と弁護人から弾劾されたが、この弾劾も大審院によると完全に無視された。それは「私有財産制度の否認」についても同様である。

「共産主義社会の実現」をもって「私有財産制度の否認」と何ら説明もなしに看做したうえで、「共産主義社会の実現」をめざす共産党をもって治安維持法にいう「私有財産制度の否認を目的とする結社」と問擬された。

他力実現論

それどころか、もはや拡大解釈の枠を超えた著しい「拡大解釈」も随所にみられる。文化団体や研究組織、雑誌社、更には労働組合など、さまざまな団体を治安維持法第一条第一項、第二項等の規定する結社目的遂行行為の罪、すなわち、「情を知りて（国体を変革することを目的とする）結社の目的遂行の為にする行為を為したる者は、二年以上の有期の懲役又は禁錮に処する」等の規定を用いて、日本共産党の「外郭団体」として処罰し、取締ることができるとする一連の大審院判決も言い渡されている。労働組合などを「国体の変革」「私有財産制度の否認」を目的とする結社に問擬するための論理も考案されている。

たとえ当該労働組合が「其れ自体、経済闘争を使命とし、従って国体の変革、私有財産制度の否認を目的とするものには非ざる」としても、「其の終（究）局の目標」が「労働者の解放」、すなわち、「共産主義社会の実現」にあるとすれば、当該組合は「国体の変革又は私有財産制度の否認」を目的とする結社だということができるとされている。

当該組合が「共産主義社会の実現」（＝「国体の変革又は私有財産制度の否認」）の為の具体的な活動を行っていない以上、当該組合自体をもって「国体の変革又は私有財産制度の否認」を目的とする結社として治安維持法第一条で処罰することが難しいことから、「他力実現」論も考案されている。すなわち、「治安維持法に所謂、国体の変革、私有財産制度の否認を目的とする結社とは、必ずしも其の結社独自の力によって其の目的の実現を為し得る組織体たることを要せず。他の同一目的を有する結社と相俟ちて、右の目的の実現を為す結社も亦、右に所謂、結社たるものとする」という論理である。「日本共産党の支援」を通して間接的に「国体の変革又は私有財産制度の否認」の為の活動をなしたものとして、結社目的遂行行為の罪で処断するために考案されたものである。

「直接の関係」は不要

「直接の関係」不要論も、「日本共産党の支援」を肯定するために考案されたものである。「（日本共産青年）同盟が日本共産党との関係に於て常に受動的立場に在りとするも、右の事情は叙上の理に照らし、寸毫も（当）該結社の右の性質を害するものにあらず」とされ、また、たとえ、当該労働組合が日本共産党と直接の関係を有しないとしても、「共産主義社会の実現」（＝「国体の変革又は私有財産制度の否認」）という「共通の目的」の下に「其の経済闘争に於て、苟《いやしく》も党又は同盟の指導の下に党及び同盟の目的実現の為に寄与すべき機会あるに於ては、其の機会を捉えて党及び同盟の目的達成を援助、扶翼するを懈《おこた》らざるものなる」とされている。ここでも刑法の「行為」原則が無視されている。

これに対しては、厳しい批判が弁護人らから寄せられた。たとえば、被告人の労農同盟員としての原判示所為は何ら、有機的、直接的に日本共産党と関係のある行為ではなく、これをもって「日本共産党の拡大強化を目的とする行為」と問擬することは「因果関係の飛躍」である、という弾劾がそれである。

しかし、大審院はこの弾劾を理由なしとして退けて、「国体の変革並に私有財産制度の否認を目的とする結社の拡大強化を目的とする団体の存在する場合に於て、其の結社及び団体の組織及び目的を認識しながら、其の団体の目的に属する活動を為すときは、仮令《たとえ》、結社と有機的に直接の連絡を有せざるときと雖《いえども》、其の行為は治安維持法第一条に所謂結社の目的遂行の為にする行為に該当する」と判示した。

主観的要件の便宜的な使い分け

「因果関係の飛躍」を被告人の「主観」で埋めるという論法も採用された。すなわち、被告人の当該行為の構成要件該当性を肯定する際には「被告人の主観」を重視し、「結社の組織及び目的に対する被告人の認識が新聞の記事に依って得たるものなりと、其の他の如何なる方法に依って得たるものなるとは、敢えて問う所に非ざるなり」とする論法である。

他方で、被告人には「目的の認識」が欠けるから無罪であるという主張に対しては、この「目的の認識」

を事実上、不要とすることによって、無罪の主張を退けるという手法も採用されている。「責任」原則を放棄するものと言える。結社目的遂行行為の罪の創設に際しての議会審議において、政府当局からは、同罪が成立するためには「結社目的遂行の意思」の存在が必要だと答弁されていた。大審院はこの主観的要件を事実上外すことによって、治安当局が「日本共産党の支援」団体だと認定さえすれば、結社目的遂行行為の罪で処罰し得るという便法に、扉を大きく開いた。

「被告人等の主観」は、有罪方向と無罪方向では異なる取扱いを受けたといえよう。すなわち、被告人の当該行為の構成要件該当性を肯定する際には、これが重視され、「結社の組織及び目的に対する被告人の認識が新聞の記事に依りて得たるものなりと、其の他の如何なる方法に依りて得たるものなるとは、敢えて問う所に非ざるなり」とされる他方で、被告人には「目的の認識」が欠けるから無罪であるという主張に対しては、この「目的の認識」を事実上、不要とすることによって、無罪の主張を退けるという手法が、それである。

論者によると、裁判所は治安維持法の目的罪について「目的の認識」を不要としたと解説されているが[30]、右のような両義的な用い方をしたというのがより正確であろう。

当該労働組合などが独自の目的を持ち、独自の活動を行っていたとしても、そのことは結社目的遂行行為の罪に問擬することには何ら、支障とならないとされた。そのために大審院が採用したのが「一切の行為」論であった。「治安維持法第一条に所謂結社の目的遂行の為にする行為とは、国体の変革又は私有財産制の否認を目的とする結社なることを認識して該結社を支持し、其の拡大を図る等、結社の目的遂行に資すべき一切の行為を包含する」とされ、共産党の拡大強化を目的とする団体の拡大強化も「目的遂行の為にする行為」に該当するとされた。

これでは弁護人の指摘するように、「世のあらゆる反資本主義的行為」をすべて治安維持法違反で処罰するという不当な結果を招来することになりかねなかった[31]。

現に、共産党員である夫のために妻が家事一切を行うことも「目的遂行の為にする行為」として処罰されることになった。「（日本共産党中央委員長の）田中清玄等を宿泊せしめたこと」も「結社の目的遂行の為にする行為」に該当するとされた。

前述したように、治安維持法第五条の規定する行為の態様が「金品其の他の財産上の利益を供与し又は其の申込若は約束を為す」ことに限定されているために、同五条違反では有罪とすることができないことから、第一条にいう「結社の目的遂行の為にする行為」を無理に「拡大」解釈して、これに問擬することとされたものと考えられる。不可罰の幇助行為を「拡大」解釈により正犯行為に格上げして法の網の漏れを補い、有罪とすることも治安維持法違反の罪の解釈の特徴であった。

重罰傾向が一段と進む

「拡大」解釈をするのであれば、量刑でバランスをとる必要があるように思われるが、むしろ重罰の傾向が一段と進んでいる。これが特徴の第三である。

これらの判決・決定により治安維持法の性格は大きく変容することになった。そして、それは治安維持法を改正して「支援結社」や「支援集団」の罪などを創設する呼び水になっていった。

被告人らによると、世界恐慌等によって需要が増している一般の合法的な文化的、啓蒙的、教育的団体等を日本共産党等の「外郭団体」と問擬し、これを「俗悪なる論理の軽業」を用いて結社目的遂行罪で処断することの不当性が強く訴えられている。しかし、大審院がこの訴えに耳を貸すことは勿論なかった。「転向した」相共犯者が分離公判によってこの「俗悪なる論理の軽業」の証人に仕立て上げられることに対しても、被告人から強い批判が加えられている。この批判も勿論、退けられている。

融通無碍な法適用

特徴は法適用に関してもみられた。これが、特徴の第四である。

治安維持法違反の罪は、対象者の所為を「余さず残さず」厳罰に処すために、融通無碍に各罪を適用し得るようにしてあった。それ故、対象者の行為をA罪で処断することも、あるいはB罪で処断することも可能な構造になっていた。すなわち、各罪はどちらかだけを適用するという関係ではなく、どちらも適用し得るという関係になっていた。

これに対し、弁護人は、事実の面からいっても規範の面からいっても、このような規定方法は不当であって、法適用・法解釈の場面でこれを是正する限定解釈の必要があると主張した。これを結社加入罪と「結社の目的遂行の為にする行為」についていうと、前者の罪がかりに成立するとすれば、後者の罪はこれに包含・吸収され、いわば不可罰的事後行為として別罪を構成することは理論的にあり得ない。したがって、原審が両罪を包括一罪として一行為数罪に問擬したことは、法令解釈の誤りを犯したことになる。弁護人は、前期にも増して、より具体的な形で、こう主張した。

刑法理論的にみて正当な主張というべきであったが、大審院は、前期に引き続いて、これを退けた。そのために援用されたのが、治安維持法違反の罪の「包括性・継続性」という性質であった。治安維持法違反の罪はそれぞれが独立しているために、「包含・吸収」の関係にはないが、「包括性・継続性」の故に、これらは排他的な関係にはなく、重複的に適用することもできる。このような考え方であった。しかし、このような重複的適用の許容は、いうまでもなく、「罪刑法定」原則およびこれに由来する「明確性」や「断片性」の原則に反するものであった。

杜撰な事実認定も

特徴の第五は、事実認定に関して見られた。「罪となるべき事実」の認定も杜撰だったからである。事実から出発してその構成要件該当性を判断するというのではなく、治安維持法の構成要件に該当するという規範的評価が初めにあって、それに符合するような「事実」が列挙されただけである。したがって、どの判決・決定においても、事実認定はワンパターンなものになっている。「小事実」を当罰的な規範的評価を織り込んで「特大事実」に膨らませていくという手法が一貫して採用されている。

検事官主導の刑事手続

手続の面でも著しい特徴が認められる。これが特徴の第六である。対審の公開停止に関して「対審の公開を停止すべきや否やは一に裁判所の認定に任ぜられたるものと解すべきこと、疑《うたがい》を容れる余地なし」として、それが裁判所の裁量に委ねられていることを強調している点が、その一つである。傍聴者の制限も、裁判長の専権的な訴訟指揮権に属することが強調されている。被告人、支持者らによる法廷闘争などを封じることが、その眼目と推察される。分離公判か統一公判かも、裁判所の決定事項とされた。

注目されるのは「事物管轄を同じくする数個の牽連事件、格別に数個の裁判所に係属するとき、之を一の裁判所に併合するには、検事の請求に因り為したる決定を必要とする」とされている点である。被告人らによる法廷闘争などを遮断するために、併合審理を行うかどうかは裁判所の職権判断によるとしつつ、この併合の決定は「検事の請求」によらなければならないとした。

前述したように、日本共産党をはじめ左翼運動の動向などについて一番詳しいのは「思想検事」であるから、治安維持法違反被告事件の審理を分離して行うか、あるいは併合して行うかの判断も「思想検事」に委ねるのが相当である。このように考えられたものであろう。検察官主道の刑事手続という傾向がより強いというのも治安維持法違反被告事件の特徴であった。

迅速な有罪判決のための手続省略

有罪判決を迅速に言い渡すためにできる限り手続を簡略化するというのも、治安維持法違反被告事件の刑事手続の特徴であった。

公判廷における被告人の供述を証拠として援用するためには供述部分を公判調書に記載したうえで一定の証拠調の方式に則り取調べることが必要で、それを遺漏した原審手続には「証拠調を遺漏したるに非ざれば、不当に証拠を援用したる違法あり」という弁護人の主張も「理由なし」とされた。そして、「公判廷に於て被告の供述を聴取したる裁判所は、当該供述に付て証拠調を為すの要なし」という判例が打ち出されることになった。

この判例も、右の手続の簡略化という観点から位置づけることが可能であろう。

「自白」調書への証拠能力の付与

旧刑事訴訟法（大正十二年勅令第二一五号）第三四三条は、次のように規定していた。

被告人その他の者の供述を録取したる書類にして法令に依り作成したる訊問調書に非ざるものは、左の場合に限り、之を証拠と為すことを得る。

一　供述者死亡したるとき

二　疾病その他の事由に因り供述者を訊問すること能わざるとき

三　訴訟関係人異議なきとき

捜査官が作成した捜査段階の被告人らの供述書は不思議なことに、このうちの三号書面として証拠能力が付与されてきた。治安維持法違反事件の刑事裁判でもそれが用いられた。

当罰的評価を織り込んで「小事実」を「超特大事実」に針小棒大に膨らませて治安維持法違反の「罪となるべき事実」に仕立てるという事実認定における著しい「論理の飛躍」等を、さまざまな手段を用いて得られた被告人等の「自白」等をもって正当化するためにも、このような「脱法」行為が必要とされた。しかし、これにはさすがに無理があったために、その後の治安維持法の改正のうち、刑事手続の面では手続の迅速化に加えて、捜査段階の自白調書への証拠能力の付与が改正の柱とされていくことになる。

それでは、このような特徴を持ったこの期の大審院の判決・決定を順次見ていくことにしよう。

《岡山無産者運動事件》
――「結社目的遂行行為」の罪について厳格解釈を拒否

昭和五年十一月十七日第五刑事部判決

弁護人による厳格解釈の提言

本件は無産者新聞を取り寄せ頒布したことなどが「結社の目的遂行行為」の罪に該《あた》るとして起訴された事案である。共産党の外郭団体や支援団体などの活動を結社罪で取締まることが困難なために一網打尽式に取締まることを目的として昭和三年改正法で新設された犯罪類型で、概念が曖昧なために刑法の「明確性の原則」に抵触し、恣意的に濫用され臣民の自由を著しく侵害する恐れも強かった。そこで、弁護人は「国体の変革」概念や「私有財産制度の否認」概念と同様に、その厳格解釈の必要性を主張し、解釈例も示した。しかし、原審がこれを退けたことから上告がなされた。「国体の変革」概念などと同様に、厳格解釈の必要性を大審院も退けるかが注目された。

■罪となるべき事実――結社の目的遂行の為にする行為

岡山地方裁判所に係属のいわゆる岡山無産者運動事件について、原審の広島控訴院が認定した「罪となるべき事実」は概要、次のようなものであった。

一、被告人（吉田雅雄―引用者）は、第六高等学校に在学したものであるが、西某外二名の労働者に対し無産者新聞を閲読せしめ、マルクス主義の研究を奨める等、種々策動したる為、遂に検挙せられ、昭和三年十月三十一日、岡山地方裁判所に於て懲役一年六月に処せられた。右刑は三年間其の執行を猶予せられたるのみならず、同年勅令第二七〇号により懲役一年一月に減刑せらるるの恩典に浴したるに拘らず、尚其の抱懐せる共産主義思想より脱する能わず、

二、無産者新聞及び第二無産者新聞が孰《いず》れも毎月六回発行せらるる合法新聞にして、日本共産党指導の下に同党の政策を大衆の間に煽動し、其の拡大強化を図る目的を以て発行せられ、次に記載する各号は孰れも之に副《そ》う記事を掲載し居れることを知悉しつつ、昭和八年下旬頃より同年十月中旬頃迄の間に亙り、無産者新聞終刊号及び第二無産者新聞創刊号より第六号迄を其の発売所なる東京市麴町区三番町戦旗社より自己の秘密

通信先なる岡山市上西川町石原弥平内安東幸子方に取寄せたる上、其の内、第二無産者新聞第二乃至第四号及び第六号に付ては、内務大臣より安寧秩序を紊《みだ》すものとして其の発売頒布を禁止せられたることを確実に了知しながら、右取寄せたる全部を、其の頃回を重ね岡山市内に於て藤田俊徳、堺好明、伊藤敏雄等に手交し、又は郵送し、尚、長門錠一には其の秘密通信先なる岡山県吉備郡足守町大木誠治方に郵送し、以て之を頒布し、同人等の閲覧に供し、

三、昭和四年十月下旬頃の夜、岡山県和気郡本庄大字日室の山腹に在る大師堂に於て、無産運動に興味を有する恒次光高外四名の農民及び労働者と荻野なる偽名にて密《ひそか》に会合し、同人等に対し、私有財産制度を認めたる資本主義社会は矛盾し居るを以て、革命の方法に依り之を改革し、無産階級を解放せられるべからず。而《しか》も、其の解放は日本共産党の力に依るの外なし。同党は度々の検挙に遭いたるも、依然コンミンテルンの一支部として活動し居るを以て、諸君は日本共産党を支持し、其の指揮下に活動し、無産階級の解放を期せざるべからず。又、無産階級解放運動に関する新聞雑誌を読みて階級意識を高め、農民組合労働組合を組織し、団結の力に依り無産運動を起すべき旨、説示して、日本共産党の存在及び其の活動を知らしめると共に、同党に共鳴し、之を支持すべき旨を宣伝、煽動し、以て、孰れも日本共産党の目的遂行の為にする行為を為したるものなり。

■懲役二年六月

この事実について広島控訴院は、次のような刑を言い渡した。

被告人を懲役二年六月に処し、各未決勾留日数中、百日を本刑に算入する。

■上告趣意——事実誤認または擬律錯誤の不法

これに対し、被告人吉田雅雄から上告がなされた。弁護人には布施辰治、大森詮夫、河合篤、小林恭平が就いた。弁護人布施辰治、大森詮夫、河合篤、小林恭平の上告趣意は概要、次のようなものであった。

その第一は、本件に適用された治安維持法の「結社の目的遂行の為にする行為」に該当すべき要件についてであり、次のように厳格に解釈すべきだというものである。

一、結社の目的は、国体変革又は私有財産制度否認に存

すること。

二、行為の主体は、未だ結社の加入者に非ざること。

三、行為は、国体の変革又は私有財産制度の否認の目的を以て、其の目的たる事項の実行に関し協議し又は其の目的たる事項の実行の煽動を為すこと。而《しか》も、之等の行為が主観的、客観的に結社との具体的関連に於て為されること（此の点に於て、新規定第一条第一項後段及び第二項後段は、旧規定第二条、第三条に包含せられた実質的内容を二分し、結社との関連を欠く行為を第二条、第三条に該当すべきものとして、改正に依って第二条、第三条の内容以上のものが新に附加されたものではない）。

四、行為の主観的要件は、（1）斯《かく》の如き目的を有する結社の存在を認識すること。（2）行為者自身に於て結社の目的を自己の行為の目的とすること。（3）既存の結社其のものの為にする積極的意欲あること。

五、行為の客観的要件は、（1）行為が結社の機関の統制指導の下に為されること。（2）目的実現に対して客観的、具体的に因果関係を認め得べきこと。

上告趣意の第二は、「結社」が日本共産党を指す場合に於ては要件は次のように解釈すべきだという点である。

一、行為主体は未だ党員に非ざる者、即ち、加入行為（加入を欲する意思表示に対して党の側から党規則に定められたる機関を通して承諾を与えることに依って成立する契約的行為）を了せざる者を意味する。

二、行為の実質たる党の目的たる事項の実行に関する協議とは、目的意思を同じくする二人以上の特定人が特定の題材の下に（実行の方法、場所、時期又は実行の為に要する資金の調達方法等、具体的に実行に関することを要する。）討論し、当事者間に意見の合致を得たることを謂う。

三、目的たる事項の実行の煽動とは、不特定多数人に対して目的実行の方法手段を具体的且つ直接的に指摘し、其の結果、相手方の意思を刺激し、実行の決意を生じたることを謂い、単なる党名義のビラ撒き又はレポーターの如きは之に該当せず。又、一定の事項を単に公衆に告知伝達する演説、講義、研究発表の如き宣伝（又は流布）は含まないものである。従って、共産党の目的乃至は共産主義理論を何等、積極的に他人に強制する意思なくして、不特定人に伝達解明する行為は之に該当しない。

四、協議及び煽動が既遂たるには、現に其の目的実現の可能状態を具体的に現出したることを客観的に認められることを要し、単に抽象的にのみ其の関係を認め得る場合を除外することは、其の未遂を罰する規定あるに依っても明白である。

五、行為の主観的要件として、日本共産党の存在の認識は単に存在の推定ではなくして、確定的認識あることを要し、又、共産党の目的を自己の行為の目的とする為には具体的に党の目的を知悉したる上なることを要し、更に、党其のものの為にする意欲は単に理論的に支持し或は感情的に共鳴することに非ずして、積極的に之を実践化する意思あることを要する。

六、行為の客観的要素としては、行為者が党の統制の下に置かれ、其の機関に依り伝達された指令に依って行為の為されることを要し、此の連絡なくして自然発生的に為される場合は、此の規定に該当せず。又、行為は党の目的の実現に対して何等の具体的因果関係を有せざる行為、例えば、日本共産党の存在する事実の告知又は日本共産党とコミンテルンとの関係の解説等の如きは、此の規定に依って律せられるべきものではない。此の点に付て、第二条、第三条の協議煽動以上に目的実現に対して具体的可能性を具備することを要することは、其の擬せられる刑の比較より観るも明《あきらか》である。

上告趣意の第三は、被告人の所為は次のような理由から「結社の目的遂行の為にする行為」に該当しないということである。

一、被告人は、日本共産党に対して何等の組織的関連なく、又、直接にも間接にも党機関よりの統制指揮を受けて居たものでない。新聞の送付を受けて居た東京市麴町区三番町戦旗社は純然たる雑誌「戦旗」の発行所にして、合法的に存在し、日本共産党と何等の関係なく、又、被告は自己の発意に依って送付を受けた新聞を自己の知れる無産階級運動者間に頒布したものであり、又、大師堂の会合が農村青年の招待を受けたるもので、全く日本共産党と無関連なることは、疑を挿《はさ》む余地なきのみならず、被告人自身に於て右新聞が日本共産党と如何なる関係にあるかをすら理解して居なかったことも明白である。此の点に於て、被告人の所為は、共産党の目的遂行の為にする行為たるの客観的要件の一を欠缺《けんけつ》するものである。

二、被告人の判示所為は、党の目的実現に対して客観的に何等、具体的因果関係を及ぼさざるものである。今日に於て日本共産党は其の存在を一般に知悉され、公然と論議の対象とせられて居る問題であって、之に関する記事を掲載する新聞を頒布するも、其れが直《ただち》に共産党の目的実行の煽動行為と認めらるべきものではない。又、座談会の如きも其の内容は未知の青年数名に対し不景気問題、戦争問題、金解禁問題、資本主義経済組織の矛盾等に関して互に論断したるに止まり、偶《たまたま》、話題が日本共産党に及んだと云う迄であって、具体的に日本共産党の目的実行の為に協議と認められるべきものでない。此の座談会に会合せる人物は、予審調書に明なる如く、僅に文芸雑誌「戦旗」の読者に過ぎず、其の意識水準、極めて低く偶農民運動に多少の興味を有せし程度のものにして、而《しか》も偶（会合せる人物は―引用者）全部被告人に未知であって、被告人が斯《かか》る会合者に対し日本共産党の為に積極的に活動すべきものなる旨の運動を為すが如きことは、常識を以て考えるべからざることである。

三、（当―引用者）該法条は厳格に日本共産党に対して具体的、直接的関連に立つ準党員又は党員候補者に対してのみ適用されるべきものである。本件被告人の如く合法的第二無産者新聞の配布及び農村青年に対して農民運動の煽動を為したる者に対し、漫然、治安維持法第一条第一項後段及び第二項後段を適用したる原判決は、断然、不当にして到底、破毀を免れざるものである。

■原判決の量刑を維持

これに対し、大審院は、上告を棄却したうえで改めて次のような刑を言い渡した。

被告人を懲役二年六月に処し、同法第二十一条により原審に於ける未決勾留日数中、百日を其の本刑に算入すべし。

■上告棄却の理由

その理由とされたのは概要、次のようなものであった。

一、苟《いやしく》も、国体の変革又は私有財産制度の否認を目的とする結社の存在することを知り、該結社を支持し、其の拡大強化を図る行為を為したる者は、同結社と組織関係を有せず又は其の機関の統制指揮を受くることなきも、治安維持法第一条の所謂、結社の目的遂行の為にする行為を為したる者に該当するものとする。蓋し、結社を支持し、其の拡大強化を図る行為は、畢竟《ひっきょう》、結社の目的遂行の為にする行為に外ならざればなり。

「無産者新聞」ポスター　柳瀬正夢画

吉田雅雄　岡山県庁特高課で撮影
1930 年 8 月 19 日　提供／朝日新聞

二、本件に付て、原判決の認定したる事実に依れば、被告人吉田雅雄は、日本共産党が我国立憲君主制の廃止、即ち、国体の変革及び私有財産制度の否認を目的とする結社として存在活動することを知り、同党を支持し其の拡大強化を図る行為を為したるものなることを識るに足り、右判示事実は、其の挙示せる証拠に依り優に之を認めるに足る。

三、原判決が被告人雅雄を国体を変革し、私有財産制度を否認する結社たる日本共産党の目的遂行の為にする行為を為したる者として、治安維持法第一条第一項後段及び同条第二項を適用、処断したるは相当なり。

厳格解釈の提言を拒否

弁護人が上告趣意で試みた厳格解釈の試みは刑法の「明確性」原則からすれば極々、当然のことであって、本来は裁判所がしなければならない類のものであった。裁判所がしないために弁護人が代わりに行ったものである。しかも、それは説得力に富む緻密で用意周到な厳格解釈であって、賞賛に値するものであった。

しかし、大審院が弁護人の主張に、すなわち、厳格解釈とこの厳格解釈を本件に当てはめた場合に導かれる結論に対して耳を傾けることはまったくなかった。理由を何ら示すことなく「結社の目的遂行行為」に該当すると認定された。

大師堂での座談会についても、原判決と同様に、「大師堂に於て、無産運動に興味を有する恒次光高外四名と、萩野なる偽名を以て密会し、無産階級の解放は日本共産党の力に依るの外なし、諸君は日本共産党を支持し、其の指導の下に活動して無産階級の解放を期し、又、階級意識を高め農民組合労働組合を組織し、団結の力に依り無産運動を起すべき旨を説示し、以て日本共産党の存在及び其の活動を知了せしむると共に、同党に共鳴し之を支持すべき旨を宣伝、煽動したり」と認定された。

本判決の判示事項も、「治安維持法第一条に所謂、結社の目的遂行の為にする行為と結社との関係」とされ、判決要旨も、「治安維持法第一条所定の結社の存在を知り、其の結社を支持し、之が拡大強化を図る行為を為したる者は、同結社と組織関係を有せず、又は其の機関の統制指揮を受けることなきも、同条に所謂、結社の目的遂行の為にする行為を為したる者に該当する」とされた。行為の主観的要件も客観的要件も事実上不要というのが、大審院の態度であった。

《四・一六事件》（浜松事件）
——訴訟手続の問題にも問答無用の態度

昭和六年五月十四日第二刑事部判決

本件上告審で弁護人が争点にしたのは、①審理の公開に関する規定に違反した、②公判調書に関する法律の規定に違反した、③裁判官に対する忌避の申立を無視した、という訴訟手続上の問題であった。

事実認定などの問題を争点にしても大審院において耳を傾けられることがなかったことから、訴訟手続上の問題を争点にして上告したものである。事実認定などの問題の場合と異なる態度を大審院がとるかが注目された。

■罪となるべき事実——結社加入未遂

四・一六事件のうち静岡地方裁判所に係属のいわゆる浜松事件について、原審の東京控訴院が認定した「罪となるべき事実」は概要、次のようなものであった。

一、被告人増田可一郎は、昭和三年十二月十八日静岡地方裁判所に於て傷害罪に因り懲役三月に処せられ、当時、其の執行を終えたが、昭和四年三月上旬、大阪市に於て開かれたる全国農民組合第二回大会に静岡県代議員として出席したる際、同月夕、同市天王寺公園附近に於て前記（日本共産党幹部の市川正一等の指示により残留党員の調査等のために各地へ派遣された――引用者）杉本文雄と会見し、同人より日本共産党に入党せられ度《たし》旨の勧誘を受けるや、同党が冒頭判示の如き目的を有する秘密結社なることを知悉し乍《なが》ら、即時、同入党を承諾し、其の頃、右杉本文雄を通して同党中央部に党員として推薦せられたるも、未だ其の承認を受くるに至らざりし為、同党加入の目的を遂げず、
二、杉本文雄に対し入党の承諾を為すや、其の際、同人より静岡県下に於て党員の獲得、党文書の配布等、同党の拡大強化に努めるべき旨の指令を受け、直に被告人松下傳七、佐野一、山崎光雄、原審相被告人松田辰雄等を優良闘士として党員に推薦し、尚、爾後送付を受けるべき党機関紙の部数、其の受取場所、発信の場所の名宛場所（アドレス）、後日党中央部より「オルガナイザー」（責任者）を派遣すべきこと、其の者との会見の場所及び方法等、諸般の事項を協定し、
三、昭和四年三月八日頃、静岡市内に於て、被告人佐野一、松下傳七、相被告人松田辰雄、堀田利作に対し、順次、格別に日本共産党に入党方を勧誘し、各其の承諾を得、次で同年同月二十三日頃、浜松市内に於て、被告人山崎光雄、原審相被告人鈴木善一《ぜんいち》に対し、順次、格別に同党に入党方を勧誘し、各其の承諾を得、
四、杉本文雄との協定に基き、昭和四年三月十一日より同年四月上旬頃迄の間、三回に（わたり――引用者）立憲君主制の廃止並に私有財産制度の否認を宣明し、其の他同党の主義綱領を宣布すべき趣旨の事項を記載せる同党中央機関紙赤旗、同パンフレット及び檄文等数十部の送付を受くるや、其の情を知り乍ら、同年三月十一日頃、浜松市馬込町浜松合同労働組合事務所に於て、原審相被告人畑藤十《はたけとうじゅう》に対し赤旗第二十六号一部を交付し、次で翌十二日頃同事務所に於て同人に対し赤旗、同パンフレット在中の封筒五個を交付し、内一個を同人の分とし、他は山崎光雄外三名に配布あり度旨、依頼し、右畑藤十をして其の頃、同事務所等に於て依頼の趣旨の如く配布せしめ、
五、以て、同党の目的遂行の為にする行為を為したるものなり。

■懲役六年

この事実について、東京控訴院は、次のような刑を言い渡した。

被告人増田可一郎を懲役六年に処し、第一審に於ける未決勾留日数中、二百五十日を本刑に算入する。

■上告趣意——訴訟手続に基く不法

これに対し、被告人増田可一郎から上告がなされた。その弁護人に布施辰治、大森詮夫、小林恭平、河合篤が就いた。弁護人布施辰治、大森詮夫、小林恭平、河合篤の上告趣意は概要、次のようなものであった。

一、原判決は審理の公開に関する規定に違反したる訴訟手続に基く不法がある。

二、公判調書は一定の訴訟手続につき必ず作成されることを要すると同時に、それは一事件に関して一個たるべき事を要し、当該事件に非ざる審理手続に関するものであってはならない。この点に於て、原判決の基礎たる訴訟手続は、公判調書作成に関する法規の違反がある。

三、原審裁判所は第三回公判期日、十月二十七日、弁護人より裁判長並に陪席判事に対して忌避申立ありたるに対して、原審裁判所が刑事訴訟法第三十条を曲解し、忌避却下の決定に対する適法なる即時抗告により当然停止すべき訴訟手続を停止しなかった点に於て、重大なる法規の違反がある。

■訴訟手続に基づく不法なし

これに対し、大審院は、第一の「原判決は審理の公開に関する規定に違反したる訴訟手続に基く不法がある」という点については概要、次のように判示した。

一、裁判所は対審の公開が安寧秩序を害する虞《おそれ》ありと認むるときは、其の公開を停めることを得べく。而《しこう》して、裁判の対審は訴訟法の規定に依り公判審理手続によりて為されるものなれば、対審と云うも公判審理と謂うも結局に於て差異なく、対審、即ち公判審理の公開が安寧秩序を害する虞ある場合には何時にても其の公開を停め得べきが故に、原審が被告人等が事件に付て陳述を為さざる状態以前に於て、本件審理の公開が安寧秩序を害する虞ありと認めるを以て、公開を停める旨の決議、即ち決定を言渡し、公衆を退廷せしめたればとて、何等の違法なし。

二、被告事件に付て一たび公開停止の決定を言渡したる以上、其の停止決定の効力は、以後の公判期日に及ぶは勿論、被告事件を分離したるときは、分離せられたる個々の各事件に及ぶものにして、十五日以上開廷せざりし為、刑事訴訟法第三百五十三条の規定により公判手続を更新する場合と雖《いえども》、右決定の効力に消長なきものと解せざるべからず。

第二の「原判決は公判調書に関する法律の規定に違反せる訴訟手続に基く不法がある」という点についても概要、次のように判示した。

　公判調書には刑事訴訟法第六十条第二項各号所定の事項其の他一切の訴訟手続を記載すべきものなれば、各被告事件に付て同時に一括して開廷したる上、併合審理を為すべき旨を宣し、次の公判に於ては更に各分離して審理する旨宣したる以上、夫等《それら》の手続を記載したる公判調書の存すること、当然にして、原審公判調書には其の作成に関する法規違反の点あることなし。

第三の「原判決は刑事訴訟法に規定せる即時抗告の一般的効力を無視した違法なる訴訟手続に基いて為されたるものである」という点についても概要、次のように判示した。

　訴訟を遅延せしめる目的のみを以て為したること明白なる忌避の申立は決定を以て之を却下すべく。其の場合には訴訟手続を停止すべきものに非ざること明白なれば、其の却下決定に対する即時抗告に関しては訴訟手続を停止すべきものに非ずと解せざるべからず。

■原判決の量刑を維持

大審院は次のような刑を言い渡した。

　被告人増田可一郎には前掲の前科あるを以て再犯加重を為し、主文掲記の刑（懲役六年）を量定処断し、原審に於ける未決勾留日数中、二百五十日を右本刑に算入すべきものとする。

訴訟手続についても問答無用の態度

訴訟手続上の問題についても「問答無用」の態度が採用された。他の刑事事件以上に裁判所・裁判官の職権判断による裁量的運用の必要性が強調された。憲法上の要請である公判の公開を停止するかどうかが裁判所の裁量に委ねられ、かつ、一度、公開停止の決定した後はその効果が事後の公判に自動的に及び、それは事件を分離した場合も同様で、分離後の各事件の公判にも及ぶこととされた。

治安維持法違反事件については迅速に有罪判決を確定させることによって刑罰の威嚇効果を確保することが目指さ

れたものと解される。

《四・一六事件》（東京出版労働組合事件）
――「結社目的遂行行為」の限定解釈を再び拒否

昭和六年五月二十一日第一刑事部判決

本件でも弁護人は「結社の目的遂行行為」概念を限定解釈する必要性如何を再び争点に据えて、大審院に再考を迫った。同概念の無限定な法解釈および法適用の及ぼす悪影響はあまりにも大きかったからである。

■罪となるべき事実――結社の目的遂行の為にする行為

四・一六事件のうち大阪地方裁判所に係属のいわゆる東京出版労働組合事件について、原審の大阪控訴院が認定した「罪となるべき事実」は概要、次のようなものであった。

一、被告人石村英雄は、東京帝国大学経済学部を卒業後、中外商業新報社経済部の金融記者となりたるが、昭和二年末頃より関東出版労働組合の前身たる関東出版俸給者組合の組織部長となり、昭和四年一月には東京一般出版俸給者組合執行委員長に挙げられ、無産者の解放運動に従事し、日本共産党員候補者として推薦せられ居りたるものなるところ、

二、昭和四年二月、東京市日本橋区北島町、喫茶店松風堂に於て、被告人黒岩定雄より同党員黛閣太郎が中外商業新報社工場内に同党の細胞を組織するに付て之に助力すべき旨の指令を受けるや、之を承諾し、爾来、同党員黛閣太郎等と前記松風堂其の他に於て数次、会合協議の末、工場従業員を細胞組織に導く為、工場新聞「輪転機」の発刊を企図し、

三、同年四月十日頃、「日本共産党を守れ」の題下に、日本共産党の必要なる所以を宣伝し、之が防衛に努めるべきことを煽動せる事項を掲載したる「輪転機」第三号約八十部を編集し、之を同工場内従業員に配布し、

四、同年三月、東京市会議員選挙の契機に、日本共産党東京地方委員会の名を以て作成せる「革命的労働者を市会に送れ」、「合法的無産政党を倒して日本共産党の旗の下に」とある同党の主義綱領を宣伝扇動するに足る伝単（ビラのこと―引用者）、数枚を黛閣太郎等と共に東京市日本橋区北島町中外商業新報社附近に貼付し、

五、以て、同党の目的遂行の為にする行為を為したるものなり。

■懲役三年

この事実について、大阪控訴院は被告人を懲役三年に処し、第一審における未決勾留日数中、百二十日を本刑に算入する旨の判決を言い渡した。

■上告趣意——法令解釈の誤り

これに対し、被告人石村英雄から上告がなされた。弁護人には山田勝利が就いた。弁護人山田勝利の上告趣意は概要、次のようなものであった。

一、惟《おも》うに、本法に所謂、結社の目的とは国体の変革又は私有財産制度否認の大目的を意味するものなり。されば、本罪の成立するが為には、行為者の行為が直接国体の変革又は私有財産制度否認に関係を有する場合に極限せらるべからず。

二、仮令《たとえ》、行為者が結社の目的を認識し居りたるにせよ、国体の変革又は私有財産制度否認に直接影響なき、即ち、間接的に関係を有するに止る場合と雖《いえども》、猶《なお》、本条に所謂、結社の目的遂行の為にする行為を為したるものとせんが、裁判官の主観的且つ独断的観念を以て結社の大目的とは極めて間接に、而《しこう》して、極めて軽微なる関係を有するに止る場合に於ても、猶且つ、本罪を構成するものなりと為し、其の甚だ酷なる結果を招来するに至るべきことも亦、看易き道理にして、茲《ここ》に裁判の公平且つ公正は保持せざれざるべければなり。

三、結社の構成員にあらざる者に重罪たる結社罪の刑罰を科するとせば、尠《すくな》くとも行為者の行為は結社の大目的と直接重要なる関係を有する場合に極限せられざるべからず。

四、被告人は其の意思に於て結社の目的を認識し居りたるとするも、国体の変革又は私有財産制度否認の目的を有せる事実なし。然《しか》も、原判決判示の如き行為は、社会通念より見るも、決して国体の変革又は私有財産制度否認と直接重要なる関係を有するものにあらず。然るに、原判決が、国体の変革又は私有財産制度否認の目的を有せず、且つ結社の大目的と間接、軽微の関係を有せるに止る被告人の前記行為を以て、本条に所謂、結社の目的遂行の為にする行為に該当するものと判示して、漫然、治安維持法第一条第一項及び第二項を適用したるは、右法条の解釈を不当に拡張し、其の適用を誤りたる違法あるものと確信する。

■上告棄却——目的遂行の為の行為は「一切の行為」を包含

このように弁護人の上告趣意においては、治安維持法第一条第一項及び第二項にいう「結社の目的遂行の為にする行為を為したる者」について限定解釈の必要が説かれ、具体的な解釈論も提示された。刑法の「明確性」原則からすれば、当然の合理的な主張であった。しかし、大審院はこの上告を棄却した。その理由とされたのは概要、次のようなものであった。

一、治安維持法第一条に所謂、結社の目的遂行の為にする行為とは、国体の変革又は私有財産制の否認を目的として組織したる結社なることを認識して（当──引用者）該結社を支持し其の拡大を図る等、結社の目的遂行に資すべき一切の行為を包含するものと解すべきものなるを以て、

二、苟《いやしく》も叙上の如き結社なることを知り乍《なが》ら、之が支持拡大に資すべき行為ありたる以上、其の行為が国体の変革又は私有財産制度否認の目的に出でたると否と、又、右目的と直接重要なる関係あると否とは同法第一条第一項第二項各後段の罪の成立に消長を来すべきものにあらず。

三、被告人の行為は治安維持法第一条第一項第二項各段所定の罪を構成すること明《あきらか》にして、論旨は其の理由なし。

「何故か」の説明なし

何故、限定解釈ではなく無限定な解釈方法を採用するのか、これによって生じる弊害についてどのような手当てを講じるのか。こういったことについて説示がなされるということはまったくなかった。大審院がこれまでの解釈方法を見直すということはなかった。「法の支配」を自ら放棄したかの感があった。

《四・一六事件》（千葉事件）
──上告理由から事実誤認が消える

昭和六年六月十七日第三刑事部判決

もはや争えなくなった事実認定

分離公判か統一公判かという対立から派生するところの公判調書謄本の編綴問題が争点とされ、訴訟手続の法令違反が上告理由とされた。公判のやりとりを記録した公判調書は刑事訴訟法によって裁判長および裁判所書記の署名捺印を要すると定められていた。統一公判の場合は公判廷が一個のためにこの公判調書も一個となる。問題は統一公判が分離された場合で、分離された公判廷にも公判調書を送

らなければならないが、一個しかないために現本を送れない。やむなく公判調書の謄本を送った。この謄本が公判調書として有効か無効か。この点を弁護人は本件の争点に据えたのであった。

「同党の目的遂行の為にする行為を為した」という実体面については争われていない。大審院が限定解釈の必要を認めないために争いようがなかったからであろう。

■罪となるべき事実——結社の目的遂行の為の行為

四・一六事件のうち千葉地方裁判所に係属のいわゆる千葉事件について、原審の東京控訴院が認定した「罪となるべき事実」のうち、被告人實川清之に関しては概要、次のようなものであった。

一、被告人實川清之《じっかわきよし》は、日本大学予科を卒《お》えて、同大学文学部社会学科に在学中、年々、小作争議に苦しめる郷里農民の窮状に同情して農民運動を開始し、尚、マルクス主義を研究して無産者を解放し、其の福利を増進するには一に共産主義社会の実現に依るの外なしと思惟し、深く共産主義に共鳴し、大正十四年七月、京都帝国大学に於て開催せられたる日本学生社会科学連合会の第二回大会に出席し、其の決議に参加し、他方、郷里に於ては、石橋廣吉、関口進惟（進隆《しんりゅう》）等と共に、千葉県下に於ける左翼結成に努め居たるが、

二、昭和四年一月十九日、千葉県印旛《いんば》郡佐倉町藤屋旅館に於て杉本文雄と会見し、同人より日本共産党に入党の勧誘を受けるや、即時、之を承諾し、党員名を諸徳寺健助と定め、尚、同人より千葉県下に於ける党員の獲得、党文書の配布等党の拡大強化に努めるべきことの任務を託せられるや、直ちに之を承諾し、進んで党中央部との会見方法、通信場所等を協定した。

三、其の頃、杉本文雄並に砂間一良《すなまいちろう》（日本共産党幹部——引用者）を通して被告人（實川——引用者）清之の党員たることに付て党中央部の承認を得て同党に加入し、且つ前記任務に付て同様、中央部の承認を得て、

四、杉本と会見の際、同人に対し被告人大森眞一郎、中西柾光、細谷廣吉、原審相被告人石橋廣吉等は党員たるに足るものとして推薦し、其の頃、前同様杉本並に砂間を通して同人等が党員たることに付て党中央部の承認を得せしめ、

五、同年二、三月中、数回に（わたり——引用者）間庭末《まにわすえ》吉《きち》より同党の機関紙、赤旗、同パンフレット、各数十部の配布を受けたるが、同党の主義綱領を宣布する目的を以て、被告人大森眞一郎、被告人中西柾光、被告

人細谷廣吉、原審相被告人石橋廣吉、原審被告人関口進惟らに対し、赤旗其の他の党文書を配布し、

六、以て、同党の目的遂行の為にする行為を為したるものなり。

被告人大森眞一郎に関しては概要、次のようなものであった。

一、被告人大森眞一郎は、通信工手として逓信省に勤務の傍《かたわら》、法政大学に学び、大正十四年頃よりマルクス主義を研究して深く之に共鳴し、学生運動、無産青年運動等に参加し、且つ逓信工の間に労働組合を組織せんとしたるも果さず、其の後、学を廃し、次《つい》で通信工手を止め、茲《ここ》に自己の生活に対する不満と農民生活の窮状とを痛感し、昭和三年四月、原審相被告人石橋廣吉を訪ねて千葉県に至り、千葉労農党書記、全国農民組合千葉県連合会書記を歴任し、被告人實川、中西等と共に千葉県下に於ける左翼運動に従事し居りたるが、

二、昭和四年一月二十日、千葉県印旛郡佐倉町、歩兵第五十七連隊練兵場附近に於て、被告人實川清之より日本共産党に入党の勧誘を受けるや、同党が前記の如き目的を有する秘密結社なることを知りながら、即時、之を承諾し、一方、前記二（實川による推薦や、杉本等を通した当中央本部の承認という―引用者）の如き順序を経て、同党の党員たることに付て党中央部の承認を得、以て同党に加入し、自己の党員名を都築又五郎と定め、

三、同年三月中、前記連合会事務所に於て、被告人實川より同人の後任として同（日本共産―引用者）党の千葉地方に於ける党員の獲得、党文書配布等の任務を託せられるや、之を受諾したる上、同月二十三日、前記實川の実家に於て、右後任として其の事務の引継を受け、其の頃、被告人實川が同人に党文書を配布するに当り、同党の為、之が取次を為し、党文書の保管及び被告人實川より同中西に配布すべき文書を交付して其の配布方を託し、

四、以て、同党の目的遂行の為にする行為を為したるものなり。

被告人中西柾光《まさみつ》に関しては概要、次のようなものであった。

一、被告人中西柾光は、苦学力行して京都府立第二中学校第四学年迄進み、同学年中、偶《たまたま》、病を得て、学を

廃し、一時、京都市内の下駄商に雇われ、其の後、第三高等学校教務課の雇《やとわれ》書記と為り、傍《かたわら》、マルクス主義を研究し、世を救うの道は一に宗教と科学とを融合するにありとなし、大正十四年春、京都（の─引用者）同志社大学予科に入学したるも、其の教科到底救世の資となすに足らずとなし、更にマルクス主義を究め、並に無産者を解放し世を導くには全く共産主義社会の実現に依るの外なしと確信し、

二、同年九月、断然同志社を退き、先づ労働農民党京都府支部連合会の書記と為り、其の後、全国農民組合（当時日本農民組合）総本部書記候補生、労働農民党千葉県支部連合会書記長、新労農党組織準備会千葉支部委員、政治的自由獲得労農同盟の千葉地方に於ける委員等を歴任して政治運動に関与し、傍《かたわら》、被告人實川等と共に千葉地方に於ける左翼運動に従事し居りたるが、

三、昭和四年一月二十八日、前記被告人實川清之の実家に於て、同人より日本共産党に入党方の勧誘を受けるや、同党が前記の如き目的を有する秘密結社なることを知悉しながら、直ちに之を承諾し、一方、前記二の如き順序を経て、自己が党員たることに付て党中央部の承認を得、以て同党に加入し、党員名を上田辰夫と定めたるものなり。

■懲役六年など

この事実について、東京控訴審は、次のような刑を言い渡した。

被告人實川清之を懲役六年、被告人大森眞一郎を懲役五年、被告人中西柾光を懲役四年に処し、各被告人に対し第一審に於ける未決勾留日数中、百二十日を夫々本刑に算入する。

■併合審理の後の分離審理

東京控訴院は、前橋地方裁判所、水戸地方裁判所、千葉地方裁判所、横浜地方裁判所が第一審として言い渡した各治安維持法違反被告事件を静岡地方裁判所が第一審として言い渡した治安維持法違反被告事件に併合し、審理を開始した後、その第二回公判期日において事件を静岡、前橋、水戸、横浜の各地方裁判所に分離して審理をすると宣言した。本件は千葉地方裁判所を第一審とする被告事件である。

各分離された各公判の公判調書には、併合審理に際し作成した各公判調書の謄本が編綴され、各謄本には公判調書の原本は東京控訴院昭和五年（を）第一四九号（第一審静

岡地方裁判所）治安維持法違反被告事件の記録中に編綴したことを符箋して明白なようにしたとのことである。

■上告趣意――公判調書に関する法律の規定に違反

右のような東京控訴院の判決に対し、被告人實川清之外二名から上告がなされた。弁護人には布施辰治、大森詮夫、小林恭平、河合篤、神道寛次が就いた。弁護人布施辰治、大森詮夫、小林恭平、河合篤、神道寛次の上告趣意は概要、次のようなものであった。

一、公判調書の形式的正確と権威の保障の為に、其の記載事項作成の方法について、厳格なる規定、存する。刑事訴訟法第六十三条は、公判調書の方式に関して、裁判長及び裁判所書記の署名捺印あることを要すると規定する。此の要件を欠缺《けんけつ》せるものは之を公判調書となすことを得ざるのみならず、公判調書の謄本なるものは法律の認めざるものにして、之を公判調書の代用物と看做《みな》すことも許されず。

二、然《しか》るに、原審に於ける第一回、第二回公判期日の訴訟手続に関し、法律の要求する適式なる公判調書を欠缺する。即ち、被告人等に関する本件記録の右該当部分の記載は、前段所述の如き他件と審理を併合したる訴訟手続に関する公判調書の謄本にして、独立なる本件に関するものに非ざるのみならず、法律の要求する適式なる公判調書に非ず。

三、斯《かく》の如き法令違反の公判調書を含む訴訟手続に基く原判決は、此の点に於て破棄を免れ得ざるものなりと思料する。

■上告棄却の理由――公判調書の謄本の編綴でも可

これに対し、大審院は上告を棄却した。その理由とされたのは概要、次のようなものであった。

一、分離を宣言せらるるに因り岐《わか》れて数個の被告事件と為るものなるを以て、曩《さ》きに併合、審理期日に作成したる一通の公判調書のみに依りて到底、数個の被告事件の各記録に之を編綴すること能《あた》わざるや論なく、公判裁判所は、機宜《きぎ》の処分として其の職権を以て、併合審理したる被告事件の記録中、其の一を選択して之を編綴し、爾余の被告事件の記録中には右公判調書の謄本を編綴し、且つ其の原本の所在を明白ならしめるを以て足るものと云わざるべからず。

二、原審に在りては、併合審理期日に公判調書一通を作成し、分離宣言後、之を東京控訴院昭和五年（を）第一四九号治安維持法違反控訴事件の記録を選択して編綴し、本件記録中に右公判調書の謄本を編綴し、且つ符箋して原本の右所在を明白ならしめたるものなるを以て、原審の公判調書作成の手続に所論の如き違法存することとなし。

量刑も争えず

原審判決では検察官の求刑に沿って懲役六年、五年、四年というように重い刑が言い渡されている。限定解釈をしないのであれば、量刑でバランスをとる必要があるように思われるが、そのような考慮はなされていない。にもかかわらず、この点も事実認定と同様、上告審では争点にされていない。

量刑についても大審院が「問答無用」の態度をとったために争いようがなかったということであろう。検察官主導の量刑が定着している。ここでも司法の役割放棄が認められる。

《四・一六事件》(茨城事件)
――「国体変革」についての合理的な疑問も却下

昭和六年七月九日第一刑事部判決

無罪の主張

本件では無罪を主張して上告がなされた。被告人等の行為は未だ完全に党の組織と統制とを受けて組織を通して為されたるものに非ざるを以て、治安維持法第一条にいう「結社の目的遂行行為」に該当せず、百歩譲っても未遂に過ぎないと主張された。

主張の前提となったのは、①諸外国の例に見られるように「君主制」というのは多義的であること、②「最高度の共産主義社会を実現せんとする歴史発展段階に於ける究極の綱領」と「現実当面の綱領」とを区別して論じる必要があること、などであった。①は帝国議会における審議でも指摘された点で、これらの点に大審院がどう判断するのかが注目された。

もう一つの争点は、予審尋問調書についてであった。予審尋問調書は予審における被告人の尋問などを記載した調書で、被告人がこの尋問において自白ないし自認している場合、予審尋問調書は有罪証拠として重要な位置を占めることになる。そこで、予審尋問調書も有罪認定に供することが認められる「法令に依り作成したる訊問調書」に該当するとされていたが、謄本もそういえるかどうかが問題とされた。謄本と原本は厳密に区別すべきだというのがその主張であった。

■罪となるべき事実――結社の目的遂行の為の行為

四・一六事件のうち水戸地方裁判所に係属のいわゆる茨城事件について、原審の東京控訴院が認定した「罪となるべき事実」のうち、被告人山代吉宗《よしむね》に関しては概要、次のようなものであった。

一、被告人山代吉宗は、明治大学専門部政治経済科を卒業後、福島県平町附近、磐城炭鉱株式会社小野田炭鉱の飯場頭《はんばかしら》となりたるが、昭和二年十二月頃、同会社より飯場頭を罷免せられたる後、同志と共に旧労働農民党平《たいら》支部を組織し、同党が解散を命ぜられるや、更に新党組織準備会平支部を組織し、同地方に於ける労働運動に従事して居りたるが、同準備会亦解散を命ぜられ、其の後、昭和三年八月中、東京に出て、無産者新聞の編集、発行等の事務を手伝中、偶《たまたま》、被告人豊原ウタ（当時田中ウタ）と相識るに至り、共に茨城県下日立町に於て労働運動に従事せんことを協議し、同年九月、同町に転住、同居し、爾来、日立製作所の職工等を目標として労働運動に従事中、日本共産党が判示の如き目的を有する秘密結社なることを知りながら、

二、昭和四年二月初旬頃、同町被告人居宅に於て、廣瀬善四郎より日本共産党に入党方の勧誘を受けるや、直《ただち》に其の承諾を為し、次《つい》で同年三月十六日、同居宅に於て、前記間庭より廣瀬の手を経て、党員章の交付を受けたるも、未だ党中央部の承認を得ざりし為、加入の目的を遂げず、

三、昭和三年十月中より、被告人豊原ウタと共に、「日立通信」なる小冊子を毎月二回宛発行し、昭和四年二月中、之を「サイレン」と改題したるが、「サイレン」に、日本共産党の旗の下に資本家地主の政府を倒せ、労働者農民の政府万歳、等の記事を掲載し、之を其の頃、何れも日立町附近に於て、被告人下田正男及び同人の手を経て、日立製作所の職工に分配、交付し、

四、昭和四年三月十六日、廣瀬善四郎が被告人居宅に来訪したる際、同人と協議の上、被告人豊原ウタ及び原審相被告人松島清美を党員として党中央部に推薦せんことを協議し、同月二十二日ウタ及び清美の推薦状を党中央部に送付し、

少女時代の豊原（田中）ウタ　1924 年

兄・長三郎

五、昭和四年三月二十五日、大甕《おおみか》海岸に於て、被告人小澤雄次郎と会合したる際、工場細胞、農村細胞を組織すること、小澤は海野勝市と連絡を保ちて同人と相談の上、活動すること、等に付て協議を為し、更に同年四月十五日右海岸に於て、海野勝市と会合し、来るべきメーデーに示威運動を為すことと赤旗の読者の増加を図ること、農村並に工場の細胞の組織に努めること、等に付て協議を為し、（以上、判示第一事実。第二事実および第三事実は大審院判決でも省略）

六、以て、同党の目的遂行の為にする行為を為したるものなり。

被告人豊原ウタに関しては概要、次のようなものであった。

一、被告人豊原ウタは、実兄田中長三郎の感化指導に依り、共産主義の研究に没頭し、労働者解放運動に従事し、被告人山代吉宗と相識りし後は共に日立町に転住、同居し、日立製作所の職工を目標として労働運動を為し居りたるが、日本共産党が前記の如き目的を有する秘密結社なることを知りながら、同党の為、山代と共同して発行し居たる「サイレン三・一五事件記念」などに共産主義宣伝に関する記載を掲載して、之を日立製作所職工数名に配布するとともに、右職工などを組織した研究会の席上に於て女も男と同様、共産党に加入せらるべからざる旨を説き、

二、以て、同党の目的遂行の為にする行為を為したるものなり。

被告人井垣光次（次光《つぐみつ》）に関しては概要、次のようなものであった。

一、被告人井垣光次は、水戸高等学校在学中、社会科学研究会に関係し、昭和三年十一月、退学せしめられ、爾来、労働運動に従事し居りたるものなるが、日本共産党が前記の如き目的を有する秘密結社なることを知りながら、同党の為昭和四年三月十五日、前記海野勝市と小澤雄次郎と共に日本共産党を宣伝する三色ビラ数百枚を作成し、之を水戸市内に散布し、

二、同年三月十五日頃、被告人小澤雄次郎のアドレスたる水戸市外常盤村高須忠彦方へ郵送されたる赤旗其の他の党文書を小澤に取次交付し、

三、以て、同党の目的遂行の為にする行為を為したるものなり。

■懲役六年など

この事実について、東京控訴院は、次のような刑を言い渡した。

被告人吉宗を懲役六年に、被告人ウタを懲役二年六月に、被告人光次を懲役一年六月に処し、各被告人に対し第一審に於ける未決勾留日数中、百五十日を各本刑に算入する。

■上告趣意――予審尋問調書謄本は「法令に依り作成したる訊問調書」ではない

これに対し、被告人山代吉宗外の二名から上告がなされた。弁護には小林恭平、細迫兼光が就いた。弁護人小林恭平、細迫兼光の上告趣意の一つは概要、次のようなものであった。

一、原判決は、判示冒頭の事実中、日本共産党が「ロシア」の「モスクワ」に本部を有する国際共産党の一支部なること、同党、判示の如き目的を有することを、被告人間庭末吉に対する予審訊問調書謄本の記載に依り認定し、又、判示第一の二の事実を認定する一証拠

として被告人廣瀬善四郎に対する予審訊問調書謄本を挙げ、同第三の一の事実に付ては被告人廣瀬善四郎、同杉本文雄に対する予審訊問調書謄本を挙げたり。

二、然《しか》るに、予審尋問調書謄本は「法令に依り作成したる訊問調書」そのものに非ざるや論なし。刑事法規は厳格に解釈せられざるべからず。「予審尋問調書謄本」を「予審尋問調書」其の他法令に依り作成したる訊問調書の中に包含せしめることは不可能なり。

三、然るに、之を敢て為したる原判決は、刑事訴訟法第三百四十三条に違反するものにして不法なり。思うに、本件に於て最も重要なる事実は、日本共産党なる秘密結社の存否並にその結社の目的如何に在り。被告人等の有罪、無罪は懸《かけ》て此に存する。斯《かか》る重大なる事実の認定に当って違法の採証を許すことは不可能なり。破毀せられざるべからず。

■上告棄却とその理由——予審尋問調書の謄本を断罪資料に供したことは違法なし

これに対し、大審院は、次のように上告理由を退けた。

訊問調書の謄本も亦、刑事訴訟法第三百四十三条に所謂、訊問調書と同様の証明力を有すると解すべきものなるを以て、原判決が所論の如く予審尋問調書の謄本を本件断罪の資料に供したることは、何等の違法あることなし。

■もう一つの上告趣意——被告人は無罪である

弁護人のもう一つの上告趣意は概要、次のような実体法上のものであった。

一、同法（治安維持法—引用者）第一条に所謂、国体の意義不明にして、之を行為批判の基標と為すことは不当なり。万世一系説は、或は裁判所の解釈ならんも、万世一系は日本にのみ特殊的のものに非ず。之を以て、他国と相違する建国精神と認めるを得ず。共産党がスローガンとする「君主制の廃止」が国体の変革を意味するものとは思考せず。君主制は、要するに一の政治上の一制度にして、封建時代の残存物なり。故に、君主制の廃止なるスローガンは決して全政治機構の全般的、包括的、根本的の改廃を意味するものに非ず。恰《あたか》も、枢密院の廃止、貴族院の廃止等と同一範囲に在るものにして、国体の変革なる行動と認めるべきものに非ず。

二、日本共産党の中心スローガンなる「労働者農民の政府」、「プロ独裁」の主張は当面の問題にして、国家の廃止絶滅を来すべき最高度の共産主義社会を実現せんとするものに非ず。寧ろ、或段階までは、より強力なる国家権力を利用してプロ独裁国家を実現せんとするものにして、国体の変革と同視すべきものに非ず。

三、共産主義者は社会進化の歴史的必然性を信じ、高度に発展したる共産主義社会に於て国家が絶滅し、私財制が完全に廃止されるべきを主張するも、斯る思想を抱き、斯る理論を主張することそれ自体は勿論、（当—引用者）該法の適用を受けるべきものに非ず。

四、共産党活動の目的遂行の為にする行為は、単に意識的に共産主義的の思想を活動するのみにては達成すること能わず。之を達成せんには、完全なる党の組織と統制の下に組織を通して為されたることを要するも、被告人等の行為は未だ完全に党の組織と統制とを受けて為されたるものに非ざるを以て、該法の目的遂行の為にする行為に該当せず。強いて最少限度に解釈するも、其の未遂として論断せらるべきものなり。

五、故に、被告人等の行為を控訴審に於て之を有罪として処刑したるは、不当の甚しきものなり。上告審に於ては、飽くまでも無罪を要求し、即時釈放を要求するものなり。始めより裁判の遣り直しを要求する。

■上告棄却とその理由——共産党の現実当面の綱領主張も治安維持法に該当

この上告趣意についても、大審院は、「原判決に事実審理の決定を言渡すべき違法なき以上、当院に於て本件事実に付更に審判を為すべきものに非ざるを以て、論旨は之を採用するに由なし」と判示した。その理由とされたのは概要、次のようなものであった。

一、憲法第一条には大日本帝国は万世一系の天皇之を統治すと規定し、我国国体の如何なるものなりやを明示したり。即ち、万世一系の天皇を君主として奉戴することが我国の国体なり。換言すれば、万世一系の天皇を戴く君主制が我国の国体なり。治安維持法第一条に所謂、国体も亦、此の意義を有するものなり。従って、我国に於て所謂、「君主制の廃止」は同法に所謂、国体の変革に外ならざるものとする。

二、又、私有財産制度の全廃を共産主義社会の最高度の理念とし、其の当面の過程として日本共産党が、論旨第十一点に於て詳述するが如く、皇室、社寺、大地主の土地没収を主張することは結局、同法第一条第一項、第二項に所謂、私有財産制度を否認することを目的とするものに該当するを以て、日本共産党の現実当面の所論綱領に於ける主張は同法第一条に所謂、国体を変革し、私有財産制度を否認することを目的とするものに該当する。

三、被告人が日本共産党が前記の如き目的を有する秘密結社なることを知りながら、同共産党に加入を承諾し、其の党員章の交付を受け、同共産主義の宣伝又は同党の拡大に関する行為を為したる以上、未だ直接に同党の組織及び統制の下に行動したるに非ずとするも、同党の目的遂行の為にする行為を為したるものに該当し、右判示事実は挙示の各証拠を総合し、之を認めるに足るを以て、原判決が被告人の各本件行為を治安維持法第一条第一項、第二項に問擬、処断したるは相当なりと謂うべし。

「合理的な疑問」も却下

このように判決では「君主制」といっても多義的であることは無視された。「君主制の廃止」をもって「国体の変革」と即断された。大日本帝国憲法第一条の「大日本帝国は万世一系の天皇之を統治する」という規定と同第四条の「天皇は国の元首にして統治権を総攬し、此の憲法の条規に依り之を行う」という規定との関係如何が問われることもなかった。

問題はそれだけではなかった。「最高度の共産主義社会を実現せんとする歴史発展段階に於ける究極の綱領」と「現実当面の綱領」とを区別して論じる必要があるという主張も無視された。単なる願望、未来予測さえも、大審院によると処断されたのである。

「罪となるべき事実」の認定も杜撰であった。事実から出発してその構成要件該当性を判断するのではなく、治安維持法の構成要件に該当するという規範的評価が初めにあって、それに符合するような「事実」が列挙されただけであった。

《四・一六事件》（神戸事件）
――昭和三年改正法の重罰化を遡及し量刑に反映

昭和六年十一月十三日第四刑事部判決

弁護人、一行為数罪は誤りと主張

治安維持法違反の罪の特徴は対象者の所為を「余さず残さず」厳罰に処するために融通無碍に各罪を適用し得るようにしている点にある。それ故、対象者の所為をA罪で処断することも、あるいはB罪で処断することも可能な構造になっている。すなわち、各罪はどちらかだけを適用するという関係ではなく、どちらも適用し得るという関係になっている。

　これに対し、本上告審において弁護人は、事実の面からいっても規範の面からいっても、このような規定方法は不当であって、法適用・法解釈の場面でこれを是正する限定解釈の必要がある。これを結社加入罪と「結社の目的遂行の為にする行為」についていうと、前者の罪がかりに成立するとすれば、後者の罪はこれに包含・吸収され、いわば不可罰的事後行為として別罪を構成することは理論的にあり得ない。したがって、原審が両罪を連続犯として一行為数罪に問擬したことは法令解釈の誤りを犯したことになる。こう主張した。

　大審院がこの刑法理論的にみて正当ともいうべき弁護人の主張にどのような態度をとるかが注目された。

■罪となるべき事実――結社の目的遂行の為にする行為

　四・一六事件のうち神戸地方裁判所に係属のいわゆる神戸事件について、原審の大阪控訴院が認定した「罪となるべき事実」は概要、次のようなものであった。

一、被告人佐野楠弘（楠松《くすまつ》）は、早稲田大学在学中同校内の社会科学研究会に入会し、社会科学を研究するに及び、共産主義思想を抱懐するに至り、昭和二年二月、同大学大山教授留任運動に関係して退学処分を受けるや、旧労働農民党に加入し、次《つい》で同党兵庫県支部連合会書記長となり、専ら無産者解放運動に従事し居りたるものなるところ、

二、昭和三年三月上旬、神戸市阪神国道道路終点付近に於て、日本共産党員板野勝次より日本共産党に加入の勧誘を受け、同党が前記の如き目的を有する秘密結社なることを知り乍《なが》ら、之を承諾し、以て同党に加入し、

三、同年四月、治安維持法違反として起訴せられたるも、逮捕を免れ、諸所に潜伏し居りたるが、昭和四年二月末頃、杉本文雄と会見し、同人より神戸地方の責任者（仮オルガナイザー）として同地方に於ける党員獲得、細胞組織等に努力すべき旨の指令を受け、依って同年三月初頃、大阪市西成区粉濱町なる隠家に於て、被告人横山宗三及び原審相被告人東初《あずまはつ》に対し入党を勧誘して、各加入を承諾せしめ、尚、被告人山田秀一をして被告人坂本孝次《こうじ》、中濃正史、深木善次《ぜんじ》に対し夫々《それぞれ》入党を勧誘せしめて、各、其の承諾を得て、

四、以て、同党の目的遂行の為にする行為を為したるものなり。

■懲役八年

この事実について、大阪控訴院は、「被告人を懲役八年に処し、未決勾留日数中、三百三十日を本刑に算入する」旨の判決を言い渡した。

■上告趣意——連続犯とするのは誤り

これに対し、被告人佐野楠弘から上告がなされた。その弁護人には布施辰治☆、河合篤☆、青柳盛雄、河上丈太郎が就いた。

弁護人布施辰治、河合篤、青柳盛夫の上告趣意は概要、次のようなものであった。

一、原判決認定の第二事実は、所謂、結社加入行為、即ち、党員資格の獲得行為にして、其の犯罪内容は治安維持法違反の行為が目的罪とされて居る本質上、第三の犯罪行為として認定せられたる行為を包含し、第三の行為は第二の行為より当然予想せられるべき結果として特に別罪を構成すべきものに非ざるは勿論、連続犯の適用をも受けるべき性質のものでは絶対にない。

二、上告人佐野楠弘に対する原判決認定の第三事実は、第二事実、党員資格獲得の加入罪に包含吸収せられるべき当然の党員活動であって、絶対に別罪若《も》くは手段、結果の関係を有し、牽連犯又は一行為数罪に触れるものでない。同時に、第二の党員資格獲得の加入罪が、旧法時代に於て単一の即時犯として加入の約諾と共に成立して居ることを認められた限り、その後の第三事実として認められたる目的遂行の為にする行為は、新法時代に及んで居るからと云う理由を以て、新法の別罪構成若くは牽連犯乃至一行為数罪に触れるものとして擬律《ぎりつ》（裁判所が判決などにおいて法条を具体的な事案に適用すること—引用者）せられるべきものでは絶対にない。このことは余りよい例ではないが、かの窃盗罪に於ける窃盗罪の成立は、現に他人にものである贓《ぞう》物《ぶつ》の処分を以て別に新しい横領罪の構成を擬せず、贓物の処分は当然、窃盗罪の結果として窃盗罪の内容に包含吸収せられるのと法理論に於ては、同一に見られなければならない。

三、特に原判決は、上告人佐野楠弘の第二、第三の所為を連続犯として擬律して居るが、新法の所謂、目的遂行に関する規定は其の立法沿革に於て、且つその処罰理由に於て、未だ党員資格を有せざる者若くは既に党員資格を取得したるも、その点につき一旦、処罰を受け、再び之を処罰すること能わざる、党員資格と引離された行為者に限って適用せられるべきものである点から見ても、党員資格獲得の第一行為と相対立して目的遂行事項協力の第二行為を連続犯とすることは、絶対に法律解釈の誤謬を犯して居るものである。仍《よ》って、原判決は上述の諸理由により、到底、破毀を免かれざるものである。

弁護人河上丈太郎の上告趣意も右とほぼ同趣旨のものであった。

■原審の量刑を維持

これに対し、大審院は上告を棄却したうえで改めて次のような刑を言い渡した。

重き結社の目的遂行の為にする行為の各一罪のみとし、所定懲役刑を選択し、其の刑期範囲内に於て、被告人を主文掲記の刑（懲役八年――引用者）に処し、原審に於ける未決勾留日数中、各主文に掲載記載の日数は、孰《いず》れも刑法第二十一条に則り、之を被告人の本刑に算入すべきものとする。

■その理由――連続犯としたのは不当だが結論は妥当

その理由とされたのは概要、次のようなものであった。

一、治安維持法第一条第一項後段は国体の変革を目的とする結社に加入し又は其の目的遂行の為にする行為を処罰するを以て、（当――引用者）該結社に加入し、且つ目的遂行の為にする行為を為したるときは二罪として処罰すべきが如しと雖《いえど》も、苟《いやし》くも、結社に加入したる者は結社の支持は勿論、之が拡大強化を図るべき挙に出づること、当然なるを以て、右両者は之を包括的に観察し、同条第一項後段に該当する一罪として処断すべきものと解するを相当とする。

二、果して、然《しか》らば、私有財産制度の否認を目的とする結社に加入し、且つ其の目的遂行の為にする行為を為したるとき亦、叙上の同一理由に依り、同条第二項後段に該当する一罪と解すべきは勿論なり。

三、原判決は国体の変革及び私有財産制度の否認を目的とする結社加入と其の目的遂行の為にする行為とに付て格別に擬律したるは不当なること、所論の如しと雖《いえど》も、治安維持法第一条第一項後段の一罪として処断したるを以て、結局、正当なるに帰し、右不当は原判決破毀の理由と為すに足らず。

四、次に、結社加入と其の目的遂行の為にする行為とは之を包括一罪として処断すべきこと、叙上の如くなるを以て、本罪の一部が治安維持法改正前に犯され、他の一部が同法改正後に犯されたるときは、行為終了の時期たる改正後の法律に従って之を論ずべきものなること、言を俟《ま》たず。されば、原審が、被告人は同法改正前に結社に加入し、其の改正後に其の目的遂行の為にする行為を為したる事実を認定し、之に改正後の法律を適用処断したるは正当なるを以て、単に結社加入罪として、改正前の法律を適用すべきものなりとの所論は理由なし。

包括一罪

一見すると大審院は弁護人の主張を受け入れたかのようであった。二罪とした原審判決を不当としたからである。しかし、実はそうではなかった。一罪だが吸収一罪ではなく包括一罪だとし、昭和三年改正法で新設された「結社目的遂行行為」の罪の成立を量刑判断のなかに織り込むことを許容したからである。包括一罪こそは融通無碍な法適用のキーワードであった。

問題はなぜ、包括一罪かという点であるが、包括一罪だから包括一罪になるという「理由」しか示されることはなかった。立法者意思を尊重したといえなくもないが、「法の支配」に対する配慮は見受けられなかった。必罰主義・厳罰主義という「裸の政策」判断が優先された。これを牽引したのは「思想検事」と「思想判事」であった。

《四・一六事件》（函館事件）
――「結社目的遂行行為」の罪をさらに拡大適用

昭和七年三月十五日第四刑事部判決

外郭団体の起訴

本件では「外郭団体」の意義が争点とされた。日本共産党等と直接の関係を有しない一般の合法的な文化的、啓蒙的、教育的団体等が日本共産党等の「外郭団体」と看做され、当該団体の活動をすることが治安維持法第一条の「結社目的遂行行為」の罪にあたるとして起訴されたからである。

これに対し、本件でも弁護人から「結社目的遂行行為」の罪について厳格解釈の必要性が改めて主張され、考えられる解釈例によると本件は無罪だと主張された。このように執拗に態度変更が迫られているが、大審院はそれをどう受け止めたのであろうか。

■罪となるべき事実――結社の目的遂行の為にする行為

四・一六事件のうち函館地方裁判所に係属のいわゆる函館事件について、原審の札幌控訴院が認定した「罪となるべき事実」は概要、次のようなものであった。

一、被告人加藤秀雄は、昭和三年三月、函館商業学校を卒業し、其の後、第一銀行函館支店に就職したるが、其の頃よりプロレタリア文芸に親み、雑誌「戦旗」等を耽読するに連れ、我が国現時の社会組織に不満を懐《いだ》くに及びたる折柄、交友、伊月剛三等の感化に依り、次第に左傾し、昭和五年三月頃より、共産主義を信奉するに至り、並に日本共産党の目的綱領及び「戦旗」出版の使命等に関する事実を知悉しながら、同人等と協力して「戦旗」読者網を確立し、以て日本共産党を支持し、其の拡大強化に資するところあらんとし、其の目的の下に、

二、同年四月頃以降、数回に亘り、函館市東雲町久保ミツ方に開かれたる「戦旗」読者会に毎回出席して、伊月剛三外数名の同志と共に読者獲得の協議を為し、其の手段として、戦旗函館支局を確立の上、戦旗本社と連絡を取り、班組織を結成し、且つ支局ニュースを発刊すべきことを謀《はか》り、

三、同年七月二十二日の夜、函館市谷地頭小学校宿直室に開催せられたる戦旗函館支局第一回支局委員会に参加して、前述の如く、伊月剛三外数名の同志と共に支局を確立し、之を班組織に結成し、班員（支局員）並に読者獲得の方策を樹《た》て、役員推薦の結果、支局常任委員並に支局銀行班の責任者と為り、其の後、同年十月迄の間に亙り、同小学校又は前記斎藤松雄方其の他に於て屢《るる》、開催せられたる支局委員会並に常任委員会に毎回出席して、班員並に読者の獲得の協議を為し、其の間、前記支局ニュース、檄の発刊、配布に協力し、且つ同年八月、柿本一夫及び渡邉廣一を支局銀行班員に獲得し、又、其の頃、支局逓信班のオルガナイザーとして鈴木明、谷口重雄、三吉良太郎及び中島正實等を糾合の上、同班を組織結成し、

四、同年十月中、伊月剛三に代りて戦旗函館支局常任書記と為り、同年十一月迄、戦旗本社との連絡並に支局の統制に当り、其の間、前記斎藤松雄方其の他に於て数回、支局委員会及び常任委員会を開きて、班員並に読者獲得の協議を為し、又、支局学校班の責任者浅井喜一郎を通して函館商業学校内に於ける教員排斥運動を指導し、其の機に乗じて班員並に読者の獲得に務め、

「戦旗」創刊号表紙　1928年5月

又、戦旗本社より同年十一月発刊の「戦旗」数十部を密送を受け、其の一部宛を各班の責任者を通して約五十名の読者に各配布して、閲覧せしめ、

五、以て、日本共産党の目的遂行の為にする行為を為したるものなり。

■懲役二年

この事実について、札幌控訴院は、「被告人を懲役二年に処する。但し、第一審に於ける未決勾留日数中、九十日を本刑に算入する」旨の判決を言い渡した。

■上告趣意――重大な事実誤認又は擬律錯誤の不法

これに対し、被告人加藤秀雄から上告がなされた。弁護人には布施辰治、大森詮夫、河合篤、青柳盛雄が就いた。弁護人布施辰治、大森詮夫、河合篤、青柳盛雄の上告趣意は概要、次のようなものであった。

一、苟《いやしく》も、組織又は所謂結社の拡大強化とは、（一）主観的にその行為者に於て組織の存在及び其の目的を認識するのみならず、その組織の内容を知り、又、組織の拡大方法について知悉していなければならぬ。これに加えるに、行為の際、組織の拡大強化を図るという一定の目標を有する意思を必要とする。(二) 客観的には行為が組織の拡大又は強化という結果を生ずべき実質を具備しなければならぬ。本件につき原判決の認定したる被告人の行為は、全然右の要件を欠缺《けんけつ》している。

二、主観的に被告人が、その目的遂行の為に行動したりと認定せられた日本共産党の組織内容又は組織拡大方法について何等の知識を有して居なかったし、又、有すべきもなかったことは明白である。況《いわ》んや、被告人に於て行為の当時、日本共産党の組織拡大強化を図るというが如き特定的目標を有する意思を有して居なかった点は、一件記録、被告人訊問調書に明白なるに於てをやである。

三、被告人の行為を客観的に見るとき、亦、拡大強化の要件を全然、欠缺している。雑誌「戦旗」は日本共産党を支持し、同党の目的綱領を宣伝煽動する記事を掲載、頒布し、因《よ》って同党の拡大、強化を図ることを目的とするものなりという原判決の認定は、単なる事実無根以上の無知と独断の曲解の上に立っている。この雑誌の配布行為が日本共産党の拡大強化という結果を生ずるという認定に至っては、常識的推論の範囲を逸脱している。被告人の組織したる戦旗支局の任務は、雑誌「戦旗」の取次配布をすること以上、以外の何ものでもない。

四、所謂、支局の組織活動たる購読者の獲得、輪読研究会が日本共産党の拡大強化との間に持つ関係的距離は、天地と雲泥の間隔を遥かに超越しているにも拘らず、原判決が漠然、被告人の行為につき治安維持法第一条を適用したることは、断然不当にして、到底、破毀を免れざるものである。

■厳格解釈の必要性を主張

ここでも、弁護人は、治安維持法第一条第一項後段、第二項後段にいう「結社の目的遂行の為にする行為」に該当するとされる「国体の変革又は私有財産制度の否認を目的とする結社の存在することを知り、(当—引用者) 該結社を支持し、其の拡大強化を図る行為」の標準的解釈とは何かを詳しく検討した。

この検討に基づいて、その主観的要件として、「その行為者に於て組織の存在及び其の目的を認識するのみならず、その組織の内容を知り、又、組織の拡大方法について知悉していなければならぬ」ことに加えて、「行為の際、組織の拡大強化を図ると云う一定の目標を有する意思を必要とする」こと、また、客観的な要件として、「行為が組織の拡大又は強化という結果を生ずべき実質を具備しなければならぬ」こと、すなわち、「組織の拡大とは組織構成員の数的増大を謂い、強化とは組織構成の高度化、緊密化、統制化、例えば、切断せられたる連絡の回復、セクト的行動の克服等を指すものである」ことが必要となると解釈した。

そして、この解釈によると、本件被告人の所為はこれらの要件を明らかに欠いており、原判決が漠然と治安維持法第一条を適用したことは不当であると主張した。

■上告棄却とその理由——限定解釈の必要なし

当然の主張といえたが、大審院はこの主張を退け、上告を棄却した。その理由とされたのは概要、次のようなものであった。

一、被告人が、原判示の如く、日本共産党は国体の変革及び私有財産制度の否認を目的とする結社なること及び雑誌「戦旗」は同党の目的綱領を宣伝煽動する記事を掲載するものなることを知りながら、同党の主義に共鳴し、同党を支持する目的を以て、同雑誌の読者を増加せしめ、各読者に同雑誌を配布説読せしめたる行為ある以上、治安維持法第一条第一、第二項各後段の犯罪を構成する。

二、右犯罪の成立に付て叙上事実以外、更に所論の如く、被告人が日本共産党と組織上の関係を有し、且つ詳細に同党の組織の内容又は組織拡大方法を知悉したることを要するものに非ず。

三、雑誌「戦旗」が新聞紙法に準拠して届出を為しあるものなればとて、之が為に右犯罪の成立を妨ぐることなし。

四、然《しか》れば、原判決が叙上事実を認定し、前示法条に問擬したるは相当にして、所論の如く、擬律《ぎりつ》（犯罪事実に法律を適用すること—引用者）錯誤の違法あるものと謂うべからず。

■被告人の上告趣旨——即時、無罪を要求

被告人によると、その上告趣意のなかで、「吾々は、第一に、吾々を窮地に陥れる此の論理の軽業を徹底的に釈明《ママ》し、同時に日本共産党を目指しての特殊の弾圧法たる治安維持法の即時撤廃を要求し、第二に、プロレタリア文化運動の必然性を強調することに依り、吾々の即時無罪の判決を要求し、第三に、第二審に於ける吾々の言論に対する干渉を判然せしめることに依って、分離的暗黒裁判に反対する」として、次のような本質的な主張がなされている。興味深いので、この点もここで紹介しておきたい。概要、次

のように主張されている。

一、「戦旗」はプロレタリア大衆に正しい階級的啓蒙教育を与え、彼等をして正しき擁護の為の方法を執らしめる為、階級運動一般に駆り立て、且つブルジョア的阿片雑誌より彼等を切離《せつり》する為の大衆的啓蒙雑誌である。従って、其の記事は文化的、啓蒙的、教育的であって、絶対に党の指導書類又は労働組合の指令檄文であったりするものではない。戦旗支局は唯、雑誌「戦旗」の組織的販売配布に依る支局の拡大強化より以上の任務を有せず。プロレタリア全階級運動の代表団体ならざるは勿論、労働組合でも、共青同盟でもない。戦旗支局は、組織されたる個人が他の組織に動員され、組織され様《よう》とも、夫《そ》れは我々の組織に何等の関係はなく、支局が或る程度迄、発展すれば、労働組合組織又は政党組織に転化したりするものであろうと考えるのは、我々の階級組織の如何《いか》なる部分にも表われていない。我々は労働者農民及び一般被圧迫的民衆の何等かの利益擁護の為に戦旗支局を組織したけれども、共産党の拡大強化を目的として組織したのではない。戦旗支局の拡大強化と他の組織の拡大強化とをごっちゃに考えてはならぬ。「斯々云々《かくかくうんぬん》の行為をなし……日本共産党を拡大強化せり」との判決は、正しく無理無道なる治安維持法違反捏造の為の日本支配階級の意図の反映にして、俗悪なる論理の軽業《かるわざ》に過ぎない。我々を同法違反の陥穽《かんせい》に突き落すのは、全く不当である。吾々は無罪でなければならぬ。

二、第二審に於て、共犯者伊月剛三は美事なる改悛振りを示し、我々の組織の為に正しき主張を為さず。依って、自分は伊月の誤謬を正し、我々の組織の為に正しき釈明を為さんとしたるに、裁判長は、「伊月の事は言わなくてもいい」と再三、再四、被告人の弁明を妨害したり。之は明白に分離裁判であり、組織を裁くに非ずして、個人の裁判なり。吾々は個人的分離裁判には絶対反対なり。被告の言論を干渉妨害することは絶対反対なり。予審調書は暗黒分離裁判にして、組織の統一的裁判に依る調書に非ざるを以て、之を否認する。吾々は統一裁判を希望する。又、第二審に於ける自分の主張及び同志野村勝次の証言及び同人の調書に信を措く。

■被告人ならではの主張

右は弁護人ではなし得ない、被告人ならではの主張といえる。世界恐慌等によって需要が増している一般の合法的な文化的、啓蒙的、教育的団体等を日本共産党等の「外郭団体」と問擬し、これを「俗悪なる論理の軽業」を用いて結社目的遂行罪で処断することの不当性が強く訴えられている。

「転向した」共犯者が分離公判によってこの「俗悪なる論理の軽業」の証人に仕立て上げられることに対しても強い批判が加えられている。

■被告人の上告も却下——論旨はすべて理由なし

大審院の反発は激しいものがあり、被告人の主張が概要、次のように全面的に退けられている。

一、被告人が所論の如く治安維持法の即時撤廃を要求し、又、被告人が無産大衆の要望に副《そ》うの意思を以て本件行為に及びたるものとするも、之が為に其の責を免れ得べきものに非ず。論旨第一は其の理由なく、又、仮に原審裁判長が論旨第二に摘示するが如き言辞を以て被告人に注意を与えた事実ありとするも、這《これ》は被告人の陳述が自己の行為に関する弁明以外に渉りたるが為に外ならざること、其の言辞自体に依り明白にして、記録に徴するに、所論の如く被告人が為さんとしたる正当なる弁明を阻止したると認めるべき何等の形迹《けいせき》なきを以て、其の措置は違法に非ず。

二、予審に於ける取調は被告人各別に為すを本則とし、且つ之を公行すべきものに非ざること言を俟たざれば、予審調書が統一的裁判に依らず分離的秘密の取調に成りたることを云々して之を攻撃する論旨部分は、甚《はなはだ》、其の謂われなきものにして、論旨第二も亦、総《すべ》て其の理由なし。

「結社目的遂行行為」の罪をさらに拡大適用

本判決により、日本共産党などと直接の関係を有しない一般の合法的な文化的、啓蒙的、教育的団体等といえども日本共産党などの「外郭団体」と問擬し、「結社目的遂行行為」の罪で処断するというもはや法解釈の範囲を超えた著しい「拡大」適用に大審院のお墨付きが正式に与えられることになった。

《武装共産党事件》（田中清玄宿泊等事件）

——友人を宿泊させることも「結社目的遂行行為」

昭和七年四月二日第三刑事部判決

本件では共産党委員長などを宿泊させたことなどが治安

維持法第一条の「結社目的遂行行為」の罪に該当するとして起訴された。弁護人は無理な法解釈および法適用で無罪だと主張した。大審院がどのような判断をするのかが注目された。

■罪となるべき事実——結社の目的遂行のためにする行為

第四次共産党事件（武装共産党事件）のうち大阪地方裁判所に係属のいわゆる田中清玄《きよはる》宿泊等事件について、原審の大阪控訴院が認定した「罪となるべき事実」は概要、次のようなものであった。

一、被告人片岡鐵兵は、昭和二年頃よりマルクス主義に関する文献を渉猟研究し、漸次、共産主義を抱懐するに至りたるが、翌昭和三年中、日本共産党が、我立憲君主制を廃止し、私有財産制度を否認し、以て共産主義社会を建設することを目的とする秘密結社にして、其の拡大強化に努力活動し居ることを知るや、深く同党の主義主張に共鳴し、其の活動に協力せんと決意し居たる折柄、

二、被告人片岡鐵兵は、田中清玄以下、左記の者等が日本共産党員にして、同党の為、現に非合法的活動を為し居ることを知悉しながら、

（イ）昭和三年十一月頃、田中清玄を同年十二月末頃、多本利一を、昭和四年一、二月中、数回、各別に田中清玄、田本利一、蔵前光家を、昭和五年三月二十五日、田中清玄及び田代文久を夫々《それぞれ》、東京府多摩郡落合町葛ケ谷十五番地なる被告人当時の居宅に匿《かく》まい、以て其の活動を助長せんことを図り、

（ロ）昭和四年四月頃、数回、田中清玄、田本利一、蔵前光家、松浦長彦の三名を、同年六月頃及び昭和五年三月二十六日の二回、田中清玄及び蔵原惟人の二名を、昭和五年四月四日、田代文久及び山内某の二名を右居宅に於て、又、同年四月五日、右山内某及び小林某の二名を東京市内飯田橋附近電車道に於て、同年四月十二日、田代文久及び蔵原思惟人の二名を東京市外荒川停留場附近に於て、夫々、会合協議せしめ、以て其の連絡の衝に当り、

三、右田中清玄、蔵原惟人の要求に依り、昭和四年九月頃より昭和五年五月中旬迄の間、前記居宅其の他、東京市内外に於て、右蔵原惟人、永田一修、村田文雄の手を経て、同党の活動資金として前後十回に亙り、合計金三百七十円を同党に供与し、以て同党の財政の強固を図り、

四、因《よ》って同党の拡大強化に努力して、同党の前示目的

片岡鐵兵と光枝夫人
東京・杉並区西高井戸の自宅にて
昭和10年頃。
片岡は昭和7年に獄中より転向を発表し、
翌年に仮出獄した

遂行の為にする行為を為したるものなり。

■懲役二年

この事実について、大阪控訴院は「被告人を懲役二年に処する」旨の判決を言い渡した。

■上告趣意――法律適用の誤り

これに対し、被告人片岡鐵兵から上告がなされた。その弁護人には伊東長一郎が就いた。弁護人伊東長一郎の上告趣意は概要、次のようなものであった。

原判決、法律適用の部を見ますと、被告人の各所為は治安維持法第一条第一項、第二項中、各結社の目的遂行の為にする行為に関する規定に該当するとしてありますが、是は、少々、見当違いではないかと信ずるのであります。

被告人の各所為は日本共産党の目的を遂行すると云う意味ではなく、同党員田中清玄等の行動に付て助力したと見るのが本当ではないかと思います。即ち、原判決摘示の第二事実の（イ）及び（ロ）は、主犯田中清玄等の行動を幇助したものであります。又、第三事実の所為は治安維持法第五条に該当すると見た方が穏当であると信じます。即ち、右の如き意味に於て、原判決は法律の適用を誤って居るものと思うのであります。

上告棄却とその理由──擬律錯誤の違法なし

これに対し、大審院は「本件上告は之を棄却する」という主文を言い渡した。その理由とされたのは概要、次のようなものであった。

一、治安維持法第五条に至りては、叙上の如き結社に対し重要なる関係に立つことなく、単に金品を供与し又は其の申込若《もしく》は約束を為す等、第一条第一項、第二項又は第二条乃至第四条の罪を幇助する従犯行為を一個の独立罪として処罰するの趣旨に過ぎざるが故に、若し第一条所定の結社の目的遂行の為にする行為を為す者に於て第五条所定の行為を為すも、(当──引用者)該行為は結社の目的遂行の為にする行為中に吸収せられて、別罪を構成せざるものと謂わざるべからず。

二、然《しか》らば、原判決が、被告人に判示田中清玄等を宿泊せしめたるが如き結社の目的遂行の為にする行為を為したることと、蔵原惟人等に金品供与の行為をなしたることとを認定し、之を治安維持法第一条第一項、第二項中、結社の目的遂行の為にする行為に関する規定に問擬したるは寔《まこと》に相当にして、毫も所論の如き擬律錯誤の違法存在するものと謂うべからず。論旨は理由なし。

判決要旨

本判決の判決要旨も、「治安維持法第一条所定の結社の目的遂行の為にする行為を為す者に於て、同法第五条所定の行為を為すときは、当該行為は結社の目的遂行の為にする行為の包括一罪として処断する」とされることになった。

処罰の漏れた網を解釈で補う

問題は、「田中清玄等を宿泊せしめたること」が何故、「結社の目的遂行の為にする行為」に該当するかどうかであった。しかし、その理由は判決理由によっても知ることはできなかった。何故、「相当」かについてはまったく述べられていないからである。

思うに、治安維持法第五条違反の罪が「金品其の他の財産上の利益を供与し又は其の申込若くは約束を為す」ことに限定されているために同条違反の罪で問擬し得ないことから無理を承知で「結社目的遂行行為」の罪が用いられたものと推察される。不可罰とされる幇助行為を「拡大」解釈により正犯行為に格上げして、法の網の「漏れ」を補い有罪とするというのも、治安維持法に関する裁判所の解釈・適用の特徴の一つであった。

《無産者新聞等編集発行事件》
——包括一罪により治安維持法違反を柔軟に適用

昭和六年十一月二十六日第一刑事部判決

吸収一罪か包括一罪か

本件でも吸収一罪か包括一罪かが再び争点とされた。治安維持法違反の各罪についてその相互の関係を検討すると一定の論理的な関係に立つものと考えられなければならない。これを結社加入の罪と「結社の目的遂行行為」の罪についてみると、前者は主で後者は従という関係に立ち、したがって、後者は前者に包含吸収される関係にある。弁護人によるとこのように主張された。この点に関する大審院の態度が再び注目されることになった。

■罪となるべき事実——結社の目的遂行の為にする行為

新潟地方裁判所に係属の無産者新聞および第二無産者新聞編集発行事件について、原審の東京控訴院が認定した「罪となるべき事実」は概要、次のようなものであった。

一、被告人（西山武一《たけいち》）は、大正十二年三月、佐賀高等学校を卒業し、次《つい》で大正十五年三月、東京帝国大学農学部を卒業したるものにして、右高等学校在学時より深く社会科学を研究して、大正十四年頃より革命的共産主義思想を抱くに至りたるが、大正十五年頃より全日本無産青年同盟の教育部書記として労働運動に参加し、同年九月、日本農民組合新潟県連合会新発田支部の書記として、次で昭和二年四月、同農民組合新潟県連合会主事として、爾来、新潟県内に於て農民組合運動に従事し居りたるものなる処、

二、昭和三年二月頃、日本共産党員にして信越地方オルガナイザーたる河合悦三の勧誘によりて、日本共産党が我立憲君主制を撤廃し、且つ私有財産制度を否認して、無産階級独裁による共産主義社会を実現することを目的とし、国際共産党（第三インターナショナル）の一支部として組織せられたる秘密結社なることを知り乍《なが》ら、之に加入して、其の党員となり（第一事実—引用者）、

三、昭和三年三月中旬頃以降は東京府内に居住し、右結社の組織拡大強化を図る為、昭和四年三月上旬頃、日本共産党員なる落合直文と協議の上、東京府内に於

て四谷郵便局工場新聞「郵便労働者」を約十五部宛、二回発行し、同年七月頃、同党員なる佐野博より無産新聞の編集を依頼せられるや、其の発行責任者桑江常格と協議の上、東京府内に於て同年八月十四日附及び同月二十日附各発行の同新聞の編集に関与し、右無産新聞が其の発行を禁止せられるや、同年九月中、右桑江常格と協議の上、更に東京府内に於て、第二無産者新聞を編集発行し、同年下旬以降は自ら其の責任者となって、同新聞を編集発行し（第二事実―引用者）、四、以て、右日本共産党の政策を労農大衆に宣伝して、当該結社の目的遂行の為にする行為を為したるものなり。

■懲役四年

この事実について、東京控訴院は、次のような刑を言い渡した。

其の所定刑中、懲役刑を選択し、其の範囲内に於て、被告人を懲役四年に処す可《べ》く、但し、原審に於ける未決勾留日数中、九十日を右刑に算入すべきものとする。

■上告趣意――擬律説示を欠く不法

これに対し、被告人西山武一から上告がなされた。その弁護人には布施辰治、大森詮夫、河合篤、青柳盛雄が就いた。弁護人布施辰治、大森詮夫、小林恭平、河合篤、青柳盛雄の上告趣意は概要、次のようなものであった。

一、目的罪たる治安維持法の加入罪は加入すべき団体の目的を認識し、支持し、実行する一切が、加入の目的として加入罪の犯罪内容中に包含吸収せられるべきものであることは、極めて明白である。何故ならば、治安維持法違反の処罰を弾圧せられる原判決に所謂、秘密結社、日本共産党の有する目的は不断の活動を以て、その遂行を続けられて居る。党員資格獲得の加入は、事実としても条理としてもその目的遂行に協力すべき誓約に外ならないと同時に、その目的遂行に誓約する加入罪は、必然目的遂行の為にする行為を包含吸収して、加入罪の犯罪内容を為すべきものなることに、何者の異議をも挟むことを許さないからである。

二、果たして、然らば、被告人西山武一に対する原判決認定の第三事実は、第二事実、党員資格獲得の加入罪に包含吸収せらるべき当然の党員活動であって、絶対に別罪若《も》しくは手段、結果の関係を有つ牽連犯を構成するものではないと同時に、第一の党員資格獲得の加入罪が旧法時代に於て単一の即時犯として加入の約諾と共に成立して居ることを認められた限り、その後に第二事実として認められたる目的遂行の為にする行為は、新法時代に及んで居るからと云う理由を以て、新法の別罪構成若くは牽連犯を構成するものとして擬律《ぎりつ》せらるべきものでは絶対にない。このことは、余りよい例ではないが、窃盗罪に於ける窃盗罪の成立は、現に他人の物である贓物《ぞうぶつ》の処分を以て別に新しい横領罪の構成を擬せず、贓物の処分は当然、窃盗罪の結果として窃盗罪の内容に包含吸収せられるのと、法理論としては同一にみられなければならない。

三、原判決は被告人西山武一の第一、第二の所為を連続犯として擬律して居るが、新法の所謂、目的遂行に関する規定は其の立法沿革に於て、且つその処罰理由に於て、未だ党員資格獲得を有せざる者若くは既に党員資格を取得したるも、その点に付て一旦処罰を受け、再び之を処罰すること能わざる、党員資格と引離された行為者に限って適用せられるべきものである点から見ても、党員資格獲得の第一行為と相並立して目的遂行事項協力の第二項を連続犯とすることは、絶対に法律解釈の誤謬を犯して居る。

■上告棄却とその理由——連続犯としたのは失当だが結論は妥当

これに対し、大審院は、「本件上告は之を棄却する」という主文を言い渡した。その理由は概要、次のようなものであった。

一、加入罪は社員資格の獲得、即ち、狭義の加入行為及び結社支持行為を包括し、此等の行為は何《いず》れも可罰性を有するものなるが故に、一を以て他を吸収するに非ずして、皆、其の可罰性を保持しつつ、相合して包括的の一罪を組成し、其の内容を拡充すること、之を譬えば、内乱罪又は騒擾罪を組成する多数行為相互の関係又は収賄罪に於ける約束行為及び収受行為相互の関係と異る所なし。要之（要するに—引用者）、結社組織罪は結社の創設及び支持を目的とするものにして、其の目的に出づる一切の行為を包括する一罪たるべく、結社加入罪は其れ自体に於て結社の支持行為に属し、結社資格獲得行為と目的遂行行為を包括する一罪たり。新法に於て新《あらた》に指導行為と目的遂行行為とを加えたるは、前者が狭義の組織行為を伴わず、又、後者が狭義の加入行為と相伴わざる場合あることを慮《おもんばか》りたるに因るものなるべし。

二、斯《かく》の如く終始、発展拡充して包括的に一罪を組成する一団の多数行為が、旧法時代より新法の下に継続して実行せられたる場合に於ては、之を分割することなく、其の全体を包括一罪とし、之に対して新法を適用すべきものなることは、既に久しく本院判例の趣旨に於て承認せられる所なり。

三、原審が判示被告人の行為を包括一罪とせず、連続犯なりと為したるは正当に非ず。且つ連続犯たるべき数個の行為は不可分的に処分すべきものなるが故に、之を分割して一部に付て新旧法を比照すべきものに非ざるに拘わらず、原判決が斯の如き比照を為したるは是亦、失当たるを免れず。

四、然れども、結局する所、被告人の行為を治安維持法第一条第一項後段の刑に処すべき一罪として処断したるものにして、罪名、刑の範囲並に刑の量定等、毫も結果を異にすべきものに非ざるが故に、右擬律を以て原判決破毀の理由と為すに足らず。

治安維持法違反の罪の「包括性・継続性」

A罪を適用することが難しい場合にはB罪を拡大解釈して適用する。他方、B罪を適用することが難しい場合にはA罪を拡大解釈して適用する。このように各罪を融通無碍に利用し合うことによって「余さず残さず」厳罰に処する。すでに触れたように、それが可能というのが治安維持法違反の罪の特徴の一つであった。

大審院もこの「柔」構造を追認し、そのような法適用にお墨付きを与えた。そのために本判例が持ちだしたのが「包括性・継続性」という性格付けであった。治安維持法違反の罪はそれぞれが独立しているために「包含・吸収」の関係にはないが、「包括性・継続性」の故にこれ等は排他的な関係にはなく重複的に適用することもできる。このような考え方であった。

このような重複的適用の許容はいうまでもなく刑法の「明確性」の原則および「断片性」の原則に反するものであったが、治安維持法には刑法の原則は適用されないというのが立法者の理解で、大審院もこのような理解を共有していた。

《川崎武装メーデー事件等》
――日本共産青年同盟および労働組合にも結社目的遂行行為の罪を適用

昭和七年四月二十八日第一刑事部判決

本件では日本共産青年同盟および日本労働組合全国協議会傘下の労働組合をもって日本共産党の「外郭団体」と看做され、日本共産青年同盟および日本労働組合全国協議会傘下の労働組合の活動家等をもって治安維持法第一条の「結社目的遂行行為」の罪に該当するとして起訴された。これに対し、弁護人は、日本共産青年同盟および日本労働組合全国協議会傘下の労働組合は日本共産党とは別個独立の組織および活動目的を持つ団体で、その活動をもって「結社目的遂行行為」に問擬することはできない。メーデーの暴動化、革命化というのも事実誤認であるとして無罪を主張した。大審院の判断が注目された。

■罪となるべき事実――結社加入未遂

川崎武装メーデー事件等のうち横浜地方裁判所に係属の被告事件について、原審の東京控訴院が認定した「本件犯行に至る経過」のうち、被告人阿部作蔵に関しては概要、次のようなものであった。

一、日本青年共産同盟は、青年独自の立場に於て、日本共産党と同一目的の実現を期する秘密結社にして、共産青年同盟「インターナショナル」の日本支部として、之が指導の下に青年独自の立場に於て、前記目的の実現（共産主義社会の実現―引用者）に努力し居るもの、又、日本労働組合全国協議会は、日本化学労働組合及び日本金属労働組合其の他の産業別労働組合を統制する連合体にして、前記両結社（日本共産党及び日本共産党青年同盟―引用者）の目的を支持し、其の指導下に、主として経済闘争の手段に依り、前記結社の目的達成を期するものなるところ、

二、被告人阿部作蔵は、尋常小学校卒業後、大正十二年五月、日本石油株式会社に雇われ、翌十三年十月以来、同会社鶴見製油所に於て製油手として働き、其の傍《かたわら》、昭和四年三月、日本労働組合総同盟、神奈川石油労働組合日石支部に加入し、次《つい》で其の支部幹事となり、労働運動に従事して居りたるが、右石油労働組合の主張に慊《あきた》らず、日本共産党及び日本共産青年同盟並《ならび》に日本労働組合全国協議会日本化学労働組合の目的達成の為に努力せんことを決意し、

三、先ず昭和五年一月中旬、被告人沼田庄一と共に日本

化学労働組合日石分会を組織し、日本共産青年同盟員京浜地区オルグ山田事村瀬溥太郎の指導を受け、其の機関紙「タンク」を発行配布して会員の獲得に努力し居りたるものなるところ、同年二月上旬、横浜市鶴見区潮田東入町二百六十八番地高田方に於て、右村瀬溥太郎より日本共産青年同盟に加入の勧誘を受け、其の情を知り乍《なが》ら、即時、之を快諾したるも、未だ右同盟上部の承認を得るに至らざりし為、之が加入の目的を遂げず、

四、更に同年四月上旬以降三月迄の間、屢《るる》、上部と連絡してメーデー対策等に関し指示を受け、他方、又、横浜市鶴見区塩田東入町二千三百五十七番地の被告人高橋千代吉方又は東京府下池上本門寺裏山其の他に於て、数回同志の会合を催し、右同盟の東浜地方に於ける今後の活動方針、赤色自衛団組織の必要、メーデーを暴動化する武装デモの決行等に関し種々、指導協議を為し、

五、以て右同盟の目的遂行の為にする行為を為したるものなり。

被告人沼田庄一に関しては概要、次のようなものであった。

一、被告人沼田庄一は、尋常小学卒業後、大正十五年九月以来、日本石油株式会社鶴見製油所に荷造工として働き、其の傍《かたわら》、昭和二年三月、日本労働組合総同盟神奈川石油労働組合日石支部に加入したるが、被告人阿部作蔵等と共に「戦旗研究会」を開催し、会員を指導して研究を続け、日本共産党、日本労働組合全国協議会、日本化学労働組合の目的及び其の相互の関係が冒頭記載の如くなることを知悉して、深く之に感動共鳴し、昭和五年一月中旬、被告人阿部作蔵と共に日本化学労働組合日石分会を組織し、日本共産青年同盟員京浜地区オルグ山田事村瀬溥太郎の指導を受け、其の機関紙「タンク」を発行配布して、会員の獲得に努力し居りたるが、

二、次《つい》で、横浜市鶴見区潮田入宮町千二百九十四番地に於て、右村瀬溥太郎と同居中、同年二月五日頃右住居に於て、同人より、日本共産青年同盟が冒頭記載の如き目的を有する秘密結社にして日本共産党との関係が冒頭記載の如くなることを説明せられたる上、右同盟に加入の勧誘を受け、其の情を知り乍《ながら》、即時、快諾したるも、未だ右同盟上部の承認を得るに至らざりし為、之が加入の目的を遂げず、

三、次《つい》で、同年二月中旬頃より同年三月中旬頃迄の間に、横浜市又は川崎市内に於て、右同盟の日石工場細胞の組織を担当して、被告人阿部作蔵と共に被告人酒井健吾、中島友之助等に対し又、被告人単独にて、被告人高橋千代吉に対し、孰《いず》れも右同盟に加入方を勧誘し、爾来、同年四月中旬迄の間、横浜市鶴見区潮田東入町二千三百五十七番地の当時の被告人居宅其の他に於て、数回、同志の会合に列席し、右同盟の東浜地方に於ける今後の活動方針、赤色自衛団組織の必要等に関し指導協議を遂げ、

四、以て右同盟の目的遂行の為にする行為を為したるものなり。

被告人高橋千代吉に関しては概要、次のようなものであった。

一、被告人高橋千代吉は、高等小学第一学年終了後、大正十四年一月以来、日本石油株式会社鶴見製油所に雇われ、其の傍《かたわら》、昭和四年十二月日本労働組合総同盟神奈川石油労働組合日石支部に加入し、其の後執行委員に挙げられたるが、昭和五年一月以降、雑誌「戦旗」及び「無産青年」、「第二無産者新聞」等を読み、左翼思想を抱き、次で日本共産青年同盟が冒頭記載の如き目的を有する秘密結社にして、日本共産党との関係が冒頭記載の如くなる事実を知悉し乍《なが》ら、同年四月末日迄の間、屢《るる》、被告人沼田庄一等と連絡して、之が活動に関する指示を受けたる外、前後数回、横浜市鶴見区潮田東入町二千二百三五十七番地の被告人方又は東京府下池上本門寺裏山其の他に於て開催せられたる同志の会合に列席し、右同盟の京浜地方に於ける今後の活動方針、赤色自衛団組織の必要、メーデーを暴動化する武装デモの決行等に関し協議を遂げ、

二、更に被告人阿部作蔵より、「日本共産党、日本共産青年同盟の旗の下に」、「プロレタリヤ独裁万歳」等の標語を掲げたる日石細胞機関紙「赤タンク」一号（昭和五年地押第一九三号の四十七、六十四）約二十部並に、「天皇を親玉とする資本家地主の政府を倒せ」、「労働者農民の政府を作れ」、「日本共産党、日本共産青年同盟に入れ」等の標語を掲げたる同第三号約四十部を受取り、其の都度、内約十部を同志田浦吉郎に交付して、之が配布を託し、残部は之を自ら日石工場の職工等に配布し、其の目的の宣伝煽動に努めたるものなり。

被告人中島友之助に関しては概要、次のようなものであ

った。

一、被告人中島友之助は、高等小学校卒業後、昭和三年一月以来、日本石油株式会社鶴見製油所に雇われ、人夫として働き、其の傍《かたわら》、昭和四年頃、日本労働組合総同盟神奈川石油労働組合日石支部に加入し、次《つい》で同支部幹事に挙げられ、更に昭和五年二月下旬日本化学労働組合日石分会に、被告人沼田庄一を介し、入会したるも、

二、爾来、被告人沼田庄一等より日本共産青年同盟の目的綱領等を説明せられ、右同盟が冒頭記載の目的を有する秘密結社なることを知悉し乍《なが》ら、同年四月末迄の間、屢《るる》、被告人阿部作蔵等と連絡して之が活動に関する指示を受けたる外、前後数回、東京府下池上本門寺裏山及び横浜市鶴見区潮田東入町二千三百五十七番地、被告人高橋千代吉方其の他に於て開催せられたる同志の会合に列席し、右同盟の東浜地方に於ける今後の活動方針、赤色自衛団組織の必要、メーデーを暴動化する武装デモの決行等に関し協議を遂げ、其の目的の宣伝煽動に努めたるものなり。

被告人土井喜久雄に関しては概要、次のようなものであった。

一、被告人土井喜久雄は、昭和三年三月、東京帝国大学文学部仏文科を卒業したるものなるが、同大学入学後、「帝大新人会」に入会して社会科学の研究を為し、在学中既に昭和二年十月労働農民党東京支部書記長となり、次《つい》で同党東京府支部連合会執行委員を兼ね、昭和三年四月同党解散後、新党組織準備会東京支部連合会常任書記となりたるが、其の後、右地位を去り、

二、昭和五年三月、関東金属労働組合に加入し、芝地区の責任者となり、労働者解放運動に専念従事し居りたるものなるところ、其の間、日本共産党、日本共産青年同盟及び日本労働組合全国協議会、日本金属労働組合の目的並に其の間の関係が冒頭記載の如くなることを知悉し乍《なが》ら、深く之に共鳴したるものなり。

被告人盧煒澤《ろいたく》に関しては概要、次のようなものであった。

一、被告人盧煒澤は、京都市所在紫野中学校第五学年を中途退学し、爾来、二、三職業を変えたる傍、昭和三年七月、東京合同労働組合に加入し、次で昭和五年三月中旬、日本金属労働組合に加入し、城北地区の責任

者となり、労働者解放運動に専念従事し居りたるが、

二、其の間、日本共産党及び日本共産青年同盟と日本労働組合全国協議会、日本金属労働組合の関係及び其の目的が冒頭記載の如くなることを知悉し乍ら、深く之に共鳴したるものなり。

被告人窪田喜一《きいち》に関しては概要、次のようなものであった。

一、被告人窪田喜一は、尋常小学校卒業後、電気仕上工として共立電機製作所に雇われたる外、東京市外の電気工場を転々し居りたる中、大正十四年春頃、関東金属労働組合に加入し、城南支部委員となり、其の後、右組合が日本金属労働組合と改称後も引続き同組合城南地区委員として居残り、更に昭和五年一月中、選挙闘争同盟に関係し、右同盟芝地区委員として二回、該協議に参加したるが、

二、其の間、「第二無産者新聞」等を愛読して、日本共産青年同盟が冒頭記載の目的を有する秘密結社なることを知悉し乍ら、深く之に共鳴したるものなり。

被告人杉田一夫に関しては概要、次のようなものであった。

一、被告人杉田一夫は、高等小学校一学年を中途退学し、大正八年二月以来、東京府下渋谷町所在、横河電機製作所に電気職工（調整工）として雇われ中、昭和五年二月、関東金属労働組合横河工場分会に入会し、次《つい》で同年四月上旬、日本金属労働組合に関係して、同組合芝地区責任者なる松田事土井喜久雄等と連絡を執り、労働者解放運動に従事し居りたるが、

二、其の間、雑誌「戦旗」等を愛読して日本共産党が冒頭記載の目的を有する秘密結社なることを知悉し乍ら、深く之に共鳴したるものなり。

これらの事実を踏まえて認定された「罪となるべき事実」は概要、次のようなものであった。

一、叙上被告人沼田庄一を除外したる其の余の被告人等は、外数名の者と共に、昭和五年五月一日、川崎市内に於てメーデーの挙行せらるるを奇貨とし、武装デモを敢行せんことを企て、同志を以て行動隊を組織し、之をアヂプロ隊、破壊隊、武器隊に分ち、隊員各自、武器を用意し、メーデー当日の朝、之に参加の為、横

浜市鶴見区所在潮田神社境内に参集する日石工場職工等に竹槍等を供与して、之を武装せしめ、同人等を使《し》嗾《そう》して、右日石工場其の他附近の工場を襲撃し、次《つい》でメーデー示威行進を要撃し、之を暴動化することを決定し、

二、斯《か》くて隊伍を整え、同日午前九時過頃、同町所在潮田神社境内に到りたるところ、時、既に遅く、メーデー参加の日石工場職工等は同所を立去り居りたるを以て、前記メーデー参加の職工等の後を追跡することとし、同隊を指揮引率し、川崎市宮本町所在の稲毛神社境内入口に到り、同所会場内に参集せる約二千三百有余名のメーデー参加団体に対し乱入したるが、

三、其の際、被告人阿部作蔵は、被告人木南栄治が警戒取締中の神奈川県警部内宮藤吉の為、制止せられ逮捕せられんとしたるを見受け、同警部を射殺して之が逮捕を免れしめんと決意し、直《すぐ》に所携の実弾装置の五連発拳銃を以て同警部の首辺に押付け狙撃し、同人の左頸部に全治三十日を要する盲貫銃創を負わしめ、更に同所附近の路地に於て同被告人を追跡逮捕せんとしたる同県警部補磯部利作を射殺して逃走せんことを企て、前記拳銃を以て同人を狙撃したるも、同人の左頬部に全治約七日間を要する擦過傷を負わしめ、

四、被告人中島友之助は、其の際、被告人阿部作蔵がメーデー副指揮者、日本労働総同盟幹事近藤武男の為、取押えられ居るを目撃し、右阿部を逃走せしめんと企て、直に所携の鉄製角鑪《かくろ》を以て近藤武男の後頭部を強打し、又、被告人八木渡も、其の際、近藤武男に対し所携の鉄製角鑪を以て同人の後頭部を強打し、因《よ》って同人の後頭部に全治約二十五日間を要する左後頭部打撲性裂傷外一個の傷害を加え、依って冒頭記載の両結社の目的遂行の諸般の活動を為したるものなり。

■懲役十五年など

この事実について、東京控訴院は、次のような刑を言い渡した。

被告人阿部作蔵を懲役十五年に、被告人中島友之助を懲役五年に、被告人高橋千代吉、沼田庄一、土井喜久雄を各懲役四年に、被告人窪田喜一を懲役三年に、被告人盧煒澤、酒井健吾を各懲役二年六月に処す可《べ》く、

未決勾留日数中、被告人阿部作蔵、高橋千代吉、中島友之助、木南栄治、窪田喜一、西川秀雄に対しては各二百十日、被告人酒井健吾に対しては各二百日、被告人沼田庄一、土井喜久雄、盧煒澤、清水忠一、杉田一夫、八

木渡に対しては各百七十日、被告人豊島光親に対しては百四十日を、孰《いず》れも前記本刑に算入す可く、

被告人木南栄治、清水忠一、西川秀雄、豊島光親に対しては、犯情に鑑み、刑法第二十五条、刑事訴訟法第三百五十八条第二項に依り、孰れも右裁判確定後三年間、其の刑の執行を猶予す可きものとする。

■上告趣意——共産党と労働組合などとは区別すべき

これに対し、被告人阿部作蔵外七名から上告がなされた。弁護人には越村安太郎、細迫兼光、河合篤、布施辰治が就いた。被告人阿部作蔵の上告趣意は概要、次のようなものであった。

一、日本共産党、日本共産青年同盟、日本労働組合全国協議会は、それぞれ異なった組織と目的とを持って居り、従って、此れ等の三つの組織体を並べることによって、孰《いず》れも党と同じ目的を持つものであり、若《も》しくは同じ目的達成を期するものであると云う考えは、明白に間違いであります。

二、分会は、メーデーの暴動化、革命化については一言も協議して居ないし、そんなことは客観的、主情的の状勢から見ても到底、考えられません。分会は唯々《ただただ》、どうかして左翼労働組合としてメーデーに参加したかったのであります。

三、内宮警部に拳銃を発射したのも、私は非常に切っぱ詰った状態にあったので、そこから逃れるためには出来るだけ抵抗してやろうと云う考えはありましたが、殺してやろうと云う様な意思は、そこにはちっとも動いて居ないのであります。咄嗟の場合、どうしようの、こうしようのと云う明確な意思は到底、持たれませんでした。

四、磯部警部補に拳銃を発射したのも、私は組み伏せられながら観念して、右手をのばしながらポケットからピストルを抜き出して、口へ持って来ました。ピストルは口の中に入れて、打てば死ねると聞いて居ました。そして、その場合には、私は死ぬべきだと考えて居ました。危いと警官が叫んだようです。そして、私がピストルを口に嚙んだ時、その刹那、三人の男が飛んで来て、いきなり私の手を払いのけました。その男は総同盟のダラ幹でありました。丸（拳銃—引用者）はそのはづみで発射されたものと思われます。警官に丸は二発あたって居るとすれば、ピストルを口に持って来る途中て、互に懸命でもみ合って居るので、多分、指に力がはいって引金を引いたのではないかと思います。

殺す意思はありませんでした。

■上告棄却とその理由——労働組合等の活動も結社の目的遂行の為の行為に問擬し得る

これに対し、大審院は「本件上告は孰《いず》れも之を棄却する」とし、「被告人阿部作蔵、沼田庄吉、高橋千代吉、中島共之助、盧煒澤、杉田一夫に対し、当審に於ける未決勾留日数中、各三十日を夫々《それぞれ》、本刑に算入する」という主文を言い渡した。その理由とされたのは概要、次のようなものであった。

その第一は、治安維持法に所謂、国体の変革、私有財産制度の否認を目的とする結社の意義に関してである。概要、次のように判示されている。

一、治安維持法に所謂、国体の変革、私有財産制度の否認を目的とする結社とは、必しも其の結社独自の力によって其の目的の実現を為し得る組織体たることを要せず。他の同一目的を有する結社と相俟《あいま》ちて、右の目的の実現を為す結社も亦、右に所謂結社たるものとする。

二、日本共産青年同盟も日本労働組合全国協議会も、夫々《それぞれ》、其の独自の立場を有し、従って日本共産党とは別個の存在を有することは、以上の認定によりても明白なりと雖《いえども》、国体の変革、私有財産制度の否認は、日本共産党にあらざれば之を為し得ざるの理なく、又、日本共産党以外のものが同党の目的遂行の為にする行為を為し得られずとすべき理由存せざるを以て、日本共産青年同盟が日本共産党と同一なる目的を有する結社たることを認定し、日本労働組合全国協議会が日本共産党の目的遂行の為にする行動を指令したりと認定するも、毫も不当と謂うべからずして、論旨は孰れも理由なし。

三、原判決が、日本共産青年同盟が国体の変革、私有財産制度の否認を目的とする結社なりと認め、被告人作蔵の之に加入せんとして遂げざりし行為を、治安維持法第一条第一項、第二項、第三項に問擬したるは正当なり。また、原判決が、被告人作蔵が、全国協議会の指令に基き、メーデーの機会に於て、右党及び同盟の目的達成の為にする行為を為したりとして、治安維持法第一条第一項、第二項に問擬したる原判決は正当なり。

第二は事実誤認の存否についてである。概要、次のように判示されている。

一、被告人等が武装したることは、所論の如く、単に全国協議会所属労働組合員のメーデー参加を妨げる官憲の不当なる弾圧を防衛する目的のみに出でたりと謂うを得ず。又、被告人等のメーデー示威運動参加が全国協議会の指令に基き為されたりとするも、之が為、被告人等の行動を日本共産党、日本共産青年同盟の目的遂行の為にする行動なりと認定することを妨げるものにあらず。其の他の所論は、要するに原判決の事実認定と相容れざる事実を主張し、原判決の事実認定を攻撃するに期するものにして、孰《いず》れも採用することを得ず。

二、被告人の殺人未遂及び公務執行妨害の事実は原判決の挙示せる各証拠により優に之を認定するに足りる。記録に就き精査を遂げるも、原判決の右の事実認定に重大なる過誤あることを疑うに足るべき顕著なる事由を認め難く、所論は畢竟《ひっきょう》、原判決の右の認定と相容れざる事実を主張し、事実誤認を論ずるものに外ならず。論旨は理由なし。

日本共産党の「外郭団体」として処罰する論理

この期においては、もはや拡大解釈の枠を超えた著しい「拡大解釈」を行うことによって、文化団体や研究組織、雑誌社、更には労働組合などのさまざまな団体を、治安維持法第一条第一項、第二項等の規定する結社目的遂行行為の罪を用いて、日本共産党の「外郭団体」として処罰し、取り締ることができるとする一連の大審院判決が言い渡されている。本判決もその一つであった。

問題はそのために考え出された論理で、主として次の四点が提示されている。第一は「共産主義社会の実現」＝「国体の変革又は私有財産制度の否認」だという論理である。第二は「終（究）局の目標」論である。たとえ、当該労働組合が「其れ自体経済闘争を使命とし、従って、国体の変革私有財産制度の否認を目的とするものにはあらざる」としても、「其の終（究）局の目標」が「労働者の解放」、すなわち「共産主義社会の実現」にあるとすれば、当該組合は「国体の変革又は私有財産制度の否認」を目的とする結社だということができるという論理である。

もっとも、そうだとしても、当該組合等が「共産主義社会の実現」（＝「国体の変革又は私有財産制度の否認」）の為の具体的な活動を行っていない以上、当該組合自体をもって「国体の変革又は私有財産制度の否認」を目的とする結社として治安維持法第一条で処罰することは難しいことから、考え出されたのが第三の「他力実現」論である。「治安維持法に所謂、国体の変革又は私有財産制度の否認を目的とする結社とは、必しも其の結社独自の力によって其の目的の実現を為し得る組織体たることを要せず。他の同一目的を有する結社と相俟《あいま》ちて右の目的の実現を為す結社も亦、右に所謂、結社たるものとする」という論理である。

これが、本判決の判決要旨とされている。すなわち、「日本共産党の支援」を通して間接的に「国体の変革又は私有財産制度の否認」の為の活動をなしたものとして、結社罪ではなく、結社目的遂行行為の罪で処断するというものである。

「直接の関係」不要論

しかし、この論理にも問題が残る。「日本共産党の支援」といっても当該労働組合と日本共産党との間には「直接の関係」は存在しないからである。にもかかわらず、「日本共産党の支援」を肯定するために考案されたのが、第四の「直接の関係」不要論である。

結社目的遂行行為の罪の創設に際しての国会審議において、政府当局からは、同罪が成立するためには「結社目的遂行の意思」の存在が必要だと答弁されていた。しかし、大審院はこの主観的要件を事実上外すことによって、治安当局が「日本共産党の支援」団体だと認定さえすれば、結社目的遂行行為の罪で処罰し得るという便法に扉を大きく開いたのである。したがって、当該労働組合が独自の目的を持ち、独自の活動を行っていたとしても、そのことは結社目的遂行行為の罪に問擬することには何等、支障にならないとされた。

これら一連の判決により、治安維持法の性格は大きく変容することになった。そして、それは治安維持法を改正して「支援結社」や「支援集団」の罪等を創設する呼び水になっていった。

《日本共産青年同盟事件》

——日本共産党等の目的は「国体変革」「私有財産否認」に該当すると改めて判示

昭和七年七月七日第二刑事部判決

本件では日本共産党および日本共産青年同盟の目的が「国体の変革」「私有財産制度の否認」に当るかが再び主な争点に据えられることになった。被告人および弁護人がその上告趣意において、原判決が「日本共産党の目的」として認定したところは事実誤認ないし理由不備だとして真正面から争ったからである。

■罪となるべき事実――結社加入行為

日本共産青年同盟事件のうち大阪地方裁判所に係属の被告事件について、原審の大阪控訴院が認定した「罪となるべき事実」は概要、次のようなものであった。

一、被告人（服部麦生《むぎお》――引用者）は、高等小学校一学年終了後、電気学校を経て、計器試験場に奉職し、其の後、逓信省第三種電気主任技術者検定試験に登第し、大正十三年十二月頃、荒畑勝三の推挙を受け、翌十四年一月頃、ソビエト・ロシヤ、モスクワ所在、スターリン東洋勤労者共産主義大学に学び、卒業後、同大学師範科に進み、傍ら、同大学日本人学生の為に通訳の労を執り居りたるが、昭和三年十月末頃、国際共産党執行委員片山潜より帰国後は日本共産党及び日本共産青年同盟の拡大強化の為に努力すべき旨、激励せられて、之を承諾し、向仲寅之助等と相前後して帰国したる者なるところ、

二、昭和四年二月中旬頃、東京市本郷区順天堂病院付近街路に於て、日本共産青年同盟中央執行委員佐野博より同同盟に加入して活動すべき旨の勧誘を受けるや、即時、之を承諾して同同盟に加入し、同年四月末頃、右博より同同盟の大阪地方に於ける組織の準備を為すべき旨の指令を受け、爾来、同地方に於て同同盟の為に活動し、

三、昭和四年九月初旬頃、大阪市内に於て、当時、日本共産党大阪地方組織責任者たりし変名中島某より同党に加入して同党の大阪地方に於ける組織に努力すべき旨の勧誘を受けるや、即時、之を承諾して同党に加入し、同党の大阪市第三地区責任者と為り、其の後、大阪地方委員会委員と為りたるものなり。

■懲役八年

この事実について大阪控訴院は次のような刑を言い渡した。

被告人を懲役八年に処し、原審に於ける未決勾留日数中、三百五十日を右本刑に算入すべきものとする。

■上告趣意――日本共産党の目的は「国体の変革」「私有財産制度の否認」に該当しない

これに対し、被告人服部麦生から上告がなされた。その弁護人には大塚力、大森詮夫が就いた。被告人の上告趣意は概要、次のようなものであった。

一、日本共産党は此の資本主義的私有財産制度の撤廃を要求するのみ。即ち、人間より人間の搾取の廃止を要求するのみなり。治安維持法中にある私有財産制度とは、日本共産党の前述の意味のものに非ず。日本の法律に規定せられたる私有財産制度の内容は、原判決は資本家地主の私有する資本、生産機関、土地のみに限らず、労働者の賃金、給料、自作農、小作農等の財産をも包含すれども、日本共産党は労働者の賃金、給料等を私有財産と認めず。又、自作農、小作農等の財産を暴力を以て廃止せんとするものに非ず。故に、日本共産党の私有財産制度の撤廃は、治安維持法の私有財産制度の否認に該当せず。

二、日本共産党に治安維持法を適用することの違法なること、明《あきら》かなれば、同法を日本共産青年同盟に適用すべからざること、勿論なり。殊《こと》に、日本共産党は全プロレタリヤ階級闘争を指導するプロレタリヤの組織にして、日本共産青年同盟は其の階級の一部たる青年大衆の組織にして、二者、各異なりたる目的を有し、同一に非ず。日本共産青年同盟は日本共産党の指導の下にあるも、司命《しめい》の下に非ず。指導の下にあればとて、指導者と被指導者が同一目的なりと云うを得ず。

弁護人大塚力の上告趣意は概要、次のようなものであった。

一、日本共産党及び日本共産青年同盟の根本目的が治安維持法違反に該当するものなりと認定せられるの根拠は、同党及び日本共産青年同盟の政治テーゼ、組織テーゼ等に由るものならんも、之等は孰《いず》れも同党及び同同盟の根本目的を表示したるものに非ずと謂わざるべからず。即ち、テーゼなるものは当面の方針意見書と称すべきものにして、一定の根本目的なるものを記述すべき性質のものに非ず。又、スローガンには政綱政策と異り、結社の根本目的を決定し乃至は行動の基準を定めるものに非ず。単に大衆動員の旗印として、その時々に応じて掲揚する一時的の合言葉に過ぎざるものなり。従って、日本共産党及び日本共産青年同盟当面のスローガン中に、「君主制の撤廃」を掲げたりとするも、之を以て同党及び同同盟の根本目的乃至政綱なりと断定すべからず。

二、仮に一歩を譲り、日本共産党の根本目的を以て君主制撤廃、私有財産制の否認に在りとなすも、之を以て日本共産党と日本共産青年同盟とは究極する所、同一なりとなし、日本共産青年同盟を以て日本共産党の貯水池と視て、日本共産青年同盟は将来、共産党になるべき者を教育すると云う立場にあるものと断定するは軽率なり。同党と同同盟とは其の組織が全然独立し居り、従って、其の機関も自ら相違しており、後者は階級闘争の理論の下に青年を教育し、青年の要求を容れ、之を指導して行くと云う立場にあり。君主制の撤廃、私有財産制度の否認を目的とするものに非ず。

三、然《しか》るに、之を以て日本共産党の指導の下にあるものなりとなすに至っては、恰《あたか》も無産者解放を叫び、之が運動をなす一般労働組合をも、党の指導下にあるものなりと論ずると、其の軌を一にするものと云うべし。両者は事実上同一ではなく、全く各独自の立場にあるものにして、同同盟の根本目的を以て君主制の撤廃、私有財産制の否認を目的とする秘密結社なりと論ずるは、同同盟の根本目的認定に当り重大なる事実の誤認を疑うに足るべき顕著なる事由あるものと云うべし。

弁護人大森詮夫の上告趣意は概要、次のようなものであった。

原判決認定は、単に日本共産党が「君主制の撤廃」云々と判示せるのみにして、果して君主制の廃止が治安維持法の所謂、国体の変革となるや否やに就ては何等の説明せず。然れども、日本裁判例上、国体変革に就きて、或は「吾国家存立の大本たる立憲君主制を廃止し」、又は単に「君主制の廃止」と判示して、未だ統一的な主張を見ず。従って、「君主制の廃止」が国体変革と如何なる関係を有するかは、判決に於て之を明的に判断し、説明せざるべからざるものなり。此の点に於て、原判決は、判決に理由を附せざる違法ありと謂うべからず。

■上告棄却とその理由——日本共産党等の目的は「国体変革」「私有財産否認」に該当

これに対し、大審院は「本件上告は之を棄却する」という主文を言い渡した。その理由とされたのは概要、次のようなものであった。

一、原判決の判示する所に依れば、日本共産党並に日本共産青年同盟（共青）は共に我が君主制を廃止し、私有財産制を撤廃し、無産階級の独裁を階段として、共産主義社会を建設することを目的とする秘密結社にして、（当—引用者）該事実は原判決引用の証拠により之を認定し得べく、記録を精査するも、原判決に重大なる事実の誤認あることを疑うに足るべき顕著なる事由なし。

二、我大日本帝国は万世一系の天皇君臨し、統治権を総攬し給うことを以て其の国体と為すは、建国の肇《はじめ》より確立して、無窮に伝わり、憲法首条の昭示《しょうじ》する所なり。治安維持法第一条に所謂、国体の意義も亦、之に外ならざるが故に、君主制の廃止は同条に所謂、国体を変革するものに該当すること、論を俟たず。

三、原判示日本共産党並に日本共産青年同盟の目的とする私有財産制の撤廃は、縦令《たとえ》、所論の如く、一切の財産私有を否認するものに非ずとするも、以上は我国法の認める私有財産制、苟《いやしく》も土地、資本、生産機関等、重要財産の私有に関する国法の保護を排斥し、之が撤廃を期すものなる以上は、我国法の認める私有財産制を根本的に破壊するものにして、治安維持法第一条第一項、第二項に該当するものと云わざるべからず。

四、然《しか》らば、原審が判示事項を治安維持法第一条第一項、第二項に該当するものと認め、同法条を適用処断したるは、毫も違法に非ず。

五、原判決が日本共産党並に日本共産青年同盟は孰《いず》れも我君主制を廃止することを目的とするものなることを判示する以上、治安維持法第一条第一項冒頭に所謂、国体変革に該当する事実を判示するに付て欠くる所なきを以て、原判決は大森弁護人所論の如き理由不備の違法あることなし。

疑問は残されたまま

本判決によって事実誤認および理由不備の疑問が解消されたかというと決してそうではなかった。それは「私有財産制度の否認」についても同様であった。

帝国議会では治安維持法の制定に当って、「私有財産制度の否認」という概念は曖昧であって厳格解釈の必要があると縷々《るる》、指摘がなされていた[32]。大審院がこの質疑を参照した節はうかがえなかった。

《檄文等配布事件》

――檄文の配布も結社目的遂行行為の罪に当る

昭和七年十一月二十一日第一刑事部判決

本件では「階級運動の犠牲者、階級的政治犯人に対する死刑、重罰絶対反対、階級的政治犯人、我等の前衛を無罪即時釈放せよ」などの要求を掲げた檄文などの配布行為が問題とされ、治安維持法第一条の「結社目的遂行」の罪で起訴された。

原審が有罪を言い渡したのに対し、弁護人が「全国民の圧倒的多数が正当なりとして要求するところを、其のまま行為したることが、法律上の犯罪として処罰されると云うことは、到底、全国民の名に於て正当なりと認めることは出来ない」等として上告したことから、弁護人の主張の当否が争点として浮上することになった。

■罪となるべき事実――結社の目的遂行のためにする行為

東京地方裁判所に係属のいわゆる檄文等配布事件について、原審の東京控訴院が認定した「罪となるべき事実」は概要、次のようなものであった。

一、被告人（金灝經《きんこうけい》――引用者）は、昭和三年四月、苦学の目的を以て東京に来り、自由労働に従事し居りたるも、収入、意の如くならざりしより、次第に現在の社会制度に対し不満を懐《いだ》き、共産主義の研究を始め、翌昭和四年一月頃、在日本朝鮮労働総同盟東京朝鮮労働組合西南支部に加入し、次第に同組合北部委員長代理に累進し、専ら労働運動に従事し、一方、益々、共産主義の研究を重ね、遂に之を信奉するに至りたるが、

二、同年十一月十日頃、東京府北豊島郡日暮里町日暮里二百九十七番地、申基元方に於て自ら原稿を作りたる上、即日、同府同郡尾久町下尾久番地不祥、金千洙方に於て謄写版を使用し、東京朝鮮労働組合北部支部金革なる被告人名義を以て、「労働者、農民諸君！　赤血と白骨上にて幸福を建設したる日本帝国主義とその走狗《く》、社会民主主義者を撲滅せんが為め、朝日《ちょうにち》労働者、農民は一斉に武装して、敵の牙城に向って決死的闘争を以て抗争し、吾々の前衛共産党員を奪還しよう！」「朝日共産党員を無事釈放せよ！」「労働者、農民は釈放運動犠牲者救援運動に積極的に参加せよ！」「工場、職場、農村に指導部を拡大強化せよ！」等と記載したる朝鮮文の文書（昭和五年押第三三号の三）約三百部を印刷し、

三、其の大部分は其の頃、数回に亙り、之を朝鮮京城労働総同盟、朝鮮咸鏡南道北青年会、京都、大阪、神戸、新潟の各朝鮮労働組合及び東京朝鮮労働組合各支部員等に郵送配布し、以て前記各結社の目的遂行の為にする行為を為したるものなり。

■懲役二年

この事実について原判決は、次のような刑を言い渡した。

被告人を懲役二年に処し、未決勾留日数中、原審に於ける五百日及び当審に於ける六十日を右本刑に算入すべきものとする。

■上告趣意――全国民の圧倒的多数が正当なりと要求するところ

これに対し、被告人金灝經から上告がなされた。弁護人に青柳盛雄が就いた。弁護人青柳盛雄の上告趣意は概要、次のようなものであった。

一、階級運動の犠牲者、階級的政治犯人に対する死刑、重罰絶対反対、階級的政治犯人、我等の前衛を無罪即時釈放せよの要求は、今や日本全国は勿論、朝鮮、台湾等の植民地に於ても、全人民の圧倒的多数、労働者階級、勤労農民、全労苦大衆の熱烈なる叫《さけび》としてストライキ、デモ、工場、職場、農村、街頭に於ける大衆的集会、無罪要求演説会、決議、署名等々、あらゆる形態を以て展開されつつある。かくの如く、全国民の圧倒的多数が正当なりとして要求するところを其のまま行為したることが、法律上の犯罪として処罰されると云うことは到底、全国民の名に於て正当なりと認めることは出来ない。

二、問題の文書の原稿を書くこと、これを謄写すること等が治安維持法第一条第一項後段又は同条第二項後段に該当する行為なりとは、余りにも極端なる人民の政治的自由に対する法律の干渉、圧迫として到底、その主張を維持し得ない。

■上告棄却とその理由――国民が正当なりと要求しても違法性を阻却しない

これに対し、大審院は「本件上告は之を棄却する」という主文を言い渡した。その理由とされたのは概要、次のようなものであった。

一、苟《いやしく》も、刑罰の制裁を付して禁遏《きんあつ》したる行為を敢えてしたる者は、其の為したる行為の内容が縦《よ》しや所論の如く、日本全国は勿論、朝鮮、台湾等の植民地に於ても、全人民の圧倒的多数、労働者階級、勤労農民、全労苦大衆の熱烈なる叫《さけび》として行われるものなりとするも、其の行為の違法性を阻却すべき謂われあることなし。

二、原判決の認定事実に依れば、要するに、被告人は日本共産党及び朝鮮共産党の支持強化、拡大を図るが為、判示檄文を起稿し、印刷し、之を配布するの行為を敢えてしたるものなれば、其の各個の行為は、其の本質上、之を包括的に観察し、一罪として処断すべきものなるに不拘《かかわらず》、原判決が、之を刑法第五十五条に依り連続一罪として処断したるは正当ならず。然れども、右の行為を包括一罪として処罰するも、連続一罪として処罰するも、結局は同一罰則たる治安維持法第一条第一項後段又は同法条第二項後段の刑に処すべき一罪として処断したるものに係り、罪名、刑の範囲並に刑の量定等、毫も結果を異にすべきものに非ざるが故に、右の擬律を以て原判決破毀の理由と為すに足らず。

政治犯の無罪即時釈放を訴えることも治安維持法違反

「所謂、階級運動の犠牲者、階級的政治犯人に対する死刑、重罰絶対反対、階級的政治犯人、我等の前衛を無罪即時釈放せよ」等を集会や文書等を通して人々に訴えることも治安維持法違反として処罰することを、大審院が正式に認めたものである。こうした文言を集会や文書等を通して人々に訴えることも「日本共産党及び朝鮮共産党の支持拡大、強化を図る」行為と認定された。

大審院が言論、集会の自由などをどのように理解しているかが容易にうかがい知れよう。

《無産者新聞配布事件》
——日本共産青年同盟は治安維持法第一条にいう「結社」

昭和七年十二月二十二日第一刑事部判決

標的とされた日本共産青年同盟

日本共産青年同盟は日本共産党の「貯水池」として治安当局の主な取締りの標的とされ、「結社目的遂行行為」の罪でたびたび起訴された。本件もその一つであった。事案は無産者新聞などを配布、閲読させたなどというものであった。大審院で争点とされたのは、日本共産青年同盟が治安維持法一条にいう「結社」に該当するかどうかという点であった。

この時期になると治安当局は、A団体などをもって日本共産党の「外郭団体」と看做し、「外郭団体」として活動することが日本共産党の「結社目的遂行行為」に該当するという迂回した論理ではなく、もっと直截にA団体は治安維持法一条にいう「結社」に該当し、A団体のために活動をすることはA団体の「結社目的遂行行為」に該当するという論理を採用するに至っていた。迂回した論理では、A団体の活動をすることがどうして日本共産党のための「結社目的遂行行為」になるのかという批判を受けることになり、取締りの対象が拡大するにつれ、この批判がますます合理性を帯びるようになってきたからである。

■罪となるべき事実——結社の目的遂行の為にする行為

日本共産青年同盟事件のうち静岡地方裁判所に係属の被告事件について、原審の東京控訴院が認定した「罪となるべき事実」は概要、次のようなものであった。

一　被告人後藤宗一郎は、東京商科大学予科卒業後、長野県上伊那郡南向村小学校の代用教員となり、其の奉職中労働運動に興味を覚えて労働農民党上伊奈支部に出入し、退職後は同支部の常任書記となり、昭和三年十二月十日、長野地方裁判所に於て治安維持法違反に依り懲役一年六月、三年間執行猶予の判決を受け、更に昭和四年七月十七日、静岡地方裁判所に於て出版法違反に依り罰金二十円に処せられたるが、無産者新聞、第二無産者新聞、無産青年等の諸新聞を配布して閲読せしめ、読者をして右各秘密結社の主義目的に共鳴せしめて、当該結社の拡大強化を夫々《それぞれ》図らんことを企て、昭和四年八月末頃から昭和五年一月四月末頃に至る間、数回に亙り、同県小笠郡河城村等に於て右印刷物を交付し、

二、被告人厚木嘉一は、高等小学校を卒業後、印刷職工となり、沼津市に於て諸所の印刷所に勤務し居りたるが、無産者解放運動に興味を覚えて、昭和二年中、全日本無産青年同盟及び東部合同労働組合に加盟し、次《つい》で（当—引用者）該組合の執行委員長となり、静岡県東部方面に於ける労働争議に関与したることあり。昭和四年七月十七日、静岡地方裁判所に於て、出版法違反に依り罰金二十円に処せられ、次で、昭和五年二月二日沼津区裁判所に於て、住居侵入、傷害、毀棄、出版法違反に依り懲役六月、三年間執行猶予、罰金二十円に処せられたるものなるところ、無産者新聞、第二無産者新聞、無産青年等の諸新聞を配布して閲読せしめ、読者をして右各秘密結社の主義目的に共鳴せしめて、当該結社の拡大強化を夫々図らんことを企て、昭和四年十月頃より昭和五年五月中旬に至る間、数回に亙り、昭和四年二月中旬頃より昭和五年五月中頃に至る間、数回に亙り、沼津市其の他に於て右印刷物を交付し、

三、以て、被告人等は、孰《いず》れも右日本共産党及び日本共産青年同盟の前記目的遂行の為にする行為を順次為したるものなり。

■懲役二年六月など

この事実について、東京控訴院は、次のような刑を言い渡した。

被告人後藤宗一郎を懲役二年六月に、被告人厚木嘉一を懲役二年に各処すべく、被告人に対し原審に於ける未決勾留日数中、三百日宛を右本刑に算入すべきものとする。

■上告趣意――日本共産主義青年同盟は治安維持法の「結社」に該当しない

これに対し、被告人後藤宗一郎外一名から上告がなされた。その弁護人には青柳盛雄が就いた。弁護人青柳盛雄の上告趣意は概要、次のようなものであった。

一、日本共産主義青年同盟が日本共産党と同じ同種の目的を有するものだと云うことは事実に反する虚偽であって、原判決が此の公知の事実を隠蔽し、被告人等の原審公判廷に於ける陳述を反対に援用して居るのは不法である。此の点に関して原判決が援用して居る原審公判廷に於ける被告人等の陳述は空漠たるものであり、その訊問の方法は被告人等の日本共産党並に日本共産主義青年同盟に対する認識の程度、低きを利用し、その空漠たる認識を誘惑するが如き形態をとり、故意に被告人等をして日本共産主義青年同盟の目的が日本共産党のそれと同種のものたることを認めしめて居る。此の点に於ても亦、原判決は審理不尽、理由不備の違法あるものと謂わねばならぬ。

二、抑《そもそ》も、日本共産党又は日本共産主義青年同盟の目的遂行行為とは何であるか。之が明白に解決せらるることなくして、目的遂行の為にする行為が何であるかは判明しない。この点を具体的に説明することなく、唯、漠然、日本共産党又は日本共産主義青年同盟の拡大強化を図る行為が治安維持法の「目的遂行の為にする行為」に当ると独断する原判決は、理由不備の違法あり。

■上告棄却とその理由――日本共産同盟は「結社」に該当

これに対し、大審院は「本件上告は、孰れも之を棄却する」という主文を言い渡した。その理由とされたのは概要、次のようなものであった。

一、日本共産青年同盟は、日本共産党と共通の目的を其の目的とし、共産党の直接指導の下に、之と緊密欠くべからざる連携を保ち、異体同心の作用を営む補助機関にして、実際の活動に於て日本共産党と選ぶ所なきものなるが故に、(当―引用者) 該同盟は治安維持法第一条に所謂、国体の変革並に私有財産制度の否認を目的とする結社に該当するものなりと解するを当然とする。右判決の認定事実は、原判決挙示の証拠により之を認定することを得るのみならず、記録に徴し其の誤認なることを疑うに足る事由なきが故に、日本共産青年同盟が治安維持法第一条に所謂、結社に該当せざることを主張する論旨は理由なし。

二、日本共産党又は日本共産青年同盟の拡大強化を図ること自体が党又は同盟の目的にあらざること所論の如しと雖《いえども》、党又は同盟が其の目的を達成せんが為には、其の組織を強固にし、且つ其の充実拡大を図らざるべからざること、言を俟たざるが故に、斯《かか》る必要の為に為される行為は、党又は同盟の目的遂行の為にする行為に属するものと謂わざるべからず。然《しか》れば、原判決に於て、被告人等が「無産新聞《ママ》」、「第二無産新聞《ママ》」、「無産青年」等を他人に配布して日本共産党及び日本共産青年同盟の拡大強化を図りたる行為を認め、之を党及び同盟の目的遂行の為にする行為なりとして、治安維持法第一条に問擬したるは正当にして、論旨は理由なし。

疑問に説明はなされず

本判決の判決要旨も、「日本共産青年同盟は治安維持法第一条に所謂、国体の変革並に私有財産制度の否認を目的とする結社に該当する」「結社が其の組織を強固にし、且つ其の充実拡大を図る必要の為に為される行為は、結社の目的遂行の為にする行為に属する」とされた。

しかし、何故、日本共産主義青年同盟が治安維持法第一条にいう「結社」に該当するのか、については、合理的な説明がなされないままであった。

《東京朝日新聞社従業員親睦団体事件》
――「結社目的遂行行為」の罪の成立に「目的意思」は不要

昭和八年三月十四日第四刑事部判決

二つの争点

本件では「結社目的遂行行為」の罪の要件として「目的意思」が必要かが改めて争点とされることになった。上告審において弁護人が「結社目的遂行行為」の罪が目的罪である以上は「目的意思」、それも「直接的な目的意思」が必要で、本件の場合はそれが欠けると主張したからである。

もう一つの争点は公判廷における被告人の供述を有罪証拠として援用するためには供述部分を公判調書に記載したうえで一定の証拠調の方式に則り取り調べることが必要かどうかという点であった。それを遺漏した原審手続は「不当に証拠を採用した違法」があると弁護人から弾劾が出されたからである。

■罪となるべき事実——結社の目的遂行の為にする行為

東京地方裁判所に係属のいわゆる東京朝日新聞社従業員親睦団体事件について、原審の東京控訴院が認定した「罪となるべき事実」は概要、次のようなものであった。

一、被告人（太田哲二—引用者）は、上智大学在学中より社会科学の研究に従事し、遂に共産主義を奉ずるに至り、昭和四年一月、関東出版労働組合に加入し、同年六月、同組合常任委員に挙げられ、組織部長に就任し、日本労働組合全国協議会其の他と連絡を執《と》り、所謂、左翼勢力の伸張に努め来りたるものなるところ、
二、昭和四年六月中、東京市深川区越中島、東京高等商船学校附近の道路に於て、日本共産党阿部事松浦長彦より、日本共産党の再建と拡大の手段として、東京市麹町区有楽町東京朝日新聞社内に同党の工場細胞を組織する責任者たらんことを委嘱せられ、之を承諾し、同従業員の親睦団体たる友厚会の自主化を計り、自主化運動の過程に於て活動分子を獲得し、之を基礎として同新聞社内に同党工場細胞を組織せんことを決意し、爾来、同年九月初頃迄の間、同市神田区三崎町、前岡某方、其の他に於て右新聞社内関東出版労働組合分会員坂野十三外数名と会合し、同人等に対し右自主化運動を指導し、同人等をして右新聞社従業員間に檄文を撒布せしめ、尚、其の頃、右分会員の一人たる大山政雄と共に同新聞社内に同党工場細胞を組織せんことを協議し、
三、同年七月及び八月中、同市小石川区春日町電車停留場附近の道路に於て、池上と称する者より二回に（わたり—引用者）、日本共産党中央機関紙「赤旗」千九百二十九年七月十五日号其の他、同党の文書各数部を受取り、其の頃、之を肩書住居其の他に於て大山政雄等に配布し、
四、以て、同党の目的遂行の為にする行為を為したるものなり。

■懲役三年

この事実について、原判決は、次のような刑を言い渡した。

被告人を懲役三年に処し、同法第二十一条に依り原審の未決勾留日数中、五百日宛を右本刑に算入すべきものとする。

■上告趣意――従業員間親睦団体の自主的確立運動は合法的運動

これに対し、被告人太田哲二から上告がなされた。その弁護人には東本紀方および牧野芳夫が就いた。弁護人牧野芳夫、東本紀方の上告趣意は概要、次のようなものであった。

一、原判決は重大なる事実の誤認の上に坐せり。蓋し、上告人は未だ曾《かつ》て直接、共産党の為に如何なる行為をも為さず。僅かに東京朝日新聞社内に於ける従業員間に存する友厚会なる親睦団体の為に、その自主化を計りたるに過ぎざるものなるを以てなり。吾人は、速かに立法の精神に鑑《かんが》み、之を厳格に取扱って、党のためにする直接目的意思を以て為されたるの行為のみを処罰するの態度に出でられんことを切望すると同時に、本件上告人に対する此の点に関する事実の誤認を正されんことを要求して止《や》まざるものなり。

二、仮令《たとえ》、党の目的手段としての自主化運動なりしにもせよ、未だ自主化運動それ自体としては之を違法視すること能《あた》わざるなり。然《しか》らば、親睦団体の自主化運動を犯罪行為視し、共産党員との連絡及び会合という第二の判示事実、共産党機関紙「赤旗」の配布という第三の判示事実の内容の拡充に役立たしめたるは最も不当にして、その事は凡《すべ》ての行為を包括一行為視することによりて到底救われざるなり。

三、原判決は原審公判廷に於ける上告人の供述を音声のままの状態に於て証拠に採用し、未だ公判調書を証拠調の方式に準拠したる後、其の供述記載を徐《おもむ》ろに証拠に採用するの挙に出でざりしものなり。吾人は、原判示の此の点の誤謬を指摘して、供述それ自体は未だ証拠とすべからざるを主張せんとするものなり。供述それ自体を証明の用に供せんとする場合も亦、形式的には訊問のみを以て足らず。更に記録されたる後に於て、一定の証拠調の方式に則《のっと》り取調べたる後、之を為すべきものにして、かくして彌《いや》が上にも裁判の過誤なきを期したるものと思惟する。従って、之を為さずして直《ただ》ちに供述自体を証拠に供したる原判決は亦、失当にして破毀さるべきを信ずる。

■上告棄却とその理由——自主化運動の指導は社内に同党工場細胞を組織する手段

これに対し、大審院は「本件上告は之を棄却する」という主文を言い渡した。その理由とされたのは概要、次のようなものであった。

一、治安維持法は、苟《いやし》くも我国体を変革し、私有財産制度を否認することを目的とする結社の目的遂行の為にする行為ありたる者に対しては、（当—引用者）該行為が目的遂行の為、直接なると間接なるとを問わず、総《すべ》て之を処罰すべき趣旨なりとする。

二、自主化運動の指導は畢竟、社内に同党工場細胞を組織するの手段にして、間接に共産党の目的遂行の為にする行為たること言を俟たず。然《しか》らば、原審が右事実を認定して、之を治安維持法に問擬したるは、正当なるのみならず、右事実は、原判決の挙示する証拠に依り之を証明するに足りる。記録に徴するも、右事実の誤認を疑うに足るべき顕著なる事由なし。

三、公判廷に於ける被告の供述、亦、真実発見の資料たるべきものなれば、之を断罪の証拠と為し得べきこと、勿論にして、此の場合、其の裁判所は直接、被告の供述を聴取し、供述自体を証拠に供すべきものにして、其の供述を録取したる公判調書の記載を証拠と為すべきものにあらざれば、（当—引用者）該供述記載の公判調書に対して更に証拠調を為すの要あることなし。

「目的意思」は不要

このように本判決でも「目的意思」は不要だとされた。そして、「結社目的遂行行為」は間接的なものでよいとされた結果、「結社目的遂行行為」の罪については主観的な要件も客観的な要件もほとんどないという状態に陥った。歯止めなき「拡大適用」に道が開かれることになった。

「公判廷に於て被告の供述を聴取したる裁判所は、当該供述に付て証拠調を為すの要なし」という判例が打ち出されたことも特筆された。可能な限り、手続きを省略して迅速に有罪判決に至るというのも治安維持法違反事件の刑事裁判の特徴で、そのためにも、このような「脱法」行為が必要とされたからである。

《第四次共産党事件》（共産党委員長妻等事件）
――妻の家事も「結社目的遂行行為」に該当

昭和八年七月六日第一刑事部判決

本件で注目されたのは家事などが「結社目的遂行行為」の罪に該当するのかという点であった。検察官は本件起訴に際して、被告人小宮山ひでの「罪となるべき事実」の一つとして、「（共産党委員長―引用者）田中清玄《きよはる》等と共に在りて、其の家事一切を担当して、同人等の党活動の便を図り」および「多額の同党活動資金を調達して、之を（内縁の夫たる―引用者）田中清玄等に交付し」云々を認定し、これをもって「日本共産党の目的遂行の為にする行為を為したる」ものとしたからである。

■罪となるべき事実――結社の目的遂行の為の行為および傷害行為など

第四次共産党事件のうち大阪地方裁判所に係属の本件被告事件について、原審の大阪控訴院が認定した「罪となるべき事実」のうち、被告人清原富士雄に関しては概要、次のようなものであった。

一、被告人清原富士雄は、国士舘大学専門部国文科在学中、昭和三年九月頃より無産階級解放運動に志し、日本労農党、日本労働組合同盟東京第六区連合会並に右同盟内の反対派たる全国委員会関東委員会等の各書記と為りたる者であるが、昭和五年一月二十三日、端なく和歌山県海草郡和歌浦新和歌千四百八十二番地なる同党中央委員長田中清玄等の隠家に至り、爾来、同所に居住するに及び、同党の為に努力せんことを決意し、同年二月上旬より同月二十三日迄の間、田中清玄の指令に従い、屢々《るる》、東京市、大阪市等に赴き、党員との連絡、党勢の聴取、報告等の任務に従事し、以て同党の目的遂行の為にする行為をなし、

二、被告人清原富士雄、同小宮山ひで、同加藤定吉は、昭和五年二月二十四日午前五時頃、和歌山県海草郡和歌浦新和歌千四百八十二番地なる同党中央委員長田中清玄等の隠家に於て、大阪府警部越智清吉、同巡査長藤井為五郎、谷口佐之等警察官二十数名の為、逮捕せられるに至りたるが、其の際、被告人等は共謀の上、逮捕を免れる目的を以て、右警察官等に対し各自拳銃を乱射し、因《よ》って右越智清吉に対し右腕関節部に治療約二月を要する貫通銃創を、右藤井為五郎に対し右肩胛部に治療約三月を要する盲貫（管）銃創及び貫通銃創を、右谷口佐之に対し右肩胛部に治療約三日を要す

る貫通銃創を、各、負わしめたるものなり。

被告人小宮山ひでに関しては概要、次のようなものであった。

一、被告人小宮山ひでは、長野県立野沢高等女学校卒業後、昭和三年頃、東京市に来り、兄新一方に同居し、昭和四年二月より印刷所の校正係と為りて労働に服し、其の間、日本共産党中央委員長田中清玄と相識り、同年八月其の内縁の妻と為りたる者であるが、

二、田中清玄の内縁の妻として同棲中、同人等の言動を見聞し、又、日本共産党中央機関紙「赤旗」を閲読し、自己も亦、党及び同盟の為、其の目的達成に努力せんことを決意し、

三、昭和四年九月頃より昭和五年二月頃迄の間、数回に亙り、静岡県下、兵庫県下、和歌山県下等に於て日本共産党中央委員長田中清玄及び佐野博、前納善四郎等の為、隠家を物色準備して、同人等を匿《かく》まい、且つ其の間、引続き右田中清玄等と共に在りて、其の家事一切を担当して、同人等の党活動の便を図り、

四、更に田中清玄、佐野博等の命を受け、屢々《るる》、東京市其の他に趣き、党員向仲《むかいなか》寅之助、曽木克彦、斉藤武、木下俊郎、服部麦生等と連絡し、且つ右向仲寅之助、曽木克彦等を介して多額の同党活動資金を調達して、之を田中清玄等に交付し、以て日本共産党の目的遂行の為にする行為をなし、

五、昭和五年一月四日頃、当時、田中清玄等の居住し居りたる兵庫県明石郡垂水町山田所在の隠家に於て、日本共産青年同盟中央部の指導を受けたる前納善四郎より同同盟に加入の通告を受け、即時、之を承諾して同同盟に加入したるものなり。

被告人加藤定吉《さだきち》に関しては概要、次のようなものであった。

一、被告人加藤定吉は、東京帝国大学経済学部在学中、昭和三年四月頃より同大学新人会、経済学部読書会等に参加し、マルクス主義、レーニン主義の研究に努める傍《かたわ》ら、学内外に於ける左翼運動に関係し、同年八月頃、東京合同労働組合書記と為り、次《つい》で同組合執行委員長と為りたる者なるところ、

二、昭和四年六月末頃東京市牛込区早稲田高等学院附近の街路に於て、日本共産党中央委員長田中清玄より同党に加入の勧誘を受け、直《すぐ》に之を承諾して同党に加入

し、其の後、同党東京地方委員会第二地区責任者、東京地方委員等を経て、同年十二月頃、同党東京地方委員長に就任し、東京地方に於ける党勢の拡張に努め、
三、次で昭和五年一月十二日頃より四日間に亙り、和歌山県海草郡西脇野村大字本脇なる当時の日本共産党本部に於て開催せられたる同党全国会議（拡大プレナム）に参加し、同党中央委員長田中清玄、同党中央委員佐野博、前納善四郎其の他の同党幹部と共に同党の組織及び活動方針等に付て党議決定を為し、同会議に於て中央委員候補者に選考せられ、同時に田中清玄より命ぜられて京浜地方組織責任者と為り、
四、同月十九日、横浜市に至り、爾来、同地方に於て党員の獲得宣伝に努め、特に同年二月施行の衆議院議員総選挙に際しては、党中央部の決定に基き、所謂、選挙闘争を開始し、同党宣伝の目的を以て為す撒票撒《さんぴょうさん》布《ぷ》等に付て、之が指揮統制の任に当り、以て党員として同党組織の拡大に努力したるものなり。

■懲役十二年など

この事実について、大阪控訴院は次のような刑を言い渡した。

被告人清原富士雄、同小宮山ひでを各懲役六年に、被告人加藤定吉を懲役十二年に処すべく、各被告人に対し各其の原審に於ける未決勾留日数中、二百日を各右本刑に算入すべく、訴訟費用は被告人三名をして全部連帯して負担せしめるべきものとする。

■上告趣意——日本共産党の目的達成に努力することは何ら罪ではない

これに対し、被告人小宮山ひでで外二名から上告がなされた。弁護人には牧野芳夫が就いた。被告人小宮山ひでの上告趣意は概要、次のようなものであった。

一、判決の理由として、私に関する項に於て、「自己、亦、党及び同盟の為、其の目的達成に努力せんことを決意し、犯意継続の上云々……」の記載がありますが、共産党はプロレタリアートの正当なる権利を主張し闘って居るのであります。従って、日本共産党の目的達成に努力することは何等、罪ではないと信じて居ります。

二、ブルジョア法律、特に治安維持法が之を犯罪として処罰することを要求するのですが、この治安維持法には我々は絶対に反対する者であります。何故なら、治

安維持法は資本家地主政府が労働者農民を搾取する為の一つの有力なる武器に過《す》ぎないからであります。その証拠には労働者農民が自己の地位を自覚し、漸く其の力が抬頭して来た時、即ち、昭和三年の春、緊急にこの治安維持法は改められました。左翼化せる労働者農民の力を頭から抑圧するにより有効なる様に改められたのです。

■上告棄却とその理由——日本臣民は何人といえども現行法律に服従すべき

「日本共産党の目的達成に努力することは何等、罪ではないと信じて居ります」というように被告人ならではの治安維持法批判が披歴された。もちろん、これに対し、大審院は「本件上告は、孰《いず》れも之を棄却する」という主文を言い渡した。その理由とされたのは概要、次のようなものであった。

一、被告人小宮山ひでは、日本共産党が我が立憲君主制を廃止し、私有財産制度を否認し、以て共産主義社会の建設を目的とする秘密結社にして、日本共産青年同盟は其の直接指導下に在り、同様の目的を有する秘密結社なることを知り、党及び目的の為其の目的達成に努力せんことを決意し、且つ同盟に加入したることを認むるに付、右は、明《あきらか》に判示の如く、治安維持法第一条に所謂、国体の変革を目的とする結社及び私有財産制度の否認を目的とする結社の目的遂行の為にする行為を為したる罪及び是等目的を有する結社に加入したる罪に該当すること、明瞭なり。

二、我日本臣民たる者は何人と雖《いえども》、現行法律に服従すべきものにして、之を否定することは国法の許さざる所なれば、此の服従義務を否認する論旨は、到底、上告適法の理由とならず。

縁座制のような法運用

判決要旨も「現行法律に対する服従義務を否認する論旨は、上告適法の理由とならず」とされた。大審院によると、「日本共産党の目的達成に努力することは何等罪ではない」という被告人の主張は臣民の服従義務を否定するものに映ったということであろう。為政者は臣民に対し思想的な服従までも求めたのである。

妻が夫のために家事を行うこと、あるいは夫のために金銭を用意すること等はごく自然の行為である。にもかかわらず、夫が日本共産党中央委員長である場合には、これが

「自然の行為」とされずに「日本共産党の目的遂行の為にする行為」とされている。本人のみならず、その家族、友人などに対しても治安維持法違反の罪の網をかけていく。中世の縁座制を想起させるようなこのような異常な法運用が大審院によって正式に是認され、判例に格上げされることになった。本判決のポイントもこの点に存する。

《第四次共産党事件》（神戸事件）

――併合審理の決定は検事の請求による

昭和八年七月十日第二刑事部判決

本件の争点とされたのは併合審理の問題であった。被告人および弁護人から統一公判によらずに分離公判によったのは違法だと主張されたからである。

■罪となるべき事実――結社の目的遂行の為にする行為

第四次共産党事件のうち神戸地方裁判所に係属の本件被告事件について、原審の大阪控訴院が認定した前提事実は概要、次のようなものであった。

一、昭和四年六月初頃に至り、日本共産党の残党員田中清玄、佐野博は先づ其の再建を企図し、次《つい》で党員前納善之助、之に参加し、同月末頃、既に東京地方に於て党中央部の樹立を見、爾来、数回、中央ビュロー会議を開き、機関紙「赤旗」の再刊、党員獲得等に付て決定し、再建直後に於ては須《すべか》らく党組織の根基を工場細胞の確立に置き、従って、我国重要工業の中心地帯一般、特に党に縁故深き神戸地方に於て急速に党組織の回復に全力を集中すべきものとし、

二、昭和五年一月十二日より四日間、和歌山県海草郡西脇野村大字本脇通称二里ヶ浜の一別荘に於て、長く中絶せる党全国会議（拡大プレナム）を開催し、党の政治的組織方針、総選挙に対する闘争方針等、党活動に関する一般重要事項を審議し、且つ最高統制機関たる中央委員、其の常任執行機関たる政治書記局員並に地方委員等を任命し、以て陣容を整備し、同五年二月施行の衆議院議員総選挙に際しては同党宣伝の目的を以て所謂、選挙闘争を開始し、行動綱領等を掲げたる宣伝ビラを兵庫県、大阪府、東京府、神奈川県等の各重要工場地帯等に撒布せしめ、因って国的党勢拡大を現出するに至れり。

この前提事実を踏まえて認定された「罪となるべき事

実」は概要、次のようなものであった。

一、被告人阿部義美は、素《す》労働者にして、大正十三年四月、東京合同労働組合に加盟し、同組合の幹部として渡邊政之助等と共に左翼労働運動に没頭し、昭和四年六月上旬頃、東京市目黒競馬場に於て同党中央委員前納善四郎より入党の勧誘を受け、直《すぐ》に之を承諾して同党に加入し、其の後、昭和五年一月、兵庫県地方責任者に任命され、同年十二月初頃、神戸市に来任し、爾来、引続き党員の獲得、宣伝等に従事し居りたるが、

二、同五年一月十二日より四日間に亙り、前記全国会議に参加し、党務を審議し、新《あらた》に中央委員に就任し、同時に兵庫県地方責任者に任命され、其の後、政治書記局委員と為り、其の頃、数回、大阪、京都、兵庫、和歌山各府県下に於て、中央委員、政治書記局員として、同党役員田中清玄、佐野博等と共に、党の全国的活動の統制に関し協議を遂げ、傍《かたわら》、兵庫県地方責任者として同地方に於ける神戸製鋼所、三菱造船所、神戸市電長田詰所、神戸ダンロップゴム工場、三菱製紙高砂工場の各工場細胞の確立、進展の局に当り、

三、同年二月施行の衆議院議員総選挙に際しては、党中央部の決定に基き、同党の拡大強化の目的を以て、神戸市内に於て同党の前記宣伝ビラ約十数万枚を作成し、党員其の他五十余名を動員し、同月十二日より同月十九日迄の間、神戸市内川崎造船所外数個所の重要工場地帯を中心として、兵庫県下尼崎市より姫路市に亙る重要大工場及び姫路第十師団練兵場等に同ビラを多数撒布せしめたるものにして、即ち、同被告人は日本共産党に加入し、同党の役員たる任務に従事し、且つ同党の目的遂行の為にする行為を為したるものなり。

■懲役十年

この事実について、大阪控訴院は、「被告人を懲役十年に処する。第一審に於ける未決勾留日数中、三百五十日を右本刑に算入する」という旨の判決を言い渡した。

■上告趣意――分離公判は違法

これに対し、被告人阿部義美から上告がなされた。弁護人には牧野芳夫が就いた。被告人阿部義美の上告趣意は概要、次のようなものであった。

一、本件は当然、統一的併合審理せらるべきものなるに、分離裁判を為したるは違法なり。中央委員は、中央委員としての資格を以て中央委員会の決議を具体的

に執行し、指導せんが為に各地方に派遣せられるものなり。従って、中央委員会と地方委員会とを全然、切断して考えることは絶対不可能なり。故に、此等は総て併合審理せられるべからず。

二、先例に徴するに、三・一五事件、四・一六事件は、各地方委員は分離して審理したるも、中央委員会は東京に集中して併合審理せり。故に、本件も各地方委員は止むを得ずとするも、中央委員会のみにても是非、東京又は大阪に集中併合審理すべきなり。

三、当被告人は、昭和七年八月九日附上申書を以て、現院裁判長に対し管轄移転の請求を為したるに拘らず、本件に付ては、各地方委員会を独立組織なるが如く完全に中央委員会より切断し、中央委員さえも各分離して、各地方委員会に分属せしめて審理せり。斯《かく》の如きは明《あきらか》に法令違反なりと思考する。

■上告棄却とその理由——分離か併合かは裁判所の職権判断

これに対し、大審院は「本件上告は之を棄却する」という主文を言い渡した。その理由とされたのは概要、次のようなものであった。

一、数個の牽連事件が数個の裁判所に係属する場合に於て、各裁判所が其の係属する事件に付て各審判を為し得べきや、言を俟たず。唯、各事件が事物管轄を同じくし、検事に於て之を同一裁判所に併合するを便宜と認め、刑事訴訟法第七条第一項の請求を為したるとき、決定を以て之を一の裁判所に併合することを得るに過ぎず。所論の如く、必ず之を同一裁判所に併合せざるべからずものに非ざるは、勿論、検事の請求なき限《かぎり》、之を併合するに由なきものとする。

二、本件に付ては検事より叙上、併合の請求ありたるに非ず。単純に原審に係属したるものなること、記録上明白なれは、縦令《たとえ》、他の裁判所に牽連事件の係属するものありとするも、原審が本件を他の牽連事件と併合審理せざりしは、何等の違法あるものに非ず。

三、所論の昭和七年八月九日附上申書なるものは原審裁判所長に対する上申書たるに止《とどま》り、直近上級裁判所に対し提出したるものに非ず。原審が、右上申書中の記載を管轄移転の請求と認めずとして、本件を審判したるは違法に非ず。

検察官の請求に基づく職権判断

本判決の判決要旨も、「事物管轄を同じくする数個の牽連事件、格別に数個の裁判所に係属するとき、之を一の裁判所に併合するには、検事の請求に因り為したる決定を必要とする。」とされた。被告人等による法廷闘争等を遮断するために、併合審理を行うかどうかは裁判所の職権判断によるとしつつ、この併合の決定は「検事の請求」によらなければならないとした。日本共産党をはじめ左翼運動の動向等について一番詳しいのは「思想検事」であるから、治安維持法違反被告事件の審理をどのように分離して行うか、あるいはどのように併合して行うかの判断も「思想検事」に委ねるのが相当である。このように考えられたものであろう。大審院自らが検察官の優位性を認めているのである。

《労農同盟事件》
――「結社目的遂行行為」の罪の著しい拡大適用を追認

昭和八年九月四日第一刑事部判決

「結社目的遂行行為」の罪の成立要件

治安維持法の適用対象が共産党の「外郭団体」から労働組合を含む合法左翼関係者とその「外郭団体」関係者へと拡大するのに応じて、「結社目的遂行行為」の罪の適用範囲も飛躍的に拡大されていった。このような変化を受けて同罪の成立要件が改めて俎上に上ることになった。本件でもこの点が争点とされた。

「結社目的遂行行為」といえるためには、客観的要素として「直接的な因果関係」が必要かどうか、主観的な要件として「結社の組織及び目的」についてどの程度の認識を必要とするかなどであった。

■罪となるべき事実――結社の目的遂行の為の行為

東京地方裁判所に係属のいわゆる労農同盟事件について、原審の東京控訴院が認定した「罪となるべき事実」は概要、次のようなものであった。

一、被告人（清水弘）は、石川県立第一中学校を卒業後、大正十五年四月、関西学院大学文学部に入学し、当時、同学院社会科学研究会に参加し居りたるが、昭和二年三月、同学院を除名せられ、次《つい》で昭和三年四月、日本大学予科文科に入学し、間もなく同大学予科社会科学研究会に加入し、社会科学の研究に従事し、遂にマルクス主義を信奉するに至り、プロレタリア解放運動に従事せんことを決意し、其の一方法として政治的自由獲得労農同盟後の労農同盟に参加し、

二、昭和四年九月下旬より同年十一月下旬に至る迄の間、（当——引用者）該同盟全国委員会の連絡に関する任務に就き、当時、東京市内外に於て、反帝同盟新聞、無産青年、解放運動犠牲者救援会等と連絡を執り、各方面の情勢を聴取し、之を前記労農同盟全国委員会に伝達し、該同盟発行のニュース、檄其の他の文書と右の如く連絡を執れる右団体発行の文書及び新聞「無産青年」とを交換し、是等の文書を右各団体に分配する等の活動を為し、

三、以て日本共産党の目的遂行の為にする行為を為したるものなり。

■懲役二年

この事実について、東京控訴院は次のような刑を言い渡した。

　被告人を懲役二年に処し、同法第二十一条に則り、原審に於ける未決勾留日数中、三百日を右本刑に算入すべきものとする。

■上告趣意——思想は処罰の対象ではない

これに対し、被告人清水弘から上告がなされた。その弁

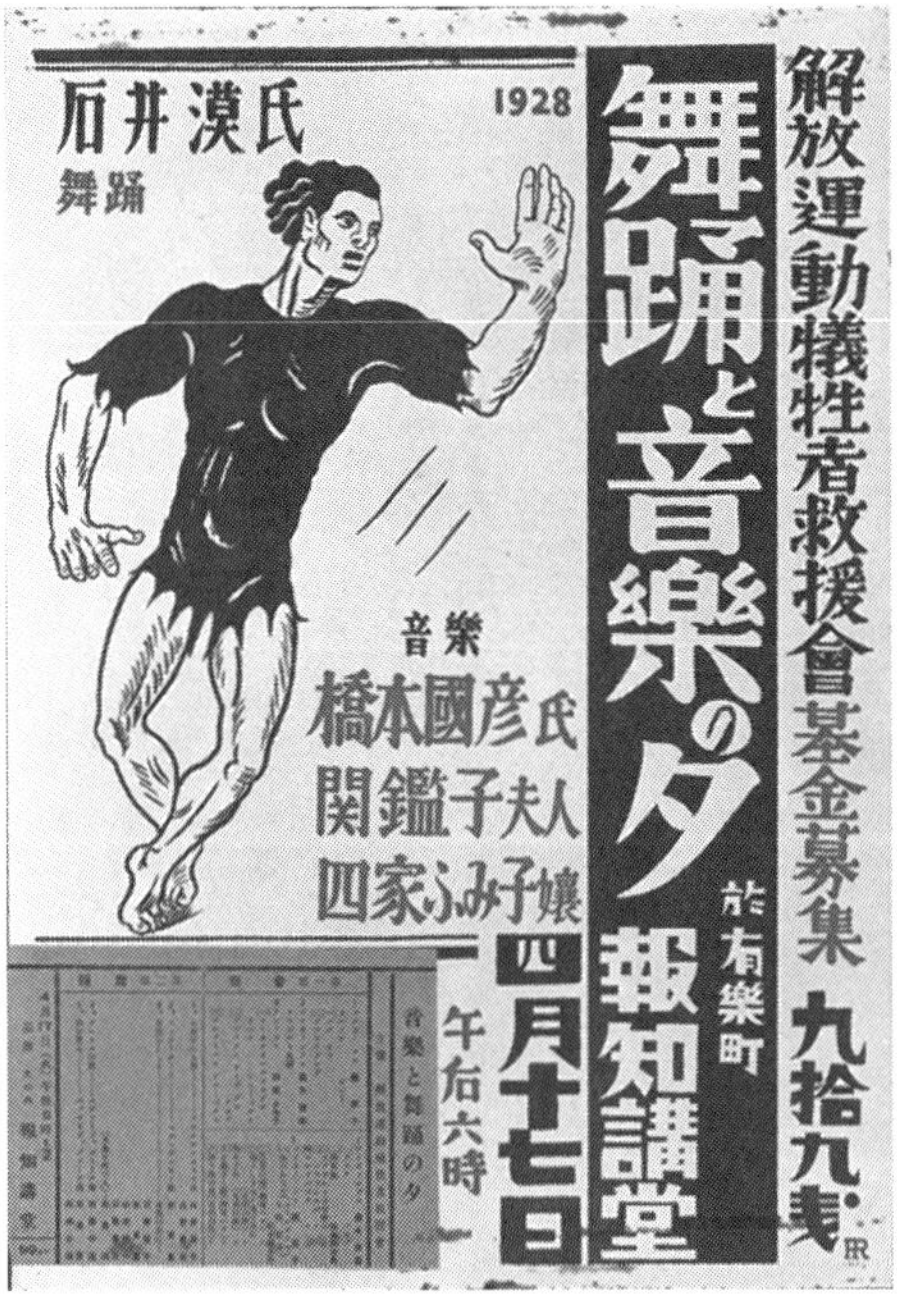

「解放運動犠牲者救援会基金募集
舞踊と音楽の夕」ポスター　1928 年

護人には蓬田武、高橋潔が就いた。弁護人蓬田武の上告趣意は概要、次のようなものであった。

一、本件が目的罪たる性質上、被告の其の認識は具体的に科学的なる詳密に亙る認識を有し、其の目的を知悉して積極的に之に協力する特別なる目的に出でたるものならざるべからずと解する。然《しか》るに、原判決は唯、新聞常識的なる認識の程度を以てせる被告の行為に対する責任を問擬せんとするものにして、妥当なるを得ず。

二、労農同盟は労働者、農民、小市民の一般的結合体として成立したるものにして、労働者、農民、小市民の日常に於ける生活利益の擁護の為に果敢に闘争する政治的カンパニアに過ぎず。最高、唯一の政治団体なりと謂われる共産党の組織とは全然、別個のものにして、又、共産党の拡大強化を目的として活動するものにあらざることは、被告の公判廷に於ける供述によって極めて明白なり。

三、日本共産党の活動と相一致せしことあらんも、之を以て日本共産党の拡大強化を目的とする行為なりとして処断せんが、世のあらゆる反資本主義的行為は総《すべ》て治安維持法違反を以て処罰せざるを得ざるべからざるに至るべく、現行刑法上の通説にして、また御院の判例たる相当因果関係説を没却し、驚くべき因果関係論の飛躍、矛盾に陥らざるを得ず、甚しき事実の誤認あり。

四、原審判決は、労農同盟が日本共産党を支持し、其の拡大強化を図る団体なることを被告が認識せる点の立証として、予審調書を引用したれども、被告の予審調書は秘密、暗黒、身体の拘束、威圧の裡《うち》に作成せられたるものにして、被告の獄内に於ける孤独、懊悩はそれ自身、一種の拷問と謂うべく、予審廷の供述は自然たるものにあらず。被告、また公判廷に於て之を全部的に否認せるところにして、直接審理、口頭主義の大原則に則りたる公判廷の自由なる被告の供述こそ、真に証拠として信ぜられるべきものにして、予審調書を引用して判示せるは、事実の認定上、妥当ならずと信ずる。

■上告棄却とその理由──労農同盟は日本共産党の拡大強化を目的として活動する団体

これに対し、大審院は「本件上告は之を棄却する」という主文を言い渡した。その理由とされたのは概要、次のようなものであった。

一、日本共産党及び労農同盟なる結社の組織及び目的を認識しながら、原判示の如き行動を敢えてしたる以上、治安維持法第一条第一項後段、第二項に所謂、結社の目的遂行の為にする行為を為したる犯罪を構成するものにして、右結社の組織及び目的に対する被告人の認識が、新聞の記事に依りて得たるものなると、其の他の如何なる方法に依りて得たるものなるとは、敢て問う所に非ざるなり。

二、労農同盟の本質は原判示の如く日本共産党の拡大強化を目的として活動する団体なること及び被告人が右の事実を知悉し居たることは、原判決の挙示せる被告人に対する予審尋問調書中の各供述記載に依って明《あきらか》なり。

三、凡《およ》そ、我国体を変革し、私有財産制度を否認せんとする結社の拡大強化を目的として活動する行為は、其の結社の組織及び目的に付て直接なると、将《また》、間接なるとを問わず、結社の目的遂行の為にする行為を為したるものに該当するものとする。被告人の行為は、明に右共産党の目的遂行の為にする行為を為したるものと謂わざるべからず。然《しか》れば、原判決には其の間、所論の如き因果関係の飛躍ありと認むることを得ざるなり。

四、証拠の取捨判断は原審の専権に属する所なれば、原審が労農同盟は日本共産党を支持し、其の拡大強化を図る団体なることを被告人に於て認識し居りたる証拠として、被告人に対する予審訊問調書中の各供述記載を採用し、被告人の公廷に於ける反対の供述を排斥したるは、毫も違法に非ず。

五、所論は原審の採用せざる証拠に立脚し又は原判決認定事実と異れる独自の見解に基き、原審の専権に属する証拠の取捨判断、延《ひ》いて事実の認定を非難、攻撃するに帰する。

「世のあらゆる反資本主義的行為」を治安維持法違反で処罰

本判決では「因果関係の飛躍」を被告人の「主観」で埋めるという論法が採用されている。しかし、この行為者の「主観」は何等、実質的な要件とはなっていない。「結社の組織及び目的に対する被告人の認識が、新聞の記事に依りて得たるものなると、其の他の如何なる方法に依りて得たるものなるとは、敢えて問う所に非ざるなり」とされているからである。これでは本件弁護人の指摘するように、「世のあらゆる反資本主義的行為」をすべて治安維持法違反で処罰するという不当な結果を招来することになりかねない。

もっとも、それはむしろ治安当局の望むところであったかもしれず、本判例は「外郭団体」の取締りに猛威を発揮することになった。

本判決のもう一つのポイントは被告人供述の採否に関わる。予審廷における自白供述を採用するか公判廷における否認供述を採用するかは裁判所の専権とされたからである。否認供述よりも自白供述を信用して有罪判決を言い渡すことに道が大きく開かれることになった。

《朝鮮共産党日本総局事件》
――被告人および弁護人の「故なき要求」は却下

昭和八年九月六日第三刑事部判決

不公平な裁判か

本件では公判審理の公開、公判廷での被告人への陳述機会の付与などが争点とされた。被告人から原審の審理は公開審理および陳述機会の付与の各規定に違反しており、不公平な裁判となっているなどとして上告がなされたからである。

被告人からのもう一つの上告理由は治安維持法は「悪法」であり、「悪法」に基づく有判決罪は無効であるから無罪を言い渡されたいというものであった。弁護人にはできない被告人ならではの主張といえたが、裁判官および検察官との距離は埋めがたいものがあった。大審院がどのように判断するかが注目された。

■罪となる事実――結社加入行為

東京地方裁判所に係属のいわゆる朝鮮共産党日本総局事件について、原審の東京控訴院が認定した前提事実は概要、次のようなものであった。

一、朝鮮共産党は、大正十四年四月中、朝鮮挙（＝国―引用者）京城府内に於て、金燦道《さんどう》、金在鳳《ざいほう》等約二十名の共産主義者に依り組織せられ、大正十五年春に至り、プロレタリヤ独裁を基礎とする世界共産主義社会の実現を目的とする「コミンテルン」（国際共産党）に加入を認められて、其の正式の支部となり、「コミンテルン」の指導の下に在りて、革命的手段に拠り朝鮮の独立を謀りて、我国体を変革し、私有財産制度を否認し、朝鮮にプロレタリヤ独裁の社会を樹立し、之を通して共産主義社会を実現することを其の目的とする秘密結社なるが、同党の組織として本部を朝鮮内に置き、其の支部を満州及び日本内地に設け、之を満州部及び日本部（後に満州総局及び日本総局と改称せらる。）と為し、党中央執行委員会を以て党の最高決議機関たる党全国大会の決議を執行せしめるものとし、同党日本部は党中央執行委員安光泉の指令に基き、昭和二年五月頃、東京市小石川区雑司ヶ谷町当時の朴洛鐘の居宅に於て、党員なる同人、同雀益翰等が相謀り、茲《ここ》に同党日本部の設置を見るに至りたるものにして、

二、同日本部は其の後、昭和三年二月下旬頃、党全国大会に於て同党日本総局に改称せられたるが、其の党員を以て東京を中心として数個の「ヤチェーカ」（細胞）を結成し、之を以て党の基本単位たる末端の機関と為し、且つ同党以外の団体内に党の「フラクション」なるものを夫々《それぞれ》、組織し、之を通して当該団体内に党の勢力を扶植せしめ、以て是等の組織的活動に依り前記目的達成に努めたるものなり。

この前提事実を踏まえて認定された「罪となるべき事実」は概要、次のようなものであった。

一、被告人金容杰《ようけつ》は、予《かね》てより朝鮮民族の独立を切望し居りたるが、社会主義者なる金松烈の感化を受け、「マルクス」主義を研究するに従い、漸次、共産主義に共鳴し、朝鮮民族の独立は日本の無産階級、支那新興勢力を相結び、赤露（＝ソヴィエット・ロシア―引用者）を其の背景と為さざるべからずと思惟するに至り、東満朝鮮青年総同盟に入りて其の中央執行委員となり、以て在満朝鮮青年の為に所謂、青年運動に従い居りたるものなるところ、

二、昭和二年四月中、支那吉林省延吉県東成涌大許文里の当時の被告人居宅に於て、朝鮮共産党員なる金松烈より同党に加入方の勧誘を受けるや、同党が前記の如き目的を有する結社なるの情を知りながら、之を承諾し、以て其の頃、朝鮮共産党に加入したる上、金松烈と共に同党満州部東成涌「ヤチェーカ」（「私はカモメ」という名の支部―引用者）を結成し、其の後、東京に来り、昭和三年六月上旬頃、朝鮮共産党日本総局に所属し、其の宣伝部員となりたるものなり。

■懲役三年

この事実について、東京控訴院は次のような刑を言い渡した。

被告人を懲役三年に処すべく、尚、第一審に於ける未

決勾留日数中、百五十日を右本刑に算入するものとする。

■被告人の上告趣意——無罪釈放の要求

これに対し、被告人金漢郷外六名から上告がなされた。その弁護人には牧野芳夫、梯薫が就いた。被告人金容杰の上告趣意は概要、次のようなものであった。その第一は朝鮮共産党の任務に関してである。

我が朝鮮共産党は国際コミンターン《ママ》の一支部として、且つ世界ソヴエットの一分野として姿を現わすのが其の任務であります。而《しこう》して、朝鮮から日本帝国主義の政治的支配を放逐するのが、当面革命の課題であります。我が朝鮮共産党の対内政策、対外政策、国際政策、其の他の政策及び活動は総《すべ》て正しきもので、我党は飽《あ》く迄、公党であり、正当であります。我が党のスローガンは言論、出版、集会、結社の自由、封建地主の土地の無償没収、日本資本経営の鉄道、鉱山、工場農場の無償没収、日本軍隊の即時撤退、日本帝国主義打倒、ソヴエット朝鮮樹立、帝国主義戦争反対、ソヴエット連盟擁護、日支朝プロレタリアート共同戦線等であります。

第二は、不公平な裁判に関してである。「私共の第一審公判は、一九三〇年十一月二十五日、東京地方裁判所裁判長、判事神垣秀六の担当の下に開廷されたのであります。開廷の劈頭《へきとう》で直《す》ぐ分離、暗黒、退廷、暴行、等々の日本の法廷史上、未曽有のレコードを突破したのであります」等と非難した。

第三は「法律手続の違反」に関して、概要、次のように弾劾された。

一、憲法第五十九条「公判の対審判決は公開する」と云う明文に依り、公判は公開するのが原則であります。然《しか》るに、裁判長判事宮内総太郎の公開に関する指揮に付《つい》て傍聴者の整理を名として傍聴券を発行し、且つ控訴院第三号法廷は百五十人或は二百人迄の収容力を有する法廷に、最高レコードが三十六名であって、六人、五人、三人、二人が常であったのであります。此れは公開原則を確かに蹂躙したる現われであります。

二、刑事訴訟法一三五条、「被告人に対しては親切叮寧《ていねい》を旨とし、利益になるべき事実を陳述すべき機会を与えるべし」と云う明文は、被告の発言の自由が保障されて居る規定であります。然るに、開廷以来、金漢郷の陳述を制限し、利益になるべき事実を陳述する機会を蹂躙したる表現は、午前九時半、召喚して十一時半出廷せしめ、十二時迄陳述させ、午後は一時半から二時半迄、長くて三時迄陳述させるのが常でありました。午前、午後を合わせて、一時半乃至二時間しか陳述せしめずに、五、六回経てからは早速、金漢卿《きんかんきょう》の陳述を終結させると云う不正不当なる法廷指揮であったのであります。

三、刑事訴訟法第三四九条、「被告人に最終に陳述すべき機会を与えるべし」との明文が保障されて居ります。しかし、私は最終訊問日の二日前に刑務所内で暴行されたのであります。出廷は能《あた》わざる状態でありましたが、監獄官吏が無理に引張るのであって、其の命令に従わなければ暴行を加えるが故に、止むを得ずに出廷したのであります。裁判長の指揮に従い、二、三十分間、陳述しましたが、何のことを云ったか今でも覚えて居ないのであります。此れは、被告人に十分なる陳述をさせない為に裁判所と刑務所との約束の下に、右の暴行はなされたるものと疑わざさるを得ない。

第四は「判決の不正不当」に関してで、概要、次のように弾劾された。

一、今日の日本ブルヂョアジーの法律に、人を殺したる者は三年以上、無期、死刑に処すと云う様に法規は定められて居ります。併《しか》し、実際に当っては、最低三年にも当らず、無罪判決が言渡される場合もあるのであります。我々の同志山本宣治は、殺人犯黒田保久二《ほくじ》の凶刃に依り倒されたのであります。然《しか》るに、右黒田は東京地方裁判所で十二年の判決を言渡されたのであります。而《しか》も、殺人犯が長い間、保釈で出て居ったのであります。斯様《かよう》な事実と軌を一にした事件があります。夫《そ》れは、関東震災当時、甘粕大尉が大杉栄を殺した事件であります。斯《かく》の如き事実に照して見ると、死刑に処せられるべき者には死刑の言渡をせずに、無罪判決を言渡されるべき者に有罪判決を為すのであります。

二、治安維持法は不正、不当を極めたる悪法律であるが故に、私達の事件に付《つい》ての判決は、何の事由に基いても無罪判決が下されるべきである事を確信するのであります。私に対する東京控訴院の三年の判決は、其の量定が不当千万であると思料されて、上告を余儀なくせられて居るのであります。

三、朝鮮に於て日本人は優越的地位を占め、我が同胞に対し何位《どのくらい》でも私刑の敢行を恐れずに行うのでありますｊ。所が、政府は知らん振りして黙認するのが常であって、社会団体の燃え上がる与論に依り漸く加害者を引致して訊問をするかせぬか、秘密裏に本人を北朝から南朝に、南朝から北朝或は関東州へ、或は台湾へ転居せしめて置いて、新聞には処刑の事を報道して、社会的与論を喰い止めるのであります。此の様な事実は社会的侮辱であるばかりでなく、政治的侮辱であります。斯様な事実は、我々に対する右公判の事実と全く軌を同様にした事であります。

四、私達に対する一審、二審の判決は過失的誤認でなく、故意的誤認であります。即ち、政治的侮辱の下に取調をせずに、暗から暗へ葬ったのであります。依《よ》って、誤認と云う言葉で現われ能《あた》わざる事であります。夫れは、誤認の程度を超えたからであります。

第五は「無罪釈放」に関してで、概要、次のように主張された。

一、資本主義社会の法律は資本階級の利益のみの為に施行されて居るが、其の資本主義社会が滅亡すると共に消え去るべき運命を持って居るのであります。治安維持法は、侮辱的法律であり、反動的法律であり、抑圧的法律であり、侵略的法律であり、略奪的法律であり、蹂躪的法律であります。

二、自分に反抗或は攻撃手段で出られる者を懲戒するのは、裁判でなく、権力の抑圧であります。併《しか》し、現在の社会では、斯様な事も裁判と云うのが《ママ》俗化されたのであります。もう一つの例は、戦線から捕えて来た者を軍令部で訊問するのであります。所が、其れは裁判的尋問でなく、捕虜的尋問であります。斯様な事も今日の社会では裁判と云うのであります。

三、国民の絶対多数の為に善悪、法律の取捨に自ら通観され、日本帝国主義の圧政政治の下に必然に生まれ、正しい体系、正しい見解の下に働いて来た所の我が共産党の被告事件に付て、悪法律たる治安維持法を撤廃する事に依り、本質が罪なき事件であるが故に罪なき判決を言渡されて頂きたい事を、切に希望するのであります。

■上告棄却とその理由——判断をなす必要はない

治安維持法をもって「悪法律」だとし、「治安維持法を撤廃する事に依り、本質が罪なき事件であるが故に罪なき判決を言渡されて頂きたい事を、切に希望する」としており、弁護人にはできない、まさに被告人ならではの上告趣意といえた。しかし、それだけに大審院との溝はより深いものがあった。大審院は「本件上告は之を棄却する」という主文を言い渡したが、その理由とされたのは概要、次のようなものであった。

一、公開停止以前、公判開廷に際し、傍聴券を交付し、其の所持者のみを入廷せしめ、以て傍聴人の混雑を防ぎ、其の整理を為すが如きは、裁判長に属する法廷秩序維持権の行使に過ぎざるを以て、縦令《たとえ》、原審に於て傍聴券を発行したる事実ありとするも、之を以て公判公開の原則を蹂躙したるものと為すを得ず。

二、訴訟審問の指揮は開廷を為したる裁判長に属すること、裁判所構成法第百四条に依り明白なるを以て、被告人の訴訟進行其の他に関する発言を許容すると否とは裁判長の専権に属すること、論を俟たず。記録に依れば、被告人金漢郷は原審公判廷に於て屢々《るる》、発言の許可を得て、寧ろ冗長に渉るの嫌《きらい》ある陳述を為したること、明白なるを以て、原審は被告人の利益と為るべき事実を陳述すべき機会を充分に与えたるものと云うべし。

三、記録を調査するに、昭和七年六月十四日の原審公判に於て裁判長は被告人に最終の陳述を為すべきことを許し、被告人に於て其の陳述を為したること、頗《すこぶ》る明白にして、裁判所が故意に被告人をして陳述を為さしめざりしとの所論事実は到底、之を認め難く、刑事訴訟法第三百四十九条違背《いはい》の事実あることなし。

四、原判示事実は原判決挙示の証拠に依り優に之を認め得べく、右事実に依れば、治安維持法違反の罪を構成すること、疑いなし。判示所為が正当防衛として為されたりとの所論事実も之を認めるに足らず。

五、被告人に於て縷々、陳述するところあるも、之を要するに立法行政等に関する事項を論議し又は原判決に副《そ》わざる事実を主張するに過ぎざるを以て、判断を与えるべき限《かぎり》に非ず。

故なき要求

被告人、弁護人の「故なき要求」に対して裁判所は職権主義に基づいて容赦なくこれを退けるというのが治安維持法違反被告事件の刑事手続の特徴の一つであった。この期においてはそれをより前面に打ち出す傾向が一段と強まっている。本判決もその傾向が顕著であった。

裁判所が治安維持法違反被告事件について相当の経験を積んだ結果、被告人および弁護人の要望を踏まえた慎重審理よりも、裁判所の職権主義に基づく迅速審理に一段と傾斜しつつあったことが背景に伏在しているといえようか。

《裁判官忌避申立事件》
――対審の公開禁止はいつでも可能

昭和八年十二月十一日第一刑事部決定

防御権の制限か

本件でも対審の公開の問題に加えて、統一公判か分離公判かの問題、裁判官の忌避申立ての問題が争点とされた。この点について被告人から防御権の侵害ないし制限だとして大審院に抗告がなされたからである。

■被告人からの抗告

名古屋控訴院に係属の治安維持法被告事件について、被告人野口平民《へいみん》から抗告がなされた。抗告人は治安維持法違反被告事件の被告人として、名古屋控訴院における昭和八年九月二十一日公判期日において、同院刑事部裁判長判事西岡國吉、判事服部平六、判事大野幸雄を忌避したところ、同院が同年十一月六日、忌避申立却下決定をなしたので、これに対し即時抗告をなした。（一）本院が（当―引用者）該抗告を棄却する旨の決定を不当になしたこと、（二）原審は第一回公判期日において公判審理を開始した上で、検事の公訴事実陳述前に、安寧秩序を害する虞《おそれ》があるとの理由により、その公開を不当に禁止したこと、（三）原審は公判期日において、本件以外の同種被告事件と統一審理を求める旨の被告人の申出を不当に採用しなかったこと、これらが抗告の理由とされた。

この抗告についての決定が、本昭和八年十二月十一日第一刑事部決定である。

■抗告棄却とその理由――対審の公開を停めるかどうかは職権判断

この抗告は大審院においても受け入れられるところとはならず、「本件上告（正しくは抗告―引用者）は之を棄却する」との主文が言い渡された。その理由とされたのは概要、次のようなものであった。

一、裁判の対審判決は之を公開すべしと雖《いえども》、安寧秩序を害するの虞ある場合には、裁判所は其の決議を以て対審の公開を停めるの職権を有することは、憲法第五十九条の明定するところなり。従って、裁判所は当該被告事件を審理するに方《あた》り安寧秩序を害する虞ありと思料したるときは、事件審理進行の程度如何を論ぜず、必要に依り何時にても対審の公開を禁止し得るが故に、公判期日に於て審理を開始したる上、直に公開を禁止するも違法に非ず。

二、公判の統一審理の可否に付ては事件の性質、其の他諸般の事情に照し、裁判所に於て自由裁量を以て、之を決定し得べき職権を有するものなれば、同裁判所が是等事情考慮の上、統一審理を為さざりしは相当にして、之に対する被告人の要求を容れざりしとて、毫も違法に非ず。

三、本件忌避の原因に付ては相当の疏明なきに帰するを以て、之が忌避の申立を却下したる原決定は相当にして、本件抗告は其の理由なきに依り、之を棄却すべきものとする。

予想された結論

これまでの大審院判例に照らせば抗告棄却は予想されたところであった。大審院がその昭和八年七月十日第二刑事部判決において、被告人および弁護人からの「統一公判の要求」について「事物管轄を同じくする数個の牽連事件、格別に数個の裁判所に係属するとき、之を一の裁判所に併合するには、検事の請求に因り為したる決定を必要とする」と判示していたことも既にみたところである。

担当弁護士のプロフィール②

☆大森詮夫（おおもり・あきお）

一九〇二（明治三十五）‐四三（昭和十八）年

岡山県に生まれた。第六高等学校を経て、一九二七（昭和二）年四月、中央大学法学部に入学し、辞達学会（弁論部）に入部するとともに、非合法化された社会科学研究会の中央大学キャップとして活動した。同法学部を一九三〇（昭和五）年七月に卒業したが、在学中の二九年九月、高等文官試験司法科試験に合格し、三〇年一月、弁護士登録を行って布施辰治法律事務所に入所した。父親が貧農の出身だったこともあって小作争議事件には手弁当で奔走した。四・一六事件の刑事裁判の弁護では救援会の決定「日本共産党事件公判闘争方針」に基づいて統一公判裁判を要求する弁論を展開した。一九三三（昭和八）年一月に結成された日本労農弁護士団の幹事に就任し、団では農民部と機関紙部を担当した。同月中に布施が有罪判決を受け弁護士資格を剝奪されて布施事務所が解散したために、河合篤、青柳盛雄と共に布施事務所を離れ、中央法律事務所を共同開設した。布施弾圧事件の弁護も担当した。

共産党員でなかったが、同年九月、警視庁の特高に検挙され、同年十二月に起訴されるまで一〇八日間、中野警察署に勾留された。一九三四（昭和九）年十二月に病気保釈されるまで約一年間、豊多摩刑務所で獄中生活を送った。その後も、治安維持法違反で執行猶予付の有罪判決を言い渡された。執行猶予期間経過後、弁護士に復職し、階級的弁護士としての活動を再開できる見通しは立たなかったが、「獄中転向」を恥として病軀に鞭うって再起の努力を重ねていた。しかし、結核に罹患し、再び起き上がることなく病没した。

☆河合篤（かわい・あつし）

一九〇八（明治四十一）－四五（昭和二十）年
岡山県に生まれた。第六高等学校を経て、東京帝国大学法科大学に入学し、新人会で活躍した。在学中の一九二九（昭和四）年十二月、高等文官試験司法科試験に合格し、一九三〇（昭和五）年一月、社会主義者として弁護士活動を展開しようと考え、大森詮夫、小林恭平と共に布施辰治法律事務所に入所した。同年七月に同大学を卒業し、布施事務所の閉鎖後は大森詮夫、青柳盛雄と共に中央法律事務所を開設した。一九三一（昭和六）年九月、全農全国会議弁護士団が結成されると書記長に就任し、全農全国会議弁護士団と一九三一（昭和六）年四月に結成された解放運動犠牲者救援弁護士団が統一して日本労農弁護士団（幹事長は上村進）が一九三三（昭和八）年一月に結成されると、布施、神道、大森、青柳らと共に幹事に選出された。
しかし、同年九月、日本労農弁護士団が一斉検挙されると河合も検挙された。上村進、神道寛次、大森詮夫に次いで、河合らも治安維持法違反で起訴された。東京地裁は一九三五（昭和十）年十二月、河合に対して求刑四年に対して懲役二年、執行猶予三年を言い渡した。同判決では、布施辰治、上村進、神道寛次、角田守平に実刑が言い渡された。大審院が布施辰治の上告を棄却し、懲役二年の実刑が確定した一九三九（昭和十四）年の十月、河合は中国に渡り、北京の中華民国国立新民族学院副教授となった。敗戦直後の一九四五（昭和二十）年に病気となって帰国し、間もなく郷里の岡山県で死去した。

☆小林恭平（こばやし・きょうへい）

一九〇八（明治四十一）－三三（昭和八）年
岡山県に生まれた。第六高等学校を経て、東京帝国大学法科大学に入学したが、学生時代には学生運動どころか、社会科学の研究会にも出たことがなかったとされる。在学中の一九二九（昭和四）年十二月、高等文官試験司法科試験に合格し、一九三〇（昭和五）年一月、大森詮夫、河合篤と共に布施辰治法律事務所に入所した。入所後は布施に手を取る形で教えられ、法廷闘争の実践の中に投げ込まれ、急速に弁護士としてだけではなく、「法廷戦線の闘士」として成長していった（岡村親宣著『新装版・無名戦士の墓　評伝・弁護士大森詮夫の生涯とその仲間たち』（学習の友社、二〇一五年）七三頁以下等を参照）。同年七月に同大学を卒業し、一九三一（昭和六）年四月に結成された「解放運動犠牲者救援弁護士団」では、布施の下で、書記長兼幹事を務めた。しかし、翌五月、急性肺炎で倒れ、再起不能となった。郷里の岡山県に帰省したが、一九三三（昭和八）年四月に死亡した。享年二七歳であった。

☆青柳盛雄（あおやぎ・もりお）

一九〇八（明治四十一）－九三（平成五）年
長野県に生まれた。旧制松本高等学校を経て、東京帝国大学法科大学を卒業後、一九三一（昭和六）年に弁護士登録を行い、布施辰治法律事務所に入所するとともに自由法曹団員となった。同団員として三・一五事件や四・一六事件の治安維持法違反被告事件の弁護を担当した。一九三三（昭和八）年には布施と共に治安維持法違反で検挙され、執行猶予の有罪判決を受けた。これにより弁護士資格が剝奪され、敗戦まで弁護士活動の停止を余儀なくされた。

戦後は壊滅状態にあった自由法曹団の再建に尽力し、松川事件や三鷹事件の刑事弁護にも当った。その後、事務所を立ち上げ、弁護士として労働問題や人権問題などに取り組んだ。一九五八（昭和三十三）年には日本共産党中央委員に選出され、一九六九（昭和四十四）年の衆議院議員選に立候補し、初当選した。一九七二（昭和四十七）年の選挙でも再選されたが、一九七六（昭和五十一）年の選挙で落選し、政界から引退した。日本民主法律家協会理事、日本国際法律家協会理事などを歴任し、日本共産党中央委員会顧問も務めた。

☆河上丈太郎（かわかみ・じょうたろう）

一八八九（明治二十二）－一九六五（昭和四十）年

東京府に生まれた。第一高等学校を経て、東京帝国大学法科大学政治学科を卒業した。朝鮮総督府への就職を断り、立教大学の講師を経て、関西学院大学の教授に就いた。同教授時代に東京帝国大学法学部法律学科に学士入学し、弁護士資格を取得した。労働学校の講師を務め、次第に社会主義運動に傾斜していった。一九二八（昭和三）年の第一回総選挙に日本労農党公認で立候補、初当選し、無産党代議士の一人となった。

一九三二（昭和七）年二月の総選挙では落選するが、同年七月に無産政党が社会大衆党に統一されると、これに参加し、社会大衆党の国家主義的な政策を支持した。一九三六（昭和十一）年の総選挙で返り咲き、一九四〇（昭和十五）年の斎藤隆夫による反軍演説では同じ社会大衆党の浅沼稲次郎、河野密らと共に斎藤の議員除名に賛成し、大政翼賛会総務にも就いた。これにより戦後、公職追放を受けることになった。

一九五一（昭和二十六）年、公職追放が解除されると、翌五二年、右派社会党の委員長に推された。一九五五（昭和三十）年、社会党が再統一されると委員長の座を鈴木茂三郎に譲り、同党顧問として平和運動に邁進し、元A級戦犯の岸信介が首相に就任すると、自身の戦争責任を認めたうえで岸に対しても戦争責任を認めるように迫った。一九六〇（昭和三十五）年六月、衆議院議員面会所で請願を受けていた際に右翼に襲われ負傷した。浅沼稲次郎の刺殺後は社会党委員長に選ばれた。遊説中に病に倒れ病状が悪化し、委員長を辞職した。

布施事務所の弁護士たち。右から、河合篤、布施辰治、佐藤義和（『法律戦線』発行人）、小林恭平、大森詮夫

大森詮夫が納骨された頃の「無名戦士の墓」 1943 年

第一次共産党事件から逃亡した上海より帰国し、出頭する佐野学
松谷與二郎（左）と山崎今朝弥の両弁護士と日比谷松本楼玄関前にて
1925 年 7 月 25 日　提供／朝日新聞

第三部　昭和九年および十年の改正法案

一九三四（昭和九）年
二月一日　治安維持法改正法律案を議会提出
三月二十五日　同法律案が審議未了で廃案
六月一日　文部省に思想局を設置

一九三五（昭和十）年
一月二十日　『赤旗』が第一八七号で停刊
二月十九日　貴族院で天皇機関説が攻撃される
三月四日　共産党が壊滅（最後の幹部一人が検挙）
三月二十五日　治安維持法改正同法律案を議会に再提出するも、不成立
七月二十五日—八月二十日　コミンテルン第七回大会、人民戦線を戦術として採択
八月三日　政府の国体明徴声明
十二月八日　皇道大本教事件が発生（宗教弾圧が始まる）

一九三六（昭和十一）年
二月二十六日　二・二六事件が発生
五月二十九日　思想犯保護観察法（法律第二九号）の公布
六月十五日　不穏文書臨時取締法（第四五号）の公布
七月十日　コム・アカデミー事件が発生
九月二十八日　ひとのみち教団事件が発生
十二月五日　共産党中央再建準備委員会委員の検挙
十二月十二日　西安事件が発生（国共合作へ）

一九三七（昭和十二）年
七月七日　日中全面戦争に（盧溝橋事件が発生）
十月二十日　新興仏教青年同盟の幹部十二名の検挙
十二月五日　日本共産主義者団が結成
十二月十五日　第一次人民戦線事件が発生

一九三八（昭和十三）年
四月一日　国家総動員法（法律第五五号）の公布
九月十三日　日本共産主義者団の一斉検挙
十一月二十九日　唯物論研究会事件が発生

一九三九（昭和十四）年
三月二十五日　軍用資源秘密保護法（法律第二五号）の公布
四月五日　映画法（法律第六六号）の公布
四月八日　宗教団体法（法律第七七号）の公布
六月二十一日　日本燈台社事件が発生
七月八日　国民徴用令（勅令第四五一号）の公布

一九四〇（昭和十五）年
二月二日　斎藤隆夫の反軍演説
七月　各政党・労働組合の解散
八月十九日　新協・新築地両劇団員検挙事件が発生
十月十二日　大政翼賛会の結成
十一月　北海道綴方連盟事件が発生

第六十五帝国議会（通常会）

会期：一九三三（昭和八）年十二月二十六日－
一九三四（昭和九）年三月二十五日
主要政党：立憲民政党、立憲政友会、無産党議員団は存在するが挙国一致の「中間内閣」であり、与党はなし
主要国務大臣および関係政府委員
総理大臣　齋藤實（非政党、元海軍大将）
逓信大臣　南弘（元内閣書記官長）
内務大臣　山本達雄（民政党）
司法大臣　小山松吉（元検事総長）
文部大臣　鳩山一郎（政友会）、齋藤實（兼任）
陸軍大臣　林銑十郎（元陸軍大将）
海軍大臣　岡田啓介、大角岑生（元海軍大将）
内閣書記官長　柴田善三郎、堀切善次郎
内務省警保局長　松本学
司法省刑事局長　木村尚達

第六十七帝国議会（通常会）

会期：一九三五（昭和十）年十二月二十六日－
一九三六（昭和十一）年一月二十一日
主要政党：立憲民政党、立憲政友会、昭和会、無産党議員団は存在するが挙国一致の「中間内閣」であり、立憲民政党がほぼ「与党格」
主要国務大臣および関係政府委員
総理大臣　岡田啓介（元海軍大将）
逓信大臣　床次竹二郎（元内務官僚）、岡田啓介（兼任）、望月啓介（昭和会、政党政治家）
内務大臣　後藤文夫（元内務省警保局長）
司法大臣　小原直（元司法次官）
文部大臣　松田源治（立憲民政党、元弁護士の政党政治家）
陸軍大臣　林銑十郎（再任）、川島義之（元陸軍大将）
海軍大臣　大角岑生（再任）
内閣書記官長　吉田茂、白根竹介
内務省警保局長　唐沢俊樹
司法省刑事局長　木村尚達

1932 年に結党した社会大衆党議員席　1936 年

第六章　昭和九年および十年の改正法案の不成立

改正の意図

司法省と内務省は、一九二八（昭和三）年の改正に続いて、一九三四（昭和九）年と一九三五（昭和十）年の二度、治安維持法改正法律案を議会に提出した。

日本共産党を支援する外郭団体を取締ることが、改正の目的の一つであった。目的遂行罪を個別に適用するよりも、外郭団体を治安維持法違反の結社と認定してメンバーを一網打尽にした方がはるかに効率的だということから改正が図られた。もう一つは、一九三一（昭和六）年以降、治安維持法の検挙者数が激増したことから、審理を迅速にするために刑事手続に特例を設けるとともに、思想犯の改悛を促すため、いわゆる転向政策を盛り込もうとしたことであった。

これらの共産党対策と並んで、治安維持法改正を促した裏の要素として、国家主義運動が絡んでいたことも見逃せないとされる[1]。革新右翼に影響を受けた右翼や軍人は実力行動によって国家改造を目指す国家主義運動を展開し、運動は一九三〇（昭和五）年四月のロンドン海軍軍縮条約の締結をきっかけに昂揚した。同年十月には濱口雄幸首相が右翼に狙撃されて重傷を負う事件が発生した。

一九三一（昭和六）年九月、関東軍が中国の東三省（現東北三省）を制圧する満州事変が勃発すると、事変に呼応して若槻礼次郎首相を暗殺して荒木貞夫陸軍中将を擁立しようとする十月事件が発生した。ここに至って内務省は右翼対策に乗り出したが、一九三二（昭和七）年五月十五日には、陸海軍の軍人が犬養毅首相を暗殺するという五・一五事件が発生した。政党内閣の時代は終焉を迎えることになった。

五・一五事件の後、内務省は国家主義運動の取締りを優先課題とした。同三二年六月、警視庁は特別高等警察部を設置し、特高課内に右翼犯罪を専門とする係を設けた。ただし、警察は、国家主義運動を抑圧するよりも、運動を合法的な範囲に止まらせるように指導し、結果として手心を加える傾向にあったとされる(2)。

改正の主なポイント

治安維持法の改正法律案は、一九三四(昭和九)年の第六十五議会に提出された。この時は司法省も内務省も、現場の要望を踏まえて、改正に乗り気であった。同法律案は、「第一章　通則」「第二章　罪」「第三章　刑事手続」「第四章　保護観察」「第五章　予防拘禁」「附則」からなっていた。

次の七点が改正の主なポイントであった。

①国体変革の罪と私有財産制度否認の罪とを分けて、前者に重い刑を科すこと。
②国体変革を目的とする結社を支援する結社、いわゆる外郭団体に対する罰則を設けること。
③個人の宣伝や言論も取締れるように、国体変革に関する宣伝罪を設けること。
④裁判所の令状がなくても被疑者を勾引・勾留できるように、検事の強制捜査権を認めること。
⑤思想犯罪に長けた裁判所で迅速な審理を行えるように、事件の管轄を別の裁判所に移転することを認めること。
⑥社会に復帰した思想犯に転向を促すとともに、再犯を防止することを目的として、起訴猶予の者と執行猶予の者を対象に、一定の期間、保護を名目とした観察を行えるように、保護観察制度を設けること。
⑦非転向者を社会から隔離することを目的として、国体変革に関する罪の刑期終了者のうち、再犯のおそれがある者を施設に拘禁し得るように、満了者予防拘禁制度を設けること。

司法省の本命は、転向政策に関わる⑥と⑦であった(3)(4)。

1　昭和九年の治安維持法改正法律案

衆議院での審議

改正法律案は、まず衆議院に付託された。一九三四（昭和九）年二月二日に開催の第六十五帝国議会衆議院本会議で、議題とされた。同二月三日の衆議院本会議では、治安維持法改正法律案について第一読会が開かれ、冒頭で、小山松吉*国務大臣（司法大臣）から、法案提出の理由説明が行われた(5)。

小山の説明は、次のようなものであった。

御承知の通り、治安維持法違反事件に対しましては、政府は昭和三年以来、鋭意、是が検挙を続行致したるにも拘わらず、共産主義者の運動は実に執拗を極めまして、幾度か検挙に依りその結社の組織を潰滅に致しましても、又、更に其再建を企てつゝありまして、今日に至るも、なお、之を剿滅《そうめつ》することの出来ない状況に在りますことは、洵《まこと》に遺憾の次第であります。

翻《ひるがえ》って、我が国情を考えまするに、今や内外共に実に重大なる時局に際会して居るのであります。今にして速やかに是等、不逞、兇悪の思想運動を根絶致しませねば、帝国の前途、洵に憂慮に堪えざるものあることを痛感するのであります。而《しこう》して、之が対策と致しましては、勿論、教育其《その》他の方面に於ける新なる施設計画を必要と致すのでありまして、啻《ただ》に刑罰のみを以て是が根絶を期することは至難の業でありますが、いやしくも国体を変革致しまして、労農階級の独裁政治を企画する如き兇悪

＊小山松吉（こやま・まつきち）
一八六九（明治二）－一九四八（昭和二十三）年
茨城県に生まれた。独逸学協会学校（一八八三年設立、獨協大学の前身）専攻科を卒業後、検事の道を歩んだ。東京控訴院検事時代には捜査主任として大逆事件の捜査の第一線に立った。その後、大審院検事などを経て、一九二四（大正十三）年に検事総長に就任した。検事総長時代には、林頼三郎司法次官、控訴院検事長、府県特高課長らと協議のうえ、京都学連事件に対して私有財産制度否認を理由とした治安維持法の初適用の指揮にあたった。平沼騏一郎、鈴木喜三郎から小山松吉へ、そして、塩野季彦へと至る思想検事の系譜を作った。八年間検事総長を務めた後、五・一五事件後の治安回復の要役となることを期待されて一九三二（昭和七）年に斎藤實内閣で司法大臣に就任し、一九三四（昭和九）年まで務めたが、司法官赤化事件にあった。次の岡田啓介内閣（一九三四年七月八日－三六年三月九日）でも、一九三六（昭和十一）年に二・二六事件が発生し、後継の広田弘毅内閣で思想犯保護観察法が制定された。司法大臣辞任後は貴族院議員に勅選され、法政大学総長も務めた。

極りなき思想運動者が潜行的に活躍する今日に在りましては、まず之に対し徹底的に弾圧を加え、彼等をして蠢動の余地なからしめることは、現下の急務であると信ずるのであります。

然《しか》るに、現行治安維持法は、施行以来、その実績に徴しまするに、如上の目的を達する上に於きまして、その規定に不備の点が尠《すくな》からず存するのであります。殊《こと》に、共産党のいわゆる、外郭団体に対する取締の上に多大の欠陥のあることを発見したのであります。曩《さき》に申しました如く、共産主義者が幾度か党の再建運動を為すに至りましたのも、全く是等外郭団体が存在致して居りまして、隠密に活躍致した為であります。随《したが》って、政府は、是等の者に対し特別の取締規定を設けるの必要を認めた次第であります。

次に、治安維持法違反事件は、御承知の如く組織的でありまして、且つ大衆的の犯罪であります故に、現行刑事訴訟法に依る捜査手続の予想せざりし犯罪現象を呈して居るのでありまするから、その検挙を為すに当りましては、手続上の特例を設けるの必要を認めたのであります。随って、改定案に於きましては、罪と刑を定めまする実体法の規定の外に、手続規定をも之に加えたのであります。更に犯罪者の実情に鑑みまして、犯罪の予防と鎮圧の効果とを完璧ならしめんが為に、保護観察の制度と予防拘禁の制度とを創設致した次第であります。

改革の要点についても、小山から次のように説明されている。

更に本改革案の重要の事項に付きまして少しく具体的に御説明申上げますれば、第一に、国体を変革することを目的とする犯罪と私有財産制度を否認することを目的とする犯罪との規定を、全く別条に規定致したことであります、第二は、いわゆる、外郭団体に対する処罰規定を設けたことであります、第三は、宣伝行為を処罰する規定を設けたことであります、第四は、本法第三条、第四条および第八条の犯罪に限りまして――是は国体の変革および私有財産制度を否認する犯罪であります。特別の場合に於きまして、地方裁判所検事が被疑者に対して勾留状を発することを得る規定を設けたことであります。次に本法の罪を犯しました被告事件に致しまして、必要のある場合に於て管轄を移転することの出来る規定を設けたことであります。第五は、刑の執行猶予の言渡を受けました者又は検事が不起訴の処分を為したる者に対しまして、本人に保護観察を付する規定を設けたことであります。第六に、只今申しました第三条又は第四条の犯罪に依り刑に処せられたる者に対しまして、保安処分として予防拘禁の制度を設けたこと等でございます。

何卒、慎重御審議のうえ、御協賛あらんことを希望致します。

極右運動の取締りを訴える議員たち

この説明に対し、高見之通《ゆきみち》、小林錡《かなえ》、比佐昌平、久山知之、松谷與二郎、亀井貫一郎の各議員から質問の通告が寄せられた。

高見の質問(6)は概要、「理論上より共産主義に入った者に対して、如何なる対策を講じて居るか」「日本主義というものを以て共産主義に対する理論とすべきではないか」「文部、司法、内務、この機関を統一する一大機関を設ける必要があるのではないか」等というものであった。

小林の質問(7)は概要、「是程《これほど》、一生懸命に改正に努力されるならば、何故、かくの如き最も眼の前に現われて居る所の極右の行動に対する所の維持法を作られないのであるか」「私有財産制度否認の条項はなお存置すべきや否や。……朝憲を紊乱する程度の私有財産制度否認ということを規定して置けば足ると考えるのでありますが……」「支援行為の方に対しては『情を知って』云々という言葉がないから、この解釈の取方に依りましては、その支援される所の結社が如何なる行為を目的とするかということも知らない場合でも、処罰出来るように考えられるのであります」「政府は何故に不定期刑という制度を採られないのであるか」「政府は刑罰を重くさえすれば、犯人を次第に滅すことが出来ると考えて居るようでありますけれども、是は洵《まこと》に間違った見解であると私は思うのであります」等というものであった。

比佐の質問(8)も概要、「憲法変更の場合に於て、どの程度迄は国体変革の中に入って、それ以外は国体変革に入らないという、その限界を御示し願いたい」「土地国有もよろしい、生産機関の国有もよろしいという結果、いわゆる、ほとんど共産主義の実行と同様となり、之を防がんとするこの法律の眼目何れにありやと、私はその根本観念について御伺いを致さねばならぬのであります」等というものであった。

久山の質問(9)も概要、「司法大臣はこの提案の御説明の中に、一言半句、極右の団体の行動に対しまして、御説明のなかったことを私ははなはだ遺憾に考える。……極右の団体の行動が今日非常に猛烈になって参りまして、……非常に深憂を禁ずることが出来ない問題である。……我国に独裁専制の政治を布《し》かんとして居るこの一部の人達に対して、何故、今少し徹底的に弾圧の手段を御考えにならないのであるか」等というものであった。

＊松谷與二郎の質問(10)も概要、「共産党に対しましては、私は根本的に之を絶滅しなければいけないということは、政府当路《とうろ》と全く所見を同じうする所であります」「決してこの重い刑を科するだけではいけない。むしろ、之を善導する所の或る機関が必要なのではなかろうか」「あらゆる暴行が警察に於て行われる。私は実にこの点に付きましては深憂に堪えない次第でございます。……今、少しくこの警察を改善するの御考えがないであろうか」「かくの如き弾圧、そのものが一層、共産党を増すのではなかろうか。ここに最も明確にして動かすことの出来ない一つの証拠を読上げます。それは難波大助の調書でありまして、……こう言って居るではございませぬか。……諸君、難波大助を共産主義に追込んだのは（伏字）」「現在の教育を施すことに依って一層、左傾犯人を出すというならば、それは教育の方針が全く間違って居るものと言わざるを得ない」「小学校の教員の椅子の売買は何事でございましょう。かの校長の椅子の売買は何事でございましょう」「私は、少なくとも現在の濁れる政界に対しまして、今、少しく文部大臣、司法大臣に於て反省せられては如何か、と考える」等というものであった。

＊＊亀井の質問(11)も「第八条以下十一条までの三カ条をむしろ御削除になる意思はないか。……私有財産制度否認の問題と国体変革の問題と、之を一つの法律の中に定めて居らっしゃることが元来、無理じゃないか」等というものであった。

治安維持法改正緊急勅令に事後承諾を与えるか否かの審議にあたっての昭和四年の帝国議会の質疑と大きく異なる点としては、後に詳しくみるように、極右運動の取締りを訴える議員が出てきたという点である。しかし、この訴えに対する政府の反応は鈍かった。共産主義、共産党の恐怖を声高に語るだけであった。

委員会に付託

動議が出されたことから、質問は終局とされ、治安維持法改正法律案委員会に付託することおよび委員は議長が指名する二十七名とすることが決せられた。原夫次郎、比佐昌平は委員に指名されたが、治安維持法改正緊急勅令の議会承認に強く反対した斎藤隆夫、水谷長三郎、内ケ﨑作三郎が委員に指名されることはなかった。緊急勅令の議会承認で大いに尽力した宮古啓三郎が委員長に選ばれた(12)。

2　委員会の質疑

たびたびの改正は誠に遺憾

委員会は二月五日、七日、十二日、十六日、十九日、二十一日、二十二日、三月一日、二日、三日、五日、六日、七日、十二日、十五日というように十五回も開催された。

質問に立つ議員に共通してみられたのは、「数年の間に、屢〻《るる》こうして改正して行かなければならぬということは、洵《まこと》に遺憾であると思って居ります。……もっと真剣に考えて、政府は立案せられて、而《しこう》して、この法案を審議するうえについては、もっと真剣に審議されなければならぬと思う」（二月二十一日の委員会での松田竹千代委員の発言[13]）という感慨であった。

「そういうような思想を持つような者の根本を詮索をして、之を取除くという方法が、この刑罰を以て臨むということよりも、先決問題ではないかということを私は御尋ねしたのであります」（二月二十二日の委員会での一松定吉委員の発言[14]）も、多くの議員が同感するところのものであった。一松が検察官出身であったことは既に紹介したところである（一三三頁）。その一松からでもこのように質問されていた。

社会主義・共産主義に従来の適用基準は無理では

質疑で大きな論点とされたのは、第一に、社会主義、共産主義が変化しているなかで、従前のような形での第八条の適用規準を維持するのは無理があるのではないかという点であった。

---

*松谷與二郎（まつたに・よじろう）一八八〇（明治十三）－一九三七（昭和十二）年　石川県に生まれた。明治法律学校（明治三十六年から明治大学）を卒業後、弁護士を開業し、自由法曹団に加わった。虎ノ門事件で難波大助の弁護人を務めるなど、社会運動、小作争議の弁護活動で活躍した。日本労農党の創立に参加し、一九二六（大正十五）年の衆議院議員選挙に立候補し、当選したが、満州事変の評価をめぐって対立し、労農党を離党した。その後、親軍部の国民同盟、日本国家社会党を経て、勤労日本党の党首に就いた。交通事故にて死去。

**亀井貫一郎（かめい・かんいちろう）一八九二（明治二十五）－一九八七（昭和六十二）年　東京府に生まれた。旧津和野藩主亀井伯爵家の一族で、東京帝国大学法科大学を卒業後、外務省勤務を経て、陸軍大臣官房特別嘱託、海軍大臣官房特別嘱託を務めた。その後、依願退官し、一九二八（昭和三）年の衆議院議員選挙に社会民衆党から立候補し、当選した。議員として近衛文麿の新体制運動を推進し、一九四〇（昭和十五）年十月に大政翼賛会総務兼企画局東亜部長に就任したが、一九四二（昭和十七）年十二月、軍機保護法違反で禁錮八月（執行猶予一年）の判決を言い渡された。戦後は公職追放を受けた。

○最近の共産党の理論というか、指導方針というか、是がどういう工合になって居りますか。

（二月十二日の委員会での高見之通委員の発言[15]）

○共産主義も段々変って来るのじゃないかしらんと思う。……段々変化して行って、社会政策若《も》しくは社会主義、共産主義というものとの間の距離が段々に接近をして来て、訳の分らぬようなことになって来るようなことを考えられるのでありますから、唯、共産主義を取締るのだ、社会主義を取締るのであるというだけの御説明に依って、この法というものが成って行くということになるならば、私はどういうものであろうかとこう考える。

（二月十六日の委員会での添田敬一郎委員の発言[16]）

○私は、（第八条の適用について―引用者）洵《まこと》にその峻別に苦しむのではないかと思う。……統制経済、国家社会主義を主張する者がある。或は政友会の如き、資本主義の弊の修正を主張する者があるという風に、……洵に進化と申しますか、変革を来さんとして居るのであります。

（同委員会での三上英雄委員の発言[17]）

○国体に関する法規と私有財産制度否認に関する法規、之を別にする意思はないか。

（同委員会での幣原義政委員の発言[18]）

○私の考えを以て見ると、大審院の裁判官も、はっきりした私有財産制度否認という観点はまだ分って居らないと思うのであります。

（二月二十一日の委員会での比佐委員の発言[19]）

○私有財産制度というものを否認する。いわゆる、私有財産制度の否認というものの根拠は何処にあるかということを御聴きしたい。……貴方のおっしゃることは十年、十一年前の『クロパトキン』や『モント』とかの言の古い行燈時代の話を今日取られたに過ぎない。まず私有財産制度に関する議論の根拠が薄弱であって……。

（二月二十一日の委員会での高見委員の発言[20]）

「唯、共産党の『シンパ』として共産党に加入した、何等、行動も執って居らぬ。共産党に加入したゞけで、こういう恐ろしい無期懲役に処せられるということは、分に過ぎては居らぬかと心得て居るが、その点、司法当局の御意見如何ですか」（三月六日の委員会での松谷興二郎委員の発言[21]）という質問も、同趣旨に出たものといえよう。

これに対する政府の答弁は、「法律を制定します方の立場から申上げますと、この私有財産制度を否認するというのは、前にも度々申上げて居りますが、沿革上簡単に申せば、社会主義というもの、思想を指すのであるという風に、我々は立法の上では解して居るのであります」（二月二十一日の委員会での小山国務大臣の答弁[22]）などであった。治安維持法を制定したのは共産主義、社会主義を取締るためである。本改正法もこのような前提の上に起案されたもので、治安維持法の前提となっている共産主義、社会主義についての理解を変える必要は見出せない。第八条の適用についても従前通りとする。このように答弁された。

こうした硬直した政府の態度を後押しするような質問、例えば、「第八条に依る所の罪をもう少し重く罰する必要はないか」（二月十六日の委員会での平島敏夫委員の発言[23]）なども一部にはみられた。

極右運動の取締り

委員会で最も大きな論点にされたのは、既に触れたように、極右運動の取締りという点であった。多くの議員から繰り返して、例えば、次のように質問されている。

○右傾という方の運動が、実は左傾と紙一重だということ、私もそうだと思います。……何とか是（右傾団体―引用者）を取締るには、この（国体変革等という―引用者）看板以外のものにも、是と同様に取締をする必要に迫られて居るのが、今日の世相ではないか。

（二月十二日の委員会での板野友造委員の発言[24]）

○愛国思想、国体擁護の思想でありましても、その行動が常軌を逸して社会を紊乱《びんらん》し、公安を害するという行動があるならば、やはりそれを取締って行くということも当然でなければならぬ。……以前に治安維持法に依って決められたる精神とすこぶる変って来たような心理がするのであります。……国家社会主義などを唱えて居る所の思想、是も……やはり、第八条に入ると看做してもよろしいのであるか。……司法大臣の御答では、国家社会主義ということの観念が余程、我々と相違して居るように思われるのであります。

（二月十六日の委員会での添田委員の発言[25]）

○右翼団体の取締の点であります。……この法を適用されるようにされたならば、よろしかろうと思うのであります。

（同委員会での三上委員の発言[26]）

○国家社会主義も同時に罰するお考えであるか。……（本法が適用される国家社会主義とそうでないものとの区別は―引用者）この法律だけでは一寸、むづかしいだろうと私は考えるのであります。

（同委員会での松谷委員の発言[27]）

○一般に脅威を与える程度の何かここに法案を作って、

初めてここに人が反省するようなことになるじゃないかと思います。……右傾問題とかいうものを、又、独立の単行法にするか、或は又、この（治安維持法―引用者）八条の所へ右傾的のものを入れるというような、何かお考えはないか。

（二月二十一日の委員会での高見委員の発言(28)）

軍人ないし在郷軍人の政治的な動きを取締る必要は

軍人ないし在郷軍人の政治的な動きについても、次のように取締りの必要について質問されている。

○予備、後備、在郷軍人等に対して、余程、共産党あたりでは目を附けているという話であるが、そういうような現役なり、予備、後備、在郷軍人等に対しての状況はどうか。……在郷軍人が時に依ると右傾の方へ非常に傾く癖がある。……どういう具合に時局を認識せられる方針で指導されて居るか。……不穏当だとお考えになるならば、之を今後、取締るのお考えかどうか。……一般在郷軍人に対する演説、或は精神講話というものは、軍人の分を超えないようにしてやって貰いたいというような取締方針でもお出しになる必要があると思われぬですか。

（二月十九日の委員会での高見委員の発言(29)）

○私は五・一五事件に対する所の軍人被告側の処罰等に対して……如何にも民間被告側に較べて軽かったように思うのであります。……軍部側の方は、それに加えるに軍紀の違反ということがあったように考えられます。

（同委員会での平島敏夫委員の発言(30)）

○果して軍部中にこの私有財産制度否認の思想傾向（私有財産制度に対して、かかる一大改革―引用者）が行われて居る状態があるでありましょうか。

（同委員会での三上委員発言）

○この三上中尉（五・一五事件の被告―引用者）の説明に依ると、今日の腐敗は政党、財閥、特権階級、軍閥にあるというような風に説明して居ります。この点について、ご所感を承りたいと思います。……国維会の幹部の中に、……松本学、吉田茂、安岡正篤、岡部長景、後藤文夫、近衛文麿というのが幹部で、その指導者と申しますか、……名前が出て居るのでありますが、この会の目的並に趣旨をこの際、参考までに聴かして戴きたいと思います。……国維会の外郭団体は、金鶏学院、東海連盟、石川自彊会、素行会、日本海員組合、大日本正義団というのが載って居るのであります。……この関係はどういう風にお考えになって居りますか、承りたい。

（同委員会での世耕弘一委員の発言[31]）

○大日本正義団という所に「親分の命ずる所は水火も辞せず」という綱領がある。それから東海連盟という団体の綱領には、「役員等は本連盟の上に絶対の命令権と共に無限の責任を負うものなり」、こういうような文句が出て居るのであります。……こういうものに対しては相当、取締るべき必要があろうと思いますが、……ここ（治安維持法—引用者）に取締の一カ条を結付けなければ納まらぬように考えますが、どういうお考えでありますか。……今日の軍部諸君が主義の為に論ずることは多少、常軌を逸しては居らぬかと、いわゆる常識を少しく進み過ぎては居らぬかということを聴いて見たい。（二月二十一日および三月一日の委員会での高見委員の発言[32]）

○軍人は政治に拘わらずというその軍人の範囲であるが、それは在郷軍人なども含んで居る御趣旨であるか。

（三月一日の委員会での松谷委員の発言[33]）

○陸軍の軍人が集って団体を組んで政治を論議するということは、今の官紀のうえに於ても、軍紀のうえに於ても、絶対不可能なことではありませぬか。それは許すべからざるものである。私は陸軍大臣の御心持は、非常に御詔勅の趣旨に背反したる心持に向って居るような感じがするのでありますが、こういうようなことを御許しになれば、弊が後へ後へと起って来る。五・一五事件の如き問題が踵《きびす》を接して起って来ると私は痛感するのであります。（同委員会での藤田委員の発言[34]）

○最近、憲兵が政治方面に進出するとの非難が各所に起って居ることに対して、陸軍大臣の御意見を伺いたい。

（同委員会での世耕委員の発言[35]）

○軍人の政治に関与すべからずという御勅諭の精神でありますが、……海軍大臣の御答弁を承って見ますとはっきりと致して居りませぬ。

（同委員会での一松定吉委員の発言[36]）

○この（ファシズムの私的な学術的研究機関の日本国家社会主義学盟幹事長の—引用者）林癸未夫《きみお》博士の国家社会主義原理の中に書いて居られる所の経済思想は、私有財産制度を否認せるものに非ずと、御認めになるでありましょうか。……直ちに本法に依って御《おん》取締の対象となり得るのでありましょうか。

（三月二日の委員会での山枡儀重委員の発言[37]）

○大体どういう方針で以て陸軍大臣はそれ（三月事件・十月事件のようなこと—引用者）に向って取締をやって居りますか。

（同委員会での高見委員の発言[38]）

○同僚の宮脇長吉君が衆議院予算委員会に於て発せられた言論、それに対して各地の在郷軍人会が起って、特に某々在郷軍人会の如きは決議を致して、宮脇議員に対して辞職を迫って居ることを聞いたのであります。……私は不穏当と考えるのであります。

（同委員会での益谷委員の発言[39]）

○私共、皆、委員はこの治安維持法に於て、最近、頗《すこぶ》るに右翼方面の思想界が過激なる行動に出《い》でんとするというのを、どうして治安維持法に依って取締らないか、こういう点に、非常な深い考慮を廻らして居るのであります。

（同委員会での原夫次郎委員の発言[40]）

政府の認識――取締りは難しい

政府の認識は異なっていた。「右傾団体の綱領その他、過激なものについては十分、取締をして居ります。又、各団体の個々の行動は、是《これ》は内務省に於ても、十分、取締をして居るのであります。……十分、今後、御取締は致します」（二月二十一日の委員会での小山司法大臣の答弁[41]）と、一応は答弁される。しかし、実際には取締りは難しいとして、次のような答弁を繰り返すだけであった。

○国家社会主義者というようなものは、是は取締の上に於ては可なりむづかしい問題であります。……右翼とか、右傾に関する者の取締は何故しないかという御尋ねでありますが、是は治安維持法の沿革を御覧下さいますと、元々治安維持法というのは、……専ら左傾思想の過激なる者を取締る趣旨で、之は出来たのであります。……右翼の取締をするということになりますと、治安維持法というもの、従来の立法精神が変って来まして、暴力行為等取締法と同じようなものが加わる訳になるのであります。……治安維持法の沿革に鑑みまして、その必要はないということで、今回の提案を致した次第であります」

（二月十六日の委員会での小山大臣の答弁[42]）

○立法の技術上に於て、書方《かきかた》に困難を致します。……それからもう一つは……、治安維持法というものは右傾に対する取締なり、又、罰則を書かないことになって居ったのでありますから、それでその規定（右傾団体の取締規定―引用者）を置かなかったのであります。

（同、二月二十一日[43]）

○是（右翼に関する規定を治安維持法の中に編むこと―引用者）は実に色々、考えましたけれども、適当に之を法文化することに苦心をしました結果、遂に成果を得なかったのであります。……この治安維持法違反に限って特殊の状態として、この非常立法をせざるを得ない状態に置かれて居るということの御諒解を願いたいと思います」(44)（同日の委員会で木村尚達政府委員・司法省刑事局長の答弁）

○右翼に対する取締りということに対しては、この政府の原案通りでよろしいという考えを有《あ》って居るのであります。（三月十二日の委員会での小山大臣の答弁(45)）

滝川問題に厳しく、林問題に抑制的

軍人ないし在郷軍人の政治的な動きについても大丈夫だというのが政府の答弁であった。例えば、次のように答弁された。

○陸軍部内の思想の状態は安全であるかということの御尋ねでありましたが、之は大丈夫だと私は思います。……共産党の中に足を踏込んで居りはせぬかということは、恐らく無かろうと信じて居ります。……「ファッショ」ということをやって、そういうものを破って行こうという考は、在郷の軍人、殊に将官あたりにあるということは断じて私はないと思って居ります。……之を取締るということは、それは出来ぬだろうと思います。……心配はないと信じて居ります。（二月十九日の委員会での山岡重厚政府委員・陸軍少将の発言(46)）

○国維会は単純な修養団体です。……国維会には外郭団体というような関係は何もないのでありまして……。（同委員会での松本学政府委員・内務省警保局長の発言(47)）

○はなはだしい間違を起す者は起らぬだろうと私は予想して居ります。（三月一日の委員会での林銑十郎国務大臣・陸軍大臣の答弁(48)）

○現役の軍人と在郷軍人とは余程、趣きが違うと思います。……憲兵の範囲は、単に軍事警察のみでなく、有する思想運動、社会運動、労働運動、そういうような軍事に密接な関係を有って居る事情について色々、調査をしたり、何か致しますが、それは必しも越権行為ではないのであります。皇軍が崩潰するということを防ぐという所の予防警察という見地から、必要なことは各方面に手を伸ばして居るのであります。……いわゆる、司法問題についても行政問題についても、憲兵はそれぞれその系統から指揮を受けて動いて居るということを御諒承を願いたいと思います。（同委員会での林国務大臣の答弁(49)）

○氏（林癸未夫《きみお》博士）の説かれる所の言説全部を総合して見ますれば、やはり、私有財産制度と相容れざる所の思想の提唱だと見て居ります。……それが合法的なものと認められる限りは違法を阻却して、法第八条の違反行為とはならない。こういう風に現在の所、考えて居ります。（三月二日の委員会での木村尚達政府委員・司法省刑事局長の答弁[50]）

○今日、改めて陸軍の教育の方針を変えなければならぬということはない訳であります。

（同委員会での林大臣の答弁[51]）

○道徳的の意味に於て何か忠告するとか、勧告するとかいうような場合に、某地の在郷軍人会といったような名前を用いた所で、法的に何等、差支えはないことである。……議員に辞職を勧告したから不穏当である、それは間違って居るとはいい兼ねる。（同[52]）

○林（癸未夫―引用者）博士の問題については……もっとよく研究調査を遂げなければ文部省として色々の結論には到達致しませぬ。……大学の教授が研究の範囲に於てやるのは、私は差支えないと思います。（三月七日の委員会での東郷實政府委員・文部政務次官の答弁[53]）

これに対して、いわゆる瀧川（幸辰《ゆきとき》京都帝国大学法学部―引用者）教授問題についての「かつて瀧川教授の著書が数年間、そのまま、不問に付されて居って、そうして、それが一度問題になりますと、急遽、文部省は発動を致されたのであります。……左傾思想であるという断定を以てせられたのであるか。……その点を伺いたい」（三月七日の委員会での山枡委員の発言[54]）という質問に対しては、「思想の中には共産主義の思想があるということも、認めたのであります」（同委員会での東郷實政府委員の答弁[55]）と答弁されている。

瀧川問題に対しては厳しく、林問題に対しては抑制的なダブル・スタンダードが採用されていることは明らかであろう。

検事への強制処分権の付与について

検事に対して強制処分権を付与することについても、次のように質問されている。

検事が治安維持法の事件に依って、勾留状までも発することが出来るということは、是はもう非常な我国の刑事手続の上では大変革である。是ははっきりどういう理由であるということを私は次会に承りたい。

（二月二十一日の委員会での原夫次郎委員の発言[56]）

懸念の背景に伏在していたのは不当な検挙ないし警察取調べにおける人権蹂躙問題であった。この人権蹂躙問題についても、「如何に出鱈目《でたらめ》の検挙をして居るか。そうして、その人達は如何に酷い目に遭って居るか。……（検挙された者のうち―引用者）何等、（事件と―引用者）関係のない者が二万三千余人、出たというならば、如何に検挙が出鱈目であるか。……間違のないことを期される御考えはないかどうか」（二月十六日の委員会での松谷委員の発言(57)）等と質問されている。

これに対する小山大臣の答弁は、「人権蹂躙等の事のないように致したいと思って居ります。その一つの片割れが、今度の検事の勾留ということを認める理由になった訳であります。……只今、御話の岩田、小林（岩田義道、小林多喜二―引用者）のことに付きましては、御話のような殺すとか虐待してどうしたというようなことはないということを承って居りますが、今の警察官が時に失当な行為をすることに付きましては、常に監督注意は怠らずに居るのであります」（同委員会での答弁(58)）等というものであった。

検事に強制処分権を付与し、警察官に対する指導を強化させることによって問題解決が図れるというのが司法省の態度であった。しかし、これによっても、検事による不当検挙をどうするのかという問題は残されていた。

このような危惧から、「第三条、第四条の罪に該《あた》る被疑事件のみについて検事が勾引状を発することが出来るというようなことにして、第八条だけを削除したらどうかという考えを有って居るのであります」（三月七日の委員会での益谷委員の発言(59)）という提案がなされている。しかし、これも即座に退けられ、「その勾引、勾留に関して、第八条を置く必要を実は痛感して居る次第であります」（同委員会での木村政府委員の答弁(60)）とされている。

刑事手続の特例については、この他、「この法条（第十七条―引用者）を設けて、其《その》（被告人の―引用者）供述から証拠力を確保したい意味である。……左様に承知してよろしゅうございますか」（二月二十二日の委員会での一松委員発言(61)）という質問があり、木村政府委員から「そうです」と答弁されている。

検面調書に証拠能力を付与することも、今回の治安維持法改正の目的であることが分かる。

保護観察の新設について

保護観察の新設についても、非刑罰化という観点から、「司法省は単に治安維持法の違反者に対しては刑罰問題ばかりでなく、一歩進んで、之を保護して行くということの大体の御方針については、私共、共鳴をして居るものであります」（62）と評価する質問の他方で、次のような厳しい質問が飛んでいる。

○この保護観察なるものは全部検事の監督の下に於てやる、司法官憲の下に於て、之をおやりになる御信念でありますか。……むしろ、内務省の方の関係で保護観察をするということが、全般の場合に於て、適用になる範囲が広いのではないかと、又、その方が適切でなかろうかとこういう風に考えられる」

（三月二日の委員会での添田委員の発言(63)）

○保護観察制度が、悪法の呼ばわりを受けるような結果になるのではなかろうか。之を吾々は憂慮して居るのであります……。観察の仕方が悪い結果、転向を完全にすることが出来なかった、若《も》しくは執行猶予の期間中に再び罪を犯すようなことになりはしないか。それを憂慮するから、その辺に対しての政府の対策を具体的に承って置きたい。

（三月六日の委員会での一松委員の発言(64)）

○仮釈放をされた者、或は刑の執行を停止されたる者、こういう者にも保護観察の必要があるように私は思いますが、之を除かれたのは、何か深い理由がありまするか。

（同委員会での小林委員の発言(65)）

○少年保護の制度のその経験をそのまま、治安維持法の保護観察に持って来たように御話致されたのでありますが、私はそれは余程、考え物ではないかと思う。

（同委員会での松田竹千代委員の発言(66)）

○病院だとか寺院でありますと、……比較的、現在の新しい学問について何等の理解を有《あ》って居らぬのであります。何等の理解を有って居ない者に預けまして、果して遷善改過《せんぜんかいか》の実を挙げ得るかどうか。

（同委員会での松谷委員の発言(67)）

しかし、内務省の方からも、「吾々に致しましても、この（保護観察──引用者）制度としては、まず検事がその衝に該《あた》るということが一番適切なことだろうと思って居ります」（三月二日の同委員会での松本政府委員・内務省警保局長の答弁(68)）というように改正案支持の答弁がなされている。「保護」観察と銘打たれているものの、その実質は保護「観察」にあったことが容易にうかがい知れよう。議員からの「警察監視」の再現になるのでは、あるいは運用如何はといった憂慮に対しても、当局からは、次のように否定されている。

○少年保護法の保護観察と同一の趣旨で之を行って行くという考えであります。……昔の（警察──引用者）監視制度の再現を防ぐが為に、一切、警察官の手を掛けずして、その将来の適法生活を保障しようという制度が、いわゆる、少年保護法の保護観察制度でありまず。その趣旨をここに持って参ったのでありますから、今、仰せになったような方面に弊害の起るということは絶対にない。そういうことはやらない積りでありまず。……この事業に携わる人に対しては、出来得るだけ温情と精神的薫陶を与えるように努めさせたいという考えであります。

（三月六日の委員会での木村政府委員の答弁[69]）

○この方面（仮釈放をされた者など―引用者）に於ては、普通の免囚《めんしゅう》保護の機関で十分だという考を持って居ります。（同[70]）

予防拘禁の新設

予防拘禁の新設についても、次のような質問が出されている。

○何故に人権に至大の影響あるこの拘禁をされるのでありましょう。私はここに憲法上、違反等の重大なる問題を生ずる憂いはないのであるかということを実は疑って居るのであります。

（二月十六日の委員会での三上委員の発言[71]）

○是は私設裁判所であって、天皇の名に於ての裁判ではない。検事が書面を出して決定を経て拘禁する。どうも是は我国の裁判制度に対しては非常な暗影を来するものといわなければならない。……治安維持法の犯罪人が悪いということで、こういう非合法なことを遂行しようということは、……是は非常な間違った立法事業ではないかと私は思う。こういうことをするならば、……不定期刑の制度でも採るがよろしいということは、一般の刑事政策の見地から、刑法学界では多年、議論になって居る所である。

（二月二十一日の委員会での原夫次郎委員の発言[72]）

○私は、この予防拘禁は非常に誤った制度であると思って居る。何処までも不定期刑に行くべきものであると思って居ります。（同委員会での小林委員の発言[73]）

○何か他の方面で、それ（予防拘禁―引用者）と同様な成果を挙げるような方法がなかろうかどうか。

（二月二十二日の委員会での高見委員の発言[74]）

○仕方がない。非常手段だと思いますけれども、唯、疑問に思いまするのは、……何か被告の――被告という言葉は適当でないかも知れませぬが、被告の利益を擁護する所の途を開く必要がありはしないか。……弁護士を用いるというような方法を講ずる必要はないか

と思うのであります。（同委員会での藤田委員の発言[75]）

○初めから二年というようなことにせず、不定期間を定めて、その不定期間中に何時でも改過遷善の実が挙り、転向が十分であると認められたならば、退所せしめることが出来るというようにした方が、……必要であると思うのでありますが、之は如何でしょう。

（二月六日の委員会での一松委員の発言[76]）

○ここに二か年となって居るが、その改悛の状、転向の誠意が認められなければ一生出さないという規定のように心得ます。いわゆる、終身刑と同一の効果ある規定のように考えられますが、その通りでございますか。……意思を処罰する。是は如何にも私は不当な規定のように考えるが、其点に関する御意見は如何でありますか。（同委員会での松谷委員の発言[77]）

○更新はしてもよろしいが、……制限を設けられるようなことは出来ないものですか。

（同委員会での平島委員の発言[78]）

これに対して、国務大臣や政府委員から、次のように答弁されている。

○或る年限間、罪を犯す虞《おそれ》あること顕著なる者に対して、しかもそれが国体変革を目的とする不逞過激なる者に対してのみ、予防拘禁をするというならば、実質上、私は憲法違反にならぬと思う。行政処分、或は勅令を以てやるということでありますならば、議論になります。法律ならば、憲法違反という議論は起らないと思って居るのであります。

（二月十六日の委員会での小山大臣の答弁[79]）

○経費が許すならば、（予防拘禁用の施設を——引用者）特別にこしらえられなければならぬものであろうと思います。（二月二十一日の委員会での小山大臣の答弁[80]）

○予防拘禁に付きましては、司法省内に於きましても、不定期刑を採るがよろしいか、予防拘禁を採るがよろしいかということに付きましては、かなり議論もあり、研究も遂げましたが、結局……この制度を採ることになったのであります。……非常に異例でありますから、是も国体変革に限ってこの制度を適用するということにしまして、単に私有財産制度の方面のみの運動には、この制度を適用しない。こういうことに致したのであります。

（同委員会での木村政府委員・司法省刑事局長の答弁[81]）

○私共の考えでは、おっしゃるような弊害を生ずるということは、大体に於てあるまいという観念を持って

居ります。（二月二十二日の委員会での木村政府委員の答弁[82]）

○英国、独逸《ドイツ》などにもやはり、そういう趣旨で保安的拘置をして居る制度が存して居るということを申上げて置きます。……広義に於る行政処分であります。……（予防拘禁者と既決囚とは―引用者）改善の方法が大体同じであるということは申上げてよろしゅうございますが、一方は刑罰、一方は予防拘禁でありますから、予防拘禁の取扱方《かた》の方が非常に緩和された方法、自由な方法に依って行い得るということを申上げます。（三月六日の委員会での木村政府委員の答弁[83]）

朝鮮・台湾の状況

その他、朝鮮、台湾の状況についても、「内地に於ても、昭和七年、八年、（治安維持法違反事件の―引用者）受理件数が非常に多いのは、どういう訳か。それから、朝鮮および台湾、このあたりが意外に昭和七年、八年という風に非常に多くなって、昭和七年の如きは、受理人員四千三百八十という位になって来て居る。是は一体どういうような原因から……なったものであるか」（三月二日の委員会での高見委員の発言[84]）という質問がなされている。

これに対して、「朝鮮、台湾の方は、はっきり申上げ兼ねますが、……（内地の方は―引用者）全協に加入して居る人間、或は全協の首脳部にある人間は、直ちに之を検挙して、その罪跡を明瞭にすることが出来るという結果に立ち至ったのであります。……極力、検挙の手を伸ばしました結果、表に現われて居るような増加率を示したのであります」（同委員会での木村政府委員の答弁[85]）、「満州事変の結果、民族自決的の気風が朝鮮の一部に又、強くなって来て居るということは事実であります。ただ、しかし、それは極く一部の者に過ぎないのでありまして、……民心はむしろ平穏に赴きつつあるということを言って差支えないと思います。……台湾に於きましてもやはり、傾向は大体同じでありますます。やはり外郭運動が最近非常に盛になって参りまして、その結果、検挙数が殖えて居ります」（三月三日の委員会での生駒政府委員・拓務省管理局長[86]）と答弁されている。

治安維持法で用いられた概念の解釈の難しさについても、改めて質疑されている。「日本の国体には、何処にも類例のない一つの独自性がある。特異性がある。……その独自性から日本の国体の尊厳というものは生れて来る。そこで、私は、政府が本案に於て国体の意義ということに対して、どういう御解釈を御与えになって居るかということを御伺致します」（二月二十一日の委員会での松田委員の発言[87]）という質問に関わって、小山大臣の方から、「どういうことかということは、分って居るようで説明の出来ない言葉であります。……むづかしい問題でありますから、之を以て完全な説明だとは申上げ兼ねますが、国体の説明をしましたならば、幾らでもいうことがある。……それだけ申して置きます」（同委員会での答弁[88]）というように吐露されている。

刑法の「明確性」原則よりも取締りの必要性を優先させた結果がこうなったという反省は、当然のことながら見られない。

益谷秀次の修正案および希望条項

最後の三月十五日の委員会では、質疑の後、討論に移った。討論のなかでは益谷秀次*、藤田若水**の両委員から修正案が提出された。

益谷の修正案は次のようなものであった[89]。

第十四条中、「捜査上必要ありと思料するとき」という言葉を、「急速を要し、判事の勾引状を求めること能《あた》わざるとき」ということに改めたい。又、

第十六条第一項中、「被疑者を勾引することを得べき原由ある」の下の「ときは」を削り、「場合に於て急速を要し判事の勾留状を求めること能わざるときは、地方裁判所の検事は」という文字を加えたいのであります。

第二十七条第二項中「裁判所は本人の陳述を聴き、決定を為すべし」とあるを、「本人は弁護人を選定することを得る」と改めまして、更に第三項を加えまして、「裁判所は、本人及弁護人の意見を聴き、決定を為すべし」と修正致したいのであります。

第三十条中、「予防拘禁に付せられたる者は、監獄内の特に分界を設けたる場所」とあるのを削除致しまして、「予防拘禁に付せられたる者は、適当なる施設」と改めたいのであります。

第三十一条第一項中、「二年」とあるを「二年以内」ということに改めたいのであります。

附則第三十八条の次に、左の一条を加えて、之を第三十九条と致し、第三十九条を第四十条と改めるのであります。すなわち、第三十九条「予防拘禁に付せられたる者は、当分の間、監獄内の特に分界を設けたる場所に、之を収容することを得る」、斯様に修正致したいのであります。

治安維持法の改正を支持する立場からのもので、また、益谷が提出した希望条項案も「現世の世相に鑑み、政府はよろしく朝憲を紊乱せんとする暴力行為を厳重に取締り、且つ之に関する適当の制裁法規を立案して、速やかに帝国

議会に提出すべし」というものであった。

藤田若水の修正案

藤田の修正案も、「政府の提案せられました本案は、頗る時宜に適したる所の改正法律案と思って居ります」という立場からなされたものであった。「現時の世相に於て左傾のみを取締らず、右傾の極説なる者に対しても、之を取締る方法を講じなければならぬ必要に差迫って居ります」というのが提案理由で、次のような修正案が提案された(90)。

本案の第十条の次に左の一条を加えたいのであります。

第十一条　朝憲を紊乱する目的を以て多数共同して人の生命、身体又は財産に害を加えるべき犯罪を実行せんとしたる者は、十年以下の懲役又は禁錮に処する。

前項の目的を以て騒擾、暴行其他生命、身体又は財産に害を加えるべき犯罪を煽動したる者は、五年以下の懲役又は禁錮に処する。

そうして、第十一条以下を順次、繰下げます。原案の第十一条でありますが、繰下げる結果、第十二条になりますが、それに「前三条」とあるを「前四条」と改めるものであります。

＊益谷秀次（ますたに・しゅうじ）
一八八八（明治二十一）－一九七三（昭和四十八）年
石川県に生まれた。京都帝国大学法科大学を卒業後、浦和地方裁判所判事を経て、弁護士を開業した。一九二〇（大正九）年の衆議院議員選挙に立憲政友会から立候補し、当選した。政友会では鳩山一郎派に所属した。
戦後は鳩山一郎を総裁とする日本自由党の結成に加わった。日本自由党は一九四六（昭和二十一）年四月に行われた戦後初の総選挙で一四一議席を確保し第一党になった。幣原喜重郎内閣が総辞職し、鳩山に組閣の要請があったが、突如、鳩山がＧＨＱによって公職追放されたので、吉田茂が組閣した。益谷は同内閣で外務政務次官に就任した。以後、第二次吉田内閣の建設大臣、自由党総務会長、第三次吉田内閣の建設大臣、衆議院議長、第二次岸内閣の副総理などを歴任し、池田隼人内閣では自民党幹事長に就任した。

＊＊藤田若水（ふじた・わかみ）
一八七六（明治九）－一九五一（昭和二十六）年
広島県に生まれた。東京専門学校（明治三十五年から早稲田大学）を卒業後、大阪で、次いで広島で弁護士を開業した。広島県弁護士会では副会長や会長を務めた。広島市会議員、県会議員を経て、一九二七（昭和二）年の衆議院議員選挙に立候補し、当選した。以後、当選回数は五回を数えた。第一次近衛文麿内閣（一九三七年六月四日－三九年一月五日）では司法参与官に就いた。一九三九（昭和十四）年から一九四三（昭和十八）年まで広島市長を務めたが、戦後は公職追放を受けた。

藤田の希望条項案も「政府は時局に鑑み、矯激《ぎょうげき》なる思想、醸成の真因を探究し、速やかに之が根本対策を樹立、断行すべし」というものであった。

益谷の修正案および希望条項を賛成多数で可決

採決の結果、益谷の修正案および希望条項案は賛成多数で可決された。藤田の修正案および希望条項案は賛成少数で否決となった。

右翼を取締ることの必要性が委員会の質疑では多くの委員から繰り返し発言されたが、委員会の採決では藤田の修正案は何故か否決された。政党内閣といっても実態はこのようなものであった。益谷の修正案以外の部分は、政府原案が賛成多数で可決とされた。

衆議院本会議での採決

三月十六日に開催された衆議院本会議では、法律案の第一読会が続会とされ、委員長報告の後、質疑が行われた。ただし、益谷議員の修正案および希望条項と藤田議員の修正案および希望条項案についての討議は第二読会で行うこととされた。直ちに第二読会を開くことが提案され、「異議なし」でそのように決せられた。

第二読会では議案全部が議題とすることとされ、討論が行われた。各議員から新たに修正案などが提出されたが、採決の結果、すべてが否決され、委員長報告の通り決することとされた。第二読会はこれで終了とされ、第三読会を直ちに開くことが了承された。

第三読会でも議案全部が議題とされ、直ちに採決に入り、第二読会の議決の通り決することとされた[91]。

ちなみに、貴族院治安維持法改正法律案特別委員会で衆議院の希望条項の扱いについて質問された小山司法大臣は、「政府の方から今、立案して直ちに提出するという考えは持って居りませぬ[92]」と答弁している。

3 貴族院の審議

衆議院修正案の付託

益谷議員の修正案および希望条項案を付加された法律案は、衆議院から貴族院に送られた。一九三四(昭和九)年三月十七日の本会議で議題とされ、第一読会が開かれた。付議された改正法律案は次のようなものであり、衆議院で修正されたのは傍線が付された部分であった。

治安維持法改正法律案

第一章　通則

略

第二章　罪

略

第三章　刑事手続

第十四条　第三条、第四条及び第八条の罪に該《あた》る被疑事件について、被疑者、左の各号の一に該当する場合に於て急速を要し、判事の勾引状を求めること能わざるときは、地方裁判所の検事は直ちに被疑者を勾引することを得る。

一　被疑者、定りたる住所を有せざるとき。

二　被疑者、罪証隠滅する虞あるとき。

三　被疑者、逃亡したるとき又は逃亡する虞あるとき。

四　被疑者、変名し又は仮名を使用する虞あるとき。

略

第四章　保護観察

略

第五章　予防拘禁

略

第二十七条　前条の規定に依る予防拘禁の請求は、本人の現在地を管轄する地方裁判所の検事、其の裁判所に之を為すべし。

前項の請求ありたるときは、本人は弁護人を選任することを得る。裁判所は、本人及弁護人の意見を聴き決定を為すべし。

略

第三十条　予防拘禁に付せられたる者は適当なる施設に之を収容し、改悛せしめる為、必要なる処置を為すべし。

略

附則

略

第一読会での質疑――国家社会主義者による暴力行為の取締り問題に集中

三月十七日の貴族院本会議での第一読会では、衆議院本会議と同様に冒頭で小山司法大臣から法律案提出の理由説明があり、これを受けて質疑が行われた。

大河内輝耕、岩田宙造、丸山鶴吉、井田磐楠の各議員から質問があった。

質問のほとんどは、次のように国家社会主義者による暴力行為の取締り問題に集中した。

○思想の潮流に付きまして、政府の御認識が……多少物足りないような感がございます。……是（国家社会主義―引用者）が現今、一番警戒を要する所の過激思想の大体の潮流じゃないかと私は思う。それで今治安維持法が改正されたに付きましても、こういう思想に対しては、政府に於かれては最も御注意下さって、之に善処せられる。……取締にも努められるということが、必要なことであろうかと存じます。……治安維持法は、出て見た所を見ますると、……法文の上に物足らない所があるように存じます。……この点に付きましては、今後政府並に皆様方の御研究を御願い致します。（大河内議員[93]）

○政府に於ては、この方面（国家社会主義―引用者）についても十分な取締をする考えだということを述べられて居られるようでありますが、一体、この取締の規定を法案の中に入れられなかったのは、どういう理由でありますか。……本当にこの治安維持法の規定に代わるべき何等かの取締法を制定される意思がありまするのでありますかどうか。（*岩田議員[94]）

○なお一つ、怖るべき大きなる思潮は、暴力是認の思潮であると申さなければならぬのでありまして……。改正案の中に、一言もこの点について触れられなかったということに対しましては、私ははなはだ遺憾の意を表するのであります。……暴力是認の思想を取締りになる所の特別なる法律を御提案にならなかったか。重ねてこの点を、司法大臣に御伺を申上げる次第であります。（**丸山議員[95]）

○我国は決して国家社会主義でもなければ、又、それを引っ繰り返した社会国家主義でもないのであります。……取締条項を規定されることがあるならば、その点に思《おもい》を潜めなければならぬということを私は考えて居るのでありますが、この件についての司法大臣の御考えは如何。（***井田議員[96]）

特別委員会に付託

通告のあった質問が終わったことから、質問は終了とされた。治安維持法改正法律案特別委員会に付託することおよび委員は議長が指名する二十五名とすることが決せられた。特別委員会では委員の互選により委員長には一條實孝《さねたか》、副委員長には山岡萬之助が選ばれた[97]。

これにより、小松司法大臣と相俟って、特別委員会での議論は思想検事が牽引することになった。

特別委員会は三月二十日、二十二日、二十三日、二十四日、二十五日というように、衆議院ほどではないが、五回にわたって開催された。
委員会でも、本会議と同様に、次の発言にもみられるように、国家社会主義の過激な運動を取締ることの必要が強調された。

私は本会議でも申上げましたように、右翼とか左翼とかというようなことは眼中に置きませぬのでありまして、今日本の社会で最も憂うべきものの一つは、暴力に依って社会の根本機構を革正しようというこの思想が漸次、蔓延いたしますことが、是が非常な危険なことである。之をこのままにして置きますことは、将来、重大なる結

---

*岩田宙造（いわた・ちゅうぞう）
一八七五（明治八）－一九六六（昭和四十一）年
山口県に生まれた。東京帝国大学法科大学を卒業後、東京日日新聞社（現在の毎日新聞社）に入社した。その後、弁護士を開業し、宮内省、日本銀行、東京海上火災、三菱銀行、日本勧業銀行等の顧問弁護士として活躍した。一九三一（昭和六）年に貴族院議員に勅選され、内閣顧問、行政査察使も兼任した。東久邇宮内閣（一九四五年八月十七日－十月九日）および幣原喜重郎内閣（一九四五年十月九日－四六年五月二十二日）で司法大臣に就任し、「法曹一元」の実現に尽力した。一九四六（昭和二十一）年に公職追放。その後は弁護士を務め、一九五三（昭和二十八）年には日弁連会長、一九五八（昭和三十三）年には学士会理事長、一九六一（昭和三十六）年には国民協会初代会長に選ばれた。

**丸山鶴吉（まるやま・つるきち）
一八八三（明治十六）－一九五六（昭和三十一）年
広島県に生まれた。東京帝国大学法科大学を卒業後、内務省に入った。警視庁特高課長、保安課長、静岡県内務部長、朝鮮総督府警務局長などを経て、一九二九（昭和四）年、濱口雄幸内閣の下で警視総監に就任し、労働事件の鎮圧などで腕を振るった。濱口が東京駅で狙撃された責任を負って警視総監を辞任したが、貴族院議員に勅選された。東京市議を二期務めた後、一九四一（昭和十六）年大政翼賛会事務総長に、また一九四二（昭和十七）年に宮城県知事に、さらに一九四五（昭和二十）年には東北総監に任命されて終戦を迎えた。戦後は公職追放されたが、追放解除後は武蔵野美術大学学長・理事長に選ばれた。

***井田磐楠（いだ・いわくす）
一八八一（明治十四）－一九六四（昭和三十九）年
岐阜県に生まれた。男爵。陸軍士官学校を卒業し、日露戦争では奉天での戦闘に加わった。砲兵の道を歩んだが、一九一九（大正八）年に予備役に編入された。一九二九（昭和四年）に貴族院議員に当選し、在郷軍人の政治団体と深い関係を持った。一九三五（昭和十）年、美濃部達吉博士の天皇機関説問題が起こるや、同じく陸軍出身の貴族院議員の菊池武夫らと両院有志懇談会を結成し、「機関説排撃の決議」を挙げるとともに、態度が明確でないとして岡田啓介内閣（一九三四年七月八日－一九三六年三月九日）を批判した。以来、ファシズム運動に傾倒し、大政翼賛会が発足すると常任総務に就いた。戦後、A級戦犯として逮捕、収監され、一九四七（昭和二十二）年九月に釈放された。

果を将来するということを頻《しき》りに心配して居る者の一人なのであります。そう言った運動は一般法で取締が出来るというのでありますが、……国体変革を考え、私有財産制度を否認するというような考えと同じ程度に取締ることが、是が目下、必要ではないだろうか。このことを私は考えて居るのでありまして……。（三月二十日の委員会での丸山鶴吉委員の発言[98]）

予防拘禁の新設について疑問

予防拘禁の新設についても、委員から次のような疑問が出された。

○こういう重大なる処分をする、その性質は行政処分であるということに対して、国務大臣が責任を帯びるものがないということはどういうものであろうか。

（三月二十三日の委員会での小野塚喜平次委員の発言[99]）

○私の考えとしますれば本人自体の問題でありますから、……必しも弁護人を選任する必要はないという感じが致すのであります。

（三月二十四日の委員会での松平外興麿《とよまろ》委員の発言[100]）

より本質的な質問は*鵜澤總明委員から出された。「直に物理的の危険が見えるということを慮《おもんばか》って居るのが予防拘禁の趣旨であると思うのであります。……この予防拘禁の規定を（治安維持法―引用者）三条、四条の如き場合に適用するということは、元来、この予防拘禁の本質上、間違って居るのじゃないか、こういうように考えるのであります[101]」

小委員会の開催

二十四日の委員会では懇談会を開くべきだとの意見が出されたことから、休憩後、委員会を再開し、直ちに懇談会に入った。

懇談会後の委員会では、一條委員長から「小委員会を設けたいと思います、小委員の名前を読上げます、委員長は勿論加わりますと致しまして、山岡（萬之助）君、井田（磐楠）男爵、松村（義一）君、丸山（鶴吉）君、大塚（惟《い》精《せい》）君、鵜澤（總明）君、岩田（宙造）君の方々に御願い致したいと思います。直ちに小委員会を別室に於て開かれんことを希望いたします。委員会は是にて休憩いたします」との発言があり、別室で直ちに小委員会が開かれた。

小委員会が終わったため、委員会が再開されたが、冒頭で次のような委員長報告があった[102]。

只今、小委員会に於て、……段々と御相談を致したのであります。真先に御相談申上げたのが予防拘禁の問題でありまして、……削除する方がよろしかろうというような御趣旨の御意見も出たのであります。しかし、如何にも亦、特別の妙味もあるから、之を存置して置いた方が宜かろうとこういうことで、実はちょっと対立の状勢になって、暫くそれは保留いたしました。

それから、更に、第八条の私有財産制度に関する規定を第三条の方に入れるようにしたらどうかというような点についても、色々と御考究があったのでありますが、色々、又、面倒がありますので、それも今、まず第八条の条項を何とか直して、そうして、それに先達《せんだ》って来、各委員から御心配になった暴力行為に依る目的遂行の件を何とか挿入しようじゃないか、こういう所まで参りまして、実は今の時間に到達してしまったのであります。……なお、小委員会は今夜、継続を致したいと思います。本日の委員会は是を以て散会いたします。

最後の三月二十五日の委員会では、冒頭で委員長から小委員会の経過および結果が、次のように報告された[103]。

小委員会は……修正案を練りましたのであります。その結果全会一致で、この修正案が出来上りました。修正案を読み上げます。第八条「私有財産制度の否認」の下に「し又は憲法の定める統治組織の機能を不法に変改」、是だけの文字を加えたいのであります。すなわち、之を読みますと、「私有財産制度を否認し又は憲法の定める統治組織の機能を不法に変改することを目的として結社を組織したる者又は情を知りて結社に加入したる者若《もしく》は結社の目的遂行の為にする行為を為したるは十年以下の懲役又は禁錮に処する」

次に第九条の第二項に次の通り加えられたのであります。「前条の目的を以て其の目的たる事項を宣伝したる者は三年以下の懲役又は禁錮に処する」

＊鵜澤總明（うざわ・ふさあき）
一八七二（明治五）－一九五五（昭和三十）年
千葉県に生まれた。東京帝国大学法科大学を卒業後、弁護士を開業し、濱口事件、血盟団事件、大逆事件、森戸事件などの刑事弁護人を務めた。第二東京弁護士会会長も務め、一九〇八（明治四十一）年の衆議院議員選挙に立候補し、当選した。以後、当選回数は六回を数えた。一九二八（昭和三）年に貴族院議員に勅選された。一九三四（昭和九）年に明治大学総長に就任しているが、貴族院議員は軍部の圧迫を受けて一九三六（昭和十一）年に辞職した。戦後は極東国際軍事裁判の日本側の弁護団団長を務めた。

次に第五章、予防拘禁、之を削除になったのでありま
す……。

次に整理を致しまして、元の附則の第三十七条は第二十六条に改まります、次に元の第三十八条が第二十七条に改まります。

なお、この改まりました第二十七条の第二項の「予防拘禁に関する規定は従前の第一条第一項の罪について本法施行前に処せられたる者に、亦、之を適用する」、之を削除と相成ったのであります。

次に衆議院の修正の第三十九条削除、次に第四十条とありますが、（この第四十条が─引用者）第二十八条になったのであります、是だけの修正が行われたのであります。

予防拘禁の部分を全部削除──異例の修正案可決

この修正案について、鵜澤から修正の理由などの説明が行われた[104]。そのうち、第五章（予防拘禁）の削除の理由は、次のようなものであった。

予防拘禁の制度に付きましては、……政府の御苦心の存する所は小委員会に於きましても、極めて深く諒察を致して居るのであります。しかしながら、この制度が如何にも新なる試みであり、又、他の関係に於きまして、すなわち、憲法の条章なり裁判の信用なり、政治および道義上等の本義に照しまして、かくの如き制度を樹《た》つる場合には、各般の影響を十分に調査いたしまして、万遺算なきことを期することが必要であろう。……それが為にこの短期日の間に、多くの問題を持って居るこの案を審議を致しまして、不十分の点のあることを虞れ、なお又、この案について疑義を申述べますと、相当沢山あるのであります。

この短期間に於ける審議は到底、不可能のことである。……之（予防拘禁─引用者）を設けるという精神そのものに対しては、深く賛成の意を表する次第ではありますけれども、……なお十分の御審議を尽されて、而《しこう》して、もっと適切な案を議会に提出せられることが適当であろう。こういうような趣旨を以て削除を致した次第でございます。

本削除については、鵜澤の影響が大きかったといえよう。その後、討論に入ったが、討論では、*大塚惟精委員からも希望決議案が提出された。

同決議案は「この案は、予防拘禁制度の精神に関しては深く賛成する所なるも、本案の規定は幾多審議すべきものありと認めるを以て、政府は速やかに適切なる立案をなし、改めて提案せられんことを望む」というものであった[105]。

採決の結果、小委員会の修正案および大塚委員提出の希望決議案が可決され、政府原案についても衆議院議決通り決することとされた[106]。予防拘禁の部分を全部削除するという異例の修正案が可決された。

しかし、この修正をもって過大評価できないことはいうまでもない。貴族院における予防拘禁に関する第五章の削除も鵜澤の存在が大きかったからであり、その鵜澤も予防拘禁制度の新設自体には「政府の御苦心の存する所は小委員会に於きましても、極めて深く諒察を致して居るのでります」とされているからである。

第八条、第九条の修正も、右翼対策という観点からの修正であって、治安維持法緊急勅令の議会審議に当って斎藤隆夫などが採った立場とは、大きく異なっていたのである。

両院協議会の開催――時間不足で閉会

貴族院で修正されたことから、議会最終日の三月二十五日、小山司法大臣らの尽力により、治安維持法改正法律案両院協議会が開催された[107]。協議会では貴族院の側から貴族院での修正についての説明があった後、鵜澤から補足説明がなされた。これを受けて質疑がなされた。調整のための小委員会も設けられ、合意形成が図られた[108]。

この調整について、中澤俊輔『治安維持法』によると、あくまでも修正を主張する貴族院側と、修正を撤回させようとする衆議院側とでは溝が大きく、協議は平行線を辿ったとされる[109]。しかし、両院協議会の経過を見る限りは、衆議院案と貴族院案の調整にてこずったというよりは、衆議院の各会派間で修正について意見をまとめるのに時間がかかったというのが真実であった。現に、公爵一條實孝による小委員会の経過報告は次のようなものであった[110]。

小委員会に於きましては、極めて隔意なき御懇談を願いまして、大体に於て、第八条の貴族院の案を字句をもっと明確にするということ、第九条の点についての修正

＊大塚惟精（おおつか・いせい）一八八四（明治十七）‐一九四五（昭和二十）年　熊本県に生まれた。東京帝国大学法科大学を卒業後、高等文官試験に合格し、内務省に入省した。徳島県・宮城県・神奈川県の各警察部長、栃木県・福岡県・石川県の各知事を歴任した後、一九二九（昭和四）年に警視総監や内務次官と並んで内務省三役とされる警保局長に就任した。一九三一（昭和六）年に内務省を退官した後は貴族院議員に勅選され、死去するまで貴族院議員の地位にあった。第二次世界大戦中は陸軍司政長官として南方の占領地に派遣され、帰国後、広島県知事を経て、中国地方総監に任命された。一九四五（昭和二十）年八月六日、原爆にて落命。

を考慮するということ、予防拘禁についてのことは是は飽《あ》く迄も貴族院の修正通りにやる、斯様な意味合で御懇談を遂げたのであります。一応、衆議院の方の各派の方々に於て、御相談を願うということでありました。所が、只今、衆議院の方に御返事を伺いました所、時間内に之を纏めるということが事実上出来ない、こういう御返事に接しました。遺憾ながら、小委員会は何等、纏まることなくして終りました訳であります。

この報告を受けて、協議会では、大塚委員から、「小委員会に於ては、審議の時間が足りないから何とか政府に於て審議の時間の足るように考慮せしめるべく御努力になりませんでしたか」という質問が出された。これに対しては、鵜澤の方から「小委員会に於ては、非公式ではありまするが、政府に会期延長の意向がないかということを確めた訳でありますが、政府に於てはその意向がないというようなことで、はなはだ遺憾と感ずる次第であります」という説明がなされた(111)。

政府に法律案を通す気がなかったことが一番の問題であった。これには委員から「政府に誠意がないのであるから、……もうこれ以上、この委員会から正式に交渉の必要はなかろうと私は考えて居ります」といった怒りの声が上がった(112)。

協議会では最後に採決に入り、賛成多数で「貴族院議決の通り決しました」と宣言され、協議会は閉会となった(113)。

政府は廃案を希望——不本意な修正案を拒否

その後、衆議院でも貴族院でも、本会議を開いて採決をすることは行われなかった。内務省と司法省も、不本意な改正を行うよりは廃案の方がよいと考えたために、法案は廃案となった(114)。

治安維持法は「暴力行為」の取締法ではなく、あくまでも「共産主義」「社会主義」の取締法であって、この基本線を絶対に変えることなく、より強力な取締りを行うために必要な所要の改正を行う。これが断固とした政府の方針であった。政府の眼目は予防拘禁制度の導入にあった。「予防拘禁の条項を削除されるならば、むしろ本改正案の不成立を希望する」というのが、非公式の場で表明された政府の考えであった。

このような政府の取締り方針とその前提となった時代認識は国内的のみならず国際的に見ても独りよがりのもので、日本をますます孤立させていった。

4　治安維持法改正法律案の再提出

一九三四（昭和九）年の改正案は挫折したが、内務省と司法省は、翌三五（昭和十）年、第六十七議会に再び治安維持法改正法律案を提出した。

法律案が提出されたのは同三五年三月四日であり、三月二十五日の会期末まで、二十日間しか時間がなかった。しかも、第六十七議会は天皇機関説事件の真っただなかにあった。

提出された治安維持法改正法律案は「第一章　通則」「第二章　罪」「第三章　刑事手続」「第四章　保護観察」からなっていた。

治安維持法改正法律案の提出に当って、司法省は、先の第六十五議会における貴族院修正を受けて、予防拘禁の章を削除するという修正を行っていた。その代わりに、保護観察の対象に予防拘禁の対象であった刑期終了者を加えて、予防拘禁に肩代わりしえるように修正されていた。

右翼取締りは別法に

貴族院が主張していた右翼に対する取締り規定は、治安維持法とは別の法律案として提出することとされた。一九三五（昭和十）年三月二日、「不法団結等処罰に関する法律案」が閣議決定された。治安維持法改正法律案は、この不法団結等処罰法律案と併せて議会に提出された。

右翼取締の法規を別法にしたことには、格別の意味があった。治安維持法はあくまでも「共産主義」「社会主義」の取締法とすることによって、一般刑法の原則の適用外とするとともに、保護観察や予防拘禁といった多分に疑義のある制度の創設も、治安維持法違反者だけを対象としたる「非常の特例措置」と説明することによって、正当化を図るという点が、それであった。

議会への配慮が示されたことから、治安維持法改正法律案を議会が成立させる可能性が高まったかというと、必ずしもそうではなかった。議会提出の時期が遅いだけでなく、当時の岡田啓介内閣は立憲政友会・昭和会などを与党としており、衆議院の過半数を占める政友会が野党に回っていたために、法律案が成立する見込みは薄かった。

三月七日の衆議院本会議で治安維持法改正法律案および不法団結等処罰法律案が議題とされ、両法律案についての第一読会が開かれることになった。

説明不足の感

第一読会では、冒頭で*小原直国務大臣（司法大臣）から両法律案について提案の理由説明が行われた。治安維持法改正法律案についての理由説明は、次のようなものであった(115)。

翻って我が国情を考えまするに、今や内外、実に重大なる時局に際会して居るのであります。したがいまして、この際、是等、不逞兇悪の思想運動を根絶致しますることは、現下の急務であると信ずるのであります。……いやしくも国体を変革致しまして、労農階級の独裁政治を企画する如き兇悪極《きわま》りなき思想運動者が潜行的に活躍する今日にありましては、まず之に対して徹底的に弾圧を加え、彼等をして蠢動の余地なからしめなければならんと思うのであります。然《しか》るに、現行治安維持法は施行以来のその実績に徴しまするに、如上の目的を達する上に於きましてその規定に不備の点が尠《すくな》からず存するのであります。殊に、共産党のいわゆる、外郭団体に対する取締の上に多大の欠陥あることを発見したのであります。曩《さき》に申しました如く、共産主義者が幾度か党の再建運動を為すに至りましたのも、全く是等外郭団体が存在致して居りまして、隠密に活動致した為であります。随って、政府は、是等の者に対し特別の取締規定を設けるの必要を認めた次第であります。

次に治安維持法違反事件は、御承知の如く組織的でありまして、且つ大衆的の犯罪であります故に、現行刑事訴訟法に依る捜査手続の予想せざりし犯罪現象を呈して居るのでありまするから、その検挙を為すに当りましては、手続上の特例を設けるの必要を認めたのであります。随って、改定案に於きましては、罪と刑を定めまする実体法の規定の外に、手続法規をも之に加えたのであります。

更に犯罪者の実情に鑑みまして、犯罪の予防を全《まった》からしめんが為に、保護観察の制度を創設致した次第であります。

これでは、いかにも説明不足という感は免れ難かった。一九三四年改正案を何故、修正したのか。すなわち、何故、予防拘禁の章を削除したのか。予防拘禁の章を削除したにもかかわらず、保護観察の対象者のなかに予防拘禁対象者を加えたのは何故か。検事に強制処分権を認めることによって生じ得る人権蹂躙の問題に対してどう対処するのか。治安維持法中の解釈が容易でない法概念を依然としてそのままにしているのは何故か。これらの点について言及される所は少しもなかったからである。

検面調書に証拠能力を付与することも本改正の隠された目的の一つとされたが、この点についても言及はまったくなかった。

司法大臣からの趣旨説明を受けて、立川平《たいら》、三上英雄、比佐昌平の各議員が順次、登壇し、質疑がなされた。このうち、立川議員の質問は、次のようなものであった。

今議会の会期は、既に余す所、僅に二十日足らずとなりまして、その上、吾々の眼前には幾多の重要法律案、或は追加予算案などが山積して居ります。今日に至りまする迄、政府は何が故に之を提出する運びにならなかったのであるか。……本法律案をかくの如く遅延せしめられましたのは、全く政府の怠慢以外に何物もないと思うのであります。……

刑罰法規の汎濫は決して歓迎すべきことではないのであります。殊に、官憲が実際に於て如何にこれ等の法令を運用するかという点については、法が多ければ多い程、法が厳なれば厳なる程、吾々はむしろ多大なる不安を感ぜざるを得ないものがあるのであります。……この際、本法の如き取締法規の運用について、総理、司法、内務の各大臣より、明確なる方針を表示せられることが必要であろうと存ずるのであります。……

熱心に、執拗に、固執せられたるこの（予防拘禁の――引用者）条項を、本年に至りまして、卒然として之を撤回せられました司法当局の真意を伺いたい。

この質問のうち、予防拘禁に関する部分についての小原

＊小原直（おはら・なおし）一八七七（明治十）－一九六七（昭和四十二）年　新潟県に生まれた。東京帝国大学法科大学を卒業後、司法省に採用され、捜査（経済）検事の道を歩み、シーメンス事件では主任検事を担当した。東京地裁検事正、大審院次席検事などを経て、原嘉道司法大臣の推薦で田中義一内閣（一九二七年四月二十日－一九二九年七月二日）の下で司法次官に抜擢され、濱口雄幸内閣、犬養毅内閣、斎藤實内閣でも司法次官を務めた後、岡田啓介内閣で司法大臣に就任した。阿部信行内閣（一九三九年八月三十日－一九四〇年一月十六日）では司法大臣ではなく内務大臣兼厚生大臣に就いた。思想検事の中枢として第一次近衛文磨内閣（一九三七年六月四日－一九三九年一月五日）および平沼騏一郎内閣（一九三九年一月五日－八月三十日）で司法大臣の地位にあった塩野季彦が反対したからである。閣僚退任後は弁護士を開業。一九四六（昭和二十一）年四月、貴族院の廃止に伴い、貴族院議員の任を解かれた。第五次吉田茂内閣（一九五三年五月二十一日－一九五四年十二月十日）でも法務大臣を務めた。

司法大臣の答弁は、「裁判に非ずして、行政の処分で左様《さよう》の人身の拘束するということは、たとえ、法律に規定を致してやることに致しましても、好ましくないことであるということに考え及ぼしまして、今回は特にこの制度を止めて、……謂わば、人身の保障を重んじて、かくの如き制度はもし立てるなら、後日に於て適当な案を具して立てたらよろしかろうということで、ひとまず、是は提案を見合わした次第であります(117)」などというものであった。

三上の質問は虎ノ門事件を招いた関係者の処分問題などで、議長から「議案に直接する質疑の範囲に、なるべく陳述をおまとめあらんことを希望します。再度の御警告を申上げます」との注意があった(118)。

他方、比佐の質問も、「第一回当時の政府およびその後の改正案提出の政府、すなわち、歴代各政府当局者は、この法律の内容の解釈に付きましては各々、異ったる意見を有《あ》って居りまして、いわゆる、不統一を極め、一貫せる断定的の解釈は未だ無いといってよろしいのであります。……現小原大臣は、是等の解釈に対して如何なる御意見を有するか」などというものであった。

5 委員会の質疑

天皇機関説問題

通告のあった質問が終了したことから、審議を議長指名の二七名の委員からなる治安維持法改正法律案外一件委員会に付託する旨の動議が出された。動議は「異議なし」として可決された。

同委員会は三月八日、九日、十一日、十三日、十五日、十六日、十八日、十九日、二十日、二十二日、二十三日、二十四日、二十五日と何度も開かれた。八日の委員会では委員長、理事の互選が行われ、委員長には第六十五議会に引き続いて立憲政友会の宮古啓三郎が選ばれた。

九日の委員会では、冒頭で小原司法大臣から両法律案について提案の理由説明が行われた。この説明を受けて質疑に入った。

委員会では「総理大臣より美濃部の機関説について具体的の答弁を得るに非ざれば、議事の進行が困難ではないか」(三月十九日の委員会での武富済委員の発言(119))などの認識から、治安維持法改正法律案等の質疑をしばしば中断する形で、美濃部達吉博士の貴族院における発言(天皇機関説)の是非をめぐる質疑が繰り返し行われた。

例えば、「美濃部博士の天皇機関説には不賛成であると

5・15事件の陸軍軍法会議での判決言渡しを前に、武官の裁判官たちが明治神宮を参拝、心身を清める。左から判士長、法務官、各判士　1933年9月19日　提供／共同通信社

いうことは、政府の言として御聴き下さって差支ないのであります」（岡田国務（総理）大臣）、「美濃部の国体観念、是は遺憾ながら大多数の国民の有《あ》って居る国体観念と違うのである。……美濃部氏と吾々の観る所と、国体観念は違わぬと仰せになったことは、私は非常なる誤解であるということと考える。この点に於て、総理大臣の御所信を伺いたいと思う」（竹内友治郎議員）、「私共、素人が読むと、間違って居らぬやうに思って居る」（岡田総理）といった質疑[120]がそれであった。

委員会は、治安維持法改正法律案外一件委員会というよりは、まるで美濃部天皇機関説問題委員会といった体であった。しかし、この議論は、天皇機関説を「国体変革」に関わる危険な説だという言質を政府から引き出したい議員と、できるだけ言質を取られたくないと考える政府との間で平行線をたどり、相当の時間を割いた割には、噛み合わないままに終わった。天皇機関説は与野党対立の荒波の渦中に置かれ続けた。

左右両翼に対する政府のダブル・スタンダード

「国体」概念の意義如何という点をめぐる質疑も、多くの委員によって繰り返し蒸し返された。例えば、次のような発言がそれであった。

○判事の有する所の勾留の権能、実に百二十日に亙る所の――四か月に亙る所の権能を、行政官たる検事が、之を掌握せんとする所の法律であるのであります。実に、憲法の解釈に於きましても重大なる影響がある位の大法典の改正であるのであります。随《したが》って、国体に関する所の観念は、この場合、何処までも明確に致さなければ、本案の審議は進める訳には参らぬ次第であるのであります。

（三月十一日の委員会での中谷委員の発言(121)）

○国体を変革するという法律案を論議する以上は、その国体そのものがどんなものであるかということをはっきり決めて置かなければ、どうしてもこの法律の審議を進める訳には参らぬのであります。所が、只今、文部大臣の御答の中には、国体に関する論議は成るべく避けたい、こういう御話もあることであります。又、総理大臣の先刻の御答弁に依りますと、我国の国体というものは、……言葉を以ては言い現わすことが出来ない。斯様《かよう》な御答弁であるのであります。是ではこの法律の……論議を進める訳には参りませぬ。

（同委員会での則井萬寿雄*委員の発言(122)）

その他、委員会では、左右両翼に対する政府のダブル・スタンダードについても質問がなされている。

例えば、「従来、思想取締に付きましては、政府当局の態度が左右両翼に対して頗《すこぶ》るその取締り方法が寛厳になって居りはせぬかと考えるのであります。左翼に対する取締は極端にやって居る。むしろ苛酷ではないかと感ぜられるのであります。そうして右翼に対する取締ははなはだ寛大であり、微温的である。場合に依っては、見て見ぬ振りをして居るというような形が見えるのであります。否、時に或は之を利用しようとする傾向があるように見えるのであります」（三月十三日の委員会での則井委員の発言(123)）といった質問がそれである。

検事への強制処分権の付与

委員会で大きな論点とされたのは、検事に強制処分権を付与する問題であった。この問題に対する委員のアプローチは多様であった。一つは人権蹂躙を危惧するという立場からのアプローチで、次のような質問が寄せられた。

○最も重要であると私の考える点は、すなわち、検事の捜査権の権能拡大であるのであります。……予審判事の権能に属すべきことを、検事が専行することが出来るということは、是は、検事の検察権能の拡大というよりは、むしろ、超越のきらいがあるのではないか。

（三月十一日の委員会での中谷貞頼委員の発言[124]）

○司法大臣は、司法権というものが如何に重大なる権力であって、もし司法権の行動にして、国民が疑惑を持ち、之を信用せざるに至れば、立憲政治は恐らくは維持し難いということについての深い御考察があられるとは思えませぬ。……共産党の事件は複雑であるから、検事に三か月間の勾留権を与えなければ、公判で以て証拠が不十分になる虞があるというようなことは、私はこの検事に斯様《かよう》なる予審判事の権限を付与する理由には相成らぬと思うのであります。基礎、頗る薄弱であると謂わざるを得ないのであります。（同[125]）

○検事に余りにどうも沢山の権限を与えるということはよろしくない。改過遷善の途は他にないかと思うのでありますが。……何の一体、理由に依って斯様な絶大な権力を検事に付与しなければならぬか。（同[126]）

○左様に勾留を長く続けるということは人権蹂躙である、自白を強要するものであるという非難が非常に多いのでありまして、……精神的に長く勾留して置けば、それが立派な拷問になるのであります。……私はこの点を非常に心配するのであります。

○検事の勾留を認めること、或は勾引、訊問を認めること、その尋問調書は直ちに判決の証拠に供し得べきこと、是等は今日の刑事訴訟法の例外を為すことでありまして、……その提案の趣旨には絶対に賛成するのでありまするが、之を運用する人々――検事並に判事、予審判事等の心得というものが全く改善されて居なければ、……実際の功績を挙げることには行くまいということを私は恐れる。
（三月十三日の委員会での則井委員の発言[127]）

○今日、検事制度の弊害の多い場合、かくの如き広大なる権限を検事に対して容認するということは、人権
（三月十九日の委員会での武富委員の発言[128]）

＊則井萬寿雄（のりい・ますお）
一八七九（明治十二）－一九三六（昭和十一）年
岡山県に生まれた。明治大学を卒業後、同大学院で法学の研究をつづけた。一九〇四（明治三十七）年に判事検事登用試験に合格し、高松地方裁判所に勤務したが、一年で退官し、郷里の岡山県高梁で弁護士を開業した。その傍ら、岡山県議会議員となり、同参事会委員を経て、一九三〇（昭和五）年に県議会議長に選出された。一九三四（昭和九）年の衆議院議員補欠選挙に立憲政友会から立候補し、当選した。高梁川漁業組合長も務めた。衆議院事務局編『第一回乃至第十九回総選挙衆議院議員略歴』（一九三六年）などを参照。

蹂躙の弊を益々、助長せしめるというような結果になると信じます。而して、是が裁判機関と検挙機関との混同を来たし、ひいては弾劾主義の破壊となって人権蹂躙の事実を惹起《じゃっき》して、その結果、はなはだしく裁判の威信を失墜するということになりはしないかということを、私は恐れて居るのであります。

（三月二十二日の委員会での金井正夫委員の発言(129)）

警察官による行政拘束

人権蹂躙の危惧から、次のような提案もなされている。

何と申しましても、起訴をしない前に臣民を百二十日の長きに亙って監禁するということの法律は、法律の実体から申しまするならば、天下の悪法、苛酷なる過激なる法律だといわなければならぬと思う。

第二の問題は、予審の調べの問題であるのであります。……予審の調べに弁護士が立合うということには全然、相成って居らぬと思うのであります。……ここに、私は大《おお》いに是は改善の必要がありはせぬかと思うのであります。……何が故に一体、予審の調べに弁護士を立会わすることが出来ないのでありますか。……事実上の拷問を致す。裁判の一部である所の予審に、誰も見て居らぬというと、屢々《るる》、問題になりましたような革手錠の問題であるとか、或は豚箱の問題であるとかいうような事件を、往々にして、人間の浅ましさで起し易いものであります。故に、私は、……予審に弁護士を附する、……少なくとも一名は被告の請求に依って、必ず之に会わせるということに法律の改正を為さるのが、裁判を明るくする上に於て、私は必要ではないかと思うのであります。

（三月二十三日の委員会での中谷委員の発言(130)）

警察官による行政拘束の問題が取り上げられ、次のように質問されていることも、ここで触れておかなければならない。

各警察署といってもよろしかろう程に、検束をやって居る。……一般の被疑者に対して、検束という名目の下に警察に連れて行って、之を留置して、そうして二月も三月も、或は半年も置くというような実際の状態にあるのです。……是は非常な人権蹂躙で、……この弊害を防ぐということは、是が非常に必要なことであると思う。それでありますから、……直ちに訓令を出して、そうしてこの弊を防ぐということをやって戴けませぬかどうか。

（三月十八日の委員会での宮古委員長の発言(131)）

第 14 回メーデー　大阪　末吉橋に於ける警官隊との衝突　1933 年

第 14 回メーデー　神戸　検束　1933 年

これに対する政府の答弁は勿論、そのような危惧は当らないというものであった。例えば、次のように答弁された。

この法律が出来ましても、御心配の如く、検事の権力濫用に依って人権尊重の趣旨が妨げられるというようなことはない積りであります。……検事の勾留に依って警察に於ける検束、或は勾留処分がそれだけ減少する。その点に於て、一般社会の期待して居る好い結果を得るのではないかと考えて居る次第であります。

（三月二十二日の委員会での小原大臣の発言[132]）

予審判事の調べに弁護人を立合せることについても、小原司法大臣から、「その点については余程、考慮を致さなければ、急に可、不可を決定し難いと思うのであります[133]」と答弁されている。

人権蹂躙は至るところで発生

人権蹂躙は起らないという政府の答弁に対しては、委員から直ちに、「司法大臣が只今、目下の検察官は人権蹂躙の不当な取調べをすることはあるまいという御答弁でありましたが、私は之に非常に反する観察をして居るのであります。人権蹂躙の事実は到る処に行われて居るということを確信して居ります」（三月二十四日の委員会での小林錡委員の発言[134]）といった反論がなされた。

その反面、元検事の委員からは、政府の答弁を後押しするかのような発言もあった。「京都豚箱事件」の主任検事を務めた一松定吉委員の発言がそれで、一松は京都豚箱事件では検事による人権蹂躙はなかったと主張したうえで、人権蹂躙を若い検事の未熟さ故の逸脱行動だとし、若手検事に対する捜査術の研修の必要性を次のように説いた。

もし検事に捜査上不穏当の処置あるとすれば、年が若くして経験がなく、そうして自分の思う通りに相手がいわないという結果、大き声を出したり、或は机を叩いたり、立ち上って如何にも暴行を加えるような気勢を示したりするのは、皆、そこから来る。……それ等の点（捜査術に関する指導—引用者）に対しまして、一段の御努力あらんことをお願いしまして、……。

（三月二十四日の委員会での発言[135]）

委員会で、一松は、「大それた犯罪を犯した者に対して人権を蹂躙することよりも、この国体変革ということの方が、国家存立の基礎を危うくする所以であるから、吾々は之を重く視て居る。故に小の虫を殺して大の虫を助けるという意味に於て、恐らく我が日本国民としては、その事（被疑者の検束―引用者）について、余り論議することを好まない。私共も在野法曹の一人としてやはり、之を好まない」（三月十八日の委員会[136]）と述べ、自己の在野法曹性を強調した。

しかし、一松の場合、在野法曹といっても、元大審院検事であり、「在野」と言えるか、はなはだ疑問であった。

警察官に強制処分権の付与は必要ない――司法大臣の答弁

一松からは、検事だけではなく、警察官などにも強制処分権を与えるべきだとの発言もみられた。

本件のような重大犯を検挙する場合には、やはり司法警察官に対して相当の権力を持たせることの方が必要であり、そうすることの方が、今日まで司法警察官が脱法行為をして、そうしていたずらに人権蹂躙をして人々の非難を受けるという弊害を除去するということが出来るのみならず、検事が四か月の勾留期間位では到底、捜査を終ることは出来ないという考えから見ますれば、私はやはり警察官にそれだけの職権を与える方がよろしいと思うのであります。（三月十八日の委員会[137]）

もちろん、警察官に強制処分権を与える必要はないというのが、司法大臣の答弁であった。

一九三五年改正法律案では、先の第六十五議会における衆議院修正案に沿って、第十四条および第十六条に「急速を要する」という要件を設けた。

このことについて、藤田若水委員から逆に、「急速を要すという、この要すということを第十四条と第十六条に掲げてございます。この意味が私は諒解出来ない」（三月十三日の委員会での発言）、「こういう（「急速を要し、判事の勾引状・勾留状を求めること能《あた》わざるとき」という―引用者）条件をここ（第十四条と第十六条―引用者）に断って書かなくてはならぬ必要があるのでありますか」（三月十八日の委員会での発言[138]）との質問が出されている。

このような質問は、第六十五議会の衆議院と第六十七議会の衆議院とでは、与野党の構成が変わったことによるものといえよう。

そして、この藤田からは、「（本法案を―引用者）是非、本会議を通過させたいと思います。会期も僅に残る所、八日位しかありませぬが、……。うかうかして居ると、この法案は流れてしまいはせぬかということを心配して居ります」（三月十八日の発言、同二四頁）というように、議事進行が訴えられている。

朝鮮や台湾の治安状況についても質問が出されている。政府委員からは、「現在の朝鮮に於ける共産運動というものは、純然たる他の外国に於ける共産運動と違って、その反面には、どうしても民族運動の思想をやはり、持って居るように考えられるのであります（三月二十日の委員会、林繁蔵朝鮮総督財務局長）、「最近の台湾は非常に同化し易くなって来た。斯様な事実になって来て居ります」（同、佐藤正拓務参与官）といった答弁[139]がなされた。

散会に当たっての委員長発言

最後の三月二十五日の委員会でも、引き続き質疑が行われた。その後、与党の議員から、「この両案の成立に御尽力下さらんことを切に希望致します」「委員長に於て機宜の処置を執られまして、是非共、御片付け下さいまして、本会議へ掛けて、本会議で成立し、貴族院へ廻わして、貴族院で少し考える時間のあるように御努力下さらんことを切に御願致します[140]」との要望があった。しかし、時間切れで採決に入ることなく、委員会は散会とされた。散会にあたって宮古委員長から、次のような発言があった[141]。

今日まで非常に勉強を致してやったのであって、この議会が多少の延長がありましたならば、衆議院は通過し、貴族院に於ても恐らく通過したであろうと思うのであります。遺憾ながら、本日、是《これ》で満期になった次第でありますから、延長がない訳でありますから、……是で議了するという訳には参らない時間に相成ったのであります。左様な次第でありまするから、この点はよく御諒承願いたいと思います。……是より僅か四時間内外という時間になりましたから、到底、この時間で議了することは出来ないということは、最早、明瞭でありますから、本日は是で散会を致します。

審議未了で廃案——思想犯保護観察法の制定を目指す

一九三五（昭和十）年の改正法律案も、衆議院の委員会段階で審議未了となり、廃案となった。議員発言のレベルは総じて高いものがあった。

ただ、治安維持法緊急勅令の議会審議とは明確に異なる状況が議会に生まれていた。原則として反対だというような発言は、もはや見られなかったからである。改正の方針には原則的に賛成だが、濫用による人権蹂躙などについて何らかの手当てを政府に求める。このようなことが、多くの議員の態度であった。

徴兵制 60 年記念日に荒木貞夫陸相を先頭に明治神宮の奉答祭に参拝。岡田啓介海相
小山松吉法相、真崎甚三郎参謀次長らが続く　1932 年 11 月 28 日　提供／共同通信社

第六十五議会においてと同様、改正法律案を議会に提出したものの、是が非でも法律案を制定させるという意欲を政府は有していなかった。既存の治安維持法の拡大適用で賄えると考えたためであった。

政府は、保護観察も治安維持法とは別の思想犯保護観察法で対処するという方針を立て、思想犯保護観察法の制定を目指した。転向政策に必要な法案として、思想犯保護観察法案が一九三六（昭和十一）年の第六十九議会に提出された。思想犯を対象とした保護観察制度は日本では初めてであった。[142] 思想犯保護観察法律案は議会で可決され、昭和十一年五月二十九日法律第二十九号として公布された。

一九三〇年代の改正は挫折したが、治安維持法の拡大適用はこの挫折後、むしろ急速に進んだ。この拡大適用を牽引したのは思想検事であり、それにお墨付きを与えたのは、大審院判事をはじめとする裁判官であった。

第七章　法改正挫折後に進んだ拡大適用

1　裁判所による事実上の立法

外郭団体を標的に

治安維持法がそもそもの標的と想定した日本共産党は、ほかならぬ治安維持法の働きによって、一九三〇年代前半には壊滅状態に追い込まれていた。そのために、政府は治安維持法の新しい標的を、日本共産党の周辺にあって間接的に党の活動と関連のある外郭団体に振り向けた。しかし、治安維持法は外郭団体を取締るための法律として作られたものではなかったから、新しい標的の取締りは法的根拠に欠けるところがあった。そこで、政府は治安維持法そのものの全面改正を試みたのである。

改正案は、前章でみたように、実体的な規制強化のための規定のほか、法の運用過程で生じた「転向」政策に法的根拠を与える思想犯保護観察および予防拘禁制度を創設する諸規定も加味した。また、改正法は、治安維持に特有の特別刑事手続を導入し、手続の面からも弾圧の徹底化を図ろうとした。

日本共産党の弾圧という目標との関係で実行された外郭団体の取締りは、一九三四（昭和九）年の段階でほぼ完了仕切った。それ以後は、外郭団体それ自体の取締りへと変容することになった[1]。この変容は、治安維持法自体を大きく変質させていくことになった。反ファシズム統一戦線に関わりのある組織や運動に対して、治安維持法が適用されていくことになるからである。

当局によると、日本の反ファシズム統一戦線というのは日本共産党の活動の一環であるとして、その取締りの必要性が強調された。しかし、当時の実情に照らしても、日本の反ファシズム統一戦線は日本共産党の活動でも、党を支援する活動でもなかった。市民的自由を守り、民主主義を擁護しようとする運動であった。その組織も多くは結社というよりはグループに過ぎず、小規模で集団性も緩やかなものであった。秘密的で非合法な団体とは程遠く、何よりもこれまでは合法とされてきた運動であった。このように合法的な手段を用い、合法的な舞台で繰り広げられる活動が治安維持法の適用を受けることになった。

適用の理由も、運動が非合法になったからではなく、当局の適用方針が変わったからであった。運動が合法か非合法かは問題ではなかった。ただし、治安維持法を適用するためには、違反の理由を仕立て上げなければならなかった。

裁判所がこの仕立て上げに協力した。たとえば、「国体の変革並に私有財産制度の否認を目的とする結社の拡大強化を目的とする団体の存在する場合に於て、其の結社及び団体の組織及び目的を認識しながら其の団体の目的に属する活動を為すときは、仮令《たとえ》、結社と有機的に関係の連絡を有せざるときと雖《いえども》、其の行為は治安維持法第一条に所謂、結社の目的遂行の為にする行為に該当する」（大審院昭和八年九月四日判決、大審院刑事判例集第一二巻一四六二頁）といった論法が、それであった。(2)

「人民戦線」の結成阻止

この新しい方針のもとに、一九三六（昭和十一）年七月、いわゆる講座派の学者である山田盛太郎、平野義太郎、小林良正らが検挙された。いわゆる「コム・アカデミー事件」である。「コム・アカデミー」という名称は、ソビエトにおける「コム・アカデミー」の役割と同一視して当局によって命名されたものであった。事件に仕立て上げられた理由は、これら学者の理論活動が共産主義の正当性を科学的に立証することに向けられ、もっぱら日本共産党の理論的問題を研究し、党の戦略戦術に寄与しているなどというものであった。(3)

「人民戦線事件」においても、社会主義団体および個人に対して治安維持法が向けられた。一九三五（昭和十）年七月にモスクワで開催されたコミンテルン第七回大会では「人民戦線運動」が提唱され、コミンテルンの方向展開がもたらされた。「反ファシズム」「反帝国主義」「反戦主義」を共同綱領とする統一戦線（「人民戦線」）を作ろうというもので、イギリス、フランス、スペイン、チリなどでは共産党系および非共産党系のマルキスト、社会主義政党などからなる「人民戦線」が結成され、フランス、スペイン、チリでは政権を掌握し、労働改革・社会改革などを実現した。その波は日本にも及んだ。

治安当局は「人民戦線」の結成阻止に動き、一九三七（昭和十二）年十二月十五日払暁、コミンテルンの呼びかけに応じて日本での「人民戦線」の結成を企てたとして、全国一八府県で日本無産党、全評（日本労働組合全国評議会）およびこれらの理論的指導者と目された労農派グループの関係者四四六名の一斉検挙に踏み切った。

代議士の加藤勘十（日本社会党）や黒田寿男（全国農民組合の支援を受けて出馬し当選）、運動家の山川均（労農派 マルクス主義の指導的理論家）、荒畑寒村（社会主義者・労働運動家）、鈴木茂三郎（日本無産党書記長）、岡田宗司（雑誌『労農』の同人で東京帝大在学中は「東大新人会」の主要メンバーとして活躍）、向坂逸郎（元九州帝国大学教授で日本を代表するマルクス経済学者の一人）、大森義太郎（三・一五事件で東大を辞職後は講壇ジャーナリストとして活躍）などもその対象とされた。

一九三八（昭和十三）年十二月の第二次検挙でも東京帝国大学教授の大内兵衛（マルクス経済学者）、同助教授の有沢広巳（統計学者・経済学者）、同じく脇村義太郎（経営史学者）、東北帝国大学助教授の宇野弘蔵（マルクス経済学者）、貴族院勅選議員の美濃部達吉（大正デモクラシーの代表的理論家で天皇機関説を提唱）、佐々木更三（多くの労働争議や小作争議を指導）、江田三郎（農民運動の指導者）など三八人が検挙された。

「反ファシズム人民戦線」を結集するための政治結社たる日本無産党をもって治安維持法第一条にいう「国体を変革すること」「私有財産制度を否認すること」を目的とする結社と認定し得るかについては、思想係検事の中にも疑問を持つ者がいた。しかし、当局は次のような論拠をでっちあげて、検挙に踏み切った。

すなわち、日本無産党は労農派の思想・理論に依拠しているが、労農派は、日本共産党より出生せる双生児にして、日本共産党と同じく我が国体を変革し、私有財産制度を廃止して、共産主義社会の実現を目的として運動し来りたるものである。日本無産党の標榜するところの「反ファシズム人民戦線」は、一九三五(昭和十)年七月のコミンテルン第七回世界大会が採択した新運動方針における戦術に呼応するものである。こういった論拠といえない論拠がそれであった。(4)

もっとも、「人民戦線事件」のうち、教授グループについては無罪判決も言い渡された。第二次検挙で逮捕され起訴された者は全員が無罪となった。ただし、加藤勘十、山川均、鈴木茂三郎らは有罪となり、戦後の治安維持法の廃止に伴い全員が免訴となった。

この無罪判決については、日本の司法権の独立の姿をみることができるといったコメントも見られるが、「これらの事件は、あまりにもでっち上げ・こじつけの程度が強く、本来ならば検察側がいさぎよく公訴を取り下げるべき性質のものであった。そうせずに面子にこだわって公訴を維持した事件なのだから、これには無罪判決しか、くだしようがなかったのである(5)」という評価の方が事実に近いといえよう。

「人民戦線事件」を契機に治安維持法による検挙が非共産党系のマルキストや社会主義者にも及ぶことになった。

党の外郭団体に仕立て上げられた「唯物論研究会」

同様に、日本共産党と無理やり結びつけられ、党の外郭団体に仕立て上げられたのが「現実的な諸課題より遊離することなく自然科学、社会科学及び哲学における唯物論を研究し、且つ啓蒙に資するを目的」とする文化団体(大衆的研究組織)として一九三二(昭和七)年一月に創立された「唯物論研究会」であった。

一九三八(昭和十三)年十一月末、当局は突如として、研究会関係者一三名を一斉に検挙した。この検挙は全国的な規模で行われた。「唯物論研究会」のような大衆的文化組織を潰すことによって、こういう組織に依拠して勉強しようとする広範な市民、学生をも弾圧したとされる。この「唯物論研究会」も以前は合法的な組織であり、当局においても日本共産党の外郭団体と立証し得ないところの存在であった。それにもかかわらず、当局の方針が変わり、治安維持法が適用されることになった。

この「唯物論研究会事件」についても、裁判所はためらうことなく、警察・検察当局の路線に追随してたくさんの有罪判決を出した。裁判所では有罪とするために、様々な論法が考案された。「……自然科学社会科学等に於ける唯物論一般の研究及び啓蒙を標榜し、理論活動の分野に於て、基本的には共産主義の基礎理論たる弁証法的唯物論を研究し、之に関する会員相互の理論的水準を高めると共に、一般大衆、特に知識層に対し啓蒙活動を為すことを当面の任務と為し、以て窮極に於ては『コミンテルン』並に日本共産党の目的達成に寄与し、之を支援することを目的とする結社『唯物論研究会』を組織し、……」（東京控訴院昭和十七年十二月十六日判決、大審院刑事判例集二三巻四一頁）といった論法も、その一つであった。[6] 結社Aは結社Bを主観的に支持・支援することにより、Bの「支援結社」になるといった論理も考案された。

このような運動に治安維持法が適用されるということは、「民主主義」「自由主義」さえもが治安維持法の取締りの対象になることを端的に示した。大日本帝国憲法で合法と謳われた「民主主義」「自由主義」を非合法に追いやるということは、事実上の憲法改正であった。治安維持法の議会審議で多くの議員から指摘されたように、当局自身が国体変革の罪を犯すということを意味した。事実上のクーデタであった。

宗教弾圧にも活用

一九三〇年代後半に入ると、治安維持法が宗教弾圧のために用いられたことも指摘しておかなければならない。「類似宗教」取締りがこれである。

満州事変からファシズム期に近づくにつれて、世相の混迷、社会不安の増大などを背景として、民衆の間に宗教に対する要望と期待が高まった。国家権力としては、これに対し何らかの統制を加える必要を感じていた。こうして、一九三五（昭和十）年末、まず皇道大本教団への大弾圧が実行された。これまでの宗教取締りは、不敬・詐欺・猥褻・殺人・傷害等、刑法上の処罰規定を根拠にして行われてきたが、大本事件では、不敬罪の外に、治安維持法第一条が使われた。皇道大本教団は「国体を変革することを目的とする」結社であると問擬された。

しかし、皇道大本教団は日本共産党とはいかなる意味でも無縁で、従来の治安維持法解釈では到底、適用対象になり得ない団体であった。にもかかわらず、当局は適用に踏み切った。皇道大本教団への治安維持法の適用は、宗教警察なるものの格上げ、あるいは性格変化を促すことになった。

これをきっかけに、従来、道府県警察組織の上で閑却されていた宗教警察に関する事務が特別高等警察課のなかに移管され、「類似宗教」取締りに専念する体制がとられるにいたった。神道系、仏教系、キリスト教系など、系の如何を問わず、治安維持法が宗教取締法として容赦なく適用されることになった。(7)

このような治安維持法の解釈・運用は、いうまでもなく、もはや言葉の正確な意味での法の解釈・運用ではありえなかった。「裸の権力が、単にいいつくろいのためだけに法をひきあいに出している」(8)といってよいものであった。

この期の大審院判決・決定

この期においては、昭和九年三月三十一日第三刑事部決定、(9)昭和九年六月十八日第一刑事部判決、(10)昭和九年十月九日第四刑事部判決、(11)昭和九年十一月一日第一刑事部判決、(12)昭和九年十二月六日第一刑事部判決、(13)昭和九年十二月六日第一刑事部判決（二）、(14)昭和十年三月十八日第一刑事部判決、(15)昭和十年五月二十一日第四刑事部判決、(16)昭和十年五月二十三日第二刑事部判決、(17)昭和十一年五月二十八日第一第二第三第四刑事部連合判決、(18)昭和十一年五月二十八日第一刑事部判決、(19)昭和十一年十二月一日第四刑事部判決、(20)昭和十二年九月十三日第一刑事部判決、(21)昭和十三年十一月十六日第五刑事部判決、(22)昭和十五年九月十二日第二刑事部判決(23)などが出されている。

2 この期の大審院判例で注目されること

窃盗罪・強盗罪にも共謀共同正犯が成立

前期に起こった事件のうち司法官赤化事件、全協関係者事件などについて、また、後期に起った事件のうち人民戦線事件、天理本道《ほんみち》教団事件などについて大審院判決が下されている。ただし、皇道大本教団事件、コム・アカデミー事件、ひとのみち教団事件、共産党中央再建準備委員会事件、第一次人民戦線事件、第二次人民戦線事件、日本共産主義者団事件、唯物論研究会事件、日本燈台社事件、新協・新築地両劇団員事件、北方教育・生活学校事件、企画院事件などについての大審判決・決定はこの期には見られない。

この期の大審院判例で注目されることの第一は、いっそうの拡大解釈を認めていることである。「日本共産党の予備隊」ないし「日本共産党の貯水池」などとしていわゆる「外郭団体」それ自体を治安維持法にいう「国体の変革又は私有財産制度の否認を目的とする結社」と看做し、当該団体の役員をも治安維持法第一条第一項前段にいう「国体を変革することを目的とする結社の役員其の他、指導者たる任務に従事したる者」とするのみならず、この「指導者たる任務」についても拡大解釈を施すことによって、同法第一条第一項前段の適用対象の拡大を追認しているからである。

「日本共産党の為に資金を獲得する行為は、其の得たる金員を未だ同党に供与せざるも、治安維持法第一条に結社の目的遂行の為にする行為を為したるものとする」のみならず、「日本共産党の為に資金獲得の手段を講ぜしめる目的を以て他人を党員に紹介することは、同党の目的遂行の為にする行為に該当するものとする」とされているのも、このいっそうの拡大解釈とし得よう。

従来、知能犯について認められてきた共謀共同正犯が、治安維持法被告事件に関わって、窃盗罪・強盗罪についても認められた点も特筆されよう。実行行為を行わなくても共謀に参加すると正犯とされた。治安維持法違反の罪と窃盗罪・強盗罪とは一行為数罪とされるものの、窃盗罪・強盗罪の成立を理由として、よりいっそうの加重処罰も可能となった。

「一切の行為」に限界を認めない

第二は、既に紹介したように、大審院は、「治安維持法第一条第一項、第二項に所謂、結社の目的遂行の為にする行為とは、国体の変革又は私有財産制度の否認を目的とする結社なることを認識しながら、之を支持し、其の拡大強化を図る意図の下に為される一切の行為を指称する」と判示していた。しかし、いくら「一切の行為」といっても、そこには自ずから一定の限界が存在し得た筈であった。この限界さえも認めないということになれば、人々のあらゆる言動が「結社の目的遂行の為にする行為」に問擬され得ることになるからである。

弁護人もこの点に着眼し、限界を認めることの必要性を訴えた。しかし、大審院はこの訴えをすべて拒否した。

「日本共産党員中、スパイの嫌疑ある者を同党上部の指令に基き査問するに際し、之が査問方法として不法監禁又は傷害を為したる所為は、同党の目的遂行の為にする行為なりとする」

「治安維持法第一条所定の結社を支持し、之が拡大強化を図るの行為を為したる者は、同結社と具体的組織的関連を有せざるも、同条に所謂、結社の目的遂行の為にする行為を為したる者に該当する」

「上叙の結社を支持し、之を拡大強化する意図の下に、合法場面を利用又は偽装して為したる行為は、其の外観に於て同結社の目的と何等の関連なきときと雖《いえども》、同法第一条に所謂、結社の目的遂行の為にする行為に該当する」

「日本共産党の目的達成に資することを認識し乍《なが》ら、学内に於ける経済事情研究会の指導幹部と為り、諸般の協議決定を為し、雑誌に執筆して左翼的啓蒙を図り、或は日本革命の戦略戦術を講じ、以て会員又は参加者の意識の昂揚に努めるが如きは、日本共産党の目的遂行の為にする行為に当るものとする」

「同法第一条の結社組織罪又は結社加入罪は、苟《いやしく》も同法条の規定するが如き目的を有する結社を組織し、又は斯《か》かる目的を有する結社なることの情を知って之に加入したるときは直《ただち》に成立し、其の結社の目的遂行の為にする手段が適切可能なることを要せざるものとする」

例えば、右のように判示された。ここには驚くべき論理の飛躍がみられた。

「左翼思想共産主義思想の研究強化」と「共産党左翼運動」とは厳に区別すべきだという訴えも、そもそも天理本道には「国体変革の目的」を達成することは不可能であるという訴えも、何らの説示もなく退けられた。学会員による学会活動も、合法な評論・出版活動、あるいは宗教団体の宗教活動も、「（当—引用者）該結社の目的達成に資することを認識し乍《なが》ら」行われた以上は、治安維持法違反に問擬し得るとされた。これにより治安維持法の適用対象は飛躍的に拡大されることになった。

公知の事実——証明の必要なし

この期の大審院判例で注目されることの第三は、日本共産党が治安維持法にいう「国体を変革することを目的とする結社」、「私有財産制度を否認することを目的とする結社」だということは「公知の事実」だとされた点である。

これまで被告人・弁護人は、様々な論拠を挙げて、日本共産党をもって治安維持法にいう「国体を変革することを目的とする結社」、「私有財産制度を否認することを目的とする結社」とすることには無理があると論難してきた。しかし、本判例によって、この論難は封じられることになった。前述のいっそうの拡大解釈は、規範的・当罰的な事実認定によって支えられたが、こうした事実認定に止まらず、事実認定自体を空洞化し、「公知の事実」とすることによって、当罰性の事実化が図られることになった。

転向政策の浸透

弁護人が被告人の転向をもって、被告人に有利な事情として酌量減軽を求めていることも、注目される。

それは転向政策の浸透を物語っているからである。思想犯保護観察法（昭和十一年五月二十九日法律第二九号）の制定に先立つ一九三四（昭和九）年五月に開催された思想実務家会同において、同法の「生みの親」の森山武一郎（当時司法省保護課長）が、「最近の思想犯処理上注意すべき點如何」について発言したなかで、思想犯保護観察法にいう「保護観察」の意義について、次のように論じていたことも、ここで指摘しておかなければならない。[24]

転向者に対する保護、監察及び指導は、今や思想犯対策の極めて重要なる部分となるに至れり。転向者に対する保護は、一般の犯罪者の保護と異なり、単に釈放後に之を行うに止らず、検挙当時に遡り、起訴猶予、執行猶予の処分を受けたる者に対しても、直に保護を開始すべく、行刑中の者に対しては、収容中に之を開始することを要すべし。即ち、保護事業は従来、消極的なりしを変更して、積極的に之を為すの必要あるべし。又、保護は従来個別的なりしを、総合的、集団的に之を為すことは、極めて効果的なるべし。又、保護に付き単に民間有志の手に委ねるに止めず、検察当局に於て必要にして相当なる範囲の協働を為すことは、保護事業の積極化に伴う必然的結果なるべし。

このような転向政策が弁護人の弁論に影響を与えていることは、詳述するまでもなかろう。家族関係を最大限に利用して被告人の転向を促すというのも、転向政策の柱とされた。

それでは、この期の特徴ある判決・決定を順次見ていくことにしよう。なお、昭和十六年七月二十二日第四刑事部判決[25]は新治安維持法制定後のものであるが、施行前の事件のために旧治安維持法が適用されていることから、ここで見ておくことにしたい。

《全協事件》

——公判審理における防御権保障の形骸化

昭和九年三月三十一日第三刑事部決定

証拠裁判主義に違反

予審調書における被告人の供述の内容を罪証に供するためには、被告人に予審調書中の問答を読み聞かすだけではなく、予審請求中の記載部分をも読み聞かせ、これに対する被告人の意見弁解を聞く機会を与えなければならないとされていた。にもかかわらず、原審は右の読み聞かせを行うことなく予審調書における被告人の供述の内容を罪証に供した。そこで、これは違法で原審は破棄を免れないのではないかという点が本件の争点とされることになった。

■罪となるべき事実(26)——結社の目的遂行の為にする行為

いわゆる全協事件のうち広島地方裁判所に係属の治安維持法被告事件について、原審の広島控訴院が認定した「罪となるべき事実」のうち、日本労働組合全国協議会日本一般使用人組合広島支部に関しては概要、次のようなものであった。

一、被告人清水次郎は、昭和二年二月、広島高等簿記学校を卒業し、直に豊国火災保険株式会社広島支店に雇われ、内勤係として勤務中、社会問題に興味を持ち、左翼文献を繙読し、昭和六年八月頃、共産主義を抱懐するに至り、無産者の解放は全く日本共産党、日本労働組合全国協議会及び日本赤色救援会等に拠るの外なきものと確信し、

二、昭和六年十二月、日本労働組合全国協議会日本一般使用人組合広島支部に加入し、同支部金融分会責任者と為り、金融方面に於ける同志獲得の任務を担当し、昭和七年二月頃、村上金彦の後を襲いて同広島支部長となり、

三、支部長会議などにおける闘争方針の協議、決定に基き、昭和六年十二月末頃、歳末闘争に際し、「満蒙出兵と歳末に際して、全広島の一般使用人諸君に檄す」と題したる日本労働組合全国協議会一般使用人組合広島支部名義のアジビラ約五十枚を、人をして、広島市紙屋町藝備銀行裏門附近に撒布《さんぷ》せしめるなどし、また、昭和七年二月末頃、広島市三条通室鋳物工場に労働争議勃発するや、他の同志数十名と共に同町同工場主居宅附近に於て示威運動を敢行し、且つ日本労働組合全国協議会一般使用人組合広島支部加盟員より右争議応

援基金を募集して、争議団に贈り、争議を激化展開せしめ、
四、以て日本共産党の前記目的遂行の為にする行為を為したるものなり。

また、日本赤色救援会広島地区に関しては概要、次のようなものであった。

一、昭和六年十二月頃、日本赤色救援会広島地区責任者仁井田教一の勧誘に依り同地区に加入し、同地区街頭第六班の責任者と為りて同志獲得の任に当り、又、同地区と日本労働組合全国協議会、日本通信労働組合広島支部並に同日本一般使用人組合広島支部間のレポーターとしての任務に服し、
二、同年十一、十二月頃、二回に亙り、広島市白島町田谷春雄方に開催せられたる日本赤色救援会広島地区の班代表会議に出席し、広島刑務所に服役中の左翼運動の犠牲者大草玄の罰金代納の件等に付て協議を為し、又、昭和七年三月三日夜十二時頃、仁井田教一、田谷春雄と共に日本赤色救援会広島地方代表者会議を同市福島町槌井方に開き、組織部、アジプロ部、救援部、慰安部、会計部の編成及び其の担当者を決定し、市川忍等の治安維持法違反被告事件の公判闘争基金募集其の他、未組織大衆にモップル（日本赤色救援会）の意義を徹底せしめていっそうの躍進を遂げるべきこと等に付て協議を遂げるなどし、
三、以て日本共産党の前記目的遂行の為にする行為を為したるものなり。

■上告趣意——読聞けざる予審請求書中の記載を不当に引用

この事実認定に基づいて、広島控訴院は、有罪の判決を言い渡した。これに対し、被告人清水次郎から上告がなされた。その弁護人には赤松乙也が就いた。

弁護人赤松乙也の上告趣意第三点は、「原判決は公判に於て被告に読聞《よみき》けざる昭和七年六月十日附予審請求書中の記載を援用し、判示事実中、冒頭掲記部分に対する認定の資料とせられたるは、違法の裁判と存候《ぞんじそうろう》」というものであった。

■破棄——有罪は維持

これに対する大審院の判断は概要、次のようなものであった。

（当——引用者）該予審調書に於ける被告人の供述の内容

週刊
無産青年
★未来は青年のものだ！
八月突撃隊旗手
模範的企業細胞
東京市電
企業細胞委員會
各車庫細胞
第二位
芝浦製作所
企業細胞

我中央執行委員會は八月に於ける全活動を決算した後、我東京市電企業細胞委員會及各車庫細胞を、日本共産青年同盟突撃隊旗手と決定した。かくてこれを先頭に、芝浦製作所企業細胞を第二位として成長と再建の九月の途を前進せんとするものである。

再び旗手の榮譽を獲つた東京市電の同志！　新に旗手候補となつた芝浦の同志！　諸君の名譽を確保せよ！

全國の若き同志！　諸君の英雄的活動によりて自ら旗手となつてこの突撃隊旗を更に〳〵高く揭げよ！

★日本共産青年同盟の指導の下に！

★國際共産青年同盟の闘争旗の下に！

國際共産青年同盟日本支部
日本共産青年同盟
中央執行委員會

車庫大會を

「無産青年」 1932年9月17日号

を罪証に供せんとせば、其の証拠の取調を為すに当り、須《すべか》らく予審調書中の問答を読聞かすべきは勿論、之と共に予審請求書中の記載部分をも読聞かせ、被告人をして之に対する意見弁解を為すの機会を与えざるべからざるに不拘《こだわらず》、原判決に於ては、前叙の如く、所論予審請求書を被告人に対し読聞かすことを為さず、単に予審調書のみに付て証拠調を為し、然《し》かも、所論の如く被告人供述の内容を罪証に供したるは、不法にして、本論旨は理由あり。原判決は破毀を免れず。而《しこう》して、叙上採証法則の違反は、事実の確定に影響を及ぼすべきものなる。

そこから、大審院によれば原判決が破棄された。ただし、その他の証拠により判示事実は認定し得るとして有罪は維持された。

防御権保障の形骸化

刑事訴訟法第三三六条は「事実の認定は証拠に依る」と規定していたが、そこに「証拠」とは証拠能力を有し適式な証拠調べを経た証拠をいうとされた。この適式な証拠調べにおいては被告人の防御権が保障されなければならないことはいうまでもなかった。

しかし、治安維持法被告事件においては、有罪の結論を急ぐあまり、防御権の保障がおろそかになり、証拠裁判主義が形骸化する傾向にあった。控訴審の段階でも形骸化している事実を浮かび上がらせた点で本決定は興味深いものがある。ただし、原判決を破棄しても有罪が維持されている点には注意が必要であろう。大審院も迅速な有罪判決の確定という立場に立っているからである。

《「無産青年」新聞事件》
――実行協議罪から結社加入罪へ判例変更

昭和九年六月十八日第一刑事部判決

加入を承諾した未加入の者も結社加入罪か

かつて、大審院はその昭和四年十月二十二日第一刑事部判決において結社への加入を承諾したが未加入の者については治安維持法第二条の実行協議の罪で問擬していた。しかし、本件では加入を承諾したということで治安維持法第一条の結社加入罪が適用され、同罪で起訴された。原審もこれを認めたことから、上告審ではその是非が争点とされることになった。

■罪となるべき事実――結社の目的遂行の為にする行為

東京地方裁判所に係属のいわゆる「無産青年」新聞事件について、原審の東京控訴院が認定した前提事実は概要、次のようなものであった。

被告人林利夫は、大分県杵築中学校在学中、既に社会科学に興味を持ち、同校卒業後早稲田第二高等学院を経て、昭和四年四月、早稲田大学政治経済学部経済学科に入学してより、同大学内社会科学研究会に入り、マルクス主義を研究するに及び、共産主義思想を抱懐するに至り、間もなく同大学雄弁会解散事件に座して同年六月、同大学を退学せらるるや、一時、大分県に帰郷し居りたるも、昭和五年七月、共産主義実践運動に参加せんことを決意して再び上京したるものなり。

この前提事実を踏まえて認定された「罪となるべき事実」は概要、次のようなものであった。

一、被告人林利夫は昭和五年七月、「無産青年」新聞本社組織部員にして同社城南支局を担当し居りたる安藤義男の命に従い、同支局事務係となり、また、同年九月上旬、右無産青年本社編集部責任者八江事宮川寅雄

の命に依り同新聞社本社編集部員に就任し、同年十一月上旬迄、各支局と連絡し、各支局内の情勢及びニュースの編集に従事し、
二、昭和六年三月上旬、共産主義青年同盟中央資料調査部が日本共産党資料調査部に合併せらるるや、同調査部内労働部及び軍事部責任者となり、同年八月末迄部員三名を指導して、北九州工場に関する調査、一九二八年以後の全国ストライキ件数の調査其の他、一般的調査事務に従事して、日本共産党活動の資料を提供し、
三、同年五月頃、東京市営電車内に於て、右同盟員にして同同盟中央資料調査内経済部責任者通称一郎事某より右同盟に加入すべき旨の勧誘を受けて、之を承諾し、以て同同盟に加入し、
四、同年九月下旬頃、前記通称一郎事某の命に依り右同盟中央部資金責任者となり、同同盟中央委員岸勝より明治大学、同大学女子部、文化学院、法政大学等の各資金係を、又、日本共産党資金係某より第一高等学校の資金係を大々《それぞれ》、紹介せられ、昭和七年三月上旬頃迄、右資金係と連絡して、毎月平均百円の同同盟資金を募集して、之を右岸勝に交付するなどし、
五、以て日本共産主義青年同盟に加入し、且つ（当―引用者）該同盟及び日本共産党の目的遂行の為にする行為を為したるものなり。

■懲役五年

この事実について、東京控訴院は「被告人を懲役五年に処し、原審の未決勾留日数中、三百日を右本刑に算入すべきものとする」とした。

■上告趣意――加入の事実の証明なし

これに対し、被告人林利夫から上告がなされた。弁護人には斎藤素雄が就いた。その上告趣意は、共産主義青年同盟への加入に関してで、概要、次のようなものであった。

一、日本共産主義青年同盟に加入したりとするには、被告人の加入承諾に基き、同同盟に於て被告人を同盟に加うべき手続を採りて、始めて同盟に加入したりと云うを得べきものとする。況《いわ》んや、右の勧誘を為したるは中央資料調査部内経済部責任者通称一郎と称する氏名不詳の者にして、同人が果して同盟員なるや、又は其の加入を勧誘し之が承諾あるに於ては直ちに同同盟に加入したるものと為すべき権限を有したるや否や、全く不明なりとする。従って、如斯《かくのごとき》者の勧誘により加入したりとするも、之《これ》のみにより俄《にわか》に同同盟に加入

したるものと為すべからざること、もとより明《あきらか》なり。
二、須《すべから》く以上の事実を審理し、之が証拠に基きて加入の事実を認定すべきに拘らず、事、茲《ここ》に出でず。氏名不詳の者の加入勧誘により承諾したる旨の供述により漫然、右の事実を認定したるは、証拠に基づかずして事実を認定したるか、又は審理不尽、理由不備の不法あるものとす。

■上告棄却――加入承諾があれば加入罪が成立

これに対し、大審院は「本件上告は之を棄却する」という主文を言い渡した。その理由とされたのは概要、次のようなものであった。

一、日本共産主義青年同盟員より（当――引用者）該同盟に加入すべき旨の勧誘を受けて之を承諾したる以上は、同同盟に加入したるものにして、該同盟に於て更に加入の手続を採りたることは、法に所謂、加入の必要条件に非ざるものとする。

二、原判示第三事実に依れば、被告人は、昭和六年五月頃市電電《ママ》車内に於て、判示日本共産主義青年同盟員にして同同盟中央資料調査部内経済部責任者通称一郎事某より右同盟に加入すべき旨の勧誘を受けて、之を承諾したりと謂うに在りて、右事実は原判示挙示の証拠により之を認め得るが故に、原判決は被告人が判示同盟に加入したりと認めたるは正当なり。

三、然《しか》らば、原判決に証拠に基づかずして事実を認定したる違法あることなく、又、理由不備、審理不尽等の違法なきを以て、論旨理由なし。

厳罰を求め「加入」概念の拡大解釈

実行協議罪の法定刑が「七年以下の懲役又は禁錮」であるのに対して、加入罪の法定刑が「二年以上の有期の懲役又は禁錮」というように相当の開きがあることから、検察官は協議罪ではなく、「加入」概念を拡大し、承諾しただけの者に対しても加入罪での起訴に踏み切った。厳罰を求めて判例変更を迫ったものである。それを是認したところに本判決の意義があった。

ただし、何故、このように判例変更したかについて大審院が語るところは少しもない。便宜的な解釈変更だとの誹りは免れがたい。

《ナップ作家事件》
——共産党が非合法結社であることは証明不要

昭和九年十月九日第四刑事部判決

日本共産党は治安維持法第一条にいう「結社」か

日本共産党が治安維持法第一条にいう「国体の変革を目的とする結社」、あるいは「私有財産制度を否認することを目的とする結社」に該当するかについては、治安維持法違反被告事件において被告人および弁護人から様々な「合理的な疑問」が提示され続けてきた。これに対し裁判所は、客観的な証拠による論理的な証明によって疑問を解消するのではなく、被告人や共犯者の「自白」などによって証明があったとする方法を採用してきた。

しかし、それが困難となる状況が生まれることになった。治安維持法違反による検挙の対象が著しく広がり、日本共産党については新聞報道などによる知識しか持ち合わせていない者も増加したために「自白」などを得ることが難しくなったからである。本件でも日本共産党が治安維持法第一条にいう「結社」かが争点とされた。

■罪となるべき事実——結社の目的遂行のための行為

東京刑事地方裁判所に係属のいわゆるナップ作家事件について、原審の東京控訴院が認定した「罪となるべき事実」は概要、次のようなものであった。ここでも枕詞として「日本共産党は云々」という叙述が冒頭に置かれている。

一、被告人後藤壽夫《としお》は、第五高等学校を経て、大正十二年三月、東京帝国大学法学部政治科に入学し、新人会等に加入して社会科学の研究に従事し、漸次、共産主義を信奉するに至り、爾来、文芸作家として其の意向を展《ひろ》げ、全日本無産者芸術連盟、所謂、ナップ所属の日本無産者作家同盟に順次、加盟し、尚、右在学中大正十五年三月、所謂、京都学連事件に連座して治安維持法違反の罪に依り起訴せられ、昭和四年十二月十二日、大阪控訴院に於て禁錮二年に処せられ、之に対し上告を為し、昭和五年五月二十七日、上告棄却の結果、右裁判確定し、昭和五年七月以降、其の刑の執行を受け、了《おわ》りたるものなるが、

二、之より先、昭和三年九月中、当時ナップ方面に於ける同党の活動資金調達の責任者、蔵原惟人《くらはらこれひと》より同党活動資金の醵出方を依頼せられ、同党が前示の如き目的を有する結社なることを知りながら、之を承諾し、其の頃より翌昭和四年一月頃迄の間、前後五回に（わたり——引用者）、旧東京府豊多摩郡杉並町高円寺六十五

番地なる同被告人の当時の居宅に於て、右蔵原惟人に合計金五十円、同年九月初旬頃より翌昭和五年一月末頃迄の間、前後四回に、前同所四十番地なる同被告人の当時の居宅に於て、同じくナップ方面の集金責任者たる大河内信威《おおこうちのぶたけ》（昭和四年十月中旬より右蔵原に代る）、或は永田一脩《いっしゅう》に合計金百七十円、総計二百二十円を、夫々《それぞれ》、交付し、以て同党に活動資金の供与を為し、

三、以て同党の目的遂行の為にする行為を為したるものなり。

■懲役一年

この事実について、東京控訴院は「犯情憫諒《びんりょう》すべきもののありと認め、酌量減軽を為したる上、被告人を懲役一年に処すべきものとする」とした。

■上告趣意――証拠なしの事実認定

これに対し、被告人後藤壽夫から上告がなされた。その弁護人には辻守太郎、今村力三郎☆、鈴木義男☆が就いた。

弁護人今村力三郎の上告趣意のうち、第二点は概要、次のようなものであった。

一、原判決は、証拠理由不備の違法あり。原判決は、事実理由の冒頭に於て、「日本共産党はモスコーに本部を有する国際共産党の日本支部にして、暴力革命に依り、我国存立の大本たる君主国体を変革し、無産階級独裁の政権を樹立し、依って以て私有財産制度を否認し、共産主義社会を建設せんことを目的とする秘密結社なるところ云々」と認定し、其の証拠理由の部に、「日本共産党が例示の如き目的を有する秘密結社なることは、公知の事実にして」と説示したり。

二、然《しか》れども、日本共産党なるものの目的は如何なるものなりや。同党の目的、政策、綱領は公表を許さざるものなるを以て、一般に知られるの理なく、我国国民の大多数に於ては日本共産党の存在すら知らざる状態なるに、原判決は此事実を無視し、日本共産党が判示の如き目的を有する秘密結社なることは公知の事実なりと説示したるは、証拠、理由不備の違法あるものにして、破毀すべきものと信ずる。

弁護人鈴木義男の上告趣意のうち、第三点も概要、同じく、次のようなものであった。

一、原判決は、其の事実、理由の冒頭に於て、「日本共産党はモスコーに本部を有する国際共産党の日本支部

「ナップ」表紙　1931年9月号

にして、暴力革命に依り、我国存立の大本たる君主国体を変革し、無産階級独裁の政権を樹立し、依って以て私有財産制度を否認し、共産主義社会を建設せんことを目的とする秘密結社なるところ云々」と認定したり。然るに、其の証拠説明の部には、「日本共産党が判示の如き目的を有する秘密結社なることは公知の事実にして」、「同党の目的に付ての認識の点は、被告人後藤壽夫第三回訊問調書中、判示同旨の供述記載」と説明するのみにして、原判決認定の如く日本共産党はモスコーに本部を有する国際共産党の日本支部なりとの証拠は、毫も之を挙示するところなし。

二、尤《もっと》も、原判決は、其の証拠説明の部に、「爾余の事実は凡《すべ》て被告人後藤壽夫に対する予審第二回尋問調書中、判示同旨の供述記載」と説明しあるを以て、之が証拠なりとせんが、同予審調書を閲《けみ》するに、日本共産党はモスコーに本部を有する国際共産党の日本支部なりとの供述記載、一も存するところなし。然らば、原判決は、此の点に於て、証拠に憑《よ》らずして事実を認定したる違法あるか、又は虚無の証拠を断罪の資料に供したる違法あるものにして、破毀すべきものと信ずる。

■上告棄却――公知の事実

しかし、大審院の見解は、控訴審と同様であった。概要、次のように判示して、この上告理由を退けたからである。

一、日本共産党が原判示の如き目的を有する秘密結社なることは、裁判所に顕著なる事実なりと云うを妨げざるを以て、特に証拠に依り之を認めたる理由を説明するの要なし。原判決が之を公知の事実なりと説示せるは、畢竟、此の趣旨に外ならざるものと解すべきを以て、証拠理由不備の違法あることなし。

二、日本共産党がモスコーに本部を有する国際共産党の日本支部なることは裁判所に顕著なる事実なるを以て、判決中、特に証拠に依り之を認めたる理由を説示するの要なければ、原判決が其の証拠を挙示せざりしとするも、違法に非ず。

「証明不要の公知の事実」論

自白などによる立証の困難化に困った大審院が考え出した対策が「証明不要の公知の事実」論の判例化であった。被告人および弁護人から提出され続けてきた「合理的な疑問」を裁判所が一貫して無視してきたことはもちろん棚上げにされた。

《司法官赤化事件
――友情に出た行為も「結社目的遂行行為」の罪》

昭和九年十一月一日第一刑事部判決

被告人は司法官

「友情に出た行為」が治安維持法第一条の「結社目的遂行行為」の罪で起訴された。友人が共産党関係者だったからである。被告人が司法官だったことから大騒ぎになった。世にいう司法官赤化事件である。

司法官赤化事件という呼称に接すると、どんな大事件が司法界に起ったかと思われるが、その実質は、弁護人の指摘するように「友人に対する」「微細の金の寄付」であり、「宿泊場所として自宅の提供」などであった。司法官が社会科学研究会を結成して共産主義思想等を学ぶということも当時の時代状況からすれば特異な行為ではなかった。

にもかかわらず、「党の活動資金を提供し」とか「党活動に多大の便宜を与え」とかされ、「社会科学研究会の結成」などとあわせて、「日本共産党の目的遂行の為にする行為を為したるものなり」として起訴された。弁護人は「目的意思」がないなどとして上告して無罪を争った。大審院の判断が注目された。

■罪となるべき事実――結社の目的遂行のためにする行為

司法官赤化事件のうち東京地方裁判所に係属の治安維持法違反被告事件について、原審の東京控訴院が認定した前提事実は概要、次のようなものであった。

一、被告人瀧内禮作《たきうちれいさく》は、東北帝国大学法文学部在学中たる昭和二年十二月、高等（文官―引用者）試験司法科に合格し、昭和三年同大学を卒業、同年四月二十七日司法官試補を命ぜられ、東京地方裁判所、東京区裁判所及び同検事局に於て事務修習の上、昭和四年十一月二十九日、判事に任ぜられ、予審判事として東京地方裁判所に勤務し、昭和六年五月二十九日、山形地方裁判所兼同区裁判所判事に補せられ、爾来、同地方裁判所に奉職し、更に昭和七年十月一日、札幌地方裁判所判事に転じ、昭和八年三月十七日迄、同裁判所に在職したるものなり。

二、被告人福田力之助は、元小学校訓導たりしが、大正十四年中、判検事登用試験に合格し、大正十五年四月、司法官試補を拝命、昭和二年十二月、判事に任ぜられ、同時に予審判事として仙台地方裁判所に勤務し、昭和三年三月、福岡地方裁判所に転勤し、同年十一月、山形地方裁判所判事に補せられ、更に昭和七年十二月二十日、同地方裁判所鶴岡支部判事に転じ、昭和八年三月二十三日迄、同裁判所に奉職し居りたるものなり。

三、被告人福田力之助は、被告人瀧内禮作が昭和六年六月中、山形地方裁判所に着任するや、之と相識り、次第に親交を結び、同人の思想的影響を受け、同人より諸種の左翼的文献又は無産者新聞其の他、月刊左翼文書を借受け、之を閲読するに及んで、漸次、共産主義思想に共鳴するに至り、日本共産党が前記目的を有する秘密結社なることを知りながら、瀧内と同様、同党を支持せんことを決意したるものなり。

この前提事実を踏まえて認定された「罪となるべき事実」のうち、被告人瀧内禮作に関するのは概要、次のようなものであった。

一、被告人瀧内禮作は、昭和六年六月、山形地方裁判所赴任後、同地方に於ける左翼的同志の獲得を志し、昭和七年三月頃に至り、自ら指導者となり、原審相被告人常井直俊、同白井十四雄と共に社会科学研究会を組織し、爾来、同年十月札幌地方裁判所に転補せられる迄の間、山形市内千歳公園附近に於ける当時の自己の下宿先、那須安治郎方其の他に於て、縷々《るる》、同人等と右研究会を開催し、同党中央機関紙「赤旗」及び「無産者政治教程」其の他、左翼出版物を教材として革命的理論の研究を進めつつ、右被告人等に対し、階級意識の昂揚並に同党の主義、政策の宣伝煽動に努めると共に、其の間、右常井、白井両名より党機関紙其の他、左翼出版物代金名義の下に、毎月金一円宛を徴収し、尚、同僚たりし被告人福田力之助を勧誘して同党援助者たらしめ、同人より右期間内、毎月金三円乃至十円を徴収し、其の都度、該金員を東京市に於ける前示西館仁又は尾崎陞《すすむ》に送付し、又は山形市内に於て同党員柴田俊夫に交付し、同人等を介し、同党に其の活動資金として提供し、

二、昭和七年八月二十五日頃、上京の際、東京市四谷区新宿不二屋喫茶店に於て、同党中央委員会家屋資金局地方部長渡邊惣介より同党員にして同地方部員柴田和夫を紹介せられ、其の翌日頃、同市渋谷区神南町十二番地山本むま方に於て右柴田と会合し、山形地方に於ける工場、農村及び軍隊其の他の一般の左翼運動に関する情勢を報告し、且つ同人が家屋資金局地方部の組織拡大の為、近く山形地方に出張する際の連絡方法等に付て協議を為したる上、同年九月十三日頃、右柴田が前記家屋資金局地方部より前記任務を帯びて山形市に派遣せられるや、之を迎え、同人を同市七日町五百五十五番地倉田彦太郎方なる当時の自己の住居に前後約四日間、滞在宿泊せしめ、同人の党活動に多大の便宜を与えるなどし、

三、以て、日本共産党の目的遂行の為にする行為を為したるものなり。

被告人福田力之助に関するのは概要、次のようなものであった。

一、被告人福田力之助は、自己の拠出する金員が日本共産党の活動資金に供せられる情を知り乍《なが》ら、昭和七年三月頃より同年九月九日迄の間、毎月三円乃至十円を被告人瀧内禮作に交付し、同人をして前記の如く東京市に於ける前示西館仁又は尾崎陞の下に送付せしめ、同人等を順次介して、当該金員を同党に其の活動資金として提供し、

二、同年十月、被告人瀧内禮作が札幌地方裁判所に転補せられることとなるや、同月上旬中、同人及び原審相被告人常井直俊、同白井十四雄と前示山形市、同市外

馬ケ崎河原附近及び其の他に於て数回会合し、瀧内転勤後は暫定的に白井十四雄を同党家屋資金局地方部の同地方責任者たらしめること其の他、爾後の活動方針に関し協議、決定し、

三、同年下旬、右家屋資金局地方部より、前記柴田一夫に代り、同党員原田こと美作太郎が地方巡回「オルガナイザー」として山形市に派遣せられるや、自ら斡旋して、同人を同市七日町五百五十五番地倉田彦太郎方に数日、滞在宿泊せしめ、其の間、同人と山形市内に於て縷《るる》会見し、同地方に於ける左翼運動の一般的情勢を報告し、且つ被告人常井直俊、同白井十四雄等と連絡会見せしめ、其の結果、被告人同白井十四雄をして前記家屋資金局地方部の同地方責任者たらしめることを決定せしめ、右美作太郎の党活動に付て種々斡旋尽力するなどし、

四、以て、日本共産党の目的遂行の為にする行為を為したるものなり。

■懲役三年など

この事実について東京控訴院は、次のような刑を言い渡した。

被告人瀧内禮作を懲役三年に、被告人福田力之助を懲役二年に処し、被告人瀧内禮作に対し、原審に於ける未決勾留日数中、二百日を、右被告人福田力之助に対し同未決勾留日数中、九十日を、夫々《それぞれ》、右本刑に算入すべきものとする。

■上告趣意——目的意思なし

これに対し、被告人瀧内禮作、福田力之助から上告がなされた。その弁護人には鈴木義男、高屋市二郎、二関敏が就いた。被告人瀧内禮作の弁護人鈴木義男、高屋市二郎の上告趣意は概要、次のようなものであった。

一、原判決は、其の理由の部に於て、被告人瀧内禮作は、日本共産党を支持し、其の拡大強化を図らんことを企て、(イ)若干金員を西館仁、宮石三郎、尾崎陞を介して同党に活動資金として交付し、(ロ)山形市に於て社会科学研究会を開催し、常井、白井、福田等の寄付金を西館仁、尾崎陞、柴田一夫等を介して同党の活動資金として提供し、(ハ)柴田一夫が山形市に出張するや、滞在宿泊せしめて党活動に便宜を与え、(ニ)被告人が札幌転任後に於ける東京地方責任者を定め、活動方針を協議したるものとして、治安維持法第一条

第一項後段及同条第二項に問擬したり。

二、然《しか》れども、（イ）（ロ）の資金提供は、被告人に於ては全く無産階級運動に同情するの余り、唯一の無産党と信ずる日本共産党の運動資金に微細の金を寄付したるに過ぎずして、共産党の国体変革、私有財産制度否認等の方面に明確なる目的意思なかりしことは、被告人の供述並に上申書に依りて明《あきらか》なりと云うべし。

三、また、（ハ）の事実は、被告人が友情より出でたる行為たることは記録上明にして、（ニ）の行為も、全く社会科学研究会（必ずしも共産党の為にするものにあらず）の爾後の方針に付き談合したるに止まり、被告人に於て党の目的遂行の為にする意図なかりしことは、記録に照して明なりとする。

四、故に、被告人の行為は、党の目的遂行の為にする行為と云うは当らず。仮に百歩を譲って、日本共産党の目的綱領を知り、之に若干の援助を為すの意思ありとするも、それは全く意外にあって、金品を供与したるに止まり、自ら率先して党の目的遂行の為にする行動に従事したるものにあらざるが故に、治安維持法第五条を以て律せられるは格別、同法第一条を以て問擬するは、擬律錯誤の違法あるものにして、破毀すべきものと信ずる。

■上告棄却――独自の見解を以て原判決の擬律を非難

これに対し、大審院は「本件上告は孰《いず》れも之を棄却する」という主文を言い渡した。その理由は次のようなものであった。

一、原判決が証拠に依り認定したる被告人瀧内禮作の原判示第一の（イ）（ロ）（ハ）（ニ）の各行為は、国体の変革及び私有財産制度否認を目的とする結社の目的遂行の為にする行為に該当するものと認めるべきものにして、原判決が之を治安維持法第一条第一項後段第二項に問擬したるは正当と謂うべく、

二、同法第五条は国体を変革し又は私有財産制度を否認することを目的とするも、未だ結社を構成するに至らざる者に対し金品其の他の財産上の利益を供与する行為に関する規定にして、原判示の如き事実に付て適用せられるべきものに非ず。

三、所論は、畢竟、原判決の認定せざる事実に基づき又は原判決と異る独自の見解を以て、原判決の擬律を非難するものにして、採用するを得ず。

■判決要旨

本判決の判決要旨も「治安維持法第五条の利益供与の罪は、国体を変革し又は私有財産制度を否認することを目的とするも、未だ結社を構成するに至らざる者に対し金品其の他の財産上の利益を供与するに依り成立するものとする」とされた。

共産党関係者の家族・友人なども処罰

「日本共産党の目的綱領」は新聞などからも入手することは可能であり、当時の人々であれば誰でも大なり小なり共有するところのものであった。しかし、本件の自白調書ではこの「新聞情報」が日本共産党の熱烈な支持者が抱く「核心的な認識」として構成され、それが「目的遂行を為した」ことの根拠とされた。

党員の妻が治安維持法違反の罪で有罪とされたことは既にみたが、共産党員の友人等を治安維持法違反の罪で有罪としたところに司法官赤化事件の法適用上の意義があった。

《第四次共産党事件》(市川正一被告事件)——君主制廃止が究極の目的か、経過的目的かは問わない

昭和九年十二月六日第一刑事部判決

当該結社が治安維持法に所謂「国体の変革又は私有財産制度の否認を目的とする結社」に該当するかどうかに当たっては、当該結社の「究極の目的」と「一時的な経過的目的」とを区別して検討されなければならない。こう被告人が主張したことから、この区別の是非が本件では争点とされた。

■罪となるべき事実——結社の目的遂行のための行為

第四次共産党事件のうち、市川正一被告人に係る東京地方裁判所に係属の治安維持法違反被告事件について、原審の東京控訴院が認定した「罪となるべき事実」は概要、次のようなものであった。

被告人は、日本共産党が国際共産党の日本支部にして、暴力革命に依り、共産主義社会を実現せしめることを究極の目的とし、其の目的達成の手段として、我国建国の大本たる君主制を廃止し、私有財産制度を否認して、労

働者農民の政府を作り、プロレタリアート独裁制度を樹立することを当面の目的とする非合法結社なることを知りながら、之に加入して其の役員となり、以て党の広汎なる活動に従事し、党組織の整備拡大を図り、其の目的遂行の為に努力したるものなり。

■無期懲役

この事実について、東京控訴院は次のような刑を言い渡した。

被告人を無期懲役に処すべきものとする。

共産党幹部ということから無期懲役刑が言い渡されている。

■上告趣意――日本共産党は「国体変革」結社などではない

これに対し、被告人市川正一から上告がなされた。その上告趣意のうち第一点は概要、次のようなものであった。被告人ならではの主張が展開されているが、党幹部のものだけに、他に比べて抜きん出ていた。真正面から反論したからである。

一、原判決によれば、日本共産党の目的を以て、「暴力革命に依って我国体を変革し、私有財産制度を否認し、プロレタリアート独裁の社会を樹立し、因って以て、共産主義社会の実現を企図する結社」となせるも、之、本事件に関する最重要なる事実の誤認なり。

二、日本共産党は、資本主義の支配の転覆とプロレタリアートの独裁の樹立（当面）（及び―引用者）階級の廃絶、即ち、人に依る人の搾取の廃絶と共産主義社会の建設（究極）を以て目的とするが、「国体の変革」とか「私有財産制度の否認」とか謂う様なものは、其の目的中に影も形も存せず。又、其の政綱、政策其の他、何処にも存することなし。

三、共産党が君主制を廃し、プロレタリアート独裁の政治を樹立せんとするは、一事経過的の手段にして、其の究極の目的に非ず。

四、君主制を廃し、プロレタリアート政治を樹立するは、政体の変革に過ぎざるが故に、同党の目的は、治安維持法に所謂、国体変革の目的に該当するものに非ず。

五、同党は資本家的及び地主的私有財産制度を廃絶し、之をプロレタリアート所有とすることを目的とするものにして、而《し》かも、私有財産制度は暴力的革命又は革命手段に依り之を廃絶し得べきものに非ざるが故に、同党は社会主義的経済の発展に依り自然的に右変動を期待するに過ぎざるが故に、私有財産制度を否認することは同党の目的とするところに非ず。

六、然《しか》るに、原判決が同党の目的を誤認し、被告の行為に付て治安維持法を適用したるは、大なる事実の誤認あるものなり。

■上告棄却――所論は到底、採用し難し

これに対する大審院の反発は強いものがあった。「所論は到底、採用し難し」として、「本件上告は孰《いず》れも之を棄却する」という主文を言い渡した。その理由は概要、次のようなものであった。

一、所論は、日本共産党の究極の目的を以て共産主義社会の実現を期するに在って、君主制廃止及びプロレタリアート独裁政治樹立は唯、当面の目的たるに止まるものにして、究極目的達成の為にする経過的闘争の一たるに過ぎず、従って君主制廃止を以て同党の目的と為すべからずと主張するも、已《すで》に同党が当面の目的としてプロレタリアート独裁政治を樹立する為、君主制の廃止を企図する以上、其の企図が究極の目的なると経過的の目的なるとは、治安維持法の適用上、結論を異にすべきものに非ざるか故に、之に関する所論は採用の限《かぎり》に在らず。

二、我国に於ては君主制の廃止は治安維持法に所謂、国体の変革に該当するものにして、已に、所論の如く之を以て単なる政体の変動に過ぎずして国体の変革に非ずと為すを得ざりしなり。

三、縷々、叙述する所論は、畢竟、原審と相容れざる独自の見地に立脚して徒《いたずら》に原審の事実認定を非議するに帰し、採用すべからず。

四、日本共産党が私有財産制度の否認を企図する結社なることは、前掲原判決認定の事実に依って之を認めることを得べく、所論の如く同党が資本家的私有財産制度及び地主的私有財産制度を廃絶せんとする以上は、此の点に於て私有財産制度否認の目的を存するが故に、更に全労働人民に依る之が共有を目的とすることあるも、之が為に叙上目的を阻却するものに非ず。

五、同党が所論の如く社会主義的経済の自然発展に依って右目的を達せんとするものなることは、原判決の認めざるところなるが故に、所論は、到底、採用し難し。

不動の前提

本判決の判決要旨も、「究極の目的たる共産主義社会の

実現を期する為、其の経過的目的として君主制の廃止を企図するに於ては、治安維持法第一条第一項に所謂、国体の変革を目的とするものに該当するものとする」とされた。

前期にも同様の判示が行われているにもかかわらず、被告人が同様の主張をしたことから、大審院としてこれは「不動の前提」で判例を変更する意思がないことを改めて明確に示したものといえようか。無期懲役という厳刑が確定していることも指摘しておかなければならない。

《工場新聞事件》
——臣民の法服従義務の否定は許されない

昭和九年十二月六日第一刑事部判決

農民への土地の「無償分配」のための「無償没収」

治安維持法にいわゆる「私有財産制度の否認」に該当するかどうかは「無償没収」か「有償没収」かにより決まるというのが、治安維持法の議会審議に際しての政府委員の答弁であった（大正十四年二月二十四日に開催の第五十回帝国議会衆議院治安維持法案（政府提出）委員会での小川平吉司法大臣の答弁などを参照）。そして、日本共産党は土地の「無償没収」を謳っているから「私有財産制度を否認する」ことを目的とする結社だとみなされた。問題は土地を農民に無償分配するために無償没収する場合はどうかという点であった。本件でもこの点が争点とされた。

被告人は「土地を没収するも之を農民に分配するならば、之を以て決して私有財産制度の否認とはならず。殊に、中小農の土地を無償没収したり、土地所有制を廃止したり為《な》さざる限り、未だ同制度の否認と云うを得ざるなり」と主張し、日本共産党に治安維持法を適用することは不当だとしては争った。大審院の判断が注目された。

■罪となるべき事実——結社加入行為

東京地方裁判所に係属のいわゆる工場新聞事件について、原審の東京控訴院が認定した「罪となるべき事実」は概要、次のようなものであった。

一、被告人今野《こんの》健夫《たけお》は、東京合同労働組合常任委員長、関東地方評議会中央委員等を為し、大正十三年以来、各種争議を指導し、社会運動に従事し、共産主義を信奉するに至りしものなるが、大正十五年四月頃、東京市本所区大平町、東京合同労働組合本部事務所内、渡邉政之輔の居室に於て、同人より共産党に加入すべき旨の勧誘を受けるや、之を承諾し、

二、其の後、大島英夫等と縷々《るる》秘密に会合して、雑誌「マルクス主義」、「無産者新聞」等の論説に付ての研究等を重ね居る内、昭和二年四月に至り、右会合は日本共産党の細胞会議にして、自己が既に同党員と為り居ることを認識し、爾来、其の目的を遂行せんが為、

三、昭和二年五月頃より同年十二月頃迄の間、大島英夫等と共に同党の細胞を構成し、（当─引用者）該期間中、東京市牛込区早稲田鶴巻町大島英夫方其の他に於て秘密に開かれたる細胞会議に数回、出席し、右細胞員等と共謀の上、労農一派中の優秀分子と意思疎通を図り、若《も》し不成功の場合は果敢なる理論闘争に依って左翼運動より除外すべきこと、「工場新聞」を発行すること等に付て協議、決定し、

四、昭和三年二月初旬頃より同月下旬頃迄の間、南喜一等と同党の所謂、市電亀澤町車庫細胞の構成員となり、該期間中、同市小石川区竹早町内屋博方に於て秘密に開かれたる細胞会議に出席し、右細胞員等と共謀の上、市電自治会本部車庫従業員の首切問題に対する対策、「工場新聞」発行の件、其の他の事項に付て協議、決定し、

五、同年一月下旬頃、関東地方委員会所属出版局員を命ぜられ、同年四月五日頃迄の間、同市芝区三田四国町、関東地方評議会本部其の他に於て、平井直其の他の者より交付を受けたる原稿其の他に基づき、同市小石川小日向町、皆川某方其の他に於て、諸種の党文書各数百部の印刷を為し、当該期間中、数回に（わたり─引用者）、右村尾薩男其の他の者に交付したるものなり。

■懲役七年

この事実について東京控訴院は、次のような刑を言い渡した。

被告人を懲役七年に処し、原審に於ける未決勾留日数中、四百日を右本刑に算入すべきものとする。

■上告趣意──日本共産党に治安維持法を適用することは不当

これに対し、被告人今野健夫から上告がなされた。日本共産党に対して治安維持法を適用することは不当だと真正面から弾劾された。統一公判でなければならないことの外、量刑不当、未決勾留日数の算入不足についても、非難が綴られている。このうち、治安維持法を日本共産党に適用することは不当だというのは概要、次のようなものである。

一、日本共産党を治安維持法に該当せしめることは、同

党弾圧なる階級的闘争を合理化、合法化するものにして、共産党事件の裁判はブルジョアジーの階級闘争を合理化し、合法化することを目的とすることに外ならず。共産党は労働者、農民のソビエット権力の樹立としての闘争をスローガンとして、此の君主制廃止と云うスローガンを掲げるものにして、検事論告の如き単なる国体の変革と云う一方的無政府的のものに非ざるなり。司法省当局の解説に依れば、国体の変革とは具体的に云えば、君主制を共和制度又はソビエット制度となすことなりとあり。然《しか》れども、君主制を廃して共和制等にすることは、本質的変革に非ずして、単に政治形態の変革に過ぎざるなり。

二、次に日本共産党が治安維持法違反なりとする理由は、私有財産制度の否認と云うことなり。其の具体的証拠は共産党が大土地の無償没収、或は大土地所有の廃止と云うスローガンを掲げたることに過ぎず。大土地を無償没収し、大土地所有制を廃止したのみにては、決して私有財産制度の否認とならず。何となれば、大工場、鉱山、銀行等、所謂、大産業は依然としてブルジョア階級のものなればなり。又、土地を没収するも、之を農民に分配するならば、之を以て決して私有財産制度の否認とはならず。殊に、中小農の土地を無償没収したり、土地所有制を廃止したり為さざる限り、未だ同制度の否認と云うを得ざるなり。

三、検事の論告に、社会の基礎たる私有財産制度云々とありたり。然れども、社会を以て数百万を算する労働者又は農民、或は中小商工業者其の他のサラリーマン等、即ち、人民の大多数者を指して云うものとすれば、明《あきらか》に是等の大多数者は私有財産を所有せざる無産者にして、私有財産制度は、此等の社会の基礎を為さざるなり。同制度の否認とはブルジョア私有財産制度の否認に過ぎずして、斯《か》かる制度の否認は、社会の基礎を破壊するものに非ず。

■上告棄却――国民の法服従義務を否定するは許されず

これに対する大審院の反発は強いものがあった。「所論は原審と相容れざる独自の見解に基きて、日本共産党の主義、目的を縷述《るじゅつ》して、被告人の所為は同法の支配を受けるべきものに非ずと為すを以て主眼とするも、日本臣民たるものは何人と雖《いえど》も、日本法律に服従すべく、之が服従義務を否定するが如きは、国法の許さざるところなるなり」などとして、「本件上告は孰《いず》れも之を棄却する」という主文を言い渡したからである。量刑不当、あるいは未決勾留日数の算入不足の主張も一蹴されている。被告人らによる

「悪法」批判は許さないというのは大審院が一貫して採用する立場であった。

■判決要旨

そこから、本判決によると、「現在の資本家所有の大土地を非合法的に無償没収し、之が所有権を無視するが如きは、我国法に認許せる私有財産制度の重要なる成素を破壊する結果を来すべきものにして、治安維持法に所謂、私有財産制度の否認に該当するものとする」をもって、その判決要旨とされた。

政府も大審院も議会軽視

これでは、「民意」に基づく無産政党などによる帝国議会での立法などを通じた農民への「無償の土地分配」も治安維持法違反に問擬されることになり得た。このような立法府への「干渉」を干渉と感じなかったのは、大審院が「天皇の裁判所」であって「国民の裁判所」ではなかったということであろうか。帝国議会の審議において議員から政府の議院軽視の態度が厳しく批判されたが、大審院においても議院軽視の態度が共有されている。

大審院判例が如何に空理空論であったかは戦後の農地改革によって如実に示されることになった。この農地改革も大審院判例によると「私有財産制度の否認」であって、治安維持法違反ということになるからである。

それでも、違憲立法審査権が認められていなかった当時にあっては、「国法服従義務」論に対抗する術を被告人および弁護人は持ち合わせておらず、このような空理空論も甘受するしかなかった。

《全協機関誌事件》

——全協自体が「国体変革を目的とする結社」

昭和十年三月十八日第一刑事部判決

内務省警保局指示「全協取締方針」

内務省警保局は一九三三（昭和八）年五月、司法当局と打ち合わせのうえで採択した警保局長より各府庁県長官（警視総監、府県警察部長官―引用者）宛の日本労働組合全国協議会（全協）に関する「全協取締方針」（昭和八年五月三日警保局甲第一七号）を発出した。「全協は創立の当初（昭和三年十二月二十五日）より国体の変革を目的とする結社にして、最近（昭和七年九月）、其行動綱領中に『君主制の廃止』を加え、本来の目的を表面に掲げ、其の運動一層矯激《きょうげき》となりたるを以て、従来の処理方針を改め、全協自体を治安維持法第一条第一項所定の結社として取扱うこと」というのがその取締り方針であった。
本件もこの方針に従って起訴された。「全協取締方針」の是非自体が問題となり得たが、上告審ではこの点は争っても無駄だということで争点にされていない。
争点にされたのは、「印刷」は自認したものの「出版」まで認定されたのは事実誤認だという点であった。

■罪となるべき事実——結社加入行為など

金沢地方裁判所に係属のいわゆる全協機関誌事件について、原審の名古屋控訴院が認定した前提事実は概要、次のようなものであった。

被告人井上健治郎は、福井市佐佳枝町尋常高等小学校卒業後、東京市に於て洋服裁縫の見習工、其の後、福井県庁の給仕、福井商工省会議所の書記等に従事し居りたるものなるところ、昭和四年六、七月頃より社会問題に興味を覚え、自己の労働者としての境遇に対照し、且つ左翼文献の繙読《ほんどく》により深く共産主義を抱懐し、実践運動に進出するに至り、昭和六年九月、福井地方裁判所に於て治安維持法違反にて懲役二年、三年間刑の執行猶予の宣告を受けたるにも拘らず、依然、左翼運動を継続し居りたるものなり。

この前提事実を踏まえて認定された「罪となるべき事実」は概要、次のようなものであった。

一、被告人井上健治郎は、昭和七年十二月上旬頃、金沢市内に於て、全協金沢地区協議会（略称地区協）幹部蓮村時男に対し同会加入方を申入れて、承諾を受け、其の組織員となり、
二、昭和七年十二月上旬、産業別組合日本繊維労働組合金沢支部の責任者、山本としいの下宿先に於ける右金沢地区協の会合に於て、自ら之が責任者となり、次《つい》で其の頃より昭和八年五月下旬頃迄の間に、産別日本交通運輸労働組合金沢支部組合員石田栄吉の下宿先に於て、数回に亙り、右金沢地区協の会合に出席し、各産別組合の責任者和澤正次外数名と共に各機関の確立、地区協拡大カンパニアの方針及び対策、各産別組合員の倍加運動、労働新聞読者の獲得、四・一六記念闘争に対する対策、日本プロレタリア作家同盟、石川支部準備会との共同闘争等に付て協議するなどし、
三、昭和八年三月下旬頃、全協本部との連絡の緊密を図りて上京し、東京市上野地下鉄食堂其の他に於て本部

組織部員及び産別組合本部員等と連絡し、金沢地区協並に各産別組合の状況を報告し、本部より全協金沢地区協活動方針、石川県に対する対策の指令を受けて帰沢するや、其の指令に基づき、常任委員和澤正次外一名と共に之が実践化に付て協議、活動を為し、
四、昭和八年五月中旬頃より同月下旬頃迄の間に全協本部より送付し来りたる赤旗を同市内に於て山本としいなどに各配布し、
五、昭和八年五月二十二日、同市長土塀通り五番丁十八番地大野理作方に於て、頒布の目的を以て自ら原稿を作り、且つ印刷を為し、ニュース労働新聞石川版五月二十日附創刊号四、五十部を出版し、
六、以て全協に加入し、党及び全協の目的遂行の為にする行為を為したるものなり。

■懲役二年
この事実について、名古屋控訴院は次のような刑を言い渡した。

被告人を懲役二年に処し、原審に於ける未決勾留日数中、二百日を右本刑に算入すべきものとする。

戦前最後となったメーデー　横浜　1935 年

■上告趣意――「印刷」と「出版」とは同一ではない

これに対し、被告人井上健治郎から上告がなされた。その弁護人には百崎保太郎が就いた。その上告趣意のうち第一点は概要、次のようなものであった。

一、「印刷」と「出版」とは同一に非ざることは、出版法第一条に「凡《およ》そ機械其の他、何等の方法を以てするを問わず、文書、図書を印刷して、之を発売し、又は頒布するを出版と云い」と規定したるに観るも、明《あきらか》なり。

二、原判決は、印刷の外、発売又は頒布を要素とする出版の事実ありと認定し、其の旨の供述ありたるものと為すものなる処、被告人に於ては、「印刷」の点のみは供述せるも、「出版」に付きては供述せざるのみならず、却《かえ》って、「誰にも頒布せぬ内に検挙されました」と供述し、出版せざる旨の供述、明瞭なるにかかわらず、原判決が之ありと為したるは、虚無の証拠に依り、以て罪を断じたる不法ありと思料する。

■上告棄却――当該瑕疵は現判決に影響を与えず

これに対し、大審院は、「本件上告は、孰《いず》れも之を棄却する」という主文を言い渡した。その理由とされたのは概要、次のようなものであった。

一、苟《いやしく》も日本共産党と主義目的を同じくする日本労働組合全国協議会の機関紙として、其の主義、主張を宣伝煽動するところの秘密出版物なる右「労働新聞」の原稿を作成し、且つ之を印刷に附し、以て頒布の準備行為を完成したる以上、業に（法的には―引用者）、既に同協議会の目的遂行の為にする行為としての犯罪構成要件を充実したるものに係り、治安維持法違反の行為として何等、欠けるところなしと謂う可《べ》く、

二、叙上同印刷物頒布に関する証拠引用上の瑕疵《かし》の如きは、原判決全体より之を考察すれば、畢竟、刑事訴訟法第四百十一条に所謂、原判決に影響を及ぼさざること、明白なる場合に属するが故に、之を以て原判決破毀の理由と為すに足らざるなり。

■判決要旨

本判決の判決要旨も、「日本共産党と主義目的を同じくする日本労働組合全国協議会の機関紙として其の主義、主張を宣伝、煽動する秘密出版物たる「労働新聞」の原稿を作成し、且つ之を印刷に附し、以て頒布の準備行為を為すことは、治安維持法第一条に所謂、結社の目的遂行の為に

する行為に該当する」とされた。

全協取締方針にお墨付きを付与

本判決によって「全協取締方針」が正式に是認されることになった。本判決の何よりの意義もこの点に存した。

その結果、全協に加入することが治安維持法第一条第一項後段の「国体の変革を目的とする結社に加入する」罪に、また全協のためにする活動が同項後段の「国体の変革を目的とする結社の目的遂行の為にする行為を為す」罪に問擬されることになった。

いわゆる「外郭団体」それ自体を直接、「国体の変革を目的とする結社」と看做すことによって治安維持法第一条にいう「国体の変革を目的とする結社」の適用対象を拡大したという点にこの期の法適用の特徴が認められた。これによると、「全協と主義目的を同じくする労働組合」などに加入すること、あるいは当該労働組合などのために活動をなすことも、治安維持法第一条第一項後段の「国体の変革を目的とする結社の目的遂行の為にする行為を為す」罪で検挙することが可能となった。治安維持法の適用対象は著しく拡大された。

前述したように、一九三五（昭和十）年三月四日、日本共産党は最後の党幹部一名が検挙されて壊滅に至る。このような流れのなかでは日本共産党を名目として治安維持法違反に問うことが段々と難しくなってきたので、外郭団体それ自体の「国体変革を目的とする結社」化が図られることになったということであろう。

《日本共産青年同盟女性幹部事件》——第一条「指導者たる任務に従事する者」を拡大適用

昭和十年五月二十一日第四刑事部判決

結社役員などとして起訴

本件では日本共産青年同盟の女性幹部が治安維持法第一条第一項前段の「国体を変革することを目的とする結社の役員其の他、指導者たる任務に従事したる者」として起訴された。

弁護人は同概念についても限定解釈する必要があるとして上告した。大審院がどう判断するかが注目された。

■罪となるべき事実——結社の役員たる任務に従事など

いわゆる日本共産青年同盟女性幹部事件のうち東京地方裁判所に係属の治安維持法違反被告事件について、原審の東京控訴院が認定した前提事実は概要、次のようなものであった。

被告人長谷川壽子《としこ》は、貧乏なる家庭に生れ、家業を手伝いながら、昭和二年三月、鳥取県立鳥取高等女学校実科を卒業したるものなるところ、昭和三年九月頃、上京し、最初、女中に雇われたるも、同年十二月、芝浦製作所女工となり、間もなく、関東金属労働組合芝浦工場分会に加盟し、同分会幹事として活動し、其の間、左翼新聞雑誌等を翻読して、遂に共産主義思想を抱懐するに至り、共産青年同盟並に日本共産党の目的綱領に共鳴し、之を支持せんことを決意したるものなり。

この前提事実を踏まえて認定された「罪となるべき事実」のうち、同同盟中央組織部長などとしての活動などに関しては概要、次のようなものであった。

一、被告人長谷川壽子は、同七年六月中旬又は下旬、頃開催せられたる（当─引用者）該同盟中央執行委員会に於て該同盟委員長右源五郎丸より該同盟常任中央執行委員及び同中央組織部長に、其の直後頃の同委員会に於て同人より更に該同盟婦人対策部長に夫々《それぞれ》、任命せられ、

二、右組織部長としては、同六月下旬より毎週一回、東京府荏原郡荏原町西小山方面某家其の他に於て同部会を開催し、同部員右源五郎丸、武田事三船某、三郎事某、加藤きくゑ等と共に組織テーゼ草案、学生に対する方針書並に東京市に於ける組織再建に関する方針書の各作成其の他、活動方針に関する協議を為し、他面、東京市の組織の整理、再建に努め、遂に東京市委員会書記局を確立したる外、該同盟東京市電気局細胞オルガナイザー責任者を兼ねて、同細胞の指導統制の任務に従事する等の諸般の活動を為し、

三、右東京市委員会書記局責任者としては、先づ従来の東京市内五地区を三大地区に編成替を為し、且つ各地区責任者を同時に書記局員と為すことに方針を決定したる上、第一地区責任者に白ちゃん事某を、第二地区責任者に河瀬廣子を、第三地区責任者に石井芳枝を、市電企業細胞委員会責任者に稲葉良一を各任命し、其の他、失業係並繊維係を設け、以上四名を以て同書記局を構成し、同年九月中旬頃より毎週一回宛、同市牛込区早稲田方面某学生下宿其の他に於て、右四名と共に同書記局会議を開催し、活動方針等に付て協議をなしたる外、右各責任者の指導統制等の任務に従事して、

東京市の該同盟組織の拡大強化の為、諸般の活動を為し、

四、昭和七年八月上旬頃、前記源五郎丸の推薦により日本共産党に加入し、該同盟中央委員会内フラクションメンバーとなり、前記の如く該同盟内に於ける諸般の活動をなし、

五、以て、日本共産青年同盟の役員たる任務に従事し、且つ日本共産党に加入し、其の目的遂行の為にする行為を為したるものなり。

■懲役五年

この事実について、東京控訴院は次のような刑を言い渡した。

被告人は右同盟の枢要なる地位に就き、且つ果敢なる活動を為したるものなれども、今や痛く共産主義の誤謬を悟り、心より所謂、転向を遂げ、将来、忠良なる臣民として更生すべきことを誓い居れる点に鑑み、被告人を最低、懲役五年に処し、原審に於ける未決勾留日数中、六百日を右本刑に算入すべきものとする。

■上告趣意――重大な事実の誤認あるいは擬律の錯誤

これに対し、被告人長谷川壽子から上告がなされた。その弁護人には大内彌介、☆三輪壽壮、菊池達郎が就いた。弁護人大内彌介、三輪壽壮、菊池達郎の上告趣意のうち、第一点は概要、次のようなものであった。

一、日本共産青年同盟が党に従属する関係を事実的、且つ法律的に考察すれば、日本共産青年同盟そのものも治安維持法に謂うところの国体を変革することを目的とする結社には該当するならんも、その結社の役員とは党中央委員等の党幹部にして、日本共産青年同盟を指導統制するものを指し、単なる日本共産青年同盟の幹部そのものは之に該当せずと解するを妥当なりと思料する。

二、原判決は、被告人が昭和七年六月中旬又は下旬頃開催せられたる（当―引用者）該同盟中央執行委員会に於て源五郎丸より該同盟常任中央執行委員及び同中央組織部長に、其の直後頃、同委員会に於て同人より更に該同盟婦人対策部長に夫々、任命せられたることを判示するも、被告人は中央組織部長たりしには相違なきも、部会を開くに際し殆んど毎回、中央委員長たる源五郎丸、之に出席したる事実と昭和七年九月、其の

職を退き、源五郎丸が之を踏襲したる事実とに之を徴すれば、其の実質的指導者は源五郎丸なりしことを推断するに難《むつかし》からず。

三、婦人対策部長に任命せられたるも、「暇があればやれ位の程度で任命された」などという程度の比較的重要ならざる役割なりしことも明かなり。

四、被告人は完全なる転向を為したる関係上、予審並に公判に於ても、共産青年同盟組織内に於ける役割活動等に付て寧ろ必要以上に自己の責任を認めたる傾向少からず。女性の身を以て男性に先だち之を指導統制したりとは到底、考えられざる次第なり。

五、結社内の一局一部の長たるが如き、未だ之のみを以て直《ただち》に結社の役員と称するを得ず。其の他諸般の関係を総合考覈《こうかく》して、役員其の他の指導者たるや否やを定《さだめ》ざるべからず。

六、被告人は治安維持法中改正の件第一条第一項後段の適用を受けるべき同条第一項前段の役員其の他の指導者たる任務に従事したるものと断ずべからざるものと思料する。

七、原判決は此の点に於て、重大なる事実の誤認あるか、或は擬律の錯誤ありと謂うべく、破毀せられるべきものと信ずる。

■上告棄却——判例と異なる独自の主張

これに対し、大審院は、「本件上告は孰《いず》れも之を棄却する」という主文を言い渡した。その理由とされたのは概要、次のようなものであった。

一、治安維持法第一条第一項に所謂、結社の役員其の他、指導者たる任務に従事したる者とは、国体の変革することを目的として組織したる結社の役員たる任務に従事したる者のみならず、其の指導者たる任務に従事したる者、一切を指斥《しせき》する趣旨なることは、同条項の解釈上、疑《うたがい》を容れず。故に、其の役員は叙上、日本共産党の幹部たる者のみならず、日本共産青年同盟の役員をも包含すると同時に、此等結社の役員たる地位に非ざる者と雖《いえども》、苟《いやしく》も其の活動にして指導者に該当する任務に従事したる者と認め得べきときは、党中央委員たると地方委員たるとを問わず、同条項前段の適用を受けるべきものとする。

二、原判決の認めたる事実は之を要するに、被告人は日本共産党青年同盟の役員たる任務に従事し、且つ日本共産党に加入し、其の目的遂行の為にする行為を為したるものなりと云うに在るを以て、其の前半は治安維持法第一条第一項前段に、其の後半は同条項後段及び第二項に該当し、原判決の擬律に錯誤あるを見ず。
三、所論は畢竟するに、原判決の引用なき証拠に立脚し、之を前提として、被告人を結社の役員に非ず、或は指導者たる任務に従事せずと論じ、延《ひい》て法律の適用を非難するに過ぎず。

限定解釈論を却下して逆に拡大解釈を採用

大審院は弁護人の限定解釈の主張を退けるだけではなく、逆に拡大解釈した。そこで、本判決の判決要旨も「日本共産青年同盟の役員たる地位に非ざる者と雖、其の活動にして指導者に該当する任務に従事したるときは、党中央委員たると地方委員たるとを問わず、治安維持法第一条第一項前段の適用を受けるべきものとする」とされた。

いわゆる「外郭団体」それ自体を、治安維持法にいう「国条の変革又は私有財産制度の否認を目的とする結社」と看做し、当該団体の役員をも治安維持法第一条第一項前段にいう「国体を変革することを目的とする結社の役員其の他、指導者たる任務に従事したる者」とするのみならず、この「指導者たる任務」についても拡大解釈を施すことによって、同法第一条第一項前段の適用対象の拡大を追認するというのも、この期の大審判例の特徴であった。

《「転向」事件》
——執行猶予が認められた事例

昭和十年五月二十三日第二刑事部判決

実刑か執行猶予か

治安維持法の適用範囲が急速に拡大するのを受けて大きな問題となったのが「転向」した被告人をどう取り扱うかであった。以前にも増して被告人の「転向」がみられるようになったからである。政府も「転向」政策を進めていた。しかし、厳罰主義が浸透するなかで、「転向」しても下級審ではなかなか執行猶予が認められなかった。

本件の争点も原審の実刑が妥当かどうかに置かれた。大審院がどのような取扱いをするかが注目された。

■罪となるべき事実——結社の目的遂行のための行為

名古屋地方裁判所に係属のいわゆる「転向」事件について、原審の名古屋控訴院が認定した前提事実は概要、次のようなものであった。

一、被告人丸山賢三は、昭和二年三月、三重県立津中学

校第四学年終了後、同年四月、第一高等学校文科に入学したるも、昭和四年三月、学内左翼運動に参加したる為、同校を除名せられ、同年九月、三重県度会郡小俣町、宮川モスリン株式会社職工として雇われ、遂に労働運動に従事するに至りたるが、

二、右第一高等学校在学時より左翼文献を繙読して深く共産主義を信奉し、昭和五年一月頃、吉田清保の勧誘に従い、日本労働組合全国評議会に加入したるものなり。

この前提事実を踏まえて認定された「罪となるべき事実」は概要、次のようなものであった。

一、被告人丸山賢三は、昭和六年九月中、松阪市日野町二丁目某家に於て、日本共産主義青年同盟名古屋市委員会オルガナイザー中谷幸一郎より同同盟に加入方の勧誘を受けて、之を承諾し、以て同同盟に加入し、右加盟と同時に、同同盟三重県オルガナイザーとなり、昭和六年十一月下旬頃より昭和七年三月中旬頃迄の間に、前後数回に亙り、四日市海老川堤防外数個所に於て、小椋重昌等に対し右同盟に加入方を勧誘し、夫々《それぞれ》、其の承諾を得て、同同盟に加入せしめ、同同盟の目的遂行の為にする行為を為し、

二、昭和七年十月十五日頃、名古屋市東区千種町大久手附近の街頭に於て日本共産党中部地方オルガナイザー大河原秀雄より同党に加入方の勧誘を受け、之を承諾し、同月二十日頃、同市中区入江町附近の街頭に於て、右秀雄より加入許可の通知を受け、以て同党に加入し、同時に日本労働組合全国協議会中部地方協議会党フラックに任命せられ、

三、昭和七年十月中旬頃より昭和八年一月下旬頃迄の間、名古屋市中区見御園町電車停留所附近の街頭外、数個所に於て、服部浅治等を党員候補者又は赤旗読者として、右大河原秀雄に紹介し、

四、昭和七年十月二十二日頃より昭和八年一月末頃迄の間に、右大河原秀雄外一名より赤旗の配布を受けたる上、其の頃、名古屋市内に於て、各一部を杉本文雄他に配布、閲読せしめ、

五、以て、日本共産党の目的遂行の為にする行為を為したるものなり。

■懲役二年六月

この事実について、名古屋控訴院は治安維持法第一条前段の「結社の目的遂行の為にする行為」の罪に問擬し、次

のような刑を言い渡した。

被告人丸山賢三を懲役二年六月に処し、原審に於ける未決勾留日数中、三百日は右本刑に算入すべきものとする。

■破棄自判――懲役二年執行猶予三年

これに対し、被告人丸山賢三から上告がなされた。その弁護人には鈴村金一が就いた。この上告について、大審院は原判決を破毀自判し、新たに事実審理したうえで、「被告人賢三を懲役二年に処する。第一審に於ける未決勾留日数中、三百日を右本刑に算入する。右の刑は、裁判確定の日より三年間、其の執行を猶予する」という主文を言い渡した。

■執行猶予の理由

その理由とされたのは概要、次のようなものであった。

一、被告人は、幼少の頃より操行善良、成績優秀にして、中学四年終了後、第一高等学校に入学したるも、同校在学中、友人の勧《すすめ》により共産主義に関する書籍を渉猟するに及びて、遂に其の主義に感染共鳴し、同校を除名せられるや、青年血気の反抗心より自暴自棄に陥り、判示の如き非行を敢てするに至りたるが、

二、其の後、刑務所に収容せられて静に過去を反省し、父母の恩愛に感激し、我国体の世界に冠絶する所以を覚醒するに至りて、共産主義が我国体に根本的に背反することを悟り、過去一切の盲信を捨て、翻然、転向し、将来全く共産主義に関係せず、忠順孝悌《こうてい》の臣民として更生すべきことを誓うに至り、保釈出所後も全く同志との関係を断ち、将来に於て過去の罪過を償わんが為、最善の努力を為しつつあることは、一件記録、証拠書類、被告人の公廷に於ける供述により、之を認め得べし。

三、叙上の事情其の他、諸般の情状を斟酌《しんしゃく》するときは、被告人の本件犯行は、其の罪、素《もと》より軽からずと雖《いえども》、今、実刑を科するよりも、寧ろ刑の執行を猶予するを相当と認め、本裁判確定の日より三年間、其の刑の執行を猶予すべきものとする。

■「転向」およびその後の改善更生を斟酌

「転向」およびその後の「改善更生」が斟酌されて、原審の実刑が破棄され、執行猶予が言い渡されている。政府の「転向」政策を後押しする判決といえよう。ちなみに思

想犯保護観察法は翌年の昭和十一年五月二十九日、法律第二十九号として公布されることになる。

《共産党銀行強盗事件》
——窃盗罪および強盗罪に共謀共同正犯を適用
昭和十一年五月二十八日第一・第二・第三・第四刑事連合部判決

共謀共同正犯の適用範囲

大審院はこれまで、実行行為を分担しなくても共謀に参加すれば共同正犯として処罰するという「共謀共同正犯」を、詐欺罪などの「知能犯」について認めてきた。しかし本件では、窃盗および強盗について「共謀共同正犯」が適用されて同罪の共同正犯として起訴された。上告審で争点となったのもこの点であった。

もう一つの争点は党資金の獲得などを目的として窃盗および強盗がなされた場合、窃盗罪および強盗罪の外に「結社目的遂行行為」の罪が成立するかどうかであった。

前者の争点について判示したのが本連合部判決で、後者の争点については別に判決が言い渡された。

■罪となるべき事実——強盗の共謀共同正犯など

東京地方裁判所に係属のいわゆる共産党銀行強盗事件について、原審の東京控訴院が認定した前提事実は概要、次のようなものであった。

被告人久喜勝一《くきかついち》は、埼玉県立川越工業学校を卒業後、早稲田第一高等学院文科を経て、昭和五年四月、早稲田大学文学部に入学し、同学部第三学年を中途退学したるものなるが、右学院在学の頃より同学院弁論部内研究会、早稲田自治学生会に加わり、社会科学の研究に従い、瀧波博其の他と親しむに及び、遂に共産主義に共鳴し、昭和五年十二月頃より、右瀧波に対し左翼運動資金として、同学内同志より募集したるもの及び自己の分を合せ、毎月数十円宛、提供し居りたるが、其の間、日本共産党を支持し、其の拡大強化を図ることを決意したるものなり。

この前提事実を踏まえて認定された「罪となるべき事実」（日本共産党に加入し、其の役員として指導的任務に従事し、且つ其の目的遂行の為にする行為を為すとともに、私文書偽造並に窃盗、強盗予備、強盗の所為）のうち、強盗に関しては概要、次のようなものであった。

一、被告人久喜勝一は、昭和七年十月四日午前中、松村事某等と共に、今泉善一《ぜんいち》より、東京市日本橋区江戸橋二丁目八番地前記松慶ビルディング内の党事務所に於て開かれたる家屋資金局会議に於て、近々、同市大森区入新井町五丁目三百六十二番地所在川崎第百銀行大森支店に侵入し、同支店員を脅迫して、其の行金を強奪する計画なる旨を報告せられ、被告人は松村事某等と共に之を承認し、依って被告人は、右今泉等と共謀の上、更に右今泉に於て、同日午後前記東京ビルディング内の事務所に於て、大塚有章、石井正義、根岸長三、西代義治等と右計画に就き協議したる結果、大塚有章を一切の責任者とし、中村経一《けいいち》を実行担当の責任者とし、西代義治《にしだいよしはる》、伊藤浅雄を実行担当者とし、同月六日午後四時頃を期し、右計画を実行することと決定し、

二、中村経一、西代義治、立岡正秋に於て、各々、拳銃を携帯して同銀行裏口より営業室に入り、以て被告人等は、同支店に侵入し、次《つい》で右中村、今泉が先づ拳銃一発を発射したる上、右立岡と共に其の出入口に立塞がり、夫々《それぞれ》、同銀行支店長深海熊次外、其の場に居合せたる同支店員数名に銃口を向けて之を脅迫し、行金三万一千七百七十九円を強取し、

三、翌日、（当—引用者）該金員の内百円を除き其の余を、同市京橋区銀座西八丁目委八番地の七都ビルディング内、太陽図案社名義の経営部事務所に於て、前記松村事某を経て、同党に其の活動資金として供与したるものなり。

■懲役十二年

これらの事実について、東京控訴院は次のような刑を言い渡した。

被告人を懲役十二年に処すべく、但し、原審に於ける未決勾留日数中、百日を右本刑に算入すべきものとする。

■上告趣意——共謀共同正犯についての判例違反

これに対し、被告人久喜勝一から上告がなされた。その弁護人には鈴木重光、赤井幸夫、島野武☆が就いた。

弁護人鈴木重光の上告趣意のうち、第一点は概要、次のようなものであった。

一、御院に於て、大正三年判例として示される所に依れば、窃盗罪の実行を謀議したる事実のみを掲げ、其の実行為若《も》くは之に密接且つ必要なる行為に加担した

る事実を明示せずして、輒《すなわ》ち窃盗の実行正犯に問擬したる原判決は、理由不備の違法あるものとする。

二、爾来、知能犯及び放火犯に付ては、謀議したる事実ある以上、実行行為なきも、共同責任を以て問擬せるに拘らず、強窃盗に付ては未だ右判例を変更されたるを見ず。現に、昭和十年六月二十五日、御院宣告の判決に於ても、数人が強盗の罪を為すことを共謀し、各自其の実行行為若くは実行行為に密接する行為の一部を分担せるときは、共同責任を問うべき趣旨を明示され、単に謀議の一事のみを以て共同責任を問いたる事例なし。

三、然《しか》らば、原判決は理由不備の違法あるか、又は擬律の錯誤あると同時に、重大なる事実の誤認あるものと思料する。

■上告棄却——判例変更して窃盗罪・強盗罪にも共謀共同正犯を是認

この上告について、本連合部判決は、「窃盗罪又は強盗罪に付て其の謀議に与《あずか》りたる者は、実行行為を分担せざるも、共同正犯たる責を負うべきものとする」という主文を言い渡した。その理由とされたのは概要、次のようなものであった。

一、凡《およ》そ共同正犯の本質は二人以上の者、一心同体の如く、互に相倚《よ》り、相援《たす》けて、各自の犯意を共同的に実現し、以て特定の犯罪を実行するに在り。共同者が皆、既成の事実に対し全責任を負担せざるべからざる理由、茲《ここ》に存する。

二、本院従来の判例は、初め、所謂、知能犯と実力犯とを区別し、前者に付ては実行を分担せざる共謀者をも共同正犯とし、後者に付ては実行を分担したる者に非ざれば共同正犯と為さざるの見解を採りたるも、近来、放火罪、殺人罪等の如き所謂、実力犯に付ても概ね上叙原則の趣旨を宣明せるに拘らず、窃盗罪並に強盗罪の共同正犯に付ては寧ろ例外的見地を採用し、実行分担者に非ざれば之が共同正犯たるを得ざるものと為したること、所論の如しと雖、之を維持すべきに非ず。

三、然《しか》れば、則ち、原判決が被告人に対し所論の如き事実を認定し、窃盗罪の共同正犯及び強盗罪の共同正犯として処断したるは、寔《まこと》に正当にして、之を攻撃する論旨は、理由なきものなりとする。

「共謀共同正犯」概念の拡大適用に途

本判決により「共謀共同正犯」の拡大適用に途が開かれ

ることになった。本件では「組織犯罪」ということから窃盗罪及び強盗罪についても「共謀共同正犯」の成立が認められているが、大審院によると「共謀共同正犯」の理論的根拠が「共同意思主体説」などに求められた結果、「組織犯罪」とまでいえなくても「共同意思主体」が認められる場合には「共謀共同正犯」が適用されるとして、著しく拡大適用されることになったからである。

戦後もそれが見直されることなく、最高裁判例によって、正犯者自身の手による実行を必要とする「自手犯」を除くすべての罪について「共謀共同正犯」が認められている。

■もう一つの上告趣意——擬律の錯誤など

なお、本東京控訴院判決に対しては、弁護人鈴木重光から、概要、次のような理由を内容とする上告もなされている。

一、原判決は、被告人に強窃盗の罪ありとし、一面に於て其の獲得したる金員を日本共産党に其の活動資金として供与したる事実ありとする。

二、御院大正二年十一月二十一日第一刑事部の判例に依れば、一の連続犯を構成すべき数行為中に数個の同一罪名に触れる行為を包含する場合に於ては、先づ（当—引用者）該行為に付て刑法第五十四条第十条に依り孰《いず》れの罪名を以て重しと為すべきやを説示し、而《しこう》して後、同法第五十五条を適用し、他の数行為と共に一個の連続犯を構成する旨を判示すべきものとする。

二、然《しか》るに、原判決は此の例に倣《なら》わざるものなり。或は曰《いわ》く、法律の適用に於て牽連犯として擬律するも、想像的一罪として擬律するも、将又《あるいは》、連続犯として擬律するも、等しく一罪たるが故に、被告人の利害に影響する所なしと。

三、然れども、擬律の錯誤あるに依り、原判決は破毀されると否とに依り被告人が刑の執行を受けるに当り未決勾留日数を算入すると否との相違を生ずべく、原判決に影響なき瑕疵として埋《ほおむ》り去るべきものに非ずと思料する。

四、原判決は、被告人は昭和七年七月上旬、富豪の子弟に接近し、党活動資金を獲得する目的を以て對馬《つしま》久子を東京市日本橋区蠣殻町所在忠勇ビルディング内、巴里社会倶楽部にダンサーとして入所せしめ、右久子を指導し、相手方より金員を交付せしめられたき旨を依頼し、其の頃、前記西村なかをして右久子を今泉善一に紹介せしめ云々と認定せられたるも、該紹介行為は、党の拡大強化を図る行為と云うべからず。更に進んで、久子がＴＳ（武村誠一郎―引用者）より金員を獲得して之を党に供与したる事実あるに非ざれば、以て拡大強化を図りたると云うべからず。刑法は既遂罪の外、予備罪を処罰するには各本条に規定せり。之と同一系統に属する治安維持法に於ても亦、其の解釈を二、三にすべき理拠《りきょ》なし。

然らば、原判決は罪とならざる行為を罪として認定して問擬したる不法あるものと思料する。

■強盗も結社の目的遂行のための行為

この上告については、前記連合部判決とは別に昭和十一年五月二十八日第一刑事部判決が言い渡されている。「本件上告は之を棄却する」というのが主文で、その理由とされたのは概要、次のようなものであった。

一、治安維持法第一条に結社の目的遂行の為にする行為と云うは、結社の目的遂行に資すべき一切の行為を指称するものなるが故に、被告人が日本共産党の為に資金を獲得せんが為に犯したる判示強盗及び窃盗の行為は、刑法所定の当該法条に触れると同時に、由って以て其の資金を獲得せる点に於ても治安維持法第一条第一項後段及び第二項に該当するものにして、所論の如く、資金供与の点のみを分離して観察すべきものに非ず。而して、刑法第五十四条の条件と刑法第五十五条の条件とを具備する数個の行為に付ては同時に両法条を適用し、一罪として処断すべきものにして、両法条を各別に適用し、其の順序を定めることを要せざるものなること、当院の判例とするところ（大正十一（れ）第二〇五一号大正十二年二月二十八日判決参照）なり。

二、治安維持法第一条に結社の目的遂行の為にする行為と云うは、結社の目的遂行に資すべき一切の行為を包含するものなるが故に、被告人が日本共産党の支持強化に要する資金獲得を企て、對島久子をして判示の方法に因り金員を取得せしめるべく、同人を其の指導に任ずべき党員に紹介したるは、即ち、結社の目的遂行の為にする行為なること、勿論なるを以て、其の趣旨を判示したる原判決は正当にして、論旨は理由なし。

三重の拡大解釈

「治安維持法第一条に結社の目的遂行の為にする行為と云うは、結社の目的遂行に資すべき一切の行為を包含する」という既存の大審院判例を前提にしたうえで、この「一切の行為」を更に拡大解釈して、党資金獲得のための窃盗および強盗も、「結社の目的遂行の為にする行為」とし、「日本共産党の為に資金を獲得する行為は其の得たる金員を未だ同党に供与せざるも、治安維持法第一条に結社の目的遂行の為にする行為を為したるものとする」だけではなく、「日本共産党の為に資金獲得の手段を講ぜしめる目的を以て他人を党員に紹介することは、同党の目的遂行の為にする行為に該当するものとする」とされている。三重の拡大解釈が許容されている。

「他人の紹介」は窃盗および強盗罪としては予備以前の行為であるために、同罪で処罰することが困難なことから、「党資金の獲得」という主観的目的の存在を理由にして、治安維持法の「結社の目的遂行の為にする行為」の罪による処罰の途を確保したものといえよう。

犯罪は「社会有害」行為でなければならず、かつ、この「有害性」は具体的なものでなければならないという刑法の「行為」原則ないし「侵害」原則は無視されている。治安維持法には刑法の原則は適用されないというのが政府の一貫した態度であったが、大審院も同じ立場に立ったということであろう。

《産業労働調査所事件》
——意思継続が認められない場合は包括一罪ではなく併合罪

昭和十一年十二月一日第四刑事部判決

連続犯か包括一罪か併合罪か

結社に加入し、結社目的遂行行為を行った場合、大審院はこれまで連続犯ではなく包括一罪として処理してきた。しかし、原審は本件について併合罪を認めて実刑を言い渡した。弁護人は執行猶予付にすべきだとして上告し、その理由の一つに両罪は連続犯の関係にあることを掲げた。そこで、この点が争点とされることになった。

■罪となるべき事実——結社加入行為など

いわゆる産業労働調査所事件のうち東京地方裁判所に係属の治安維持法被告事件について、原審の東京控訴院が認定した前提事実は概要、次のようなものであった。

一、被告人井汲卓一《いくみたくいち》は、大正十四年三月、東京帝国大学文学部を卒業したる後、富山高等学校の講師となり、翌十五年二月、同校教授に任命せられたるも社会科学に関心を抱くに至り、之が研究に没頭せんと欲し、昭和二年四月頃、其の職を辞して上京し、旧労働農民党旧新党準備会に於て調査活動に従事する中、昭和三年九月頃より産業労働調査所に出入りするに至り、越えて昭和四年一月頃より（当―引用者）該調査所員となり、其の経済部に所属し、同年四月頃より同経済部責任者、次《つい》で同調査所責任者たる地位に就きて活動することとなりたるところ、

二、昭和四年八月末頃、小川信一事大河内信威の求《もとめ》に依り、同年九月中に、一回に合計金六円を同人を介して日本共産党の活動資金として提供したる外、同年十月より昭和五年二月に至る迄の間、前後数回に亙り、合計金百五、六十円を同党に其の活動資金として提供し、又、昭和四年十月、十一月の頃、同党員大村英之助より同党活動の為に使用する宿舎の提供方を求められて、之を承諾し、昭和五年一月中、当時東京府豊多摩郡中野町上野原八百九番地野上巌及び東京市牛込区北町電車停留所附近大岡純太郎の各住宅を、右英之助を介して同党に其の活動の便宜の為、提供し、以て日本共産党の目的遂行の為にする行為を為したりとの廉《かど》に依り、昭和八年十一月三十日、東京控訴院に於て治安維持法違反として懲役三年、但し第一審に於ける未決勾留日数中、二百日算入の判決を受け、該判決は昭和九年三月七日、上告取下に依り確定したるものなり。

この前提事実を踏まえて認定された「罪となるべき事実」は概要、次のようなものであった。

一、被告人井汲卓一は、昭和六年四月三十日、保釈出所後、同年六月頃より再び日本共産党の為に活動を為さんことを決意し、爾来、産業労働調査所に復帰して其の調査活動に従事し、昭和八年五月九日迄の内に、経済部員、植民地部長、経済部長、庶務部長等の地位に就き、常任委員会議長、所員会議議長、部長会議議長等の要務をも帯び、同調査所の活動を指導統制の任に当り居りたるが、

二、其の間、昭和六年十二月、東京市本郷湯島順天堂病院付近所在某家に於ける日本共産党員野呂栄太郎の居室に於て、同人より同党に加入すべき旨の勧誘を受けるや、直に之を承諾して同党員となり、昭和七年夏頃に至り、前記調査所内に於ける日本共産主義青年同盟フラクションを解体し、同フラクションメンバーを当時の同調査所内に於ける党フラクションに結成し、自ら同フラクションの議長となり、縷々《るる》、同市本郷区本郷三丁目帝大仏教青年会館等に於てフラクション会議

を開き、前記調査所の日常活動に党の主義政策を反映せしめることに努め、昭和八年一月頃よりは党中央資料調査部長、同年三月頃よりは党中央情報部長となりて、前記フラクションの活動を指導統制する等、諸般の活動に従事し、以《もっ》て同党に加入し、且つ其の目的遂行の為にする行為を為したるものなり。

■懲役一年

この事実について、東京控訴院は次のような刑を言い渡した。

犯罪の情状憫諒《びんりょう》すべきものあるを以て酌量減刑を為したる刑期範囲内に於て被告人を懲役一年に処すべきものとする。

■上告趣意――量刑不当

これに対し、被告人井汲卓一から上告がなされた。その弁護人には津田騰三☆が就いた。

弁護人津田騰三の上告趣意は概要、次のようなものであった。

一、前審判決に於て、上告人に対し、「且つ犯罪の情状憫諒すべきものあるを以て」と判示し、上告人に対しては特に其の犯罪行為の軽微《ママ》、転向、改悛の情の顕著なるを察知せるものなり。然《しか》るに、之に対し、刑の執行猶予の言渡無く、之に実刑、実役を科するは不当なるものとする。

思うに、前審判決に於ては、上告人に対し既に前科あるを以て執行猶予の言渡を為さざるものの如く思考せられども、上告人の場合にありては、条文上、又、法理上、執行猶予の言渡を阻却すべき場合に非《あら》ず。刑法第二十五条第二号は、前に禁錮以上の刑に処せられたることあるも、其の執行を終り……たる日より七年以内に禁錮以上の刑に処せられたることなき者は、執行猶予の恩典に浴する資格ありとせられる。

二、上告人に対する前犯罪は、調書記載の如く、治安維持法第一条第一項後段並に同条第二項に該当せるものにして、所謂、シンパ関係に立つ事件なり。而《しこう》して、上告人、後犯罪（即ち本件）に於ても右同条に該当せるものなり。故に、右二個の犯罪は同種同質の犯罪にして、且つ又、其の間に何等、意思の中断なし。上告人の思想は、本件犯罪後に於て翻然、転向を表明するに至る迄、意思の連続ありたるものなり。凡《およ》そ、或る数個の犯罪が連続犯なる以上は、之が処断を為すに於ては、当然一個の犯罪と為さざるを得ざるものなり。
三、上告人の家庭は、調書上申書記載の如く、妻子と妹との家庭にして、上告人の僅かに得る文筆の資により支持、生活せられ居る有様なり。之の間の消息を上告人は憂慮し、又、上告人転向の一因は之の家庭の保護維持にありたるものなり。然るに、今、上告人にして一年の刑に処せらるるに於ては、妻子、妹等は将《まさ》に街頭に迷わんとするの状態なり。上告人の転向並に憫察すべき情状は前判決の認定の通りなりとすれば、之に対しては執行猶予の御言渡《いいわたし》を当然とし、之の言渡なき前判決は正に著しく刑の量定を誤りたるものにして、破毀を免れざるものなり。

■上告棄却——実刑判決は妥当

これに対し、大審院は「本件上告は之を棄却する」という主文を言い渡した。その理由とされたのは概要、次のようなものであった。

一、治安維持法第一条に規定する結社に加入し、且つ其の目的遂行の為に為したる数個の行為は連続犯を構成せずして、包括一罪を構成するものなることは、当院判例の示す所なるも、右は意思継続の上、之を為したる場合に限るものにして、意思継続せずして之を為したるときは、包括一罪として之を処断すべきものに非ず。
二、原判示に依れば、被告人は判示確定判決に依って認められたる判示結社の目的遂行の為にする判示各行為を為したるものにして、原判示は、右加入前の行為と其の後の行為は意思継続の上、之を為したるものに非ざるものなりとの趣旨に解すべく、而《しこう》して、右事実は、原判示挙示の証拠に依り優に之を証明し得べく、記録を査するも、右事実認定に重大なる誤認あることを疑うに足るべき顕著なる事由なきが故に、原判決が判示事実に付て更に判示法条を適用し、之を処断したるは洵《まこと》に正当なりとする。
三、記録を精査し、犯情其の他諸般の情状を考慮するに、原判決の被告人に対する刑の量定、甚しく不当なりと思料すべき顕著なる事由あることなし。

厳罰化のために包括一罪の適用範囲を限定

本判決の判決要旨も、「治安維持法第一条に規定する数個の行為にして継続意思に出でざるものは包括一罪を為すものに非ず」とされた。

かつて、大審院は治安維持法違反の罪はそれぞれが独立しているために、「包含・吸収」の関係にはないが、「包括性・継続性」の故に、これらは排他的な関係にはなく、重複的に適用することもできるとし、結社加入罪と「結社の目的遂行の為にする行為」の罪とは包括一罪として、一行為数罪に問擬した。

本判決はこれを限定し、「犯意継続の場合」に限るとした。厳罰化を図るためのものであるが、二重処罰という批判は免れ難いように見受けられる。

《共産党スパイ査問事件》

——不法監禁・傷害行為も結社目的遂行行為

昭和十二年九月十三日第一刑事部判決

本件では日本共産党員のうちでスパイの嫌疑ある者を党上部の指令に基づいて査問するに際して査問方法として不法監禁行為や傷害行為を行った場合、この不法監禁行為ないし傷害行為が治安維持法第一条にいう「結社目的遂行行為」に当たるのかが争点とされた。弁護人は右の不法監禁行為ないし傷害行為は客観的には結社目的遂行を妨げる行為であって、いかなる意味でも「結社目的遂行行為」に該当しないと主張したからである。

■罪となるべき事実——結社加入行為など

東京地方裁判所に係属のいわゆる共産党スパイ査問事件について、原審の東京控訴院が認定した前提事実は概要、次のようなものであった。

一、被告人冨士谷《ふじたに》眞之助は、第六高等学校を経て昭和二年四月、東京帝国大学経済学部に入学し、昭和六年三月、同学部を卒業せるものなるが、同大学入学後間もなく、共産主義の理論的研究を志し、各種の左翼文献を渉猟したる結果、共産主義思想を抱懐するに至りたるものなり。

二、被告人湯浅猪平《ゆあさいのへい》は、第六高等学校を経て、昭和四年四月、東京帝国大学法学部に入学し、昭和七年三月、同学部を卒業せるものなるが、同大学入学直後より、当時、学内に横溢せる左翼思潮に影響せられて共産主義思想に興味を抱き、諸種の左翼文献を繙読する傍ら、学内読書会、自治学生会等の左翼団体に加入し、其の学内運動に従事し居る内、次第に共産主義思想を信奉するに至りたるものなり。

三、被告人河田ゆきは、宮城県立第二高等女学校を経て、昭和二年四月、同県立女子専門学校英文科に入学し、昭和七年三月、同校を卒業せるものなるが、同校在学中より、左翼文献の耽読と実兄の河田英の感化とに依り、共産主義思想を抱懐するに至りたるものなり。

四、被告人牧瀬恒二《こうじ》は、第六高等学校を経て、昭和七年四月、東京帝国大学経済学部に入学し、昭和九年三月、同校を中途退学せるものなるが、既に高等学校在学当時より、無政府主義及び共産主義に関心を持ち、同大学に進むや、学生消費組合赤門支部、自治学生会、日本プロレタリア科学同盟東大班等に加入して左翼運動に従う傍ら、左翼文献に親み、漸次、共産主義思想を信奉するに至りたるものなり。

五、被告人堀内唯七《ただしち》は、神奈川県立横浜第一中学校を経て、昭和六年四月、青山学院高等学部商科に入学し、昭和八年十一月、同校を中途退学したるものなるが、同院入学後、思想的動揺より諸種文献を耽読する内、次第に該（共産―引用者）主義を信奉するに至りたるものなり。

この前提事実を踏まえて認定された「罪となるべき事実」のうち、被告人湯浅猪平に関しては概要、次のようなものであった。

一、被告人湯浅猪平は、昭和六年九月下旬、党資金網東大班責任者北條四男の依頼に依り同班法学部責任者となり、其の後、昭和七年一月頃迄の間、同大学生山内某外二名を指導して党資金獲得に努め居りたるが、同月下旬、同市神田区神保町附近の街頭に於て、右北條より党加入方の勧誘を受くるや、数日の後、之を承諾して、党に加入し、

二、右活動中、昭和八年十二月下旬、党機関紙「赤旗」号外に依り、前記……記載の如き発表並に指令を受けたる直後、被告人冨士谷眞之助より原審相被告人大澤武男のスパイ嫌疑を告げられ、次《つい》で昭和九年一月五、六日頃、被告人冨士谷の勧めに依り、前示両国駅附近の某喫茶店に至り、前記木島隆明及び被告人冨士谷眞之助と相会し、茲《ここ》に中央部の指令に基づき右大澤を査問、断罪すべく、其の委員会の組織、査問方法等を協議決定し、同月十二日木島及び被告人冨士谷に於て、大澤武男を前示豊島区池袋二丁名九百二十番地のアヂトに連行するや、翌十三日同所に到り、

三、麻縄針金等を以て右大澤の手足を緊縛したる上、同年二月十七日迄の間、同家中六畳の間、押入内に押込め、木島、被告人、冨士谷、河田、牧瀬及堀内等と共に之を監視し、以て大澤武男を不法監禁し、其の間数

回に亙り、同室に於て木島、富士谷と協力して、実砲装塡の拳銃を示し、右大澤の喧騒等の場合は其の生命を奪うべき旨を告げ、或は手又は金槌を以て其の頭部、大腿部等を殴打し、其の他、極めて残忍執拗なる暴行を加え、同人を極度に畏怖せしめて、査問を敢行したるも、其の目的を達せず、
四、終《つい》に同月十七日の朝、上部の指令に基づき、右六畳の間に於て硫酸を以て同人の前頭部に一文字の烙印を施し、叙上暴行に因り同部、其の他に前記の如き傷害を蒙らしめたる上、被告人富士谷と共に同市王子区赤羽方面迄、護送、釈放し、
五、以て、日本共産党に加入し且其の目的遂行の為にする諸般の活動を為したるものなり。

■懲役三年

この事実認定に基づいて、東京控訴院は次のような刑を言い渡した。

　所定刑中、懲役刑を選択し、其の刑期範囲内に於て、主文掲記の刑（懲役三年）を量定処断すべく、原審に於ける未決勾留日数中、八十日を右本刑に算入すべきものとする。

■上告趣意——不法監禁傷害は結社目的遂行の為の行為ではない

東京控訴院の判決に対しては、被告人富士谷眞之助、湯浅猪平、牧瀬恒二からも上告がなされた。その弁護人には鈴木義男、北村利夫、☆山内忠吉、芹沢由太郎、清瀬一郎外二名が就いた。被告人湯浅猪平に係る弁護人鈴木義男、北村利夫の上告趣意第二点は概要、次のようなものであった。

一、被告人の判示不法監禁並に傷害の所為は、如何なる意味に於ても、国体変革並に私有財産制度否認を目的とする結社たる日本共産党の目的遂行の為にする行為なりとは云い難く、却って升《しょう》は被告人の目的意図如何に拘らず、客観的には日本共産党の目的遂行を妨害する行為たるものなり。全く党の内部行為にして目的遂行行為たるものに非ず。本件の行為を以て一面、党の目的遂行行為なりとなすが如きに至りては、極端なる誤謬の一事例を提供するものたり。
二、査問会を開き、除名処分に付したりとすれば、査問会開催及び除名処分行為も亦、目的遂行行為なりと云わざるべからざるに至らん。何人が除名処分行為を以て党の目的遂行行為なりと断ずるものあらんや。
三、本件不法監禁傷害行為も亦、此の除名処分と同様、

純然たる党内部の行為にして、目的遂行行為、即ち運動と目する能《あた》わざるものなり。

四、之を目的遂行行為と解し、治安維持法違反の一罪として処断したる原判決は、法の適用を誤りたるものにして、破毀せらるべきものと信ずる。

■上告棄却——不法監禁傷害も目的遂行の為の行為に該当

これに対し、大審院は「本件上告は、孰《いず》れも之を棄却する」という主文を言い渡した。その理由は概要、次のようなものであった。

一、治安維持法第一条に結社の目的遂行の為にする行為と云えるは、結社の目的遂行に資すべき一切の行為を指称するものなるを以て、原判示の如く日本共産党員中、スパイの嫌疑ある者を同党上部の指令に基づき査問するに際《あた》り、之が査問方法として不法監禁又は傷害を為したる所為は、即、同党内部の粛清を図り、其の組織の強化に資する所為なりと謂うべく、

二、随《したが》って、右不法監禁又は傷害は一面、刑法各該当法条に触れると共に、他面、同党の目的遂行の為にする点に於て、治安維持法第一条にも触れるものと解すべし。

人々のあらゆる言動を「結社目的遂行行為」に問擬

既に大審院は「治安維持法第一条第一項第二項に所謂、結社の目的遂行の為にする行為とは、国体の変革又は私有財産制度の否認を目的とする結社なることを認識しながら之を支持し、其の拡大強化を図る意図の下に為される一切の行為を指称する」と判示していた。しかし、いくら「一切の行為」といっても、そこには自ずから一定の限界が存在し得た筈であった。この限界さえも認めないということになれば、人々のあらゆる言動が「結社の目的遂行の為にする行為」に問擬され得ることになる。

本件弁護人もこの点に着眼し、原審を難じた。しかし、大審院は、この法理論的にみても、あるいは条理上などからみても当然ともいうべき弁護人の主張にさえも耳を傾けることはなかった。「治安維持法第一条に結社の目的遂行の為にする行為と云えるは結社の目的遂行に資すべき一切の行為を指称するものなる」という公式見解を繰り返すのみであった。大審院は当局による治安維持法のいっそうの拡大適用の追認に走るあまり、法理論がよって立つ「条理」からも足を大きく踏み外すことになった。

《人民戦線事件》（一）

——同人雑誌への評論執筆が「結社目的遂行行為」

昭和十三年十一月十六日第五刑事部判決

評論活動と「結社目的遂行行為」罪

本件は同人雑誌などに評論などを執筆し、これを配布などしたことが治安維持法第一条にいう「結社目的遂行行為」の罪に問擬された事案である。原審では共産主義思想を鼓吹などし、日本共産党の目的遂行行為をなしたものとして有罪が言い渡された。

弁護人は合法的な啓蒙活動の範囲内にある行為であって、被告人の所為は結社とは何ら具体的な関連がなく、結社の目的とも関連がないとして、無罪を主張し、上告した。そこで大審院では評論活動と「結社目的遂行行為」の罪との関係が争点とされることになった。

■罪となるべき事実——結社の目的遂行のための行為

いわゆる人民戦線事件(27)のうち千葉地方裁判所に係属の治安維持法違反被告事件について、原審の東京控訴院が認定した前提事実は概要、次のようなものであった。

一、被告人日暮《ひぐらし》甲一《こういち》は、昭和七年三月千葉県立山武農学校を卒業後、東京農業大学に入学せんとし、東京市神田区所在研数学館に通学中、偶々、千葉医科大学生山中克巳と交るに及び、同人より共産主義思想の影響を受け、其の紹介に依り、日本共産党軍事部員武田事某其の他の左翼分子と親交を結ぶに及び、遂に同主義を信奉するに至りたるものにして、

二、其の後、昭和八年一月頃、日本共産青年同盟に加盟し、爾来、同同盟中央事務局地方及び団体の配布係として同同盟の中央機関紙「無産青年」の配布に従事し、或は日本共産党東京西南地区オルガナイザー吉田平四郎の指令に基づき、石原守明の主催する同人雑誌「哨兵」の同人として其の誌友の左翼化を企て、誌友ニュース「埴質壌土《しょくしつじょうど》」と題する新聞紙等を発行し、之を郷里千葉県下の農村青年の間に配布する等の活動を為したる為、検挙せられ、昭和十年六月十九日、東京地方刑事裁判所に於て治安維持法違反罪に依り懲役二年に処し、三年間其の刑の執行を猶予する旨の判決を受けたるものなるところ、右恩典に拘らず、其の後も尚、依然として同主義より離脱することを得ず。

この前提事実を踏まえて認定された「罪となるべき事実」は概要、次のようなものであった。

一、被告人日暮甲一は、昭和十年九月頃、旧同志なる石原守明の主催する同人雑誌「全貌」の同人と為り、其の読者を共産主義思想の下に啓蒙する目的を以て、同雑誌の同年十月号及び一月号に夫々《それぞれ》、谷澤圭之助なる筆名を以て「リアリズムについて」又は「文化運動について」と題する共産主義思想を鼓吹する趣旨の評論、又は村瀬栄二の筆名にて「土のにおい」と題する同思想鼓吹の詩等を夫々、執筆し、之を千葉県印旛郡八街町向後《こうご》武外一名に夫々配布し、
二、昭和十一年二月上旬頃、前記石原の照会に依って知合と為りたる浅野次郎より依頼せられ、其の主宰に係る同人雑誌「ズドン」の同人と為り、同雑誌が読者大衆に右共産主義思想を鼓吹することを使命とするものなることを知り乍《なが》ら、同年三月中旬頃より同年五月中旬頃迄の間、同雑誌創刊号及び三号を夫々、前者は四十部、後者は六十部位宛、前記向後武其の他の知人に送付し、或は千葉市通町、書籍店球友堂其の他に夫々、売却方を委託し、以て之を頒布したる外、前同様谷澤圭之助なる筆名を以て右三号に、「個性の確立」と題する前同様、共産主義思想を根底とする文学評論を執筆し、
三、昭和十一年十一月頃、其の郷里なる同県印旛郡川上村、吉倉青年分団員間に於て、団報「田園誌」を再刊する計画あることを知るや、之を利用して農村青年に対し右共産主義思想を鼓吹し、其の革命的意識を昂揚、指導せんことを企て、自ら之が編集並に発行方を担当し、同年十一月十二日頃より昭和十二年八月十五日頃迄の間、隔月五十部乃至七十部位宛を発行、毎号、林章又は波岡進其の他の筆名を以て、前同様、共産主義思想を根底とする論文「巻頭言」、詩編「朝」其の他の文章を執筆したる上、之を同村内青年等に頒布し、
四、以て右日本共産党の目的遂行の為にする行為を為したるものなり。

■懲役二年

この事実認定に基づいて、東京控訴院は次のような刑を言い渡した。

被告人を懲役二年に処し、原審に於ける未決勾留日数百二十日を右本刑に算入すべきものとする。

■上告趣意――合法的啓蒙運動の範囲内の行為

これに対し、被告人日暮甲一から上告がなされた。その

弁護人には島野武、石井直作、白井俊介が就いた。弁護人島野武の上告趣意第二点は概要、次のようなものであった。

一、原判決は、「被告人は、……（略）……以《もっ》て、右日本共産党の目的遂行の為にする行為を為したるものなり」と認定し、治安維持法第一条第一項後段、同条第二項を適用したり。然《しか》れども、右判示の各所為は、孰《いず》れも被告人が日本共産党とは何等の具体的関連なくして独自に為したる行為にして、其の内容を検ずるに、孰れも所謂、合法的啓蒙運動の範囲を出ず。

二、凡《およ》そ、未だ結社に加入せざる者の行為が治安維持法第一条に所謂、結社の目的遂行の為にする行為とせられるには、一定の客観的標準の存在を必要とするものと信ずる。即ち、行為者に於て結社と何等かの具体的関連あること、行為の内容に於て結社の目的遂行と何等かの具体的関連あること、を要するものとする。若し、斯《かか》る客観的標準を設けることなしとせんが、右条項は其の範囲、茫漠として、遂に捕捉すべからざるに至るべし。亦、治安維持法第一条に、結社の目的遂行の為にする行為を為したる者を結社に加入したる者と同断に処罰することの規定しある点よりするも、右の如き一定の標準の必要なるを信ずるものなり。

三、被告人の所為は、上記の如く、具体的には何等結社との関連なく、又、結社の目的と関連なきものなれば、当然治安維持法第一条の範囲外に在るものなるに拘らず、原判決が（当—引用者）該法条を不当に広汎に解釈適用したるは違法にして、破毀すべきものと思料する。

■上告棄却——目的遂行のための行為に該当するのは明白

これに対し、大審院は、「本件上告は孰れも之を棄却する」という主文を言い渡した。その理由は概要、次のようなものであった。

一、治安維持法第一条第一項、第二項に所謂、結社の目的遂行の為にする行為とは、国体の変革又は私有財産制度の否認を目的とする結社なることを認識しながら、之を支持し、其の拡大強化を図る意図の下に為される一切の行為を指称するものにして、苟《いやしく》も、斯る意図の下に敢行せられたる行為なる以上は、其の行為者が該結社と組織的具体的関連を有せず、又、其の行為が所謂、人民戦線の闘争方針に従い、合法場面を利用し若は偽装して為されたるときと雖《いえども》、尚、右結社の目的遂行の為にする行為を為したるものと謂うを妨げず。

二、被告人の右行為が治安維持法第一条第一項後段、第二項に該当すること、極めて明白なり。左《さ》れば、判示の事実を認め、判示法条を適用処断したる原判決は、洵《まこと》に正当にして、所論の如き違法存することなく、論旨は其の理由なし。

■判決要旨

本判決の判決要旨も、「治安維持法第一条所定の結社を支持し、之が拡大強化を図るの行為を為したる者は、同結社と具体的組織的関連を有せざるも、同条に所謂、結社の目的遂行の為にする行為を為したる者に該当する」「上叙の結社を支持し、之を拡大強化する意図の下に、合法場面を利用又は偽装して為したる行為は、其の外観に於て同結社の目的と何等の関連なきときと雖、同法第一条に所謂、結社の目的遂行の為にする行為に該当する」とされた。

極限に達した拡大解釈

ここでも驚くべき拡大解釈の追認が認められた。被告人に「該結社を支持し、之を拡大強化する意図」が存すると認定することができれば、「該結社と具体的関連性を有せず」かつ、「其の外観に於て同結社の目的と何等の関連なき」合法な評論活動や出版活動などさえもが目的遂行罪に問擬し得るとされたからである。「一切の行為」は文字通り「一切の行為」とされた。

大審院による拡大解釈の追認は、今や極限にまで達したといえよう。これにより治安維持法の適用対象は飛躍的に拡大されることになった。何処でもみられるような人々の日常的な「合法活動」さえもが、治安維持法の対象とされた。治安維持法はその性格を大きく変えつつあった。

《人民戦線事件》(二)

――主義・思想の研究会活動が「結社目的遂行行為」

昭和十五年九月十二日第二刑事部判決

合法的な研究会活動の一環

本件では慶應大学日本経済事情研究会の幹部会員の研究会活動（研究会の開催と研究発表、会員の拡大、会員の指導など）が治安維持法第一条にいう「結社目的遂行行為」の罪に問擬された。原審は右の所為は「コミンテルン」並びに日本共産党の目的遂行の為にする行為だとし有罪を言い渡した。

原審は主義・思想の研究と左翼運動とを混同するものであって、共産主義思想も主義・思想の研究にとどまる限りは法の干渉する範囲にはないとして、弁護人は無罪を主張し、上告した。そこで大審院では主義・思想の研究会活動と「結社目的遂行行為」の罪との関係が争点とされることになった。

■罪となるべき事実――結社の目的遂行のための行為

いわゆる人民戦線事件のうち東京地方裁判所に係属の治安維持法違反被告事件について、原審の東京控訴院が認定した前提事実は概要、次のようなものであった。

被告人松澤元典《もとすけ》は、東京府立第六中学校を経て、昭和七年四月、慶応大学経済学部予科に入学し、昭和十三年五月、同大学本科を卒業、其の後、職工生活を為し居りたるものなるが、昭和十年頃より各種左翼文献を繙読し、更に昭和十一年六月頃、右大学の学生より成る学校公認の慶応大学日本経済事情研究会（日経）に入会して、左翼理論の研究に努めたるが、遂に昭和十二年初頃には共産主義を信奉するに至ったものなり。

この前提事実を踏まえて認定された「罪となるべき事実」は概要、次のようなものであった。

一、被告人松澤元典は、昭和十二年三月頃より、田川行《こう》三《ぞう》、三宅寛勝（寛）、原茂樹等と共に日経の指導幹部となり、同年四月より六月迄の間、約十回に亙り、東京市芝区三田二丁目の右学内に於て日経相互研究会を開催し、日経会員とマルキスズム《ママ》の研究を為し、自ら其の間、二回に亙り、同研究会に於てマルクス著「資本論」等に基づきマルキスズム《ママ》の価値論、地代論を講じて同会員の左翼意識の昂揚に努め、

二、同年十一月頃、日経幹部及び同会員中の左翼的優秀分子数名と共に、日経の指導体たるべき秘密グループを結成し、爾来、昭和十三年五月頃迄、前後五、六回に亙り、同市小石川区小日向台町田川行三方其の他に於て、右グループの会合を開催し、新人の日経会員に対する左翼的指導の方法、日経会員の団結を強化し、且つ其の意識水準を高める為め、会員相互間に個人的連絡を緊密ならしめること並に右グループ各員を中心に小秘密研究会グループを結成して、参加者を左翼化すること、等の日経指導方針を協議決定して、之が実践に努め、

三、昭和十三年六月より九月初旬頃迄の間、同市品川区大井森下町に一戸を借受け、日経会員たる大村隆彦外一名と同居し居りたるが、同家に多数の日経会員の出

入を許容し、事実上、日経会員の集合場所と為し、且つ、縷《るる》、之等の者に対して日経の組織方針又は左翼理論研究の指導に努め、
四、これら諸般の活動を為し、以て「コミンテルン」並に日本共産党の目的遂行の為にする行為を為したるものなり。

■懲役二年
この事実認定に基づいて、東京控訴院は次のような刑を言い渡した。

被告人を懲役二年に処する。

■上告趣意――主義・思想の研究と左翼運動を混同
これに対し、被告人松澤元典から上告がなされた。その弁護人には繁田保吉、木村忠六が就いた。弁護人繁田保吉の上告趣意第一点は概要、次のようなものであった。

一、凡《およ》そ、吾人《ごじん》は、或る学問主義を研究し、其の学説を正しとして信奉し、又は正しからずとして排撃するの自由を有する。従って、研究の結果正しと信ずる学説主義の強化に努力し、同好に之を普及せんとするは自然の勢にして、其の事自体は毫も法律の干渉すべき所に非ず。現在、学者の間には各種の学会（法理研究会の如き）結成せられ、各員互に研究の結果を報告し、同好の士に普及し、其の拡大強化を図りつつあるは、寧ろ当然にして、其の研究の対象が危険性を帯びる場合には、或る警察上の取締を要するものあるは格別、処罰行為たる犯罪として科刑すべき可能性を有せず。
三、共産主義学説の如きも、将来、険《けん》なる実際運動に導くの虞あり、犯罪の温床たる危険ある団体に対しては保安防犯等の見地より警察的行動を必要とする場合あるべしと雖《いえど》も、其の事自体を以て、之を犯罪と為し、処罰すべき法規あることなし。蓋し、未だ犯罪構成の要件を具現せざるに由《よ》るなり。往昔《おうじゃく》、織田、徳川時代に耶蘇《やそ》教の信仰を厳罰したるが如きは、思想信念其のものを処罰したるものなれども、現時の法制に於ては、此の種の処罰法規あることなし。
三、今、原判決が摘示したる本件被告の行動を仔細に検討せんに、被告人の行動は、学生として学校公認指導教授の下に学徒たるの本分を真面目に発揮したる迄にして、其の所為を仔細に観察するも、其の属する学会「日経」の拡大強化を図り、会員の攻学水準を昂揚したるに止まり、一歩も其の埒外に出でたることなし。

松澤元典（右）は保釈中の1940年1月、38年より協力していた人形劇団プークの「人形工房事件」で再検挙され、41年3月19日、25歳で獄死した。左はプークの公演・影絵「ブランバコ中隊」1936年（川尻泰司編著『現代人形劇創造の半世紀——プーク55年の歩み』未来社、1984年）

元より、日本共産党の存在並に目的の如き、毫も関知する所に非ず。治安維持法の何れの法条にも該当せず。

四、被告の行為は、全然、法の干渉する範囲外なるに拘らず、原判決は主義思想の研究と左翼運動を混同し、日本共産党の存在に牽強して、被告の行為を科罰すべき犯罪なりと断じたるは、不法あるものと謂うべく、此の点に於て破毀を免れざるものと信ずる。

■上告棄却——主義思想の研究に止まらず

これに対し、大審院は「本件上告は之を棄却する」という主文を言い渡した。その理由は概要、次のようなものであった。

一、「コミンテルン」並に其の支部たる日本共産党が世界共産主義革命の一環として、我国に於て革命的手段に依り、我国体を変革し、私有財産制度を否認し、「プロレタリアート」の独裁を樹立し、因って以て共産主義社会の実現を目的とする結社なること知り乍《なが》ら、之を支持し、結局に於て、「コミンテルン」並に日本共産党の目的達成に資するものなることを認識し乍ら、判示の如く、慶応大学日本経済事情研究会の指導幹部となり、同会相互研究会の使用すべき「テキスト」及び其の報告書其の他の研究プラン等を協議決定し、当決定に基づき「マルキシズム」の価値論、地代論を講じて同会員の左翼意識の昂揚に努め、又は農業問題に関する左翼理論を解明して参加者の啓蒙を図り、或は広告雑誌「丘の上」の編集を引受け、自ら其の編集人、発行人と為りたる上、之を執筆発行して、学内一般学生の左翼的啓蒙に努め、或は右研究会幹部及び同会員中の左翼的優秀分子数名と共に其の指導体たるべき秘密グループを組織し、参加者を左翼化する等、日本の革命の戦略戦術を講じて参加者の意識の昂揚に努め、其の他、右研究会の組織方針又は左翼理論研究の指導に努め、左翼分子を養成する目的を以て、赤化共同体の規約の協議決定に参加するが如きは、既に業に（法的に—引用者）経済事情研究の範囲を超越するものにして、所論の如く啻《ただ》に主義思想の研究に止まらず、日本共産党の目的達成に資する行為を為したるものと謂わざるを得ず。

二、原判決の認定したる事実は、即ち「コミンテルン」並に日本共産党の目的遂行の為にする行為を為したるものに該当するを以て、原判決に於て、昭和三年勅令第百二十九号に依り改正せられたる治安維持法第一条第一項後段及第二項を適用して処断したるは正当にして、所論の如く、擬律錯誤の違法あるものと謂うべからざる。

■判決要旨

本判決の判決要旨も、「日本共産党の目的達成に資することを認識し乍ら、学内に於ける経済事情研究会の指導幹部と為り、諸般の協議決定を為し、雑誌に執筆して左翼的啓蒙を図り、或は日本革命の戦略戦術を講じ、以て会員又は参加者の意識の昂揚に努めるが如きは、日本共産党の目的遂行の為にする行為に当るものとする」とされた。

「自由主義思想」も「左翼思想」として問擬

「左翼思想、共産主義思想の研究強化」と「共産党、左翼運動」とは厳に区別すべきだという弁護人の訴えも一顧だにされることなく退けられた。「日本共産党の目的達成に資することを認識し乍ら」なされたということを理由としてもはや学会活動の範囲を「超越するもの」とされ、目的遂行罪に問擬された。ここでも驚くべき拡大解釈の追認が認められた。

これでは「左翼思想、共産主義思想の研究強化」はいつでも「共産党、左翼運動」と看做され得ることにより、治安維持法の適用を受け得ることになった。「左翼思想、共産主義思想の研究強化」を行うことが事実上封じられることになった。

しかし、封じられたのは「左翼思想、共産主義思想の研究強化」に止まらなかったことに留意しなければならない。「自由主義思想」であっても、当局が「左翼思想」と看做せば、治安維持法による問擬が可能となったからである。世の中が右傾化すればするほど、「自由主義思想」であっても、「左翼思想」と見做され得た。

《天理本道教団事件》
——教義の宣伝流布も「結社目的遂行行為」の罪
昭和十六年七月二十二日第四刑事部判決

絶対平和主義の教義を問題視

時代の暗転は人々に不安を与え、多くの人を宗教団体に走らせることになった。新興の宗教団体も数多く生まれた。天理本道《ほんみち》もその一つであった。「低調妄昧な教義に説伏される者が在り得ようか」と断じられたにもかかわらず、数千の人々が天理本道の信者となったのも未来への不安からであった。

この信者の数の多さとそれによる社会的影響力に怯えた当局が、教団幹部の治安維持法違反での検挙に踏み切った。これには、「甘露台《かんろだい》なる神格者が日本を支配する」という教義にも増して、その「絶対平和主義」という教義が大きく与った。

ここでも「結社目的遂行行為」の罪で起訴された。原審が有罪を言い渡し、弁護人が無罪を争って上告したことから、大審院の判断が注目された。

■罪となるべき事実——結社加入行為

いわゆる天理本道教団事件(28)のうち山口地方裁判所に係属の治安維持法違反被告事件について、原審の広島控訴院が認定した天理本道教団に関する前提事実は概要、次のようなものであった。

一、天理本道は、元天理教布教師たりし大西愛次郎《ママ》の提唱するところにし、同人は夙《つと》に同教教典たる「御筆先《おふでさき》」及び「御指図」の研究に没頭し、夙《つと》に自己が同教に所謂、甘露台にして、天啓により教組の後継者たることを自覚したりと做《な》し、大正十四年五月中、奈良県北葛城郡磐城村竹内に天理研究会を創設して、其の主催者となり、天理本道を標榜して、天理教教義に特異の解釈を下すと共に、先づ同教本部側信徒を誘引して

本道に転信せしめるべく努めたが、

二、昭和三年三月、遽《にわ》かに右教説宣伝の為「研究資料」と題する内容不敬に亙る文書を執筆し、遍《あまね》く世上に頒布する等の所為ありたる為、同年四月、検挙せられ、天理研究会の組織は一旦潰滅したるも、昭和五年十二月、同人が大審院に於て心神喪失の故を以て無罪の判決を受けるや、各地に離散せる信徒にして同人を中心に集合し来る者、遍くし、漸く多きを加えたる為、同人岩田源右衛門、岸岡悟等側近の信徒幹部は、昭和六年一月頃より昭和十年一月頃に至る迄の間、大阪市住吉区橋本町、次《つい》で同区住吉町なる大西愛次郎の居宅を繞《めぐ》り、信徒足溜場所又は受附所を開設して、再び甘露台世界建設運動を開始した。

三、昭和十年五月頃、同市住吉区晴明通一丁目七十四番地に事務所を開設し、茲《ここ》に天理教本部に対立し、大西愛次郎を以て神格者たる甘露台にして、究極に於て世界の統治者たるべき者なりと倣し、我国体を変革し、同人が独裁統治する社会を実現することを目的とし、所謂「匂掛《にをいかけ》」其の他、宣伝等の方法に依り、我国民の国体観念を攪乱することを当面の任務とする結社、天理本道の結成を遂げ、同年末頃迄の間に於て、役員の配置其の他、信徒の取締並に指導に関する内規の判《マ》定《マ》を為す等、其の組織を整備拡充し、爾来、昭和十三年十一月頃迄の間、其の目的の達成に努め居りたるものなり。

この前提事実を踏まえて認定された「罪となるべき事実」のうち、被告人野原百合熊《ゆりくま》に関しては概要、次のようなものであった。

一、被告人野原百合熊は、出生地たる山口県厚狭郡万倉村万倉高等小学校卒業後、家業たる農業の手伝をなし居るや、大正七年十二月、小倉歩兵第十四連隊に入営し、歩兵一等卒（現歩兵一等兵）として満期除隊、帰郷するや鉱夫となり、爾来、各地を流浪したる末、昭和五年九月頃より、被告人肩書住居地に於て、養豚兼農業に従事し居りたるところ、

二、昭和六年二月頃、天理研究会員たる平石萬照より天理本道の教義を聴き、同年五月、同人の勧《すすめ》に依り上阪し、天理本道の指導者たる岩田源右衛門より教義の解説を受けるに及び、深く之に共鳴すると共に本道に入信し、爾来、縷々《るる》前記天理本道事務所並に大西愛次郎宅に於て同人に面接し、又は本道幹部たる岩田源右衛門、栄水岩太郎、曽根由蔵、石川繁太郎等より教義を

大西愛治郎一家　中央が夫妻　大正末年

受講する傍《かたわら》、各種教義書を繙読したる結果、大西愛次郎は真に教組の後継者にして、甘露台として天理本道の教義こそ世界統治の正道なりと盲信し、殉教の熱意を有するに至りたるものなるが、

三、昭和十年五月頃、結社天理本道の結成を見るや、其の頃同結社が叙上の如き不法の目的及任務を為すものなることを知悉しながら、前記天理本道事務所に於て、之に加盟し、

四、以て、国体の変革を目的とする結社天理本道に加入し、且つ其の目的遂行の為にする行為を為すと共に、畏《おそれおお》くも、天皇並に神宮に対し奉り、不敬の行為ありたるものなり。

被告人山本恒男に関しては概要、次のようなものであった。

一、被告人山本恒男は、昭和三年、大阪市の高等小学校を卒業後、某硝子店に店員として雇われ居る中、昭和六年一月、心臓病に罹りたるを以て肩書住居地なる両親の許に帰来して静養中のところ、漸次快方に向いたるより、之、偏《ひとえ》に神の奇蹟にして、天理十柱の神の守護に依るものなりと信じ、次《つい》で平石萬照、工藤清一、

今岡某等より天理本道の教義を受講せられるに及び、之に入信し、

二、奈良県北葛城郡磐城村字竹内なる大西愛次郎前邸改築に際しては、昭和七年一月二十三日より昭和十二年十二月末迄、約六年、同所に於て、所謂「日の寄進」なる労働奉仕を為し、其の間、各種教義書を渉猟繙読し、或は同業の者より教義の解説を聴く等、只管《ひたすら》教義の研究を為す内、

三、昭和十年春頃、教義が我国体と相容れざることを知り、進退に煩悶したる末、遂に之を克服し、爾来、一意、教義の研鑽に専念し、最高幹部たる岩田源右衛門の知遇を得、或は地方匂掛の組織班に加わり、或は地方状勢視察係に挙げられる等、重要なる地位を占めるに至りたるが、

四、昭和十年三月中、結社天理本道の結成を見るや、其の頃、同結社が上叙の如き不法の目的を有するものなることを知悉しながら、前示天理本道事務所に於て、之に加盟し、

五、以て、国体の変革を目的とする結社天理本道に加入し、且つ其の目的遂行の為にする行為を為すと共に、畏《かしこ》くも、天皇並に神宮に対し奉り、不敬の行為ありたるものなり。

被告人三好信一に関しては概要、次のようなものであった。

一、被告人三好信一は、浄土真宗の親交篤き家庭に生長したるより、其の感化を受け、夙に仏教に対する信仰心を有したりが、明治四十五年三月、山口県在山口師範学校を卒業し、爾来、県下各小学校訓導を歴任し、大正十二年四月、小学校長に累進したるものなるところ、昭和六年秋頃、義兄岡村勇等より天理本道の教義を聴くに及び、同教が甘露台世界なる理想社会の実現の目的とせるものにして、実生活に即せるものなりとして深く之に共鳴し、

二、昭和七年七月頃より夏期、冬期の休暇を利用し、前記信徒受附所又は天理本道事務所に於て、岩田源右衛門、小浦芳男、中川貴重郎、岸岡悟等より教義を受講し、各種教義書を渉猟繙読する内、本道に対する信仰を愈々《いよいよ》堅くし、遂に教職を辞して本道の為、精進せんことを決意し、昭和十三年三月、山口県熊毛郡光井村、光井尋常高等小学校長の職を辞し、爾来、教義の蘊奥《うんおう》を極めるべく、縷々、前記天理本道事務所に至り、前記幹部より教義を聴講し、之が研究に没頭し居る内、

最高幹部岩村源右衛門等より地方の有力信徒として待遇せられ、重用せらるるに至りたるが、

三、昭和十年五月頃、結社天理本道の結成を見るや、同年夏頃、同結社が上叙の如き不法の目的及び任務を有するものなることを知悉しながら、前記天理本道事務所に於て、之に加盟し、

四、以て、国体の変革を目的とする結社天理本道に加入し、且つ其の目的遂行の為にする行為を為すと共に、畏くも、天皇並に神宮に対し奉り、不敬の行為ありたるものなり。

被告人芝本清治に関しては概要、次のようなものであった。

一、被告人芝本清治は、大正三年七月、東北帝国大学札幌農科大学卒業後、熊本大林区署雇、山口県技手を歴任して、朝鮮産業技師奉職中、大酒の為、昭和七年十一月、脳溢血に罹りたるが、天理本道信徒たる妻の父岡村勇により本道に入信方を勧誘せられたるより、直に上阪し、岩田源右衛門より教義の解説を聴き、深く之に共鳴し、同年七月前記職を辞して帰郷し、専ら病気療養中、自宅に祭壇を設けて熱心に礼拝に努めたるに病勢梢《こずえに》減退したるを以て、之《これ》神の御守護によるものなりと盲信して、天理本道に入信し、爾来、縷々、上阪し、地方人に対して教義を解説し、信徒の獲得に努め居る内、病気全快したるを以て、下松市運送店高橋組の事務員に就職せるものなるが、

二、昭和十年五月、結社天理本道の結成を見るや、其の頃、同結社が前記の如き不法の目的及び任務を有するものなることを知悉しながら、前記天理本道事務所に於て、之に加盟し、

三、以て、国体の変革を目的とする結社天理本道に加入し、且つ其の目的遂行の為にする行為を為すと共に、畏くも、天皇並に神宮に対し奉り、不敬の行為ありたるものなり。

■懲役三年など

この事実認定に基づいて広島控訴院は次のような刑を言い渡した。

被告人野原百合熊、同山本恒男、同三好信一を各懲役三年に、被告人芝本清治を懲役二年に処し、被告人野原百合熊、同山本恒男、同三好信一に対しては、原審に於ける未決勾留日数中、各二百十日を夫々《それぞれ》、右本刑に算入

すべきものとする。

■上告趣意——天理本道教団は結社にあらず

これに対し、被告人野原百合熊外三名から上告がなされた。その弁護人には星野宗助、小河虎彦、原田市之進、千々松秀二が就いた。被告人野原百合熊、芝本清治、弁護人千々松秀二の上告趣意は概要、次のようなものであった。

一、仮に数歩を譲って、天理本道に国体変革の目的ありとするも、……天理本道に於ては、其の目的達成の為めに採るところの手段は天理本道教義の宣伝啓蒙運動で、其の教義の内容は、天然自然の理に因って大西愛次郎が甘露台世界の統率者、即ち、我国、引いて世界の統治権者たるべきであると為すもので、其の天然自然の理なるものには何等理論的根拠もなく、荒唐無稽もここに到っては極まれりと云うべく。方今《ほうこん》（＝現在―引用者）の文化社会に於て、此の如き低調妄味な教義に説伏される者が在り得ようか。之れ、本道の目的実現行為が全く結果発生力を欠除せりと云う所以である。原判決は結社成立の要件を欠除せる天理本道を結社なりと做《な》し、又、結社なりとするも、結社の目的達成の不可能なる点を観過《ママ》して有罪の宣告を為したるは、法律に違反したるものと云うべく、破毀は免れない。

二、被告人両名の入信の動機が何れも病苦の克服のみに出でたものであり、而《しこう》して、夫《そ》れが全部の目的で、他に何物もなく、而《しか》も、現在に於ては転向の赤誠を披瀝する被告人等である。治安維持法第六条によれば、本法違反の自首は、当然、刑の減軽又は免除が行われなければならぬ。然《しか》らば、同条は事後の自首者とも云うべき転向者に対しても、一脈、通ずべき立法精神を汲むに難くない。かく解してこそ、寛容なる同条の存在が炳《あきらか》として輝くを見るのである。原判決が被告人野原を懲役三年に処し、又、被告人芝本清治より執行猶予を奪し去ったのは、何れも刑の量定、甚だしく不当なりと思料すべき顕著なる事由あるもので、有罪止むなしとするも、量刑上に関し上告理由ありと思料するものである。

■上告棄却——国体観念を攪乱し国家の基礎を危からしめる惧れ

これに対し、大審院は「本件上告は孰《いず》れも之を棄却する」という主文を言い渡した。その理由は概要、次のようなものであった。

一、結社組織罪若《もし》くは結社加入罪は、苟《いやしく》も同法条の規定するが如き目的を有する結社を組織し、又は斯《かか》る目的を有する結社なることの情を知って之に加入したるときは直に成立し、其の結社の目的遂行の為にする手段が其の遂行に適切にして可能なることは、必しも成立要件に非ざるが故に、本件に於て天理本道が国体の変革を目的とするものにして被告人等が其の情を知って之に加盟したること判示の如くなる以上、仮令《たとえ》、天理本道の目的遂行の為にする手段が是、荒唐無稽なる教義の宣伝流布に過ぎずして、到底、忠良なる国民を説伏するの力なく、万古不易の国体を動かすに足らざるものなること、所論の如くなりとするも、前記結社加入罪の成立を断ずるに、毫も妨《さまたげ》あることなし。

二、被告人等に対する原判決の科刑を甚だしく不当と思料すべき顕著なる事由ありとなすを得ざることは、前に小河弁護人の上告趣意書に付《つけ》説明したるが如くなるを以て、論旨は其の理由なきものとする。

新たな拡大解釈・適用に備える法解釈

本判決があるまじき法解釈および法適用を冒して下されたものだったことは明らかであった。間もなく政府自身がそれを証明することになった。一九四一（昭和十六）年三月に公布された新治安維持法（法律第五十四号）の第七条以下の規定がそれである。

新興宗教団体（類似宗教団体）の「荒唐無稽な」教義の宣伝・流布などをすべて「結社目的遂行行為」の罪で取締ることは法論理的に無理がある。こう政府は考え、次章で詳しく見るように、新治安維持法の第七条以下においてそれを直截に問擬し得る新たな犯罪類型を設けたのである。

「類似宗教団体の思想犯罪としての特異性は、是等団体が、個人の精神的救済を其の主たる使命とする一般の宗教団体と異なり、現実の国家社会の改革に活動の重点を置いて居ります結果、政治及び社会運動団体たるの性格を帯びて居りますと共に、其の反面に於て、宗教的色彩を多分に帯びて居る点でありまして、主として政治乃至社会運動を取締対象として居りまする現行法を以て之を処断せんと致しますと、勢い法の不備を免れないのであります。其の必要に鑑み、新たに国体を否定し、又は神宮若《もし》くは皇室の尊厳を冒瀆することを目的とする結社及び集団に関する処罰規定を設けた次第であります」というのが政府の提案理由説明であった。

そこでは「国体の変革」概念に代えてより広い「国体の否定」概念が用いられた。それでも「類似宗教」の取締りには不十分だとして、「神宮若くは皇室の尊厳を冒瀆すべき事項を流布することを目的として結社を」云々という犯

撮影・桑原甲子雄「浅草公園奥山（台東区浅草二丁目）」 1935 年

同「日本橋区日本橋交叉点（中央区）」 1935 年

罪類型も付け加えられた。
　法理論的に無理な拡大解釈および拡大適用を冒し、後にそれを正当化し、新たな拡大解釈・拡大適用に備えるために法改正を行い、新たな犯罪類型を設けるというのも治安維持法の特徴であった。大審院もこの輪に加わった。その象徴ともいうべきものが本判決であった。この期を代表する判決だといってよかった。

担当弁護士のプロフィール③

☆今村力三郎（いまむら・りきさぶろう）

一八六六（慶応二）－一九五四（昭和二十九）年

長野県に生まれた。上京後、伴正臣《ばんまさおみ》大審院判事の玄関番をしながら専修学校（大正二年から専修大学と改称）法律科に入学し、在学中に代言人試験に合格し、一八八九（明治二十二）年から弁護士として活動した。四年間の裁判官時代（一八九四－九八）を除いて在野法曹として活躍した。足尾鉱毒事件の弁護を担当したことから、田中正造を介して幸徳秋水と知り合い、大逆事件の弁護を引き受けた。日比谷焼き打ち事件、シーメンス事件、森戸事件、帝人事件、五・一五事件、血盟団事件、神兵隊事件などの弁護も担当した。弁護士活動の傍ら、一九二〇（大正九）年から三五年間にわたって、母校の専修大学の評議員や理事を務めた。一九四六（昭和二十一）年、学生らから懇願され、八十歳を超えていたが、第五代専修大学学長に就任し、大学の再建に奔走した。没するまで在野法曹として活躍した。なお、今村の人と事件などについては、潮見俊隆『日本の弁護士』（日本評論社、一九七二年）一二三頁以下などを参照。

☆鈴木義男（すずき・よしお）

一八九四（明治二十七）－一九六三（昭和三十八）年

福島県に生まれた。東京帝国大学法科大学を卒業し、欧米留学から帰国後、東北帝国大学教授に就任した。しかし、一九三一（昭和六）年、東北帝国大学を追われ、弁護士登録を行い、吉野作造の紹介で今村に師事した。帝国弁護士会理事などの傍ら、東京女子大学教授、法政大学教授、専修大学教授なども務めた。

一九四五（昭和二十）年、日本社会党の結成に加わり、同党の憲法草案の作成にも関わった。翌年の衆議院選挙で日本社会党公認で立候補し当選、片山哲内閣（一九四七年五月二十四日―四八年三月十日）の司法大臣に就任した。一九四八（昭和二十三）年、法務庁新設に伴い、初代法務総裁に就任し、続く芦田均内閣（一九四八年三月十日―十月十五日）でも留任し、憲法草案の作成に関与した。専修大学学長、東北学院理事長も歴任した。一九六〇（昭和三十五）年、民主社会党の結成に参加し、党国会議員団長などを務めた。

☆**三輪壽壮**（みわ・じゅそう）

一八九四（明治二十七）－一九五六（昭和三十一）年

福岡県に生まれた。第一高等学校を経て東京帝国大学法科大学に入学し、東大在学中の一九一九（大正八）年には麻生久、赤松克麿らと共に新人会の創設に加わった。同法学部を卒業したが、岸信介、我妻栄らと首席を争い、生涯、親友を通した。東大卒業後は弁護士となり、日本労働総同盟や日本農民組合の法律顧問として労働争議や小作争議で活躍した。社会主義に傾倒し、日本社会主義同盟に加盟したことから、一九二二（大正十一）年に内務省警保局から「思想要注意人」に指定された。労働農民党書記長を経て、一九二六（大正十五）年末に日本労農党が発足すると、その書記長にも就いた。一九三二（昭和七）年の社会大衆党の創設にも関わった。一九三七（昭和十二）年の衆議院議員選挙で社会大衆党から立候補し、初当選した。一九四一（昭和十六）年九月から四二年四月にかけてのゾルゲ事件では尾崎秀実の官選弁護人を務めた。日中戦争の激化で社会大衆党が解体後は近衛文麿の新体制運動に協力し、太平洋戦争中は大政翼賛会組織局連絡部長、大日本産業報国会厚生部長を歴任した。

戦後は公職追放されたために弁護士業に専念し、極東国際軍事裁判では岸信介の弁護を担当した。追放解除後の一九五一（昭和二十六）年、第二東京弁護士会会長および日本弁護士連合会副会長に就任し、昭和電工事件では西尾末広の弁護も担当した。一九五二（昭和二十七）年の衆議院議員選挙で同議員（日本社会党）に返り咲き、一九五五（昭和三十）年には鈴木茂三郎、河上丈太郎らと共に左右社会党の統一を実現した。翌年逝去するや、日本社会党葬が営まれた。

☆**島野武**（しまの・たけし）

一九〇五（明治三十八）－八四（昭和五十九）年

福岡県に生まれた。第二高等学校を経て、東京帝国大学経済学部に入学後、東大新人会に入会し、新人会幹事長および全国学生社会科学連合会委員長に選ばれた。一九二七（昭和二）年には日本共産主義青年同盟に加入した。翌一九二八（昭和三）年、三・一五事件で島野の実兄の門屋博が逮捕され、島野も新人会関係者が多数検挙されるなかで、同年四月に逮捕されたが、翌日釈放された。大学外の労働運動に参加するようになり、関東金属労働組合大﨑支部の書記に就いた。一九二九（昭和四）年、治安維持法違反で逮捕されたが、共産党に入党していなかったことから保釈された。東京帝国大学中退後は共産党員で獄中にあった実兄の門屋博の勧めで弁護士を目指し、一九三〇（昭和五）年、高等文官試験司法科試験に合格し、一九三一（昭和六）年に弁護士を開業した。弁護士としては自らも経験した治安維持法違反被告事件の弁護にあたった。

戦争が激化すると、弁護士の仕事がなくなったために、南京国民政府顧問になっていた兄を頼って上海に渡った。そこで終戦を迎えた。門屋博は戦犯として中国で逮捕され、島野がその弁護に当ったが、国外退去命令を受けて日本に帰国した。帰国後は東京で弁護士を開業し、一九五〇（昭和二十五）年には東京弁護士会副会長に選ばれた。日弁連人権擁護委員や東京家庭裁判所調停員、東京地方労働委員会委員も務めた。一九五八（昭和三十三）年のやり直し仙台市長選では日本社会党の推薦で再立候補し、当選した。その後、七期二十六年にわたって仙台の発展に尽くした。この間、全国市長会会長、全国革新市長会副会長も務めた。仙台市長任期途中で死去した。

☆**津田騰三**（つだ・とうぞう）生年・没年不明

広島県に生まれた。東京帝国大学法科大学を卒業後、弁護士登録を済ませて、召集令状により兵役に就いた。広島の営所にいたときに関東大震災が発生した。満期除隊後、東京に戻り、松本譲治の門弟となって、同事務所でイソ弁を五年ほど勤めた。独立して駆け出し弁護士として全力で走っているうちに出会ったのが読売新聞社長殺人未遂事件の刑事弁護であった。それから知人の連座するいくつかの共産党事件の刑事弁護を引き受けた。精魂を傾けたのがひとのみち教団不敬事件の刑事弁護であった。その間、一九三五年に相沢三郎陸軍中佐が永田鉄山軍務局長を陸軍省において白昼に斬殺した相沢事件の軍事法廷の刑事弁護人も務めた。ひとのみち教団不敬事件の上告審で無罪弁論を行い、一息ついたところに第二回目の召集令状が届き、一九四四（昭和一九年）一月、北支、山西省に出征した。北支を転戦し、北朝鮮を経て南朝鮮にいた時に終戦を迎えた。苦労して内地に引き揚げたが、再び弁護士となって糊口を凌いだ。日米講和条約締結の日も弁護士として迎えた。

戦後も刑事弁護で活躍し、一九六八（昭和四三）年には日弁連人権擁護委員会委員長に推された。津田の六十年にわたる弁護活動については、津田騰三著『人権裁判二十六話――弁護士生活六十年の記録』（世界文庫、一九七六年）などを参照。

☆山内忠吉（やまうち・ちゅうきち）

一九〇九（明治四十二）－二〇〇〇（平成十二）年

鹿児島県に生まれた。一九二八（昭和三）年四月、東京帝国大学経済学部に入学。東大新人会の会合中に一斉検挙にあい、逮捕されて板橋署に二か月間勾留されたために停学一年の処分を受けた。一九三二（昭和七）年三月、同学部を卒業したが、共産党員をかくまった嫌疑で鶴見署その他で三か月、また、赤旗配布の嫌疑で寿署で三か月勾留された。健康を害して一時帰郷したが、再び上京し、一九三五（昭和十）年九月、高等文官司法科試験に合格し、同年十月、弁護士登録をして三輪壽壮法律事務所に所属した。一九四一（昭和十六）年六月、弁護士登録を抹消し、同年十二月に徴兵され、奄美大島高射砲部隊に入隊し、その後、部隊と共に北九州に移動して敗戦を迎えた。

一九四八（昭和二十三）年、弁護士に再登録し、翌四九（昭和二十四）年二月、自由法曹団に入団した。団員として、民商税金闘争弾圧事件、人民電車事件、レッドパージ事件、政令三二五号違反事件、日産百日争議事件、松山事件、川崎民商弾圧事件などの刑事弁護に加わった。自由法曹団神奈川県支部長を務めた。弁護士会では横浜弁護士会会長、日弁連「司法問題対策委員会」委員長などを歴任した。

山内の葬儀に際しての自由法曹団団長豊田誠の弔辞は次のようなものであった。

　山内忠吉先生、あなたの訃報に接し、私たち自由法曹団の全国の団員は大きな悲しみを禁じ得ません。

　あなたは、一九二八年東京大学経済学部に入学された後東大の社会科学研究団体の「新人会」に加入、「新人会」解散命令後は非合法に活動することを決め、直後に逮捕、勾留、停学処分と青春時代のはじめから困難な闘いを開始されました。一九三五年に高等文官試験に合格、弁護士として治安維持法違反の刑事事件等を担当し、戦後は岡崎一夫元団長の強いすすめで神奈川に本拠をおき、東神奈川駅で発生した人民電車事件、レッドパージ事件、など眼の回るような忙しさの中で常に労働者、国民の立場で、たゆまなき闘いを続けてきました。先生の活動は自由法曹団の歴史に深く刻み込まれているとともに、団神奈川支部の誕生・発展の歴史に輝かしい足跡を刻み込んでいます。元国民救援会神奈川県本部事務局長小倉勲さんの言葉で山内先生と岡崎先生のことに触れ、持ち味が違うがともに「温厚にして神のごとき人柄」と書いておられるのは全くお二人のお人柄を言い当てたものと思います。一九七二年には、立場の違いを越えて信頼を受け横浜弁護士会の会長となって活躍され、全国の団員の範となりました。

会議には常に時間通りお見えになり、大声で意見を言うことはないけれど、皆の意見を静かに注意深く聞かれていた姿は私たち後輩にとって限りない励ましとなっていました。その一方で「ここぞと言うときに出て一言で決める」と言われるように必要なときに鮮やかな切れ味を発揮されることもしばしばでした。

私たち自由法曹団は、今でこそ一五〇〇名を超え、すべての都道府県に団員の事務所をもつに至りました。神奈川でも一九六三年に若い弁護士による共同事務所が生まれるなど次々に若い団員が活動に参加し、自由法曹団神奈川支部も一〇〇名に迫る団員を擁するところまで発展しました。このような発展は、山内先生をはじめとする先達の苦労と汗のたたかいの歴史があったからこそといってよいでしょう。

山内先生、あなたが自由法曹団の闘い、とりわけ神奈川での国民共同の闘いにしるした功績は偉大です。

あなたの後から続く団員、そして多くの民主的な団体・個人が、先生のご遺志と事業を受け継ぎ、あなたのめざした道をさらに発展させる決意です。どうか、後に続く私たちのたたかいをしっかりと見守っていて下さい。自由法曹団全国一五〇〇名を代表しての心からの弔辞とさせていただきます。

（自由法曹団通信九七八号、二〇〇〇年二月二十六日）

なお、山内の弁護士としての活動などについては、上田誠吉「ある軍事裁判――山内忠吉先生に捧げる」民主法律家協会『法と民主主義』第一三六号（一九七九）年二頁以下などを参照。

山内忠吉の家族写真　1950 年

第四部　新治安維持法

一九四一（昭和十六）年

一月　企画院事件（高等官グループ事件）が発生

三月十日　治安維持法全面改正法（法律第五四号）の公布

五月十五日　予防拘禁制度が実施（予防拘禁所の設置）

十月十四日　ゾルゲ事件で尾崎秀実が検挙

十二月八日　太平洋戦争が勃発

十二月九日　左翼分子が全国的に検挙

十二月十九日　言論・出版・集会・結社等臨時取締法（法律第九七号）の公布

一九四二（昭和十七）年

九月十四日　横浜事件で細川嘉六が検挙

一九四三（昭和十八）年

三月十三日　戦時刑事特別法（法律第六四号）の公布

七月六日　創価教育学会事件が発生

九月　第七日基督再臨団事件が発生

一九四五（昭和二十）年

八月十五日　日本が連合国軍に無条件降伏

十月四日　治安維持法廃止の指令（ＧＨＱによる人権指令「政治的、公民的及び宗教的自由に対する制限の除去の件（覚書）」）の発出

十一月十五日　「ポツダム宣言の受諾に伴ひ発する命令に関する件に基く治安維持法廃止等の件」（勅令第五七五号）により治安維持法廃止

「昭和十六年改正治安維持法」（昭和十六年三月十日法律第五十四号）

第一章　罪

第一条　国体を変革することを目的として結社を組織したる者又は結社の役員其の他指導者たる任務に従事したる者は、死刑又は無期若《もしく》は七年以上の懲役に処し、情を知って結社に加入したる者又は結社の目的遂行の為にする行為を為したる者は、三年以上の有期懲役に処する。

第二条　前条の結社を支援することを目的として結社を組織したる者又は結社の役員其の他指導者たる任務に従事したる者は、死刑又は無期若は五年以上の懲役に処し、情を知って結社に加入したる者又は結社の目的遂行の為にする行為を為したる者は、二年以上の有期懲役に処する。

第三条　第一条の結社の組織を準備することを目的として結社を組織したる者又は結社の役員其の他指導者たる任務に従事したる者は、死刑又は無期若は五年以上の懲役に処し、情を知って結社に加入したる者又は結社の目的遂行の為にする行為を為したる者は、二年以上の有期懲役に処する。

第四条　前三条の目的を以て集団を結成したる者又は集団を指導したる者は、無期又は三年以上の懲役に処し、前三条の目的を以て集団に参加したる者又は集団に関し前三条の目的遂行の為にする行為を為したる者は、一年以上の有期懲役に処する。

第五条　第一条乃至第三条の目的を以て其の目的たる事項の実行に関し協議若は煽動を為し又は其の目的たる事項を宣伝し其の他其の目的遂行の為にする行為を為したる者は、一年以上十年以下の懲役に処する。

第六条　第一条乃至第三条の目的を以て騒擾、暴行其の他生命、身体又は財産に害を加えるべき犯罪を煽動したる者は、二年以上の有期懲役に処する。

第七条　国体を否定し又は神宮若は皇室の尊厳を冒瀆すべき事項を流布することを目的として結社を組織し

たる者又は結社の役員其の他指導者たる任務に従事したる者は、無期又は四年以上の懲役に処し、情を知って結社に加入したる者又は結社の目的遂行の為にする行為を為したる者は、一年以上の有期懲役に処する。

第八条　前条の目的を以て集団を結成したる者又は集団を指導したる者は、無期又は三年以上の懲役に処し、前条の目的を以て集団に参加したる者又は集団に関し前条の目的遂行の為にする行為を為したる者は、一年以上の有期懲役に処する。

第九条　前八条の罪を犯さしめることを目的として金品其の他の財産上の利益を供与し又は其の申込若は約束を為したる者は、十年以下の懲役に処する。情を知って供与を受け又は其の要求若は約束を為したる者、亦、同じ。

第十条　私有財産制度を否認することを目的として結社を組織したる者又は情を知って結社に加入したる者若は結社の目的遂行の為にする行為を為したる者は、十年以下の懲役又は禁錮に処する。

第十一条　前条の目的を以て其の目的たる事項の実行に関し協議を為し又は其の目的たる事項の実行を煽動したる者は、七年以下の懲役又は禁錮に処する。

第十二条　第十条の目的を以て騒擾、暴行其の他生命、身体又は財産に害を加えるべき犯罪を煽動したる者は、十年以下の懲役又は禁錮に処する。

第十三条　前三条の罪を犯さしめることを目的として金品其の他の財産上の利益を供与し又は其の申込若は約束を為したる者は、五年以下の懲役又は禁錮に処する。情を知って供与を受け又は其の要求若は約束を為したる者、亦、同じ。

第十四条　第一条乃至第四条、第七条、第八条及第十条の未遂罪は、之を罰する。

第十五条　本章の罪を犯したる者、自首したるときは、其の刑を減軽又は免除する。

第十六条　本章の規定は、何人を問わず、本法施行地外に於て罪を犯したる者に亦、之を適用する。

第二章　刑事手続

第十七条　本章の規定は、第一章に掲げる罪に関する事件に付《つき》之を適用する。
第十八条　検事は、被疑者を召喚し又は其の召喚を司法警察官に命令することを得る。
２　検事の命令に因り司法警察官の発する召喚状には、命令を為したる検事の職、氏名及其の命令に因り之を発する旨を記載すべし。
３　召喚状の送達に関する裁判所書記及執達吏に属する職務は司法警察官吏、之を行うことを得る。
第十九条　被疑者、正当の事由なくして前条の規定に因る召喚状に応ぜず又は刑事訴訟法第八十七条第一項各号に規定する事由あるときは、検事は被疑者を勾引し又は其の勾引を他の検事に嘱託し若は司法警察官に命令することを得る。
２　前条第二項の規定は、検事の命令に因り司法警察官の発する勾引状に付之を準用する。
第二十条　勾引したる被疑者は、指定せられたる場所に引致したる時より四十八時間内に検事又は司法警察官、之を訊問すべし。其の時間内に勾留状を発せざるときは、検事は被疑者を釈放し又は司法警察官をして之を釈放せしめるべし。
第二十一条　刑事訴訟法第八十七条第一項各号に規定する事由あるときは、検事は被疑者を勾留し又は其の勾留を司法警察官に命令することを得る。
２　第十八条第二項の規定は、検事の命令に因り司法警察官の発する勾留状に付之を準用する。
第二十二条　勾留場に付ては、警察官署又は憲兵隊の留置場を以て監獄に代用することを得る。
第二十三条　勾留の期間は二月とする。特に継続の必要あるときは、地方裁判所検事又は区裁判所検事は検事長の許可を受け、一月毎に勾留の期間を更新することを得る。但し、通じて一年を超えることを得ず。
第二十四条　勾留の事由消滅し其の他勾留を継続するの必要なしと思料するときは、検事は速に被疑者を釈放し又は司法警察官をして之を釈放せしめるべし。
第二十五条　検事は、被疑者の住居を制限して勾留の執行を停止することを得る。
２　刑事訴訟法第百十九条第一項に規定する事由ある場合に於ては、検事は、勾留の執行停止を取消すことを得る。
第二十六条　検事は、被疑者を訊問し又は其の訊問を司法警察官に命令することを得る。
2　検事は、公訴提起前に限り証人を訊問し又は其の訊問を他の検事に嘱託し若は司法警察官に命令することを得る。
3　司法警察官、検事の命令に因り被疑者又は証人を訊問したるときは、命令を為したる検事の職、氏名及其の命令に因り訊問したる旨を訊問調書に記載すべし。
4　第十八条第二項及第三項の規定は、証人尋問に付之を準用する。
第二十七条　検事は、公訴提起前に限り、押収、捜索若は検証を為し又は其の処分を他の検事に嘱託し若は司法警察官に命令することを得る。
2　検事は、公訴提起前に限り、鑑定、通訳若は翻訳を命じ又は其の処分を他の検事に嘱託し若は司法警察官に命令することを得る。
3　前条第三項の規定は、押収、捜索又は検証の調書及鑑定人、通事又は翻訳人の訊問調書に付之を準用する。
4　第十八条第二項及第三項の規定は、鑑定、通訳及翻訳に付之を準用する。
第二十八条　刑事訴訟法中、被告人の召喚、勾引及勾留、被告人及証人の訊問、押収、捜索、検証、鑑定、通訳並に翻訳に関する規定は、別段の規定ある場合を除くの外、被疑事件に付之を準用する。但し、保釈及責付に関する規定は此の限りに在らず。
第二十九条　弁護人は、司法大臣の予め指定したる弁護士の中より之を選任すべし。但し、刑事訴訟法第四十条第二項の規定の適用を妨げず。
第三十条　弁護人の数は、被告人一人に付二人を超えることを得ず。
2　弁護人の選任は、最初に定めたる公判期日に係る召喚状の送達を受けたる日より十日を経過したるときは之を為すことを得ず。但し、已むことを得ざる事由ある場合に於て裁判所の許可を受けたるときは、此の限りに在らず。
第三十一条　弁護人は訴訟に関する書類の謄写を為さんとするときは、裁判長又は予審判事の許可を受けることを要する。
2　弁護人の訴訟に関する書類の閲覧は、裁判長又は予審判事の指定したる場所に於て之を為すべし。
第三十二条　被告事件公判に付されたる場合に於て、検事必要ありと認めるときは、管轄移転の請求を為すことを得る。但し、第一回公判期日の指定ありたる後は此の限りに在らず。
2　前項の請求は、事件の係属する裁判所及移転裁判所に共通する直近上級裁判所に之を為すべし。
3　第一項の請求ありたるときは、決定ある迄訴訟手続を停止すべし。
第三十三条　第一章に掲げる罪を犯したるものと認めたる第一審の判決に対しては、控訴を為すことを得ず。
2　前項に規定する第一審の判決に対しては、直接上告を為すことを得る。
3　上告は、刑事訴訟法に於て第二審の判決に対して上告を為すことを得る理由ある場合に於て、之を為すことを得る。
4　上告裁判所は、第二審の判決に対する上告事件に関する手続に依り裁判を為すべし。
第三十四条　第一章に掲げる罪を犯したるものと認めたる第一審の判決に対し上告ありたる場合に於て、上告裁判所、同章に掲げる罪を犯したるものに非《あら》ざることを疑うに足るべき顕著なる事由あるものと認めるときは、判決を以て原判決を破棄し事件を管轄控訴裁判所に移送すべし。
第三十五条　上告裁判所は、公判期日の通知に付ては、刑事訴訟法第四百二十二条第一項の期間に依らざることを得る。
第三十六条　刑事手続に付ては、別段の規定ある場合を除くの外、一般の規定の適用あるものとする。
第三十七条　本章の規定は、第二十二条、第二十三条、第二十九条、第三十条第一項、第三十二条、第三十三条及第三十四条の規定を除くの他、軍法会議の刑事手続に付之を準用する。此の場合に於て、刑事訴訟法第八七条第一項とあるは陸軍軍法会議法第百四十三条又は海軍軍法会議法第百四十三条、刑事訴訟法第四百二十二条第一項とあるは陸軍軍法会議法第四百四十四条第一項又は海軍軍法会議法第四百四十六条第一項とし、第二十五条第二項中、刑事訴訟法第百十九条第一項に規定する事由ある場合に於てとあるは何時にてもとする。

第三十八条　朝鮮に在りては、本章中、司法大臣とあるは朝鮮総督、検事長とあるは覆審法院検事長、地方裁判所検事又は区裁判所検事とあるは地方法院検事、刑事訴訟法とあるは朝鮮刑事令に於て依ることを定めたる刑事訴訟法とする。但し、刑事訴訟法第四百二十二条第一項とあるは朝鮮刑事令第三十一条とする。

第三章　予防拘禁

第三十九条　第一章に掲げる罪を犯し刑に処せられたる者、其の執行を終り釈放せらるべき場合に於て、釈放後に於て更に同章に掲げる罪を犯すの虞あること顕著なるときは、裁判所は検事の請求に因り本人を予防拘禁に付する旨を命じることを得る。

2　第一章に掲げる罪を犯し刑に処せられ其の執行を終りたる者又は刑の執行猶予の言渡を受けたる者、思想犯保護観察法に依り保護観察に付せられ居る場合に於て、保護観察に依るも同章に掲げる罪を犯すの危険を防止すること困難にして更に之を犯すの虞あること顕著なるとき、亦、前項に同じ。

第四十条　予防拘禁の請求は、本人の現在地を管轄する地方裁判所の検事、其の裁判所に之を為すべし。

2　前項の請求は、保護観察に付せられ居る者に係るときは其の保護観察を為す保護観察所の所在地を管轄する地方裁判所の検事、其の裁判所に之を為すことを得る。

3　予防拘禁の請求を為すには、予め予防拘禁委員会の意見を求めることを要する。

4　予防拘禁委員会に関する規程は、勅令を以て之を定める。

第四十一条　検事は、予防拘禁の請求を為すに付ては必要なる取調を為し又は公務所に照会して必要なる事項の報告を求めることを得る。

2　前項の取調を為すに付必要ある場合に於ては、司法警察官吏をして本人を同行せしめることを得る。

第四十二条　検事は、本人定りたる住居を有せざる場合又は逃亡し若は逃亡する虞ある場合に於て予防拘禁の請求を為すに付必要あるときは、本人を予防拘禁所に仮に収容すること得る。但し、已むことを得ざる事由ある場合に於ては、監獄に仮に収容することを妨げず。

2 前項の仮収容は、本人の陳述を聴きたる後に非ざれば之を為すことを得ず。但し、本人、陳述を肯ぜず又は逃亡したる場合は此の限りに在らず。

第四十三条 前条の仮収容の期間は十日とする。其の期間内に予防拘禁の請求を為さざるときは、速に本人を釈放すべし。

第四十四条 予防拘禁の請求ありたるときは、裁判所は、本人の陳述を聴き決定を為すべし。此の場合に於ては、裁判所は、本人に出頭を命ずることを得る。

2 刑の執行終了前、予防拘禁の請求ありたるときは、裁判所は、刑の執行終了後と雖《いえど》も、予防拘禁の決定を為すことを得る。

第四十五条 裁判所は、事実の取調を為すに付必要ある場合に於ては、参考人に出頭を命じ事実の陳述又は鑑定を為さしめることを得る。

2 裁判所は、公務所に照会して必要なる事項の報告を求めることを得る。

第四十六条 検事は、裁判所が本人をして陳述を為さしめ又は参考人をして事実の陳述若は鑑定を為さしめる場合に立会い意見を開陳することを得る。

第四十七条 本人の属する家の戸主、配偶者又は四親等内の血族若は三親等内の姻族は、裁判所の許可を受け補佐人になることを得る。

2 補佐人は、裁判所が本人をして陳述を為さしめ若は参考人をして事実の陳述若は鑑定を為さしめる場合に立会い意見を開陳し又は参考と為るべき資料を提出することを得る。

第四十八条 左の場合に於ては、裁判所は、本人を勾引することを得る。

一 本人、定りたる住居を有せざるとき。

二 本人、逃亡したるとき又は逃亡する虞あるとき。

三　本人、正当の理由なくして第四十四条第一項の出頭命令に応ぜざるとき。
第四十九条　前条第一号又は第二号に規定する事由あるときは、裁判所は、本人を予防拘禁所に仮に収容することを得る。但し、已むことを得ざる事由ある場合に於ては、監獄に仮に収容することを妨げず。
2　本人、監獄に在るときは、前項の事由なしと雖も之を仮に収容することを得る。
3　第四十二条第二項の規定は、第一項の場合に付之を準用する。
第五十条　別段の規定ある場合を除くの外、刑事訴訟法中勾引に関する規定は第四十八条の勾引に、勾留に関する規定は第四十二条及前条の仮収容に付之を準用する。但し、保釈及責付に関する規定は此の限りに在らず。
第五十一条　予防拘禁に付せざる旨の決定に対しては、検事は、即時抗告を為すことを得る。
予防拘禁に付する旨の決定に対しては、本人又は補佐人は、即時抗告を為すことを得る。
第五十二条　別段の規定ある場合を除くの外、刑事訴訟法中、決定に関する規定は第四十四条の決定に、即時抗告に関する規定は前条の即時抗告に付之を準用する。
第五十三条　予防拘禁に付せられたる者は、予防拘禁所に之を収容し改悛せしめる為、必要なる処置を為すべし。
2　予防拘禁所に関する規程は、勅令を以て之を定める。
第五十四条　予防拘禁に付せられたる者は、法令の範囲内に於て他人と接見し又は親書其の他の物の授受を為すことを得る。
2　予防拘禁に付せられたる者に対しては、親書其の他の物の検閲、差押若は没収を為し又は保安若は懲戒の為必要なる処置を為すことを得る。仮に収容せられたる者及本章の規定に依り勾引状の執行を受け留置せられたる者に付、亦、同じ。
第五十五条　予防拘禁の期間は二年とする。特に継続の必要ある場合に於ては、裁判所は、決定を以て之を更新することを得る。

2　予防拘禁の期間満了前、更新の請求ありたるときは、裁判所は、期間満了後と雖も更新の決定を為すことを得る。
3　更新の決定は、予防拘禁の期間満了後確定したるときと雖も之を期間満了の時確定したるものと看做す。
4　第四十条、第四十一条、第四十四条乃至第五十二条の規定は、更新の場合に付之を準用する。此の場合に於て第四十九条第二項中、監獄とあるは予防拘禁所とする。
第五十六条　予防拘禁の期間は、決定確定の日より之を起算する。
2　拘禁せられざる日数又は刑の執行の為拘禁せられたる日数は、決定確定後と雖も前項の期間に算入せず。
第五十七条　決定確定の際、本人、受刑者なるときは、予防拘禁は刑の執行終了後、之を執行する。
2　監獄に在る本人に対し予防拘禁を執行せんとする場合に於て、移送の準備其の他の事由の為、特に必要あるときは、一時拘禁を継続することを得る。
3　予防拘禁の執行は、本人に対する犯罪の捜査其の他の事由の為、特に必要あるときは、決定を為したる裁判所の検事又は本人の現在地を管轄する地方裁判所の検事の指揮に因り之を停止することを得る。
4　刑事訴訟法第五百三十四条乃至第五百三十六条及第五百四十四条乃至第五百五十二条の規定は、予防拘禁の執行に付之を準用する。
第五十八条　予防拘禁に付せられたる者、収容後其の必要なきに至りたるときは、第五十五条に規定する期間満了後と雖も行政官庁の処分を以て之を退所せしめるべし。
2　第四十条第三項の規定は、前項の場合に付之を準用する。
第五十九条　予防拘禁の執行を為さざること二年に及びたるときは、決定を為したる裁判所の検事又は本人の現在地を管轄する地方裁判所の検事は、事情に因り其の執行を免除することを得る。
第四十条第三項の規定は、前項の場合に付之を準用する。

第六十条　天災事変に際し予防拘禁所内に於て避難の手段なしと認めるときは、収容せられたる者を他所に護送すべし。若《も》し護送するの暇なきときは、一時之を解放することを得る。
2　解放せられたる者は、解放後二十四時間内に予防拘禁所又は警察官署に出頭すべし。
第六十一条　本章の規定に依り予防拘禁所若は監獄に収容せられたる者又は勾引状若は逮捕状を執行せられたる者、逃走したるときは一年以下の懲役に処する。
2　前条第一項の規定に依り解放せられたる者、同条第二項の規定に違反したるとき、亦、前項に同じ。
第六十二条　収容設備若は械具を損壊し、暴行若は脅迫を為し又は二人以上通謀して前条第一項の罪を犯したる者は、三月以上五年以下の懲役に処する。
第六十三条　前二条の未遂罪は、之を罰する。
第六十四条　本法に規定するものの外、予防拘禁に関し必要なる事項は命令を以て之を定める。
第六十五条　朝鮮に在りては、予防拘禁に関し地方裁判所の為すべき決定は、地方法院の合議部に於て之を為す。
2　朝鮮に在りては、本章中、地方裁判所の検事とあるは地方法院の検事、思想犯保護観察法とあるは朝鮮思想犯保護観察法、刑事訴訟法とあるは朝鮮刑事令に於て依ることを定めたる刑事訴訟法とする。

付　則

本法施行の期日は、勅令を以て之を定める。

第一章の改正規定は、本法施行前、従前の規定に定めたる罪を犯したる者に亦、之を適用する。但し、改正規定に定める刑が従前の規定に定めたる刑より重きときは、従前の規定に定めたる刑に依り処断する。

第二章の改正規定は、本法施行前、公訴を提起したる事件に付ては之を適用せず。

第三章の改正規定は、従前の規定に定めたる罪に付本法施行前、刑に処せられたる者に亦、之を適用する。

本法施行前、朝鮮刑事令第十二条乃至第十五条の規定に依り為したる捜査手続は、本法施行後と雖も仍《なお》、其の効力を有する。

前項の捜査手続にして本法に之に相当する規定あるものは、之を本法に依り為したるものと看做す。

本法施行前、朝鮮思想犯予防拘禁令に依り為したる予防拘禁に関する手続は、本法施行後と雖も仍、其の効力を有する。

前項の予防拘禁に関する手続にして本法に之に相当する規定あるものは、之を本法に依り為したるものと看做す。

第七十六帝国議会（通常会）

会期：一九四〇（昭和十五）年十二月二十六日－
一九四一（昭和十六）年三月二十五日
大政翼賛会（一九四〇（昭和十五）年十月十二日－一九四五（昭和二十）年六月十三日）が結成され、全政党が解散
主要国務大臣および関係政府委員
総理大臣　近衛文麿（五摂家の近衛家当主、元貴族院議長）
外務大臣　松岡洋右（元外務官僚）
逓信大臣　村田省蔵（元大阪商船社長）
内務大臣　平沼騏一郎（元検事総長・大審院長）
司法大臣　柳川平助（元陸軍次官）
文部大臣　橋田邦彦（著名な生理学者）
陸軍大臣　東条英機（元関東軍参謀長・陸軍航空総監）
海軍大臣　及川古志朗（元海軍大将）
厚生大臣　金光庸夫（元新体制準備会委員・元大正生命保険社長）
内閣書記官長　富田健治
内務省警保局長　橋本清吉
司法省刑事局長　秋山要

第八章　新治安維持法の制定

1　太平洋戦争に備えた改正

思想検事は、治安維持法の拡張解釈を開発、定着させるとともに、起訴―公判―行刑―保護観察を一元的に把握することに努めた。思想検事が優位を占めるなかで、「治安維持法などの運用は我々に任せればよい」というような嵩《かさ》にかかった発言が多くの思想検事の口にのぼるようになった。思想検事の「指導」する裁判に誰も異論をとなえられないような状況が生まれていった。

この優位性を背景にして、思想検事は法運用だけではなく立法にも公然と口を出すようになった。司法省、裁判所もこれを容認せざるを得なかった。思想検事が新治安維持法の制定を事実上、牽引することになった。これまでの治安維持法の制定および改正の過程と異なるところであった。

そこで、本項では、新治安維持法案の議会審議の検討に先立って、思想検事の改正要望に光を当てる形で新治安維持法案の作成の経緯を少し詳しく見ておくことにしたい。

思想検事が法改正を要望

一九三五（昭和十）年の改正法律案が不成立に終わった後、一九三八（昭和十三）年頃より、現場の思想検事や判事から法改正の要望が上がり出した。[1] 同年六月二十四日から二十六日までの三日間、刑務協会階上大講堂において開催された思想実務家会同において東京地方刑事裁判所の栗谷四郎検事は治安維持法の改正問題に関して次のように発言した。(2)

治安維持法の改正に付て希望致したいのであります。……党組織の壊滅して居る現状にありましては、単純な共産主義の宣伝というような形を呈するものが非常に多いのでありまして、第一条の結社の目的遂行罪であるとも認められませず、又、国体を変革し、私有財産制度の否認を目的としたる事項の実行を協議又は煽動というような程度にも達して居ないような事案が相当あるのであります。而《しか》も尚、取調に当りましての心境に於きましては、何等の変化を来たして居らないというようなものもあるのでありまして、将来に於ても此の種のものが続出するのではないかと考えられますので、一応の御考慮を願いたいと存じて申上げる次第であります。

東京地方刑事裁判所の長谷川明検事も治安維持法の改正に関して次のように発言した。(3)

大正末期乃至《ないし》昭和初期の思想情勢に対応して作られた治安維持法を以て現在の思想運動を取締ろうと致しまするのは、恰《あたか》も、真直《まっすぐ》なる物尺《ものさし》を以て曲りくねった材木を計ろうとするに等しく、其の不便なことは誠に想像に余りがあるのであります。現に最近、相当多数を算《かぞ》え、而も、最も危険性が多いと見られる単純なる共産主義的啓蒙の事案の如きは、コミンテルン、日本共産党、其の他の結社の目的遂行行為と見まする以外には取締の方法がないような次第であります。……本省に於かれましては、篤《とく》と十分の御考慮あらんことを希望する次第であります。

思想実務家会同の諮問事項

このような要望を受けて、司法省は一九四〇(昭和十五)年五月二十一日の第十七回思想実務家会同において治安維持法を改正する意思を明らかにした。そして、次の事項を同会同の諮問事項とした。

実務上の経験に徴《ちょう》し（＝照らし合わせ─引用者）、治安維持法の改正に付て考慮すべき事項如何。

例えば、
１　第一条乃至第三条の規定を拡張するの要ありや。若《も》し、ありとせば、其の内容如何。
２　治安維持法違反事件に付て特に強制捜査に関する規定を設けるとせば、其の要綱（強制捜査の主体、範囲、拘束期間、行政検束との関係）如何。
３　刑の執行を終了したるものにして、仍《よ》って再犯の虞ある者に対し、予防拘禁制度を設けるの要否。
４　其の他。

「法規の整備に関するもの」も協議事項の一つとされた。(4) この諮問事項の協議に先立ち、会同の議長を務めた秋山要司法省刑事局長から諮問の趣旨が説明された。説明の第一は諮問に至る経緯に関してであった。


現行治安維持法が施行されまして以来、既に数年を経過致しまして、其の間に於ける我が国社会情勢の変化は極めて著しく、思想情勢も亦、之に応じて甚だしき変化を致して居りますことは、各位の御承知の通りでありますが、一方、詭激《きげき》思想防遏《ぼうあつ》の必要は毫も減じないばかりでなく、却って、其の度を増して居るやに考えられるのでありまして、治安維持法を改正致しまして、此の変化した思想情勢乃至思想運動に対応して之が取締の完璧を期する必要があるという論議が予《かね》てより唱えられて居りましたが、本省に於きましても、改正の準備に着手する必要を認めまして、其の為には先ず実務家たる各位から実務の経験に基く具体的な意見を徴しまして之が参考に供したいと思いまして、本問が諮問致された次第であります。

特に伺いたい要点は、「例えば」として列挙してありますが、其の他、改正を要すると思われる事項は、之に捉われず発言せられたいのであります。

説明の第二は右のような諮問事項を掲げた理由に関してで、主な理由が三つ指摘された。治安維持法第一条乃至第三条を然るべく改正して新情勢に応ぜしめる必要があるという点がその一つである。

元来、治安維持法は成立当時の議会応答に依りますと、共産主義又は無政府主義の鎮圧を目的とした立法でありまして、且つ、主として、日本共産党のような有力結社が存在しまして、コミンテルンの直接指令下に活動して居た運動情勢を対象として規定せられたもののようであります。然るに、現時に於きましては、当時と甚だしく事情が変わりまして、共産主義又は無政府主義に限らず、大本教、天理本道《ほんみち》等の不逞宗教思想に対しましても適用せられて居りまするとともに、他方、日本共産党のような中央結社は存在するような、或は存在しないような、甚だ其の存立が曖昧と相成って居ります。其の為に、法の運用上相当困難があるようでありますので、第一条乃至第三条を適当に改正して、新情勢に応ぜしめるの必要があるように思惟致しましたのが、第一の理由であります。

理由の二つ目は強制捜査権を付与する必要があるという点である。

御承知の如く、行政検束を捜査に利用致しますことが人権蹂躙であるという世評がかまびすしいので、予《かね》て司法制度調査会に於て刑事訴訟法の改正が論議せられて居りますが、行政検束の利用に代るべき制度に付きましては、治安維持法に関する限り特別に考慮すべきものであるという議論が相当強いのと、又、事犯の性質上、其の必要もあるように考えられまするので、若《も》し治安維持法違反事件に付《つき》特別の捜査手続を定めると致しますれば、強制捜査権の範囲、程度、又は強制捜査権を検事にのみ許すべきか、司法警察官にも独立して許容せしめるべきかというようなことに関しまして、意見を伺いたいと思うのであります。

三つ目の理由は予防拘禁制度を設ける必要があるという点である。

来年度に於きまして有力なる共産党員が非転向のまま、相当数、満期釈放致すばかりでなく、今後、引続いて多数の思想犯人が出所致すのでありまして、其の中には転向の疑わしき者も可成り含まれて居るのであります。之を放任致します時は、共産主義者団の春日庄次郎の如く、直ちに結社を組織し、治安上、誠に寒心に堪えざるものがあるばかりでなく、法の威信という点より見ましても不都合でありますので、之に対し対策を講ずる必要があるのであります。そこで、対策として、予防拘禁制度の要否に付ての意見の開陳を求めたのであります。

検事からの答申

この説明を受けて、会同では、東京地方刑事裁判所検事局検事を中心に議論が交わされた。「第一条乃至第三条の規定を拡張するの要ありや。若し、ありとせば、其の内容如何」という点については、例えば、東京地方刑事裁判所の平野利検事から、次のような答申が行われた[5]。

答申の第一は「国体変革の目的を以て其の目的遂行の為にする行為」を処罰する規定を置く必要があるという点である。

最近、日本共産党は極度に衰微して居りますのと、それから、コミンテルン第七回大会以後に於きまして共産主義運動の戦術に変化を生じまして、最近の実情は党員の活動が殆どなくなって居ります。そうして、党の外に在りまして党を支持する活動形態を採って居るのが、其の全部といってよろしいのであります。而《しか》も、党と直接関係を避けまして、合法場面を利用する者が多いのでありますから、現行の治安維持法第一条を以て処罰することが、或は解釈上、或は証拠上極めて困難となるのであります。而も、其の活動たるや、……現行法の第二条乃至第三条に該当しない場合があるのであります。之が為に、非常に取調に手数を要しまして、取調の日数も長期間に亙るのでありますから、之を拡張しまして、……「国体変革の目的を以て其の目的遂行の為にする行為」としますれば、無理に有らゆる方面から証拠を蒐集して、第一条に問擬して見ないでも、骨を折らないでも、容易に事件が処理し得るかと考えるのであります。

学生らのサークル活動などについても取締る必要があると力説されている。

最近の学生運動事件の取調の結果に徴しまして、学内活動の中心分子はコミンテルン及び日本共産党の認識を有して居るという点を認めるのでありますが、之等の者に勧誘されまして読書会等に加入して理論研究して居る、所謂下部組織に属する者は、コミンテルン及び党の認識を欠いて居りまして、……従って、是は治安維持法第一条の結社の目的遂行として処罰することが出来ない場合が多いのであります。而《しか》も、まだ具体的に此の実行の協議とか、或は実行の煽動というような行為にも至って居りませぬで、現行治安維持法の下に於ては処罰し得ない実情にあるのであります。と申しましても、斯様《かよう》な行動に学生が出まることは国家の治安上それを放って置けないと考えるのでありますから、先程申しましたように、是非、拡張する必要を認めるのであります。

類似宗教運動を取締る必要があるという点も答申の理由とされている。

類似宗教運動の処罰を強化する為に、国体変革の目的に出でない場合といえども、新たに処罰規定を設ける必要があると考えるのであります。……「皇室の尊厳を冒瀆し、其の他、人心を惑乱する事項を宣伝、流布する目的にて大衆を結合したる者又は情を知って其の結合を勧誘し、或は多数結合者の目的遂行の為にする行為を為したる者」、之を罰する規定を設けて戴きたいのであります。其の理由とする所は、……国体変革の目的を有することが明白なるものは勿論、之を以て処罰すべきでありまするが、其の程度に達せざるものも、結社活動として処罰すべき必要を感ずるのであります。例えば、（皇祖皇太神宮―引用者）天津教《あまつ》、ひとのみち、神政竜神会の如きは、之等の結社としての活動を処罰すべき条文がございませぬ為に、不敬、其の他の罪名で起訴したに過ぎなかったのであります。……之等、不逞な宗教結社を罰する規定を一つ設けて戴きたいと考えるのであります。

強制捜査規定の改正意見

「治安維持法違反事件に付て特に強制捜査に関する規定を設けるとせば、其の要綱（強制捜査の主体、範囲、拘束期間、行政検束との関係）如何」という点については、例えば、正木亮広島控訴院検事から「広島控訴院検事局の改正意見」として次のような改正意見が開陳されている。(6)

（一）は、急速を要する場合に於ける地方裁判所検事の勾引権であります。

（二）は、急速を要する場合に於ける地方裁判所検事の勾留権であります。それから、

（三）は、勾留被疑者に対する検事の訊問権であります。

（四）は、勾留期間を二月とし、特に必要ある場合には更新する権利、即ち、更新権を認めよということでありまして、更に、先程来、御話になりました調書――検事の聴取書の証拠力に付きましては勿論、之は与えなければならぬということになる訳であります。それから

（五）は、検事に物的強制権をも与える規定を設けて戴きたい。

この改正意見について、正木は「（広島控訴院検事局は―引用者）斯ういう提案をして居るのであります。それ等に関しましては、……裁判所側でも皆さん、御同意のことであろうと思いますから、敢えて説明は致しませぬ」としている。いうまでもなく、それは治安維持法違反事件の扱いに関する検事と裁判官の力関係を反映したものである。

正木からは次のような提案もなされている。

司法警察官——検事の手足であります所の司法警察官の行政検束権は、非合法だから絶対に許してはいかぬという御意見がありますれば、是は万已む得ぬことではありますが、それは法律上では正しく参りますが、実際の実務の経験に徴します時は、実務の運行は出来ませぬのであります。そこで、裁判所側の御要求に即応する為に、私の方から二つの提案をして居るのであります。其の一つは、……物的及び人的強制権に関し、検事に於て特に必要を認めたるときは適宜、其の権限を司法警察官に委任し得る規定を設けられたい、ことが一であります。

……以上の検事及び司法警察官に関する人的および物的強制権を認めざる以上は、行政検束権は絶対に保存して戴かなければ、今日の捜査事件を扱うことは絶対に出来ない。そこで、前を御認めになるか、然《しか》らずんば行政検束を今迄通り許して貰いたいというのが、私達の国家を防衛する上に於ての衷心の叫びであります……。

それから、実際運用と致しまして、もう一つお願いしたいのであります。……思想検事直属の司法警察官制度を設けて、其の組織を秘密機関として戴きたいというのであります。

予防拘禁制度についての提案

「刑の執行を終了したるものにして、仍《よ》って再犯の虞ある者に対し、予防拘禁制度を設けるの要否」についても、同じく正木から、「欧羅巴《ヨーロッパ》或は亜米利加《アメリカ》に於て論議を尽くされた研究の結果を総合致しまして、最も妥当と思う所を見究めまして、本提案を致しました訳でありまして、答申案に挙げてありますのを概略、読んで見まするど、斯ういう結論が出て居るのであります」として、例えば、次のような提案がなされている。(7)

「治安維持法違反の罪を犯したる者、釈放せらるべき場合に於て、釈放後、更に同一の罪を犯す虞ある場合に於ては、裁判所は検事の請求に依り、本人を予防拘禁に付することを得る規定を設けらること」、是が一つであります。……不定期予防拘禁というものを採る必要があると考えましたのであります。「予防拘禁は、二年乃至十年の範囲内に於て相対不定期に言渡される規定を設けること」、斯ういう答申を致したいと思うのであります。……第三には、「予防拘禁所は特設とし、已むを得ざる場合に於て、之を監獄の分界場所に拘禁することと致したし」、斯ういう結論を出して居ります。……第四には、……不定期、少なくとも相対的不定期の予防拘禁になれば、……人権尊重の思想に反する所がありますので、其の点を緩和する為に、「予防拘禁に関する仮釈放委員会を設置する規定を設けられること」、此の四つの提案を致したいと思います。

2　新治安維持法律案の作成

改正法律案

これらの提言を踏まえて、政府は、改正法律案の取りまとめ作業を急いだ。[8] 一九四一（昭和十六）年一月十五日、司法省は全六十五条からなる治安維持法改正法律案を作成した。[9] 翼賛会批判[10]で揺れるなか、近衛文麿内閣は同年二月七日、この法律案を第七十六帝国議会衆議院議会に提出した。[11] 同法律案は「第一章　罪」「第二章　刑事手続」「第三章　予防拘禁」「附則」からなっていた。実質的には新治安維持法律案と呼ぶべきものであった。

この法律案のポイントは、三点であった。一つは「第一章　罪」の部分で、この期に及んでも、なお「国体」擁護を目的とした罰則強化を図ろうとしていることである。

もう一つは「第二章　刑事手続」の部分で、治安維持法に特別な刑事手続の制度を新設しようとしていることである。

三つめは「第三章　予防拘禁」で、予防拘禁制度がより拡充する形で改めて登場していることである。

3 衆議院に付託

同案提出の理由説明

改正法律案は、先ず衆議院に付託された。一九四六（昭和十六）年二月六日に開催の衆議院本会議で議題とされた。同二月八日の衆議院本会議では、治安維持法改正法律案について第一読会が開かれ、冒頭で柳川平助国務大臣*（司法大臣）から、法案提出の理由説明(12)が行われた。説明の第一は取締りの必要性に関してである。

御承知の通り、我が国は今や、内外共に実に重大なる時局に際会して居るのであります、此の重大時局を乗切る為には、官民共に、益々、肇国《ちょうこく》の精神を発揚し、一致協力して、国体を擁護し、聖業翼賛の信念を堅持して進まなければならぬことは申すまでもない所であります、然《しか》るに、永年に亙り、当局が鋭意検挙を続行致したにも拘わらず、かかる重大時局下に於て、共産主義其の他の詭激《きげき》思想運動が依然として終熄致しませぬのみならず、最近に於きましては、再び台頭しつつあるやに認められますことは、洵《まこと》に遺憾の次第であります。現下の我が国情は、官民一致の努力にも拘わらず、事変の長期化と国際情勢の変化に伴い、各種の経済現象が漸次複雑化しつつあるのでありますが、かかる社会情勢は、ややもすれば詭激思想を助長し、詭激思想抱懐者をして乗ずるの機会を与えることと相成るのであります、したがいまして、是等不逞の思想運動に対しまして、現在程、強力なる施策を必要とする時期はないのであります。

説明の第二は共産主義運動の形態の変化に伴い治安維持法の規定に不備が生じているという点についてである。

而して、是が対策と致しましては、教育其の他の方面に於ける諸般の施策を必要と致すこと勿論でありまして、ただに刑罰を以て是が根絶を期することは、至難の業でありますことは勿論でありますが、いやしくも国体の変革を企画するが如き、不逞極まりなき詭激思想の抱懐者に対しましては、之を徹底的に検挙処罰し、彼等をして蠢動の余地なからしめること、必要欠くべからざる事柄であります。

現行治安維持法は、……大正末期より昭和初年に掛けての思想運動情勢を背景として規定せられましたる関係上、共産主義運動、ことに日本共産党の活動を、主たる対象として規定せられて居るのであります、然るに、運動情勢の変化に順応し、治安維持の目的を達成するが為には、一面共産主義運動のみならず、無政府主義運動、民族独立運動又は類似宗教運動等、各種の詭激思想運動にも、また、之を適用する実際上の必要がありまするると共に、他面、共産主義運動に関しましても、情勢の変化、ことにいわゆる、人民戦線方策の採用に依り、其の運動形態は本法制定当時に比し極めて複雑化するに至りましたので、現行治安維持法は事案を処理致す上に於て、不備の点が多々、存するに至ったのであります。したがって、事態の変化に対応して、取締の完璧を期するため、現行法の罰則を整備強化する必要があるのであります。

説明の第三は、特別な刑事手続を創設する必要性についてである。

それと同時に、本法施行以来の実蹟に徴し、且つ思想犯罪事件の特質に鑑みまして、捜査機関の捜査手段を強化致し、其の迅速適正を期すると共に、裁判手続もまた、之を極めて敏速化し、且つ又、過去に於て此の種手続に関し屢々《るる》行われた、いわゆる法廷闘争を防止する為の制度を設ける必要があるのであります。捜査及び審判に関する現行刑事訴訟法の規定は極めて不備でありまして、かかる現下の必要を十分に充し得ませんので、其の不備を補い、其の完璧を期することは喫緊の要務であります。

説明の第四は予防拘禁制度を創設する必要性についてである。

更に、最近の共産主義運動の実情を見まするに、活動の中心を為すものは、多く非転向の刑余者（＝前科のある者—引用者）又は執行猶予者でありますのみならず、思想犯人の特質より致しまして、一旦感染したる詭激思想は容易に払拭致し難く、刑の執行に依るも改悛せざる

＊柳川平助（やながわ・へいすけ）
一八七九（明治十二）－一九四五（昭和二十）年
長崎県に生まれた。陸軍士官学校、陸軍大学校を卒業後、欧州駐在武官などを経て、荒木貞夫陸軍大臣の下で一九三二（昭和七）年に陸軍次官に就任し、真崎甚三郎らと並んで皇道派の重鎮となった。荒木、真崎らの力が衰えると、台湾軍司令官に追いやられ、二・二六事件後は予備役に編入された。しかし、一九三七（昭和十二）年の第二次上海事変を受けて編成された第一〇軍の司令官として現役に復帰し、南京戦などで戦果を挙げた。召集解除後は帰還し、一九三八（昭和十三）年に設立された興亜院の初代総務長官に就任した。そして、一九四〇（昭和十五）年、第二次近衛文麿内閣で司法大臣となり、一九四一（昭和十六）年七月十八日からの第三次近衛内閣では国務大臣に転じた。大政翼賛会副総裁も務めた。

者、其の数に乏しくありません。この実情に鑑み、思想犯罪の鎮圧と予防の効果を完璧ならしめる為に、一定の条件と手続の下に、いわゆる、非転向分子を社会より隔離し、且つ其の改悛を促すことを目的とする予防拘禁制度を設ける必要があるのであります。（拍手）

柳川の理由説明は次のようなまとめで締めくくられた。

　之を要しまするに、現行治安維持法を全般に亙って改正し、罰則を整備強化して其の完璧を期し、特別刑事手続を創設して、検挙より裁判に至るまで其の手続を迅速適正化し、予防拘禁制度を確立し、非転向分子をして乗ずる所なからしめることは、現下喫緊の要務でありまして、国体を擁護し、大義を匡《ただ》し、以て高度国防国家体制の完璧を期する所以であると信じ、ここに本案を提出する次第であります。何卒慎重御審議の上速やかに御協賛あらんことを希望致す次第であります。（拍手）

特別委員会への付託

　このような理由説明の後、「本案は議長指名十八名の委員に付託されんことを望みます」との動議が出され、動議は「異議なし」として採択され、議長から委員が指名された。

　この治安維持法改正法律案委員会は、一九四一（昭和十六）年二月十日、十二日、十三日、十四日、十五日、十七日、十八日、十九日というように八日間、開催された。十日の委員会では、委員の互選で委員長には服部英明が選任され、委員長の指名で理事には泉國三郎*、眞鍋勝**、松木弘***が選出された(13)。

「第一章　罪」の詳しい理由説明

　十二日の委員会では、冒頭で三宅正太郎政府委員（司法次官）から、法律案提出の理由がより詳しく説明された(14)。その第一は「第一章　罪」の部分に関してで、主要な改正点は六点あるとされた。

　昭和十年七月の「コミンテルン」第七回世界大会に於ける人民戦線方策の採用および一昨年秋の「コミンテルン」の戦術転換は、更に運動形態の複雑化を増大致して居るのであります。かかる事態は現行法の予想しなかった所でありまして、法の運用上、相当困難があるのでありますから、現行法第一条乃至第三条を適当に改正して、新情勢に対応せしめると共に、刑罰に付ても之を加重して、我が国体の尊厳にして冒すべからざるものなることを規定の上に明徴ならしめ、以て取締の完璧を期すると共に、早期検挙の実を挙げるため改正の必要があるのであります。其の趣旨に於きまして罰則を整備強化せんとするものでありますが、其の主要なるものは次の六点であります。

そのうち、第一点については次のように説明された。

其の一は、本案に於きましては、国体を変革することを目的とする犯罪と私有財産制度を否認することを目的とする犯罪に関する規定を各、別個の条文と致し、又、国体変革に関する犯罪に付きましては刑種を懲役に限り、

＊泉國三郎（いずみ・くにさぶろう）
一八九六（明治二十九）‐一九六三（昭和三十八）年
岩手県に生まれた。工場労働者、土木作業員、出稼ぎ労働者などとして勤労した後、上京し、大蔵省普通文官試験、弁護士試験に合格し、東京で弁護士事務所を開設した。一九二六（大正十五）年に労働農民党が結成されるや岩手県支部連合会常任執行委員などを務めた。同党解散後は岩手無産党などを組織し、執行委員長として無産政党の再建に尽力した。一九三七（昭和十二）年の総選挙では立憲政友会から立候補し、当選した。次の総選挙でも再選を果たした。戦後も衆議院議員を務めた。

＊＊眞鍋勝（まなべ・かつ）
一八八一（明治十四）‐一九六三（昭和三十八）年
徳島県に生まれた。第三高等学校を経て東京帝国大学文科大学を卒業、さらに一九二三（大正十二）年に京都帝国大学法学部（大正八年に法科大学から改組）を卒業し、弁護士を開業した。一九二八（昭和三）年の総選挙で当選し、以後、当選を重ねた。阿部信行内閣（一九三九年八月三十日‐四〇年一月十六日）では司法参与官を務めた。戦後も衆議院議員を務めた。

＊＊＊松木弘（まつき・ひろむ）
一八七九（明治十二）‐一九六七（昭和四十二）年
新潟県に生まれた。東京法学院（中央大学の前身）を卒業し、翌年、司法官試補試験に合格した。鳩山和夫法律事務所でイソ弁を経験した後、郷里の新潟県で弁護士事務所を開設した。弁護士業の傍ら、新潟市会議員、新潟県会議員を務め、新潟県弁護士会会長にも就いた。一九三二（昭和七）年の総選挙で立憲政友会から立候補し、当選した。一九四〇（昭和五）年の政友会解党後は、東条英機内閣（一九四一年十月十八日―四四年七月二十二日）に協力的な翼賛議員同盟に不満を持った鳩山一郎が結成した同交会（一九四一年十一月十日―四二年五月十四日）に所属し、活動した。米内光政内閣（一九四〇年一月十六日‐七月二十一日）では農林参与官を務めた。一九四二（昭和十七）年の翼賛選挙では非推薦で落選。同交会は選挙後の五月、新たに発足した翼賛政治会に強制的に吸収されて解散された。戦後は一九四五（昭和二十）年に鳩山一郎、河野一郎、芦田均らを中心に結成された日本自由党の新潟県支部長に就任した。一九四六（昭和二十一）年の補欠選挙で当選し、政界に復帰した。鳩山に従い日本民主党に入り、一九五五（昭和三十）年に自由民主党が結成されると新潟県連最高顧問に就任した。

禁錮刑を削除致しますと共に、刑の短期を高めることに依って刑罰を重化致した点であります。

第二点については次のように説明された。

其の二は、本案の第二条に於て、支援結社、いわゆる、外郭団体に関する処罰規定を新たに設けたことでありま す。御承知の如く、各種の外郭団体に依る共産主義者の組織的行動は、現行法実施後に現われましたる思想犯罪の新たなる態様でありますが、是等の外郭団体は専ら日本共産党の貯水池たるの役割を果し、三・一五事件以来、数次に亙り党中央部に対し致命的検挙を加えましたに拘らず、其の力に依って党の勢力を順次補給し、党の再建に寄与致しました一面、広く大衆に共産主義思想を滲透伝播せしめるに与って力があったことは顕著なる事実であります。即ち、共産主義運動に対する防遏《ぼうあつ》の目的を達しますためには、独り共産党のみを取締の対象にするのでは到底、不可能であることが明らかかと相成ったのであります。（略）共産党自体の活動が殆ど休止せる状態にありまず最近に於きましても、唯物論研究会其の他、一、二の典型的な外郭団体を検挙致しました事例もありまして、現在に於ても支援結社の処罰規定を設ける必要は十分にあるのであります。

したがって、本案に於ては、外郭団体に関する特別規定を新設致しますと共に、国体変革を目的とする結社の例に倣《なら》いまして、支援結社の組織者及び之に匹敵すべき主動者に対しては最高を死刑と致すと共に、最低は五年の懲役と規定致し、なお、其の加入者又は目的遂行行為者に対しても之を処断し得るの途を開いたのであります。

第三点については次のように説明された。

其の三は、本案第三条に於て、準備結社に関する規定を新設致したことであります。最近の共産主義運動の特色は、前述の如く、分散的個別的なる形態を採って居るのでありまして、ことに国体変革を窮極の目標として待望しつつ、当面、集会、宣伝、啓蒙其の他の方法に依りまして、共産主義者を養成結集して、党再建の機運を醸成することを主たる目標として結社を組織する者が相当に多い現状であります。かかる結社を現行法第一条の結社と認め得ないことは勿論でありまして、しかも、かかる結社に対しましては、支援結社に対すると同様、相当の重刑を以て臨み、且つ結社其のものを把えて之を処理するの必要がありますので、新たに準備結社に関する規定を設けることと致したのであります。

第四点については次のように説明された。

其の四は、結社の程度に至らざる集団に関する規定を設けたことであります。前述の如く、最近の共産主義運動の形態が分散的個別的となりました結果、いわゆる、準備結社の出現と共に、いわゆる「グループ」的形態に依る運動が漸次其の数を加えて居るのであります。現行法の解釈として、結社は共同の目的の為にする特定多数人の任意の継続的結合にして、相当結合力の鞏固《きょうこ》なるものであると解せられて居ります為、其の結社の要件の一を欠く場合に於きましては、之を結社とは認め得ないのであります。而《しか》も、前述のいわゆる「グループ」的存在の中には、或は共同目的の点に於きまして、或は構成員の特定性の点に於きまして、結社と認定し得ないものが相当に多く、現行法の規定を以てしましては、之を結合体それ自体として処理し得ませぬ為、結社に関する規定のみを以てしましては、取締の完璧を期し得ないのであります、而も此の種集団は単に最近の共産主義に於ける運動形態に現われて居りますのみならず、無政府主義運動又は民族独立運動に於ては常に現われる運動形態でありますので、かかる現行法の不備を補正する必要あるに鑑み、ここに第一条乃至第三条の目的を以て結成せられた集団に関する処罰規定を設けることに致したのであります。

第五点については次のように説明された。

其の五は、本案第五条に於て、宣伝其の他、国体変革の目的遂行に資する行為を取締る規定を設けたことであります。現行法には、個人的行為に関する取締規定として実行の協議、煽動及び犯罪煽動に関する処罰規定のみを設け、其の余の行為に及んで居ないのでありますが、最近に於ける運動情勢を見まするに、宣伝、啓蒙其の他、危険なる行動を取締る必要が多分にあるのであります。……最近に於ける運動情勢が分散的個別的でありますのみならず、いわゆる、人民戦線方策の採用以来、其の運動態様も多岐多様に亙るに至りましたので、取締の完璧を期するが為には、いやしくも国体変革の思想に基づき其の目的の遂行に資するべき一切の個別的活動をもまた、総て之を罰すべきものとなす必要を認めたので、個人的行為に関しましても、ここに「其の他、目的遂行の為にする行為」なる包括的規定を設けることに致した次第であります。

第六点については次のように説明された。

其の六は、類似宗教団体等に関する処罰規定を新たに設けたことであります。現行法第一条が皇道大本、天理本道《ほんみち》、燈台社の如き類似宗教団体に対してもまた、適用せられるに至りましたことは、前述の通りでありますが、是等の外、過去に於て人心の不安に乗じ、無智蒙昧なる一般大衆を対象として、神宮又は皇室の尊厳を冒瀆し、其の他、国民の国体観念を惑乱するが如き不穏不逞の教義を宣布することを目的とする類似宗教団体に対して、治安維持法を適用すること、困難なるため、之を結合体それ自体として処罰し得ず、単に其の個々の行為を把えて之を処断したに過ぎない事例が二、三に止まらないのであります。

類似宗教団体の思想犯罪としての特異性は、是等団体が個人の精神的救済を其の主たる使命とする一般の宗教団体と異なり、現実の国家社会の改革に活動の重点を置いて居ります結果、政治及び社会運動団体たるの性格を帯びて居りますと共に、其の反面に於て、宗教的色彩を多分に帯びて居る点でありまして、主として政治乃至社会運動を取締対象として居りまする現行法を以て之を処断せんと致しますと、勢い法の不備を免れないのでありますます。

其の必要に鑑み、新たに国体を否定し、又は神宮若《も》しくは皇室の尊厳を冒瀆することを目的とする結社及び集団に関する処罰規定を設けた次第であります。

刑事手続規定の新設

三宅からは特別な刑事手続の新設についてもその理由が詳しく説明されている。主な理由は四つあるとされている。

次に第二章は、刑事手続に関する規定を新設致したのでありますが、大体に於て、四つの事項を、其の主要なるものと致すのであります。其の一は、捜査機関に対し相当広汎なる強制捜査権を認めたことであります。其の二は、公判手続に於て控訴審を省略することに致したことであります。其の三は、弁護士の指定及び其の数の制限等に関する規定を設けたことであります。其の四は、管轄移転を為し得る場合を拡張致したことであります。

そのうち、強制捜査権については次のように説明されている。

治安維持法の事犯は、捜査を困難且つ長期ならしめる幾多の事由を具備する反面に於て一般犯罪者と異なり、其の捜査に際し被疑者の身体を拘束致しません時は忽《たちま》ち其の所在を晦《くら》まし、直ちに其の犯罪的活動を継続するを常とするのであります。したがって、一旦検挙致した以上は其の終局処分をなすまで其の身体を拘束し、逃亡を防止致しますことは絶対に必要であります。然るに、現行刑事訴訟法に於ては、御承知の如く、捜査機関に附与せられた強制捜査権は極めて狭い範囲に限られて居りまして、捜査上の必要を殆ど充し得ないのであります。仍《よ》って、本案に於ては、現行法上捜査機関の中枢の地位を認められて居ります検事に対し相当広範囲の強制捜査権を附与し、敏速適正なる捜査を実施せしめ、以て治安維持の為の必要を充足すると共に、其の濫用を防止するため、強制捜査を致した場合に於ては、其の責任の所在を明確に致すべく、十分の配慮を加えて規定致した次第であります。

控訴審を省略した点については次のように説明されている。

元来、この種事件は其の実体的、内乱予備事件に該当致すのであります。現行刑事訴訟法が内乱予備事件を大審院の特別権限に属せしめ、一審制を採用致した立法趣旨に鑑みまするならば、此の種事案は極めて敏速に処理致すことが必要であることは申すまでもない所であります。仍って、本案に於ては、審判手続を敏速化するため、控訴審を省略するを適当と認め、第一審の判決に対し控訴を許さざる旨を規定致した次第であります。

指定弁護人制度の採用については次のように説明されている。

本案に於ては、前述の如く、弁護に関し種種の制限を設けました。其の立法趣旨は、要するに被告人の弁護に名を藉《か》りたいわゆる法廷闘争を防止せんとする所にあるのであります。治安維持法の違反事件の審理に際しまして、縷々《るる》、法廷闘争が行われましたことは、既に御承知の事柄と存じますので、詳しくは申上げません。本案に於ては、かかる事例に鑑み、其の弊害を防止するため、弁護士指定に関する規定を設けると共に、訴訟の敏速化を図るため、弁護人の数の制限に関する規定を設け、且つ訴訟に関する書類の閲覧、謄写を制限し得るものと致した次第であります。

管轄移転をなし得る場合の拡張については次のように説明されている。

前述の如く、思想犯罪は組織的、集団的犯罪たる特質を有して居りますので、全国各地に亙り、多数の関係者を拘禁し、起訴致す場合が多いのであります。

事件に依りましては、各地に散在する事件を一個所又は数個所の裁判所に集中して審理を致すことが審理の敏速適正を期する上に極めて効果的である場合が多いのでありますが、現行刑事訴訟法の管轄移転に関する規定は極めて狭い範囲に限られて居り、かかる必要を充し得ませんので、新たに管轄移転に関する規定を設け、審理の敏速適正を期したのであります。

予防拘禁規定の新設

第三章で予防拘禁に関する規定を新たに設けたことについても三宅からその理由が詳しく説明されている。

理由の一つは、本年中にはいわゆる三・一五事件および四・一六事件関係の非転向巨頭分子にして出獄すべき者が相当数に上るという点である。

思想犯人はいわゆる確信犯人でありまして、之を実情に徴しまするに、一旦、感染したる思想は容易に払拭し難く、刑の執行に依るも全然悔悟せず、在監久しきに亙りながら転向を肯ぜざる者、若《も》しくは非転向のまま刑の執行を終了し釈放せられたる者、或は転向を偽装して寛大なる処置を受けたる者等、其の数相当多数に上って居るのであります。而《しか》も、最近の共産主義運動に於ては、活動の中心を為す者の多くはかかる非転向分子、又は偽装転向分子にして、刑の執行を終了したる者若しくは執行猶予の処分に付せられたる者でありまして、中には出獄後半年足らずして、多数の同志を結合して、無垢の者に悪思想を感染せしめたる事例も少なくないのであります。しかのみならず、本年中にはいわゆる三・一五事件及び四・一六事件関係の非転向巨頭分子にして、出獄すべき者が相当数に上るのでありまして、彼等を現下の社会に放出致しますことは危険極まりないのであります。

理由の第二は、これらの者には思想犯保護観察制度だけでは対処し得ないという点である。

かかる詭激《きげき》分子は思想犯保護観察法実施の結果に徴し

ますするに、保護観察に付するも到底、改悛を期待し得ざる者であること、明白でありますので、ここに予防拘禁の制度を新設したのであります。即ち、詭激思想を放棄せず、再犯の虞、顕著なる者に対し、国家治安に関する危険を予防すると共に、危険なる犯罪を防遏《ぼうあつ》するの効果を完璧ならしめるがため、一定の条件と手続の下に之を社会より隔離し、悪思想の伝播を防止し、併せて強制の方法に依り思想の改善を図り、忠良の日本人に立返らしめることを以て予防拘禁制度の主眼と致すのであります。

本法律案が採用した予防拘禁制度の概要についても次のように説明されている。

　本案に於て規定致した予防拘禁制度は、其の対象者を治安維持法の罪を犯し、刑の執行を終りて出獄せんとする者及び刑の執行終了若くは刑の執行猶予の言渡しを原因として思想犯保護観察法に依る保護観察中の非転向分子と致したこと、検事の請求に依り裁判所の決定を以て予防拘禁に付することに致したこと、此の予防拘禁の期間を二年とする相対的定期制度を採用したること、行政官庁の処分を以て何時にても退所せしめ得ることと致したこと、予防拘禁委員会を設け予防拘禁の請求、更新及び退所に付き委員会の意見を求めることを要するとなしたこと、及び決定確定前に於ける検事及び裁判所の強制権を或る程度認めたこと、等を其の骨子と致すのであります。

最後に三宅によると、改正のポイントが改めて次のようにまとめられている。

　以上が改正の主要なる点でありますが、大体に於きまして、国体変革に関する行為に付き特に其の処罰を強化徹底せしめることに重点を置き、現在の実情に即し、思想犯罪の処理の敏速適正を図り、其の予防及び鎮圧の作用を、一層効果的ならしめる趣旨に出でて居るのであります。

処罰強化が本改正の重点

政府委員の説明は右のようなものであった。お題目のように「国体変革」の予防を名目として処罰の強化徹底を図ることが本改正の重点であると説明されている。

しかし、実際は、拡大解釈の域をはるかに超える「拡大解釈」の繰り返しにより、当初の取締りの目標であった日本共産党およびその外郭団体は活動のみならず、その存在自体も既に消滅させられていた[15]。この点に鑑みれば、処罰の強化徹底どころか、法の役目はもはや果したとして、法を廃止するという選択肢もあり得た。

しかし、当局は、治安維持法による取締りの団体を「本来の結社」から「集団（グループ）」に拡大するだけでなく、支援結社・集団および準備結社・集団も取締りの対象とし、新たにこれらの団体などの行う「国体変革の目的に資する行為」をすべて処罰することにしたうえで、類似宗教団体なども取締りの対象に加え、これらの団体などの行う「国体を否定し、又は神宮若くは皇室の尊厳を冒瀆する目的に資する行為」をもすべて処罰するという、厳罰の網を飛躍的に拡大する道を選んだ。

「国体変革」の予防を「錦の御旗」にするために治安維持法という名称は維持されたが、その内容は大きく異なり、実質は新治安維持法とでも呼ぶべきものであった。この新治安維持法が、大日本帝国憲法でさえも擁護した「民主主義」や「自由主義」を含む「反ファシズム」の運動の取締りに旧治安維持法以上に猛威を振るうことになったのはいうまでもない。

早く審議終了を――「戦時議会」の言葉も

新治安維持法律案に対する衆議院特別委員会の態度は政府と何ら異なるものではなかった。「戦時議会」というような言葉さえもみられた。「民主主義」や「自由主義」にとって重大な脅威になるのではないかといった問題意識はもはや認められなかった。それは委員会の議事進行に係る次のような委員発言からも明らかであろう。

○*三田村（武夫）委員（略）今、藤田君から御発言のありました問題ですが、私も同じような考えを持って居るのです。必要なものでどうしてもやらなければいけない。議会の会期を短くするから大急ぎでやるというのなら、是は簡単にやってしまったらよろしい。どうせ修正する点もないと思います。それからごく簡単にやってしまってよろしいと思いますが、勿論、此の法案其のものを修正するとか、其の成立を希望しないとかいうのではなくて、立法する者の態度としては、……余りあっさり簡単に此の法案を片付けてしまわれないように、御願いしたいと思います[16]。

○藤田（若水）委員（略）一体、戦時議会としての吾々の態度は、政府に質《ただ》すべきことは質すが、審議を何回も何回も繰返すということは吾々の態度ではない。それで私は先刻、何回くらいで片付けるかということを御相談されないかと申上げたのですが、私は委員会は三回も開けばよろしいじゃないかと思う。岡田（啓介―引用者）内閣の当時、治安維持法が出て参った時に、国体変革ということの唯、一条文で繰返し繰返し議論をした。もう私は愛想が尽きた。法律家でも何でもない総理大臣を引捕えて、そうして……憲法の解釈の口述試験を繰り返し繰り返しやって、呆れてしまったことがある。……是はお互いに自粛して、やるかやらぬかの問題です。それで御申合わせがあれば、一番よろしいのじゃないか。こう思うのです(17)。

○服部（英明）委員長　議事進行に関しての藤田君の御趣意と私とは大同小異で、僅かの点で相違を致して居ると思います。それは、通常の議会の如く、ずるずると悠長にやるという考えは毛頭ありません。なるべく早く審議を終了したいという希望を持って居ることは同様であります(18)。

○田村**（秀吉）委員　私は昨日、大体、本法改正に関する政府の御意思のある所を秘密会で承り、政府御苦心の存する所も大体、諒承致しました。本法を制定して我が国の思想問題の取締をより良くして行くということに付きましては、私共も協力して行きたい。こういう心持になって居ります(19)。

＊三田村武夫（みたむら・たけお）一八九九（明治三十二）年‐一九六四（昭和三十九）年
岐阜県に生まれた。内務省警保局、拓務省管理局などで勤務した後、一九三七（昭和十二）年の衆議院議員選挙に当選し、議員活動を開始した。一九四二（昭和十七）年の衆議院議員選挙でも当選したが、一九四三（昭和十八）年九月にその翼賛政治会脱退声明書が言論、出版、集会、結社等臨時取締法違反に問われ、警視庁に逮捕された。戦後も衆議院議員選挙に立候補するが、落選した。一九五五（昭和三十）年の衆議院議員選挙で日本民主党から立候補し、当選した。

＊＊田村秀吉（たむら・ひでよし）一八九五（明治二十八）‐一九五五（昭和三十）年
徳島県に生まれた。一九二三（大正十二）年、東京帝国大学法科大学政治学科を卒業し、高等文官試験行政科・司法科試験に合格した。内務省に入省し、青森県や帝都復興院などで勤務した。その後、東京帝国大学大学院に学び、政策研究会を創設、主宰する他方で、一九三三（昭和八）年からは弁護士業にも手を拡げた。一九三六（昭和十一）年の第十九回衆議院議員選挙に立憲民政党から立候補し、当選した。一九三七（昭和十二）年の第二十回選挙、一九四二（昭和十七）年の第二十一回選挙でも当選した。その間、大蔵省委員を経て、小磯国昭内閣（一九四四年七月‐四五年七月）では大蔵参与官（事務次官の次位に位置するポストで、衆議院・貴族院議員の中から政治任用によって一名が任命され、大臣の補佐および帝国議会との交渉などを担当した）に就任し、実務家イデオローグの典型のような階段を上った。

慎重審議の意味

議員からは、改正法律案は是非とも通さなければならない。しかし、「立法する者」の態度として慎重審議の基本を崩すことはできない。このような形式と実質の使い分けの姿勢が垣間見える。

委員会審議は藤田のいう三日間を大幅に超える八日間も開かれたが、その「慎重審議」の内容も自ずから明らかであろう。「此の戦時下に於て吾々が最も排撃しなければならんのは、それはいわゆる、反戦的思想の抬頭です」[20]（二月十二日、三田村委員）等をはじめ、政府の改正趣旨を後押しするような委員質問がほとんどであった。次のような田村秀吉委員の質問も、その一つであった。

（略）今回、治安維持法の根本的改正案が出て、私は時局柄、極めて有用なる改正であると思うのであります。ここに、第一章の罪の中に、国体変革を企図する罪と私有財産制度を否認する罪とは罪質を異にするというので、現行法の如く一か条に一緒に規定せずして、之を別々に規定することになったのは、法文としては妥当だと思うのであります。……国体変革を企図する所の表面に現われて来る運動よりも、其の仮面を被った裏面に国体変革の思想を蔵してやって来る運動が一番怖いのであります。内務大臣は特に此の方面に対しては御研究も深いし、練達の方でありますから、此の点に対する内務大臣の御観測並にそれに対する御方針を、此の際、承りたいと思います。[21]

「日本法の独自性」論

濫用の恐れを指摘し、「罪刑法定」原則を実質化するために法律案に修正を施すべきだとか、法律案制定後は当局において限定解釈に努めるべきだとかの委員発言は影を潜めている。代わりにみられるのは「日本法の独自性」論である。例えば、次のような質疑がそれである。

○三田村委員　陛下の赤子として一心同体、日本の国体の特質が出て来ると思うのであります。ことに、こういう戦時下に於て、戦争が長く続きますと、其の点が重要であります。国民を取締るのではない。過ちのないようにそれを指導して行くのだ。其の気持の根底としては、陛下の御民《おんたみ》を御預りして居るのだという気持で臨んで貰いたい。私は今申上げた此の気持に対する司法大臣の御所見を伺いたい。[22]

○柳川（平助）国務大臣（司法大臣）　元来、法の出発点が皇祖皇宗の御掟を御紹述せられた所の根本の憲法に基づいて制定せられて居る所の法でありますから、大体は我が国の国体に適して居らなければならぬ訳であると考えます。只今、御制定になって居る法は外国の法ではなく、我が国の法でございますから、それに依って遵法の精神に弛みの来んように、どうか御願い致します[23]。

○小山田（義孝）委員　近来、ややもすれば新体制の名を籍《か》りまして、非常な飛躍的な言論をなす者があるのであります。ともすれば、日本独特の憲法の外に逸脱致しまして、唯、無批判的に、或は「イタリア」の国家体制を礼賛するとか、「ドイツ」の「ナチス」政治の直訳的の体系を採用せんとするが如き論議の横行を見るのであります。……最近、大学の教授、学者の中にもかかる論が公然と発表されて居るのを見るのであります。……帝国憲法の解釈を、欧米各国の憲法のように発展的に動的に取扱うことが、果して是が許さるべき事であるかどうか。……此の点に関する司法大臣の御高説を御伺い致して置きたいと思うのであります。

○柳川国務大臣　御意見は、全く御同感でございます。……此の憲法と違ったことを称する者は、それは許すべからざる者であろうと存じます。政府としましては、かくの如きことは勿論、厳重に取締らなければならんと存ずるのであります。次に、学者が又、時の権勢に媚びて色々、曲学阿世《きょくがくあせい》の説をなす者があるとのことでございますが、是また、よろしくないのみならず、……かくの如きことを取締りもし、又、かくの如きことを予防するように、文部省、内務省等ともよく協議連携致しまして、其の害を未然に防ぐように努力致したいと考えて居る次第であります[24]。

強気の政府答弁

委員の質問がこのような類のものであったためか、質疑では政府委員の強弁が目立った。治安維持法の制定および改正の経緯についても、柳川司法大臣から次のように説明されている。

本法最初の制定当時は、如何にも思想が今日以上に動揺致して居りましたので、当時、学者の間には、本法を以て世界無比の悪法などという批判をされた時代さえあったのであります。漸く本法に依って、多少、国民に其の事態を了知せしめて、実は国民もそういうものがあろうとは思って居ないのに、こういう法が制定されたので、非常に用心もし、警戒もし、自粛もし、自戒もして、段々或る目的は達して来たのでありますが、今日、時局は益々緊迫を致しまして、前に審議を御願いしました所の国防保安法、或は本治安維持法の改正案等、緊急に制定をして、取締制裁の方を強化致しまして、一方、恒久的の行政並に教化の手段に依りまして、今、三田村さんのおっしゃるような、根本から人心を建直すようにしなければならんと存ずるのであります。もとより国民の大多数が此の法の対象になるとは毫も思いませんが、関係する所の結果が非常に重大でありまして、緊急已むを得ざる立法と御諒承を願いたい(25)。

「緊急已むを得ざる立法」であって、それによって国民の間に犠牲ないし犠牲者が出るのはやむを得ないといったような認識が垣間見られる。

出版物・言論の取締り

戦時体制下の当時の議会の状況を知るうえで興味深いのは、出版物、言論の取締り等についての次のような質疑である(26)。

○猪野毛（利栄）*委員　大学の先生は好い気になって、大学でこういう不逞な講義をやって、そうして帝国大学から赤の学生が次から次と出て、何十人というものが縛られてしまうというような、昨今の如き状態になって居るのであります。内務大臣も勿論、此の天皇機関説は国体の本義に反するということに付ては司法大臣と同一の御意見でありましょうと存じますが、是もついでに承って置きたいのであります。

○平沼（騏一郎）国務大臣　天皇機関説は国体に反することは、是は勿論でありまして、議論の余地はないと思います。それから又、国体に反するが如き思想を表明した文書は、十分に是は取締る方針で居りますから、左様御承知を願います。

○猪野毛委員　こういう機会に従来、取締に躊躇を致して居った所の悪書、毒書というものを、警保局長は一大勇気を以て取締って戴きたいと思うのであります。……著書になって大学の先生が書いたものは、見る者に取っては、この方が権威があるのです。それだから是は断乎たる著書の取締をやらなくてはならぬけれども、今迄は一向やらぬのであります。いわんや天皇様に対する不敬な著書等に付ては、……議会で聴いた時に内務大臣も司法大臣も総理大臣も、こういう著書に付ては断乎取締るということを私に明言されたけれども、其の後やらない。なぜやらぬかというと、其の尻に陸軍が付いて居ろうというような巷説《こうせつ》が伝わった。……誰が付いて居ろうと彼が付いて居ろうと、現実にこういう著書が市中に跋扈《ばっこ》して居る時には、一歩も仮借の余地はない。国体を擁護するに付ては顧みる余地はない。……大学生から、大学の教授から、こういう不都合な者を出すということに付ては非常な日本の国辱であります。……吾々はなるほど此の法案の通過を希望致して居りますが、此の法案の通過に当っては、どうか為政者に於ても此の心構えを一つ持って戴きたい。

○橋本（清吉）政府委員（内務省警保局長）　国体の本義に反するが如き出版物、言論を取締りまするることは警察、当然の職能であります。私共は此の警察当然の職責を遂行することに付きましては、断乎たる信念と自信を以て当るということを申上げて置きます。

○大山政府委員（陸軍省法務局長）　天皇機関説の言論なり、著書なりの取締をしなければならぬということは、陸軍は深く考えて居ることであります。したがって、それ等の取締に妨げになるべき尻押をして居るというが如きことは、断じてありません。

教員の再教育も

教員の再教育についても次のような質疑がみられる(27)。

○猪野毛委員（帝国大学での―引用者）講義の内容なども、いちいち、文部大臣の所に、どの教授はどういう思想で、大体、どういう教育を学生に施して居るかということの御調べが付いて居りましょうか。

○橋田（邦彦）国務大臣（文部大臣）　取調べの結果、処

＊猪野毛利栄（いのけ・としえ）　一八八六（明治十九）－一九五二（昭和二十七）年　福井県に生まれた。日本大学法律学科を卒業後、中学校教諭、新聞記者を経て、日本浪人社を設立し、雑誌『日本浪人』を主宰した。その後、政友会に入党し、司法大臣秘書官、内務大臣秘書官を経た後、一九二四（大正十三）年の衆議院議員選挙に無所属で立候補し、初当選した。四年後の総選挙では政友会から立候補したが、落選した。一九三〇（昭和五）年の総選挙で返り咲き、以後、連続五回当選した。その間、広田弘毅内閣（一九三六年三月九日－三七年二月二日）では外務政務次官を務め、外務省委員にも就任した。一九三七年に『国体明徴と日独防共協定』（日本国民文化叢書第四輯）を著した。一九三九（昭和十四）年の政友会分裂に際しては、鳩山一郎らとともに「正統派」に属した。政党解消後は翼賛議員同盟に合流し、一九四二（昭和十七）年の総選挙では翼賛政治体制協議会の推薦候補として当選した。当選後は翼賛政治会、大日本政治会（日政会）に属した。戦後は旧日政会系の日本進歩党の結党に参加したが、一九四六（昭和二十一）年に公職追放を受けた。

理すべきものは断乎として処理する積りでございますから、其の辺は十分御諒承を願いたいと思います。
○猪野毛委員　暑中休暇か、何か利用して、一か月程、教授の再教育をやらすような御考えはありませんか。
○橋田国務大臣　それに付きましては、既に追加予算に御請求申して居ります国民修練場の建設の如きは、専ら教員再教育を目指して居るのでございます。……出来るだけ度々、機会を捉えて教員の再教育の出来る者は十分教育しようというように計画を進めて居ります。

議員の方から、当局に対して、むしろ積極的な取締りを促しているのである。

かつて帝国議会で斎藤隆夫は、「思想は思想の戦場に委ねるべきだ」との名演説を行ったが、その面影さえも右の質疑に見出すことはできない。大学の自治、研究・教育の自由に対する配慮は微塵もうかがえない。

高度国防国家体制を整えるためには

戦時体制の確立と個人主義、自由主義についての次のような質疑[28]も看過することはできない。新治安維持法の標的が戦時体制の確立にとって妨げとなる個人主義、自由主義にも向けられていることが、明言されているからである。

○三田村委員　私は戦時体制の確立、即ち、国防国家体制建設の見地から、思想戦と思想国防に付て軍の御決心を御伺いしたいと思います。……其の見地から今回提案になった治安維持法の改正を見なければならんと思います。而《しこう》して、其の思想戦には大体二つの面がありまして、其の一つの面は、言うまでもなく、対外思想戦であります。……他の一面は、思想国防の完成であります。是は対内的の問題であります。そこで私達は思想国防の要件というものを、ここで考えて見る必要があると思います。其の第一の条件は先づ愛国心の昂揚であります。……第二の条件はいわゆる、国家目的の確認であります。……戦時に於ける国家目的は更に重要であります。……言葉を換えて申しますならば、国論の統一です。国論の統一なき所に、決して全国民の精神力の結合はありません。是が第二の条件であります。第三の条件は国民思想の統一であります。……此の点に対する御所見を先づ伺って置きたいのであります。
○田中（隆吉）政府委員（陸軍少将）　三田村さんの御意見はもっともであります。日本国家としては、いわゆる高度国防国家体制なるものを整える為には、其の根本は思想の確立、思想の統一であります。是なくしては何事も出来ないのであります。……日本にはいわゆる非日本的のものが多数存在して居ります。其の第一が共産主義であります。……もう一つ考えなければならんことは、……民主主義から生ずる所の個人主義、……自由主義であります。是が明治以来輸入されて居ります。勿論、憲法には法律の定める範囲内に於きまして、個人の自由は許されて居りますが、それを超越した行動がないとは言えないのであります。憲法に定められたる自由の範囲を超越致しまして、そうして極度に個人の自由を主張して、国家の結束力を弛緩させるという結果になりつつあることは、……皆さん御承知のことと確信致します。是等《これら》二つの思想は、是非とも日本国内から根絶したいと思うのであります。

このように治安維持法違反の罪の拡大と戦争の拡大、そして「非日本的なもの」の根絶とは、軌を一にしているのである。

立憲政治を否認する思想について

衆議院特別委員会では、「憲法の紛淆《ふんこう》を来す如き思想」に対する取締り如何についても、例えば、次のような質疑が行われている。

○猪野毛委員　幕府々々という言葉が此の頃出て来たのです。それだから、どうしても是は、政体に紛淆を来すようなものに対してはどうと、こういう字句を一つ此の中に入れる方が、私は安全ではないかという風に思うのであります。

○柳川国務大臣　憲法の紛淆を来す如き考えは、それは無論、厳重に制裁を加えなければならんのでありまして、個々の事例に当りましたならば、必ず現在の刑法――只今の軍刑法とか或は一般刑法とかで、朝憲紊乱《ちょうけんびんらん》其の他の仔儀《しぎ》を処断が出来るようになって居ると心得て居ります。

○田村委員　近時の一つの弊風は、議会制度を否認するような言動をする者が相当居るのであります。……そういうものに対してはどういう風な処罰が出来ますか。今、猪野毛君の御心配になる点、私は洵《まこと》に時宜適切だと思いますから、此の点に対して、司法大臣はどういう所を取って押えられるか。（中略）

例えば、大政翼賛会が出来たからもう議会などは要らぬという考えになって、翼賛会の若い者などには

――是は徹底的に改組しなければならんのですが、議会などはもう要らぬ、議会制度は止めてしまった方がよろしいと言うのである。そういう場合にも、そういう言動を取締り得るかどうか。其の取締を此の法規でやるや否や。其の点を御考慮になったかどうか、伺いたい。

○秋山（要）政府委員（司法省刑事局長）　議会制度否認の思想というものは、大体に於て、国体変革の思想若しくは私有財産制度否認の思想を実現する為の手段に用いられるものであると考えて居ります。唯、議会制度否認だけで、更に進んで何も考えないというようなものは、そう悪質のものでないのであって、それが漸次進んで、国体変革の思想にまで入って行く虞《おそれ》がありますから、そこに非常な恐ろしい点があるのでありますが、……したがって、政体変革の問題、議会制度否認等の問題に付きましては、特に此処に現わさないでも、それで賄《まかな》いが付くように考えて居るのであります。(29)

○小畑（虎之助）委員　それから、憲法を否定する者はどういう風に取扱われるのでありましょうか。……例えば、立憲政治を否認する。議会政治を否認する。かようなる思想犯に対しては、どういうような御考えを御持ちになって居りましょうか。

○*太田（耐造）政府委員（司法書記官）　立憲政治を否定致します思想は、之を糾明致しますと、単にそれだけに止まる場合は極めて少ないのでありまして、多くは国体を変革する目的、或は私有財産制度を否認する目的の為の手段として、政体変革ということが行われる場合が多かろうと存ずるのであります。したがいまして、それを究明致しますならば、治安維持法に触れるような実体が多くの場合に必ず出て来るものだと存ぜられるのであります。(30)

想定される「政体変革」が変化

「政体変革」の取締りに関しては、政府と議会の態度が治安維持法制定当時とは逆転していることが明らかであろう。議会が積極に対して、政府はやや消極だからである。もっとも、それもある意味では当然のことといえるかもしれない。治安維持法制定当時、政府が想定していた「政体変革」とは共産主義思想などによるそれだったのに対して、昭和十六年段階では、軍閥や大政翼賛会などによる「政体変革」が現実の問題になっていたからである。いわゆる「左翼」の取締りと「右翼」の取締りとでは雲泥の差があることが容易にうかがい知れよう。

次のような質疑も、「国家主義」の取締りに対する政府の方針を知るうえで興味深い。

○田村委員　本法を運用するに当って、特に当局の御注意を願わなければならんのは、右翼の忠君愛国とか、尊王とか、国体擁護、こういう仮面の下に共産思想の伝播宣伝をやって行くという虞がありますので、此の右翼的運動に対しての取締ということが最も必要になる。……右翼運動に対する取締方針に付て、内務当局から特にどういう風にせられるか、……此の際、承りたいと思います。

○橋本政府委員（内務省警保局長）　右翼と申しまするか、いわゆる、国家主義を標榜致して居りまする運動でありましても、只今、御話の如く、其の実際に於きましては左翼の思想を持ち、唯、之を偽装する為に国家主義を標榜する徒輩《とはい》に対しましては、仔細に其の運動の内容を検討致しまして、いやしくも其の基調が左翼思想であり、左翼思想を抱持し、而《しこう》して、治安維持法の法条に触れるというような場合に於きましては、もとより徹底的に之を取締るべきものである。又、現在の私共の警察上の警戒線も、左様な方面には全力を挙げて居ります。(31)

＊太田耐造（おおた・たいぞう）　一九〇三（明治三十六）－五六（昭和三十一）年　東京に生まれた。一九二七（昭和二）年、東京帝国大学法学部（法科大学が改組され、一九一九年より法学部）を卒業し、翌二八（昭和三）年、地方裁判所検事に就いた。以後、東京地裁検事、司法省刑事局第五課長、第六課長などを歴任した。第六課長時代には治安維持法の改正（昭和十六年）や国防保安法の制定などをとり仕切り、一九四一（昭和十六）－四二（昭和十七）年にかけてのゾルゲ事件にも関わった。これらの活躍により、塩野季彦（一八八〇（明治十三）－一九四九（昭和二十四）年、東京帝国大学法科大学を卒業後、司法省参事官、東京控訴院次席検事、東京地裁検事正、司法省行刑局長、名古屋控訴院検事長、大審院検事局次席、林銑十郎・第一次近衛文麿内閣・平沼騏一郎内閣の司法大臣などを歴任）を頂点とする「思想検事」の主流「塩野閥」の四天王の一人に数えられた（向江璋悦『鬼検事』（法学書院、一九七一年）等を参照）。しかし、ゾルゲ事件の捜査に関連して近衛文麿に接触したことが東条英機（一八八四（明治十七）－一九四八（昭和二十三）年、関東軍参謀長、陸軍航空総監、陸軍大臣、第四十代内閣総理大臣、内務大臣、外務大臣、文部大臣、商工大臣、初代軍需大臣などを歴任）の忌むところとなり、満州国司法部刑事司長に転出させられた（朝日新聞社編『「現代日本」朝日人物事典』（一九九〇年）などを参照）。一九四四（昭和十九）年に帰国し、大審院検事、司法省会計課長を経て、一九四六（昭和二十一）年に甲府地裁検事正に就任したが、同年、公職追放にあい、弁護士に転じた。一九五一（昭和二十六）年、戦後の逆コースのなかで反共運動を起こすために創設された「日本青少年善導協会」の世話人に迎えられた。

4　改正のポイントについての質疑

支援結社の取締り

改正のポイントのうち、「支援結社」の取締りについては、次のような質疑[32]がみられる。

○田村委員　第二条の規定、是は新しい規定でありますが、此の共産（党—引用者）結社の支援団体、外郭団体ということを、此の第二条に規定して居ります。私は此の第二条の支援関係、外郭関係ということには非常に注意を払って、いやしくも、其の虞ある外郭的の行動、支援団体的の動きに対しては徹底した対策を講じなければならんと思うので、こういう規定を設けられたことは洵《まこと》に結構だと私は思うのでありますが、此の規定せられて居る支援団体、外郭団体に対して政府はどういう所まで之を狙って居られるか。

○太田（耐造）政府委員（司法書記官）　我が国の共産主義運動の過去の実績に照しまして、前衛党である共産党に対しまして如何に取締を加えましても、其の精力を補給して参りまする此の種、外郭団体を徹底的に取締るにあらざれば、其の効果を完全に挙げ得ないというように考えまして、そういう実情に鑑みまして、此の規定を置いたのでございます。したがいまして、此の規定を置きました以上、外郭団体加入者といえども、其の団体が結局に於て第一条の結社に関係のあることを認識しながら、其の外郭団体の行動に参加致しましたならば、此の第二条を以て徹底的に取締る積りで居ります。

「文化団体」の取締り

「準備結社」の取締りについても、次のような質疑[33]がみられる。

○三田村委員　第三条で結社行為を確認出来るなら、それは、私は解釈論から言って、第一条の結社になりはしないか、第一条で押さえられはしないかという気がするのですが、此の点は如何でしょうか。

○太田（耐造）政府委員　左様な目的の下に結社を組織致しますれば、勿論、第一条の結社でございますが、しからずして、第三条の、そういう結社を作るという準備をする結社であります場合に於きましては、第一条の結社にならないのであります。

「集団」の取締りについては次のような質疑がみられる。

○三田村委員　第四条の行為の内容を少しばかり伺いたいのであります。

○太田政府委員　要するに、一つの団体がありまして、其の団体が結社の要件を欠いて居る場合が、此の集団になるのであります。

○三田村委員　そうしますと、……何々文芸協会とか、何々劇団、何々倶楽部とかいうようなものも、其の対象となる訳ですか。

○太田政府委員　御話のような団体が、此の第一条乃至第三条の目的を以て結成せられた場合に於ては、該当する場合があると思います。（中略）

　此の第四条に記載してあります前三条の目的は、何も是が主たる目的を以て結成されることの必要はないのであります。それが従たる目的である場合に於ても、勿論、此の第四条に触れると思います。例えて見まするならば、或る芸術的なことを目指しまして、……文化団体を作って芸術上の精進をするということが、主たる目的であると致しましても、其の反面に於きまして、此の第四条に記載して居りますような目的を副次的に持って居りますならば、其の団体は第四条に触れる場合が勿論、あると思います。

○三田村委員　そうしますと、……日本共産党とか、其の支援結社とかいうものの認識はなくても、左翼的であり、社会主義的であり、「マルキシズム」の認識を持って集団を結成すれば、此の第四条に該当する訳ですか。

○太田政府委員　左翼の場合に於ては、大体、そういうことが言えると存じます。

○三田村委員　是非、必要な規定だと私共、考えますが、是は運用の如何に依っては非常に範囲が広くなるのではないかと思います。……大体、どの辺の所まで狙って居られるか。其の狙い所を伺って置きたいのであります。

○太田政府委員　第四条に於きましては、第一条乃至第三条の場合と違いまして、……「前三条の目的を以て集団に参加」することを必要とする、即ち、参加する動機が第一条乃至第三条の目的に出ることを必要とするというように規定致しまして、御心配のことのないように特に注意して規定致した積りであります。

○三田村委員　よく分りました。(34)

○*世耕（弘一）委員　十年前の日本の思想状況と現在の思想状況とには、非常な飛躍性がある。是までの共産党の動きを見ますと、集団的であったのが、今度は潜って個々になって来て居る。之を洩らしましたのでは折角の法律が効果が現わさないと思うのでありますから、此の点に特に御留意をお願いしたいのであります。

○秋山（要）政府委員（司法省刑事局長）　御話の趣旨は十分尊重致しまして、此の法律の成立致しました暁には此の運用に万全を期したいと考えて居ります。(35)

○小畑（虎之助）委員　結合体の強弱に依って処罰の程度を上下するということは、刑事政策と致しましても適当ではないじゃないかと思うのであります。其の結合が極めて鞏固《きょうこ》なる場合は重き刑を科する。其の結合が或る程度、鞏固であるけれども、相当鞏固ではないと其の刑を軽くするというが如きことは、理由がないように考えられるのであります。現行法は此の集団と結社との区別を致して居らぬのでありますが、特に結社から集団を切離して別の規定を置いたということはどういう訳であるか分らぬのであります。

○太田政府委員　ごもっともな御質問であります。……其の団体を把えて之を具体的に検討したのでなければ、結社になるか或は集団の程度に止まるかということは、はっきりしない場合があろうかと存ずるのであります。要するに、其の両者の区別は最後に参りますと、是は具体的の形を見まして、結局、客観的の通念に依って定めなければならない場合が多かろうと存じます。(36)

「反戦主義」の取締り

「目的に資する行為」の取締りについても次のような質疑(37)がみられる。

○三田村委員　五条にいわゆる、煽動も宣伝も、実は是は独立罪なのです。一条、二条、三条のような目的遂行行為と違って、共産党の認識も要りませんし、支援結社の認識も居らない。……こういう言論をなすことは、反戦主義的な思想を大いに盛んならしめるのだというような認識を以てやる場合は、共産党の認識はなくとも、自分は共産主義者であろうと思わなくとも、其の人の性格如何にかかわらず、直ちに第五条の罪を構成するように思うのですが、如何でありますか。

○太田政府委員　御話のように、第五条の宣伝の場合に於きましては、共産党の目的遂行の為にするという意思は必要でございません。

「類似宗教団体等」の取締り

「類似宗教団体等」の取締りについても次のような質疑がみられる。

○中村**（高一）委員　今度は此の治安維持法を共産主義ばかりでなくして、国体を否定し、又は神宮若《も》しくは皇室の尊厳を冒瀆すべき事項を流布するというような、従来の共産主義取締ばかりでない方面に、此の法律を拡大せられるのが、此の改正案の一つの目的のようでありますが、……是はいずれも現行刑法の不敬罪に依って処罰をされて居るのでありますが、……なぜ一体、此の法律の中にあてはめなければならなかったのか、其の点を一つ承りたい。

*世耕弘一（せこう・こういち）
一八九三（明治二十六）－一九六五（昭和四十）年
和歌山県に生まれた。苦学して日本大学に入学し、海外研究員としてベルリン大学に留学した。帰国後は日本大学教授、大阪専門学校校長および大阪理工科大学長を経て、大阪専門学校と大阪理工科大学が合併して誕生した近畿大学の初代総長および理事長に就任した。一九三二（昭和七）年の衆議院議員選挙に故郷の和歌山県から立候補し、当選した。その後、二十三年間にわたって衆議院議員を務め、立憲政友会に所属した。
戦後は自由党の結成に参加し、衆議院法務委員長などを経て、第二次岸信介内閣（一九五八年六月十二日－五九年六月十二日）では経済企画庁長官を務めた。

**中村高一（なかむら・たかいち）
一八九七（明治三十）－一九八一（昭和五十六）年
東京府に生まれた。戦前・戦後を通じて弁護士および政治家として活躍した。早稲田大学法学部を卒業後、弁護士登録を行い、自由法曹団（一九二一年結成）の一員として小作争議、労働争議の外、治安維持法違反事件の刑事弁護などにも従事した。岩田義道（当時日本共産党中央委員）の虐殺に対して一九三二（昭和七）年十一月四日に本所公会堂で開催された労農葬に解放運動犠牲者救援弁護士団（一九三一年結成）の一員として参加したところ、検挙されている。その後、東京市会議員などを経て、一九三七（昭和十二）年の衆議院議員選挙に社会大衆党から立候補し、当選した。
戦後は日本社会党の結成（一九四五年）に加わるが、公職追放（一九四六年）にあい、追放解除後の一九五二年、衆議院議員（日本社会党）に返り咲いた。衆議院懲罰委員会理事などを経て、一九六〇（昭和三十五）年に第四十一代衆議院副議長に就任した。一九六七（昭和五十二）年の衆議院選挙に落選後は弁護士業に専念した。総評弁護団（一九五七年結成、一九八九年に日本労働弁護団と名称を変更）の中心メンバーとして活動する傍ら、帝銀事件の弁護団にも参加し、一九七六年には平沢貞通の主任弁護人に就任した。

○秋山政府委員　是は国体を擁護しようという考えから設けられた規定でありまして、なお、是はいわゆる、結社活動と申しますか、結社として活動する場合を処罰しようという所から考えられて居るのであります(38)。

○三田村委員　其の宗教の全部がかくの如き目的を持って居なくても、即ち、主たる目的が此処になくても、従たる目的が之に該当し、其の目的の或る部分が之に該当すれば、此の第七条の適用を受けると思いますが、如何でありますか。

○太田（耐造）政府委員　御説の通りでございます。

○三田村委員　こういう規定が出来たことは、非常に結構だと思いますが、……いわゆる思想戦の点から言えば、立派に宗教団体法に依って確認された宗教でも、私は非常に注意しなければならぬ点があるのではないかと思う。……こういう規定を活用されて、大いに取締りを厳にして戴きたいと思います。

○太田政府委員　万一にもそういうものがございましたならば、勿論、本案の成立致しました後に於きましては、適当に処置して行きたいと存じます。

○三田村委員　「キリスト」教などが、宣伝か何かやる場合に、非常に徹底したことを言う。神は「キリスト」あるのみ、世界の支配者は「キリスト」あるのみというようなことを、どんどん宣伝する者が居るのであります。そういう者は、私は之に依って押えて行かなければならぬ場合が多いのではないかと思います。

○太田政府委員　団体自体が左様な教義を持って居るのではない。しかし、之に関連して、教師が左様な教義を宣伝したような場合の処置でありますが、……大体、宗教団体法の運用に依って、しかるべく処置が出来るだろうという風に考える次第でございます(39)。

検事への強制処分権の付与

検事への強制処分権の付与についても次のような質疑がみられる。

○中村委員　かくの如き長期の勾留、拘禁を、検事の処分に依って行われますことは、憲法に抵触致さないかどうか。此の一点だけを一つ御答えを願いたいと思うのであります(40)。

○平沼国務大臣（内務大臣）　今日でも或る例外と致しまして、検事若《も》くは司法警察官が、強制処分を用い得る範囲を定めて居ります。今回の治安維持法に於きましては、之を拡大して、此の種の犯罪に付きましては、……検事の強制処分の権限を拡大したのであります(41)。

○中村委員　二十三条でありますが、検事の勾留の出来る期間が二か月とされるという風にあって、更に必要なる場合には検事長の許可を受ければ一月毎に更新をして、結局一年までは検事が勾留をすることが出来るとありますが、……・順次、一年まで勾留を更新して行くというような場合には、判事の従来の手続に依ってやることも少しも困難がないように思われるのでありますが、何故、一体、更新の場合でも検事が勾留しなければならんのでありましょうか。

○太田政府委員　此の更新の場合もすべて捜査中の場合でございまして、此の期間の更新を必要とする理由もまた、捜査上の理由に基づくのであります。したがいまして、更新を必要とするかどうかということはやはり捜査上、指揮権を持って居る検事長の許可に掛けまする方が最も事情に明るいのでありますから、必要、不必要を適当に判断して処置出来るように考えたのであります。

○中村委員　よろしゅうございます。[42]

中村の質問には治安維持法違反事件の刑事弁護をした者でなければの鋭さが認められる半面、いくら法原理的におかしいことがあってもそれを阻止し得ないことに対する諦めにも似た気持ちが感じられる。

強制処分権をむしろ拡大すべきというような「贔屓《ひいき》の引き倒し」的な質問もみられる。これに対する政府委員の答弁は拡大しなくても十分対応できるというものである。

○田村委員　此の第二十条に被疑者を勾引、引致して訊問する時間を限定してありますが、それは如何ですか。四十八時間ということに限定してあるが、色々の人の手配や其の他の不可抗力に依ってもし四十八時間で出来ない場合には、釈放しなければならん。

○太田政府委員　此の時間内に訊問の出来ないということは、殆ど想像出来ないのでございます。それのみならず、現在の刑事訴訟法に於きましても是と同趣旨の規定がございまして、それも四十八時間内に訊問せよということになって居りまして、未だ支障を来したことはございませんので、是で十分だと存じて居ります。[43]

控訴審の省略

控訴審の省略についても次のような質疑がみられる。

○中村委員　従来、三審制度の裁判を受けて居りました治安維持法の被告が、今度は控訴審を抜いて一審になるのでありまするが、此の点に付て私は一つの疑問があるのであります。従来の共産党事件などの経過を見ましても、控訴をして居りまする間、転向を致して居りまする者が、相当の数になって居ると思うのであります。……そういうような点は、本法を改正なさる場合に於て御考慮がなかったのでありましょうか。

○太田政府委員　控訴審を省略致しましたからと言いまして、転向をする機会が非常に沢山、失われるものではないと信じて居ります。而《しこう》して、又、一方に於きまして、此の思想事件の公判が非常に長引きます為に、其の刑が確定致しませぬ為に、反面に於きまして、最近、治安上、別個の弊害が相当に感ぜられるに至りましたので、……本案のような制度を考えた次第であります。[44]

○中村委員　私は治安維持法に掛ったものを、実体法の上に於て大いに罪を重くして厳罰にするということに少しも異議を持って居るのではない、それは、どんなに重刑を課せられても差支えないと私は思う。唯、手続の上に於て特に之を別個に扱う必要があるかどうか。私は審理などというものは、法律で決められて居る三審制度というものを最も十分に与えるのが本当であると思う。……少しばかりの手続を省略して早く行ったというようなことで、思想犯の根本的な取締りをするというようなことは、私はよろしくないと思う。

○太田政府委員　現在の刑事訴訟法の下に於きましては、内乱罪或は大逆罪に関する罪に付きましては、大審院の特別管轄に属しまして、一審にして且つ終審ということで裁判致して居ります。是は左様な大きな重大なる事件に付きましては、其の事件の影響する所、治安上、国家的見地から見まして影響する所が非常に大きくありますので、そういう方面のことを考慮致しまして、一審にして且つ終審という制度を立てられたことと考えて居ります。国防保安法に於きましては、国防保安の目的を達する上に於きまして、審理の促進を必要とするという点から、一審を省いて居るのでありますが、治安維持法に於きましても、……左様な特殊な理由から、かような審級省略に依る審理の促進を考えて居る次第であります。[45]

中村の質問がもっぱら手続面に限られているのは治安維持法違反事件の刑事弁護を経験したが故のことであろうか。

思想公判部と予防拘禁委員会

予防拘禁制度の新設についても次のような質疑がみられる。

○田村委員　今回の治安維持法改正の大きな眼目は、予防拘禁制度――此の予防拘禁制度は……今回は速やかに之を成立せしめて、今日の如き思想混乱時代に、此の法の活用に依って我が国の思想的誤りをなからしめるようにしなければならんと思うのですが、其の意味で、承る所に依りますと、司法省に於きましては今回裁判所に思想公判部というものを御設けになって、特に改正せられた治安維持法の適用の万全を期そう、こういう御計画のようでありますが、其の思想公判部の内容、……それに対する準備、設備、内容等の概略を大臣から承って置きたいと思います。

○秋山政府委員　出来るだけ思想事件に付て常に研究して居り、又、実際に於ても屢々取扱った経験のあるような判事を以て公判部を組織して貰うというようなことが主たる目的であります[46]。

○田村委員　予防拘禁委員会の委員は司法部内、高等官及び学識経験ある者と、こういうことになって居りますが、……学識経験ある者というのは、どういう所を具体的に狙って居られるのですか。

○太田政府委員　思想問題に造詣の深い方と、もう一つは弁護士の方を考えて居ります。……弁護士の方は公の訴訟に関する任務を持って居られますから、こういう思想問題には事件を通じても相当御造詣もおありになるのでありますから、此の予防拘禁委員会に適当の御方に御参加を願いたい。そういうことを含めまして、学識経験ある者ということを予定して居ります[47]。

○田村委員　私は、予防拘禁をした場合に之を処遇することは、今後の対策上、ことに、此の法案の狙って居る重大なる使命であると思うのでありますが、出来ることならば、此の拘禁者に対しては積極的に待遇して、そうして本当に心から転向せしめる為の施設《ママ》をしなければならんと思いますが、……其の点に付てなるべく詳しく御説明を願いたい。

○金澤（次郎）政府委員（司法省行刑局長）　先づ学識徳望のある御方を御願い致しまして、思想の矯正をして、日本人として真の自覚を喚起さすという風に指導して戴くというようなことをやって居ります。……それから予防拘禁所の中に鍛錬道場というようなもの、精神的に訓練する意味に於きまして、……此の道場を造るということを考えて居ります。……それから作業の方面も、作業訓練をやらせて見たい。……それから書籍に依りまして、とにかく人間としての修養の出来るもの、日本人としての国体の有難さを感ぜしめるような歴史的のもの、或は之に類するような図書に依りまして指導を講ずる。なお、健康の方面にも相当留意しなければならぬ問題があると思いますので、やはり体育の方面にも注意致しまして、健康の増進ということを考えて居ります。

○田村委員　それから第四十七条に補佐人の制度を設けられて居りますが、……補佐人、よろしきを得たら、……多少、補佐人の手に依って之を矯正することに使うことが有効ではないか。特に温情主義、家族の感情という意味から必要ではないかと思いますが、此の補佐人という制度は、そういう所まで御考えになって御利用になり得るかどうか、御尋ね致します。

○金澤政府委員　そこまでの考えを以て立案されたものではないと考えますが、予防拘禁の方面のことから申しますると、出来るだけ寧《むし》ろ原則として父兄なり、或は親類の者の接近を許して居ります。したがって、そういうことから申しますると、御趣旨のように、此の補佐人もまた、そういうような教養をするという意味に於て、十分に利用し得るのではないかと考えて居ります。

○田村委員　第五十五条に「予防拘禁の期間は二年とする。特に継続の必要ある場合に於ては、裁判所は決定を以て之を更新することを得る」、こうなって居りますが、此の更新をすることは、結局、転向か改悛がはっきりするまでは、何処までも更新して予防拘禁をなし得るかどうか。そういう意味で此の更新制度を御執りになって居られるのでありますか。

○太田政府委員　大体、御問いのようなことを考えて居るのでございます。唯、此の予防拘禁に付します者の条件と申しますか、犯罪を犯すの情、顕著なる者に限って居るのでございます。したがって、更新の場合に於きましても、……大体に於て転向をして居るというような場合に於きましては、是は予防拘禁を更新すべきではないのであります。むしろ其の場合に備えてあります保護観察に付して、其の方面で転向の促進を図るべきであると考えます(48)。

委員が政府に追随

右のような質疑からも、新治安維持法律案に対する衆議院特別委員会の態度が政府と何ら異なるものではなかったことは明らかであろう。

改正のポイントとされる、①「支援結社」「準備結社」「支援集団」「準備集団」、「目的に資する行為」、「類似宗教団体等」の取締り、②検事などへの強制処分権の付与、③控訴審の省略、④予防拘禁制度の新設、などについて、委員からこれを積極的に支持する方向で質問が行われているからである。

「よく分かりました」「よく理解できました」等として、委員が政府答弁を即座に受け入れているのも本委員会質疑の特徴である。本改正によると自由主義、民主主義、反戦主義なども取締られるようになるといった危機感はまったくうかがえない。

近代刑法の礎石ともいうべき「罪刑法定」原則、「明確性」原則、「行為」原則、「責任」原則などから見て如何かといったような原理的な質問はまったく影を潜めている。それどころか、取締りをもっと強化すべきだとか、強制捜査権をもっと付与すべきだとかの体制迎合的な質問さえも見られる。

もっとも、控訴審の省略については中村高一委員から異議が出されているが、これもそれほど内容のある異議とはいえない。というのも、中村は、「私は治安維持法に掛ったものを、実体法の上に於て大いに罪を重くして厳罰にするということに少しも異議を持って居るのではない、それは、どんなに重刑を課せられても差支えないと私は思う」と断ったうえで、異議を出しているからである。中村のいう手続的な保障は、有罪判決を言い渡すための通過儀式でしかなかった。

5　衆議院本会議を通過

委員会で可決

昭和十六年二月十九日に開催された特別委員会では、このような類の質疑が続けられるなかで質疑終了の動議が提出された。動議は採択され、質疑が終了したことから、議長から「それでは質疑は終了致しました。是より治安維持法改正法律案の討論に入ります」とされた。ここでも「本案に付きましては既に審議は尽されました。およそ討議の帰趨も分って居りますから、討論を省略して直ちに採決せられんことを望みます」との動議が出され、「御異議ありませんか」、「御異議なしと認めます」として動議が採択されたことから、討論は省略され、直ちに採決に入った。採決では「総員起立」で可決され、「本案は原案の通り可決確定を致しました」とされた[49]。そして、改正法律案は、衆議院本会議に回付されることになった。

ひとたび触れると引っくくられる恐ろしい法律

特別委員会の報告は、昭和十六年二月二十日に開催された衆議院本会議において委員長の服部英明議員からなされた[50]。報告のうち、委員会の審議経過などについての説明は次のようなものであった。

本委員会は、去る十日、委員長及び理事の互選を行い、十二日より審議に入ったのであります。本委員会の議題となった治安維持法改正法律案は、其の内容、国体に関する重要事でありますのみならず、現行法に其の全般に亙る重大なる改正を加えんとするものであります。ただに新たなる罰条を設けるに止まらず、特別刑事手続及び予防拘禁に関する規定をも加えて居るのでありますから、本委員会は特に慎重審議の必要を認め、去る十二日より十九日までの間、七回に亙って審議を重ねました。其の間、秘密会に於ては、内外地の思想情勢及び改正を必要とする実際的事情等を詳細に聴取致しました。熱心にして且つ忌憚なき質問応答を行ったうえ、本月十九日採決致しましたところ、全員一致を以て政府原案に賛意を表したのであります。本案は極めて重要なる法案でありまして、ひとたび之に触れますと忽ち引っくくられるという恐ろしい法律でありますから、只今、改正の要点を申上げて置きたいと思います。

（略）

本委員会に於きましては、本案の内容は勿論、広く各般の事項に付き、熱心なる討議が行われたのであります。改正の必要性及び原案の内容に関しては、委員間に殆ど異論を見なかったのでありますが、最近の国内情勢、ことに国民思想の現状に鑑み、之を統《すべ》って極めて活発なる質疑応答が行われたのであります。……此処には其の中、特に重要なる応答を御紹介するに止めたいと存じます。

対「ソ」国交調整問題と共産主義運動取締の方針

委員会での審議内容のうち、対「ソ」国交調整問題と共産主義運動取締の方針などについての報告は次のようなものであった。

先づ第一に、対「ソ」国交調整問題と共産主義運動取締の方針に関する質問でありました。日「ソ」の国交調整に悪影響あるを慮《おもんぱか》り、共産主義運動取締に関する当局の方針が緩和せられるにあらずやと、危惧の念を抱く者あるに鑑みまして、此の際、政府は其の取締方針を闡《せん》明《めい》して、かかる危惧を一掃すべしという委員の意見に応じまして、政府は従来の方針に何等変更を加える意思を有せず、いやしくも治安維持法に抵触する思想に対しては断固たる処置に出づる方針を堅持するものなることを、力強く言明致されたのであります。

憲法の発展的解釈論

憲法の解釈問題については次のように報告された。

二には、憲法の解釈問題に関し、委員より最近に於ける言論界の風潮として、ややもすれば、我が憲法の条章を歪曲せんとする傾向があるやに見受けられ、ことに学者中には憲法の発展的解釈論を唱え、時流に阿《あ》捜《そう》する（おもねる―引用者）説をなす者あるは寒心に堪えないところであるが、之に対する政府の所信如何と質《ただ》しましたるに対し、政府は憲法を歪曲して自説を主張するが如きは断じて許容せず、もし左様な言説をなし、学説を唱える者の意図する所が我が国体を変革し、又は私有財産制度を否認せんとするに存する場合に於ては、本法に依り厳重取締るべきことを表明致されたのであります。

天皇機関説

天皇機関説に関する報告は次のようなものであった。

次に、委員猪野毛利栄君より、天皇機関説は我が尊き国体の本義に反することの明言を要求せられたるに対しまして、司法、内務、文部各大臣及び陸軍当局より、天皇機関説が我が国体の本義に反するものなりと力強く明答致されたのであります、よって、従来、政府の明答を欠いて居た本問題が解決致しましたることは、国民として洵《まこと》に御同慶に堪えないと存ずるのであります。（拍手）

政府が学問の自由を侵害するように帝国議会、それも衆議院が仕向けている。衆議院はまさに「ファシズム議会」であった。ちなみに、一九四〇（昭和十五）年に既存政党が解党されて大政翼賛会が結成されるが、「翼賛議会」が本格化するのは一九四二（昭和十七）年の第二十一回衆議院選挙（翼賛選挙）以後のことである。

政体の変革に関する処罰規定

政体の変革に関する処罰規定の是非についての委員長報

告は次のようなものであった。

次は、二、三の委員より政体の変革に関する処罰規定を、此の改正案に設けるべしとの希望的意見が開陳せられました、政府は之に対し、……政体を変革せんとするが如きは多くの場合、国体変革、又は私有財産制度否認の目的を達する手段として行われるものなるを以て、取締上、支障なかるべしと応答せられ、委員も大体、政府の意見に賛同致されたのであります。

産業奉還、土地国有

産業奉還、土地国有などをめぐる質疑についての報告は次のようなものであった。

次に問題となりましたのは、私有財産制度の否認の意義如何、産業奉還、土地国有を主張するは私有財産制度の否認に該当するや否やの質問であります。政府は此の質問に対し、次の通り答弁致されたのであります。……私有財産制度の否認は、我が国家の組織に動揺を及ぼし、我が国体を変革するに至る虞あるものと言わねばならん。私有財産制度は斯様《かよう》に重要な基本的制度であるから、憲法は之を保護して居り、本案に於て之を否認する思想を処罰する所以もまた、ここに存すると申されたのであります。(拍手)

次に、産業奉還論、土地国有論と言っても、其の内容必ずしも明確ではないが、もし凡《あら》ゆる資本の私有を禁ぜんとする政治上の主張の下に産業奉還又は土地国有を主張する場合に於ては、私有財産制度の否認に該当する。但し、土地は最も重要なる生産資本であるから、其の公有を主張する場合は、凡ゆる財貨の私有を禁ずる主張から出発する場合が多かろうと考える、というのでありま す。

憲法の条章否認に関する行為

憲法の条章否認に関する行為の処罰規定をめぐる質疑については次のようなものであった。

次に、本案には、憲法中、直接国体に関せざる条章に関する規定なきが如何との問に対し、政府当局は、憲法の条章否認に関する行為に付ては他に刑法、新聞紙、出版等に関する法規、治安警察に関する法規に依って処断せられるのであります、しかし、もし其の範囲を逸脱して、国体の変革、又は私有財産制度否認の域に触れて来れば、直ちに本法に依って処断するのであります。要するに本法及び他の法規に依り、治安維持の完璧を期したいと思って居ります、との趣旨を御答えになりました。

教学刷新の急務

教学刷新の急務をめぐる質疑についての報告は次のようなものであった。

次に、本委員会に於て、大政翼賛会乃至其の構成員の思想的性格等に関し、最も活発なる質疑が行われ、之に関連して教学刷新の急務が具体的に主張せられたことであります。……之に対し、政府は、翼賛会に対する疑惑は至急、之を一掃する処置を講じ、翼賛会の健全なる成長に努力したい、教学刷新に関しては、具体的に調整中である、と応答せられたのであります。

政府に於て極めて厳粛に取扱われたし

委員会で提出された「法運用上の希望」についての報告は次のようなものであった。

次に、委員世耕弘一君より、本法は国体の変革、私有財産制度否認に関する重要法案でありますから、実施の上は政府に於て極めて厳粛に取扱われたしとの希望趣旨を、委員長は委員会を代表して述べられたしとの提議がありました。

よって、委員長は政府当局に対し、本法は国体の変革、私有財産制度否認に関する、いわゆる重要法案でありますから、本法実施の上は極めて厳粛に適用せられたし、是と同時に、本法刑事手続は普通刑事訴訟法に対する特法として、検事に広汎なる権限を附与して居りますから、検事が之を行うに当り、職権濫用等の弊に陥らざるよう、厳粛の態度を以て臨まれんことを要望致しました。

之に対し政府は、本法は重要なる法案でありますから、実施の上は慎重に、且つ厳粛なる態度を以て、又、検事に於ても職務執行に際し、他より非難なきよう十分注意して行うように致したいとの旨、趣を明確に答弁せられました。

衆議院も共同正犯者

委員会では全会一致で法律案が原案通り可決されたことが委員長から次のように報告された。

かくして質疑終了せんとするに当り、委員泉國三郎君より、是にて質疑打切の動議出で、更に同委員より討論を省略して採決あらんことの動議がありました、何れも別に異議なく成立しました、よって直ちに採決に入り、委員長は本案成立に賛成の委員の起立を求めました。起立総員、全会一致を以て本案は可決せられたのでありす。

新治安維持法律案の審議に臨む衆議院の態度が単なる承認に止まるものでなかったことは、この委員長報告からも明らかであろう。政府原案を超えた取締りの一層の強化を政府に迫り、その旨の政府答弁を引き出そうと努めているからである。近衛文麿内閣の「新体制運動」の牽制に法案の審議を利用しようという態度も看過し得ない。

委員長から「重要法案であるから本法実施の上は極めて厳粛に適用」等と述べられているが、衆議院の法案審議が「厳粛」に値するものであったとは到底思われない。国民の自由と権利を守るという視点はおよそ感じられない。

報告後、議長から「本案の第二読会を開くに御異議ありませんか」と諮られ、「異議なし」とされたことから、「御異議なしと認めます、仍《よっ》て本案の第二読会を開くに決しました」とされた。そして、ここでも「直ちに本案の第二読会を開き、第三読会を省略して、委員長報告の通り可決せられんことを望みます」との動議が出され、採用されたことから採決に移り、「異議なし」として、「第三読会を省略して、委員長報告通り可決確定致しました」と議長から報告された。

取締りの対象を飛躍的に拡大し、予防拘禁制度も新設するなど、問題だらけの新治安維持法律案の衆議院本会議通過はこのようなものであった。衆議院はもはや議会の体をなしていなかった。翼賛議会の「戦時議会」であった。新治安維持法の制定にあたっては、衆議院も「共同正犯者」であった。

6　貴族院の審議

特別委員会に付託

衆議院での可決を受けて、治安維持法改正法律案は貴族院に送られた。一九四一（昭和十六）年二月二十一日に開催の貴族院本会議で議題とされた。同二月二十一日の本会議では、治安維持法改正法律案について第一読会が開かれ、衆議院本会議と同様に、冒頭で柳川平助国務大臣（司法大臣）から法案提出の理由説明が行われた。(51)

理由説明後、「只今日程に上りました治安維持法改正法律案（を審議する特別委員会—引用者）は、十八名の委員とし、其の委員の指名を議長に一任するの動議を提出致します」との発言が子爵戸澤正己議員からあり、「異議なしの声あり」の結果、議長から「書記官をして委員の氏名を朗読致させます」として、氏名の朗読が行われた。

ここでも山岡萬之助が委員に指名された。元枢密院書記官の村上恭一、元警視庁総監・関東局総長・満州国総務庁長の長岡隆一郎、元法制局長官・内閣書記官長の次田大三郎などの官僚出身者とならんで、織田萬《よろず》（京都帝国大学名誉教授・行政法など）も委員に選ばれた(52)。委員長には伯爵児玉秀雄、副委員長には男爵渡邊修二が就任した。

翌二十二日に開催された貴族院の治安維持法改正法律案特別委員会では、冒頭で柳川司法大臣から法案提出の理由説明が行われた(53)。これを受けて質疑が同二十二日、二十四日、二十五日、二十六日、二十八日と繰り広げられた。

審議公開は大幅に制限

これらの質疑の中で注目されるのは、二十四日の委員会において秋山要政府委員（司法省刑事局長）から、「最近の思想運動情勢に付きまして御説明を申上げたいと存じます」として説明されている点である(54)。

三・一五事件については次のように説明されている。

> 同年（昭和三年—引用者）三月十五日早暁を期して、一道三府二七県に亙って一斉検挙が断行せられましたが、之が世に言う、いわゆる、三・一五事件でありまして、検挙せられた者の数はおよそ三千名、其の内、治安維持法違反として起訴せられた者は四百八十四名の多きに達しました。此の大検挙に依りまして、党の組織は壊滅に瀕し、一時、其の活動を中止するに至ったのであります。

四・一六事件についても次のように説明されている。

> 昭和四年三月には地方に於ける党員の数だけでも百余名の多きに達したのであります。中央事務局は東京に地方委員会を設け、大阪、神戸、其の他各地に党細胞又は其の準備会を設けるなど、順次、組織を整備すると共に、昭和四年三月に行われました東京市会議員選挙に際しては、「革命的労働者を市会に送れ」というが如き矯激なる「ビラ」、「ポスター」などを、選挙闘争同盟東京中央委員会の署名を以てまし《ママ》て全市に頒布し、解放運動、犠牲者救援会の左傾化を図り、日本労働組合全国協議会を結成する等、其の活動が漸く全国的となりまして、且つ表面化するに至りましたので、昭和四年四月十六日、一道三府二四県に亙り一斉検挙が断行せられたのであります。之が、いわゆる、四・一六事件でありますが、当日、

検挙した者は約七百名に達し、其の後も検挙を続行し、同月二十七日、市川正一、同月二十九日、鍋山貞親、三田村四郎を検挙した外、六月十六日上海に於いて佐野学が逮捕せられる等、党首脳部は殆ど全部検挙せられ、之に依って日本共産党は全面的に崩壊の運命を辿るに至ったのであります。

　秋山の説明は、三・一五事件および四・一六事件のみならず、「最近に於ける左翼運動の状況」、すなわち、「最近に於ける『コミンテルン』の我国に対する策動状況」「支那大陸に於ける邦人共産主義者の活動状況」「最近に於ける民族的運動の概況」「類似宗教運動の情勢」「最近に於ける思想犯罪続発の原因」にも及んでいる。ただし、「是から先はどうぞ秘密会にお願いします」とされ、委員会が秘密会となったために説明内容は議事録に掲載されていない。

　臣民への帝国議会審議などの公開が政府によって大幅に制限されるというのも治安維持法の制定・改正過程の特徴であった。臣民は「蚊帳の外」に置かれ、普通選挙制度（ただし、男子のみ）の実施にもかかわらず、立憲主義は空洞化することになった。

元京都帝国大学法科大学院教授の「高等学校解体」論

それでは、日本人として初めて常設国際司法裁判所判事に当選し、同司法裁判所での真摯な取組みなどが評価されて貴族院議員に勅選された織田萬委員の委員会での質問とは、どのようなものだったのであろうか[55]。

　今日の国防国家を築き上げて行くには、技術家というものの必要が起ることは、是は私が言う迄もないことであります。多数の技術者を出さなければ、日本がことに大陸に進出して行くということに付ては、非常に是が必要であるが、今のようなやり方では到底、其の需要に応ずることは出来んだろう。だから、総《すべ》ての分科大学というようなものは、皆、高等専門学校程度に引下げて、更に、この高等専門学校を国家が許すだけ殖《ふや》して、中学校卒業生は皆それに入り得るというようなことにされる。又、中等程度の実業専門学校をも十分に奨励してやらなければならんと思います。……思想問題から最も危険なのは、私は高等学校であろうと思う。専門学校に向いた方では、割合、思想問題に引っ掛る学生というのは少い。……高等学校でどうも思想が悪化するというようなことは、是はむしろ学校其のものがそういう危険に曝されて居ると、私は思うのであります。ですから、そういうものを除いてしまって、中学校卒業から直ぐに専門学校に入れる。……そうして専門の技術を学ぶということになって、始めて、ここに人間も出来、又、高度国防国家を作って行くに必要な技術家というものも出来ることになりはせぬかと、私はかねてから思って居るのでございますが、……。

京都帝国大学法科大学の教授として長年行政法学を講義した織田の意見とは、こういうものであった。大学、高等学校解体論が弁ぜられている。織田が勅選議員に選ばれた理由も明らかであろう。

修正案の否決

二十八日の委員会では、質疑が終了後、討論に移った。その冒頭、次田大三郎委員から、第十条「私有財産制度を否認」という文字の下に「し又は憲法に定める統治機構の機能を不法に変壊」という文字を挿入し、第十一条に「前条の目的を以て其の目的たる事項を宣伝したる者は、三年以下の懲役又は禁錮に処する」という一項を加えるという修正案が提案された。三名の賛成者があったことから、修正案の趣旨説明が次田委員から行われることになった。趣旨説明は、次のようなものであった。

今度、政府の提案になりました治安維持法改正法律案は、かつて昭和九年第六十議会に提出せられました治安維持法改正法律案と略々（＝ほぼ―引用者）、同一の内容を有するものであります。……私が只今、原案の第十条、第十一条に付て修正意見を提出致しましたのは、一口に申せば、其の際の貴族院の院議を尊重するということに尽きるのであります。……政体の変革を企てるものを取締り、私有財産制度否認を目的として之を宣伝する者を取締るということの必要は、昭和九年当時に比して少しも減じて居らないのみならず、更に其の必要が益々、加わって来たということを痛感致しまするので、どうしても、昭和九年、六十五議会に於て貴族院が加えたと少くも同様の修正を本案に向って加えざるを得ないということを考えまして、此の修正案を提出致しましたのであります。(56)

これに対する柳川司法大臣の態度は「慎重研究のうえ、近き将来に於て、立法の手続を執ることに致したいと存じます」というもので、採決の結果、修正案は賛成少数で否決された。(57)

希望決議案——教学の刷新は急務

その後、子爵岡部長景《ながかげ》委員から、「私は治安維持法改正法律案の政府提出の原案に賛成をする者であります」と断ったうえで、希望決議案が提案された(58)。決議案の内容は次のようなものであった。

思想犯罪は近年、其の数、激増し、罪質、悪辣なるのみならず、其の行動、計画的にして、往々戦慄すべきものあり。洵《まこと》に深憂に堪えず。政府は、速やかに各省に亙る思想問題に関し、徹底的統合を図り、この種思想の因って生ずる所を究め、未然に之を防止するの途を講ずると同時に、教学を根本より刷新し、以て思想犯罪の絶滅を期すべし。

治安維持法の改正だけではなく、「教学の刷新」を併せて図ることの緊急性が衆議院と同様、ここでも強調されている。その意味するところが、国による大学などにおける教育・研究の一層の管理強化その他に存することは改めて詳述するまでもなかろう。

取締り対象を当局が質的にも量的にも拡大した結果、「思想犯罪」の数が激増した、すなわち、当局が作りだした「激増」だというような認識は微塵もうかがえない。

慎重な法施行を希望

討論では、男爵伊江《いえ》朝助《ちょうじょ》委員による原案賛成の発言の外、山岡萬之助委員および男爵井田磐楠《いわくす》委員から原案賛成の意見が詳細に開陳された(59)。そのうち、山岡の意見は次のようなものであった。

政府当局の努力に依りまして、共産主義の犯罪は余程、減少して参ったのでありまするが、最近、社会事情の変化は、昨年に至って此の種の犯罪が急に増加したというようなことでありまするので、其の源泉は未だ絶えて居らない。いわゆる、潜在的になかなか根を張って居る。こういうことは、之を深く考えて検挙、撲滅に対さなければならんと思うのであります。そこで、此の法案は政府に対する非常に強い権能を有って居るのでありまするから、之を厳正、而《しこう》して、慎重に施行せられんことを望むのであります。

山岡でさえも慎重な法施行を望むほど、新治安維持法案は政府に強すぎる程の強い権能を付与していたのである。

挙手多数で可決

採決の結果、同法案は挙手者多数で可決され、成立した。

希望決議案も全会一致で可決された。希望決議に対する平沼騏一郎司法大臣の所見は次のようなものであった(60)。

御決議の趣旨は、政府に於きましても全く感を同じゅう致すのであります。今日、思想犯罪の防遏《ぼうあつ》に付きましては、第一に教学の刷新を講ずるということは最も大切なことでございまして、学校教育、社会教育、家庭教育に付きまして深く意を用いなければならんと存じます。又、之が取締りの方面に於きましても、一層、之を周到に致しまして、違算《いさん》なきことを期すべきは当然であると考えます。

特別委員会委員長の報告――思想犯問題の解決

特別委員会での可決を受けて、昭和十六年三月一日に開催された貴族院本会議において、特別委員会委員長の伯爵児玉秀雄議員から「本委員会は、本案が我が国体に関しまする重要なる事項でありまするので、縷々、秘密会を開き、或は速記を止めて、慎重に審議を重ねたのであります。……質疑の要点は、国体及び政体に関する事項並に思想問題の根本解決に集中したるの観があるのであります」として委員会報告が行われた(61)。

予防拘禁制度の創設をめぐる質疑については次のように報告された。

予防拘禁に関しましては、……内乱罪等にも之を及ぼすの必要があるではないか。不定期刑を科するならば其の目的を達するのではないかという意見に対しまして、政府は、予防拘禁は人身を拘禁する重大なる制度であるから、裁判所に於て之を行うのを適当とするのである。不定期刑を以てしては、現に入獄せる者にして、将《まさ》に出獄せんとする場合に之を適用すること能《あた》わざるを以て、実際上、今日の間に合わないことになるのである。非転向確信犯人は、入獄中に於てさえも犯行を計画する状態であるが故に、之に対して直ちに予防拘禁をなすの必要があるのである。思想犯は確信犯であるが故に、之を適用するのであって、他の内乱罪の如き犯罪に適用すべきものではないと説明されて居るのであります。

教学の刷新などをめぐる質疑についても次のように報告された。

思想犯問題を解決するには、ただに法律のみを以て之を匡正することは到底、困難である。其の根本原因を深く研究して、教学の刷新、信仰心の向上等に力を致すことが必要である。文部当局者の意見如何という質問をせられたのに対しまして、政府は、教育の根本義は国体の本義を徹底せしめるのにある。満州事変以来、学生の思想は幾分、純化しつゝあるが、未だ其の理想を十分に徹底するに至らざるを遺憾とするのである。……其の人格に於ては飽《あ》く迄も日本人たるの信念を失ってはならんのである。宗教情操の欠如は教化上、一大欠点であるから、大いに努めなければならんという意見でありました。

討論・採決などについても次のように報告された。希望決議の紹介も行われた。

　討論に入りましてから、一委員より次の如き修正意見が提案せられ、……修正案は少数で否決せられたのであります。ついで原案に付きまして、次の如き賛成意見が述べられたのであります。……かくして討論は終結せられまして、採決に移ったのであります。……原案を可とする者多数、原案は可決せられたのであります。ついで希望決議の採決を致しましたる処、全員一致可決を見たのであります。

改正法律案の採決——起立者多数で可決・成立

右のような委員長報告を受けて、貴族院本会議は同改正法律案の採決に入った。採決の結果、起立者多数で、本案の第二読会を開くことが決定された。直ちに第二読会が開催され、議長から「本件全部、委員長報告通りで御異議ございませぬか」が諮られた。「異議なし」と叫ぶ者があり、「御異議なしと認めます」とされた。「直ちに本案の第三読会を開かれんことを希望致します」の動議が出され、「異議なし」と叫ぶ者があり、「御異議なしと認めます」とされた。直ちに第三読会が開催され、議長から「本件全部、第二読会の決議通りで御異議ございませんか」が諮られ、「異議なし」と叫ぶ者があり、「御異議なしと認めます」とされた結果、新治安維持法は可決・成立した[62]。

　新治安維持法は一九四一（昭和十六）年三月十日に法律第五十四号として公布された。その三日前には、国家機密を外国へ漏洩する行為と国家機密を流布する行為に対して最高で死刑を科す国防保安法（昭和十六年三月七日法律第四十九号）も公布されていた。

7 改悪の内容

多岐にわたる罰則強化

新治安維持法による罰則の強化の内容は、多岐にわたる。その第一は、一九三四（昭和九）年の改正法律案および三五（昭和十）年の治安維持法改正法律案と同様に、「国体変革」を目的とする犯罪と「私有財産制度否認」を目的とする犯罪とを完全に分離し、各別個の条文としたうえで、「国体変革」目的結社組織罪等と同知情加入罪等の自由刑の下限を、五年以下及び二年以下から七年以下及び三年以下に引き上げたことである(63)。

第二は、昭和九年の改正法律案等と同様に「国体変革」目的支援結社組織罪等及び同知情加入罪等を規定したうえで、前者について死刑を科すとしたことである(64)。

第三は、昭和九年の改正法律案等にはなかった点であるが、日本共産党の再建を試みる動きはもはやほとんどなかったにもかかわらず、「国体変革」目的結社の「組織を準備することを目的」とする結社、いわゆる「準備結社」に関する処罰規定も新設したことである。

たとえ、党再建が当面の目標ではなかったとしても、集会・宣伝・啓蒙などの方法で共産主義者を養成し、結集して党再建の機運を醸成しながら、党再建に備えるという、いわば「党再建の事前準備行為」でさえも鎮圧しようとしたのである。この「国体変革」目的準備結社組織罪等についても死刑を科すとされた(65)。

第四は、これも昭和九年の改正法律案等にはなかった点であるが、「結社」とはいえない「集団」を規制する規定が新設されたことである。第四条の「前三条の目的を以て集団を結成したる者又は集団を指導したる者は、無期又は三年以上の懲役に処し、前三条の目的を以て集団に参加したる者又は集団に関し前三条の目的遂行の為にする行為を為したる者は、一年以上の有期懲役に処する」という規定がそれである。「国体変革」目的結社を有効に取締るためには、「結社」の形態よりも緩やかで規模も小さい「集団」をも叩きつぶしてしまわなければならない。このような発想に基づくものであった。

この「集団」規制は、「集団の結成」や「集団への参加」等のほか、「集団の目的遂行の為にする行為」の規制や「集団の目的たる事項の実行」に関する「協議」「煽動」「宣伝」等の規制にも及んだ。自らが参加する研究会を宣伝することも、当局の意思次第では治安維持法違反に構成され得ることになった。「国体変革」を目的とする活動は、直接の目的であろうと間接の目的であろうと、究極の目的であろうと、また、「結社」形態をとろうと、「集団」によるものであろうと、「個人活動」レベルのものであろうとも、その如何を問わず、一切認められないというのが当局の考え方であった(66)。

この新治安維持法の下では、「外郭団体」の取締りに猛威をふるった「目的遂行罪」の適用範囲がさらに拡張された。当局によって「支援結社」や「準備結社」、あるいは「支援集団」や「準備集団」などと認定された「結社」や「集団」の活動のために行う「目的遂行行為」も、「国体変革」目的と究極的につながる以上は、この「目的遂行罪」で処罰されることになるからである。ここに至ると、治安維持法違反になるかどうかは当局の意思次第だといっても過言ではなかった。

罰則強化の第五は、宗教弾圧に関わる規定を新設したことである。「国体を否定し又は神宮若《もしく》は皇室の尊厳を冒瀆すべき事項を流布することを目的として結社を組織したる者又は結社の役員其の他指導者たる任務に従事したる者は、無期又は四年以上の懲役に処し、情を知って結社に加入したる者又は結社の目的遂行の為にする行為を為したる者は、一年以上の有期懲役に処する」という規定がそれである。昭和九年の改正法律案等にはみられなかったところで、太平洋戦争に備える治安維持法という性格が顕著となった。ここでは「国体変革」概念ではなく、より緩やかな「国体否定」概念が用いられている。

「国体否定」概念

当局によれば、この「国体変革」概念と「国体否定」概念の関係が次のように説明された。

否定とは、事物の本体を観念的に抹殺するを謂う。変革が、事物の本体に対し具体的に積極的に変更を加えんとするが如き、能動的内容を有するに対し、否定は、単に之を観念的消極的に認めざる静的行為を内容とする。従って、国体の否定とは、主権の所在を観念的に抹殺して認めざるを謂う。国体変革思想は、国体否定思想を前提とし、進んで之を破壊せんとする思想なるを以て、国体否定思想は、常に国体変革思想にして、国体変革思想を含んで更に広き観念なり(67)。

無理を承知で「国体変革」概念を拡大解釈して、「類似宗教」を治安維持法で取締ってきた「反省」から得られた教訓がこの「国体否定」概念であった。治安維持法の拡大につぐ拡大に邁進した結果、極めて抽象的・広義的・包括的な「国体変革」概念でさえも当てはめるのが難しいような事態に直面し、当局は「国体変革」概念よりも更に抽象的・広義的・包括的な「国体否定」概念を採用した。権力者自らが、「法治主義」の原則を踏みにじるものといわざるを得ない。

当局が目ぼしをつけた当該宗教団体の組織者・指導者は、無期懲役又は懲役四年以上の厳刑を覚悟しなければならなかった。同宗教団体の単なる加入者や「（団体の）目的遂行の為にする行為を為したる者」でさえも一年以上の有期懲役という重罰を甘受する危険を負担しなければならなかった[68]。

新治安維持法は、この宗教弾圧を「結社」とはいえない「集団」にも及ぼすことも忘れなかった。「前条の目的（国体を否定し又は神宮若は皇室の尊厳を冒瀆すべき事項を流布するという目的―引用者）を以て集団を結成したる者又は集団を指導したる者は、無期又は三年以上の懲役に処し、前条の目的を以て集団に参加したる者又は集団に関し前条の目的遂行の為にする行為を為したる者は、一年以上の有期懲役に処する」という規定も新設された。

これにより「集団」による宗教活動も、大手を振って規制することが可能となった[69]。

特別刑事手続の導入――戦後、通常化へ

これらの罰則強化にも増して重要なのは、特別刑事手続の導入であった。すなわち、検事（思想検事）に対し相当に広範な強制捜査権を付与したこと。治安維持法違反事件の刑事手続においては、弁護人は「司法大臣の予め指定したる弁護士」の中からしか選任し得ないとされたこと。裁判管轄の移転請求をなし得る場合を拡張し、治安維持法違反事件の審理を特定の裁判所に置かれる思想取締り専門の裁判部に集中させやすいようにしたこと。迅速な有罪判決を確保するために、通常の刑事裁判と異なり、三審制を廃止して、第一審判決に対する控訴を認めず、上告のみを許すことにしたこと、などである。

その後の刑事手続の展開に鑑みた場合、これらの改正のなかでも重要なのは、検事に広範な強制捜査権を付与したことである。検事などに強制捜査権が認められていないから人権蹂躙問題が起きるのであって、強制捜査権を認めれば人権蹂躙問題は解決する。このような強引な論法によって導入が強行された。しかし、それは、これまで帝国議会や裁判所などによって「違法な人権蹂躙」とされたその実態を変更することなく、ただ包装紙を違法から合法に変えるだけに過ぎないものであった。合法という包装紙のもとで人権蹂躙問題は相変わらず続発した。

ただ、さすがの当局といえどもこれには遠慮があった。検事などの強制捜査権をもって通常の刑事手続でも認めら

れるべきものだとまで広言することは憚れた。あくまでも思想犯に特有の特別で例外的な刑事手続だとして、その正当化が図られた。

この遠慮が取り払われ、通常の刑事手続においても認められるべき原則だとされるようになったのは、奇妙なことに、人権蹂躙の防止という観点から刑事手続について詳細な規定を置いた日本国憲法のもとにおいてであった。「日本国憲法の施行に伴う刑事訴訟法の応急措置法」（昭和二十二年法律第七六号）、あるいはその後の新刑事訴訟法（昭和二十三年七月十日法律第一三一号）によると、この「特別」という性格が落とされて、通常の刑事手続において当然に認められるべきところの捜査手続として堂々と規定されることになった。強制捜査権を認めたことに付随して、検面調書などに証拠能力を付与することも、特別の刑事手続における例外的な措置ではなく、通常の刑事手続における一般の証拠法則だとされた。

その意味では、新治安維持法が新設した特別刑事手続は、戦後刑事手続にとっていわば「生みの親」ともいうべきものであった。

もっとも、さすがに戦後の刑事手続においては、治安維持法のような「二審制」は採用されていない。しかし、治安維持法の特別刑事手続にみられるような「迅速裁判」の要請は、戦後の刑事手続において最高裁判所が一貫して最重視している課題であることに留意しなければならない。「迅速裁判」の要請は裁判員裁判において一つの到達点に達したが、その意味では、治安維持法の特別刑事手続と裁判員裁判の刑事手続とは底流において軌を一にするものがある。

この近似性は、治安維持法が規定した弁護人の弁護活動の制限に関しても同様である。戦後の刑事手続においても、最高裁判所は「アメとムチ」の司法政策などによって、弁護人の弁護活動を「必罰主義」および「迅速裁判」の枠内に封じ込めようとする営みを一貫して追求してきたからである。この営みの行きつく先の一つが、新治安維持法の規定する「国指定弁護士からの弁護人の選任」であることを看過してはならない。

国選弁護人候補者の法テラスへの登録制度はこれを彷彿させるものがある。

日本的な予防拘禁制度の導入——非転向者に「善を施す」

思想検事のかねてよりの念願であった予防拘禁の制度がついに導入されたことも、特筆されなければならない。当局は欧米で導入された保安処分制度との同一性ないし近似性を強調したが、この予防拘禁制度は明らかに特殊かつ日本的な制度であった。

予防拘禁の導入が試みられたのは昭和九年の改正法律案においてであり、この時期、当局が憂慮したのは三・一五事件、四・一六事件の受刑者のうち刑期満了で出獄してくる者にどう対処するかということであった。これら出獄者が獄中で「改悛」し、「転向」済みなら問題はないが、「非転向」のまま釈放された者の再犯をどう防止するかという問題に対し考案されたのが予防拘禁という制度であった。「非転向者」は刑期を満了しても、「再犯」のおそれがあるとして拘禁を続けるという方式がこれであった。

しかし、これには昭和九年に法律案を審議した議会、とりわけ貴族院で強い反対論が表明された。貴族院では予防拘禁の諸規定を全部削除する修正動議が可決された。しかし、既に詳しくみたように、新治安維持法案を審議した第七十六議会では、予防拘禁制度の導入に反対論はまったくみられなかった。時代は暗転したのであった。

新治安維持法では、昭和九年法律案に比べて予防拘禁の対象者の拡大が図られた。第三十九条第二項により、「第一章に掲げる罪を犯し刑に処せられたる者、其の執行を終りたる者又は刑の執行猶予の言渡を受けたる者、思想犯保護観察法に依り保護観察に付せられ居る場合に於て、保護観察に依るも同章に掲げる罪を犯すの危険を防止すること困難にして、更に之を犯すの虞あること顕著なるとき、亦、前項に同じ」とされた。すなわち、「刑に処せられたる者、其の執行を終りたる者又は刑の執行猶予の言渡を受けたる者」であっても、思想犯保護観察法の保護観察では十分に再犯の危険を防止することが困難であると認められたときには、この者も予防拘禁できることとされた。

これにより、既に釈放されてしまっている者であっても、「転向」の仕方が不十分であると当局によって認められた場合には、現実の犯罪行為がなくても、もう一度身体を拘束することが可能となった[70]。

この予防拘禁所として東京予防拘禁所が東京中野の豊多摩刑務所の中に開設された[71]。拘禁所からの逃走を防止するための処罰規定も、治安維持法の中に用意された。法第六十一条は「予防拘禁所若《もしく》は監獄に収容せられたる者又は勾引状若は逮捕状を執行せられたる者、逃走したるときは一年以下の懲役に処する」と規定し、また、法六十二条は「収容設備若は械具を損壊し、暴行若は脅迫を為し又は二人以上通謀して前条第一項の罪を犯したる者は、三月以上五年以下の懲役に処する」と規定した。これらの未遂罪も法六十三条で処罰された。

予防拘禁においては、自由刑の執行の場合以上に、隔離目的が重視されたわけである。予防拘禁の期間は一応「二年」とされたが、これには例外が認められていた。治安維持法第五十五条第一項は「特に必要ある場合に於ては、裁判所は決定を以て之を更新することを得る」と規定していた。原則と例外の逆転現象が起ることは必定であった[72]。終身の予防拘禁も可能であった。

予防拘禁制度は手続的にも日本的な特徴があった。検事（思想検事）の請求に基づいて、裁判所は本人の陳述を聴いて予防拘禁の可否を決定することとされた。この決定手続は、臣民の自由剥奪に関わる重大なものであるにもかかわらず、判決手続によらずに行うこととされた。諸外国では保安処分の決定は判決手続によるとされていたが、予防拘禁の決定は略式で簡便に行うこととされた。公判廷での審理も不要とされた。弁護士の関与も認められなかった。

その反面、「家」がらみで「改悛」（＝「転向」）を引き出すために、「本人の属する家の戸主、配偶者又は四親等内の血族若は三親等内の姻族」が補佐人となることが定められた。補佐人は被拘禁者の利益を擁護するというよりは、当局に協力して「改悛」を促すという役割を果たすことが強いられた。

奥平康弘によると、「当局は、この（予防拘禁という――引用者）とんでもない制度を、西欧のふつう犯罪の常習者に向けられた保安処分（この当否自体に議論が分かれていたが）と同一視し、その正当性につき毫も疑いをはさまなかった」とされる[73]。

しかし、より正しくは、単に再犯を防止するだけの西欧の保安処分に対して、日本のそれは積極的に「善を施す」ものだとして、その優越性が誇示されたというべきであろう。

東京・日比谷公園で開催された大政翼賛・三国結盟国民大会会場　1940 年 10 月

第九章　新治安維持法の施行とその法適用

1　思想・宗教――転向か、予防拘禁か

司法大臣による強制捜査権に関する注意

新治安維持法は、一九四一（昭和十六）年五月十五日から施行された[1]。施行に先立ち、三月二十四日に開催された司法官会同では、柳川平助司法大臣から、検察は強制捜査権の運用を誤ることがないようにとの注意があった。

他方、四月三十日、村田五郎警保局保安課長は、「改正治安維持法実施に伴う各種取極《とりきめ》事項」と題する文書を全国に通牒した。同文書によると、東京地方裁判所検事局と警視庁特高部は、「被疑者の検挙に当りては事前に十分検事と打ち合わせて其の指揮を求めるべきも、令状発出の内部手続は敏速を尊ぶ此の種検挙の性質上、極力簡易化すべき事」という申し合わせをしたとされた。しかし、当の東京地裁検事局は、文書は事実無根であると抗議し、警視庁特高部に文書を撤回させた。

もっとも、警察の取調べに自白の強要や拷問はつきものであったことから、司法相の注意がどこまで徹底したかは、大いに疑問であった[2]。

ゾルゲ事件

一九四一年十二月、日本と米英蘭が開戦し、太平洋戦争が開始された。国際的なスパイ事件とされたゾルゲ事件につき、一九四三(昭和十八)年九月二十九日、第一審の東京地方裁判所は、国防保安法、治安維持法、軍機保護法、軍用資源秘密保護法違反で、ゾルゲと彼の情報源の一人であった朝日新聞記者の尾崎秀実に対し死刑を言い渡した。共に死刑が確定し、一九四四(昭和十九)年十一月七日に死刑が執行された。

第一審判決は、治安維持法違反についても、ゾルゲがコミンテルン本部に通報したと断定して、コミンテルンのための目的遂行罪を認定した。ただし、死刑は国防保安法第四条第二項の国家機密漏洩罪によるもので、治安維持法第一条及び第十条によるものではなかった(3)。

新興宗教の取締り

新治安維持法は、一九三〇年代に激増した新興宗教を取締ることも狙っていた。一九四一年五月の新治安維持法の施行から半年間と、戦況が悪化した一九四三(昭和十八)年以降は、宗教団体の治安維持法違反事件が増加した。小規模の新興宗教に対する適用が目立った。キリスト教系団体への適用も増加した。反戦的な言辞だけでなく、連合国のスパイ活動も疑われた。反戦思想は治安維持法の表示上の対象ではないので、国体を否定するということが口実とされた。

戦時中で最大の宗教弾圧事件となったホーリネス弾圧事件では、プロテスタント系の日本聖教会、きよめ教会、東洋宣教会の信者一二〇名が検挙された。明石順三を創始者とする燈台社は兵役拒否を問題とされた。明石順三は治安維持法違反で検挙され、燈台社も解散させられた。

非戦・反戦を説く無教会主義キリスト者も例外ではなかった。反戦的な言辞を理由として「言論、出版、集会、結社等臨時取締法」違反で検挙された浅見仙作は、治安維持法違反で再検挙された。同じく無教会主義キリスト者であり、日中戦争を批判して東大教授を追われた矢内原《やないはら》忠雄も特高によって言動を監視された。早々に転向を表明する信者もいたが、転向を拒否し、信仰を貫く者も少なくなかった。創価教育学会(現創価学会）創始者の牧口常三郎は獄中で転向を拒否し、老衰と栄養失調で死去している。[4]

転向の基準——日本精神を体得して実践躬行の域に到達したか

新治安維持法の施行を受けて、一九四一（昭和十六）年二月二十八日、全国唯一の予防拘禁所が豊多摩刑務所内に開設された。予防拘禁は新治安維持法の目玉ともいえる制度であった。しかし、予防拘禁者の数はといえば、太平洋戦争末期の一九四五（昭和二十）年五月末時点で六五名に過ぎなかった。このなかには宗教団体、朝鮮独立運動の関係者も含まれていた。

拘禁の基準は曖昧で、思想犯保護観察と屋上屋を重ねるものであった。また、被拘禁者にとって、拘禁所の生活は一定の自由を保障されたものであり、「改善機能」は乏しかった。非転向者を社会から隔離する以上の効果はなかった。改善のための然るべきプログラムは用意されていなかった。

予防拘禁の可否を裁判所が決定するに当たって唯一の争点とされたのは、本人の現在の思想状況からみて「転向」したといえるかどうかであった。問題は「転向」の規準で、この基準は暫時、引き上げられていった。三〇年代前半の「転向」規準によれば合格とされたものも、この引き上げにより不合格とされていった。

思想犯保護観察法（昭和十一年五月二十九日法律第二九号）が制定されて、思想犯保護観察制度を通じて「転向」補導の制度化が進行するとともに、「国民精神総動員」に向けてイデオロギーの収斂が図られはじめるなかで、当局はもはや「共産主義思想を放棄した」という消極的な「改悛」だけでは満足せず、積極的な「改悛」を「転向」に求めるようになった。すなわち、「完全に日本精神を理解せりと認められるに至りたるもの」を超えた、「日本精神を体得して実践躬行《きゅうこう》の域に到達せるもの」という基準がそれであった。[5]

諸外国のそれと異なり、このように積極的に「善」を施すが故に、思想犯保護観察も予防拘禁も人権侵害の問題は生じないというのが当局の考え方であった。しかし、そこにいう「日本精神」とは何かは当局でさえも回答に窮する事柄であった。当局が「日本精神」を真に理解していたかは大いに疑問であった。

このように「日本精神」が当局によって我田引水的・恣意的・便宜的に使われるなかで、家族などのため

豊多摩刑務所　左下の十字の建物を改造して予防拘禁所がつくられた

府中拘禁所から出獄前に整列する政治犯たち　1945 年 10 月 10 日

に、戦死を覚悟で兵士として戦場に赴いた「転向者」も稀ではなかった。ここでは反戦・非戦ではなく、「戦死」が「日本精神の実践躬行」とされた。太平洋戦争下の予防拘禁という性格が濃厚であった。(6)

大審院判決・決定

全面改正され、条文も大幅に増えたことから、新治安維持法については、解釈上の論点も多岐にわたることになった。この期においては、昭和十八年六月二十九日第三刑事部判決(7)、昭和十八年九月一日第二刑事部判決(8)、昭和十八年十二月二十四日第三刑事部判決(9)、昭和十九年四月八日第二刑事部判決(10)、昭和二十年六月二十九日第三刑事部判決(11)などが出されている。

2　戦争反対の思いも取締りの対象

治安維持法は、この期においては、その性格を大きく変えつつあった。一九三七（昭和十二）年七月七日に日中全面戦争（盧溝橋事件）が開始され、太平洋戦争も一九四一（昭和十六）年十二月八日に勃発した。いずれの戦争も次第に泥沼化していった。勇ましい戦意高揚の国民運動の陰で、人々の戦争反対の思いは静かに広がっていった。この静かな思いさえもが、治安維持法の取締りの対象となっていった。

新治安維持法の取締りの対象

新治安維持法は、その第二条で、「前条（第一条—引用者）の結社を支援することを目的として結社を組織したる者又は結社の役員其の他指導者たる任務に従事したる者は、死刑又は無期若は五年以上の懲役に処し、情を知って結社に加入したる者又は結社の目的遂行の為にする行為を為したる者は、二年以上の有期懲役に処する」と規定し、いわゆる「支援結社」の罪を新設した。

旧治安維持法の下では、「支援結社」は、いわゆる「結社の外郭団体」として、「結社の目的遂行行為」の罪で問擬されてきた。この「支援結社」の罪の新設により、「支援結社を組織したる者又は結社の役員其の他指導者たる任務に従事したる者」に対しては、死刑又は無期懲役を科することが可能となった。加えて、この「支援結社」の「外郭団体」も、新たに「支援結社」の目的遂行行為の罪で処罰し得ることとなったために、治安維持法の適用対象は飛躍的にその裾野を広げることになった。

治安当局によれば、自由主義や民主主義に立脚して反ファシズムを唱える、あるいは戦争反対を表明するサークルなどの活動も、新治安維持法の取締りの対象とされることになった。

大審院による追認

問題は、このような治安当局の法運用に対して、大審院がどのような態度をとったかである。追認する途を採用したか、あるいは反対に抑制する途を採用したかである。

ここでも、大審院は追認する途を選択した。大審院判例による治安維持法の拡大解釈の追認の傾向は、新治安維持法の下で、その傾斜を一段と強めた。そして、「支援結社」にいう「結社」および「支援」について、「改正治安維持法第一条に所謂、結社の成立には之を統制すべき強制力の存することを要せざるものとする」「改正治安維持法第一条に所謂、結社を支援すると為すには、主観的に被支援結社を支援するを以て足り、其の支援結社と被支援結社との間に客観的に組織上の関連あることを要せざるものとする」という法解釈を披露した。

「左翼思想、共産主義思想の研究強化」と「共産党、左翼運動」とは厳に区別すべきだという訴えも、そもそも天理本道《ほんみち》には「国体変革の目的」を達成することは不可能であるという訴えも、何らの説示もなく、退けられた。創価教育学会員による学会活動も、合法な評論・出版活動なども、あるいはまた宗教団体の宗教活動も、「(当—引用者) 該結社の目的達成に資することを認識し乍《なが》ら」行われた以上は、治安維持法違反に問擬し得るとされた。これにより治安維持法の適用対象は飛躍的に拡大されることになった。

「偽装せる共産主義運動」という論理

「偽装せる共産主義運動」という論理も、この期の大審院判例の特色を示すものであった。これにより、反ファッショ運動や帝国主義戦争反対運動も、さらには「国民生活の安定」を求める運動、「政治的自由の剥奪反対」の運動、「官僚独善的対外対内政策反対」の運動、「長期間労働の短縮、就中《なかんずく》徹夜作業絶対反対」の運動、「小作料減免、減税、強制献金反対」の運動、「兵士の給与の改善、即日帰還」の運動、「公債の強制反対」の運動、「重工業偏重且つ経済実情無視の統制反対」の運動などでさえも、しかも、たとえそれが自由主義や民主主義に基づくものであったとしても、「人民戦線運動」（＝「偽装せる共産主義運動」）だと看做されれば、いつでも治安維持法違反で検挙され得ることになった。

「偽装せる共産主義運動」という論理により、治安維持法の適用対象は、すべての政治・経済・社会・学術・文化・宗教運動にまで拡がることになった。

刑法の内乱罪との関係

刑法の内乱罪と治安維持法の罪との関係の変化も、この期の法解釈の特徴の一つとし得よう。治安当局によると、かつて帝国議会での審議において、治安維持法の目的は共産主義や無政府主義などの取締りにあり、刑法の内乱罪などとはその性格が大きく異なることから、両者は明確に峻別されなければならないとされていた。しかし、もはやこの時局に至ると、このような峻別の余裕がなくなったということであろうか。朝鮮の人々による民族独立のための文化運動などは「暴動」ではないので内乱未遂罪や内乱予備罪で問擬し得ないことから、治安維持法で検挙することが目指された。「民族意識の昂揚」などでさえも、治安維持法上の犯罪と目された。

このような便宜的で著しい拡大解釈でさえも、大審院は許容した。そのために大審院が採用したのが、「治安維持法第一条に所謂、国体の変革とは、邦土の一部をば天皇統治権より離脱せしめ、独立国家を建設せんとすることを画策する場合をも包含するものとする」という法解釈であった。

「戦時下訴訟」という論理

このような「法解釈」は、もはや法律家の法解釈といえない。非論理的で政策的な類のものであった。その妥当性を担保するものは、必罰性と被告人の捜査段階および公判段階での「自白」供述以外になかった。しかも、この「自白」供述は、長期間の身柄拘束下の拷問を含む厳しい取調べによって得られたもので、その証拠能力も、新治安維持法の特則規定によって認められたものであった。

被告人のなかには、この「自白」と「反省」などを理由として減刑を求める者も少なくなかったが、大審院は厳罰主義をより深めた。新治安維持法による罰則の強化が、これを後押しした。

新治安維持法が刑事手続に関する特則規定を導入した趣旨の柱の一つが、「迅速な有罪判決の確定」であって、迅速な有罪判決の確定を目指す動きがより強まっているのも、この期の治安維持法被告事件の特徴である。大審院は、「戦災に由り起訴状の滅失したる場合に於ては、他の書類に依り適法なる公訴の提起ありたることが明確に証明し得られる限り、起訴状の欠缺《けんけつ》は公訴を不適法と為らしめることなきものとする」と判示した。その理由とされたのが「戦時下訴訟」というマジック・ワードであった。

権力分立制の崩壊——治安当局による大審院の「統合」

迅速な有罪判決の確定のためには、弁護人の協力が欠かせない。そのために、新治安維持法はその第二十九条第一項本文で、「弁護人は、司法大臣の予め指定したる弁護士の中より之を選任すべし」という規定を新設した。立案当局によると、その立法趣旨は、被告人などと「同種の思想傾向」を有する弁護人を排除することにより、治安維持法違反被告事件の公判審理の迅速性を確保するとともに、公判廷が被告人などによる宣伝・煽動の場になることを阻止する点にあるとされた。

大審院も、当局と同じく、異常なまでの弁護権の制限に賛同、協力した。「治安維持法違反事件の弁護人は裁判長之を選任する場合と雖《いえども》、なお、司法大臣の予め指定したる弁護士中より選任することを要するものとする」と判示されたからである。

治安当局と大審院とは、もはや「一心同体」といっても過言ではなかった。大日本帝国憲法が定めた権力分立制は不完全なものであったが、この権力分立制でさえも完全に形骸化した。治安当局が主であり、大審院は従という形で事実上の統合が行われた。

それでは、このような特徴を持ったこの期の判決・決定を順次、見ていくことにしよう。

《人民戦線事件》（伊藤律被告事件）

――大審院が下級審に指定弁護人制度の徹底を迫る

昭和十八年六月二十九日第三刑事部判決

「人民戦線運動」として起訴

本件では、計器製作工場に勤務の知人を介した労働者への啓発活動や戦争ないし政治経済情勢を評論した論文の印刷・閲読・交付などの行為が「人民戦線運動」だとして治安維持法第一条の「結社目的遂行行為」の罪で起訴された。

「罪となるべき事実」はそれだけを取り上げると何故、それが「結社目的遂行行為」の罪に該当するのかという疑問を即座に生じさせるようなものであった。何処にでも見られる「普通の人の普段の営み」以外の何物でもなかったからである。

しかし、原審では有罪とされた。日本共産党の党員にして治安維持法違反で有罪を言い渡された経歴を有し、コミンテルンの新たに提唱する「人民戦線運動」の一環として行われたものであると認定されたからである。ただし、この点は大審院では争点にされていない。

争点にされたのは、原審の弁護人が指定弁護士でなかったということである。前章でみたように抜本改正され、一九四一（昭和十六）年三月十日に公布された新治安維持法は第二十九条で「弁護人は、司法大臣の予め指定したる弁護士の中より之を選任すべし」と規定し、指定弁護人制度を導入していた。弁護人が被告人の主義・主張に共鳴した弁護を展開することを防ぐために考案されたものである。にもかかわらず、同条違反を理由に上告せざるを得なかったところにこの期の刑事弁護の苦しさ、困難さがみられた。

なお、新治安維持法により控訴が割愛され、上訴は上告に限られた。本件でも直ちに上告されている。

■罪となるべき事実——結社の目的遂行の為にする行為

いわゆる人民戦線事件のうち東京刑事地方裁判所に係属の治安維持法違反被告事件について、原審の同東京刑事地方裁判所が認定した前提事実は概要、次のようなものであった。

一、被告人伊藤律は、第一高等学校在学中、共産主義に奔《はし》って放校処分を受けたる後、会社員、全国購買組合連合会書記等を為し、昭和十四年八月以降、南満州鉄道株式会社の嘱託として、其の東京調査室に勤務し居りたるものにして、

二、昭和七年六月、日本共産青年同盟に加盟し、翌八年三月、日本共産党に加入し、其の活動に参加したる為、東京刑事地方裁判所に於て、昭和十年四月十六日、治安維持法違反の罪に因り懲役二年（三年間施行猶予）の刑に処せられたる者なるところ、依然として共産主義に対する信念を捨てず、殊《こと》に昭和十二年七月、支那事変勃発以後は、其の長期戦とあって国内疲弊久しからずして、国民の叛乱を生ずべきを予測、確信するに迨《あ》いて、終《つい》に共産主義運動を再開し、以て続減に瀕せる日本共産党の為に復興、再起の素地を築かんと欲し、「コミンテルン」がマルクス流の社会観に基づく共産主義理論に遵《したが》い、世界全般に亙り、現時の資本主義社会をプロレタリア階級の独裁を経て、共産主義社会に一変せんと企て、

三、昭和十二年十一月上旬、神奈川県調布市多摩川附近の山中に於て、元日本共産党員にして、当時、同党の復興に努力し居りたる岡部隆司《りゅうじ》と会合し、日本共産党復興の方策を鼎座《ていざ》協議したる結果、コミンテルンの「一九三二年テーゼ」及び「反ファッショ人民戦線方策」を承認したる上、団結して日本共産党復興運動に挺身、尽瘁《じんすい》すべきを約し、爾来、東京市内其の他に於て、縷々《るる》、会合して協議を重ねたる結果、

四、当面の闘争目標として、即時停戦、中国国民政府と対等の平和条約の締結、尨大《ぼうだい》軍事予算の削減、物価騰貴の抑止、帝国主義戦争反対、ソヴィエット・ロシアの防衛、国民生活の安定、政治的自由の剝奪反対、官僚独善的対外対内政策反対、等の標語を掲げ、更に、広汎なる人民戦線結成の手段として、長期間労働の短縮、就中《なかんずく》徹夜作業絶対反対、小作料減免、減税、強制

献金反対、兵士の給与の改善、即日帰還、公債の強制反対、重工業偏重且経済実情無視の統制反対、等の標語を選定したる上、
五、復興日本共産党の組織は努めて知識階級を排して、戦場《ママ》内に於ける多数の労働者農民の参加を俟《ま》つべきこと、而《しこう》して、岡部隆司は主として党復興運動の基本方針を決定し、被告人律は下部組織の整備指導を主掌し、被告人（長谷川）浩は両者間の連絡に任ずること等、各自の分担を決定し、斯《か》くて、昭和十四年十一月、被告人律の検挙に至る迄、右三名は多く被告人浩を通して（昭和十二年九月頃、東京交通等同組合（略称「東交」）婦人部の国防婦人会加入問題が発生するや其の加入を阻止し以って、「東交」の所謂ファッショ化を阻止せんと企て）謀議したる上、被告人律を通して、（昭和十二年九月頃、東京交通労働組合（通称「東交」）婦人部の国防婦人会加入問題発生するや其の加入を阻止し以て、「東交」の所謂、ファッショ化を阻止せんと企て—引用者）夙《つと》に其の階級意識と闘争経歴とを以て著聞《ちょぶん》せるのみならず、其の実力、亦、頗《すこぶ》る強大なる東交（東京交通労働組合）の伝統を擁護して、其の左翼的色彩を益々、強化せんと欲したるものなり。

この前提事実を踏まえて認定された「罪となるべき事実」のうち第二は概要、次のようなものであった。

一、被告人伊藤律は、昭和十三年春頃より翌十四年五月頃迄に亙り、松本キミと協力して、其の知人にして当時株式会社東京計器製作所多摩川工場（其の後多摩川航空計器株式会社となる。）に勤務し居りたる武田勝子を通し、同女が中心と為りて、右工場内に結集し居りたる親睦団体たる親交会の左翼化を図ると共に、同女等の結成せる賃金制度研究会をして、従業員の賃金を調査せしめたる上、之を誘導して賃金値上の闘争を展開せしめ、更に昭和十四年五月頃、開催せられたる右会社従業員の運動会に於ては、労働歌、革命歌等を高唱して、示威運動を行わしめ、以て右工場内に左翼勢力を扶植するに努め、
二、昭和十三年末頃より、岡部隆司と被告人等との間に、機関誌発行乃至印刷局設置の議あり。翌十四年四、五月頃、印刷局設置の事、決するや、当時、既に松山浩明等を通して、被告人律の影響下に在りたる東大学生グループ（東京帝国大学経済学部在籍の共産主義学生十名前後の集団にして、木村三郎を首領とする。）を利用して、其の事を実現せんと図り、被告人律より所要の資

金を調達して、タイプライター、謄写版、附属印刷器具、印刷用紙等を購入し並に之を蔵置すべき場所を獲すべきことを石村海三及び松山浩明に指令して、之を右グループ員に下達せしめ、因《よ》って、同年十月頃迄の間に、所要の印刷用具を購入したる上、之を右学生グループの一員たりし久野眞郎宅、東京市淀橋区西大久保一丁目四百十番地に蔵匿保管せしめ、以て着々、日本共産党復興の準備を進め居りたるが、昭和十四年十一月、被告人律の検挙に遭いたる後、被告人浩は、被告人律の分担を継承し、

三、前記の如く東大学生グループと接触せる石村海三を直接指導して、昭和十五年四月頃迄の間に、前記印刷局の為に印刷器具類を追加購入せしめたる上、久野方以外の安全なる場所に分蔵保管せしめ、

昭和十五年三月頃、石村海三に命じ、前記印刷器具を使用して、「ディミトロフ」と執筆の「戦争と資本主義諸国の労働階級」と題せる論文五部を印刷せしめ、次《つい》で、同年五月頃、同じく石村海三に命じて、被告人自身の筆に成る、満州事変より支那事変に到る迄の我国政治経済情勢に関する共産主義的所見を開陳せる論文三部を、故《ことさ》らに「ナチスの眼に映した日本の政治経済情勢」と偽装印刷せしめたる上、其の頃、之を岡部隆司、池田勇作、新井静子、松本キミ等に交付して、閲読せしめ、

六、以て、コミンテルン並に右日本共産党の目的遂行の為にする行為を為したるものなり。

■懲役四年

この事実認定に基づいて、原審の東京刑事地方裁判所は、次のような刑を言い渡した。

被告人伊藤律を懲役四年に処し、其の未決勾留日数中、六十日を右本刑に算入する。

■上告趣意――資格のない弁護人を選任した違法

これに対し、被告人伊藤律から上告がなされた。改正治安維持法により上訴は上告に限られることになったからである。その弁護人には小林亀郎が就いた。弁護人小林亀郎の上告趣意第一点は概要、次のようなものであった。

一、本件に於て、第一審裁判所は、弁護士島野武氏を被告人の弁護人に選任して、其《その》弁護を為さしめたり。

二、然《しか》るに、治安維持法により、其弁護人たるには、国防保安法により指定せられたる弁護士にあらざれば、

其弁護人たることを得ざるものとする。本件の場合、島野弁護人は国防保安法により指定せられたる弁護士にあらざることは、裁判所に顕著なる事実にして、斯《かか》る指定せられざる弁護士が弁護人たることを得ざるは、被告人自ら選任する場合なること、将又《あるいは》、裁判長が選任する場合なるとを問わず。常に其資格なきものを選任することは、法律上不法なりと言わざるを得ず。

三、然るに、其弁護人たること能《あた》わざる弁護士を裁判所が選任したればとて、之により適正なる弁護人なりと云うこと能わざるものとする。然らば、原審に於ける訴訟手続は被告人のため、弁護人を附せずして公判審理を開始し、終了したるの不法あるものにして、破毀を免れざるものとする。

■破棄判決とその理由——指定弁護人制度は厳守すべき

これに対し、大審院は「原判決中、被告人伊藤律に関する部分は之を破毀する」という主文を言い渡した。その理由は概要、次のようなものであった。

一、島野弁護士以外に同被告人の為、他に適法なる弁護人の公判立会を証すべきものなきを以て、原審公判手続は、法律上弁護人を要する事件なるに拘らず、結局、弁護人なくして行われたるに帰し、刑事訴訟法第四百十条第十号に該当し、論旨理由ありとする。

二、右公判手続違背は事実の確定に影響を及ぼし、且つ本院自ら事実の審理を為すを適当ならずと認めるを以て、刑事訴訟法第四百八条に依り、原判決中、被告人伊藤律に関する部分を破棄し、之を原裁判所に差戻すべきものとする。

■判決要旨

判決要旨も「治安維持法違反事件の弁護人は、裁判長之を選任する場合と雖《いえども》、なお、司法大臣の予め指定したる弁護士中より選任することを要するものとする」とされた。

被告人と「同種の思想傾向」を有する弁護人を排除

立案当局によると、「弁護人は司法大臣の予め指定したる弁護士の中より之を選任すべし」という新治安維持法第二十九条第一項本文の立法趣旨は、被告人などと「同種の思想傾向」を有する弁護人を排除することにより、治安維持法違反被告事件の公判審理の迅速性を確保するとともに、公判廷が被告人などによる宣伝・煽動の場になることを阻止する点にあるとされた。

大審院が右のような判決を下すことは当然に想定された

ことであった。大審院も当局と同じく異常なまでの弁護権の制限に賛同、協力した。原審に差し戻されたからといって、そのことは被告人の防禦権が保障されるということを少しも意味しないことに注意しなければならない。大審院が下級審に対して指定弁護士制度の徹底を迫ったということ以外の何物でもなかった。

著しい論題の飛躍

本件で被告人伊藤律の「罪となるべき行為」とされたのはいずれも通常の合法的な労働運動、あるいは評論・出版活動等と目されるべき行為だといえる。それにもかかわらず、「反ファッショ人民戦線運動の我国に於ける具体化」にして、「日本共産党復興運動」の一環としてなされたものだと看做され、治安維持法第一条第一項後段及び同第十条の結社目的遂行罪で問擬されている。著しい論理の飛躍がみられる。

しかし、前述したように、この点は上告理由とはされていない。この点をもはや争点にし得ないところに、この期の治安維持法違反被告事件の刑事弁護の厳しさが存した。

《朝鮮独立運動事件》

——朝鮮人の「民族意識の昂揚行為」が結社目的遂行行為で有罪

昭和十八年九月一日第二刑事部判決

本件の場合、被告人の「罪となるべき行為」は、「朝鮮の独立」を図るためのものであったとしても、「相互に民族意識の昂揚に努め」たこと、「民族意識を培養すべき旨、協議し」たこと等にとどまった。そのために刑法第七十七条の内乱罪どころか内乱未遂罪や内乱予備罪を適用することも難しかった。そこで治安維持法違反の罪で起訴することにより処罰の確保が目指された。

本被告人の行為は、「帝国領土の一部たる朝鮮の独立を目的とした」故に、刑法第七十七条の規定する内乱罪に問擬されることはあっても、「我国の国体其のものには何等変更を加えんとしたるものにあらざる」故に、治安維持法違反に問うことはできないと、弁護人は主張した。

ちなみに、刑法第七十七条は「政府を転覆し又は邦土を僭窃《せんせつ》（主君に属するものを盗むこと—引用者）し其他朝憲を紊乱することを目的と為し内乱を起したる者は」云々と規定していた。

しかし、原審が有罪を言い渡したことから、弁護人から上告がなされた。大審院がこの主張をどう取り扱うかが注目された。

■罪となるべき事実——国体変革を目的とする事項の協議など

いわゆる朝鮮独立運動事件について、原審の樺太地方裁判所が認定した前提事実は概要、次のようなものであった。

一、被告人安田致賢《しけん》は、朝鮮の貧農の家庭に生育し、普通学校を卒業して、昭和十二年八月頃、苦学を志し、大阪市に来り、新聞配達夫に雇われ、傍ら、同市自《じ》彊《きょう》学院に通学したる後、昭和十四年三月、同市此花商業学校第二学年に入学したるも、病気の為、同年十二月退学したる後、昭和十六年四月、樺太に渡来し、元泊郡知取町知取炭礦株式会社等に於て、坑内運搬夫等の労働に従事し、今日に及びたるものなるところ、
二、予《かね》て坑内現場等に於て内地人の侮辱的処遇ありと為し、民族的偏見を抱懐し居りたる折柄、同年十一月頃、朝鮮人長谷川在述《ありのぶ》が内地人と争論し、傷害事件を惹起、処罰せらるるや、官憲の措置著しく差別的なりとして痛く憤激し、朝鮮人の幸福を招来せんが為には朝鮮をして独立せしめるの外、其の方途なしと盲信し、朝鮮の帝国統治権の支配より離脱せしめ、独立国家を建設せんことを決意し、特に大東亜戦争勃発後は、南方諸民族の独立を機とし、朝鮮民族の熾烈《しれつ》なる要求を通して独立実現可能なるを確信していたるものなり。

この前提事実を踏まえて認定された「罪となるべき事実」は概要、次のようなものであった。
一、被告人安田致賢は、其の目的達成の為、昭和十六年十一月下旬及び同年十二月中旬の二回に亙り、長谷川在述方に於て、傷害事件に関し官憲に差別的処遇ありたりとして憤激し居りたる同人と共に、斯《かか》る官憲の処遇は為政者の一般的傾向を代表するものにして、之が排斥の為には朝鮮をして独立せしめる外なき旨、或は印度の独立運動を引例して、朝鮮独立の為には印度の如く熾烈なる民族運動を広範囲に展開すべき旨、等を交々《こもごも》強調し、相互に民族意識の昂揚に努め、
二、昭和十七年五月二十七日頃より同年六月上旬頃迄の間、数回に亙り、右長谷川方に於て同人と会し、朝鮮を独立せしめる当面の運動方法として、朝鮮に対する時局的政策に便乗し、所謂、裏面作戦に依り、先づ文化の向上を図るべきや、将又《あるいは》、広汎なる民族運動の展開に依り朝鮮大衆の民族意識を昂揚せしめるべきや

に付て協議し、

三、樺太協和会知取支会書記兼補導員なる朝鮮人松本隆は同支会運営上横暴の所為ありとして、同町在住の朝鮮人より非難せられ居るを察知するや、同年七月初旬、前記長谷川方に於て、同人及び香山増錬《こうやまぞうれん》等と共に、右松本は専ら官憲に迎合し、権力を濫用して朝鮮人を冷遇し、徒《いたずら》に民族意識を銷磨《しょうま》せしめ、朝鮮の独立を阻害し居るものなるを以て、同人に反感を有する同支会員を勧説して、同人排斥の座談会を開催し、其の非違《ひい》を暴露糾弾して同人を失脚せしめ、民族意識の銷磨を防止する一方、同志を其の後任者たらしめ、当面、同支会に於て、朝鮮青少年に対し夜学を開催し、朝鮮語及び朝鮮歴史を教授する等、同支会の運営を通して民族意識を培養すべき旨、協議し、

四、同年九月一日、樺太敷香郡敷香町北海屋旅館に於て、右長谷川在述、大塚政夫等と共に、朝鮮独立運動の方法に関し、朝鮮人の文化水準低き事情に鑑み、先づ其の向上を図るべきや、将又、急速に同志的団結を強化して、広汎なる民族運動を展開、民族意識の昂揚に努めるべきやに付て協議し、

五、以て、国体変革を目的とし、其の目的たる事項の実行に関し協議し、其の他、其の目的遂行の為にする行為を為したるものなり。

■懲役二年六月

この事実認定に基づいて、樺太地方裁判所は、「被告人を懲役二年六月に処し、未決勾留日数中、百五十日を右本刑に算入する」旨の判決を言い渡した。これに対し、被告人安田致賢から上告がなされた。その弁護人には鍛治利一が就いた。

■上告趣意――朝鮮独立は国体変革にあらず

弁護人鍛治利一の上告趣意第一点は概要、次のようなものであった。

一、原判決は、其の事実理由に於て、「被告人は（略）……に付て協議し、以て、国体変革を目的とし、其の目的たる事項の実行に関し協議し、其の他、其の目的遂行の為にする行為を為したるものなり」と判示し、其の擬律理由に於て「治安維持法第五条」と説示したり。

二、然《しか》れども、治安維持法に言う国体とは、「我が帝国は万世一系の天皇君臨し給い、統治権を総攬し給う」ことを言い（昭和四年五月三十一日大審院第四刑事部判

決）、之の事実に変革を加えんとする行為を国体を変革する行為と謂うべき処、本件上告人は帝国領土の一部たる朝鮮の独立を目的としたるを以て、刑法第七十七条に言う邦土を僭窃《せんせつ》することを目的としたりとは言うを得べけんも、我大日本帝国が万世一系の天皇の統治権の下にあると言う、即ち、我国の国体其のものには何等、変更を加えんとしたるものに非ざるや、真に明かなりとする。

三、然るに、原審が、判示第一乃至第四の如く、上告人が朝鮮の独立を目的として、長谷川在述等と其の運動方法等を協議したりとの事実に対し、国体の変更を目的とするものと倣し、治安維持法第五条に問擬、処断したるは、法律の適用を誤りたる違法あるものにして、原判決は到底、破毀を免がれざるものと信ずる。

■上告棄却とその理由――朝鮮独立も国体変革に該当

これに対し、大審院は、戦時刑事特別法第二十九条に則り、「本件上告は之を棄却する」という主文を言い渡した。その理由は概要、次のようなものであった。

一、本件の如きは事、固《もと》より全面的に天皇政治を否定せんとするものに非ずと雖《いえども》、少くとも其の領域に於ける統治権を排斥し、其の範囲若《も》しくは内容を截断、減殺せんとするものにして、右に所謂、国体を変更《ママ》することを目的とする場合に該当すると為すべきは勿論なりと言うべし。

二、本件に於て、被告人が朝鮮をして天皇統治権の支配下より離脱せしめ、独立国家を建設せんことを決意し、其の目的達成の為、運動方法を協議し若くは民族意識の培養昂揚に努力する等の行為を為したること、原判示の如くなる以上、是、即ち、前記法条に所謂、国体を変革することの目的を以て其の目的たる事項の実行に関し協議を為し、其の他、右の目的遂行の為にする行為を為したるものに他ならざるが故に、其の行為は、之を改正治安維持法第五条に問擬すべき犯罪と認めるべきは当然にして、暴動を本件《ママ》とする刑法第七十七条規定の内乱罪として論ずべきものに非ず。

三、原審が判示事実に対し判示の如き擬律を為して被告人を処断したるは相当なりと云うべく、其の間、所論の如き違法あるものと為すを得ざるを以て、論旨は理由なし。

「思想的内乱罪」

大審院は弁護人の主張を退け、治安維持法に所謂「国体の変革」の目的とは、「天皇が統治権を総攬し給う事実に変更を加え奉ることを目的とする一切の場合を汎称《はんしょう》し……其の全面的変更を企図する場合なると部分的変更を企図する場合なると、事物に関する場合なると将又《あるいは》、領域に関する場合なるとは必しも問うことを要せざるものとする」とした。そこから、「治安維持法第一条に所謂、国体の変革には邦土の一部をば天皇統治権より離脱せしめ、独立国家を建設せんとすることを画策する場合をも包含するものとする」として、当局の便宜的な法適用を追認した。

当局によると、かつて治安維持法の帝国議会での審議において、治安維持法の目的は共産主義や無政府主義などの取締りにあり、刑法の内乱罪などとはその性格が大きく異なることから、両者は明確に峻別されなければならないとされていた。しかし、昭和三年改正法では治安維持法違反の罪に死刑が付け加えられ、「思想的内乱罪」などというような根拠づけも用いられた。この時局に至ると現実の運用面においても内乱罪との峻別の余裕がなくなったということであろうか。このような便宜的で著しい拡大解釈でさえも大審院は許容したのである。(12)

《朝鮮独立運動「竹馬契」事件》
——民族意識の培養などを目的とする民族的組織の結成が治安維持法違反で有罪

昭和十八年十二月二十四日第三刑事部判決

法技術的な争点

本件でも朝鮮独立運動が治安維持法違反に問われた。ただし、「結社目的遂行行為」および「結社目的実行協議」の罪だけではなく「結社組織」の罪も成立するとされた。「朝鮮独立の素地を作る事を当面の主要の任務とする結社、竹馬契を組織した」ことがその理由とされた。「竹馬契」は極めて小さな組織で、この小さな組織によって「朝鮮独立の素地を作る事」は現実には難しかった。しかし、原審は有罪を言い渡した。被告人および弁護人は無罪を争うことを断念した。大審院は聞く耳を持たないと考えたからである。

代わりに上告理由に据えられたのは法技術的な争点であった。その一つは「結社組織」の罪と「結社目的実行協議」の罪とは二律背反の「法条競合」の関係に立つのか、あるいは両立するが包括的な当罰的評価を受ける「包括一罪」の関係に立つのかであった。原審は被告人の「結社組織」の行為と「結社目的実行協議」の行為について治安維持法第一条前段（「結社組織罪」）のみを適用したからである。

もう一つ問題にされたのは、共同して「結社目的遂行行為」を行った場合、同罪を認定するために刑法第六十条の「共同正犯」の規定を適用する必要があるかどうかという点であった。原審では刑法第六十条の「共同正犯」の規定を適用しないで「結社目的遂行行為」の罪を認定したからである。いずれも不十分な認定といえるのではないかというのが弁護人の主張であった。

■前提となる事実

本判決も、同じく朝鮮独立運動に係るものである。東京刑事地方裁判所が認定した前提事実のうち、被告人李昌徳に関しては概要、次のようなものであった。

一、被告人李《り》昌徳《しょうとく》は、農業兼旅館業を営める朝鮮中流の家庭に生育し、甲山公立普通学校を経て、京城府所在私立中東学校に入学し、昭和十年三月、第三学年を終了して上京し、東京市杉並区所在私立杉並中学校を経て、昭和十一年四月、同市神田区所在中央大学予科に入学し、昭和十四年四月、同大学法学部に進み、現在に至りたるものなるところ、

二、上京の途中並《ママ》に上京後、内地人の朝鮮人に対する態

第5回メーデーの朝鮮労働同盟　大阪・中ノ島にて　1924年

度を見聞するに及び、之を著しく差別的なりと做し、民族的反感と忿懣《ふんまん》とを感じ居りたるが、他面、或は民族又は植民政策に関する文献を繙読し、或は同じく民族的反感と忿懣とを感じ居りたる被告人安田秉翊《へいよく》及び同金思宓《しふく》等と親交を結び、同人等と縷々《るる》、日本帝国の朝鮮に対する統治政策等を批判、論談したる結果、

三、日本の朝鮮に対する植民政策は朝鮮の凡《あら》ゆる特殊性を没却し、固有文化を絶滅せしめて、其の民族的自由平等を剝奪せんとする徹底せる同化政策にして、（当―引用者）該政策に依っては朝鮮民族の真の幸福は之を庶幾《しょき》する（＝望む―引用者）こと能《あた》わざるものと思惟し、昭和十五年一月頃より遂に、朝鮮民族解放の為、朝鮮をして独立国家たらしめんとの願望を抱懐するに至りたるものなり。

被告人金思宓に関しては概要、次のようなものであった。

一、被告人金思宓は、朝鮮の富裕なる農家に生育し、高原公立普通学校を経て、昭和七年四月、朝鮮南鏡元山府所在元山公立中学校に入学し、昭和十二年三月、同校を卒業して上京し、同年四月、東京市杉並区所在私立明治大学予科に入学し、昭和十四年四月、同大学商学部に進み、現在に至りたるものなるところ、

二、上京後、内地人の朝鮮人に対する態度を見聞するに及び、之を著しく差別的なりと做し、民族的反感と忿懣とを感じ居りたるが、他面、或は民族又は植民政策に関する文献を繙読し、或は同じく民族的反感と忿懣とを感じ居りたる被告人李昌徳及び安田秉翊等と親交を結び、同人等と縷々、朝鮮民族問題等を論談したる等の結果、昭和十四年夏頃より遂に、朝鮮民族解放の為、朝鮮をして独立国家たらしめんとの願望を抱懐するに至りたるものなり。

被告人國本根三郎《ねさぶろう》に関しては概要、次のようなものであった。

一、被告人國本根三郎は、父が土工を為し居りたる朝鮮下流の家庭に生育し、斉洞公立普通学校卒業後、果実の行商を為し、昭和七年四月、京城府鐘路所在基督教青年会学校に入学したるも、翌八年九月、中途退学し、昭和十一年九月、上京の上、東京市淀橋区下落合所在目白商業学校を経て、同市神田区所在日本大学専門部商科に入学し、昭和十四年四月、同大学商経学部経済科に進み、現在に至りたるものなるところ、

二、昭和十四年夏、休暇にて帰朝したる際、旱害《かんがい》に因る南鮮地方農民の悲惨なる状況を見聞するに及び、之に対する当局の処置に付て痛く忿懣の念を感ずると共に、内地人の朝鮮人に対する態度を想起し、朝鮮同胞は内地人に比し各方面に於て差別的待遇を甘受せざるを得ざる状態に在りと思惟し、民族的反感と忿懣とを感じたるが、被告人安田秉翊と交遊関係を生じ、同人と縷々、朝鮮民族問題等を論断したる結果、漸次、朝鮮民族の為、朝鮮をして独立国家たらしめんとの願望を抱懐するに至りたるものなり。

被告人金谷徳順に関しては概要、次のようなものであった。

一、被告人金谷徳順（健次《けんじ》）は、朝鮮貧農の家庭に生育し、宜川公立普通学校を経て、大正十五年四月、平安北道所在寧邊公立農学校に入学し、昭和二年七月、同校中途退学後、宜川郡深川面月谷洞所在私立日新学校の教職に携りたるも、昭和四年三月、教理に朝鮮独立思想を内包する天道教に入信するに至りたる為、翌五年三月、右教職を辞して天道教宜川郡宗理院の知道執に就職し、其の傍《かたわら》、宜川郡農民社の理事長等を為し居りたるが、

二、昭和八年四月頃、天道教が従来の教理を一擲《いってき》し、内鮮一体運動に転向し、其の影響を受けて、宜川郡農民社も自然消滅したる為、昭和十二年四月、勉学の目的を以て上京し、東京市淀橋区下落合所在目白商業学校を経て、同市神田区所在日本大学専門部法科に入学し、昭和十五年三月、同校を卒業して帰鮮し、同年十一月より京城府薬園町所在共生薬業株式会社に雇われ、現在に至りたるものなるところ、

三、日新学校教員在職中なる昭和三、四年頃、同校主李源奎の次男にして東京市牛込区所在私立早稲田大学専門部に在籍し居りたる李明鎬より、日韓併合後、朝鮮同胞は日本帝国の搾取圧迫に因り悲惨なる境遇に陥りたるが、朝鮮同胞を其の悲惨より救済するは我々、朝鮮青年の責務なり、現在日本内地に於ては社会主義を信奉する者多く、革命は近づきつつありと聴き、世界革命の到来近きに在りと速断し、又、前記天道教に入信し、宜川郡宗理院の知道執及び宜川郡農民社の理事長として民族意識を鼓舞し、朝鮮独立を示唆する説教等を為し居りたる等の結果、夙《つと》に其の頃より、朝鮮をして独立国家たらしめんとの願望を抱懐するに至りたるものなり。

被告人安鐘植《あんしょうしょく》に関しては概要、次のようなものであった。

一、被告人安鐘植は、朝鮮中流の農家に生育し、壽昌公立普通学校を経て昭和四年四月、朝鮮大邱府新町所在私立啓聖中学校に入学したるも、昭和六年三月、病気の為に退学し、昭和七年四月、京城府壽昌町所在私立中東学校に入学し、昭和十年三月、同校卒業後、家業たる農業に従事し居りたるが、昭和十二年三月、上京し、同年四月、東京市神田区所在私立日本大学専門部商科に入学し、昭和十五年三月、同校を卒業して帰鮮し、肩書住居に於て農業の傍《かたわら》、薪炭商を営み、現在に至りたるものなるところ、

二、上京の途中並に上京後、内地人の朝鮮人に対する態度を見聞するに及び、朝鮮同胞は内地人に比し各方面に於て差別的待遇を甘受せざるを得ざる状態に置かれ居るのみならず、日本政府の朝鮮に対する統治政策は愚民政策にして、（当—引用者）該政策に依っては朝鮮同胞の真の幸福は到底、之を庶幾《しょき》し（こい願う—引用者）得ざるものと思惟し、民族的反感と忿懣とを感じたるが、更に、昭和十四年十二月頃より、同じく民族的反感と忿懣とを感じ居りたる被告人安田秉翊と朝鮮民族問題等を論談したる結果、其の頃より漸次、朝鮮民族解放の為、朝鮮をして独立国家たらしめんとの願望を抱懐するに至りたるものなり。

■罪となるべき事実——結社組織など

この前提事実を踏まえて認定された「罪となるべき事実」は概要、次のようなものであった。

一、被告人李昌徳、同安田秉翊及び同金思宓は、被告人安田秉翊主唱の下に、昭和十三年三月九日、東京市杉並区大宮前六丁目四百五十六番地淡淡荘アパート内なる被告人金思宓の居室に会合し、朝鮮をして大日本帝国の統治権の支配より離脱せしめて独立国家と為し、以て我国体を変革することを窮極の目的とし、之が目的達成の為、民族意識濃厚なる朝鮮人学生が指導者と為り、朝鮮固有の文化を擁護しつつ、朝鮮民族の大部分を占める無学者に対し学校経営、出版事業等に依り精神的の啓蒙を行い、民族意識を培養し、独立機運の醸成に努めると共に、其の生活を改善し、経済的更生を図り、以て朝鮮独立の素地を作る事を当面の主要の任務とする結社、竹馬契《ちくばけい》を組織し、

二、被告人李昌徳、同安田秉翊、同金思宓、同國本根三郎、同金谷徳順、同安鐘植及び同綾城喆会《あやしろてっかい》は、昭和十五年七月十八日頃、朝鮮京城府清涼里所在清涼寺客室に会合し、竹馬契の第一回定期総会を開催し、其の席上、被告人金思宓を契長に選任すること、幹事を改選し、新に被告人李昌徳、同安田秉翊、就任すべきこと、本部を東京に、支部を京城に設置することに変更すること、契費を年額金十円に増額すること、等を協議、決定し、

三、被告人李昌徳、同安田秉翊、同金思宓、同國本根三郎、同金谷徳順及び同安鐘植は、昭和十六年四月十九日頃、前記清涼寺内に於て、竹馬契の第一回臨時総会を開催し、其の席上、朝鮮民族を指導すべき理論体系確立の為、東京に研究部を、契の活動資金を獲得する為、京城に事業部を各設置すること、被告人金思宓を研究部の責任者、被告人安田秉翊を事業部の責任者とすること、事業部に於ては差当りテックス（鉄くず――引用者）工場を経営すべく、之に要する資金は被告人金思宓及び同安鐘植の両名に於て金策すべきこと、等を協議、決定し、

四、以て、被告人李昌徳、同安田秉翊及び同金思宓は、孰《いず》れも国体を変革することを目的として結社を組織し、其の目的遂行の為にする行為を為し、被告人國本根三郎、同金谷徳順、同安鐘植、同金城泓沂《きんじょうおうき》及び同綾城喆会は、孰れも国体を変革することを目的とする結社に其の情を知って加入し、其の目的遂行の為にする行為を為したるものなり。

■懲役四年など

この事実認定に基づいて、原審の東京刑事地方裁判所は次のような刑を言い渡した。

一、犯罪の情状憫諒すべきものあるを以て、酌量減軽を為したる刑期範囲内に於て、

二、被告人李昌徳及び同金思宓、右を各懲役四年に、被告人安田秉翊を懲役四年に、被告人國本根三郎を懲役三年に、被告人金谷徳順及び同安鐘植を各懲役二年に処し、被告人金城泓沂及び同綾城喆会を各懲役二年に、被告人等全部に対し未決勾留日数中各百五十日を右本刑に算入すべきものとする。

■上告趣意――結社目的協議及び同行為の認定が不十分

これに対し、被告人李昌徳外四名から上告がなされた。その弁護人には花井忠☆が就いた。その上告趣意第三点は概

要、次のようなものであった。

原判決は被告人両名に対して（結社目的事項の実行に関して—引用者）協議決定したる旨を認定したるも、之に対して単に治安維持法第一条前段を適用したるに過ぎず。結社組織罪に非ざる之等の所為に対して同条前段を適用することの不当なるは前点論ずるところなり。

然《しか》り、被告人等の結社の目的遂行の為にする各所為は、何れも単独犯を多数人の共同に於て犯したるものなり。されば、前記被告人等の各所為に対しては、刑法第六十条共犯の規定を適用するに非ざれば、認定事実に対し未だ以て法律を適用したるものと為すべからず。即ち、原判決は、此の点に於て、事、此処に出でざる不法あるものと信ずる。

■上告棄却と理由——包括一罪を構成するから理由説明は不要

これに対し、大審院は「本件上告は孰れも之を棄却する」という主文を言い渡した。その理由は概要、次のようなものであった。

一、国体の変革することを目的として結社を組織したる当該犯人に於て、更に進みて、其の結社の目的遂行の為にする行為（其の個数の如何は、之を問わず。）を為したるときは、其の結社組織の行為と目的遂行の為にする行為とは之を包括して一罪と為し、第一条前段のみを適用処断すべきなり。蓋《けだし》、是等の行為は同一法益に対する侵害行為にして、前叙の如き場合に於ては、目的遂行の為にする行為は、結社組織の行為に依る法益侵害延長に過ぎざるものと認めるべきが故なり。

二、原判決の擬律は、之と同一の見解に出でたるものなることは、原判文自ら明かなる所のみならず、数個の行為を包括一罪として処断する為の擬律説明としては、其の所以の理を明示するの要無く、唯、其の旨と適用すべき法条とを示すを以て足れるとすべく。原判決の擬律説明は、之に欠ける所あるを見ず。

三、原審は、被告人昌徳及び思宓が所論原判示記載の事項を当該原判示記載の人々と協議し、又は協議決定したることを以て、原判示第一記載に係る結社の目的遂行の為にする行為なりと認定したるものにして、協議又は協議決定と云うことは相手方在って始《はじめ》て行われるべき、犯人単身にて為し得べき所に非ざるが故に、右各被告人の犯行は所謂、必要的共犯の一種なりと謂うべく、刑法第六十条を適用するの必要なきものとする。之を要するに、原判決には所論の如き違法の点、一つとして存する莫《な》く、論旨、孰《いず》れも理由なし。

■戦時刑事特別法の適用——有罪判決の迅速な確定

戦時刑事特別法（昭和十七年二月二十四日法律第六四号）第二十九条は、「上告裁判所、上告趣意書其の他の書類に依り上告の理由なきこと明白なりと認めるときは、検事の意見を聴き、弁論を経ずして、判決を以て、上告を棄却することを得る」と規定していた。いうまでもなく有罪判決の迅速な確定を目的とするものであった。本判決でも、本戦時刑事特別法に則って、上告棄却が言い渡された。

本判決の判決要旨も、「国体を変革することを目的として結社を組織したる者が、更に進みて（当—引用者）該結社の目的遂行の為にする行為を為したる場合に於ては、右両行為は治安維持法第一条前段の包括一罪を構成するものとする」とされた。

重畳的に各罪を適用することを改めて表明

治安維持法違反の各罪は「法条競合」というように排他的な関係に立つものではなく、両立し得るとしたうえで、この「複数の犯罪事実」の存在を前提に、「同一法益に対する侵害行為」であるということを理由として、結社組織罪と結社目的遂行行為罪とは「包括一罪」だという理解が改めて示されている。

すでに指摘したように重畳的に各罪を適用し、A罪で有罪とし得ない場合でもB罪で有罪としたり、あるいはB罪で有罪とし得ない場合でもA罪で有罪とする途を確保したものである。

《唯物論研究会事件》
——学術「サークル」も「支援結社」に認定

昭和十九年四月八日第四刑事部判決

前章で詳しく見たように、新治安維持法は、その取締りの範囲を幾何級数的に拡大するために、「国体の否定又は神宮若《もし》くは皇室の尊厳を冒瀆すべき事項の流布を目的とする結社」の罪とともに「支援結社・集団」及び「準備結社・集団」の罪を新設した。「支援結社・集団」及び「準備結社・集団」の罪は、結社の「組織」「指導」「加入」「目的遂行行為」「目的事項実行協議・煽動・宣伝」集団の「結成」「参加」「指導」「目的遂行行為」などの処罰をその内容としていた。

本件では「支援結社」の罪のうち、「支援結社目的遂行行為」の罪が適用されることになった。唯物論研究会が「支援結社」に問擬されたものである。原審で有罪とされたことから被告人および弁護人は上告した。

しかし、被告人永田廣志の上告趣意は減刑をというものであった。被告人といえども無罪を争うことが難しいというのがこの期の治安維持法違反事件の裁判であった。これに対し、弁護人は理由不備で争った。コミンテルンおよび日本共産党と唯物論研究会は支援と被支援という関係にはない。そもそも唯物論研究会は「結社」とはいえない。これが上告趣意とされた。大審院の判断が注目された。

■前提となる事実

いわゆる唯物論研究会事件(13)のうち東京刑事地方裁判所に係属の治安維持法違反被告事件について、原審の東京控訴院が認定した前提事実のうち、被告人岡邦雄に関しては概要、次のようなものであった。

被告人岡邦雄は、郷里山形県立山形中学三学年を中途退学後、上京して苦学の末、大正三年七月、私立東京物理学校を卒業後、間もなく専門学校入学者学力検定試験及び文部省中等教員物理科検定試験等に合格し、爾来、九州帝国大学工学部助手、茨城県立工業学校教諭、第一高等学校助教授等を歴任したる後、私立文化学院教授を奉職する傍ら、著述に従事し居りたるが、大正八年頃より、河上肇博士の学説、或はマルクス主義思想を抱ける義兄杉原三郎等の感化影響を受け、マルクス著「資本論」其の他の左翼文献を繙読したる結果、共産主義に共鳴するに至りたるものである。

被告人戸坂潤に関しては概要、次のようなものであった。

被告人戸坂潤は、京都帝国大学文学部哲学科を卒業後、大谷大学、法政大学等の教授又は講師を歴任し、傍ら著述に従事し居りたるが、哲学の研究を通して「マルクス」主義に関心を有するに至り、更に前記「資本論」、同「経済学批判」其の他のマルクスの著書を繙読するに及んだ結果、共産主義に共鳴するに至りたるものである。

被告人永田廣志《ひろし》に関しては概要、次のようなものであった。

被告人永田廣志は、大正十三年三月、東京外国語学校露語部を卒業し、同年六月より朝鮮平安北道警察部に露語通訳嘱託として勤務したるも、病気の為め、大正十五年二月頃、退職帰郷して静養の後、昭和五年九月、上京し、爾来、翻訳其の他の著述に従事し来りたるが、其の間、哲学の研究を通して左翼文献に親《したし》み、共産主義を研究したる結果、之を信奉するに至りたる者である。

被告人伊藤至郎《しろう》に関しては概要、次のようなものであった。

被告人伊藤至郎は、千葉県の農家に生れ、郷里の高等小学校卒業後、大正六年頃、苦学の目的を以て上京し、具《つぶさ》に辛酸を嘗めつつ、私立学校等の数学教師を歴任したるが、右横浜第二中学校在学中より漸次、左翼文献に親み、遂に「戦旗友の会」、「日本赤色救援会」等に加盟し、昭和五年末頃には共産主義を信奉するに至り、次《つい》で、昭和七年四月、日本共産党に加入し活動したる結果、昭和八年三月、検挙せられ、同九年十一月八日、東京地方裁判所に於て、治安維持法違反罪に依り、懲役二年執行猶予三年の判決を受けたるに拘らず、依然共産主義を信奉して改めざりし者である。

被告人赤羽壽《あかばねひさし》に関しては概要、次のようなものであった。

被告人赤羽壽は、大正十三年三月、徳島県立徳島中学校を卒業して、姫路高等学校に入学したるが、大正十五年十一月、同校内「マルクス」主義研究会に於て其の研究並に啓蒙活動に従事したる為め、説示退学処分を受け、昭和二年五月、九州大学法文学部聴講生となり、更に同学部選科生となりたるが、昭和三年三月、所謂三・一五事件に際し検挙反対の「ビラ」を撒布して検挙せられたる結果、同大学より除名せられ、昭和六年一月、上京し、著述等に従事し居れるうち、前記「プロ科」を通して活動したる為め、同八年五月検挙せられ、翌十年三月十四日、東京地方裁判所に於て、治安維持法違反罪に因り、懲役二年執行猶予三年の判決を受けたるに拘らず、依然共産主義を信奉して改めざりし者である。

■罪となるべき事実――目的遂行の為にする行為

この前提事実を踏まえて認定された「罪となるべき事実」のうち、「唯物論研究会」を組織したことなどに関しては概要、次のようなものであった。

一、日本共産党並に左翼文化運動が昭和七年春頃より全面的弾圧を受け、「日本プロレタリア文化連盟」加盟の日本プロレタリア科学研究所の如きも、其の中心分子、検挙に依り潰滅に瀕する状態となるや、

被告人岡及び同戸坂は、共産主義運動に対する文化人

の政治的信頼は漸く減退したりとは云え、其の文化的信頼乃至共産主義文化の尊重は尚、熾烈《しれつ》なるものありと為し、所謂「ファッショ」抬頭の機運に対抗して新なる左翼文化運動を促進し、之に依って我が国に於ける共産主義運動を支援する為め、新なる左翼文化団体を結成することこそ当面の急務なりと思惟し、被告人永田廣志は、同年六月頃、被告人岡の勧誘を受け、右被告人三名は、三枝博音《さえぐさひろと》、本多謙三等と共に、其の頃より、東京市神田区駿河台なる前記文化学院其の他に於て縷々《るる》協議し重ねたる結果、同年九月二十五日、同市麹町区丸の内日比谷三信ビル内、東洋軒に於て発起人会を開き、

二、次《つい》で同年十月二十三日、同市京橋区銀座三丁目七番地建築会館に於て創立大会を開催して、自然科学、社会科学、哲学等に於ける唯物論一般の研究及び啓蒙を標榜し、理論活動の分野に於て基本的には共産主義の基礎理論たる弁証法的唯物論を研究し、之に関する会員相互の理論的水準を高めると共に、一般大衆、特に知識層に対し啓蒙活動を為すことを当面の任務と為し、以て窮極に於ては「コミンテルン」並に日本共産党の目的達成に寄与し、之を支援することを目的とする結社「唯物論研究会」を組織し、事務所を同市麹町区内幸町一丁目三番地東北ビル内……に置いたるものなり。

被告人岡邦雄の「罪となるべき事実」に関しては概要、次のようなものであった。

一、被告人岡邦雄は、爾来、昭和十三年二月頃迄、唯物論研究会の事務長、幹事長等を歴任し、且つ財政部責任者を兼務し、終始、其の中心的指導者として活動したる者なるが、就中《なかんずく》、

二、前記事務所其の他に於て、前後約四百数十回に亙り、各種研究会を開催して、所属会員等をして弁証法的唯物論に基づく自然科学、社会科学及び哲学等に関する研究報告を行わしめ、殊《こと》に同被告人自身も、昭和八年十月開催せられたる研究会に於て、「マッハの哲学に就て」と題して、弁証法的唯物論の立場より「マッハ」の哲学に対する批判、報告を行いたる外、数回に亙る研究報告を為し、以て同会員等の弁証法的唯物論の理解乃至共産主義の昂揚に努め、

三、主として大衆を啓蒙せんがため、毎月、機関紙「唯物論研究」を発行して、弁証法的唯物論の観点より自然科学、社会科学及び哲学等に関する分析批判を行い、被告人自身も、昭和八年七月号の右唯物論研究の附録

唯物論研究室にて　中央が戸坂潤　1937 年 7 月

唯物論研究会のピクニック　1934 年春

として、「学問のすすめ　ひろくインテリゲンチァ、勤労者、学生、労働者、農民諸君に訴える」と題し、学問研究の真の方法は弁証法的唯物論に依拠せざるべからず旨を示唆したる論文を執筆、発行したる外、右機関誌上に約二十篇に亙る同種論文を執筆、掲載し、

四、昭和十年より昭和十一、二年に亙り、東京市神田区神保町三丁目六番地三笠書房より、自然科学、社会科学等の各課題に付て弁証法的唯物論の立場より考察を試みたる『唯物論全書』合計五十冊を発行し、自らも、古代より十九世紀に亙る科学思想の変遷の弁証法的唯物論の視野より解明したる『科学思想史』外、二冊を執筆、発行し、

五、以て、「コミンテルン」並に右日本共産党の目的遂行の為にする行為を為したるものなり。

被告人戸坂潤の「罪となるべき事実」に関しては概要、次のようなものであった。

一、被告人戸坂潤は、「唯物論研究会」を組織して以来、昭和十三年二月、其の解散に至る迄、其の組織部長、事務長となり、終始、其の中心的指導者として活動し来りたるものなるが、就中、事務所其の他に於て、縷々、研究会を開催し、所属会員をして叙上の如く研究報告を行わしめ、

二、主として大衆の啓蒙に資するため、毎月、機関紙「唯物論研究」を発行し、自らも、昭和七年十一月、「唯物論研究」創刊号に「社会に於ける自然科学の役割」と題し、自然科学と雖《いえども》、社会的「イデオロギー」の一として階級性を有する旨の論文を執筆、掲載したる外、右機関誌上に約三十数回に亙り、同種論文を執筆、掲載し、

三、学生其の他、一般大衆の共産主義的啓蒙を通して、「コミンテルン」並に日本共産党の目的達成に資せんことを企図し、昭和十二年秋、東京美術学校講演部の主催に依り同校講堂に於て開催せられたる講演会に講師として出席し、学生約百五十名に対し、「科学的精神」と題し、現代の科学的精神は弁証法的唯物論に帰する旨を述べた外、昭和十年初頃より同十三年初頃迄の間、全二十数回に亙り、東京外国語学校、東京帝国大学其の他の学校、大学或は地方文化人「グループ」主催の各講演会、座談会等に出席して、「マルクス」主義の正当性を強調して、学生其の他、一般大衆の（当─引用者）該意識昂揚に努め、

四、昭和十年七月以降、昭和十二年夏頃迄の間に、東京

市神田区美土代町四番地白楊社より「マルクス」主義的観点に立って現在文化の批評を為したる「日本イデオロギー論」四千部を執筆、発行したる外、昭和十二年三月頃以降、同十三年四月迄の間、前後二十一回に亙り、「中央公論」其の他の雑誌に「日本乃《の》民衆と『日本的なるも乃』」外、二十篇の「マルクス」主義の正当性を強調せる諸論文を執筆、寄稿して、一般大衆の「マルクス」主義的啓蒙に資し、以て「コミンテルン」並に日本共産党の目的遂行の為にする行為を為し、

五、以て、「コミンテルン」並に右日本共産党の目的遂行の為にする行為を為したるものなり。

被告人永田廣志の「罪となるべき事実」に関しては概要、次のようなものであった。

一、被告人永田廣志は、右「唯物論研究会」を組織して以来、昭和十年迄の間、準幹事又は幹事として主として研究啓蒙活動を指導し来りたるものなるが、就中《なかんずく》、前後五十数回に亙り、前記事務所に於て開催せられたる幹事会に出席し、研究活動の方針其の他を協議、決定し、右方針に基づき、毎週一回、前記事務所其の他に於て前記研究会を開催し、所属会員をして叙上の如く研究報告を行わしめ、

二、主として大衆の啓蒙に資する為め、前記機関紙「唯物論研究」創刊号、其の他に於て、弁証法的唯物論の立場より弁証法史、唯物論生産力の諸要素、哲学に於ける党派性の問題等に関する論文十七篇を執筆、掲載し、前記『唯物論全書』発行の計画に参与し、自らも又、弁証法的唯物論を解説せる『現代唯物論』及び史的唯物論の立場より我が国の哲学史を叙述せる『日本哲学史』を夫々《それぞれ》、執筆、発行し、

三、昭和五年七月、東京市杉並区高円寺なる川内唯彦方に於て、同人の勧誘に依り、「プロレタリア」科学研究所（昭和八年一月以降、日本「プロレタリア」科学者同盟と改称する。）に加入し、昭和六年五月頃より昭和八年夏頃迄の間、研究所中央委員、唯物弁証法研究責任者、「プロレタリア」科学者同盟中央委員等を歴任し、右研究所の活動方針等に付て協議、決定して、之が実行に努め、

四、昭和六年十一月、日本プロレタリア文化連盟の組織せられるや、右同盟を率いて之に加盟し、其の代表者として（当—引用者）該連盟中央協議員兼機関誌部員と為り、爾来、昭和九年一月頃迄の間、右連盟の機関誌「プロレタリア文化」の編集に従事すると共に、前

記江戸ビル内事務所等に於て開催せられたる右同盟中央常任委員会等に縷々《るる》、出席し、其の活動方針を協議、決定し、之が実行に努め、

五、昭和八年十一月頃より昭和十年十一月頃迄の間に、弁証法的唯物論の正当なることを強調し、社会主義革命に於ける「プロレタリアート」の任務を説きて、階級意識を示唆、煽動せる『唯物弁証法講話』及び『唯物史観講話』を執筆して、前記白楊社より発行し、

六、以て、「コミンテルン」並に右日本共産党の目的遂行の為にする行為を為したるものなり。

被告人伊藤至郎の「罪となるべき事実」に関しては概要、次のようなものであった。

一、被告人伊藤至郎は、昭和七年十月以来、加入し居りたる前記唯物論研究会の目的、本質等が叙上の如くなることを知悉《ちしつ》し乍《なが》ら、唯研の活動を通して前掲示結社の目的遂行に協力せんと欲し、昭和十年十一月より昭和十三年二月頃迄の間、幹事として諸般の活動を為したるが、就中《なかんずく》、

二、前記事務所に於て毎週一回開催せられたる幹事会に幹事として出席し、各種研究会の開催、研究題目、報告書の選定、機関誌の編集方針等に付て協議、決定し、之が実行に努め、右方針に基づく実行方策として、前記事務所に於て毎週一回各種研究会を開催し、所属会員をして弁証法的唯物論に基づく自然科学、社会科学、哲学、芸術等に関する研究報告を行わしめ、被告人自身も又、昭和十年十一月十六日及び同年十二月二十六日に各開催せられたる研究会に於て「事実に就いて」及び「教学の唯物」なる題下に、夫々《それぞれ》、弁証法的唯物論の立場より事実の観方《ママ》、思索の方法、数学に於ける論理等を解説して、同会員等の意識の昂揚に努め、

三、更に、前同実行方策として、主として大衆を啓蒙せんが為め、前記機関紙「唯物論研究」昭和十年十二月号（第三十八号）に「例証の重点――自然弁証法の例証の問題」と題し、エンゲルスの著書に於ける例証の問題を取上げて、弁証法の正確なる把握の必要を説きたる外、昭和十二年十月号（第六十号）に至る迄の間、弁証法的唯物論の立場より十数篇の論文を紹介、ブックレヴュー等を執筆、掲載し、

四、以て、「コミンテルン」並に右日本共産党の目的遂行の為にする行為を為したるものなり。

被告人赤羽壽の「罪となるべき事実」に関しては概要、

次のようなものであった。

一、被告人赤羽壽は、昭和十年九月末頃、早川二郎事小出民聲《みんせい》及び秋澤修二両名の推薦に依り、前記結社唯物論研究会に加入し、其の後、（当―引用者）該結社の目的、本質等が叙上の如くなることを認識し乍ら、其の活動を通して前記両結社の目的遂行に資せんと企て、昭和十一年六月、同会幹事に、昭和十三年一月、機関紙編集部員に各就任して、諸般の活動を為し来りたるが、就中《なかんずく》、

二、昭和十一年六月頃より昭和十三年二月頃迄の間、数十回に亙り、前記「唯研」事務所に於て開催せられたる幹事会に出席し、機関誌編集等に付て協議、決定して、之が実行に努め、

三、右実行方策として、同事務所に於て開催せられたる各種研究会に出席し、「東洋古代乃研究」「現代音楽乃社会的考察」等の題下に、弁証法的唯物論の立場より歴史音楽等に関する研究報告を為し、以て会員等の理論的水準の向上を図り、

四、更に前同実行方策として、主として大衆を啓蒙せんが為め、前記機関紙第三十七号乃至第六十二号に、「社会史的に見た音楽及び発達」と題する論文其の他、史的唯物論乃至弁証法的唯物論の立場より考察又は批判したる諸論文及び「ブックレヴュー」等を執筆、掲載し、

五、以て、「コミンテルン」並に右日本共産党の目的遂行の為にする行為を為したるものなり。

■懲役三年など

これらの事実認定に基づいて、東京控訴院は次のような刑を言い渡した。

被告人岡邦雄、同戸坂潤を各懲役三年に、被告人永田廣志を懲役二年六月に夫々《それぞれ》、処し、被告人伊藤至郎、同赤羽壽を各懲役二年に処し、原審に於ける未決勾留日数中、被告人岡の為、三百日、被告人戸坂の為、百二十日、被告人永田の為、百日、被告人伊藤の為、三百日、被告人赤羽の為、五十日を夫々、右各被告人の本刑に算入すべきものとする。

■被告人の上告趣意――減刑を

これに対し、被告人岡邦雄外四名から上告がなされた。その弁護人には海野晋吉☆が就いた。

被告人永田廣志の上告趣意の概略は、次のようなもので

あった。

一、原判決は之を仔細に検討するときは、幾多の点に於て重大なる事実の誤認あることを指摘せざるを得ざるのみならず、

二、「プロ科」、「戦無」の運動に参加し居たる自分が反逆分子にして不逞の思想を抱懐せる者と認められるも致方《いたしかた》なきことを反省し、此の点に付ては如何なる処刑を言渡されるとも甘受せざるべからざることを十分覚悟して居るも、

三、奈何《いかん》にせん、自分は病軀にして、原判決の科せられたるが如き刑期は到底、耐え難く、又、せめて日本人として立派に服役を終えて、其の目《もく》し度《た》き念願なるを以て、応分の御斟酌を賜り度し。

■減刑を認めず――新治安維持法が厳罰主義を強化したため

これに対し、大審院は「論旨は理由なし」とした。その理由は概要、次のようなものであった。

一、原判決の援用せる証拠を彼此《あれこれ》総合するときは、被告人に係る判示犯罪事実は優に其の証明ありと為するに足り、之を記録に徴するも、原審の認定に重大なる過誤あることを疑うべき顕著なる事由あることなく、

二、又、記録に就き、犯情、罪質等、諸般の情状を審究して此れを参酌するも、原判決の被告人に対する科刑、甚しく不当なりと思料すべき顕著なる事由あるものとも、認め難き。

この期に入ると、治安維持法の対象が著しく拡大された結果、拷問を含む厳しい取調べや長期間の過酷な獄生活などの影響により、治安維持法の適用の不当性、違法性を糾弾する被告人よりは、罪を認めて謝罪し、そのことの故に減刑を求める被告人は少なくなかった。本件の上告人もその一人であった。

しかし、大審院はこの減刑を認めなかった。大審院のこのような硬い姿勢の背景には、新治安維持法が厳罰主義を一段と強化したことが伏在していた。

■弁護人の上告趣意――甚だしい理由不備の違法

弁護人海野晋吉の上告趣意第一点のうち、「支援結社たる唯物論研究会と被支援結社たるコミンテルン又は日本共産党との関係に付て何等の理由も明示せざる点」は概要、次のようなものであった。

一、被告人等の本件行為の動機が学芸の進歩発達に寄与し、文化水準の昂揚にありたる以上、直ちに之を以て「コミンテルン」又は日本共産党を支援せんとする動機に出でたるものと為し得ざるは当然なり。仮りに百歩を譲り、原判決理由の如く、「共産主義運動を支援する新なる左翼文化団体を結成せんとする」動機ありたるとするも、単に「共産主義運動を支援せんとする」ものに止まる限りに於ては、未だ以て「コミンテルン」又は日本共産党を支援せんとするの動機と為すを得ざるべし。何となれば、「コミンテルン」又は日本共産党は一個の結社にして、団体的活動を為し、団体の組織分子たる党員、団体機関たる役員等ありて、団体の意思活動あること、当然なり。斯《か》かる一個の活動団体を支援せんとする動機に出でたるものとせば、当然、之等の被支援結社との関連なかるべからず。然《しか》るに、原判決は、其の動機に於て、之等の結社との関係に付て何等言及することなく、漫然、「共産主義運動を支援する為め云々」とのみ判示したる理由不備の失当あるものと謂うべし。

二、更に、「唯物論研究会」の目的に至りては、原判決判示の如く「唯物論一般の研究啓蒙」、「弁証法的唯物論の研究」に止まり、政治的、経済的、社会的活動に亙《わた》らざることは明かなり。従って、「唯物論の一般的研究及び啓蒙」又は「弁証法的唯物論の研究」が、縦令《たとえ》共産主義の基礎理論と一致する処ありとするも、「コミンテルン」又は日本共産党との何等かの具体的関係を説示せざる限り、之等の団体を支援することを目的とせるものと為し能《あた》わざる処なり。然るに、原判決は此の点に付ても何等の判示を為さざるは、是亦《これまた》理由不備の失当あるものと云わざるべからず。

「唯物論研究会が結社たることに関し、何等の理由を附せざる点」は概要、次のようなものであった。

一、凡《およ》そ治安維持法又は治安警察法等に於て結社と称するは、一定の主義目的を以て多数人が強制力に依り団結せるものを指称するものなることは、争いなき処なり。政治結社、労働組合、宗教団体等は何れも一定の主義目的を有し、多数の団体員が強制力に依り統制せられ、団体の規律に服従すべきものなることは、言うを俟《ま》たざる処なり。例えば、前記団体員中、主義を異にし、団体の規律に服せざるものあるときは、団体は之に対し相当の処分を為し、或は除名、退会等を命ずることあるべきは、結社の本質なり。

二、然るに、「唯物論研究会」に於ては、会員は必ず唯物論者たるを要する旨の規定存せざることは、其の会則に依り明かなり（被告人戸坂の手記参照。）。又、会員の除名退会に関しても、其の把持する主義の如何に依り之を行わざること、明かなり。要するに、「唯物論研究会」は一種の学芸団体、研究団体たるに過ぎず。然るに、原判決は之を以て漫然、支援結社と為したるは、理由不備の甚しきものと言わざるべからず。

■論旨は理由なし——理由不備の違法なし

これに対しても、大審院は「論旨は理由なし」とした。その理由は概要、次のようなものであった。

一、被告人等が唯物論一般の研究及び啓蒙を標榜しつつ、基本的に共産主義の基礎理論たる弁証法的唯物論を研究し、窮極に於ては「コミンテルン」並に日本共産党の目的達成に寄与することに依り、此等の結社を支援することを目的とする唯物論研究会なる結社を組織したること、判示の如くなる以上、右唯物論研究会に強制力の存すること、若《も》しくは同会と「コミンテルン」並に日本共産党との関係に付て所論の如き説明を加えざるも、尚、改正治安維持法第二条の規定せる支援結社を組織したるものと為すに妨《さまたげ》なく、

二、原判決挙示の証拠に依れば、所論判示の事実は之を認めるに証拠十分にして、記録を査するも、此の点に関する原審の認定に重大なる過誤あることを疑うべき何等の事由あることなし。

三、原判決を以て所論の如き理由不備の違法あるものと為すを得ざるが故に、論旨は理由なし。

主観的意図が存在しさえすれば「支援」結社と認定

唯物論研究会はコミンテルン並びに日本共産党の「支援」結社ではないという弁護人の主張も簡単に退けられている。「改正治安維持法第二条に所謂、結社を支援すると為すには、主観的に被支援結社を支援するを以て足り、其の支援結社と被支援結社との間に客観的に組織上の関連あることを要せざるものとする」という主観的要件による認定方法を採用したうえで、この主観的要件も緩和し、支援する側に「窮極に於ては『コミンテルン』並に日本共産党の目的達成に寄与することに依り、此等の結社を支援する」という主観的意図が存在しさえすれば、「支援」結社に該当するとしたからである。

犯罪の主観的要素と客観的要素を便宜的に使い分けるというのも、裁判所が採用した犯罪の成立範囲の拡大を図る

方法であった。

「自白」などによる証明

ここで重要なことは、右の主観的意図が捜査段階の「自白」などを証拠として証明されているという点である。新治安維持法は、治安維持法違反被疑事件に限ってではあるが、捜査官に強制捜査権を新たに認め、捜査段階の「自白」調書についても「罪となるべき事実」を証明する証拠とするための証拠能力を新たに認めた。これが「支援結社」の罪の有罪立証についても大きな威力を発揮したことは想像に難くないところであろう。

「改正治安維持法第二条に所謂、結社の成立には、之を統制すべき強制力の存することを要せざるものとする」として「支援結社」にいう「結社」概念を拡張解釈したのも本判決のもう一つの意義である。これにより、いわゆる「サークル」的なものであっても新治安維持法第二条の規定する「支援結社」の罪で取締ることが追認された結果、同罪の成立範囲は飛躍的に拡大されることになった。

《起訴状戦災滅失事件》
——起訴状が滅失しても公訴は有効

昭和二十年六月二十九日第三刑事部判決

戦災により起訴状が滅失

連合国軍による日本各地への大規模な度重なる空襲は大都市の住民だけでなく、地方都市の住民にも多大の災禍をもたらした。死傷した人、家屋を失った人はおびただしい数にのぼった。国土は焦土と化した。

影響は刑事裁判にも及んだ。自由主義運動、民主主義運動、反戦運動などの取締りに猛威をふるった治安維持法違反事件の刑事裁判もその例外ではなかった。空襲により起訴状が滅失するという事態が生じたからである。その場合、公訴は不適法となるかという問題が提起されることになった。

■有罪を言い渡すことはできないと上告

本件でも戦災で大審院において起訴状が滅失した。被告人和地《わち》永生《えいせい》および八浪《やなみ》英貞《ひでさだ》は千葉地方裁判所において治安維持法違反の罪で懲役二年執行猶予三年の刑を、また、上告人長谷川鶴治《つるじ》は、函館地方裁判所において懲役三年の刑を言い渡された者であるが、弁護人から原判決は破棄されるべきだとして新治安維持法第三十三条に基づいて上告がなされた。千葉地裁の事件と函館地裁の事件は別件（ただし、「罪となるべき事実」は本件第三刑事部判決では記載が省略されているために不明）であったが、大審院は併合して審理することにした。

審理中、被告人和地および八浪に対する起訴状が戦災により滅失した。被告人和地および八浪の弁護人は、この点についても起訴状が滅失された以上、有罪判決を言い渡すことはできない、公訴棄却の裁判がなされるべきであると主張した。

■破棄自判——原審の量刑は維持

本上告には和地永生および八浪英貞の弁護人として石橋信が、また、長谷川鶴治の弁護人として伊藤環が就いた。大審院は原判決を破棄すべきだとの両弁護人の上告趣意はいずれも理由があるとして千葉地裁の原判決および函館地裁の原判決をいずれも破棄自判し、改めて「被告人和地、八浪を各懲役二年に処する。但し、三年間、右刑の執行を猶予する。被告人長谷川を懲役三年に処する」等という主文を言い渡した。

■公訴棄却の主張は却下——公訴提起は明らか

公訴棄却の主張についてはこれを退けた。その理由は概要、次のようなものであった。

一、戦災に由《よ》り起訴状の滅失したる場合に於ては、他の書類に依り適法なる公訴の提起ありたることが明確に証明し得られる限り、起訴状の欠缺《けんけつ》は、公訴を不適法と為らしめることなきものとする。蓋し、現時の如く戦災、各地に頻々たる際、適法の公訴提起ありたること明かなるに拘らず、戦災に依り起訴状滅失したる一事を以て、一々、訴訟手続を始めより遣《や》り直すが如きは、戦時下訴訟を遂行するの所以に非ざるや、明かなればなり。

二、本件に於て、被告人和地永生及び八浪英貞に対する起訴状は、本院に於て戦災に由り滅失したれども、記録に徴し、同被告人等に対し適法なる公訴提起ありたることを認めるに十分なれば、右起訴状の滅失は本件公訴を不適法ならしめるものと謂うべからず。従って、弁護人の論旨は之を採用せず。

「戦時下訴訟」における「迅速な有罪判決の確定」

新治安維持法が刑事手続に関する特則規定を導入した趣

旨の柱の一つは、「戦時下訴訟」における「迅速な有罪判決の確定」にあった。本判決でも公訴棄却にしない理由づけにこの「戦時下訴訟」における「迅速な有罪判決の確定」が使われた。防御権保障の重要性が顧みられることはなかった。

戦火が更に拡大し、広島、長崎に原爆が投下され、日本は敗戦を迎えた。ポツダム宣言受諾の天皇の玉音放送は、天皇の「菊の御紋の裁判所」として治安維持法の拡大適用に甚大な役割を果たした大審院の建物内にも、そして控訴院や地方裁判所の建物内にも流された。裁判官や検察官はどのような思いでこれを謹聴したのであろうか。

戦争責任の追及を免れるために裁判官や検察官を辞して故郷に逃げ帰ったが、特高警察と違って公職追放の荒波が裁判官や検察官には及ばないこと（検察官で追放されたのは僅か三十四人で、裁判官に至っては一人も追放されなかった）を聞くや、再び故郷を離れて裁判官や検察官に復職した者は少なくなかったと聞く。

担当弁護士のプロフィール④

☆花井忠（はない・ただし）

一八九四年（明治二十七）–一九七三（昭和四十八）年

茨城県に生まれた。第八高等学校を経て東京帝国大学法科大学を卒業後、一九二一（大正十）年に弁護士登録し、著名な弁護士であった花井卓蔵の事務所に入った。一九二六（大正十五）年、中央大学教授に就任し、一九二七（昭和二）年よりベルリン大学、ウィーン大学において刑事学を研究し、帰国後、弁護活動にも復帰した。海軍軍人と民間人が政財界人を暗殺した五・一五事件（一九三二年）や神兵隊事件（一九三三年）の弁護人も務めた。戦後は一九四六（昭和二十一）年五月、連合国軍最高司令部法律局の嘱託となり、東京裁判では広田弘毅元首相の弁護人を務め、無罪論を展開した。その後、一九五二（昭和二十七）年、国家公安委員に任命されたが、警察法の改正では警察行政の中立性を守るべく、政府原案を修正させた。官民交流の一環として、一九五三（昭和二十八）年一月に東京高等検察庁検事長の職に就き、一九五七（昭和三十二）年七月には民間出身では初めて検事総長（第三代）に就任した。退官後は中央大学教授として後進の指導に当たった。

☆海野晋吉（うんの・しんきち）

一八八五（明治十八）–一九六八（昭和四十三）年

静岡県に生まれた。第六高等学校を経て東京帝国大学法科大学を卒業し、弁護士に登録した。自由民権派の弁護士として人民戦線事件、河合栄治郎事件、津田左右吉事件、唯物論研究会事件、企画院事件、尾崎行雄不敬事件、横浜事件などをはじめ、多くの思想裁判・政治裁判の弁護を行った。敗戦直後は憲法懇談会の一人として憲法草案の作成に関わり、「日本国は軍備を持たざる文化国家とする」という規定を憲法に挿入したいと提案したという。

戦後も松川事件（一九四九年）や小島事件（一九五〇年）、砂川事件（一九五七年）などの弁護にあたる傍ら、人権擁護運動や原水爆禁止運動、沖縄問題など、社会運動にも従事した。一九四七年の自由民権協会、一九五七年の総評弁護団（一九八九年に日本労働弁護団と改称）、一九六一年の日本民主法律家協会などの創立に関わり、自由民権協会初代理事長、総評弁護団初代会長、日本民主法律家協会代表理事などに各就任するとともに、その間、第二東京弁護士会会長、日本弁護士連合会会長も歴任した。生涯、在野法曹を貫き、戦後初の最高裁判事就任の要請も、片山哲内閣の法務大臣就任の要請も受けなかった。

法服姿の海野晋吉

第五部　治安維持法の亡霊

第十章　治安維持法の教訓を活かすために

1　治安維持法の制定と改正を推進したもの

「法の支配」の自壊

治安維持法の成立と改正の過程を振り返ってあらためて感じるのは、「法の支配」が音を立てて崩れていく姿である。こう述べると、治安維持法は「民主主義の対極」だというように受け取られるかもしれない。しかし、実は対極ではなかった。治安維持法を生み出したのは、ナチス期のドイツにおける全権委任法（一九三三年）のそれと同じく、「議会制民主主義」であった。紆余曲折がみられるものの、治安維持法の成立と改正に対して、帝国議会はほぼ賛成の態度をとったからである。取締りを強化するための法改正が積み重ねられ、「法の支配」に対する危険性がより増せば増すほど、奇妙なことに、法律案に反対する者、あるいは法律案を批判する者は帝国議会から急速にいなくなっていった。

議会の外でも、それは同様であった。治安維持法の成立は、早速、社会の各界に萎縮効果を発揮した。学界も、その例外ではなかった。研究・教育の自由や大学の自治に多大の悪影響が予想された。にもかかわらず、治安維持法についての発言は急速に減少していった。ついには、織田萬《よろず》のように、勅選議員として帝国議会で高校解体論を主張するような者さえも現れるようになった。研究・教育の自由は、外部からの攻撃に加えて、内部からの腐食によって自壊していった。

マスメディアも一九三一（昭和六）年の柳条湖事件に端を発する満州事変以降、販売部数を増やすために、戦争を民衆に煽った。熱狂した民衆と軍、マスメディアが一体となって戦争を牽引していった。そのようななかにあって、マスメディアが治安維持法の改正に反対するというようなことは、およそ考えられないことであった。国民の「知る権利」の担い手というような意識は、微塵もなかった。「世論誘導」がマスメディアの「使命」とされた。そして、自分たちが作った「世論」に自らも巻き込まれていった。(1)

「量の民主主義」の限界

「民主主義」だけでは、治安維持法の制定および改正を阻止することは困難であった。「近代市民法の諸原則」を遵守することの重要性を説く議員も、一部には散見された。しかし、帝国議会で多数派を形成することは、遂になかった。帝国議会の議員の中には弁護士も少なくなかったが、「近代市民法の諸原則」よりは、「自党の決定ないし方針」を、あるいは「過激思想の取締り」を優先させる者が圧倒的であった。

弁護士会も存在したが、強制加入団体ではなかった。基本的人権の尊重を何よりも大切にするのが弁護士という専門職《プロフェッション》のモラルだとして、それを弁護士に義務づけるようなシステムは、弁護士会には存在しなかった。日本弁護士協会も東京弁護士会も、新治安維持法の制定に当って賛成決議を行った。専門職のモラルの不存在は、メディア関係の議員においても同様であった。

戦後、違憲立法審査の制度が導入され、「近代市民法の諸原則」を憲法上の原則に高めた。たとえ、国会などが正規の手続を経て制定させた法律などであっても、同原則に反するものは違憲・無効にするとされた。「悪法」が存在したことへの反省に基づくものである。

しかし、当時は違憲立法審査権という考え方は存在しなかった。大日本帝国憲法からみても違憲というべき治安維持法が制定されても、人々はこれに対抗する術を持ち得なかった。(2)「法治主義」ないし「法の支配」を守ることは困難であった。この教訓に鑑みるとき、違憲立法審査権の重要性をいくら強調しても強調し過ぎるということはない。(3)

「悪法」に対してとるべき態度

治安維持法の成立と改正の過程を振り返ってあらためて感じることの第二は、「悪法」の制定ないし改正に当たって臨むべき態度である。この点に関し、治安維持法に詳しい小田中聡樹は、次のように分析している。

治安維持法に対して、美濃部（達吉―引用者）と牧野（英一―同）はかなり根本的な批判をした。とはいえ、この両者の主張の間に大きな相違があったことはいうまでもない。それは美濃部（達吉―引用者）が悪法に対して徹底的に批判する原則的態度を一貫し、思想弾圧の非なることを説くことに於て妥協しなかったのに対し、牧野が、解釈・運用によって悪法を法たらしめることの見地から修正的、妥協的態度をとったことである。この相違こそが、一九二八年改正に対する両者の態度を相対立するものにまで拡大していったように思われる。(4)

思想の自由を守るという原則的見地をあくまでも固守し、国家権力に対するオプティミズムを排し、右翼的組織と繋がりを持たなかった者こそがよく治安維持法＝悪法を批判しこれに抗し得たという歴史的事実が、現代においても重い意味を持っていると考えられる。(5)

「限定解釈」論が、ある種の法律に対して、その副作用を除去するうえで、一定の有効性を持つ場合があることは確かである。しかし、治安維持法のような「悪法中の悪法」に対しては、「限定解釈」論で対抗することは困難で、かつ不適切であったといえよう。不適切であったに止まらず、牧野英一らのそれにみられるように、「限定解釈」論がむしろ治安維持法の成立と改正を正当化するという役割を果たした。近時の刑事立法に対する態度を考えるうえで、この点は重要であろう。

為政者の無責任さ

振り返ってあらためて感じることの第三は、為政者の無責任さである。前述したように、治安維持法を産み落としたのは政党政治であった。しかし、その後、日本は対外的には軍事的な解決に、そして対内的には治安立法などによる問題解決にますます傾斜していった。新治安維持法の制定に先立つ一九四〇（昭和十五）年、すべての政党は解散し、大政翼賛会に糾合された。終焉した政党政治が治安維持法の運用に責任をとることはもはや不可能となった。

政党政治に代わって治安維持法の全面改正を取り仕切ったのは「思想検事」を中心とする司法官僚であった。それでは、この司法官僚は、新治安維持法の運用をどのように見ていたのであろうか。

この点で興味深いのは、法律雑誌の「治安維持法第二回　治安維持法はどう運用されたか」という特集（『ジュリスト』一九五二年七月十五日号）において、「内務省側」から運用を分析した唐沢俊樹の論稿である。次のように指摘しているからである。

治安維持法は昭和三年の改正以後十六年に全面改正を受けたが、日華事変以後については国そのものが戦争遂行目的に集約されたので、治安維持法の解釈にしても運用にしても、それ以前とは全く異なる段階に立ったといえるのではないか。（同一七頁）

五・一五事件以後日華事変勃発に至るまでの期間、治安問題の特徴は何かといえば、軍と結んだ極右革命運動の隆盛にあった。（同）

極左運動の方は警察自体で現実に治安を乱す事件が起こっても十分鎮圧し得たと思う。しかし軍の一部が加わる極右運動には、正直、現実に事件が行ったならば対抗する術がなかった。（同）

昭和十年、大本教の宗教活動を逸脱した行動が目にあまるようになった。例えば極右運動に資金を渡したり、軍の一部と暴力革命について連絡がある、等の投書や情報が多くなった。そのうちに東京に進出して昭和神聖会という右翼政治結社を作り、その統監に出口王仁三郎自身が、副統監に黒龍会の統帥内田良平を戴いて九段の軍人会館で盛大な発会式を行った。……それで関係者が合議の上、不敬罪及び治安維持法違反の疑いで全国一斉検挙を行ったわけだ。（同）

このように唐沢は、より対策を講じるべきは「軍の一部が加わる極右運動」であったにもかかわらず、新治安維持法は相変わらず「極左運動」を標的にし続けた結果、極右運動を取締る術がなかったとしている。この指摘からは新治安維持法はそもそも制度設計が間違っていたとの認識が垣間見られる。この認識は的を射ているといえよう。治安維持法改正法律案の帝国議会での審議において、多くの議員から「陸軍等の政治関与」についてはこれを取締る必要性が強調されていたからである。

しかし、規制の必要を訴える議員質問に対して、政府委員の答弁は、例えば、次のようなものであった。

国家社会主義者と云うようなものは、是は取締の上に於ては可なりむづかしい問題であります。……右翼とか、右傾に関する者の取締は何故しないかと云う御尋ねでありますが、是は治安維持法の沿革を御覧下さいますと、元々治安維持法と云うのは、……専ら左傾思想の過激なる者を取締る趣旨で之は出来たのであります。……右翼の取締をすると云うことになりますと、治安維持法と云うものの従来の立法精神が変って来まして、暴力行為等取締法と同じようなものが加わる訳になるのであります。……治安維持法の沿革に鑑みまして、其必要はないと云うことで、今回の提案を致した次第であります。

（昭和九年二月十六日の衆議院治安維持法改正法律案委員会での小山松吉司法大臣の答弁）

思想検事を中心とする司法官僚は、治安維持法の全面改正にあたっても、その標的を「極左」に置き続けた。そもそも制度設計が間違いだったというような認識は見られない。新治安維持法の制定を取り仕切った思想検事の太田耐造も自分たちの政策判断の誤りを棚に上げて、責任を次のように転嫁し、警察などが濫用したのが問題だったとしている。

今日、治安維持法は人権蹂躙の極悪の法だときめつけられているが、その責任は、むしろ治安維持法以外の法律、すなわち治安警察法、新聞紙法、出版法、不穏文書臨時取締法、戦時刑事特別法等にその点が多く存するのであって、それらによる汚名を治安維持法が一身に受けているという形である。

（前掲『ジュリスト』一〇頁）

同法に対する運用上の非難は法律の内容よりもむしろ運用技術的な面が問題視されているのであり、…当時から、司法当局としては、そのような欠陥を是正するむしろ万全の手段をとることに努め、……公正な立場を維持するのに務めたのであるが、捜査の相手方の確信犯人と呼ばれるような特殊性等からして容易にこれを根絶し得なかったのである。（同）

これに対して、治安維持法違反事件の刑事弁護を数多く手掛けた海野晋吉による「弁護士側」から分析した論稿では、次のように述懐されている。

治安維持法の規定が曖昧であったためにその解釈が驚く程拡張され、その被害の及ぶところははかり知れないものがあった。かくして口は封じられ筆は折られ幾多の犠牲者を生じたのであった。…そして軍部独裁の政治が行われ、行政官も司法官も悉《ことごと》く追随せざるを得なかったことは記憶に新たなところである。かくして日本は敗戦し六年八月の長きにわたって連合軍の占領下に置かれたのである。（一六頁）

海野の述懐はその通りであろう。新治安維持法が犯した誤りの責任の多くが軍部独裁にあったことは確かであろう。問題は、法曹がその「犠牲者」だったかである。「裁判所側」から運用を分析した伊達秋雄は次のように指摘しているからである。

先ず旧第一条にいわゆる国体を変革することを目的とする結社の解釈についてである。国体の変革を目的とする結社と認定されたものは、日本共産党、コミンテルン（国際共産党）、日本共産青年同盟の外、日本労働組合全国協議会（全協）、新興仏教青年同盟、皇道大本教等の所謂類似宗教団体、朝鮮共産党その他の民族独立運動の結社等がある。（同五頁）

次に類似宗教団体として処罰せられたものは皇道大道教、扶桑ひとのみち教団、天理本道、灯台社等である。（同六頁）

他面においては、当時の裁判官達が如何に法の拡張的運用について深刻な苦悩を味わいかつこれを訴えていたかということを窺うに足る資料は会同（昭和十五年五月に開催された全国思想実務家会同）の随所に見出すことができるのである。（同八頁）

今ここで徒《いたずら》に過去の事実を挙げつらうことは私の本意とするところではない。（同九頁）

司法官僚が治安維持法の「育ての親」であったというような視点は微塵もうかがえない。法曹が中核を占めた政党政治が失政と不毛な抗争を重ねるなかで人々をして軍部独裁の支持者に向かわしめたという点についても触れられるところはない。

治安維持法はファシズムの形成と護持に猛威を発揮した。法曹も治安維持法の制定と運用を通じてファシズムの形成と護持に大きな役割を果たした。そのファシズムは国家、社会、国民生活に対して破滅的な結果をもたらした。とすると、ファシズムが国家、社会、国民生活に対してもたらした破滅的な結果については法曹も大きな責任を負わなければならないということになろう。

しかし、治安維持法の制定と運用をつかさどった人たちは、ファシズムの脅威に対して鈍感であった。制度設計に当たって、そしてまた解釈運用に当たって、右の破滅的な結果が想定され顧慮されるということはなかった。国家、社会、国民生活を守るためだとして制定、改正された治安維持法が実際に果たした役割は右の破滅的な結果に手を貸すことでしかなかったというような認識は、当時は当然のことだとしても、戦後になっても持たれていない。それは、原子力発電を推進してきた政府、地方自治体、電力会社などが原発事故のもたらした取り返しのつかない人災に接して「想定外」だったと弁明しているのに似ている。

国家の「暴力」

国家による「暴力」は、戦争などのように主として対外的に行使される場合と、刑罰などのように主として対内的に行使される場合とがある。近代以降の国家においては「法治主義」や「法の支配」という統治原則の下で、対外的な「暴力」も対内的な「暴力」も「法の執行」という形をとって行使される。法に基づく「法令行為」として正当化が図られる。それは、国民にとっての「重大な暴力」である検挙や身柄拘束の場合でも異ならない。人の生命を奪う「究極の暴力」の場合でも同様である。

問題は「合法性」の根拠如何である。日本国憲法下の「暴力」については、国民主権、基本的人権の尊重、平和主義から見た場合のその「必要性」、「緊急性」、「相当性」などが検討されることになろう。しかし、為政者は「合法性」の根拠を「公共の利益」（国益保持）や「公共の秩序」（治安維持）などに求めがちである。戦前の大日本帝国憲法下の「暴力」の場合は、そのような傾向が格別に強かった。大日本帝国憲法は法律による臣民の自由と権利の制限を謳っていたからである。

それでも、「国益保持」や「治安維持」などによって臣民の自由と権利をいたずらに侵害ないし制限することについては、帝国議会などでも強い批判が一時期まで見られた。検挙や警察署などにおける被疑者の行き過ぎた取調べなどは議会でしばしば取り上げられた。追及を受けた為政者は批判を受け入れ、規制に努めると約束せざるを得なかった。検察官などに強制処分権を付与することも、捜査官が作成した自白調書に証拠能力を認めることも、人権蹂躙の危惧があるとして、法制上は認められなかった。拷問などを用いて自白を獲得することはもちろん禁止された。

合法性の根拠が希薄になると、国家による「暴力」は違法な「裸の暴力」に近づくことになる。しかし、為政者は、それも必要悪だとして、違法な「裸の暴力」を抑制するよりはその慣行化を図り、この慣行化された違法な「裸の暴力」に法の外皮を纏わせることによって、違法を合法に転じさせる途をしばしば選択した。このような「脱法行為」は戦時下の非常事態法制の下では随所にみられた。治安維持法はその典型例であった。

それでも、「拷問死」までは合法化することはさすがに困難であった。それは明らかに殺人罪ないし傷害致死罪、監禁致死罪などの犯罪類型に該当した。合法化をあきらめた為政者が採った方法は、「拷問死」の事実を国民の目から隠蔽することであり、遺族らが捜査官らの責任を追及させないようにすることであった。そのために集会は規制され、報道も規制された。葬式さえも実力で阻止する行動に出た。死体解剖も認められなかった。これも国家による「暴力」の一形態であった。

ファシズムの下では、国家による「暴力」は官民一体による「暴力」へと拡大し、違法な「裸の暴力」は質、量の両面で進展を見せることになった。大衆を動員し、その「暴力」によって自由主義、民主主義、反戦運動などを弾圧せしめるという事件も各地で発生した。この「暴力」は法の外皮さえも纏っていない場合が少なくなかったが、治安維持法違反事件の被告人らによって指摘されたように、為政者らによって容認され、黙認された。山本宣治の暗殺事件も個人的な殺人というよりは、国家的な殺人という性格が濃厚であった。

このような「暴力」が、国民だけでなく、内閣総理大臣以下の「国家の要人」に向かう場合もしばしば見られた。武装した海軍の青年将校たちが総理大臣官邸に乱入し、犬養首相を殺害した五・一五事件（一九三二年）や、陸軍皇道派の影響を受けた青年将校らが下士官兵を率いて起こしたクーデタ未遂の二・二六事件（一九三六年）なども、ファシズム下の国家による「暴力」という観点から位置づけることが許されよう。ファシズムの下では、国家による「暴力」をめぐる対抗軸は国家対国民ではなく、「法の支配」の貫徹に対する法の外皮を纏った「専制と暴力」だった。

専制と暴力のエスカレート

国家が、その統治の主たる方策を「専制と暴力」にもっぱら頼ろうとするとき、その「専制と暴力」は、より強い「専制と暴力」を招き、「専制と暴力」のエスカレートを現出することになる。このエスカレートを食い止めるためには、防波堤を強化するとともに、「専制と暴力」に頼る統治手段をそもそも抜本的に見直す必要があった。

しかし、見直すどころか、反対に防波堤さえをも破壊する役割を担ったのが治安維持法であった。治安維持法の成立と改正に猪突猛進した為政者に対して、ファシズムの脅威から国民の自由と権利、命と生活を守れと求めるのは、無い物ねだりに等しかった。為政者は「専制と暴力」を、「良い専制と暴力」と「悪い専制と暴力」とに峻別し、自らの側の「専制と暴力」を「良い専制と暴力」と、そして共産主義者などの「専制と暴力」を「悪い専制と暴力」と強弁した。そして、「専制と暴力」のエスカレートの前では、「強い専制と暴力」が「良い専制と暴力」と粉飾されていった。しかし、「専制と暴力」に良いも悪いもなく、国、社会、国民生活に破滅的な結果をもたらしただけだった。個人による「暴力」とでは破壊力に天と地ほどの差があった。

第二次世界大戦後、世界はファシズムの脅威に鈍感であってはならないとした。基本的人権の尊重をはじめとして、防波堤の構築に意を注ぐことを怠らないように努めている。ドイツの学校教育では、ナチス・ドイツを生み出したのはほかならぬドイツ国民自身だという理解が次世代の人たちに、徹底的にバトン・タッチされている。

日本の戦後は、如何であろうか。治安維持法の教訓は生かされているだろうか。「稀代の悪法」を制定し改正したことについて、自らの「加害者責任」を、法曹は、マスメディアは、学界は、そして国民は、真摯に受け止めているだろうか。そのような家庭教育、学校教育、社会教育がなされているだろうか。被害者の側面だけが強調されていないか。その結果、問題が風化し、戦前と似た状況が現出しつつあるのではないか。再び「専制と暴力」に頼りつつあるのではないか。

戦後に強まった検察官司法

治安維持法の歴史を振り返ってあらためて感じることは、大審院をはじめとする裁判所の果たした役割である。当局によると議会審議などにおいて、裁判所が人権蹂躙のチェック機能を果たすから、たとえ治安維持法において抽象的な概念などが用いられても問題はないと強弁された。この強弁の前では、「濫用のおそれ」があるとの批判論、あるいは「限定解釈」を施す必要があるとの批判論は支持者を拡げられなかった。

しかし、裁判所が現に果たした役割というのは、人権蹂躙のチェックではなく、拡大解釈の域をはるかに超えた当局の「拡大解釈」にお墨付きを与えるための論理、概念を考案し、提供するということでしかなかった。裁判所は治安維持法のまさに「育ての親」であった。

このように述べると、治安維持法違反被告事件の刑事裁判は一般の刑事裁判とは異なる特別なものだ、というような誤解を与えるかもしれない。しかし、決してそうではない。治安維持法違反被告事件の刑事裁判に見られる右のような特徴は、日本の場合、程度の差はあるものの、一般の刑事裁判においても大なり小なり見られるところのものだからである。

当罰性の判断は検察官こそがよく為し得るところのものであるとして、検察官の起訴裁量を裁判官が尊重する傾向も、戦後、予審制度が廃止された結果、より強まった[(6)]。量刑も、依然として検察官の主導下にある。戦後の検察官司法は、戦前以上のものがある。無罪率も、戦前よりも戦後の方がはるかに低い。

このことは、一度、「悪法」が制定された場合、司法はその刑事裁判を通じて「悪法」の幇助犯ないし共同正犯者になる危険性を、今も内蔵していることを意味する。そうならないためにも、治安維持法違反被告事件の刑事裁判から教訓を導き出し、それをすべての刑事裁判において活かしていく必要がある。

2 治安維持法刑事裁判からの教訓

「悪法」批判の重要性

治安維持法違反被告事件の刑事裁判から導き出される教訓とは、どのようなものであろうか。教訓の第一は、大審院が「国法への服従義務」論を採用して被告人からの「悪法」批判を退けたことに関わる。これは裏返せば、治安維持法のような法律に対しては「悪法」批判がいかに重要かを示しているからである。

もっとも、治安維持法下では、被告人は別にして、弁護人には「悪法」批判は許されなかった。それを行えば、弁護人自身が弁護士資格を失うだけでなく、治安維持法違反の罪で問擬されかねなかったからである。現に、一九三三（昭和八）年九月十三日、日本労農弁護士団の布施辰治ほか十七名の弁護士が治安維持法違反容疑で検挙、拘置された。そのうち、布施は一九三五年十二月十七日、東京刑事地方裁判所で懲役四年の判決を言い渡された。一九三八（昭和十三）年七月二十日の東京控訴院野判決で懲役二年に減刑されたものの、上告が翌三九年五月二十五日に棄却され、実刑が確定した。同年六月二十六日、千葉刑務所に収監された。そのために、弁護人は弁護活動を「法廷の中での活動」、それも「手続的な要求、争い」を中心とする法技術的な弁護に自己抑制することを余儀なくされた(7)。

しかし、日本国憲法は、違憲立法審査権によって「悪法」批判を認めている。この権利を行使することの重要性をあらためて確認しておかなければならない。立法批判を含めて本質的な批判を行うことは、被告人のみならず弁護人の権利でもあり責務でもある。このことは、憲法と乖離した判例が存在するとき、この判例に迎合するのではなく、憲法に適合するように判例変更を求めていくことも弁護士・弁護士会、研究者・学界の責務だということを意味する。

刑法の基本原則の貫徹

教訓の第二は、刑法の基本原則に関わる。治安維持法違反の各罪はいずれも刑法の基本原則、すなわち、「罪刑法定」原則、「明確性」原則、「行為」原則、「責任」原則などに抵触していた。しかし、立法当局は、議会での答弁に際して、刑法の「基本原則」は刑法典などには妥当するが治安維持法といった治安法には妥当しないので問題ないと強弁した。治安当局も治安維持法の法適用において刑法の基本原則を顧慮することはなかった。大審院もこの法適用を追認し、弁護人の提示する「限定解釈」を拒否し、刑法の基本原則から大きく逸脱した著しい「拡大解釈」を含む法運用を判例として判示した。

いわゆる知能犯に限定して是認されてきた「共謀共同正犯」論が判例によっていわゆる粗暴犯にも拡大されるようになったのも、治安維持法違反の罪との関連であった。戦後、治安維持法は廃止されたが、「共謀共同正犯」論は存続し続けた。それどころか拡大適用され、すべての犯罪をその対象とすることになった。

このような事実に鑑みた場合、たとえ治安法だからといって、刑法の基本原則に例外を認めることは「法の支配」を瓦解させることに繋がることに留意しなければならない。刑法の基本原則は、たとえ治安立法であっても貫徹されなければならない。否、治安立法だからこそ貫徹されなければならない。刑法の基本原則に例外を認める恰好の突破口になるからである。「法の支配」を瓦解させる「蟻の一穴」となるからである。

自由心証主義の規制

刑事訴訟では第一審は「訴訟当事者（検察官及び被告人・弁護人）等の主張及び証拠等から裁判官が証拠評価に基づく事実認定及び量刑という事実問題と法令違反の有無という法律問題を併せて判断する」事実審とされ、控訴審は「第一審と同じ立場で事件そのものを審理するのではなく、当事者の訴訟活動を基礎として形成された第一審判決を対象とし、これに事実問題及び法律問題の両面で事後的な審査を加える」事後審とされ、上告審は「原則として法律問題だけを扱う」法律審とされる。

しかし、事実誤認から被告人を救済するためには、第一審の「証拠評価に基づく事実認定」に対する上訴審（控訴審および上告審）による「事後審査」を強化する必要がある。証拠評価に関する「論理則」や「経験則」を「自由心証主義」の枠外とし、「論理則」や「経験則」の違反を法令違反として上訴審の審査対象とするだけでは救済としては不十分である。控訴審だけではなく、上告審も限定的にではあるが「事後審」化し、第一審の「証拠評価に基づく事実認定」に対する「事後審査」が可能にする必要がある。

ただ、第一審裁判官の「証拠評価に基づく事実認定」をまったくの主観的、裁量的なものと位置づけたのでは、上訴審における「事後審査」は不可能となり、有名無実化することになる。検証可能なものとするためには裁判官―検察官―被告人・弁護人にとって間主観的に討議可能で、追証可能なものにする必要がある。治安維持法違反被告事件の刑事裁判から導き出される教訓の第三もこの点に関わる。大審院は理由不備や事実誤認などをはじめとして被告人・弁護人の提起する様々な疑問を、「自由心証主義」の名の下にいわば問答無用式に退けたからである。この「自由心証主義」を規制し、被告人・弁護人の提起する疑問への真摯な応答義務を裁判体に課す必要があるというのが、そこから導き出される教訓だといえよう。

この点で参考になると思われるのはドイツでの判例の動きである。被告人に有罪判決を言渡すためには、被告人がこの犯行を行ったことはまちがいないという主観的確信のほかに、これを支える客観的事実的基礎がはっきりと示されねばならない。しかも、この判示は間主観的に討議可能で、追求可能なものでなければならない。多くの学説がこのように説くのを受けて、一九八〇年代に入ると、連邦裁判所の判例でも、それが実践されることになったからである。

このようなドイツでの判例の動きを参考に、自由心証主義の客観化＝当事者主義化も唱えられている(8)。

心証形成の客観化は、普遍妥当な基準への証拠評価の被拘束性を意味する……。追証可能性とは、事実審理裁判官が彼の判決を、合理的に理由可能な論拠に基づかせねばならぬことをいう。……追証可能性にとっても、その基礎は、まず、理由の伝達可能性乃至説明可能性である。……裁判官はその判決が破棄されたくないと思うならば、彼の心証形成のために、説明可能な（そして理由付け可能で且つ討議可能な）事実という基礎（土台）を得なければならず、その基礎はさらに、論理規則、科学的知識及び経験則に基づいていなければならない。……これは、事実誤認の上訴審における審査をじっさいに可能とするための方途（判決理由における事実と判断の明確な叙述）をもにらんだ見解である……。このように、裁判官が自分の裁判の合理的基礎を批判的に吟味せざるをえなくなるので、追証可能性は自由心証主義のあり方を客観化するのに適している。(9)

ここでは「説明可能な（そして理由づけ可能で且つ討議可能な）事実」がキーワードとされ、有罪判決はこのような事実に基づかなければならないとされる。訴訟当事者、とりわけ被告人・弁護人に対するこの「間主観的討議可能性」の確保も、真の「司法改革」で柱とされるべき課題であろう。しかし、現実はいまだ道遠しの感が強い。

「評価」に先立つ「事実」

教訓の第四は事実認定に関わる。治安維持法違反被告事件における「罪となるべき事実」の認定はいずれも、被告人の所為は治安維持法違反の罪の構成要件に該当するという規範的評価がまず初めにあって、この規範的評価に符合するような「事実」だけを抽出して、あるいは符合するような形の「事実」に加工して列挙しただけのものとなっている。

たとえば、「唯物論研究会」の代表も「領袖」と事実認定されている。「唯物論研究会」は「支援結社」だという規範的評価に基づく事実認定といえよう。二、三人の集まりも「結社」であることを念頭に「集会」と認定されている。ここでは「事実」と「評価」の関係が逆転している。検察官の主張を追認した結果である。

いずれの治安維持法被告事件においても「罪となるべき事実」の記載はワンパターンなものになっている。「日本共産党は、露西亜《ロシア》に本部を有する国際共産党の一支部にして、革命的手段により政治上、我国家存立の大本たる君主制を撤廃し、無産階級独裁の政府を樹立し、以て我国体を変革し、又、経済上凡《あら》ゆる生産機関を社会の公有とし、以て私有財産制度を否認し、所謂、共産主義社会の実現を目的とする秘密結社なるところ」云々というフレーズが、何らの説明もなく、「枕詞」のように用いられている。しかも、遂には、右の事実は「公知の事実」であって、証明の必要はないとされるに至るのである。

問題は、このような「事実」と「評価」の逆転は治安維持法被告事件の事実認定においてだけみられるものではなく、一般の刑事事件の事実認定においても大なり小なりみられるところのものだ、という点である。治安維持法被告事件の刑事手続に関する特則が、戦後、一般の刑事事件の刑事手続にも拡大していったように、事実認定の面でも、このような拡大傾向が認められる。そして、それは、冤罪を生む大きな要因の一つとなっているのである。

「事実」と「評価」を明確に区別し、「事実」は「評価」に先立つとすることの意義と重要性が、あらためて再確認されなければならない。しかし、事実認定の規範化がますます進んでいるのが日本の刑事裁判の現状である。治安維持法の教訓は未だ生かされていない。

「迅速裁判」の意義

教訓が導き出されなければならないのは「迅速裁判」についても同様である。「迅速な有罪判決の確定」が「迅速裁判」の内容とされ、そのために遂には新治安維持法による二審制や指定弁護人制の採用など、被告人の防御権の大幅な制限にも行きついたからである。

このような傾向は戦後の刑事裁判においても見直されることなく維持されている。裁判員裁判制度もその目的の柱の一つが、この「迅速な有罪判決の確定」に置かれている。「被告人の権利」という観点から「迅速裁判」の意義と内容が再構成されなければならない。

上訴の意義も、この「被告人の権利」という観点から見直しが必要となろう。例えば、甲山《かぶとやま》事件では、無罪判決などに対して検察官が上訴できるという検察官上訴のために、無罪確定までに三回の無罪判決（第一審の無罪判決、差戻し第一審における無罪判決、そして、再度の控訴審における無罪判決）を要した結果、無罪確定までに事件発生時から二十五年、裁判開始時から二十年以上が経過することになった。第一次の逮捕時、二十二歳だった事件本人は無罪確定時、既に四十八歳に達していた(10)。

裁判所の再審開始決定に対して検察官が異議を申し立てることができるという点についても、見直しが必要であろう。そのために、再審無罪が確定するまでに著しい遅延が生じているからである。

「自白調書」の証拠能力

検察官に強制処分権を付与し、捜査段階の「自白」調書に証拠能力を認めた新治安維持法の特則規定からも、教訓を導かなければならない。もはや法律家の法解釈とはいえない非論理的で政策的な法適用および法解釈が随所に見せる致命的な綻びを糊塗し、「稀代の悪法」の法運用を下支えする役割を果たしたのは、皮肉にもこの「自白」調書だったからである。

唯物論研究会事件に関わって、大審院が、「窮極に於ては、『コミンテルン』並に日本共産党の目的達成に寄与することに依り此等《これら》の結社を支援する」という主観的意図が存在しさえすれば、「支援」結社に該当するとし、この主観的意図を被告人の「自白」調書で立証があったとしたことを忘れてはならない。「悪法」に活躍の場を与えないためにも、右のような特則規定を許してはならない。これが治安維持法からの教訓である。人々の自由主義的な、あるいは民主主義的な活動の、さらには非戦活動などの徹底した大弾圧に、この特則規定が猛威を発揮したことを忘れてはならない。

問題はこの教訓が生かされているかどうかである。残念ながら、治安維持法が廃止された後でも、この教訓が生かされているとはいえない。事態はむしろ逆である。戦後の刑事手続においては、「特則」の部分が外され、一般規定として、その拡大存置が図られたからである。

3 検証に基づく再発防止策

司法改革

問題は戦後、日本国憲法の下で「憲法の番人」と位置づけられ、違憲立法審査権を担うことになった最高裁判所をはじめとする裁判所が、過去のこのような「負の歴史」に真正面から向き合い、真摯な検証を通じて、二度と過ちを犯さないための方策を講じてきたか、裁判官の人権感覚の研鑽に努めてきたかである。残念ながら否といわざるを得ない。

国の治安対策に協力するために思想検事を最高裁判事に据えるような人事さえも行ってきたのが、戦後の司法行政でなかったたか。そのような裁判所の在り方に消極的・積極的な形で異議を申し立てる憲法擁護派の裁判官も少なくなかったが、一貫して遠ざけられてきたというのが、日本国憲法下の裁判所の実情ではなかったか。

裁判官の人権感覚についても、例えば、一九九八（平成十）年十一月五日に開催された第一七二六回および第一七二七回の国連規約人権委員会で採択された日本政府への「最終見解」によると、その「主な懸念事項及び勧告」の三十二で、

委員会は、裁判官、検察官及び行政官に対し、規約上の人権についての教育が何ら用意されていないことに懸念を有する。委員会は、かかる教育が得られるようにすることを強く勧告する。裁判官を規約の規定に習熟させるための司法上の研究会及びセミナーが開催されるべきである。委員会の一般的な性格を有する意見及び選択議定書に基づく通報に関する委員会の見解は、裁判官に提供されるべきである。

と勧告されているような状況にある。これでは違憲立法審査権の適正な行使もおぼつかない。このような現状を称して「消極司法」と揶揄されていることは周知のところであろう。

新自由主義的な「司法改革」ではなく、真の意味での「司法改革」、すなわち、裁判所をして平和主義・国民主権・基本的人権の尊重の真の担い手たらしめるための改革は喫緊の課題だといえよう。この「司法改革」を実現させることは、弁護士・弁護士会、マスメディア、学界、そして国民の責務でもある。

国内人権機構の設置

「司法改革」だけで十分かというと、そうではない。国連は一九九三（平成五）年十二月二十日、「国内人権機関の地位に関する原則（パリ原則）」という総会決議（総会決議四八―一三四）を採択し、加盟国に対し国内人権機関の設置を勧告しているからである。法務省も政務三役の名前で「新たな人権救済機関の設置について（基本方針）」を二〇一一（平成二十三）年八月に表明している。[11]その内容は、次のようなものである。

一　**法案の名称**

法案の名称については、人権擁護に関する施策を総合的に推進するとともに、人権侵害による被害に対する救済・予防等のために人権救済機関を設置すること、その救済手続等を定めることなど、法案の内容を端的に示す名称とするものとする。

二　**人権救済機関（人権委員会）の設置**

人権救済機関については、政府からの独立性を有し、パリ原則に適合する組織とするため、国家行政組織法第三条第二項の規定に基づき、人権委員会を設置する。新制度の速やかな発足及び現行制度からの円滑な移行を図るため、人権委員会は、法務省に設置するものとし、その組織・救済措置における権限の在り方等は、更に検討するものとする。

三　**人権委員会**

人権委員会については、我が国における人権侵害に対する救済・予防、人権啓発のほか、国民の人権擁護に関する施策を総合的に推進し、政府に対して国内の人権状況に関する意見を提出すること等をその任務とするものとする。

人権委員会の委員長及び委員については、中立公正で人権問題を扱うにふさわしい人格識見を備えた者を選任するとともに、これに当たっては、国民の多様な意見が反映されるよう、両議院の同意を得て行うもの（いわゆる国会同意人事）とする。

四　地方組織

略

五　人権擁護委員

略

六　報道関係条項

報道機関等による人権侵害については、報道機関等による自主的取組に期待し、特段の規定を設けないこととする。

七　特別調査

人権侵害の調査は、任意の調査に一本化し、調査拒否に対する過料等の制裁に関する規定は置かないこととする。調査活動のより一層の実効性確保については、新制度導入後の運用状況を踏まえ、あらためて検討するものとする。

八　救済措置

救済措置については、調停・仲裁を広く利用可能なものとして、より実効的な救済の実現を図ることとし、訴訟参加及び差止請求訴訟の提起については、当面、その導入をしないこととする。

その他の救済措置については、人権擁護推進審議会答申後の法整備の状況等をも踏まえ、更に検討することとする。

九　その他

略

しかし、このような国内人権機関の設置がなかなか展望しえないのが、今の日本の状況である。捜査機関に強制処分権を付与するに当たって、人権蹂躙を事前チェックするために、日本国憲法が導入した強制処分に対する令状主義も、形骸化がますます進んでいる。治安維持法の教訓はいまだ十分に生かされているとはいえない。

法曹の戦後責任

過去の過ちから多くを学ばざる者は再び過ちを犯すといわれる。しかし、既に折々で触れたように、治安維持法の教訓はいまだに生かされているとは言い難い状況にある。法曹は、そして法学界は、教訓を生かすという治安維持法の「犠牲者」に対して負うべき責務をいまだに果たし終えていない。逆の方に向かっているとさえいえよう。治安維持法の「生みの親」であり「育ての親」であったというその責任に鑑み、すべての法曹、そしてすべての刑事法研究者は、今こそこの課題に全力で取り組まなければならない。

戦後に生まれた人たちには戦争それ自体に関わる「戦争責任」という問題は生じない。しかし、この「戦争責任」の履行に関わる「戦後責任」の問題は生じる。治安維持法の教訓を導き出し、それを未来のために生かしていくという責任も「戦後責任」の一つである。

被害救済と再審などを通じた名誉回復

治安維持法違反事件の事件本人および家族等の被害救済と名誉回復を図ることも「戦後責任」の一つである。しかし、この責任は未だ履行されていない。治安維持法違反事件の事件本人および家族等の被害救済と名誉回復を図ることも「戦後責任」の一つである。しかし、この責任は未だ履行されていない。

治安維持法違反被告事件で有罪判決を言い渡された人たちの名誉回復はいまだ実現されていない。横浜事件の第三次再審請求は認められ、再審公判が開かれたが、横浜地裁の二〇〇五（平成十八）年二月九日判決で言い渡されたのは無罪ではなく免訴であった。この免訴判決に対しては日本国民救援会中央本部からの会長名による抗議[12]も見られる。

治安維持法の「育ての親」であった裁判所が自己の「加害責任」を棚上げにして、このように司法的救済を拒否し続けるというのであれば、治安維持法違反被告事件については、犠牲者に対する国家賠償のほか、大日本帝国憲法にも違反する「稀代の悪法」を理由として、一律に刑事再審請求事由とするための特別立法も検討されて然るべきであろう。韓国は日本の刑事再審制度を受け継いだが、この点では先を行っており、軍事政権下で治安維持法類似の「悪法」によって有罪とされた人々を救済するための再審特例法が既に制定されている。治安維持法違反事件の事件本人および家族等の被害救済と名誉回復を図ることは、治安維持法の「生みの親」であった国会の責任でもある。

ちなみに、日本でも、韓国とは趣が異なるが、再審特例法案が国会に提出された例が見られる。神近市子衆議院議員によって一九六八年四月に国会に提出された「死刑の確定判決を受けた者に対する再審の臨時特例に関する法律案」(再審特例法案)がそれである。①GHQ統治下の政治的影響力により、手続きの公正が保障されていたとは限らないこと、②一九四九年の新刑事訴訟法の施行前後で、捜査当局による自白偏重の弊害が抜けきらず、人権擁護の手続きに問題が残っていたこと、③物的証拠を欠く疑わしい事件があり、未執行死刑囚の多くが無実を主張していること、などを主な理由として、GHQ統治下(一九四五年九月二日‐五二年四月二十八日)の日本で起訴され、死刑が確定して未執行の死刑囚に対して再審を規定したものである。

ハンセン病問題については、ハンセン病強制隔離政策の根拠法となった「らい予防法」の違憲性を認めた二〇〇一年五月十一日の熊本地方裁判所の判決が確定したのを受けて、国は「ハンセン病政策の歴史と実態について、科学的、歴史的に多方面から検証を行い、再発防止の提言を行う」ことを目的として検証会議を二〇〇二年十月十六日に設置した。同検証会議は二年半に及ぶ検証の結果を「最終報告書」にまとめ、二〇〇五年三月一日に厚生労働大臣に手渡した。同報告書はハンセン病問題の解決に大きな役割を果たした。治安維持法の問題についても検証会議の設置が検討されて然るべきであろう。問題を風化させてはならない[13]。

さらに、数においては男性よりも少なかった女性被告が受けた経験というのも、おそらく叫びたいような苦しみ以外のなにものでもなかったと思われる。被告たちが晩年になっても苦しさを担い続け、多くの遺族がその苦しさを受けとめ続けている。被害救済および名誉回復に当たっては、そっとしておいてほしいという願いをもっている元被告の関係者たちがいることも十分に留意する必要があろう。

菊池恵楓園での出張公判　1951 年 3 月
ハンセン病療養者の隔離「特別法廷」を 2016 年 5 月 3 日、最高裁長官が調査・検証をへて「謝罪」した

第十一章　権利運動の危機と憲法改正

1　権利運動の弾圧あるいは保障

処罰対象の幾何級数的な拡大

治安維持法の対象は、既に詳しく見たように、法改正および拡大適用を通じて幾何級数的に拡大していった。

①「国体変革目的結社」または「私有財産制度否認目的結社」を組織した者、役員その他の指導者の任務に従事した者、結社に加入した者、結社の目的遂行の為にする行為を為した者などの取締りから出発したが、その後、

②「国体変革目的結社を支援する結社」を組織した者、役員その他の指導者の任務に従事した者、この支援結社に加入した者、支援結社の目的遂行の為にする行為をなした者などや、

③「国体変革目的結社を準備するための結社」を組織した者、役員その他の指導者の任務に従事した者、この準備結社に加入した者、準備結社の目的遂行の為にする行為をなした者などの取締りを経て、

④「国体変革目的集団」「同支援集団」「同準備集団」を結成した者、集団を指導した者、集団に参加した者、集団に関し目的遂行の為にする行為を為した者などや、

⑤「国体否定又は神宮・皇室尊厳冒瀆事項流布目的結社」や「同目的集団」を組織した者、役員その他の

指導者の任務に従事した者、この結社・集団に加入した者、結社・集団の目的遂行の為にする行為を為した者、なども取締りの対象とされたからである。

為政者によると、治安維持法は共産主義ないし無政府主義を取締るための法律とされたが、「高度国防国家体制」における「思想の確立、統一」を図るという観点から、反戦主義はおろか、帝国憲法でも容認された個人主義や自由主義、民主主義なども標的とされた。「非日本的な思想」で「戦時体制の確立」にとって妨げになるというのがその理由であった。「支援集団ないし準備集団の目的遂行の為にする行為等」にひっかければその取締りは容易であった。「国体の本義に反するが如き出版物、言論」を取締ることも治安維持法の目的として強調された。平和を志向する宗教団体も「国体否定又は神宮・皇室尊厳冒瀆事項流布目的結社」や「同目的集団」と見做された。いかなる臣民のいかなる行為も治安維持法違反に仕立て上げることが可能となった。処罰の網は全ての臣民に及んだ。

ダブル・スタンダードの採用

帝国議会では、「思想の動揺を来した主たる原因は、過去幾十年間にわたる我が政治が国民経済を誤ったためであると思うのであります。故に今日の思想の動揺を防がんとせば、吾々はまずその根本に遡って我が国の不経済なる政治の上に一大改革を加えねばならぬと云うのであります」（八〇頁）などというような質問も見られた。しかし、政府はこのような質問を無視し続けた。自らの「失政」には頬かむりをして、高まる臣民の不平・不満に対して厳しい取締りと厳罰で臨むという姿勢をエスカレートさせていった。

この取締りなどに当たって政府が採用したのは左右両翼に対するダブル・スタンダードであった。帝国議会では多くの議員からこの点について質問がなされている。

例えば、「従来、思想取締に付きましては、政府当局の態度が左右両翼に対して頗《すこぶ》るその取締り方法が寛厳になって居りはせぬかと考えるのであります。左翼に対する取締は極端にやって居る。むしろ苛酷ではないかと感ぜられるのであります。そうして右翼に対する取締ははなはだ寛大であり、微温的である。場合に依っては、見て見ぬ振りをしていると云うような形が見えるのであります。否、時に或は之を利用しようとする傾向があるように見えるのであります」などといった質問がそれである。
しかし、政府はこのダブル・スタンダードの態度を変えようとしなかった。

臣民の権利

政府は「日本的なもの」と「非日本的なもの」という観点から右翼と左翼を区別したが、実質的な判断において大きかったのは権利運動か否かという点であった。というのも、大日本帝国憲法が定める「臣民（の）権利義務」に関する諸規定（現代語訳）は次のようなものだったからである。

第十八条　日本臣民たる要件は、法律の定める所に依る。
第十九条　日本臣民は、法律命令の定める所の資格に応じ、均《ひと》く《し》文武官に任ぜられ及其の他の公務に就くことを得る。
第二十条　日本臣民は、法律の定める所に従い兵役の義務を有する。
第二十一条　日本臣民は、法律の定める所に従い納税の義務を有する。
第二十二条　日本臣民は、法律の範囲内に於て居住及移転の自由を有する。
第二十三条　日本臣民は、法律に依るに非ずして逮捕、監禁、審問、処罰を受けることなし。
第二十四条　日本臣民は、法律に定める裁判官の裁判を受けるの権（利）を奪われることなし。
第二十五条　日本臣民は、法律に定める場合を除く外、其の許諾なしに住所に侵入せられ及捜索されることなし。
第二十六条　日本臣民は、法律に定める場合を除く外、信書の秘密を侵されることなし。
第二十七条　日本臣民は、其の所有権を侵されることなし。
2　公益の為、必要な処分は法律の定める所に依る。

第二十八条　日本臣民は、安寧秩序を妨げず及臣民たるの義務に背かない限りに於て信教の自由を有する。
第二十九条　日本臣民は、法律の範囲内に於て言論、著作、印行《いんこう》（＝印刷と発行―引用者）、集会及結社の自由を有する。
第三十条　日本臣民は、相当の敬礼を守り、別に定める所の規程に従い請願を為すことを得る。
第三十一条　本章に掲げたる条規は、戦時又は国家事変の場合に於て天皇大権の施行を妨げることなし。
第三十二条　本章に掲げたる条規は、陸海軍の法令又は紀律に抵触せざるものに限り軍人に準行する。

大日本帝国憲法が定めた「臣民の権利」は多くの制約を伴っていた。

一つは「臣民の義務」が「臣民の権利」に優先されていたという点である。兵役や納税などの義務を履行した者のみが現実に権利を付与された。教育の義務は勅令で定められた。

二つめは「法律の定める所」や「法律の範囲内に於て」という留保が付されていたという点である。法律を制定したり改正したりすれば、権利を制限したり剝奪したりすることが可能であった。共産党や無産政党を結社することが法律により非合法とされ、大日本帝国憲法が容認していた個人主義、自由主義や民主主義でさえも治安維持法により合法から非合法に転じられた。これでは憲法で「臣民の権利」を保障したことの意味がほとんどなかった。近代憲法における人権の保障とは似て非なるものであった。

三つめは「信教の自由」に関しては「法律の定める所」や「法律の範囲内に於て」という制限ではなく、「安寧秩序を妨げない」という要件が付加されているという点である。「大日本帝国は、万世一系の天皇が、これを統治する」（大日本帝国憲法第一条）、「天皇は、神聖であって、侵してはならない」（同第三条）、「我帝国は万世一系の天皇君臨し統治権を総攬し給うことを以て其の国体と為す」（大審院判例）などに抵触する信教は「安寧秩序を妨げる」ものとされた。

治安維持法による権利運動の弾圧

より重要なことは、大日本帝国憲法では「臣民の権利」が「家国の主」である天皇がその慈愛により恩恵として「家国の民」に与えたものだと性格づけられていることである。前文で「朕は我が臣民の権利及財産の安全を貴重し及之を保護し、此の憲法及法律の範囲内に於て其の享有を完全ならしめるべきことを宣言する」（現代訳）などと謳われているからである。

つまり、大日本帝国憲法では、臣民は天皇及び天皇制国家による「保護の客体」にとどまったのである。この点は普通選挙制度を推進する政党政治家といえども承認するところであった。治安維持法の批判も天皇による「保護の客体」論に基づいて展開された。「天皇の赤子」を死刑に処してよいのかなどといった批判がそれであった。例外は「人民による人民のための人民の政治・経済・社会」などを求めた共産党や無産政党であった。

「権利運動」は共産党や無産政党などの枠を超えて広がっていった。政治、経済、社会、文化、宗教その他、いろいろな分野で「権利運動」が展開された。その担い手も自由主義者や民主主義者などに拡大していった。労働者、農民その他、普通の人たちによって担われていった。政府はその「失政」を自ら改める能力を持ち合わせていなかったから、これらの「権利運動」を弾圧することが治安維持法の目的として前面化することになった。

治安維持法の改正に賛成する理由においても、「権利運動」批判が比重を増していった。法曹もその例外ではなかった。多くの法曹が拠って立つ権利論も、人民は天皇による「保護の客体」であるというのがその実質であったからである。

自由法曹団は労働者、農民などの権利を擁護することを目的として一九二一（大正十）年八月に設立され、所属弁護士は大正の後半から昭和の初めにかけて労働事件、農民事件、思想弾圧事件などで活躍したが、彼らもやがて治安維持法によって弾圧されることになった。「権利運動」は窒息させられていった。戦争遂行のために国家総動員法（昭和十三年四月一日法律第五五号）が制定された時代にあって、「権利運動」をする者は「非国民」にとどまらず、「思想的内乱者」の扱いを受けた。

日本国憲法による権利運動の保障

日本国憲法が保障する「国民の権利」の特徴は、「国民は、すべての基本的人権の享有を妨げられない。この憲法が国民に保障する基本的人権は、侵すことのできない永久の権利として、現在及び将来の国民に与へられる」（第十一条）と謳い、基本的人権の保障を国民主権、平和主義と並ぶ憲法の最大の柱とするとともに、「侵すことができない永久の権利」だと位置づけている点が第一である。

第二は、法律による留保が廃止された点である。ただし、「この憲法が国民に保障する自由及び権利は、国民の不断の努力によつて、これを保持しなければならない。又、国民は、これを濫用してはならないのであつて、常に公共の福祉のためにこれを利用する責任を負ふ」（第十二条）とされ、「公共の福祉」が人権の一般的制約原理として採用された。

一部の規定では、たとえば、「すべて国民は、個人として尊重される。生命、自由及び幸福追求に対する国民の権利については、公共の福祉に反しない限り、立法その他の国政の上で、最大の尊重を必要とする」（第十三条）というように、「公共の福祉に反しない限り」などの文言が重ねて用いられている。この「公共の福祉」概念については、周知のように国連から、曖昧な概念であって、この曖昧な概念によって基本的人権を制限することは認められないので改正すべきであるという勧告を繰り返し受けている。

特徴の第三は、「社会権」に関わる。大日本帝国においては、社会権は認められていなかった。「救貧」よりは「防貧」が、また「防貧」よりは「教化」「風化」が優先された。「救貧」においても軍事などの特別な「救貧」が優先された。臣民の生活保障に対する国の責任を回避する他方で、国による社会事業の厳重な監督が図られた。一般的な「救貧」においてはみるべきものがなかった。家族主義や隣保《りんぽ》相扶《そうふ》に基づく「自助」および「共助」が強調された。社会事業への下賜金が天皇の「仁慈」を示すものとして行われた。その社会事業は、「人的資源の保育育成」とその前提としての「国民生活の安定確保」という戦時国家の要請に基づいて厚生事業へと転換されたが、厚生事業も戦争と運命を共にし、破綻・崩壊した(1)。

この社会権が日本国憲法で追加された。「すべて国民は、健康で文化的な最低限度の生活を営む権利を有する」「国は、すべての生活部面について、社会福祉、社会保障及び公衆衛生の向上及び増進に努めなければならない。」（同第二十五条第一項及び第二項）という規定がそれである。

ただし、政府の生存権に対する理解は戦前と変わりはなかった。愛知県知事からの「生活の保護を要する状態にある者は、生活保護法により保護を請求する権利を有するか」との疑義照会に対する厚生省社会局長の昭和二十四年三月付の回答は、「保護請求権は法律上認められず、これは、新しく制定された日本国憲法とも矛盾しない」という旨のものであった(2)。このような「憲法第二十五条プログラム規定」説はその後、学界の通説的見解となり、判例理論としても確立していった。

特徴の第四は、基本的人権を守るために、参政権や裁判を受ける権利も保障したという点である。「何人も、公務員の不法《きほう》行為により、損害を受けたときは、法律（国家賠償法）の定めるところにより、国又は公共団体に、その賠償を求めることができる」（第十七条）、「何人も、裁判所において裁判を受ける権利を奪はれない」（第三十二条）、「何人も、抑留又は拘禁された後、無罪の裁判を受けたときは、法律の定めるところにより、国にその補償を求めることができる」（第四十条）等の規定がそれである。

日本国憲法では国民が「保護の客体」ではなく「権利の主体」だとされていることは、このことからも明らかであろう。日本国憲法の制定により、天皇制国家の「臣民の権利」が国民主権のもとでの「国民の権利」へと大きく変更された。「この憲法が国民に保障する自由及び権利は、国民の不断の努力によつて、これを保持しなければならない」という条文もこのような意味で理解することが必要であろう。ルドルフ・フォン・イエリング著・村上淳一訳『権利のための闘争』（岩波書店、一九八二年）などが説くように、権利の上に眠る者は権利を失うからである。

2 日本型福祉論とパターナリズム

格差の拡大

一九七八年にイギリスの首相になったマーガレット・サッチャーは「小さな政府」を標榜し、規制緩和や政府系企業の民営化などを推し進めた。一九八〇年にアメリカの大統領になったロナルド・レーガンも同じく「小さな政府」をスローガンにして、規制緩和の徹底、減税、予算削減、労働組合への攻撃など、新自由主義的な政策を大規模に行った。新自由主義はグローバル化し、世界中を闊歩するようになった。日本でも新自由主義が一九八〇年代以降、時の政権によって強力に推し進められた。

しかし、新自由主義がもたらした弊害は大きかった。格差拡大もその一つであった。戦後、経済的に混乱状態にあった欧州各国の救済を目的としてOEEC（欧州経済協力機構）が一九四八年四月に発足した。このOEEC加盟国に米国およびカナダが加わり、新たにOECD（経済協力開発機構）が一九六一年九月に発足した。日本も一九六四（昭和三十九）年に加盟国となった。このOECDが二〇一四年八月に発表した調査結果「格差と成長」のデータによると、OECD諸国の大半で富裕層と貧困層の格差は過去三十年で最大になった。一九八〇年代には上位一〇％の富裕層と下一〇％の貧困層の所得格差は七倍だったが、九・五倍にまで開いたとされる。

日本の場合、新自由主義の影響は他国にも増して深刻だといわれる。日本は先進国ではアメリカに次ぐ世界第二位の格差社会となり、アメリカを超えるのも時間の問題だとされている。

OECDの調査は新自由主義的な考え方に異を唱え、「格差は成長を妨げる。格差対策こそ成長戦略だ」として政策の方向転換を各国に促している。しかし、日本はこの警告に耳を傾けていない。二〇一六年六月五日の西日本新聞朝刊よると、「安倍首相が看板政策のアベノミクスを推し進めた二〇一三－一五年の三年間に、個人消費を支える中間層が減少し、高所得者層と低所得者層への二極分化が進んだことが、一橋大経済研究者の小塩隆士教授の試算で四日分かった。家計の貯蓄残高が四〇〇〇万円以上の層と一〇〇〇万円未満の層がいずれも増加し、資産でも格差が広がった。金融緩和による株高の恩恵が富裕層に偏っていることに加え、賃上げが幅広い層に及んでいないためだ」と報じられている。

高度経済成長のもとで量的には拡充されてきた戦後の福祉は、構造改革によって大きく転換させられることになった。それまで日本にとっての暗黙の目標とされてきた欧米型福祉国家が「日本論の興隆」を背景に明確に否定され、日本型福祉国家、日本型福祉社会が標榜されることになった。その特徴は、①自助努力の重視、②家庭による福祉の重視、③地域による相互扶助の重視、④企業福祉の重視、⑤民間の活力および市場システムの重視、などで、社会保障施策（公助）は自助努力や家庭福祉、近隣の相互扶助などが機能しない場合の補完として位置づけられた。

すでに自民党の研修叢書第八「日本型社会福祉社会」（一九七九年八月）でも、正しいナショナル・ミニマムの考え方というのは「万人に一律にかつ無料で与えられるミニマム」ではなく、「本人の努力にかかわらず不可抗力的な事情で生きるのに必要なミニマムすら確保できなくなった場合に国が代わって保障するもの」でなければならないとしている。(3)

法的パターナリズムと治安政策の結合

日本国憲法が「個人の尊重」を謳ったことから、「本人の保護のために、その自由に干渉する」という法的パターナリズムについては否定的な評価が支配的となった。しかし、新自由主義の「自己決定・自己責任論」が優勢化するなかで、法的パターナリズムが再評価されるようになった。青少年の保護の領域だけではなく、福祉や医療、生命倫理などをはじめ、さまざまな領域で法的パターナリズムの必要性が主張されている。これに基づく立法も増えている。

法的パターナリズムの正当化原理については種々の見解がみられるが、現在、有力となっているのは「各人の全体的な人生構想において周縁的ないし下位にある関心や欲求を一時的に充たすために、長期的な人生構想の実現を取り返しのつかないほど妨げたり、そもそも何らかの人生構想を自律的に形成・追求する能力自体を決定的に損なったりするおそれの大きい場合などに、一定のパターナリズム的干渉を行うことは、本人の人格的統合を損なわないのみか、むしろ、その統合的人格の発達・確保にとって不可欠である」という正当化である。(4) この正当化は個人主義的なそれといってもよい。しかし、日本の法的パターナリズムと憲法の「個人の尊重」との間には決定的に異なる点がある。法的パターナリズムによる法的な保護と治安政策とが結合しているという点がそれである。

二〇〇三年に公布された心神喪失者等医療観察法（平成十五年七月十六日法律第一一〇号）もその一つである。しかし、「触法行為」を行った「精神障がい者」に対して再犯防止を目的として強制医療を実施しなければならないような立法事実は存在しない。このことは為政者も認めるところである。「精神障がい者」の人たちの犯罪率は他の人たちに比べて一般に低い。加えて、たとえ暴力団員といえども再犯防止を目的として保安処分として拘禁施設への入所を強制することは憲法違反となる。にもかかわらず、「精神障がい者」に対してだけは医療の名目で「保安処分」が合法化された。改正刑法仮案（昭和十五年、総則部分は昭和六年発表）で導入しようとしたができなかった「治療処分」という名称の「保安処分」が平成の世に実現したものである。これを後押ししたのが「体感不安」の中で助長された「精神障がい者」に対する差別・偏見である。

当事者の権利運動とは、自らを「保護の客体」から「権利の主体」へと昇華させる運動だといってもよい。市民道徳的には正当と考えられるこの権利運動を法的に保障するのが社会権などである。法的パターナリズムはこの「権利主体性」を剥奪する役割を果たしている。日本型福祉の下でもそれは同様である。権利としての福祉ではなく、恩恵としての福祉が標榜される。

貧困の連鎖

日本型福祉国家、日本型福祉社会が推進された結果、日本の公的福祉は貧しいものとなっている。ＯＥＣＤ（国際経済開発機構）がまとめた「社会保障政府支出の対ＧＤＰ比率の国際比較」（二〇一一年）によると、

ＯＥＣＤ諸国の平均が一二・一％で、日本は一三・七％となっている。平均よりはやや高いが、ＯＥＣＤ諸国全体では十五番目に位置しており、日本の社会保障レベルは中位にあることが分かる。これに対して、ヨーロッパ諸国の社会保障レベルは依然として高く、「福祉国家」の実質を維持している。

パート労働など不安定雇用の拡大も、大幅な賃金の引き下げと労働条件の後退を招いている。全国一律の最低賃金制さえも定められていない。二〇一四年の完全失業率は男性三・七％、女性三・四％と高水準で、失業者数も二〇一五（平成二十七）年十月分は二〇八万人となっている。

厚生労働省がまとめた「平成二十五年国民生活基礎調査の概況」によると、平成二十四年度の「貧困線」（二〇一二年は一二二万円）に満たない世帯の割合を示す「相対的貧困率」は一六・一％で、これらの世帯で暮らす十八歳未満の子どもを対象にした「子どもの貧困率」も一六・三％となり、ともに過去最悪を更新したという。日本人の約六人に一人が「相対的な貧困層」に分類されている。より深刻なのは母子家庭などの「ひとり親」家庭の子どもの貧困率で、平成二十四年度は五四・六％で先進国では最悪の水準にある。

教育機関に対する公財政支出のＧＤＰに占める割合も、日本はデータが存在するＯＥＣＤ加盟国中最低となっている。

親の経済的貧困が子どもの教育や就職などに様々な悪影響を及ぼす結果、貧困が親から子へと受け継がれてしまう「貧困の連鎖」も大きな社会問題となっている。特に生活保護世帯で育った子どもが大人になっても再び生活保護を受けるという現象が生じている。その率は平成十八年度に関西国際大学の道中隆《みちなかりゅう》教授が行った実態調査によると約二五％とされている。[5] 現在では率はもっと上がっているものと推察される。

生活保護法の改正——不正受給罪の厳罰化

日本型福祉国家による当事者の「権利主体性」の剝奪を鮮明に示してきたのが生活保護法（昭和二十一年九月九日法律第一七号、昭和二十五年五月四日法律第一一四号）である。生活保護法が規定する不正受給処罰規定の歩みについては次のように分析されてきた。[6]

不正受給処罰規定がわが国の社会保障史上初めて設けられたのは、救護法（一九二九年）においてであった。これに先行する恤救《じゅつきゅう》規則（一八七四年）にはこの種の規定は設けられていなかった。この不正受給処罰規定は、その後、母子保護法（一九三七年）、医療保護法（一九四一年）、戦時災害保護法（一九四二年）等にも取り入れられていった。第二次世界大戦後に制定された旧生活保護法（一九四六年制定）は、救護法よりも刑罰をかなり引き上げるとともに、詐欺罪と不正受給処罰規定との関係についても、従来の法条競合説を捨て観念的競合説を採ることを明らかにし、不正受給行為に対して詐欺罪を適用する道を開こうとした。旧生活保護法が新たに一般扶助主義をとったことによって要保護者の激増が予想されたために、一方では生活保護基準を低く抑え、他方では、自らの人間らしい生活を守るためにそのような低い保護行政に反撥し、いうところの不正受給という形で保護秩序に抵抗を示そうとする者には、生活保護法自身の刑罰規定の明文による処罰の限度を解釈の形で大幅に引き上げてでも、これを威嚇し全体としての保護水準を抑えようとしたものである。

国の保護政策に対し権利運動で抵抗しようとする者には刑罰でこれを威嚇するという態度は現在、より強まっている。二〇一三（平成二十五）年に「生活保護法の一部を改正する法律」（十二月十三日法律第一〇四号）が公布され、二〇一四（平成二十六）年から施行されたが、「就労による自立の促進」「健康・生活面等に着目した支援」「医療援助の適正化」と並んで「不正・不適正受給対策の強化等」が改正のポイントとされた。各界から厳しいコメントが寄せられたが、改正が強行された。

このような「保護の客体」化は生活保護受給者に対する差別・偏見を生み出し、この差別・偏見などに基づく生活保護受給者に対する社会のバッシングは厳しいものがある。生活保護を受ける者には人権がないかのごとくである。生活保護の「適正実施」も自殺者や餓死者、急死者の増加など、多くの犠牲者まで出す状態を作り出し、「申請辞退」指導などの見直しを余儀なくされている。

ちなみに、厚生労働省の集計によると、二〇一六年三月時点での全体の生活保護受給世帯数は前月より二四四七世帯増加して一六三万五三九三世帯で、過去最多を三か月ぶりに更新した。生活保護を受給する世帯のうち、六五歳以上の高齢者を中心とする世帯が八二万六六五六世帯となり、初めて受給世帯の半数を超えて、五〇・八％となった。単身世帯が九割に上っている。受給者数は二一六万四一五四人で、二八四七人増え、人口一〇〇人当たりの受給者数である保護率は一・七一％であったという。

3　「公益及び公の秩序」と自民党憲法改正草案

安全・安心まちづくり

生活保護法の改正に見られる「権利運動」に対する厳罰主義の採用は特異なことではない。新自由主義の諸施策の破綻が次第に明らかになるなかで、国家の存在意義が「国民生活の安全安心」の確保に移され、国民統合の軸足もこれまでの「福祉」から「安全」へとシフトし、国・社会における遠心力の増大を打ち消すための求心力の確保がもっぱら刑罰などに依存せしめられることになった。

このような政策転換のもとで、刑事立法ラッシュが現出し、「東京都安全・安心まちづくり条例」（平成十五年東京都条例第一一四号）その他、各地で「安全安心まちづくり条例」が制定されている。条例では、日本型福祉論と同様、いわば日本型防犯論が採用されている。条例では、安全・安心の確保について住民の「自助」義務、「協力」義務が規定され、自治体や警察の活動は住民への「支援」活動と位置づけられているからである。

例えば、「都民は、安全・安心まちづくりについて理解を深め、自ら安全の確保に努めるとともに、安全・安心まちづくりを推進するよう努めるものとする」「都民は、都がこの条例に基づき実施する安全・安心まちづくりに関する施策に協力するよう努めるものとする」（都条例第四条）、「事業者は、安全・安心まちづくりについて理解を深め、その所有し、又は管理する施設及び事業活動に関し、自ら安全の確保に努めるとともに、安全・安心まちづくりを推進するよう努めるものとする」「事業者は、都がこの条例に基づき実施する安全・安心まちづくりに関する施策に協力するよう努めるものとする」（第五条）、「都は、安全・安心まちづくりについての都民等の理解を深め、都民等が行う犯罪防止のための自主的な活動を促進するために必要な支援を行うものとする」（第七条）、「都は、都民等が適切かつ効果的に犯罪防止のための自主的な活動を推進できるよう、必要な情報の提供を行うものとする」「警察署長は、都民等が適切かつ効果的に犯罪防止のための自主的な活動を推進できるよう、その管轄区域における犯罪の発生状況等の必要な情報の提供を行うものとする」（第八条）といった規定がそれである。

このように国家刑罰権の効率化、スリム化を図るための刑事政策の「私事化」も進められている。防犯活動への国民、地域住民の総動員を図るものといってよい。「負け組」のみならず「勝ち組」をも襲う「不安感」がこの厳罰化を下支えしている。支持する者も多いのが現状である。

二〇一三（平成二十五）年一月に召集された第一八三回国会における安倍晋三内閣総理大臣の施政方針演説でも、この「世界一安全・安心な国」づくりが施策の柱の一つとされ、そのなかで次のように公約されている。

治安に対する信頼も欠かせません。ネット社会の脅威であるサイバー犯罪・サイバー攻撃や、平穏な暮らしを脅かす暴力団やテロリストなどへの対策・取締りを徹底します。

悪質商法によるトラブルから、消費者を守らねばなりません。地方の相談窓口の充実や監視強化などによって、消費者の安全・安心を確保します。

「世界一安心な国」、「世界一安全な国、日本」を創り上げます。

治安維持法の制定および改正を帝国議会に提案した為政者の趣旨説明とダブッて聴こえる。

自民党憲法改正草案

「権利運動」の取締りは水面下で着々と進められている。様々な分野でそれが進行しつつある。沖縄の基地反対運動もその一つで、日本での表現の自由の現状を調査するために来日した国連のデビッド・ケイ特別報告者（米国）は二〇一六（平成二十八）年四月十九日、東京都内で記者会見して暫定の調査結果を発表し、沖縄県名護市辺野古の新基地建設に反対する市民らの抗議行動に対する海上保安庁などの制圧行為などに対して懸念を示したと報じられている。

しかし、「権利運動」の弾圧を日本国憲法という大きな厚い壁が阻むことになる。生活保護費の不正受給などのように、可罰的な「有害」結果が発生していないにもかかわらず「権利運動」自体を違法視して、これを法規制することは、日本国憲法に抵触することになるからである。そこで、為政者によると、この面でも憲法改正が目指されることになる。

この点で注目されるのは二〇一二（平成二十四）年四月二十七日に決定された「自民党憲法改正草案」である。改正のポイントは多岐にわたる。

その第一は、**国の存在意義と国家目標**に関わる。前文で「長い歴史と固有の文化を持ち、国民統合の象徴である天皇を戴く国家」と謳い、この点を日本国家の存在理由《レゾン・デートル》とするとともに、「我が国は、先の大戦による荒廃や幾多の大災害を乗り越えて発展し、今や国際社会において重要な地位を占めており、平和主義の下、諸外国との友好関係を増進し、世界の平和と繁栄に貢献する」と謳っている。問題はそのための国家目標は何かという点である。明記されていないが、柱の一つが、国連安保理事会常任国入りなどに置かれていることは、これまでの外交政策などから見て疑いのないところであろう。「国旗は日章旗とし、国歌は君が代とする」「日本国民は、国旗及び国歌を尊重しなければならない」（第三条）というように、国歌、国旗に関する規定も新設されている。

ポイントの第二は**天皇の元首化**である。第一条が改正され、「天皇は、日本国の元首であり、日本国及び日本国民統合の象徴であって」と規定されているからである。これを受けて、天皇の国事行為に関する規定も「天皇の国事に関するすべての行為には、内閣の助言と承認を必要とし、内閣が、その責任を負う」から、「天皇の国事に関する全ての行為には、内閣の進言を必要とし、内閣がその責任を負う」（第六条第四項）と修正されている。天皇の国事行為は天皇が元首であることに伴う固有の職務、権能であって、それを内閣が「助言と承認」をするというのは適当ではないとして「進言」という言葉に置き換えられている。「内閣が責任を負う」ということも、天皇には権限がないので責任を負わないという意味から、大日本帝国憲法に見られる「天皇の無答責性」に結びつけられている。国民主権から天皇主権に事実上転換されているといってもよい。

神道を念頭にして政教分離原則も緩和されている。「国及び地方自治体その他の公共団体は、特定の宗教のための教育その他の宗教的活動をしてはならない。ただし、社会的儀礼又は習俗的行為の範囲を超えないものについては、この限りでない」（第二十条第三項）という規定がそれで、公費で玉ぐし料を支出することなども合憲にしようとするものといえる。

ポイントの第三は、**国防軍に関する規定が新設**されている点である。「我が国の平和と独立並びに国及び国民の安全を確保するため、内閣総理大臣を最高指揮官とする国防軍を保持する」（第九条の二第一項）と規定されている。問題は領土、領海および領空の保全のみならず、資源の確保のほか、在外国民の保護も国防軍の任務とされていることである。「国は、主権と独立を守るため、国民と協力して、領土、領海及び領空を保全し、その資源を確保しなければならない」（第九条の三）、「国は、国外において緊急事態が生じたときは、在外国民の保護に努めなければならない」（第二十五条の三）と規定されており、国がこの義務を履行するために国防軍を用いることも容認されているからである。国防軍の活動範囲は飛躍的に拡大している。資源保護、邦人保護を名目として世界中に派兵することも可能となっている。

ポイントの第四は、右と絡むが、**シビリアン・コントロールが緩和**されているという点である。現行の「内閣総理大臣その他の国務大臣は、文民でなければならない」（第六十六条第二項）が修正されて、「内閣総理大臣及び全ての国務大臣は、現役の軍人であってはならない」（第六十六条第二項）というように規定されている。現役でなければ軍人でも内閣総理大臣に就任し得ることになる。軍人内閣に期待される役割とはどのようなことであろうか。

ポイントの第五は、**地方自治体**に関わる。新たに「地方自治の本旨」に関する規定と国及び地方自治体の協力などに関する規定とが置かれているという点である。「地方自治は、住民の参画を基本とし、住民に身近な行政を自主的、自立的かつ総合的に実施することを旨として行う」（第九十二条）、「国及び地方自治体は、法律の定める役割分担を踏まえ、協力しなければならない。地方自治体は、相互に協力しなければならない」（第九十三条第三項）という規定がそれである。地方自治体の任務が「住民に身近な行政の実施」に限定されるとともに、地方自治体に国政協力義務が課されている。中央集権の固定化、自治体の「霞が関出先機関」化といっても過言ではない。沖縄県の動きなどを規制しようとするものだが、住民自治、地方分権に逆行することは間違いない。

ポイントの第六は、**新たに「第九章　緊急事態」**を置いているという点である。「緊急事態の宣言」および「緊急事態の宣言の効果」についての二カ条からなる。宣言については「内閣総理大臣は、我が国に対する外部からの武力攻撃、内乱等による社会秩序の混乱、地震等による大規模な自然災害その他の法律で定める緊急事態において、特に必要があると認めるときは、法律の定めるところにより、閣議にかけて、緊急事態の宣言を発することができる」（第九十八条第一項）と規定されている。

問題は「緊急事態の宣言の効果」である。法律と同一の効力を有する政令の制定権、必要な支出その他の処分権、地方自治体の長に対する指示権など、内閣への全権委任にも等しいことが規定されており、加えて、国の措置への国民の順守義務なども規定されているからである。すなわち、「緊急事態の宣言が発せられたときは、法律の定めるところにより、内閣は法律と同一の効力を有する政令を制定することができるほか、内閣総理大臣は財政上必要な支出その他の処分を行い、地方自治体の長に対して必要な指示をすることができる」（第九十九条第一項）、「急事態の宣言が発せられた場合には、何人も、法律の定めるところにより、当該宣言に係る事態において国民の生命、身体及び財産を守るために行われる措置に関して発せられる国その他公の機関の指示に従わなければならない」（同条第三項）という規定がそれである。

これらの規定は非常事態法制を合憲化するための布石といえる。法治主義ないし法の支配の空洞化は必定であろう。国の措置への順守義務に違反した場合の処罰規定を定めることも可能となっているのである。

もっとも、第九十九条第三項には「この場合においても、第十四条、第十八条、第十九条、第二十一条その他の基本的人権に関する規定は、最大限に尊重されなければならない」という条文が付加されている。しかし、これで緊急事態下における不当な人権制限を阻止し得るかというと、そうはならない。自民党憲法改正草案では、「公益及び公の秩序」によって基本的人権を制限し得ることになっているからである。例えば、「この憲法が国民に保障する自由及び権利は、国民の不断の努力により、保持されなければならない。国民は、これを濫用してはならず、自由及び権利には責任及び義務が伴うことを自覚し、常に公益及び公の秩序に反してはならない」（第十二条）といった規定がそれである。

この**「公益及び公の秩序」による人権制限**は、日本独自の「人権」観に立脚するもので、基本的人権の理解を根本的に転換するものといえる。一九四八年十二月十日の第三回国連総会で採択された「世界人権宣言」の前文は、「人類社会のすべての構成員の固有の尊厳と平等で譲ることのできない権利とを承認することは、世界における自由、正義及び平和の基礎であるので」「人権の無視及び軽侮が、人類の良心を踏みにじった野蛮行為をもたらし、言論及び信仰の自由が受けられ、恐怖及び欠乏のない世界の到来が、一般の人々の最高の願望として宣言されたので」「人間が専制と圧迫とに対する最後の手段として反逆に訴えることがないようにするためには、法の支配によって人権保護することが肝要であるので」「すべての人民とすべての国とが達成すべき共通の基準として、この世界人権宣言を公布する」と謳っているのに対して、第二次世界大戦後の世界が採用したこうした「世界共通の人権」という理解に、「公益及び公の秩序」による人権制限は明らかに矛盾するからである。

「治安国家」が加速する可能性は強い。裁判所が違憲立法審査権の行使を通じて基本的人権の保障を擁護することは極めて困難となろう。これがポイントの第七である。

「表現の自由」については、「集会、結社及び言論、出版その他一切の表現の自由は、保障する」「前項の規定にかかわらず、公益及び公の秩序を害することを目的とした活動を行い、並びにそれを目的として結社をすることは、認められない」（第二十一条）と規定されている。国家による言論統制の合憲化を図ったもので、民主主義の根幹を崩すことになる。マスメディアの「権力のポチ」化が加速される可能性が大である。

勤労者の「権利運動」に関わる団結権などについても、裁判所の採用する「全体の奉仕者」論が憲法上の原則に引き上げられている。「公務員については、全体の奉仕者であることに鑑み、法律の定めるところにより、前項に規定する権利の全部又は一部を制限することができる。この場合においては、公務員の勤労条件を改善するため、必要な措置が講じられなければならない」（第二十八条第二項）という規定が新設されている。かつて見られた「全体の奉仕者」論は違憲の判決などの再来を阻止するためのものである。

選挙権に関する国籍条項も新設されている。「公務員の選定を選挙により行う場合は、日本国籍を有する成年者による普通選挙の方法による」（第十五条第三項）という規定がそれである。地方自治体に関する選挙権についても国籍が必要と明記されている。「国民」と非「国民」との壁が厚くなっている。「国民」概念の「市民」化に逆行するものといえる。

政党条項も新設されている。「国は、政党が議会制民主主義に不可欠の存在であることに鑑み、その活動の公正の確保及びその健全な発展に努めなければならない」「政党の政治活動の自由は、保障する」「前二項に定めるもののほか、政党に関する事項は、法律で定める」（第六十四条の二）がそれである。一見、助成型政党法の合憲化を図っているようにも見えるが、他の憲法条項に見られる「公益及び公の秩序による制限」と結びついて、規制型政党法にも道を開きかねない。その可能性は強い。

ポイントの第八は、「家族は、社会の自然かつ基礎的な単位として、尊重される。家族は、互いに助け合わなければならない」（第二十四条）というように、**家族の相互扶助義務**を定めた規定も新設されていることである。生存権保障から自助・共助による福祉などへの転換に伴って、日本型福祉論の合憲化を図ろうとするものである。

ポイントの第九は、**憲法改正の容易化**が図られている点である。「この憲法の改正は、衆議院又は参議院の議員の発議により、両議院のそれぞれの総議員の過半数の賛成で国会が議決し、国民に提案してその承認を得なければならない。この承認には、法律の定めるところにより行われる国民の投票において有効投票の過半数の賛成を必要とする」（第一〇〇条第一項）というように改正されている。とりあえずは憲法改正して、憲法改正を容易化し、その上で本格的な憲法改正を行う。このような二段階論を意識したものといえよう。憲法改正が容易になれば、右のような条項の制定のほか、徴兵制や男女分業制も為政者の視野に入ってくるかもしれない。

以上のようなポイントを総合して考慮すると、憲法の意義が転換されているといって間違いはない。憲法を国民の権利を守るためのものではなく、国家権力の統治権限を強めるためのものにしたいという思想が随所に顔を出している。「全て国民は、この憲法を尊重しなければならない」（第一〇二条）という規定も、このような「国民に奉仕する国家」から「国家に奉仕する国民」への転換に対応して理解されなければならない。今や国民の「憲法尊重」義務と「国益重視」義務とは同義語と化しているのである。このような憲法の意義の転換は当然のことながら、「法の支配」の意義の転換をも導くことになろう。

4　共謀罪

このような憲法改正の動き、なかでも、「公益及び公の秩序」による人権制限の合憲化の動きに接すると、共産党や無産政党などの結社規制を名目として制定された治安維持法がたびたび改正され、ついには「普通の国民の普段の生活」さえをも法規制し、厳罰の対象にしていったという歴史が脳裏によみがえってくる。この「公益及び公の秩序を害する」という名目で「権利運動」も取締ることが可能となるからである。日本国憲法のもとではできなかった、可罰的な「有害」結果が発生していないにもかかわらず、「権利運動」自体を違法視する法規制も、自民党憲法草案では国会に提案できるようになるのである。

前述したように、自民党憲法改正草案では、内閣総理大臣による緊急事態宣言の下では国の措置への順守義務に違反した場合の処罰規定を定めることも可能となっている。しかし、ここで忘れてはならないことは、関東大震災を奇貨として緊急勅令により治安維持令が制定されたことである。その意味では、治安維持法の亡霊は今も生きているのである。為政者にまとわりついていることに注意しなければならない。

二人以上の者が、特定の犯罪を行うため、共同意思の下に一体となって互に他人の行為を利用し、各自の意思を実行に移すことを内容とする謀議をなし、よって犯罪を実行したという事実が認められれば、謀議に参加しただけで実行行為を直接分担しなかった者についても刑法第六十条の共同正犯の責任を問うことができる（最高裁一九五八年五月二十八日練馬事件大法廷判決・最高裁刑事判例集第十二巻第八号一七一八頁参照）。旧刑法および現行刑法の立法者が否定した、このような「共謀共同正犯」論を裁判所は戦後も判例として採用し続けてきた。

しかし、いまだ実行行為に出ていない段階では、判例の「共謀共同正犯」論によっても、予備罪では格別、共謀について刑事責任を問うことはできなかった。その予備罪も、現行法が規定するのは内乱予備罪（刑法七十八条）、外患誘致陰謀罪（同八八条）、私戦予備罪（同九十三条）、現住建造物等放火予備罪（同一一三条）、通貨偽造準備罪（同一五三条）、殺人予備罪（同二〇一条）、身代金目的略取誘拐予備罪（同二二八条の三）、強盗予備罪（同二三七条）、のほか、殺人罪・傷害罪の予備罪の性格を有する凶器準備集合罪（同二〇八条の三）や、破壊活動防止法（昭和二十七年七月二十一日法律第二四〇号）の規定する「政治目的のための放火・激発物破裂・汽車等転覆破壊・殺人・強盗の予備」（同法三十九条）、「政治目的のための騒乱罪・往来危険罪の予備」（同第四十条）等だけである。

そこで政府は、多くの犯罪についてその共謀を処罰し得るようにするために、「独立共謀罪」の創設を過去、何度か試みてきた。第一回目は二〇〇三（平成十五）年のことで、「犯罪の国際化及び組織化に対処するための刑法等の一部を改正する法律案」が同年三月十一日、第一五六回国会に内閣提出法案として提出された。「近年における犯罪の国際化及び組織化の状況にかんがみ、組織的に実行される悪質かつ執拗な強制執行妨害事犯等に適切に対処するため、強制執行を妨害する行為等についての処罰規定を整備するとともに、国際的な組織犯罪の防止に関する国際連合条約の締結に伴い、組織的な犯罪の共謀等の行為についての処罰規定、犯罪収益規制に関する規定その他所要の規定を整備する必要がある」ということがその理由とされた。同法案のうち、「組織的な犯罪の共謀の処罰」のための「組織的な犯罪の処罰及び犯罪収益の規制等に関する法律」（平成十一年八月十八日法律第一三六号）の一部改正部分の要綱は次のようなものであった。

1　イ又はロに掲げる罪に当たる行為で、団体の活動として、当該行為を実行するための組織により行われるものの遂行を共謀した者は、それぞれイ又はロに定める刑に処するものとし、ただし、実行に着手する前に自首した者は、その刑を減軽し、又は免除するものとすること（第六条の二第一項関係）。

イ　死刑又は無期若しくは長期十年を超える懲役若しくは禁錮の刑が定められている罪

　五年以下の懲役又は禁錮

ロ　長期四年以上十年以下の懲役又は禁錮の刑が定められている罪

　二年以下の懲役又は禁錮

2　1イ又はロに掲げる罪に当たる行為で、団体に不正権益を得させ、又は団体の不正権益を維持し、若しくは拡大する目的で行われるものの遂行を共謀した者も、1と同様とすること（第六条の二第二項関係）。

本「独立共謀罪」の特徴は、「団体の活動として、当該行為を実行するための組織により行われるもの」という要件が付されているものの、「死刑又は無期若しくは長期十年を超える懲役若しくは禁錮の刑が定められている罪」だけではなく「長期四年以上十年以下の懲役又は禁錮の刑が定められている罪」も対象犯罪とされており、実に広いという点である。傷害罪、強盗罪、強制わいせつ罪、強姦罪、逮捕監禁罪のほか、略取誘拐罪、保護責任者遺棄罪、電子計算機損壊等業務妨害罪、窃盗罪、不動産侵奪罪、詐欺罪、恐喝罪、背任罪、横領罪、公用文書等毀棄、私用文書等毀棄罪、建造物等損壊罪、偽造罪、偽証罪なども対象犯罪とされている。道路交通法違反の罪や公職選挙法違反の罪なども含まれる。余りにも広すぎることに加えて当該犯罪が国境を超えて行われるという「越境性」は要件とされていないということなどから、各界から厳しい批判を浴びた。野党も強く反対したために、衆議院の解散（同年十月十日）により同法案も廃案となった。

第二回目は二〇〇四（平成十六）年のことで、「犯罪の国際化及び組織化並びに情報処理の高度化に対処するための刑法等の一部を改正する法律案」という形で、同年二月二十日に内閣提出法案として国会に提出された。「近年における犯罪の国際化及び組織化並びに情報処理の高度化の状況にかんがみ、国際的な組織犯罪の防止に関する国際連合条約の締結に伴い、組織的な犯罪の共謀等の行為についての処罰規定、犯罪収益規制に関する規定等を整備するとともに、組織的に実行される悪質かつ執拗な強制執行妨害事犯等に適切に対処するため、強制執行を妨害する行為等についての処罰規定を整備し、並びに情報処理の高度化に伴う犯罪に適切に対処するため、及びサイバー犯罪に関する条約の締結に伴い、不正指令電磁的記録作成等の行為についての処罰規定、電磁的記録に係る記録媒体に関する証拠収集手続の規定その他所要の規定を整備する必要がある。」というのがその理由とされた。ただし、「組織的な犯罪の処罰及び犯罪収益の規制等に関する法律の一部改正」のうち「組織的な犯罪の共謀の処罰」に関する部分は前の法案と同様であった。そのために実質審議に入れずに継続審議となり、これも二〇〇五（平成十七）年に衆議院解散（八月八日＝郵政解散）により廃案となった。

第三回目は二〇〇五（平成十七）年のことで、「犯罪の国際化及び組織化並びに情報処理の高度化に対処するための刑法等の一部を改正する法律案」が同年十月四日、第一六三回国会に内閣提出法案として再提出された。ただし、これも実質審議に入れず、継続審議となった。そこで、与党は二〇〇六（平成十八）年四月二十一日、与党修正案を国会に提出した。しかし、これも撤回し、同年五月十九日、与党再修正案を国会に提出した。その主な内容は、①「共謀罪」の適用される団体を「組織的な犯罪集団」と明示したこと、②修正案において加えられた「犯罪の実行に資する行為が行われた」との要件を「犯罪の実行に必要な準備その他の行為が行われた」と修正したこと、③「日本国憲法の保障する国民の自由と権利を不当に制限してはならない」「労働組合その他の団体の正当な活動を制限することがあってはならない」旨の文言を加えたこと、などであった。

しかし、①「組織的な犯罪集団」の定義は「その共同の目的が犯罪を実行することにある団体」との従来の定義を変えていないこと、②「犯罪の実行に必要な準備その他の行為が行われた」のうち「その他の行為」にどのような行為が含まれるのかは明確でなく、拡大解釈の余地を残していること、③「越境性」は依然として要件とされていないこと、④今回の法案でも対象犯罪が六〇〇以上にも及ぶこと、などから厳しい批判が鎮まることはなかった。

立法趣旨についても新たな疑惑が浮上することになった。政府は「共謀罪」の創設は二〇〇〇年（平成十二）年十一月十五日に国連総会が採択した「国際的な組織犯罪の防止に関する国際連合条約」（国際組織犯罪防止条約）を批准するためのもので、同条約を批准するためには「共謀罪」の創設は不可欠であるとして説明してきた。しかし、国連薬物犯罪事務所（ＵＮＯＤＣ）が作成した「国際組織犯罪防止条約を実施するための立法ガイド」のパラグラフ五一によると「これらの選択肢は、関連する法的概念を有していない国において、共謀又は犯罪の結社の概念のいずれかについてはその概念の導入を求めなくても、組織的な犯罪集団に対する効果的な措置を取ることを可能とするものである」と規定されていた。そこから、法案反対派は「共謀罪も参加罪も作らないまま条約を批准することは許容される」と、政府を改めて批判したからである。

与野党の協議も決裂し、郵政解散に伴う自民党の混乱もあって、与党は第一六四回国会での法案成立を断念した。

それでも、安倍晋三首相は「独立共謀罪」の創設をあきらめず、二〇〇七（平成十九）年一月十九日、官邸で長勢甚遠法務大臣および谷内正太郎外務事務次官と会談し、「独立共謀罪」の創設を柱とする「組織犯罪処罰法改正案」について、同月二十五日召集の第一六六回国会で成立を目指すよう指示した。しかし、各界からの批判はおさまらず、同国会および同年八月七日に開催された第一六七回国会でも審議に入れないまま継続審議になった。そして、二〇〇九年（平成二十一）年七月二十一日の衆議院解散により三度目の廃案となった。

これで「共謀罪」の創設の動きは沈静化するかに思われたが、そうではなかった。政府はあらゆる機会をとらえて、「共謀罪」の創設の実現を図ったからである。二〇一三（平成二十五）年に制定・公布された「特定秘密の保護に関する法律に関する法律」（同年十二月十三日法律第一〇八号）でも、それは同様であった。その第二十五条第一項で「特定秘密の取扱いの業務を行うことができる者が特定秘密を漏らすに当たり、または第二十四条第一項の特定秘密を取得するにあたり、それを共謀、教唆、煽動したものは、五年以下の懲役に処する」と、また、同第二項で「公益上の必要により特定秘密の提供を受け、これを知得した者が特定秘密を漏らすにあたり、それを共謀、教唆、煽動したものは、三年以下の懲役に処する」と規定されたからである。

これによると、「共謀罪」を創設する政府の意図が「国際組織犯罪防止条約」の批准のための国内法の整備にとどまるものでなかったことは明らかであろう。そもそも、「国際的な組織犯罪」対策という観点から見た場合、「共謀罪」を設けなければ対処し得ないような「立法事実」は今のところ日本国内には存在しない。既存の殺人予備罪などで十分に賄えると政府自身も言明していたからである。にもかかわらず、条約批准のための国内法の整備の範囲をはるかに超えた立法提案が、それも何度も何度もなされている。しかし、「国際的な組織犯罪」の規制というのであれば、「越境性」の要件を付すのが当然で、対象犯罪をこれほど広げる必要はない。強い批判を浴びている「その共同の目的が犯罪を実行することにある団体」との定義を頑なに墨守しているのも不自然である。条約批准のための国内法の整備はむしろ名目的、二次的なもので、主眼は「権利運動」などの規制にあるといっても間違いではないのではないか。

現に、かつて、暴力団・テロ組織などの反社会的団体や会社・政治団体・宗教団体などに擬装した団体による組織的な犯罪に対する刑罰の加重と犯罪収益のマネー・ロンダリング（資金洗浄）行為の処罰、犯罪収益の没収、追徴を目的として制定された筈の「組織的な犯罪の処罰及び犯罪収益の規制等に関する法律（組織犯罪処罰法）」（平成十一年法律第一三六号）の実際の運用状況を見ると、民間企業などによる、経営が債務超過になったにもかかわらず施設利用預託金等の募集業務を続け、取引の相手方を欺罔《ぎもう》して損害を与えたなどという「組織的詐欺」が適用の中心となっているのである（最高裁第三小法廷平成二十七年九月十五日決定刑集六九巻七二一頁などを参照）。

ここで注意しなければならないことは、「組織的な犯罪」ということから、同法の解釈・運用は刑法の「共謀共同正犯」や「集団犯」とされる「騒動罪」などの運用よりもはるかに柔軟なものとなっているという点である。「団体」性の認定もゆるやかで、当該団体・集団について「共謀の意思」や「共同加害意思」よりもはるかに緩やかな「団体・集団の犯罪意思」を認定し、これにもとづいて団体・集団構成員を問擬するというやり方が採用されている。かつての治安維持法の解釈・運用の手法に似ている。

このような柔軟な法解釈・運用が「共謀罪」の解釈・運用でも用いられ、「権利運動」の規制に向かった場合、どのような結果を招来するかは改めて詳述するまでもなかろう。

二〇一五年のパリのテロ事件などを契機として、独立共謀罪の制定の必要性が再び為政者の口に上り始めてから一年を迎えようとしている。そして、参議院議員選挙が与党の圧勝の下に終わった今や、ついに、「テロなど国際的な組織犯罪に対応するため、政府は、過去に廃案となった「共謀罪」を創設する法案について、罪名を見直すなどして、次の国会に提出する方向で検討していることがわかった」などと報じられるに至っている。

政府がまとめた「組織犯罪処罰法」の改正案によると、罪名を「共謀罪」ではなく、「テロ等組織犯罪準備罪」に変える他、適用対象も単なる「団体」から「組織的犯罪集団」に絞る考えとのことのようである。しかし、「組織的な犯罪集団」という名称はかつての与党修正案で用いられた名称で、「その共同の目的が犯罪を実行することにある団体」との従来の定義を変えていないとして批判された名称でしかない。何ら実質的な変更になっていない。内容物を変えずに包装紙を変えただけに過ぎない。対象犯罪の範囲も変わっていない。「越境性」という要件が付されていないことも相変わらずである。「共謀罪」という名称を「テロ等組織犯罪準備罪」に変えたことも評価できない。単に共謀するだけでなく、資金集めなど犯罪実行のための「準備行為」も構成要件に加えるとして、処罰範囲がむしろ拡大されているからである。治安維持法の歩んだ道に似ている。

かつて、政府は「組織犯罪処罰法」の制定にあたって、適用対象は「組織犯罪」に限定されており、濫用のおそれはないと強調した。しかし、その運用実態は前述したような状況にある。「組織犯罪」ということを名目に現に拡大された法運用がなされているにもかかわらず、「組織犯罪」に限っているのだから濫用のおそれはないという事実と逆の強弁によって、政府は法制定を正当化するのであろうか。

この「独立共謀罪」を立証するためには、共犯者の自白と盗聴などが必要となる。そのための刑事訴訟法の一部改正法案もすでに第一九〇回国会で可決成立した。「独立共謀罪」は、治安維持法の規定する罪のうちの「目的たる事項の実行に関する協議罪」に似た性質を有している。日本が戦時治安刑法への移行をめざすのであれば、欠かせないものとなるであろう。

それが拡大解釈された場合、およそありとあらゆる「協議」が「独立共謀罪」で問擬し得ることになる。「権利運動」に係る「協議」もその例外ではない。「独立共謀罪」の対象はテロ事件や暴力団事件だけでは決してないのである。テロ対策や暴力団対策を名目として「普通の人々の権利運動」などにも拡大適用される。これが治安維持法の教訓である。すでに共産党は壊滅していたにもかかわらず、相変わらず共産党対策を名目として全面改正が施された治安維持法は民主主義運動・自由主義運動・反戦運動などの取締りに猛威をふるったからである。「共謀罪」の創設も「権利運動」の規制に猛威を発揮する可能性は高い。「テロ対策」という表面的な「立法事実」「立法趣旨」の裏に隠された真の狙いに注意しなければならない。

現行法で対応できないというのであれば、なぜ立法が必要なのか、具体的な事実を示して議論する必要があるだろう。

5　治安維持法と無関係の人はいなかった

治安維持法は遠い昔の話であって、今の私たちの生活とはもはや無関係だ。治安維持法の話をすると、このような声がしばしば聴こえてくる。しかし、果たしてそうだろうか。治安維持法は遠い昔の話だろうか。遠い昔の話であって欲しい。私もそう切に願う。しかし、希望と現実は異なる。残念ながら、遠い昔の話になっていないのが現実である。それどころか、治安維持法の亡霊が為政者にとりつき、再び闊歩し始めている。

かりに闊歩し始めているとしても、私は左翼ではないから治安維持法とは関係がない。このような声もしばしば聴こえてくる。しかし、果たしてそうだろうか。治安維持法が対象としたのは左翼だけではなかった。その対象は、①共産党関係者などから、②その「外郭団体」関係者などへ、そして、③労働組合を含む合法左翼関係者とその「外郭団体」関係者へ、④さらには、自由主義・民主主義・反戦主義などによる「サークル」活動関係者、⑤新興宗教関係者などへと、幾何級数的に拡大していった。その結果、「普通の人たちの普段の生活」が治安維持法で取締られることになった。いかなる人のいかなる言動といえども、治安維持法の網から逃れることはできなかった。そのことは本書の叙述からもご理解いただけたのではないか。治安維持法と無関係な人はいなかったのである。

問題は、すべての人々がこのような法改正に反対すると改正が実現できなくなることから、人々の間に分断を入れるという手法を為政者がしばしば用いるという点である。溝はあちこちにある。国策によって「国民」と非「国民」の溝が深まっている。格差も新自由主義によってかつてないほどに拡大している。「勝ち組」と「負け組」が生まれ、「体感不安」が両者を襲っている。高所得者層と低所得者層という階層分解も加速している。男女共同参画の実現はますます難しくなっている。離婚率は四割に達している。貧困も連鎖し始めている。大人と子どもの相互不信も高まり、少年非行への厳罰化の下支えとなっている。親子、夫婦の間にはたらく遠心力が強まっている。日本の家庭は危機にあるといってよい。東京一極集中が加速し、地方が崩壊しつつある。マイノリティの差別問題も依然として深刻で、生活保護受給者に対する社会的なバッシングもすさまじいものがある。

よいことに恵まれることも、大切にされることもなく、子どもから大人になってしまったと自ら考える若い人たちがたくさん出ている。自分は楽な環境にいて「まっとうなこと」を言ったり行ったりする人々や彼ら、彼女らの言葉に、生理的な憎しみしか感じない人々がヘイト・スピーチに典型的なように、ネット上から現実の世界へと、半端な数ではないほど、姿を現わしてきている。このままでは日本社会は空中分解する、国際的に孤立するといっても、決して過言ではない。空中分解すれば、孤立化すれば、その影響はすべての人に及ぶ。にもかかわらず、国は国民を団結などさせないようにするために、溝を利用している。空中分解させないためには、孤立化させないためには、どうすればよいのであろうか。

おわりに

バトンタッチ

人の命は無限ではない。限りがある。いくら長くても百年単位でしかない。にもかかわらず、人類はこれまで生きながらえてきた。百年単位の有限な命を無限とはいわないまでも何千年単位、あるいは何万年単位に伸ばしてきた。命のバトンタッチが繰り返されてきたからである。バトンタッチは命だけではない。食べ物、着る物、文字、道具、建築物その他、人間が生きていくうえで必要なあらゆるものもバトンタッチされてきた。記憶もその一つである。うれしい記憶、たのしい記憶などはバトンタッチしやすいが、つらい記憶、かなしい記憶などはバトンタッチしにくい。しかし、人類はつらい記憶、かなしい記憶などもバトンタッチしてきた。過ちを繰り返さないようにするためである。広島の原爆ドームも保存され、内外から多くの人が訪れている。

現在というのは過去と未来を媒介する役割を担っているといえないか。うれしい記憶、たのしい記憶などを未来に伝えることによって、それが長く続くことを願う。つらい記憶、かなしい記憶などを未来に伝えることによって、繰り返されないことを祈る。このような役割を現在は担っているのではないだろうか。

遠い記憶を受け取る

世にあったものは、いったん消え、あるいは消され、忘れ去られたものが、いつしか何かのきっかけで現われる。人の「記憶」は抹殺されない。いつか未来の誰かに届く。時空を超えて新たな、想像もつかなかった意味を持つこともある。

治安維持法の記憶もそうではないか。人は亡くなっても、その命の記憶が残る限り生き続けるという。治安維持法に見られる「専制と暴力」は多くの人たちの生活を奪った。植民地では命さえも奪った。しかし、治安維持法の犠牲となった方々も、その命の記憶が残る限り生き続けているといえないだろうか。今、私たちは七十年前の「専制と暴力」の記憶を受け取ろうとしている。現在によみがえったとすれば、犠牲者の方々は私たちに何を語りかけられるのであろうか。

もちろん彼らの生は一回かぎりですでに閉じられたものである。私たちの声や行いが彼らに届き、彼らが認知するはずもない。それでもやはり、彼らの「記憶」を未来に生かしていくことが私たちには課せられているのではないか。

立場の違いを踏まえて

大人と子ども、男と女、日本人と外国人、さまざまな立場に私たちは規定されている。私たちは自覚すると否とにかかわらず、ある立場からものを考え判断し行動している。神ならぬ人間がこの立場を超えることは難しい。

マイノリティの問題の場合、立場の違いはより大きなものがある。加えて、エリートや体制への反発と嫌悪、貧富の格差の拡大と中間層の衰退への不安、国の先行きに対する焦燥などが溝を拡げ、深まっている。そうしたなかで理解がますます難しくなっているのが被疑者、被告人、受刑者、元受刑者といった刑事事件にかかわる立場である。自分がその立場に置かれることはないと、ほとんどの人は信じているからである。

しかし、疑ってほしい。本当にそうだろうか。被疑者、被告人、受刑者、元受刑者になることはないのか、その家族になることはないのかと。というのも、日本で犯される殺人の約半分は親族間殺人だからである。犯人の家族は被害者の家族でもあるのである。七十年前の「専制と暴力」の記憶を受け取ってほしい。特定の人だけではなく臣民の誰でもが被疑者、被告人、受刑者、元受刑者になったにもかかわらず、為政者が人々に治安維持法というのは「危険」思想を取締るためのものであって、「健全」思想の持ち主の皆さん方とは無関係ですと吹聴した時代があったことを。無理解・無関心こそは「専制と暴力」を育んだ土壌であった。

敗戦直後、連合国軍の指示でアウシュヴィッツを参観させられたドイツ国民は異口同音に「われわれはなにも知らされていなかった」と弁解した。しかし、その後のドイツでは検討が重ねられた結果、ナチスによるユダヤ人の強制収容・虐殺について、ドイツ国民はじつはぼんやりと知っていた、深く考えようとしなかったけれども、無意識では何が起きているのかがわかっていたし、知ってもいたという分析が有力となっているという。

七十年前に日本で起きた「専制と暴力」についても、このような分析が当てはまるのではないだろうか。考えないようにする、考えていたとしても声を挙げられないようにするシステムが見事につくられていた。日本の場合はそれが完成の域に近かったということだろうか。

希望と救い

私たちは立場を超えることはできない。しかし、異なる立場を理解することはできる。それを間主観性といってもよい。理解するだけでなく、痛み、悲しみ、つらさなどを共有し、共鳴することはできる。この共有、共鳴こそは「専制と暴力」の最大の防波堤である。希望と救いは私たちひとりひとりの心の中にある。

本書の出版に当たっては、前著『刑法と戦争』に引き続いて、みすず書房編集部の川崎万里さんのお世話になった。企画段階から格別の尽力をいただいた。山口大学准教授の櫻庭総さんには校正のお手伝いをいただいた。記して謝意を表したい。

二〇一六年七月

内田博文

註

第一章

（1）奥平康弘『治安維持法小史』（岩波現代文庫、二〇〇六年）によると、過激社会運動取締法案を議会提出した事情が、次のように分析される。
「第一次世界大戦後、社会主義革命の達成・ソ同盟の成立をはじめとした国際環境の変化が生じつつあるなかで、日本でも明治的な社会秩序・社会意識が変容にさらされていた。社会主義を目ざす結社活動その他の大衆運動が、新しく台頭しはじめた。社会支配層は、このうごきに対処するには、伝統的＝明治国家的な治安体制では不十分だとみてとり、新治安立法を模索した」（九頁）、「一九二〇年を起点としてはじめられた政府部内の治安立法作業は、二一年八月、緊急勅令形式をとる司法省案としてまず結実し、これについてひそかに内務省の意向が打診された。この時期、司法省が緊急勅令の制定をおもいいたった直接の動機は、二一年五月中旬発覚した近藤栄蔵事件にあるとみてまちがいない。」「司法省は、近藤栄蔵事件を契機に緊急勅令を出そうと提案したのだが、このばあいは明らかに緊急性・必要性に欠けていた。……内務省側の正当な反対意見があって、結局これを原案として討議した所産が、過激社会運動取締法案（政府原案）となり、翌二二年二月、第四十五回帝国議会に提出されるはこびとなるのである」（三七－三八頁）

（2）中澤俊輔『治安維持法　なぜ政党政治は「悪法」を生んだか』（中公新書、二〇一二年）二〇頁以下などを参照。なお、前掲・奥平『治安維持法小史』五五頁以下によると、治安維持法の準備過程として、過激社会運動取締法案が重視され、一般に「治安維持法の先触れ・露払い」と評価される「治安維持の為の罰則に関する件」（大正十二年勅令四〇三号）については「私には、ふつういわれるほどに、この勅令が機能的に治安維持法につながっているとはかならずしもおもえないが、治安維持法の成立を、この勅令の廃止の条件とするという仕方で……、当局自身は、両者の関係をつけていた。その点からこの勅令が治安維持法への橋渡しをしたといって、まちがいではない。」とされる。

（3）前掲・中澤『治安維持法』二六－二七頁などを参照。

（4）同書二七－二八頁などを参照。

（5）同書二八頁などを参照。

（6）（7）『官報号外　第四十七回帝国議会貴族院議事速記録第三号』（大正十二年十二月十四日）五九頁。

（8）同五九－六〇頁。

（9）『第四十七回帝国議会貴族院大正十二年勅令第四百三号（承諾を求める件）外一件特別委員会議事速記録）第一号（大正十二年十二月十五日）』一－三頁。

（10）（11）（12）同三頁。

（13）同五頁。

（14）（15）（16）（17）同四頁。

（18）同四－五頁。

（19）（20）（21）（22）同六頁。

（23）『第四十七回帝国議会貴族院議事速記録第五号』（大正十二年十二月十七日）九九頁。

（24）同一〇六頁。

（25）『第四十七回帝国議会衆議院大正十二年勅令第第四百三号（承諾を求める件）（治安維持の為にする罰則の件）委員会議事録（筆記速記）第一回』（大正十二年十二月二十日）』四－一二頁

（26）『同第二回』（大正十二年十二月二十一日）一－一二頁。

（27）『同第一回』（大正十二年十二月二十日）』五－一四頁。

（28）『同第二回』（大正十二年十二月二十一日）』一二－一四頁。

（29）『同第一回』（大正十二年十二月二十日）一二－一三頁。

（30）同一二－一三頁。

（31）（32）同一三頁。

（33）『同第二回』一七頁。

（34）『同第三回』（大正十二年十二月二十二日）一－三頁。

（35）同三頁。

（36）同三－四頁。

（37）同四－五頁。

（38）『第四十七回帝国議会衆議院議事速記録第九号』（大正十二年十二月二十四日）二三一－二三七頁。

（39）前掲・中澤『治安維持法』二七－二八頁などを参照。

（40）同書二八頁などを参照。

第二章

（1）銃弾は皇太子には命中しなかったが、車の窓ガラスを破って同乗していた侍従長の入江為守が軽傷を負った。関東大震災後に頻発したテロ事件の一つで、難波は大逆罪で起訴され、死刑判決を受けた。死刑は一九二四年十一月十五日に執行された。

（2）前掲・中澤『治安維持法』三三－三四頁などを参照。

（3）同書三四－三五頁などを参照。

（4）同書四八－四九頁などを参照。

（5）『第五十回帝国議会衆議院議事速記録第十六号』（大正十四年二月二十日）三二七頁。なお、前掲・奥平『治安維持法小史』一八頁以下によると、「問題は、一九二〇年代にはいって、なぜ、どのような点で、そのような新しい治安立法を、日本の社会支配層は必要とするにいたったのか、である。……この点については、二通りの考えが成り立つようにおもわれる。第一は、明治以来の伝統的な治安体制によって、新しい反体制運動たる無政府主義的、共産主義的な諸活動を、十分に有効に抑圧できたはずであるが、わが支配層はこの機会に、さらに一層の権力を手中におさめるべく治安維持法の制定を求めたのだ、という考えである。伝統的な治安体制のうえに、いまひとつ新しい治安体制を重畳的にのせたとみる立場である。……わが国の支配的な歴史観は、だいたい、このどん欲説に立っているといえよう。第二の考え方はこうである。……大正末に台頭した反体制運動は、明治期のそれと規模も性格も異なり、伝統的な治安体制によって有効適切に押さえられる代物ではもはやなかった、とみる。……少なくとも額面上は政府の立場は、この第二の考えに近い。」「私は、両方ともそれなりに正しいものをふくんでいるようにおもう。」とされる。

（6）同『第五十回帝国議会衆議院議事速記録第十六号』三二七－三三八頁を参照。この他、①治安警察法の罰と治安維持法の罰とは甚しき相違があって権衡を失して居るのではないか、②本法は結社を罰するが、結社の前に陰謀を為した場合を何故罰せぬか、③名誉を毀損することを煽動したる場合は何故罰せぬか、なども質問されている。

（7）『第五十回帝国議会衆議院治安維持法案（政府提出）委員会議録（筆記速記）第一回』（大正十四年二月二十三日）一－二

頁。
(8) 同二－三頁。
(9) 同四－八頁。
(10) 同八－一三頁。
(11) 『同第二回』（大正十四年二月二十四日）二頁。
(12) 同三頁。
(13) 同五－一〇頁などを参照。
(14) 『同第三回』（大正十四年二月二十六日）一頁。ただ、その他方で、「（此法の趣旨は―引用者）単純に威嚇するに非《あら》ずして、行為が現われた場合に於て之を罰するのであります。……行為を罰するが為に規定致したのであります。而《しこう》して其《その》行為は共同生存上此位《このくらい》の刑罰を以てしなければならない、斯様《かよう》な訳でありまして、唯々強い罰を以て威嚇すると云う如き単純な理由ではないのであります」（同二頁）とも答弁されており、原委員から矛盾するのではないかと追及されている。
(15) 同三頁。
(16)(17) 同九頁。
(18) 同七－八頁。
(19) 『同第四回』（大正十四年二月二十七日）二頁
(20) 同三頁。
(21) 同三－四頁。
(22)(23) 同五頁。
(24) 同七頁。
(25) 同一〇頁。
(26) 同一〇－一六頁。
(27) 同一一－一七頁。
(28) 同一四－一五頁。
(29) 同一五頁。
(30) 同一八－二〇頁。
(31) 同二一－二二頁。
(32) 同二三頁。
(33) 『同第五回』（大正十四年三月三日）一頁。
(34)(35) 同五頁。
(36) 同八頁。
(37)(38) 同一〇頁。
(39) 同一一頁。
(40) 同一一－一二頁。
(41)(42)(43) 同一二頁。
(44) 同一二－一七頁。
(45)(46) 同一六頁。
(47) 同一八－二四頁。
(48) 同二五頁。
(49) 同二六頁。
(50) 同二六－二八頁。
(51) 同二九頁。
(52) 『同第六回』（大正十四年三月四日）二頁。
(53)(54) 同三頁。
(55) 同一二頁。
(56) 同四－六頁。
(57) 同六－八頁。
(58) 同八頁。
(59)(60) 同一三－一七頁。
(61) 同一七－二〇頁。
(62) 『同第七回』（大正十四年三月六日）一－六頁。
(63) 同六頁。
(64) 同六－九頁。

(65) 同一〇頁。
(66) 同一〇－一一頁。
(67) 同一一頁。
(68) 同一一－一二頁。
(69) 同一二－一四頁。
(70) 同一四頁。
(71) 同一五頁。
(72) 『第五十回帝国議会衆議院議事速記録第二十四号』（大正十四年三月七日）五五三－五五七頁。
(73) 同五五七－五六〇頁。
(74) 同五六一－五六二頁。
(75) 同五六三頁。
(76) 同五六七－五七〇頁。
(77) 同五七一－五七二頁。
(78) 同五六七頁。
(79) 同五七〇－五七一頁。
(80) 同五七二－五七三頁。
(81) 同五七五－五七六頁。
(82) 同五七七－五七八頁。
(83) 同五八〇－五八一頁。
(84) 同五八一頁。
(85) 『第五十回帝国議会貴族院議事速記録第二十三号』（大正十四年三月十一日）五五六－五六七頁。なお、前掲・中澤『治安維持法』六〇頁によると、採決では反対一八名（革新倶楽部五名、中正倶楽部六名、実業同志会四名、無所属三名）のほか、与党からも棄権者十名（憲政会七名、政友会三名）が出たが、野党の政友本党も賛成に回り、結局、賛成多数で法案が可決されたとされる。
(86) 『第五十回帝国議会貴族院議事速記録第二十三号』（大正十四年三月十一日）五五六－五五八頁。
(87) 同五五九－五六四頁。
(88) 同五六四－五六九頁および五七二頁。
(89) 同五七六－五七八頁。
(90) 同五七二－五七四頁。
(91) 『同第二十五号』（大正十四年三月十九日）六四五－六四七頁。その概要は次のようなものであった。

「治安維持法特別委員会の経過並に結果を御報告いたします。……先ず第一に提出の理由として、司法大臣から……更に新しい法律に依って取締らなければならぬと云うようなことを理由として言われたのであります。……委員会に於きましては之に対して慎重なる審議の下に、多種多様の質問応答があったのであります。

こういう質問があったのであります。……単にこの法案のみで取締の目的を達するかどうか。即ち一方に思想悪化の原因でありまする所の、失業者の増加が益々大となり、又、其他《そのほか》、教育上の欠陥が益々著しくなって居りまして、その為に此思想の悪化の原因が益々甚しくなる。之に対する対策があるかと云うような質問があったのであります。……其他に又、こういうような質問があったのであります。日露条約締結後に於きまして、我国の思想界と云うものは今後楽観すべきものであるか、悲観すべきものであるか。政府は如何にそれを見るかと云うような大体的の御質問もあったのであります。……其次に又、こういうような質問がありました。此法案を、なぜ単行法として出したのであるか、其理由如何と云うようなこともありました。

先ず大体論としての質問はこのくらいに止めて置きまして、次に条文についての質問応答があったのであります。……第一条のことに付きまして非常に多く論議されたのであります。其中の二、三を御紹介いたしますと、……「政体」を除かれたと云うことに付て、政府に執っては遺憾に思うか、或は否やと云うような質問もあったのであります。又、次にこういうような質問も有りました。第一条に「政体」と云う文字を最初入れた際に、当局では……極右傾向の反動団体の結社、例えば君主専制主義の如き団体等を予期して居ったかどうかと云うような質問もあったのであります。……衆議院の修正に対しては同意を表したのであると云うような御答弁であったのであります。其次に又、こういうような御質問があったのであります。第一条の中に在りまする結社を組織すると云うことと、それから第二条の実行することに協議をしたと云うことと、其行為に於てそこに程度が多少違いはしないか。実行することに協議をしたと云う方が、結社を組織したと云うより一歩進んだ行為ではないか。それにも拘《かかわ》らず、前者を十年とし、後者を七年とした刑罰を科すると云うことは、どう云う意味であるかと云うような御質問も出たのであります。

其他、色々、多岐に亙っての質問応答がございましたが、それを悉《ことごと》く申上げると云うことは不可能でありまするので、其他の点に付きましては何卒、速記録を御読みを願いたいと思います。

そう云うような質問応答の結果、其次に討議に移ったのであります。各委員の多数の意向は、大体、此法案は決して十分とは言うことは出来ない。併しながら現在の必要に迫られて居ることと、それから衆議院の決議を尊重すると云う意味に於て、此際可決することが穏当であろうと云うような意見を多数有た《ママ》れて居られまして、そうして此際、次のような意味を附加して、政府当局に其伝達を致したいと云うことで、こういうことを特別委員会全員で政府委員に伝えたのであります。こういう法案を産み出したと云うことは誠に遺憾千萬なことである。しかしながら事実、必要ある以上は已むを得ない。唯、其将来に於て其原因を糾《ただ》し、以て十分に努力を払って貰いたい。その一つには生活難が最もこの思想悪化の原因である。其点について十分に努力して貰いたい。又、次に教育の欠陥よりして思想上の悪化を来たしたのであるから、其点に付ても十分に思想善導の方面に積極的の努力をして貰いたい、と云うようなことを全部の委員の意見として伝えたのであります。それに対しまして司法大臣は其意見を尊重して、出来るだけ努力すると云う処の御答があったのであります。なお其外にある一委員から致しまして、政府当局に対して一言、希望を述べられて居ります。……其希望は、此法案が通過した後に於て、……厳粛に此法案を解釈されてやって貰いたい……と云うような御希望と、それから其次に此法案の実行上、色々其齟齬することが沢山ありはしないか、それを今より十分に注意をして貰いたいと云うようなことを述べられて居るのであります。

そう云うようなことでこの大体の討論も終りまして、そうしてここに本案が全会一致を以て無修正、無条件にて可決されたのであります。」

(92) 同六四八―六五三頁。
(93) 同六五三―六六二頁。
(94) 同六六四頁。
(95) 同六六三―六六四頁。
(96) 同六六四―六六六頁。
(97) 前掲・奥平『治安維持法小史』五一頁以下によると、治安維持法成立の外在的な要因について、「通説は、治安維持法の成立を普選法という国内的要因にのみ着目してきたのに対して、新しい説は、対ソ関係……という国際的要因に焦点を当てたのは重要である。……けれども、この説にもいくつかの問題がある。……なんどもいうが、『アメとムチ』説や『日ソ基本条約』説を排斥してしまうつもりは、私にはない。ただ不十分な部分があろうというのである。」とされ、その他の成立要因として、過激社会運動取締法案の挫折の場合との対比において、①第五十議会では立法者の側の法案成立への意思統一がみられる点で、第四十五議会の場合とちがう、②治安維持法案は前の法案にくらべてはるかに上手に法文が構成されており、濫用のおそれのない制限的な立法だという主張が外に向かって一定の説得力を伴って述べられた、③法案中の「国体」概念のもつ独特な言語的魔力を軽視することができない、④治安維持法案に対する議会外勢力、とりわけ新聞界の反対論が、過激社会運動取締法案の場合と対照的に弱々しいものであった、などの点があげられる。

(98)　同書六七頁以下。

(99)　同書六五－六六頁によると、過激社会運動取締法案についての議会の反対は治安立法自体に対してではなく法案の出来具合に向けられていた結果、過激社会運動取締法案の修正案として、議会の批判をある程度取り入れて出された治安維持法については批判がしにくくなったのではないかと分析されている。ただし、議会での審議状況等に鑑みれば、それにも増して、中澤が既に指摘しているように、「護憲三派」が政権党についたという点がより大きく与っているように見受けられる。

(100)　前掲・中澤『治安維持法』六〇－六一頁などを参照。

第三章

(1)　前掲・奥平『治安維持法小史』七一－七二頁などを参照。

(2)　同書七四－七六頁などを参照。

(3)　同書七六－八三頁などを参照。

(4)　同書八三－九二頁などを参照。

(5)　同書七四頁以下によると、次のように紹介されている。

「事件は二つのラウンドからなる。第一ラウンドは、一九二五年一月十二日払暁にはじまり、同月七日までにあらかた終了する。これは京都府の特高警察が動いたもので、特高警察にふさわしい権力発動であった。……そのころ全国の高専・大学では軍事教練問題が大論議を呼んでいた。……その年十一月中旬、京都の特高課の警官がたまたま同志社大学構内に軍事教練反対ビラ二葉が掲示してあるのをみつけた。これが第一ラウンドのきっかけである。軍事教練反対ビラの経路をたどって〝左傾〟学生の組織をたどっていけば、どこか上部の指導部にゆきあたるかもしれないと考えたのだろう。多くはあとでもう一度正式に逮捕されることになる京大経済学部学生岩田義道らの、かねてから特高の監視体制下にあった学生三〇余名が一せいに検束され、書物などの文書が大量に押収された。」「第一ラウンドは、検束した学生らを最終的には十二月七日の時点ですべて釈放することで、警察側の動きとしては一応終了した。これ以降は警察は、むしろ学生・大学・新聞界などの非難攻撃の的にされ、守勢に立たされた観がある。」「政府当局のあいだでは秘密裏に第二ラウンドへの切り替えが行われつつあった。……二六年一月十五日のことであった。このとき京都のみならず東京その他の『学連』関係者三八名にたいし、初めて治安維持法を適用して正式な逮捕をおこなった。」

（6） 法曹会発行『大審院刑事判例集』第九巻（昭和五年）三六九頁以下を参照。

（7） 前掲・奥平『治安維持法小史』七三頁以下によると、次のように紹介されている。

「一九二五年五月ごろ国鉄名寄駅の鉄道労働者らは『名寄新芸術協会』を設立して地域の文化運動をはじめた。まもなく芸術研究だけではなく、社会科学をも勉強しようとするうごきが出てきて、これを背景に一九二七年八月新芸術協会のうえに『集産党』と称する結社を組織した。『集産党』という名乗り方からわかるように、これは非合法結社たる日本共産党と人的にも組織的にも関係にない、わずか一九名からなる小集団であった。宣言綱領のようなものも採択された気配もなく、とうてい『政党』といえる代物ではなかったようにおもえるが、警察は当初、治安警察法による秘密結社の容疑で取調べ、のち『私有財産制度ノ否認ヲ目的トスル結社』という観点から、治安維持法違反に切りかえたらしい。一九二七年一一月、関係者として一二名が検挙された。一九二八年五月、旭川地方裁判所は七名に対し禁錮二年から一年二カ月の刑を科し、四名の者を執行猶予づき懲役一年とした。集産党事件で問題になったような種類のサークル運動の組織は、全国いたるところにみられたはずであるのに、なぜ、北海道のこの一角でのみ治安維持法が発動されたのか、いまのわたしにはなぞである。どちらにしても、北海道で最初の、そして全国で二度目のこの治安維持法違反事件は、警察権力の不気味さを感じさせ、北海道民に対し無言の圧力を与える効果を存分にもった（本件は、京都学連事件と同様、『国体変革』が問題にならずにもっぱら『私有財産制度ノ否認』だけが問われたのであって、この上告審判決は『私有財産制度ノ否認』にかんするリーディングケースである（一九二九年四月三〇日大審院判決、大審院刑事判例集八巻一八六頁））。」

また、二〇〇八年二月七日の「しんぶん赤旗」によると、この事件には京都学連事件を指揮した池田克、平田勲、黒川渉の三検事が東京から旭川に来て直接取調べを行うとともに、官憲は「集産党との関連あり」として同年十二月二十二日午前一〇時、旭川、札幌、小樽、函館、本斗の労農党、労組、農民組合の事務所、幹部宅などを一斉捜索したが、同日同時刻の一斉捜索は「三・一五弾圧」の予行を疑わせるものであるとされる。

詳しくは、宮田汎『朔北の青春にかけた人びと――北海道初の治安維持法弾圧・集産党事件をめぐって』（自費出版、二〇〇七年）などを参照。

（8） 法曹会発行『大審院刑事判例集』第八巻（昭和四年）一八六頁以下を参照。

（9） 前掲・奥平『治安維持法小史』九六頁以下によると、三・一五事件について次のように紹介されている。

「三月一五日の手入れは、払暁を期して全国一道三府二七県にわたりおこなわれた。労働農民党、全日本無産青年同盟、日本労働組合評議会、日本農民組合など日本共産党と関係のふかい諸団体の本部・支部の事務所およびこれら幹部の家宅など百数十か所にわたって家宅捜査が行われた。このたびの手入れでは、捜査当局自身がもっている材料は、スパイなどによる報告・聞き込みといったあやふやな情報でしかなかったので、当初から家宅捜索に重点がおかれた。ここから、党の組織・活動にかんする文書、被疑者間の往復文書や日記・手帖類、合法非合法の定期刊行物・パンフレットなど、治安維持法違反事実をしめす証拠をさがし出そうというわけである。形は物々しい大建物であったが、中身は見込み捜査・捜査のための捜査の面がつよかった。このとき検挙されたものは、約一六〇〇名にのぼるといわれるが、……正確なところはわからない。検挙された者の多くはいったん留置され検事、警察総がかりで取調べ、その結果約三分の二はまもなく釈放されるにいたったという。」「刑事訴訟法（二五五条）にもとづく正式の強制処分を請求したのは、党の幹部たる一五名の被疑者にたいしてであるにすぎなかった。……検挙者数一六〇〇名というのだから、圧倒的多数は勾引状など正式手続きと無関係に逮捕されたことを意味するし、捜索場所も百数十カ所をかぞえたといわれるから、捜索令状なしに捜索された件数も少なくないことがわかる。」「党員でないのに検挙された者は、シンパサイダーだとされる。党員ならば治安維持法第一条の結社組織関係規定（加入罪など）で処理されるが、シンパならば第二条の協議罪あたりをもちいて処理するしか手がない。協議罪はすでにみたように京都学連事件でもつかわれたが、非合法『結社』を前提としない京都学連事件とちがって、三・一五のシンパのばあいは、日本共産党と密接なつながりをあるシンパ活動が違法だといいつくろうために協議罪が利用されたのであった。この利用はチグハグであり、……この点が治安維持法改正を指向する一つのポイントとなるのである。」

（10）前掲『大審院刑事判例集』第八巻三一七頁以下を参照。

（11）同第八巻五〇六頁以下を参照。

（12）同第九巻七九頁以下を参照。

（13）青柳盛雄『治安維持法下の弁護士活動』（日本出版社、一九八七年）三三頁。

第四章

（1）前掲・中澤『治安維持法』九〇頁などを参照。

（2）前掲・奥平『治安維持法小史』によると、この三・一五事件が起こった一九二八年三月から一九三三年前半までをもって治安維持法体制の確立期と位置づけられ、「治安維持法が本来の形姿を整え、本格的に展開するうえで決定的であったのは、一九二八（昭和三）年三月一五日のいわゆる三・一五であった」（一一頁）とされたうえで、①三・一五事件の効果、②三・一五事件により発動された捜査権力の行使、③三・一五事件の治安維持法違反事件の刑事裁判の特徴などが、次のように分析されている。

「治安維持法の改悪を、しかも緊急勅令という異常な法形式によって強行した。」「特高警察の組織を拡大し、その機能を充実せしめる効果をかちえた。」「これと雁行して、思想係検事の制度を発足させるなど、思想検察の陣容を確固たらしめるための礎石を設定した。」「大学の自治に阻まれて実現しなかった〝左傾〟教授の追放が部分的に可能になった……。」「その他の効果、例えば憲兵および陸海軍の思想統制強化などのごときを、あげることができるであろう。」（一〇五–一〇六頁）

「治安維持法制定の少なくともおもてむきの眼目の一つは、伝統的な警察規制とちがって、きちんとした刑事手続きをふんで司法権の行使により思想犯罪に制裁をくわえるという点にあった。けれども、三・一五により発動された捜査権力の行使をみると、刑事訴訟法（二五五条）にもとづく正式の強制処分を請求したのは、党の幹部たる十五名の被疑者にたいしてであるにすぎなかった。捜索令状が出されたのは九三ケ所についてである。そうすると、検挙者一六〇〇名というのだから、圧倒的多数は勾引状など正式手続きと無関係に逮捕されたことを意味するし、捜索場所も百数十か所をかぞえたといわれるから、捜索令状なしに捜索された件数も少なくないことがわかる。」（九六頁以下）

「三・一五で検挙された者のうち、起訴されたのは四八〇名前後であった。逮捕したものの、多くの人びとを不起訴・起訴猶予にしているのが特徴的である。これは、権力が治安維持法の運用を裁判との関係で考えるのではなく、むしろ警察段階での取調べ、拷問、こらしめ、説諭などに重点をおいて考えていたことの現われである。治安維持法は行政警察的に運用されることになった、といえる。だからといって、裁判の方はどうでもいいというのではない。」「（党中央関係について、東京地裁では、一九三二年十月二十九日、—引用者）被告人一八一名に対し判決言い渡しがおこなわれた。無期懲役四名（市川正一、鍋山貞親、佐野学、三田村四郎）、懲役一五年二名（高橋貞樹、国領伍一郎）、懲役一二年一名（砂間一良）、懲役一〇年一二名（志賀義雄、徳田球一、福本和夫、杉浦啓一、中尾勝男その他）、などなどである……。」（一二〇頁以下）

（3）　同書九三頁などを参照。なお、小田中聰樹「昭和前期の治安政策と法——治安維持法の法律的変遷とその適用の概観」安藤義雄教授還暦祝賀『日本資本主義　展開と論理』（東京大学出版会、一九七八年）二五一頁によると、治安維持法の一九二八年改正をもって、「治安維持法一九二八年改正は、第二次および第三次の山東出兵とほとんど全く時日を同じくして強行されたという事実に端的に示されているように、いっさいの戦争反対勢力を絶滅し天皇制ファシズム体制を確立するための重要な布石であった。国際的には満州事変から日中戦争へと中国侵略が拡大され、また国内的には五・一五事件、血盟団事件などを経て天皇制ファシズムが伸長していくなかで、共産党組織の絶滅をめざして検挙が相次いで行われ、さらにはその周辺勢力やシンパ層に対しても弾圧の刃が加えられていった。」と分析されている。

（4）　前掲・中澤『治安維持法』一〇二頁などを参照。

（5）　『第五十五回帝国議会衆議院議事速記録第六号』（昭和三年四月二十九日）六三頁。なお、小田中聰樹「治安維持法——一九二八年改正の推進者と反対者」法律時報五〇巻一三号（一九七八年）三二頁以下によると、原嘉道について次のように分析されている。

「原嘉道についてはその経歴から見て一般に意外の感が抱かれている。彼は、『民事弁護の原』として活躍しただけではなく、日比谷焼打ち事件（一九〇五年）、京都豚箱事件（一九一九年）、森戸事件（一九二〇年）などの事件の刑事弁護を担当し、官憲の人権蹂躙を弾劾し、陪審制度の実現を推進するなど、その人権擁護活動は原をしてまさに在野法曹の重鎮たらしめていたからである。ところが、原は、田中（義）内閣の司法大臣に起用されると、鈴木喜三郎内務大臣や小川鉄道大臣と組んで、三・一五の大弾圧を行ない、さらには治安維持法の改正を強行するに至ったのである。このような原の『転向』（清水誠）を用意したものは、一体何であったのか。この点に関連し注目すべきは、第一に、原は、司法大臣就任以前から平沼騏一郎を中心とする国粋団体国本社《こくほんしゃ》（平沼騏一郎が日本国粋主義を掲げて一九二四（大正十三）年に設立した右翼団体—引用者）の積極的メンバーの一人であったことである。……第二に、原の司法大臣就任が平沼の強い推薦によって実現したことである。……第三に、原は、民事弁護を通じて政友会や財閥（三井、三菱など）と深い関係を持っていたことである。」

また、同論文三三頁によると、「原とともに人権擁護に尽力した代表的な弁護士に花井卓蔵がいるが、この花井が貴族院議員として治安維持法改正に賛成していることも注目される」とされ、その原因が、「第一に、花井は、政友会との繋がりが深かったことである。……第二に、右のように花井は治安維持法改正の推進者原嘉道や平沼騏一郎との繋がりが深かったことである。……第三に、花井は、実はすでに大正期中葉以降は、米騒動（一九一八年）、虎の門事件（一九二三年）の弁護を引きうけようとしなかったなど、微妙な動きを示していたことである。」というように分析されている。

このような「転向」の背景事情として、大正の終りから昭和の初期にかけて日本を襲った経済的不況が弁護士階層の経済的基盤に大きな影響をもたらし、階層分解を加速したことがあげられよう。階層分解した弁護士が国家権力・富裕層の側につく者と抵抗者・無産者の側につく者とに分れるのは必定であった。

（6）前掲『第五十五回帝国議会衆議院議事速記録第六号』六三－六四頁。

（7）同六四－六五頁。

（8）同六五頁。

（9）『第五十五回帝国議会衆議院治安維持法中改正法律案委員会議録（速記）第二回』（昭和三年五月五日）一－二頁。

（10）同二－七頁。

（11）同七－一一頁。

（12）『同第三回』（昭和三年五月六日）一－三頁。

（13）同四－七頁。

（14）前掲・中澤『治安維持法』一〇三－一〇四頁などを参照。なお、前掲・小田中「治安維持法」三一一頁によると、次のように分析されている。

「政府内にあって治安維持法改正を強く推進したのは、司法大臣原嘉道、鉄道大臣小川平吉の二人であった。彼らは、司法省内にあった反対論を押し切って、厳罰主義（死刑導入）の基本方針の下に、改正案を作成し、一九二八年四月二十七日、第五十五帝国議会に提出した。ところが、治安維持法改正に対して、民政党、中立系（尾崎行雄ら）無産政党はこぞって反対の態度をとった。この野党の反対と、鈴木喜三郎内相弾劾問題による議会運営の難航とにより、治安維持法改正案は、衆議院治安維持法改正法律特別委員会にかけられたまま審議未了となった。」

（15）前掲・中澤『治安維持法』一〇四頁などを参照。なお、前掲・小田中「治安維持法」三一一頁以下によると、次のように分析されている。

「原らは、枢密院議長倉富勇三郎、副議長平沼麒一郎と連携して、緊急勅令による改正という異例の措置をとることに踏み切った。ところが、これに対しては、政府部内に強い反対があり（鳩山一郎内閣書記官長、森恪《かく》外務次官、内田信也海軍次官、秋田清逓信次官、牧野良三商工省参与官、安藤正純文部省参与官、前田米蔵法制局長官など）、与党の政友会内にも星島二郎をはじめとして強硬な反対論があった。しかし原らは、これを押し切り、六月十二日正式の閣議決定を経て枢密院に諮詢することに成功した。」「枢密院では、審査委員会（委員長平沼騏一郎）でまず審議されたが、久保田譲、江木千之、松室致が反対論を唱え、富井政章も賛成を躊躇した。そしてこの四人は、政府に再考を求める動議を提出した。この動議に対しては平山成信、田健治郎、山川健次郎、荒井賢太郎らが反対し、賛否半ばしたが、委員長の平沼の反対で否決となった。その後になされた緊急勅令案に関する採決では、富井政章が賛成に廻り、結局五対三で勅令案は付帯提言付きで可決された。枢密院は、六月二十七日、二十八日の両日、本会議を開いて審議を行い、久保田、江木、松室、井上勝之助、石黒忠直の五名の強い反対を押し切って緊急勅令案を可決した。翌二十九日、緊急勅令が公布され、即日施行された。」

(16) 前掲・奥平『治安維持法小史』一一一‐一一四頁などを参照。なお、『現代史資料45　治安維持法』(みすず書房、一九七三年)「資料解説」二六頁によると、同書一七九頁以下に所収の「緊急勅令による改正に関する諸見解」と「新聞論説」について次のように解説されている。

「期せずして東京帝大法学部の三教授の論文をならべることになったが、美濃部達吉が熱っぽく、そして鋭く緊急勅令の違憲論を論じているのは、ある意味では当然とおもわれる。牧野英一がどっちつかずというよりもむしろ緊急勅令肯定論をとっているのに反し、上杉慎吉が反対論に組みしているのは注目に値する。」「この種の批判的な論調が、新聞・雑誌に表明されるのは、昭和三、四年までであって、昭和九、十年ふたたび治安維持法改正が問題になるころには、おざなりの解説・評論しかみられなくなる。」

ちなみに、右の新聞論説として東京朝日新聞・昭和三年四月二十八日の記事などが同『現代史資料45　治安維持法』に収められているが、その内容は次のようなものであった。

「(前略)五十年前のビスマークすら、『親切をもって社会主義を殺す』べく、厳罰のかたわら、種々の社会保険法を作った。然《しか》るにこの前代未聞の陰謀事件に会し、『皇室並に皇祖皇宗在天の慰霊に対し恐くに堪えず』という田中内閣は、治安維持法の改正以外、果たして何事を『抜本さい源』の為に考えたか。吾人は会期短き特別議会を前にして、あえて難きを政府に責めるのではない。しかも、在職すでに一年、政府は一にも選挙、二にも選挙、ただ党勢の拡帳を計るのみで、『出来るだけの施設と用意』はおろか、二度の対支出兵を除けば、ほとんど無為無能にして過ごして来たのである。かくして刻下の思想問題を解決し得ざるはもちろん、かくのごとき政府の下に、法をのみ厳にせば、いたづらに秘密結社をしげからしむるの結果を招来しはせぬか。国体を傷つくる者を厳罰するは何人も異存なきところとして、この政府の下に治安維持法の改正をのみ急がんとするは、少くも後先を考えざるものなることを一言するのである。」(現代用語化して引用)

(17) 前掲・奥平『治安維持法小史』一〇六‐一一一頁などを参照。

(18)『第五十六回帝国議会衆議院議事速記録第十一号』(昭和四年二月二日)一七五頁。

(19) 同一七五‐一八二頁。この武富を取り上げ、前掲・小田中「治安維持法」三八頁は次のように分析している。

「武富済《わたる》は大逆事件で東京地裁検事局検事として、菅野スガ……らの取調に当たり、事件のフレームアップに重要な役割を果たした。この武富済が、一九二八年改正当時、民政党の衆議院議員として、一九二九年二月二日の衆議院本会議で質問に立ち、改正反対の態度を表明していることが注目される。その反対理由は、①刑法七七条、七八条と比較し刑の権衡を失うこと、②緊急性がなく緊急勅令は憲法違反であること、③厳罰主義は反発を招くのみで治安維持の目的を達成しえないこと、④政略的、党利党略的立法であること、の四点であった。」

また、同論文三六頁は、検事総長経験者にもかかわらず枢密院で治安維持法改正反対の態度を表明した松室致《いたす》に注目し、松室の反対意見が、①重刑を科することは弊害があり、不可であること、②重刑化によって大逆罪や内乱罪との重複関係が生じること、③現行法でも共産主義のみならず社会主義をも取り締まりうること、の三点を反対理由としており、きわめてラディカルなものであったと評価している。

(20) 前掲『第五十六回帝国議会衆議院議事速記録第十一号』一八〇－一八二頁。
(21) 同八二－八四頁。
(22) 同一八四－一八六頁。
(23) 『第五十六回帝国議会衆議院昭和三年勅令第百二十九号（治安維持法改正の件）（承諾を求める件）委員会議録（速記）第二回』（昭和四年二月十九日）二－二二頁。
(24) 同二一－二三頁。
(25) 同二三－二七頁。
(26) 二八－三〇頁。
(27) 『同第三回』（昭和四年二月二十日）一－三頁。
(28) 同三－一〇頁。
(29) 同一〇－一八頁。
(30) 同一八－二四頁。
(31) 『同第四回』（昭和四年二月二十三日）一－一八頁および二〇－二四頁。
(32) 同一八－二〇頁。
(33) 同二七－三二頁。
(34) 同三三頁。
(35) 『同第五回』（昭和四年二月二十六日）一－四頁および一七－一九頁。
(36) 同三頁および二二－三三頁。
(37) 同七－一七頁。
(38) 同五－六頁および一九－二二頁。
(39) 『同第六回』（昭和四年二月二十八日）一－四頁。
(40) 同八－一一頁。
(41) 同一一－一二頁。
(42) 『第五十六帝国議会衆議院議事速記録第二十四号』（昭和四年三月二日）五三〇－五三二頁。
(43) 同五三二－五三四頁。
(44) 同五三四－五三六頁。
(45) 同五三六－五四〇頁。
(46) 同五四二－五四四頁。
(47) 『同第二十五号』（昭和四年三月五日）五四八－五五〇頁。
(48) 同五五一－五五二頁。なお、前掲・小田中「治安維持法」三三頁は、「改正に反対した者の中に高木益太郎（弁護士）がいることが注目される」とし、高木（一八六九（明治二）－一九二九（昭和四）年。一八八九年に代言人試験に合格し、法律事務所を開業）について次のように分析している。
「高木は、一九〇〇年に法律新聞社を興して『法律新聞』を発刊し、一貫して平沼騏一郎系の司法官僚の跋扈を批判し、人権蹂躙を攻撃するなど、『自由主義的反骨』（清水誠）を示した。高木は、治安維持法制定当時は衆議院に議席を持っていなかったが、一九二八年治安維持法改正に際しては、民政党所属の衆議院議員として、反対票を投じた。またその主幹する『法律新聞』は、社説で共産党弾圧（三・一五）や治安維持法改正を激しく批判したり、同旨の論稿をかなり掲載したりして、批判的論陣を張った。」
(49) 前掲・小田中「治安維持法」三九頁によると、「治安維持法の制定に当たって帝国議会において精彩のある批判論を展開した弁護士出身の議員に、清瀬一郎と星島二郎とがいたことはよく知られている」として、この二人が取り上げられ、「このように治安維持法の制定に反対した星島と清瀬は、一九二八年改正については相対立する態度をとった」として、次のように分析されている。

「星島は、原（嘉道―引用者）や小川（平吉―引用者）が平沼（騏一郎―引用者）と通じて緊急勅令で治安維持法を改正することに踏み切ろうとしたとき、民政党内の田子一民らとともにこれに強く反対したが、衆議院における承諾の議決に当たっては賛成に廻った。これに対し清瀬は、改正当時、革新党に所属し、衆議院副議長として議事運営に当たったので承諾の可否についての発言はしていないので、投票では反対に廻っている。」

（50）『第五十六回帝国議会貴族院昭和三年勅令第百二十九号（承諾を求める件）特別委員会議事速記録第三号』（昭和四年三月十二日）一二頁。

（51）『第五十六回帝国議会貴族院議事速記録第二十号』（昭和四年三月十九日）九二八－九三〇頁。

（52）前掲・中澤『治安維持法』一一八頁などを参照。

（53）前掲・奥平『治安維持法小史』一一六－一二〇頁。

（54）前掲・中澤『治安維持法』一二四頁などを参照。

（55）同書一二五頁などを参照。

（56）前掲・小田中「治安維持法」三九頁以下によると、一九二八年治安維持法改正に関して発言した数少ない法学者として美濃部達吉と牧野英一が取り上げられ、「治安維持法に対して、美濃部と牧野はかなり根本的な批判をした。とはいえ、この両者の主張の間に大きな相違があったことはいうまでもない。それは美濃部が悪法に対して徹底的に批判する原則的態度を一貫し、思想弾圧の非なることを説くことに於て妥協しなかったのに対し、牧野が、解釈・運用によって悪法を法たらしめるとの見地から修正的、妥協的態度をとったことである。この相違こそが、一九二八年改正に対する両者の態度を相対立するものにまで拡大していったように思われる。」とされる。

第五章

（1）『現代史資料45　治安維持法』（みすず書房、一九七三年）六四六頁に掲載の付表1では、昭和三年以降昭和十八年までの治安維持法違反事件年度別処理人員が示されている。昭和七年に人員が急増し、昭和八年がピークとなっているのが分かる。再び増加するのは昭和十七年である。宗教関係者が登場するのは昭和十一年からで、そのピークは昭和十四年である。右翼を含む独立の関係者は昭和十五年から増えはじめ、昭和十六年、十七年と増加し続けている。

（2）前掲・奥平『治安維持法小史』一二九－一七九頁などを参照。

（3）前掲・小田中「昭和前期の治安政策と法」二五四頁によると、「起訴留保処分がその狙いの一つとした転向確保は、保護観察制度新設を通じてさらに強化された。転向者を監視監督して転向を確保し再犯を防止する保護観察制度をつくる試みは、まず一九三四年の治安維持法改正案のなかに非転向者に対する予防拘禁制度などと共に盛り込まれた。さらに一九三五年の治安維持法改正案にも保護観察制度が規定された。ただし予防拘禁制度が世論の批判によって削除されたのに伴い、保護観察制度は転向者（刑の執行猶予の言渡を受けた者、起訴猶予された者）のみならず非転向者（刑の執行を終った者、仮出獄を許された者）にも適用されることとされている。これら二つの改正案はいずれも審議未了に終り、その代りに一九三六年に思想犯保護観察法が制定された。」とされる。

(4)　一九〇四（明治三十七）－一九九四（平成六）年。新潟県に生まれた。早稲田大学を卒業後、一九二九（昭和四）年、東京地裁判事になり、同三二年に共産党に入党した。同年、司法官赤化事件で検挙される。一九五〇（昭和二十五）年、弁護士となり、自由法曹団幹事長、日弁連人権擁護委員長などを歴任した。免田事件の弁護団長も務めた。ちなみに、「司法官赤化事件」でともに有罪とされた尾崎（懲役八年）、福田力之助（同二年）、為成養之助（同三年）は、清水誠（都立大学教授）および小田中聰樹（同助教授）の司会で、「『司法官赤化事件』について」と題された座談会（『現代と思想』青木書店、一九七二年）に出席している。そこで、尾崎は、「戦前の反動的な司法が日本を戦争へ持ち込む大きな推進力となったように、現在の最高裁を頂点とする司法反動が、日本をさらに危険な戦争へ導くことがないようにしなければならないのではないか」と述べている。被害当事者の言だけに重いものがある。被告人による事件の回想としては、この他、滝内礼作「被告人―赤化裁判官事件の体験から」法学セミナー一八号（一九五七年）、為成養之助「裁判所のなかで」自由法曹団編『自由法曹団物語』（労働旬報社、一九六六年）などを参照。

(5)　一八九一（明治二十四）－一九六二（昭和三十七）年。岡山県に生まれた。戦後、京都大学教授に復帰し、京都大学総長などを歴任した。

(6)　前掲・中澤『治安維持法』一三三－一三四頁などを参照。

(7)　前掲・奥平『治安維持法小史』一二六頁以下。

(8)　前掲『大審院刑事判例集』第八巻（昭和四年）三一七頁以下（昭和四年五月三十一日第四刑事部判決）を参照。

(9)　前掲・中澤『治安維持法』一二三－一二五頁などを参照。

(10)　同書一二六頁などを参照。

(11)　前掲『大審院刑事判例集』第九巻（昭和五年）七八八頁以下を参照。

(12)　同第一〇巻（昭和六年）二一九頁以下を参照。

(13)　同第一〇巻（昭和六年）二三九頁以下を参照。

(14)　同第一〇巻（昭和六年）二七六頁以下を参照。

(15)　同第一〇巻（昭和六年）三二五頁以下を参照。

(16)　同第一〇巻（昭和六年）五八七頁以下を参照。

(17)　同第一〇巻（昭和六年）六三四頁以下を参照。

(18)　同第一一巻（昭和七年）一七八頁以下を参照。

(19)　同第一一巻（昭和七年）三二四頁以下を参照。

(20)　同第一一巻（昭和七年）五三〇頁以下を参照。

(21)　同第一一巻（昭和七年）九五一頁以下を参照。

(22)　同第一一巻（昭和七年）一六四九頁以下を参照。

(23)　同第一一巻（昭和七年）一九一四頁以下を参照。

(24)　同第一二巻（昭和八年）二四三頁以下を参照。

(25)　同第一二巻（昭和八年）一一五四頁以下を参照。

(26)　同第一二巻（昭和八年）一二四九頁以下を参照。

(27)　同第一二巻（昭和八年）一四六二頁以下を参照。

(28)　同第一二巻（昭和八年）一五六一頁以下を参照。

(29)　同第一二巻（昭和八年）二二九四頁以下を参照。

(30)　前掲・奥平『治安維持法小史』一一八頁によると、「のちに判例法上も確定される解釈によれば、行為者は結社の目的を肯定し目的意識的に支援する要素は、目的遂行罪の成立にとって不要とされる。その者の主観や目的意識とはかかわりなく、その者の行為が客観的にみて結社の目的遂行になっている、と当局が認定すれば、罪にあたることになる。つまり、目的罪ではない、と解されたわけである。」とされる。

(31)　前掲・奥平『治安維持法小史』一一九頁以下によると、「目的遂行罪は、本当に権力の側にとって便利このうえもないものであった。当局は、これを使って、任意の人びとをつかまえ、治安維持法違反を問うことができたからである。……当局は、『究極』論法をもちいて、目的遂行罪を活用するようになる。いま、現実に、党の『目的遂行ノ為』になるといえなくても、『究極において』党の目的達成につかえる行為だといい立てることによって、例えば反ファシズムのための統一戦線結成のうごきのようなものが、芽のうちにつみとられてしまうのである。そののちの歴史にてらしていえば、目的遂行罪は治安維持法の背骨を構成し、治安維持法の悪法性を代表するものとして、決定的に重要な役割を果たす。」とされる。ただし、ここでも厳密にいえば「究極の目的」論が果たした主な役割は既にみたように日本共産党などをもって治安維持法にいう「国体の変革を目的とする結社」「私有財産制度の否認を目的とする結社」と問擬する点にあって、目的遂行罪の著しい拡大に奉仕した論理は「一切の目的遂行行為」論であり、「間接的な目的遂行行為」論などであったとすべきであろう。

(32) たとえば、第五十帝国議会衆議院治安維持法案（政府提出）委員会における委員質問（『同委員会議録（筆記速記）第一回』（大正十四年二月二十三日）四－八頁）などを参照。

第六章

(1) 前掲・中澤『治安維持法』一二七－一二八頁などを参照。

(2) 同書一三五－一三七頁などを参照。

(3) 同書一四六－一四七頁などを参照。

(4) 前掲・奥平『治安維持法小史』一五七頁以下は、治安維持法違反の対象者に対する「転向」補導政策を取り上げ、「（転向・改悛—引用者）政策が成立し実現するのは、満州事変・国際連盟脱退等の国際的な困難をかかえながら、昭和恐慌後国内立て直しを強行しなければならない日本帝国主義が、非常時的・反動革新的な『日本精神』が必要になるときであった。これを『ファシズム』イデオロギーと呼ぶとすれば、思想統制法としての治安維持法が、思想犯転向補導機能を政策的にもつようになるのは、日本が『ファシズム』にのめりこみはじめるのと同時併行である。」「はじめ学生らに対する必罰主義の緩和に端を発して、『転向』と不起訴（または起訴猶予）とを結合させた方針は、間もなく治安維持法被疑者一般に適用される制度へと発展した。これが『留保処分』といわれる制度である。事実上は一九三一年ごろからおこなわれ、三二年末に公式に司法大臣訓令として確立した。……留保処分とは、容疑者に対し起訴・不起訴の決定（処分）をせず、一定期間（通常六カ月、特に必要があるばあい一年）本人の改悛の様子をみて、しかるのちに処分を決定しようとする制度である。留保処分にするかどうかきめるさいの規準として、次の事項があげられている。……ここにあげられているもののうちで重要なのは『適当ナル身元引受人ノ有無』の項目である。」「このように思想検察が考案した身元引受人による視察は、特殊日本的な家族主義にからめて『転向』をひき出し確定するものとして、極めて効果的な制度であった。と同時に、これは明治以来の伝統的な視察システムたる要視察人・特別要視察人制度に比べて、はるかに安あがりで、しかも警察の手をわずらわすところはほとんどない。くわえて、視察の内容・程度は官憲によるそれよりも、はるかにプライバシーの深部にわたりうるし、カバーしうる私生活領域も広い。……当局は『温情主義』を宣伝することもできた。」とされる。

（5）『第六十五回帝国議会衆議院議事速記録第九号）』（昭和九年二月三日）一四六 - 一四七頁。
（6）同一四七 - 一五〇頁。
（7）同一五〇 - 一五五頁。
（8）同一五五 - 一五七頁。
（9）同一五七 - 一六〇頁。
（10）同一六〇 - 一六四頁。
（11）同一六五 - 一七二頁。
（12）同一七三頁。
（13）『第六十五回帝国議会衆議院議治安維持法改正法律案委員会議事録（筆記）第六回』（昭和九年二月二十一日）九頁。
（14）『同第七回（昭和九年二月二十二日）』七頁。
（15）『同第三回（昭和九年二月二十一日）』五頁。
（16）『同第四回（昭和九年二月十六日）』八頁。
（17）同九 - 一〇頁。
（18）同一三頁。
（19）『同第六回（昭和九年二月二十一日）』二一頁。
（20）同五 - 九頁。
（21）『同第一二回（昭和九年三月六日）』一九頁。
（22）『同第六回（昭和九年二月二十一日）』六頁。
（23）『同第四回（昭和九年二月十六日）』二九頁。
（24）『同第三回（昭和九年二月十二日）』六頁。
（25）『同第四回（昭和九年二月十六日）』一 - 五頁。
（26）同九 - 一〇頁。
（27）同二一 - 二三頁。
（28）『同第六回』（昭和九年二月二十一日）一〇 - 一三頁。
（29）『同第五回』（昭和九年二月十九日）三 - 八頁。
（30）同一一 - 一三頁。
（31）同一三 - 一六頁。
（32）『同第六回』（昭和九年二月二十一日）一一頁および『同第八回』（昭和九年三月一日）四頁。
（33）『同第八回（昭和九年三月一日）』五頁。
（34）同七 - 一八頁。
（35）同八頁。
（36）同一一頁。
（37）『同第九回（昭和九年三月二日）』四 - 五頁。
（38）同八頁。
（39）同九 - 一一頁。
（40）同一三頁。
（41）『同第六回』（昭和九年二月二十一日）一三頁。
（42）『同第四回』（昭和九年二月十六日）三 - 四頁。
（43）『同第六回』（昭和九年二月二十一日）一四頁。
（44）同二一頁。
（45）『同第一四回』（昭和九年三月十二日）九頁。
（46）『同第五回』（昭和九年二月十九日）四 - 一三頁。
（47）同一五 - 一六頁。
（48）『同第八回』（昭和九年三月一日）四頁。
（49）同五 - 一三頁。
（50）『同第九回』（昭和九年三月二日）四 - 六頁。
（51）同八頁。
（52）同一〇 - 一二頁。
（53）『同第一三回』（昭和九年三月七日）二六 - 二八頁。
（54）同二六頁。
（55）同二六頁。
（56）『同第六回』（昭和九年二月二十一日）一九頁。
（57）『同第四回』（昭和九年二月十六日）二五頁。

(58) 同二五頁および二八頁。
(59)『同第一三回』（昭和九年三月七日）一頁。
(60) 同一頁。
(61)『同第七回』（昭和九年二月二十二日）八頁。
(62)『同第九回』（昭和九年三月二日）一五頁。
(63) 同一五-一七頁。
(64)『同第一二回』（昭和九年三月六日）二-四頁。
(65)(66) 同四頁。
(67) 同五頁。
(68)『同第九回』（昭和九年三月二日）一八頁。
(69)『同第一二回』（昭和九年三月六日）三頁。
(70) 同四頁。
(71)『同第四回』（昭和九年二月十六日）一一頁。
(72)『同第六回』（昭和九年二月二十一日）一九-二〇頁。
(73) 同一一頁および二一頁。
(74)『同第七回』（昭和九年二月二十二日）一頁。
(75) 同四-五頁。
(76)『同第一二回』（昭和九年三月六日）一〇-一七頁。
(77) 同一九-二三頁。
(78) 同四三頁。
(79)『同第四回』（昭和九年二月十六日）一一-一二頁。
(80)『同第六回』（昭和九年二月二十一日）一一頁。
(81) 同二一-二三頁。
(82)『同第七回』（昭和九年二月二十二日）五頁。
(83)『同第一二回』（昭和九年三月六日）一二-二四頁。
(84)『同第九回』（昭和九年三月二日）一-二頁。
(85) 同二頁。
(86)『同第一〇回』（昭和九年三月三日）二頁。
(87)『同第六回』（昭和九年二月二十一日）九頁。
(88) 同九-一〇頁。
(89)『同第十五回』（昭和九年三月十五日）六-八頁。
(90) 同八頁。
(91)『第六十五回帝国議会衆議院議事速記録第二十四号（昭和九年三月十六日）』六三五頁。
(92)『第六十五回帝国議会貴族院治安維持法改正法律案特別委員会議事速記録第一号』（昭和九年三月十九日）六頁。
(93)『第六十五回帝国議会貴族院議事速記録第二十八号』（昭和九年三月十七日）三五四-三五七頁。
(94) 同三五七-三五九頁。
(95) 同三六一-三六三頁。
(96) 同三六三-三六四頁。
(97) 同三六四頁。『第六十五回帝国議会貴族院治安維持法改正法律案特別委員会議事速記録第二号』（昭和九年三月十九日）一頁。
(98)『同第二号』（昭和九年三月二十日）五頁。
(99)『同第四号』（昭和九年三月二十三日）二八頁。
(100)『同第五号』（昭和九年三月二十四日）二頁。
(101) 同三頁。
(102) 同二五頁。
(103)『同第六号』（昭和九年三月二十五日）一頁。
(104) 同一-二頁。
(105)(106) 同二頁。
(107)『第六十五回帝国議会治安維持法改正法律案両院協議会議事速記録第一号』（昭和九年三月二十五日）一-一〇頁。
(108) 同八頁。
(109) 前掲・中澤『治安維持法』一五〇-一五一頁などを参照。

(110)（111）（112）前掲『第六十五回帝国議会治安維持法改正法律案両院協議会議事速記録第一号』八頁。
(113) 同九頁。
(114) 前掲・中澤『治安維持法』一五一頁などを参照。
(115)『第六十七回帝国議会衆議院議事速記録第二十四号（昭和十年三月七日）』五一〇－五一一頁。
(116) 同五一一－五一二頁。
(117) 同五一三頁。
(118) 同五二〇－五二三頁。
(119)『第六十七回帝国議会衆議院治安維持法改正法律案外一件委員会議録（筆記）第八回』（昭和十年三月十九日）一頁。
(120)『同第三回』（昭和十年三月十一日）一一－一六頁。
(121) 同二二－二四頁。
(122) 同二五頁。
(123)『同第四回』（昭和十年三月十三日）二頁。
(124)『同第三回』（昭和十年三月十一日）一頁。
(125) 同二－四頁。
(126) 同六－八頁。
(127)『同第四回』（昭和十年三月十三日）五頁。
(128)『同第七回』（昭和十年三月十九日）一－二頁。
(129)『同第十回』（昭和十年三月二十二日）三〇頁。
(130)『同第十一回』（昭和十年三月二十三日）一－六頁。
(131)『同第七回』（昭和十年三月十八日）一三頁。
(132)『同第十回』（昭和十年三月二十二日）三〇－三一頁。
(133)『同第十一回』（昭和十年三月二十三日）八頁。
(134)『同第十二回』（昭和十年三月二十四日）六頁。
(135) 同五－六頁。
(136)『同第七回』（昭和十年三月十八日）三頁。
(137) 同七頁。
(138) 同二〇－二一頁
(139)『同第九回』（昭和十年三月二十日）二三頁および二五頁。
(140)『同第十三回』（昭和十年三月二十五日）二－三頁。
(141) 同四－五頁。
(142) 前掲・中澤『治安維持法』一五七頁などを参照。思想犯保護観察法の制定と保護観察制度については、拙著『更正保護の展開と課題』（法律文化社、二〇一五年）二七頁以下などを参照。

第七章

(1) 前掲・奥平『治安維持法小史』一八七－一八八頁などを参照。
(2) 同書一八七頁以下などを参照。
(3) 同書一九二頁以下などを参照
(4) 同書二〇六頁以下などを参照。
(5) 同書二一五頁。
(6) 同書二〇二頁以下などを参照。
(7) 同書一九〇頁以下などを参照。
(8) 同書一九一頁。
(9) 法曹会発行『大審院刑事判例集』第一三巻（昭和九年）三四三頁以下を参照。
(10) 同第一三巻（昭和九年）八二三頁以下を参照。
(11) 同第一三巻（昭和九年）一四三二頁以下を参照。
(12) 同第一三巻（昭和九年）一四四九頁以下を参照。
(13) 同第一三巻（昭和九年）一六七七頁以下を参照。
(14) 同第一四巻（昭和十年）一六八二頁以下を参照。
(15) 同第一四巻（昭和十年）二八四頁以下を参照。
(16) 同第一四巻（昭和十年）五四九頁以下を参照。

(17) 同第一四巻（昭和十年）五九三頁以下を参照。

(18) 同第一五巻（昭和十一年）七一五頁以下を参照。

(19) 同第一五巻（昭和十一年）七三五頁以下を参照。

(20) 同第一五巻（昭和十一年）一五二八頁以下を参照。

(21) 同第一六巻（昭和十二年）一二五七頁以下を参照。

(22) 同第一七巻（昭和十三年）八三一頁以下を参照

(23) 同第一九巻（昭和十五年）五八七頁以下を参照

(24) 「昭和九年五月　思想事務会同議事（控訴院思想係検事及地方裁判所次席検事会同）」社会問題資料研究会編『社会問題資料叢書第一輯（昭和九年五月思想事務会同議事録　昭和十年六月思想実務家会同並に司法研究実務家会同議事録）』（東洋文化社、一九七三年）一三二頁を参照。

(25) 前掲『大審院刑事判例集』第二〇巻（昭和十六年）四四七頁以下を参照。

(26) 一九三三年（昭和八年）二月、全協関係者が検挙された事件について、前掲・奥平『治安維持法小史』一四二頁以下は次のように紹介している。

「全協は、三・一五によって内務大臣により結社禁止を命ぜられた日本労働組合評議会の後進にあたり、日本共産党の支配下に属する連合体として警察当局はかねてから、この組織内の党フラクション活動などに着目し、査察おこたらないところであった。しかるところ、三二年九月その第一回中央委員会は新運動方針を樹て、規約中に『プロフインテルン日本支部』（プロフインテルンは、「国際赤色労働組合」とも言われる労働組合の国際組織のこと）たることを明記するとともに、行動綱領中に「天皇制打倒ノ為メノ闘争」のスローガンを採用したのであった。つまり、全協は『天皇制打倒』＝『国体ノ変革』を目的とすると明言したのである。これを奇貨として、検察・特高警察は協議のうえ、全協そのものを治安維持法第一条違反の結社であると解釈し、この解釈に基づき三三年三月以降、全協関係者に対する徹底的検挙に着手した。ちなみに、内務省警保局が『司法当局ト打合セノ上』採択した全協取締方針として、府県警察に指示した文書では「全協ハ創立ノ当初（昭和三年十二月二十五日）ヨリ国体ノ変革ヲ目的トスル結社ニシテ、最近（昭和七年九月）其行動綱領中ニ『君主制ノ廃止』ヲ加ヘ本来ノ目的ヲ表面ニ掲ゲ其ノ運動一層矯激トナリタルヲ以テ、従来ノ処理方針ヲ改メ全協自体ヲ治安維持法第一条第一項所定ノ結社トシテ取扱フコト」とある（昭和八年五月三日警保局甲第一七号、警保局長ヨリ各府庁県長官宛）。……この文書では、『起訴ノ範囲ハ、（イ）成ル可ク昭和七年九月ノ全協第一回中央委員会以後ノ行動ニ参加シタル者ノミニ限定スルコト（ロ）全協ノ役員其他指導者タル任務ニ従事シタル者（産業別組合ノ者ヲ含ム）ノミニ限定スルコト』と、多少の限定がついていた。けれども三三年中に全協関係でおこなわれた取締りは、一道三府三九県にわたり検挙総人員四五三七名、起訴収容者総数五四三名と、たいへんな規模のものであった。新取締り方針のもとにおける全協は、もはや日本共産党の外郭団体という意味においてではなくて、日本共産党とならんで『国体ノ変更ヲ目的トスル結社』へと格あげされたものとして、解体を余議なくされたのである。」

(27) 一九三七（昭和十二）年十二月十五日払暁、全国十八府県において日本無産党、日本労働組合全国評議会（全評）およびこれらの理論的指導者と目される「労農派グループ」の関係者四四六名が一斉検挙された。日本無産党および全評は治安警察法により結社禁止処分に付された。翌三八年二月一日早朝、九府県において「労農派グループ」の「残留分子」と東大教授大内兵衛、同助教授有沢広巳、同脇村義太郎などを含む「労農派教授グループ」など三五名も検挙された。これがいわゆる人民戦線事件である。かつての三・一五事件や四・一六事件等と異なり結社への関わり方は千差万別であるにもかかわらず等しく治安維持法第一条を適用しようとしたところに事件の特異性が存した。

(28)　松尾洋『治安維持法と特高警察』（教育社、一九七九年）一九二頁によると、「三八年十一月、天理本道教団は、絶対平和主義、甘露台なる神格者が日本を支配するという教義が特高警察のやり玉にあげられ、教組の後継者大西愛次郎をはじめ全国の布教師、信者一千名が検挙、幹部百数十名が不敬罪、治安維持法違反で起訴され、教団も禁止された。」とされる。

ちなみに、団体に対する最初の治安維持法適用事件とされる大本教事件の端緒となったのは一九三五（昭和十）年十二月八日早暁の一斉取締りであった。この点についても、前掲・奥平『治安維持法小史』一一三頁以下によると、次のように記述されている。

「この日、京都府警察は秘密裏に約五〇〇名の検挙部隊を、皇道大本の本部たる綾部総本部および亀岡天恩郷などに派遣し、両本部および最高幹部居宅を襲撃して、三〇余名を検挙し、さらに大量な証拠品の押収捜索をおこなわしめた。……弾圧はその後も継続し、三六年末までの検挙総数は九八七名に達した。」「乱暴ないい方だが、大本教事件には『たてまえ』と『ほんね』の二重構造があった。当局はこの両方を適当につかいわけしながら対処したのである。『たてまえ』の方に治安維持法（および刑法七四条＝不敬罪）が位置する。……要するに、弾圧のいいつくろいである。他方この事件の『ほんね』とは、なんとしても大本教団をつぶしてしまいたい、つぶさなければならないという真の動機・動因である。結論的にいえば、この事件の『ほんね』は、いまや莫大な財力と社会力を包蔵するにいたった皇道大本が、急速過激に右傾化・国家主義化・行動化の傾向をたどっていたので、機をみて有効にこれを阻止しなければならないという治安警察的な契機であった。」

第八章

(1)　前掲・中澤『治安維持法』一七〇頁以下などを参照。なお、前掲・奥平『治安維持法小史』一八一頁以下によると、「取締り当局は三〇年代後半、法改正なしに、しかし法改正で企図された以上の権限強化を実行することになるのであった。つまり、改正案が議会を通過しなかったことは、改正案に盛られていた権力増殖を実現するさまたげにはならなかったのである。三〇年代後半の、このような法の運用を前提に、四一年春、待望の治安維持法全面改正が成立するが、そのときには、三三〜三五年の改正案など物の数ではない程度に、権力増殖が追認されることになるのである。」とされる。

(2)　『現代史資料45　治安維持法』（みすず書房、一九七三年）三一八－三一九頁。

(3)　同三三〇頁。

(4)　同三五一－三五二頁。

(5)　同三五三－三五五頁。

(6)　同三五八－三六〇頁。

(7)　同三六〇－三六二頁。

(8)　前掲・小田中「昭和前期の治安政策と法」二五六頁以下によると、治安維持法の拡大運用と一九四一年改正の関係が次のように分析されている。

「取締当局のみるところによれば、共産主義運動は人民戦線運動の方針に基づき、社会民主主義団体に潜入し、これを利用して合法主義を装いつつ反ファシズムを当面の闘争目標としている、というのであるから、その取締りの対象が共産党再建運動のみならず反ファシズムを志向する勢力のあらゆる組織や運動に及ぶことは必至であり、いわゆる合法左翼といえどもその例外ではありえなかった。そして日中戦争が始まる一九三七年には反戦・反ファッショ運動が治安維持法適用の主な対象に設定され、徳島県下文化サークルＬＬＣ検挙（一九三七年七月）、京都府下同人雑誌『リアル』関係者検挙（同年八月）、『世界文化』『学生評論』『土曜日』関係者検挙（同年十一月以降）などをはじめ、各地の反戦・反ファシズムの文化活動関係者が相次いで検挙された。そして一九三七年十二月には、日本無産党、日本労働組合全国評議会、労農グループら四四六名に対する検挙が行なわれ、さらに翌年二月にも労農派教授グループを含む三八名が検挙された。……二度にわたる人民戦線事件検挙によって、反戦・反ファシズムの運動勢力を弾圧した取締当局は、その後も、唯物論研究会（一九三八年十一月検挙開始）、プロレタリアエスペラント運動（三九年九月検挙開始）、生活綴方運動（四〇年二月検挙開始）をはじめ、文化活動に対する弾圧の手を広げていった。また、この時期には、宗教団体に対する取締りがなされ、一九三五年に第二次大本教事件、三七年には新興仏教青年同盟事件、三九年に日本灯台社事件など、弾圧が相次いだ。このようにして治安維持法は、およそ戦争政策に批判的な分子を徹底的に抑圧するという役割を果たしたのであるが、さらに日米開戦にそなえて、一九四一年に全面改正を施された。」「その後、治安維持法は、太平洋戦争の直前および戦時下にあって、およそ国策遂行に多少とも障害となるようなあらゆる批判的な動きに対して仮借なく適用された。その取締対象は、企画院事件（一九四一年四月検挙）、ゾルゲ事件（同年十月尾崎秀実検挙）などにみられるように権力機構内部またはその周辺部から、俳句グループ等の一般庶民の文化活動にまで及んだ。しかも横浜事件（一九四四年一月検挙開始）にみられるように、特高警察によるフレームアップすら行なわれた。」

(9)　前掲・中澤『治安維持法』一七一頁以下などを参照。

(10)　一九四〇年（昭和十五年）七月二十二日に第二次近衛文麿内閣が成立すると、近衛周辺は新党運動を再開した。いわゆる「新体制運動」がこれであった。この運動には既成政党や無産政党も雪崩を打って参加し、同年八月までにすべての政党は解散した。

新体制運動の理論を提供したのは、一九三三年に近衛のブレーンとして発足した昭和研究会であった。メンバーには東大教授の蠟山政道、大原社会問研究所の笠信太郎、元法政大学教授の三木清らといった社会主義研究の泰斗も含まれていた。彼らはヨーロッパのファシズムに注目し、それに国内改革のヒントを見出していた。八月二十八日からの「新体制準備会」で国民運動の実行・指導・推進を担う組織の具体案が審議され、十月一日に大政翼賛会が発足した。総裁は首相が兼任し、国民を大政翼賛運動に組織すべく、中央本部、道府県・市町村の支部、そして中央・地方に協力会議を設けることが定められた。

しかし、「革新派」に加えて旧政党など既成勢力をも抱合する呉越同舟の組織のため運営は難航し、「大政翼賛会実践要綱」が発表されたのは、発足から約二か月も後であった。無任所大臣の平沼騏一郎を筆頭とする観念右翼は、翼賛会は天皇親政をないがしろにする「幕府的存在」だと批判した。また、小林一三商工大臣を筆頭とする財界は、企画院の立案した「経済新体制」を「赤」＝共産主義だと批判した。近衛は平沼を内務大臣に据えて懐柔を図り、企画院のプランを大幅に修正した。翼賛会は既成政党の離反や、地方行政をのっとられまいとする内務官僚からの反発などにより、翌四一年二月に政治活動は認められない公事《こうじ》結社と認定された。そのため同会は内務省主導の行政補助機関へと改組され、「近衛新体制運動」は挫折した。前掲・中澤『治安維持法』一七六頁以下などを参照。

(11) 前掲・中澤『治安維持法』一七九頁以下などを参照。

(12)『第七十六回帝国議会衆議院議事速記録第十二号』(昭和十六年二月八日）一三五頁。

(13)『第七十六回帝国議会衆議院治安維持法改正法律案委員会議録（筆記）第一回』(昭和十六年二月十日）一頁。

(14)『同第二回』(昭和十六年二月一二日）一－六頁。

(15) ちなみに、二月十二日の特別委員会で、大田耐造政府委員（司法書記官）から、「昭和八年十月の熱海の事件、所謂熱海事件として大量の検挙を致しました。之に依りまして党の尖鋭分子を一挙大量的に検挙出来ましたのと、其の前後から其の外郭団体に対しまして相当な弾圧を加えました。是と相俟ちまして非常に当時力が衰えたのでございます。是が取締の方面からの運動に及ぼした影響でございますが、一面に於きまして其の頃から佐野、鍋山の転向が発表せられまして、……非常に其の陣営に衝動を与えたのでございます。是が又学生其の他をして、……一応其の陣営に赴くことを避けしめた原因にもなって居るかと思います。更に進んで申上げますと、満州事変以来澎湃《ほうはい》として起きました国体明徴の思想、日本が或る意味に於て非常時である、斯う云う思想が瀰漫致しますに連れまして、是が又左翼の連中の減少を来たすに当りまして非常に大きな力であった。是が最も根本の力であったかも知れないと、左様に吾々は観察致して居ります」（『第七十六回帝国議会衆議院治安維持法改正法律案委員会議録（筆記）第二回』（昭和十六年二月十二日）二〇頁）と答弁されており、興味深い。

また、二月十四日の特別委員会でも、同政府委員から、「今日に於きましては単に社会主義を取締ると云うような法律ではないのでありまして、いやしくも国体に対して不逞なる変更を加えようとする者一切に対して、十分に之を適用して、之を検挙して行くべき任務を持った法律であると云う風に考えて居ります」（『第七十六回帝国議会衆議院治安維持法改正法律案委員会議録（筆記）第四回』（昭和十六年二月十四日）三五頁）と答弁されている。

(16)『第七十六回帝国議会衆議院治安維持法改正法律案委員会議録（筆記）第二回』(昭和十六年二月十二日）七頁。

(17) 同七－八頁。

(18) 同一九頁。

(19)『同第四回』(昭和十六年二月十四日）二三頁。

(20)『同第二回』(昭和十六年二月十二日）一二頁。

(21) 同八頁。

(22) 同一四頁。

(23) 同一五頁。

(24)『同第五回』(昭和十六年二月十五日）四二－四三頁。

(25)『同第二回』(昭和十六年二月十二日）一三頁。

(26)『同第六回』(昭和十六年二月十七日）六一－六二頁。

(27) 同六六－六八頁

(28) 同六二－六四頁。

(29)『同第二回』(昭和十六年二月十二日）一六－一八頁。

(30)『同第六回』(昭和十六年二月十七日）五七頁。

(31)『同第四回』(昭和十六年二月十四日）二三頁。

(32) 同二七頁。
(33) 同三二頁。
(34) 同三二一―三三三頁。
(35) 『同第五回』(昭和十六年二月十五日)四八―四九頁。
(36) 『同第六回』(昭和十六年二月十七日)五四頁。
(37) 『同第四回』(昭和十六年二月十四日)三三―三四年。
(38) 『同第二回』(昭和一六年二月十二日)一二頁。
(39) 『同第四回』(昭和十六年二月十四日)三五―三六頁。
(40) 『同第二回』(昭和十六年二月十二日)九頁。
(41) 同九―一〇頁。
(42) 『同第四回』(昭和十六年二月十四日)三〇―三一頁。
(43) 同二七頁。
(44) 同二九―三〇頁。
(45) 同三〇頁。
(46) 『同第二回』(昭和十六年二月十二日)一一頁。
(47) 『同第四回』(昭和十六年二月十四日)二七―二八頁。
(48) 同二八頁。
(49) 『同第八回』(昭和十六年二月十九日)九八頁。
(50) 『第七十六回帝国議会衆議院議事速記録第十六号』(昭和十六年二月二十日)二三七―二三九頁。
(51) 『同第十七号』(昭和十六年二月二十一日)一八八―一八九頁。
(52) 同一八九頁。
(53) 『第七十六回帝国議会貴族院治安維持法改正法律案特別委員会議事速記録第一号』(昭和十六年二月二十二日)一―四頁。
(54)(55) 『同第二号』(昭和十六年二月二十四日)一―三頁。
(56) 『同第五号』(昭和十六年二月二十八日)一三―一五頁。
(57) 同二六頁。
(58) 同二六―二八頁。
(59) 同二八―二九頁。
(60) 同三〇頁。
(61) 『第七十六回帝国議会貴族院議事速記録第二十二号』(昭和十六年三月一日)三〇一―三〇三頁
(62) 同三〇三頁。
(63) 前掲・奥平『治安維持法小史』二四三頁によると、「この期におよんで、『国体』を押し出して威嚇的な効果をねらう態度は、毫も弱っていない。司法官僚の権威主義と頭脳の硬直さは、むしろ一段と強化されつつあったというほかない。」とされる。
(64) 同書二四三頁によると、「三〇年年代前半には、『目的遂行ノ為ニスル行為』の処罰規定で、外郭団体の関係者を取締って来た。そして、その結果、少しでも日本共産党の息のかかった——と当局がみるところの——組織は、片端からつぶされ、当局の目的は十分に達成されたのであった。けれども当局は、ここでたづなをゆるめる気はなく、……三〇年代前半のアイデアに固執した。いや、五、六年前のアイデアに固執したばかりではない。それを……発展強化させたのであった。……『国体変革』結社の組織罪に死刑をもってくるだけではあきたらないとしたのであろう、外郭団体の組織罪にも、死刑をもってきた。」とされる。
(65) 同書二四四頁によると、「いろいろな『組織』や『結社』やらが重複して、話がややこしくなったが、当局はややこしくなる程度《ママ》に、『何でも禁止』の線を打ち出したのである。こうして要するに、『国体変革』結社の取締りを効果あらしめるために、これに多少とも関連する惧れのある組織を、事前に、予備的に、鎮圧する措置を講じた。」と評される。
(66) 同書二四五頁によると、「この規定は、諸個人の純粋に個人的な結合関係による諸活動(研究会・読書会)をさらにいっそう確実に、深部にわたって圧制するためのものにほかならなかった。なぜなら、すでに『結社』取締り規定しかない段階でさえ、当局は遠慮会釈なしに、グループ活動を圧殺してきたのだから。」とされる。

(67) 同書二四七頁に掲載の「昭和十六年改正治安維持法説明（案）」四九頁を参照。

(68) 同書二四八頁によると、「ここで、『国体』という魔物のことは、とやかくいうまい。それにしても、『否定』すなわち『承認しないこと』が、罪だというのだから、恐ろしいではないか。私のいいたいことは、このような文言を臆面もなく、天下の法律のなかに取り入れることによって、権力自身がますます歯止めを『否定』する姿勢を明らかにしたということである。」とされる。

(69) 同書二四八頁によると、このような罰則強化をもって、「新規定は、当局の過去の法実践を正当化するが、そればかりでない。これにより『国体変革』の拡張解釈をもってしても、どうしても取締り得なかった、もろもろの面白くない活動を、こんごは、泣く子も黙る治安維持法違反として規制することができるようになったのである。」とされる。

(70) 同書二五三頁によると、「この規定で娑婆から予防拘禁所に連れもどされた者が、存外に少なくないのは、注目に値する。」とされる。

(71) 『刑政』五四巻七号（第六三二号）（予防拘禁特輯号）（昭和十六年七月一日）二頁以下に寄せられた正木亮「予防拘禁所経営論」によると、司法官僚はこの拘禁所をもって「修養道場」とか「精神入替所」と呼んだとされる。なお、同予防拘禁特輯号には「改正治安維持法に関する文献」が紹介されている。

(72) 前掲・奥平『治安維持法小史』二五六頁によると、「裁判所はいとも簡単にこの（期間更新の—引用者）決定をおこなったとみられるふしがある。たとえば、……期間更新の請求ならびに決定の最初の事例は、一九四三年一一月三日づけで予防拘禁期間が満了することになっていた松本一三《かずみ》に対するものであった。東京地方裁判所は、かれが『現在ニ於テモ依然共産主義ヲ堅持シプロレタリア独裁ノ為ニ天皇制ハ之ヲ打倒スベキモノト確信シ大東亜戦争ヲ目シテ帝国主義的侵略戦争ナリト解シ居ル事実ヲ認メルニ十分ナリ』と認定し、そこからほとんど自動的に『左レバ今本人ヲシテ予防拘禁所ヨリ退所セシメルトキハ更ニ治安維持法第一章ニ掲ゲル罪ヲ犯スノ虞アルコト顕著ナリト謂フベク……忠良ナル日本臣民トシテ更生セシメル為ニハ先ニ静岡地方裁判所ニ於テ為シタル本人ニ対スル予防拘禁ハ……之ヲ更新スルヲ相当ト認メル』（『思想月報』一〇七号、昭十八・六、三九頁）という結論をひき出している。……この裁判所決定は、そんな（法律の—引用者）文言には毫末も注意を払わずに、おざなりの事実認定からステレオタイプの結論に達している。こういう裁判所決定だけで、刑期をつとめあげ、他の点で非のうちどころのない市民を、なん年もなん年も、自由剥奪状態のなかにすえおくことができたのであった。」とされる。

(73) 同書二六二頁などを参照。

第九章

(1)(2) 前掲・中澤『治安維持法』一八一―一八二頁などを参照。

(3) 同書一八五―一八八頁などを参照。

(4) 同書一八八―一九一頁などを参照。

(5) 前掲・奥平『治安維持法小史』二五〇頁以下などを参照。

（6）前掲・小田中「昭和前期の治安政策と法」二四七頁によると、治安維持法の主な検挙対象について、「第一のピーク時にあっては共産党関係者、そのシンパ層、外郭団体と目された者であり、第二のピーク時にあっては労農派をはじめとする合法左翼、人民戦線運動関係者と目された者、宗教関係者であり、また第三のピーク時にあっては自由主義者、人道主義者を含む広範な良心的無党派層であった。」と分析される。

（7）法曹会発行『大審院刑事判例集』第二二巻（昭和十八年）二〇五頁以下を参照。

（8）同第二二巻（昭和十八年）二四一頁以下を参照。

（9）同第二二巻（昭和十八年）三〇一頁以下を参照。

（10）同第二三巻（昭和十九年）四一頁以下を参照。

（11）同第二四巻（昭和二十年）一一頁以下を参照。

（12）注目されるのは「植民地朝鮮における治安維持法」を問題とした歴史学者（朝鮮近代史）水野直樹の一連の研究である。「治安維持法と朝鮮・覚え書き」『朝鮮研究』第一八八号（一九七九年）、「日本の朝鮮支配と治安維持法」『季刊三千里』第四十七号（一九八七年）、「治安維持法の制定と植民地朝鮮」京都大学人文科学研究所『人文学報』第八三号（二〇〇〇年）、「治安維持法による死刑判決――朝鮮における弾圧の実態」『治安維持法と現代』（二〇一四年秋号）、などがそれである。「治安維持法に関する研究は、これまで数多く発表されているが、治安維持法が日本の植民地である朝鮮や台湾でも施行され、それの地で民族解放を求める運動を弾圧の対象としたことは、あまり意識されず、研究もほとんどなされていないと言ってよい」という問題意識に基づくものである。

「治安維持法の制定と植民地支配」では、植民地における治安維持法に関して論じた主要な研究を紹介したうえで、治安維持法制定にあたって植民地の問題がどのように意識されていたかが考察され、次のような点が指摘されている。植民地朝鮮の独立運動を押さえ込む必要から、朝鮮のほうが本国よりも治安法制制定の動きが早く、かつ厳罰化傾向をもった。三一運動後の一九一九年四月十五日に制定された政令第七号「政治に関する犯罪処罰の件」は「変革」という文言があるため、治安維持法の先駆とみなされることがあったが、制定の一番の理由は日本帝国領土外（主に中国）に住む朝鮮人を取締ることであった。樺太（シベリア）には二十万人の朝鮮族や移住した朝鮮人が居住し、総督府ではロシア共産党と朝鮮の独立運動が結びつくことへの危機感が本国以上に強かった。日ソ不可侵条約の影響は内地より朝鮮の方が受けやすいとして、総督府は治安維持法不成立の場合は朝鮮だけの政令を公布する意図をもって、成立に圧力をかけたと推測できる。日本では治安維持法を普通選挙との抱き合わせでとらえる説があるが、総督府にとっては普通選挙はまったく考慮の外にあった。

これらの点に加えて、同論文では、「治安維持法に対する朝鮮人の反応」として、代表的な朝鮮語新聞の社説を読み解き、「国体」概念の指摘など、根底的な問題を批判していることに注目されている。他方、「治安維持法による死刑判決――朝鮮における弾圧の実態」では、治安維持法の植民地的特徴として、①植民地での治安維持法施行は勅令によるものであった、②植民地独立を目的とする運動に治安維持法の「国体変革」条項が適用された、③海外に住む朝鮮人（特に中国で活動する朝鮮人）に治安維持法が適用された、④植民地朝鮮では治安維持法違反被告事件の刑事裁判の量刑が重く、多くの死刑判決が下された、⑤「転向の基準」が日本の「内地」と異なっており、転向の内実が厳しく問われた、⑥保護観察の下で「大和塾」という独特のシステムが築かれた、⑦予防拘禁制度が内地にさきがけて実施された、などの点を挙げたうえで、植民地朝鮮における量刑の重さが確認され、治安維持法関係事件で四八名に死刑判決が出たこと、多くは刑法の他の罪も付されているが、一九三〇年の第五次間島共産党事件では治安維持法違反のみでも一名が死刑とされていることなどが明らかにされる。「大和塾」も八か所あったとされる。そして、次のように結ばれている。

治安維持法について考察するにあたっては、「ソフト」な側面（「転向」の問題など）を論じることも大切だが、一方でその「ハード」な側面を明らかにすることはいっそう重要な課題である。それを抜きにしては治安維持法の本質を理解することができないのである。また、検挙・取調べ・裁判・服役などの過程で拷問死・獄死した者が多数いたことも見落とすことができない。朝鮮における拷問死・獄死の問題はまったく明らかにされていないといってよい。

(13)　前掲・松尾『治安維持法と特高警察』一八六頁以下によると、唯物論研究会事件について次のように記述されている。

「一九三八年十一月、雑誌『唯物論研究』改め『学芸』に拠る学者戸坂潤、岡邦雄、伊豆公夫、永田広志、森宏一、新島繁、伊藤至郎、武田武志ら十数名がいっせいに検挙された。唯物論研究会は、一九三二年十月、左翼的立場の鮮明なプロレタリア科学研究所（三三年一月プロレタリア科学同盟に改組）よりも、もっとひろい唯物論の研究者を網羅したいと、戸坂、岡、永田らのほか、小倉金之助、三枝博音、服部之総ら、幅ひろい学者を世話人に結成された、研究・啓蒙を目的とする団体であった。会は、月刊誌『唯物論研究』を発行したほか、『唯物論全書』全六六巻を出版、また自然科学、社会科学、哲学などの部門別研究会、ゼミナール、講演会などをひらき、学生やサラリーマンに支持者を得ていた。」

「ところが、翌三三年二月には小林多喜二が虐殺され、四月には会主催の講演会が理由不明の解散命令をうけ、会員のなかから脱退者が出るなど、困難が加わってきた。……唯物論研究会は、雑誌発行以外のいっさいの活動をやめ、合法性の維持につとめたが、翌三八年二月、労農派教授グループの検挙があったので、会を解散、雑誌を『学芸』と改め、その発行所として存続をはかった。しかし、同年十一月末、旧唯物論研究会の幹事一三名と、雑誌を中心に研究会をつくっていた各地の学生、サラリーマンが検挙され、主なものは起訴された。戸坂をはじめとする学者は、一年半も留置場生活をしたうえ、四〇（昭和十五）年五月には、治安維持法違反で起訴された。」

「こじつけの理由でけっきょく、四四（昭和十九）年四月、戸坂、岡の懲役三年、永田の同二年半、森、新島、伊豆、伊藤の同二年などの刑が確定した。このうち戸坂潤は、獄中の過酷な生活条件のため栄養失調と疥癬《かいせん》になったが治療をしてもらえず、急性腎臓炎を併発して、四五年八月九日、敗戦、治安維持法の廃止をまえに独房で死亡した。」

なお、永田、伊藤も獄中の虐待がもとで戦後間もなく死亡した。この事件とは別であるが、京都学派を代表する哲学者であったが、不当な有罪判決によって公式には教職に就けなくなり、活動の場を文筆活動に移していた三木清も、一九四五（昭和二十）年、治安維持法違反の被疑者高倉テルをかくまったとして検事勾留処分を受け、東京拘置場を経て豊多摩刑務所に収監され、終戦一か月後の九月二十六日に戸坂と同じく疥癬と腎臓悪化で獄死した。

第十章

（1）前掲・青柳『治安維持法下の弁護士活動』三五頁によると、治安維持法事件の公判に対するメディアの状況が、「なにしろあの時分は、一般の人が関心をもって傍聴にくるという雰囲気のものではなかったですからね。だから身内がくる、救援会関係の人が少しくるという程度ですから、せっかく公開されていながら傍聴者は少なかった。それからマスコミの記者も、私の記憶では毎回熱心に傍聴にきているというほどでもなかった。」と述懐されている。

（2）同書一八一頁によると、治安維持法下の弁護人の弁護活動をもって、「戦後の弁護士活動の常識からみて、戦前われわれのやった弁護士活動は、法廷の中に抑え込まれてしまって、法廷外の大衆的裁判闘争を組織するとか、あるいはその一翼をになうようなことはほとんどしなかった。……治安維持法下の弁護士活動をふり返ってみて、どうだったということになると、私はやはり弁護士の活動が法廷の中に限局されていた、それも手続的な要求に、争いに限られていたというのが特徴的であったことは認めます。」と述懐されている。

（3）同書一八二頁によると、次のように説かれている。

「被告は、思想的立場から、〝お前たちは弾圧立法をつくって、不当に捕まえたんだから、おれたちをすぐ釈放しろ〟って、大威張りでいえる。こわいものなしです。ところが弁護士は、そうはいかない。戦前の憲法には戦後の新憲法のように、違憲の法律は無効とするという規定がなかった。『悪法もまた法なり』という議論に対応できる法的根拠がないので、法律にしばられている弁護士としてはいえなかった。だから、そういう限界のなかで、やはり自分たちはどれぐらいのことができたかといえば、まあ、釈放を要求するとか、面会・差入れをするとか、公判闘争のやり方をなるべくこっちに有利にもっていくというようなことで、あくまでも被告の闘争を、弁護士としての資格を利用して援助するということにほとんど尽きていましたね。」

（4）前掲・小田中「治安維持法」四〇頁。

（5）同四二頁。

（6）拙著『刑法と戦争』（みすず書房、二〇一五年）二六四頁以下（戦時における検察司法の強化）および二七九頁以下（戦後における検察官司法の温存）などを参照。

（7）前掲・青柳『治安維持法下の弁護士活動』などを参照。

（8）光藤景皎『刑事証拠法の新展開』（成文堂、二〇〇一年）二七頁以下。

（9）同書二三－二六頁。

（10）甲山事件というのは、兵庫県西宮市の北部、標高三九〇メートルの甲山《かぶとやま》の西側に所在した「甲山学園」という知的障がい者施設で、一九七四（昭和四十九）年三月十九日、園生の女児（当時十二歳）と男児（当時十二歳）が園内の浄化槽から溺死体で発見されたことに起因する一連の事件をいう。警察は死体が発見された浄化槽のマンホールが閉められていたことなどから事故ではなく殺人事件と断定し、捜査を開始した。

犯人が外部から侵入した形跡はなく犯人は内部の者だと見込んだ警察は、園児には本件犯行は無理だとして園職員に捜査対象を絞り、職員の犯行当日のアリバイを調べた。そして、アリバイが不明であった女性保育士（当時二十二歳）を最終的に犯人と断定し、同年四月七日に同保育士を殺人容疑で逮捕し、連日十時間を超える取調べを続けた。アメとムチで迫られた保育士はついに自供に追い込まれ、検察官に送致された。

しかし、検察官は、「自白」の供述内容が曖昧で辻褄が合わなかったために「嫌疑不十分」として保育士を保釈し、起訴を見送ることとした。保育士は本件逮捕・勾留は不当な人権侵害だとして国家賠償請求訴訟を起こした。国家賠償請求訴訟では当時の学園長と保育士の同僚が保育士のアリバイを証言したが、このアリバイ証言は偽証だとして逆に園長と同僚が偽証罪で起訴された。保育士の不起訴に対しても被害男児の遺族から検察審査会に不服が申し立てられ、検察審査会は「不起訴不当」を議決した。

警察および検察による再捜査が開始され、新たに「保育士が被害女児の手を引っ張って浄化槽の方に無理に連れて行くのを窓越しに見た」旨の園児供述が得られたとして、保育士は殺人罪で再逮捕され、一九七六（昭和五十一）年三月に起訴された。この刑事裁判は、すでに触れたように、一九八五年の神戸地裁（第一審）による無罪判決、一九九〇（平成二）年三月の大阪高裁（控訴審）による無罪破棄・差戻し判決、一九九二（平成四）年四月の最高裁による上告棄却決定、一九九八（平成十）年三月の神戸地裁（再度の第一審）による再度の無罪判決、一九九九（平成十一）年九月の大阪高裁（再度の控訴審）による三度目の無罪判決、という経過をたどった。

第二次控訴審では弁護団の総数が二三九人にまで達するなど、この面でも異例の刑事裁判となった。保育士だけでなく、偽証罪で起訴された元園長と同僚にも無罪が確定した。

本件殺人被告事件については、①「保育士が被害女児の手を引っ張って浄化槽の方に無理に連れて行くのを窓越しに見た」旨の園児供述は、「日常的な光景」は通常記憶していないことが多く、記憶しているのは不自然で、捜査官によって誘導された可能性が強く信用できないこと、②保育士を犯人とするような物的証拠は存在しないこと、③自供も信用できないこと、などから、五回の刑事裁判を通じて一度も有罪判決が言い渡されることはなかった。にもかかわらず、再審を含まない刑事裁判としては稀にみる長期裁判となった。無罪判決に対して検察官上訴を認めることの矛盾が甲山事件により昼日の下に晒されることになった。

(11) www.moj.go.jp/content/000077694.pdf を参照。

(12) 抗議の内容は次のようなものである。

「無罪判決による名誉を人権の回復を切望する遺族（再審請求人）の強い思いを無視し、形式的な法律論を展開しただけで事件の真相を明らかにせず、姑息にも免訴ということで司法の責任を回避した。今回の免訴判決は、国民の司法への信頼を失墜させたものと云わざるを得ない。治安維持法と特高警察による過酷な弾圧の責任を追及し、犠牲者の救済と補償を要求している日本救援会は、この判決にあらためて強く抗議する。日本政府は、可及的すみやかに、治安維持法によって逮捕・投獄され、残虐な拷問や刑罰をうけたすべての犠牲者と家族に謝罪し、名誉回復と損害賠償を行うことを、あらためて強く要求する。」

(13) 幸い、小森恵著・西田義信編『治安維持法検挙者の記録—特高に踏みにじられた人々—』（文生書院、二〇一六年）なども公刊されている。同書は、『特高月報』、『思想月報』、『治安維持法弾圧犠牲者名簿』（1）日本赤色救援会編、『茨城県共産主義運動史』を基本とし、『現代史資料』、『日本政治裁判史録』、『思想統制史資料』、『思想彙報』、『大審院判例集』、「法律新聞」などにある予審終結決定書、裁判判決文の内容等を加えた二〇〇〇冊近い書籍から、検挙された人名、検挙、裁判、判決の日時、判決内容、検挙の事由、検挙者のプロフィール等を抽出、そのすべてに原典とその出典ページを明記したものである。検証会議を設置する環境は整えられつつあるといえないか。

第十一章

（1）吉田久一『日本社会事業の歴史（全訂版）』（勁草書房、二〇〇二年）などを参照。
（2）村上貴美子『占領期の福祉政策』（勁草書房、一九八七年）二四二頁以下などを参照。
（3）堀　勝洋「日本型社会福祉社会」季刊社会福祉研究十七巻一号（一九八一年）四十頁などを参照。
（4）田中成明『法学入門』（有斐閣、二〇〇五年）九〇頁以下。
（5）道中隆『生活保護と日本型ワーキングプア——貧困の固定化と世代間継承』（ミネルヴァ書房、二〇〇九年）などを参照。
（6）小川政亮「保護受給者に対する刑事弾圧——『福祉国家』への接近」仁井田隆博士追悼論文集第三巻『日本法とアジア』（勁草書房、一九七〇年）三九七頁以下などを参照。

治安維持法施行後の歴代大審院長のプロフィール

〈第十五代大審院長〉（大正十二年九月六日－昭和二年八月十八日）

横田秀雄

長野県出身。一八六二（文久二）年生まれ。東京帝国大学法科大学を卒業。大審院部長などを経て、平沼騏一郎の後を継いで大審院長に就任した。乃木希典を非常に尊敬し、裁判官を退官後は明治大学総長などを務めた。

〈第十六代大審院長〉（昭和二年八月十九日－六年十二月二十日）

牧野菊之助

東京府出身。一八六六（慶応二）年生まれ。東京帝国大学法科大学を卒業。東京控訴院長、大審院部長などを経て大審院長に就任した。

〈第十七代大審院長〉（昭和六年十二月二十一日－十年五月十二日）

和仁貞吉

東京府出身。一八七〇（明治三）年生まれ。東京帝国大学法科大学を卒業。東京控訴院検事長、東京控訴院長などを経て大審院長に就任した。

〈第十八代大審院長〉（昭和十年五月十三日－十一年三月十二日）

林頼三郎

埼玉県出身。一八七八（明治十一）年生まれ。私立東京法学院（一九〇五年より中央大学）を卒業。思想検事で、大審院検事局検事総長などを経て大審院長に就任した。その後、司法大臣、中央大学学長、枢密顧問官などを歴任した。戦後、公職追放され、解除後は再び中央大学総長に就任し、晩年は中央教育審議会委員などを務めた。

〈第十九代大審院長〉（昭和十一年三月十三日－十四年二月十四日）

池田寅二郎

佐賀県出身。一八七九（明治十二）年生まれ。東京帝国大学法科大学を卒業。大審院検事局検事、司法省民事局長、大審院部長などを経て大審院長に就任した。

〈第二十代大審院長〉（昭和十四年二月十五日－十六年一月三十日）

泉二新熊《もとじしんくま》

鹿児島県出身。一八七六（明治九）年生まれ。東京帝国大学法科大学を卒業。司法省行刑局長、同刑事局長、大審院部長、大審院検事局検事総長などを経て大審院長に就任した。その後、枢密顧問官に就いた。戦後、公職追放を受け、弁護士に転じた。

〈第二十一代大審院長〉（昭和十六年一月三十一日－十九年九月十四日）

長島毅《はたす》

神奈川県出身。一八八〇（明治十三）年生まれ。東京帝国大学法科大学を卒業。大審院検事局検事、司法省民事局長、司法次官、大阪控訴院長、大審院部長などを経て大審院長に就任した。

〈第二十二代大審院長〉（昭和十九年九月十五日－二十一年二月七日）

霜山精一

岡山県出身。一八八四（明治十七）年生まれ。東京帝国大学法科大学を卒業。大審院部長、東京控訴院長などを経て大審院長に就任した。退官後は貴族院議員となり、弁護士も開業した。
戦後は最高裁判所判事にも任命された。

〈第二十三代大審院長〉（昭和二十一年二月八日－二十二年五月三日）

細野長良

富山県出身。一八八三（明治十六）年生まれ。京都帝国大学法科大学を卒業。大審院判事、広島控訴院長などを経て最後の大審院長に就任した。大審院の廃止に伴い退官したが、司法権の独立が持論であった細野らの働きかけやGHQの支持もあって、新憲法では司法行政権が司法省から裁判所に移されることになった。

年表　戦前の日本共産党——結成・再建・崩壊

第一次日本共産党

一九二二（大正十一）年

七月　東京府豊多摩郡渋谷町（現在の渋谷区恵比寿）の高瀬清の下宿において、堺利彦・山川均・近藤栄蔵・吉川守圀・橋浦時雄・浦田武雄・渡辺政之輔・高瀬清の八名が会合（第一回党大会）をもち、非合法（治安警察法違反）に日本共産党を結成

＊委員長は堺利彦。堺・山川・近藤・高津正道・橋浦・荒畑寒村・徳田球一の七名を中央委員に選出

＊六十名前後の諸サークルの連合体で、党員は百名前後とされる。

十一月　モスクワに本部を置くコミンテルンに加盟

一九二三（大正十二）年

二月　千葉県市川市の料亭で第二回党大会を開催し、コミンテルンの標準規約を基にした党規約を決定

六月　第一次共産党事件（党員を一斉検挙）

九月　**治安維持令を公布**（大正十二年勅令第四〇三号）

一九二四（大正十三）年

二月　党協議会で第一次日本共産党の解党決議

第二次日本共産党

一九二五（大正十四）年

一月　上海会議でコミンテルンから日本共産党の再建を指示され、佐野学を中心に再建ビューローが組織

＊堺利彦、山川均、鈴木茂三郎、赤松克麿らは参加せず合法無産政党へ移動

＊再建ビューローは合法機関紙（『無産者新聞』）を発行し、労働組合や社研などにフラクション（支部）を設置

四月　**治安維持法を公布**（大正十四年法律第四六号）

一九二六（大正十五）年

二月　山形県の五色温泉で再建大会（第三回党大会）を開催

＊中央委員長は佐野文夫で、渡辺政之輔、徳田球一、佐野学、福本和夫、三田村四郎、鍋山貞親、市川正一らが中央執行委員に就任

一九二七（昭和二）年

七月　コミンテルン議長ブハーリンにより「日本問題に関するテーゼ」（二七年テーゼ）が日本共産党に付与

＊テーゼでは「天皇制の廃止」を明記

＊委員長に佐野学が就任（委員長の佐野文夫、政治部長の福本和夫と中央委員の徳田球一らを罷免）

一九二八（昭和三）年

二月　第一回男子普通選挙の実施

＊日本共産党は労農党を支持し、十一名の党員が労農党から立候補。労農党の山本宣治、水谷長三郎を支援

＊党機関紙「赤旗（せっき）」を創刊

三月　第二次共産党事件（三・一五事件）

＊一道三府二七県で党員の一斉検挙

＊労農党・日本労働組合評議会・無産青年同盟にも検挙が及ぶ

六月　**治安維持法改正緊急勅令を公布**（昭和三年六月二十九日勅令第一二九号）

一九二九（昭和四）年

四月　第三次共産党事件（四・一六事件）

＊一道三府二四県で党員の一斉検挙

＊佐野学・鍋山貞親・三田村四郎・市川正一らも検挙され、第二次日本共産党が壊滅

第三次日本共産党（武装共産党）

一九三〇（昭和五）年

一月　田中清玄が和歌山県の二里カ浜で拡大中央委員会を開催し、佐野博（共産青年同盟中央委員長）とともに「選挙闘争を通じて影響力を広めること」「行動隊を組織してビラを撒くこと」「検挙に対しては拳銃、短刀などで抵抗すること」などを方針とする「武装共産党」を再建

＊田中・佐野・前納善四郎（東京合同労組フラクション責任者）らが党中央部を構成

＊合法無産政党（新労農党）の解消運動も展開

五月　神奈川県川崎市で武装メーデー事件が発生

七月　委員長の田中清玄が検挙され、武装共産党は壊滅

第四次日本共産党（非常時共産党）

一九三一（昭和六）年

一月　風間丈吉らが党（「非常時共産党」）の再建に着手

＊党の「大衆化」を基本方針とする

八月　中央委員会を正式に発足

一九三二（昭和七）年

五月　コミンテルンで三二年テーゼ「日本における情勢と日本共産党の任務に関するテーゼ」を採択

＊「天皇制打倒」を最優先とする

十月　川崎銀行第百大森支店強盗事件

熱海事件（共産党の地方代表団らが一斉検挙）

＊風間丈吉も検挙され、非常時共産党が壊滅

十一月　岩田義道が特高警察により拷問死

第五次日本共産党

一九三三（昭和八）年

一月　山本正美と野呂栄太郎が日本共産党を再建

二月　小林多喜二が特高警察により拷問死

五月　委員長の山本正美が検挙

＊野呂栄太郎が委員長となり、宮本顕治らと党再建活動

六月　佐野学・鍋島貞親による転向声明「共同被告同志に告ぐる書」

＊三田村四郎・風間丈吉・田中清玄らも転向し、河上肇らも転向宣言

十一月　野呂がスパイの手引で検挙

十二月　スパイ査問事件（共産党指導部の一斉検挙）

＊党指導部はほぼ機能を停止

一九三四（昭和九）年

二月　**治安維持法中改正法律案を帝国議会に提出**

一九三五（昭和十）年

三月　**治安維持法中改正法律案を帝国議会に再提出**

最後の中央委員の袴田里見が検挙され、戦前の日本共産党が崩壊

一九四一（昭和十六）年

三月　**改正治安維持法を公布**（昭和十六年三月十日法律第五四号）

著者略歴

（うちだ・ひろふみ）

1946年大阪府生まれ．京都大学大学院法学研究科修士課程修了．現在，九州大学名誉教授，神戸学院大学法学部教授．専門は刑事法学（人権），近代刑法史研究．福岡市精神医療審査会会長，ハンセン病市民学会共同代表．ハンセン病問題に関する検証会議副座長を務めた．患者の権利擁護を中心とする医療基本法や，差別禁止法の法制化の問題にも取り組んでいる．主な単著に『刑法学における歴史研究の意義と方法』（九州大学出版会），『ハンセン病検証会議の記録』（明石書店），『日本刑法学の歩みと課題』（日本評論社），『刑事判例の史的展開』『自白調書の信用性』『更生保護の展開と課題』（いずれも法律文化社），『刑法と戦争——戦時治安法制のつくり方』（みすず書房）など．

内田博文

治安維持法の教訓

権利運動の制限と憲法改正

2016年 9 月 23 日　第 1 刷発行
2017年 5 月 26 日　第 2 刷発行

発行所 株式会社 みすず書房
〒113-0033 東京都文京区本郷 5 丁目 32-21
電話 03-3814-0131(営業) 03-3815-9181(編集)
http://www.msz.co.jp

本文組版 プログレス
本文印刷・製本所 中央精版印刷
扉・カバー印刷所 リヒトプランニング

ISBN 978-4-622-08531-7
[ちあんいじほうのきょうくん]